GOLDMANN

Buch

6. September 1977. Der Bantu Steve Biko wird von der südafrikanischen Sicherheitspolizei bei einer Routinekontrolle verhaftet. Es folgen endlose Nächte mit Verhören und unmenschlichen Folterungen. Steve Biko überlebt die Tortur nicht. Der Tod des Begründers und Führers der Black Consciousness Bewegung erschüttert Südafrika und die ganze Welt.

19. Oktober 1977. Donald Woods, südafrikanischer Journalist und Regimekritiker, wird unter Hausarrest gestellt. Bedroht vom Sicherheitsdienst gelingt Woods und seiner Familie zuletzt auf abenteuerlichem Weg die Flucht aus dem Apartheidstaat.

Im Londoner Exil setzt Donald Woods die Nachforschungen über den Tod seines Freundes Steve Biko fort. Zuletzt erreicht ihn auch noch der Bericht von Peter James, jenem Mann, der mit Biko zusammen verhaftet wurde. Das so entstandene Buch ist nicht nur das glänzende Porträt eines Mannes von unvergleichlicher Aufrichtigkeit, eines Führers von Charisma, auf den sich nach der Verurteilung von Nelson Mandela die Hoffnungen von zehn Millionen schwarzen Südafrikanern stützten. Es ist zugleich die Geschichte der Rassendiskriminierung in Südafrika, wo sich eine weiße Minderheit durch menschenunwürdige Gesetze, durch Gewalt und Terror an der Macht hält.

Richard Attenborough, der berühmte *Gandhi*-Regisseur, nahm das Buch von Donald Woods als Grundlage für seinen großen, gleichnamigen Film über Steve Biko.

Autor

Donald Woods entstammt dem südafrikanischen Großbürgertum englischer Herkunft. Lange Jahre war er Chefredakteur der einzigen wirklich liberalen Zeitung Südafrikas »Daily Dispatch«. Seine journalistische Arbeit ermöglichte ihm auch die Begegnung mit den Vertretern aller schwarzen Organisationen in Südafrika.

Kurz nach dem Tode Steve Bikos sah sich Donald Woods zunehmenden Einschränkungen durch das Apartheidregime ausgesetzt, so daß er schließlich auf illegalem Weg das Land verlassen mußte. Seitdem lebt er als freier Journalist und Schriftsteller in London.

Donald Woods' Schriften dürfen bis heute in Südafrika weder verbreitet noch zitiert werden.

»Steve Biko. Schrei nach Leben« ist auch als Goldmann-Hardcover (30049) erschienen.

Außerdem ist von Donald Woods
als Goldmann-Taschenbuch lieferbar:
Ich gebe nicht auf. Briefe aus Südafrika (8897)

DONALD WOODS

STEVE BIKO

SCHREI NACH FREIHEIT

GOLDMANN VERLAG

Überarbeitete und erweiterte Ausgabe
Aus dem Englischen übertragen von Hans Jürgen Baron von Koskull
und Oliver Stephan
Titel der Originalausgabe: Biko
Originalverlag: Henry Holt and Company, Inc., New York

Die erste deutsche Ausgabe erschien unter dem Titel
»Steve Biko. Stimme der Menschlichkeit«

Der Goldmann Verlag
ist ein Unternehmen der Verlagsgruppe Bertelsmann

Made in Germany · 5/88 · 2. Auflage

Umschlaggestaltung: Design Team München
Umschlagfoto: United International Pictures GmbH
Druck: Elsnerdruck, Berlin
Verlagsnummer: 8985
Lektorat: Ulrike Kloepfer
Herstellung: Gisela Ernst/Voi
ISBN 3-442-08985-9

In Memoriam

Von den folgenden Südafrikanern weiß man, daß sie in der Gewalt der Sicherheitspolizei der Regierung der Afrikaaner Nationalist Party in der Haft gestorben sind. Alle wurden ohne Prozeß, Beschuldigung, Anklage oder Beweismaterial eingesperrt. Allen wurde der Rechtsbeistand und der Besuch von Freunden oder Verwandten versagt. Die von der Sicherheitspolizei angegebenen Todesursachen sind in Klammern angeführt.

L. Ngudle starb am 5. September 1963 (Selbstmord durch Erhängen)
B. Merhope starb am 19. September 1963 (Todesursache unbekannt)
J. Tyitya starb am 24. Januar 1964 (Selbstmord durch Erhängen)
S. Saloojie starb am 9. September 1964 (stürzte während eines Verhörs aus dem siebten Stock)
N. Gaga starb am 7. Mai 1965 (natürliche Todesursache)
P. Hoye starb am 8. Mai 1965 (natürliche Todesursache)
J. Hamakwayo starb 1966 (Selbstmord durch Erhängen)
H. Shonyeka starb am 9. Oktober 1966 (Selbstmord)
L. Leong Pin starb am 19. November 1966 (Selbstmord durch Erhängen)
A. Ah Yan starb am 5. Januar 1967 (Selbstmord durch Erhängen)
A. Madiba starb am 9. September 1967 (Selbstmord durch Erhängen)
J. Tubakwe starb am 11. September 1967 (Selbstmord durch Erhängen)

EINE UNBEKANNTE Person starb an einem nicht bekanntgegebenen Tag im Jahre 1968 (Tod nach Anfragen im Parlament am 28. Januar 1969 bestätigt)

N. KGOATHE starb am 4. Februar 1969 (rutschte in der Dusche aus)

S. MODIPANE starb am 28. Februar 1969 (rutschte in der Dusche aus)

J. LENKOE starb am 17. Juni 1969 (Selbstmord)

C. MAYEKISO starb am 17. Juni 1969 (Selbstmord)

J. MONAKGOTLA starb am 10. September 1969 (Thrombose)

IMAM A. HARON starb am 27. September 1969 (Sturz auf der Treppe)

M. CUTHSELA starb am 21. Januar 1971 (natürliche Todesursache)

A. TIMOL starb am 27. Oktober 1971 (sprang während eines Verhörs aus dem 10. Stock)

J. MDLULI starb am 19. März 1976 (fiel bei einem Handgemenge gegen einen Stuhl)

M. MOHAPI starb am 5. August 1976 (Selbstmord durch Erhängen)

L. MAZWEMBE starb am 2. September 1976 (Selbstmord durch Erhängen)

D. MBATHA starb am 25. September 1976 (Selbstmord durch Erhängen)

E. MZOLO starb am 1. Oktober 1976 (keine Einzelheiten mitgeteilt)

W. TSHWANE starb am 14. Oktober 1976 (keine Einzelheiten mitgeteilt)

E. MAMASILA starb am 18. November 1976 (keine Einzelheiten mitgeteilt)

T. MOSALA starb am 26. November 1976 (keine Einzelheiten mitgeteilt)

W. TSHAZIBANE starb am 11. Dezember 1976 (keine Einzelheiten mitgeteilt)

G. BOTHA starb am 14. Dezember 1976 (Sturz im Treppenhaus)

DR. N. NTSHUNTSHA starb am 9. Januar 1977 (keine Einzelheiten mitgeteilt)

L. NDZAGA starb am 9. Januar 1977 (keine Einzelheiten mitgeteilt)

E. MALEL starb am 20. Januar 1977 (keine Einzelheiten mitgeteilt)

M. Mabelane starb am 15. Februar 1977 (keine Einzelheiten mitgeteilt)

T. Joyi starb am 15. Februar 1977 (keine Einzelheiten mitgeteilt)

S. Malinga starb am 22. Februar 1977 (natürliche Todesursache)

R. Khoza starb am 26. März 1977 (Selbstmord durch Erhängen)

J. Mashabane starb am 5. Juni 1977

P. Mabija starb am 7. Juli 1977 (fiel während eines Verhörs aus dem 6. Stock)

E. Loza starb am 1. August 1977 (keine Einzelheiten mitgeteilt)

Dr. H. Haffejee starb am 3. August 1977 (keine Einzelheiten mitgeteilt)

B. Emzizi starb am 5. August 1977 (keine Einzelheiten mitgeteilt)

F. Mogatusi starb am 28. August 1977 (während eines epileptischen Anfalls erstickt)

Die Hymne

Nkosi Sikelel' i Afrika
Malupakam' upondo lwayo
Yiva imitandazo yetu
Usi – sikele

Sikelel' amadol' asizwe
Sikelela kwa nomlisela
Ulitwal' ilizwe ngomonde
Uwusikilele

Sikelel' amalinga etu
Awonanyana nokuzaka
Awemfundo nemvisiswano
Uwasikelele

Yihla Moya! Yihla Moya!
Yihla Moya Oyingewele!

Gott segne Afrika.
Gib ihm Mut,
Höre unsere Gebete
Und segne uns!

Segne die Führer,
Segne auch die Jungen,
Daß sie das Land in Geduld tragen.
Und mögest Du sie segnen!

Segne unser Streben,
Daß wir uns vereinigen und emporheben

Durch Lernen und Verstehen.
Und segne sie!

Komm herab, Geist! Komm herab, Geist!
Komm herab, Heiliger Geist!

Vorwort zur neuen Ausgabe

Am Dienstag, dem 6. September 1977, wurde ein Freund von mir namens Steve Biko von der südafrikanischen Polizei auf Zimmer 619 des Sanlam Building in der Strand Street, Port Elizabeth, Cape Province, gebracht, wo man ihm Handschellen und Fußeisen anlegte, ihn an ein Gitter kettete und einem zweiundzwanzigstündigen Verhör unterzog, in dessen Verlauf er gefoltert und geschlagen wurde. Mehrere Schläge auf den Kopf verletzten sein Gehirn so stark, daß er nach sechs Tagen Bewußtlosigkeit starb.

Die tödlichen Schläge wurden ihm von einem oder mehreren der folgenden Mitglieder der südafrikanischen Sicherheitspolizei versetzt: Oberst P. Goosen; Major H. Snyman; den Oberfeldwebeln J. Beneke, R. Marx, B. Coetzee, J. Fouche; Hauptmann D. Siebert; Leutnant W. Wilken; Unteroffizier S. Niewoudt und Major T. Fischer.* Die meisten, wenn nicht alle diese Männer waren Mitglieder zweier Verhör-Teams, von denen eines tagsüber arbeitete, das andere bei Nacht. Festgehaltene, welche die Methoden der Security Police am eigenen Leibe verspürt haben, berichten, daß sich die Tagesverhör-Teams auf koordinierte Befragung und psychologische Taktik spezialisiert haben; die Nachtteams hingegen die Handgreiflichen seien, welche die Festgehaltenen zusammenschlagen, um sie für die Tagesteams weichzumachen. Wenn diese Handlungsweise auch bei Steve Biko angewendet wurde, so stammen die tödlichen Schläge von einem oder mehreren Mitgliedern der Nachtteams – Wilken, Coetzee und Fouche.

* Siehe Nachwort, Die Aussagen von Peter Jones.

Aber diese Männer waren nur Ausführende. Der Mann, der im Endeffekt für den Tod Steve Bikos die Verantwortung trägt, ist James Thomas Kruger, der Polizeiminister; seine nachsichtige Einstellung den mörderischen Neigungen seiner Sicherheitspolizei gegenüber schuf die Atmosphäre, in der sich die Folterer betätigen konnten. Kruger kann nicht glaubhaft behaupten, nichts von diesen Vorgängen gewußt zu haben. Ich war zwei Jahre zuvor nach Pretoria gefahren, um ihn vor einigen Elementen in seiner Sicherheitspolizei zu warnen.

Bei dieser Gelegenheit erklärte ich ihm auch die Bedeutung Steve Bikos; später veröffentlichte ich eine Warnung, daß die Folgen, sollte Steve Biko im Gewahrsam etwas zustoßen, für die ganze Nation und besonders für die Regierung der Nationalists verheerend sein würden. Herr Kruger und seine Kollegen ließen diese Warnung unbeachtet. Steve Biko wurde nicht nur mehrmals verhaftet und eingesperrt, sondern in zunehmendem Maße verfolgt, schikaniert, mit Einzelhaft belegt und am Ende gefoltert und getötet.

Kruger deutete sofort an, daß sich Biko zu Tode gehungert habe, aber ich wußte, daß das Unsinn war. Steve und ich hatten oft darüber gesprochen: Sollte er in Gewahrsam genommen werden und in der Haft sterben, und sollte dann von einem Selbstmord die Rede sein, so könnte ich sicher sein, daß dem nicht so wäre. Es war also klar, daß ihn die Security Police umgebracht hatte – mit dem Einverständnis des Nationalist Government.

Daher ist dieses Buch nicht nur ein persönliches Denkmal für Steve Biko, sondern auch eine Anklage gegen das Nationalist Government und gegen das System und die politischen Grundsätze, die es repräsentiert.

Steve Bikos Tod berührte die ganze Welt. Er war nur dreißig Jahre alt, als er starb; sein Leben hatte er in Unterdrückung geführt; es war ihm verboten, sich öffentlich zu äußern; er war, in einen kleinen Ort fern von den Metropolen verbannt, lebendig begraben. Er durfte keine Reden halten, mit nicht mehr als jeweils einer Person sprechen, nicht zitiert werden, nicht politisch wirken. Trotzdem beeinflußte er in der kurzen Zeit, die ihm zur Verfügung stand, Leben und Ideale von Millionen seiner Landsleute; sein Tod erschütterte unsere Nation und ließ die ganze Welt aufhorchen.

Was machte ihn zu einer so bedeutenden Persönlichkeit? Was war das Besondere an seinem Leben und an seinem Tod? Dieses Buch ist ein Versuch, diese Frage aus wenigstens einer Perspektive zu beantworten. Es ist allerdings ein unvollständiger Bericht, und andere wären eher dazu berufen, ihn abzugeben. Viele, die Steve näher gekannt haben, könnten diesen beeindruckenden Mann lebendiger darstellen, und in den folgenden Jahrzehnten werden noch viele Bücher über ihn geschrieben werden, wenn man erkennt, welche historische Bedeutung sein Wirken gehabt hat. Möglichst viele Bücher sollten über Steve Biko geschrieben werden, denn je mehr über diesen Mann bekannt wird, desto deutlicher wird man erkennen, eine wie bedeutende Rolle er gespielt hat.

Ich habe dieses Buch so objektiv geschrieben, wie es mein Schmerz und meine Empörung über den gewaltsamen Tod von Steve Biko zulassen, denn was er für Afrika und die Sache der Freiheit in der ganzen Welt bedeutet hat, ist für den Leser wichtiger als die Tatsache, daß ich mit ihm einen persönlichen Freund verloren habe. Ich bin jedoch nicht bereit, mich für einen etwaigen Mangel an Objektivität zu entschuldigen, der auf meine tiefe persönliche Betroffenheit zurückzuführen ist.

Seit dem Erscheinen der ersten Ausgabe dieses Buches im Jahr 1978 sind fast zehn Jahre vergangen. Nun soll auf Grund meines Berichts unter der Regie von Sir Richard Attenborough ein Film entstehen, der ab Ende 1987 weltweit zu sehen sein wird.

Bikos Persönlichkeit, sein Charisma und seine Führungsqualitäten stehen im Mittelpunkt des Films, der die Ereignisse in Südafrika in den Jahren 1976 und 1977 darstellen und damit der Welt die Exzesse der Apartheidspolitik vor Augen führen wird, wie das bisher noch kein Spielfilm getan hat. Dabei sollen die Grundursachen der sich in diesem Lande zusehends verschärfenden tragischen Entwicklungen deutlich zum Ausdruck kommen.

In der ersten Zeit meines Exils war mir noch nicht aufgefallen, daß wir in Südafrika die Afrikaans sprechenden Nationalisten stets als »die Nationalisten« bezeichneten, während dieser Begriff in der übrigen Welt die schwarzen afrikanischen Nationalisten bezeichnete. Deshalb habe ich den Text an den entsprechenden Stellen korrigiert und für die Anhänger der Regierungspartei die Bezeichnung »Afrikaanse Nationalisten« eingeführt.

Seiner Veranlagung und Neigung nach gab Biko einer Politik der Gewaltlosigkeit den Vorzug. Das haben aber auch Mandela, Sisulu, Mbeki, Tambo und andere Führer des ANC sowie Sobukwe, Mothopeng und andere Führer des PAC getan. Letztere glaubten jedoch, unter den herrschenden Umständen neben der Anwendung von Gewalt keine Alternative mehr zu haben, während Biko immer noch glaubte, offen für seine Ziele kämpfen zu können, ohne dabei unbedingt Gewalt anwenden zu müssen, es sei denn, die weiße Minderheit erzwang solche Reaktionen. Und während er in seinem persönlichen Leben auf jede Anwendung von Gewalt verzichtete, zögerte er nicht, sich zur Wehr zu setzen, wenn er angegriffen wurde. In seinem Buch berichtet er, daß er bei einer Gelegenheit zurückgeschlagen habe, als er von einem Vernehmungsbeamten tätlich angegriffen wurde.

Aber die vielleicht bemerkenswerteste und in mancher Weise ernüchterndste Darstellung seiner Reaktion auf Provokationen bei Vernehmungen ist in einem Interview enthalten, das er nur drei Monate vor seiner letzten Verhaftung gegeben hat. Es wurde im Januar 1978 kurz nach seinem Tod in der Zeitschrift *New Republic* veröffentlicht. In dem folgenden Auszug sagt Steve Biko Dinge, die vielleicht erklären, wie es dazu gekommen ist, daß die Vernehmungsbeamten ihn bei seinem letzten Verhör mißhandelt und dabei getötet haben:

Entweder lebst du und bewahrst deinen Stolz, oder du bist tot, und wenn du tot bist, dann kann dich nichts mehr anfechten. Und auch deine Todesart kann eine politische Bedeutung haben. So ist es, wenn du im Verlauf der Unruhen stirbst. Viele dieser Menschen hatten nichts mehr zu verlieren – buchstäblich nichts, wenn man bedenkt, in welcher Lage sie sich befanden. Wenn du daher deine Todesfurcht überwinden kannst, die in der Tat etwas sehr Irrationales ist, dann bist du schon auf dem Wege. Und das gleiche geschieht bei Verhören. Einmal sagte ich zu einem Polizisten: »Wenn Sie wollen, daß wir vorankommen, dann wird es das Beste sein, wenn wir miteinander reden. Versuchen Sie es nicht mit Gewalt, denn damit werden Sie nichts erreichen.« Und das war absolut richtig. Ich konnte mir ganz einfach nicht vorstellen, daß sie mir etwas antun könnten, was mich plötzlich weichmachen würde. Wenn sie mit mir sprechen, dann zwingen sie mich, sie als Mitmenschen anzuerkennen. Aber in dem Augenblick, in dem sie Gewalt anwenden, wecken sie in mir die Vorstellung, daß sie Polizisten sind. Und für mich gibt es nur eine Art, mit Polizisten umzugehen: nach Möglichkeit nicht mit ihnen zusammenarbeiten. In solchen Fällen ist nichts mehr aus mir herauszubekommen. Deshalb sagte ich ihnen: »Es liegt an Ihnen.« Am Tag meiner Festnahme kam es zu einem Boxkampf. Einer dieser Burschen wollte mich mit seinem Knüppel schlagen. Ich ging auf ihn los wie ein Kampfstier. Ich nehme an, er hatte genaue Anweisungen, wie weit er gehen durfte. Wahrscheinlich sollte er mich nur mit der flachen Hand schlagen, damit seine Schläge keine Spuren in meinem Gesicht hinterließen. Und natürlich sagte er genau das, was auch Sie eben gesagt haben: »Ich werde dich töten.« Damit wollte er mich einschüchtern. Und ich antwortete: »Und wie lange werden Sie dazu brauchen?« Jetzt war diesen Männern klargeworden, wie ich reagierte. Und sie merkten, daß ich mich nicht beeindrucken ließ. Wenn sie mich schlagen, dann bin ich ihnen überlegen. Das nützt nur mir. Etwa zehn Tage vor meiner Festnahme haben sie einen meiner Freunde im Gefängnis umgebracht. Wenn sie mich jetzt angriffen, dann hatte ich Beweise gegen sie in der Hand. Es würde zumindest erkennen lassen, welche Umstände zum Tod meines Freundes geführt haben könnten. Ich wollte, daß sie alles taten, was sie tun durften, damit ich es gegen sie verwenden konnte. Ich fürchtete mich wirklich nicht davor, daß sie mich mit Gewalt dazu zwingen könnten, Aussagen zu machen, die ich nicht machen wollte, denn zu der Frage, um die es hier ging, konnte ich gar nichts aussagen. Ich operierte aus einer sehr günstigen Position – und sie aus einer sehr schwachen. Ich war entschlossen, ihnen keine Möglichkeit zu lassen, ihr Programm weisungsgemäß zu erfüllen. Wenn sie mich fünfmal schlagen wollen, dann können sie das nur tun, wenn mein Verhalten ihnen erlaubt, mich fünfmal zu schlagen. Wenn ich auf den ersten Schlag mit gleicher Heftigkeit reagiere, werden sie nicht mehr in der Lage sein, die nächsten vier Schläge systematisch zu zählen. Es wird vielmehr ein Kampf daraus. Wenn sie also beabsichtigt hatten, mich nur zu verprügeln und nicht mehr, dann wollte ich sie zwingen, über ihre ursprüngliche Absicht hinauszugehen, und mich dabei so heftig wehren, daß die ganze Sache außer Kontrolle geriet. Verstehen Sie, dieser Mann hatte folgendes Problem: Er konnte sich nicht auf einen Kampf mit mir einlassen, denn dazu mußte er zurückschlagen wie ein richtiger Mann. Aber er hatte seine Anweisungen, wie er mich zu schlagen hatte, und jetzt konnte er diesen Anweisungen nicht mehr folgen, weil aus dem ganzen ein Zweikampf geworden war. Er mußte sich also zurückziehen und sich neue Anweisungen holen. Deshalb sagte ich ihnen: »Hört einmal, wenn ihr Burschen es auf eure Art tun wollt, dann müßt ihr mir Handschellen anlegen und die Füße zusammenbinden, damit ich mich nicht wehren kann. Aber solange ich mich wehren kann, werde ich es auch tun. Und ich fürchte, ihr könntet mich dabei töten, auch wenn ihr es nicht vorhabt.«

Einleitung

Als eine nach den in Südafrika geltenden Bestimmungen mit dem Bann belegte Person durfte ich nichts schreiben, nicht einmal ein Tagebuch oder eine Postkarte, und die Sicherheitspolizei, deren Aufgabe es war, mich zu überwachen, hatte gedroht, mein Haus zu jeder beliebigen Tages- und Nachtzeit zu durchsuchen, um sicherzustellen, daß ich nicht gegen den mir auferlegten Bann verstieß.

Mein Haus wurde ständig vom Bürgersteig aus und von vorüberfahrenden Fahrzeugen der Sicherheitspolizei beobachtet. Zudem gab es deutliche Anzeichen dafür, daß nicht nur meine Telefongespräche mitgehört und meine Briefe zensiert wurden, sondern ich war auch überzeugt, daß in meinem Haus Abhörvorrichtungen installiert worden waren.

Deshalb schrieb ich den größten Teil dieses Buches mit der Hand und benutzte nur zweimal eine Schreibmaschine, während gleichzeitig der Plattenspieler lief, um das Geräusch zu übertönen. Ich schrieb an einem Tisch neben einem Fenster im ersten Stock, von wo aus ich routinemäßige Bewegungen meiner Bewacher beobachten konnte, um mich vor Überraschungen zu schützen, falls sie sich dem Hause näherten.

Ich war mit dem Bann belegt worden, weil ich mich schriftlich und mündlich gegen die Regierung geäußert und ihr vorgeworfen hatte, für den Tod von Steve Biko im Gewahrsam der Sicherheitspolizei verantwortlich zu sein. Es gab für mich keine Möglichkeit, gegen den über mich verhängten Bann vor Gericht Einspruch einzulegen. Nach den gegen mich verhängten Auflagen durfte ich außer mit meinen nächsten Familienangehörigen nicht mit mehr als einer Person gleichzeitig sprechen oder zusammensein. Es war mir untersagt zu reisen, öffentliche Erklärungen abzugeben. Auch mich in irgendeiner Veröffentlichung zu zitieren, war strengstens verboten.

In Südafrika gab es zu jener Zeit vierundvierzig Personen, die ebenso wie ich mit dem Bann belegt worden waren. Der Hauptzweck dieser Maßnahme war es, Kritiker der Regierung, die nach geltendem Recht nicht vor Gericht gestellt werden konnten, zum Schweigen zu bringen und zu bestrafen. Die bekannteste dieser vierundvierzig war Winnie Mandela, die Frau des Führers des African National Congress, Nelson Mandela, der 1987 schon mehr als dreiundzwanzig Jahre im Gefängnis sitzt. Auch Steve Biko war unter Bann gestellt worden, und es hätte ihn wahrscheinlich sehr amüsiert zu wissen, daß auch mir dieses Schicksal nicht erspart geblieben war. Die Leser dieses Buches werden bald erfahren, welche Kluft Biko und mich trennte, als wir uns kennenlernten. Damals kannte ich nicht einmal die Bestimmungen, die für eine Zusammenkunft mit einer gebannten Person galten, obwohl ich schon mehrere Leitartikel geschrieben hatte, in denen ich mich gegen diese Art der Freiheitsberaubung, gegen willkürliche Festnahmen, zwangsweise Umsiedlungen und alle Arten vom Staat ohne Gerichtsbeschluß verhängter Strafen wendete. Doch vor Beginn meiner drei Jahre dauernden Freundschaft mit Biko hatte ich noch keinen mit dem Bann belegten Menschen kennengelernt.

»Wenn ein Dritter ins Zimmer kommt, dann muß einer von uns hinausgehen, auch wenn dieser Dritte uns nur eine Tasse Kaffee bringt«, hatte Biko mir ganz sachlich erzählt. Die Beamten der Sicherheitspolizei in dem vor seinem Büro geparkten Wagen hatten mich gesehen, als ich zum ersten Mal zu ihm kam. Vielleicht hatten sie sich über meinen Besuch gewundert, denn ich hatte bis dahin Biko und seine Anhänger von der Block-Consciousness-Bewegung in meinen Artikeln angegriffen. Ich betrachtete die Art ihres Vorgehens gegen die Apartheid als »radikal«. Ich hatte mich dagegen gewendet, daß sie die schwarze Bevölkerung dazu aufriefen, den Kampf gegen die Apartheid allein auszufechten, und diese Haltung sogar als »Apartheid in der umgekehrten Richtung« bezeichnet.

Doch die zwischen uns bestehenden Spannungen lösten sich schon nach unserer ersten Begegnung, und wir wurden Freunde. Während der folgenden zwei Jahre brachten die von der Regierung gegen Steve Biko und seine Anhänger ergriffenen schikanösen Maßnahmen meine Frau Wendy und mich dazu, uns so intensiv für ihn und seine Bewegung einzusetzen, daß die Sicherheitspolizei uns als seine Komplizen ansah.

Das bewies, wie wenig die Sicherheitspolizei von der Realität der schwarzen Politik in Südafrika wußte. In Wirklichkeit war unsere Anteilnahme an den Problemen der Organisation von Biko mehr persönlich als politisch motiviert. Außerdem konnten wir nur als Außenseiter wirken, denn als Weiße war es uns unmöglich, zum inneren Kreis der hier politisch Tätigen zu gehören. Einige seiner Anhänger lehnten freundschaftliche Beziehungen zu uns ab, denn sie begriffen nicht das Vertrauensverhältnis zwischen uns, das es mir erlaubte, seine Bestrebungen so weit wie möglich zu unterstützen. Nach seiner Ermordung beteiligten wir uns bis zum 19. Oktober 1977 an den massiven Protesten unter der Führung seiner Freunde, Anhänger und Kollegen. An diesem Tage wurde über eine Reihe von uns ebenso wie über alle Mitglieder der Block-Consciousness-Bewegung der Bann verhängt.

Es war eigenartig, im eigenen Haus als Gefangener leben zu müssen und auch die gewöhnlichsten Dinge, die ich mein ganzes Leben lang getan hatte, nicht mehr tun zu dürfen. Zuerst mußte ich darüber lachen, daß die Sicherheitspolizei mich daran hindern könnte, in meinem eigenen Schlafzimmer etwas zu schreiben. Wie wollten diese Polizisten durch die Wände meines Hauses sehen? Theoretisch konnte ich natürlich schreiben, solange sie mich nicht sahen. Aber eine psychologische Folge eines solchen Verbots ist es, daß man in Zimmern, die Fenster haben, übervorsichtig wird. Schon nach kurzer Zeit hatte ich ständig das Gefühl, beobachtet zu werden, und rechnete jeden Augenblick damit, daß die Polizisten hereinkämen und mich beim Schreiben überraschen würden. Deshalb schrieb ich nur im ersten Stock meines Hauses. Um mich dabei zu beobachten, hätten sie eine Leiter gebraucht oder eine sehr komplizierte technische Ausrüstung, und ich hätte sie hören oder sehen können, bevor sie sich Zutritt zum Haus verschafften.

Eine besondere Schwierigkeit bestand darin, die täglich geschriebenen Manuskriptseiten zu verbergen. Jedes Versteck, an das ich dachte, schien mir nicht sicher genug. Ich versteckte die ersten Bogen in unserem Flügel, erinnerte mich aber dann an einen Film, in dem irgend etwas in einem Klavier versteckt, aber dann gefunden worden war.

Schließlich entschloß ich mich, das Manuskript in einem meiner zahlreichen Schallplattenalben zu verstecken, denn die Sicherheitspolizisten hätten Hunderte von ihnen durchsuchen müssen, um das richtige zu finden, ein Doppelalbum der Reden von Winston Churchill mit einem Kommentar von dem bekannten Verfechter der freien Rede, Ed Murrow.

Den größten Teil meines Buches schrieb ich nachts, um nicht ständig durch das Telefon oder die Besuche wohlmeinender Freunde gestört zu werden, die nur einzeln zu mir kommen durften. In meiner Lage ergab sich eine besondere Schwierigkeit daraus, daß ich immer zu Hause war und solchen Freundschaftsbeweisen meiner Bekannten nicht ausweichen konnte. Nur wenige ließen sich abschrecken, zu mir zu kommen, obwohl es einen gewissen Mut erforderte, vor unserem Haus vorzufahren, denn jeder wußte, daß meine Bewacher das polizeiliche Kennzeichen eines jeden Wagens notierten.

Sehr bald war es mir lästig, immer wieder das gleiche sagen zu müssen. Im normalen Leben vergessen wir, wie oft wir uns mit kleinen Gruppen von Menschen unterhalten. In solchen Gesprächen werden die einzelnen Themen nur einmal besprochen. Aber da ich nur den Besuch einzelner Personen empfangen durfte, die mit mir über die aktuellen Tagesereignisse sprechen wollten, mußte ich die gleichen Sätze, Fragen und Antworten ständig wiederholen, wenn ich mit den Ehemännern, Ehefrauen und Kindern der mit mir befreundeten Familien sprach.

Was mich besonders störte, wenn ich am Tage schrieb, war die Klingel an der Haustür. Wenn es läutete, konnte es irgendein Mitschüler eines meiner fünf Kinder sein, und in diesem Fall durfte ich mich mit ihnen nicht im gleichen Raum aufhalten. Schlimmstenfalls waren es Beamte der Sicherheitspolizei bei einer Routineüberprüfung. Wenn ich also tagsüber schrieb, wurde ich zu häufig unterbrochen und mußte zu oft das Manuskript in aller Eile verstecken.

Als ich das Buch beendet hatte, wurde mir klar, daß es nur veröffentlicht werden konnte, wenn ich Südafrika mit meiner Familie verließ. Teile des Manuskripts waren zwar von Freunden außer Landes geschmuggelt und zu einem Verlag in England gebracht worden, aber dieser erste Entwurf war noch unvollständig, obwohl er einen ausführlichen Bericht über die Geschehnisse um Steve Biko enthielt. Das vollständige Manuskript, das nach meiner Meinung eine stärkere Wirkung haben würde, mußte ich selbst mitnehmen, denn ich wollte nicht riskieren, daß der Überbringer verhaftet wurde.

Aus drei Gründen war es ein »heißes« Manuskript; erstens war es ein Verstoß gegen das mit dem Bann verbundene Schreibverbot, zweitens war das Thema, das es behandelte – die Ermordung von Steve Biko –, politischer Sprengstoff, und drittens schloß das Manuskript mit einem Aufruf zu internationalen Wirtschaftssanktionen gegen die südafrikanische Regierung, und ein solcher Aufruf galt in Südafrika als hochverräterisches Kapitalverbrechen. Jetzt kam es mir nicht nur darauf an, das Manuskript sicher ins Ausland zu schaffen, sondern meine besondere Sorge galt auch der Sicherheit meiner Familie.

Die von uns entworfenen Fluchtpläne waren im höchsten Grade dilettantisch. Meine Frau und ich sprachen nur im Garten darüber, wo wir nicht von den elektronischen »Wanzen« im Hause abgehört werden konnten, und dachten dabei an mehrere Möglichkeiten.

Wenn wir unbemerkt nach Botswana hätten entkommen können, dann wäre uns das am liebsten gewesen. Leider lag Botswana außerhalb der Reichweite des Flugzeugs, das einem unserer Freunde gehörte, vorausgesetzt, dieser Freund wäre bereit gewesen, uns hinauszufliegen, und mir wäre es gelungen, unbemerkt von meinem Haus zu einem Flugplatz zu kommen. Die zweite Möglichkeit war eine Flucht in das näher gelegene Lesotho, denn obwohl es von allen Seiten von südafrikanischem Territorium umgeben ist, ist es ein unabhängiges Land mit einer schwarzen Regierung und dafür bekannt, daß es politischen Flüchtlingen aus Südafrika Unterschlupf gewährt. Zudem gab es von Lesotho aus Flugverbindungen nach Botswana.

Der erste Teil unseres Fluchtplans ließ sich ohne Schwierigkeiten ausführen. Wendy hob über einen Zeitraum von mehreren Monaten immer wieder Geld von unserem Bankkonto ab, um keinen Verdacht zu erregen, während wir unsere Vorbereitungen trafen. Aber dann geschah etwas, das uns zwang, unsere Flucht zu beschleunigen.

Unser jüngstes Kind, die fünfjährige Mary, bekam mit der Post ein mit Ninhydrin getränktes T-Shirt. Ninhydrin ist eine Säure, die auf der Haut eine schmerzhafte Entzündung verursacht. Diese Sendung traf unmittelbar nach einer Reihe von Angriffen gegen gebannte Personen und ihre Familien in ganz Südafrika bei uns ein. Sie zeigte deutlich, weshalb es für Weiße sehr viel unangenehmer war, wenn gegen sie der Bann verhängt wurde, als für Schwarze.

Ein gebannter Schwarzer wie Steve Biko war für die anderen Schwarzen ein Held. Er genoß die Unterstützung und Anerkennung aller, die mit ihm die schwarze Township bewohnten. Ein mit dem Bann belegter Weißer war in der von anderen Weißen bewohnten Vorstadtsiedlung ein aus der Gesellschaft Ausgestoßener, und was noch schlimmer war, man betrachtete ihn als einen Verräter seiner Rasse, und damit war er dem Zorn seiner wütenden weißen Feinde ausgesetzt, die es für ihre patriotische Pflicht hielten, ihm ihre Feindschaft zu zeigen. Unser Haus wurde von Schüssen getroffen, wir wurden telephonisch bedroht und erlebten täglich, daß vorbeifahrende Autofahrer uns feindliche Blicke zuwarfen. Doch die Sache mit dem T-Shirt beunruhigte uns am meisten. Wenn man bereit war, einem fünfjährigen Kind so etwas anzutun, dann mußten wir auch mit sehr viel schlimmeren Reaktionen rechnen.

Unser Freund Donald Card, ein ehemaliger Angehöriger der Sicherheitspolizei, der aber jetzt ein eingeschworener Gegner der Regierung war, hatte unwiderlegbare Beweise dafür, daß die Offiziere der Sicherheitspolizei, G. Cilliers und J. Jooste, für die Schüsse auf unser Haus verantwortlich waren und daß die Offiziere der Sicherheitspolizei, L. Van Schalkwyk und J. Marais, veranlaßt hatten, das mit ätzender Säure behandelte T-Shirt an unsere Tochter zu schicken.

Ein Postbeamter hatte gesehen, wie Van Schalkwyk und Marais das Päckchen mit dem T-Shirt an sich genommen hatten, auf dessen Vorderseite Steve Biko abgebildet war. Freunde von Steve aus Natal hatten es ihr geschickt. Ein schwarzer Angestellter bei der Sicherheitspolizei hatte dann beobachtet, wie die beiden Offiziere das kleine T-Shirt von innen mit Ninhydrin besprühten, einer Chemikalie, die von der Polizei überall in der Welt verwendet wird. Das in Schweden hergestellte Ninhydrin dient dazu, Fingerabdrücke auf Papier sichtbar zu machen. Es reagiert auf Aminosäuren in der menschlichen Haut und zeigt noch nach Wochen die Stellen, an denen das Papier berührt worden ist. Die Fingerabdrücke erscheinen deutlich sichtbar in violetter Farbe.

Als Mary das T-Shirt anprobierte, schrie sie vor Schmerzen auf. Nachdem ein Arzt sie behandelt und die Schmerzen gestillt hatte, wußten wir, was geschehen war. Auch ich hatte das T-Shirt kurz angefaßt, und meine Hände schmerzten noch mehr als eine Stunde danach.

Zum Glück dauerten die Hautreizungen bei Mary nicht sehr lange. Die violetten Flecken auf ihrem Gesicht und ihren Schultern verschwanden nach zwei Tagen. Doch dieser Vorfall und die Schüsse auf unser Haus veranlaßten uns, das Land so rasch wie möglich zu verlassen.

Wir einigten uns auf einen erfolgversprechenden Plan, den wir innerhalb einer Woche in die Tat umsetzten. Ich verkleidete mich als katholischer Priester, färbte mir mein graues Haar schwarz und nahm die Brille ab, bevor Wendy mich im Wagen aus der Garage fuhr. Dabei legte ich mich auf den Boden des Wagens und deckte mich mit einem Mantel zu. Außerhalb der Stadtgrenzen ließ sie mich aussteigen, und ich fuhr per Anhalter bis zu einer Stelle, an der ich mich mit einem Freund traf, der sich bereit erklärt hatte, mich zur Grenze nach Lesotho zu bringen.

Für die Fahrt zur Grenze über eine Strecke von mehreren hundert Meilen hatten wir über zwölf Stunden angesetzt, in dieser Zeit sollte Wendy zu unserem Haus zurückkehren, den Kindern einen Film zeigen (sie erzählte ihnen, daß ich mich nicht wohl fühlte, zu Bett gegangen sei und nicht gestört werden wollte) und am nächsten Morgen mit den Kindern auf einem anderen Weg zu dem Grenzübergang fahren, den ich am Tage zuvor überschritten hatte.

Meine Familienangehörigen, die nicht mit dem Bann belegt waren, durften die Grenze mit einem normalen Touristenvisum passieren. Ich sollte das Land als erster verlassen, denn wir glaubten, wenn meine Frau und meine Kinder vor mir ins Ausland fuhren, könnten die Grenzposten durch das mit Computern arbeitende Überwachungssystem alarmiert werden und die Sicherheitspolizei davon verständigen, daß mit einem Fluchtversuch zu rechnen sei. Ein solcher Alarm hätte eine Verschärfung der Überwachungsmaßnahmen an der Grenze ausgelöst. Wir hatten die Flucht für den Silvesterabend geplant, weil wir glaubten, die überall stattfindenden Silvesterfeiern würden die Sicherheitspolizei ablenken. Nach meinem Eintreffen in Lesotho sollte ich Wendy mit einer verschlüsselten Botschaft telefonisch benachrichtigen. Nach Empfang dieser Nachricht sollte sie mit den fünf Kindern zur Grenze abfahren und auf dem Weg dorthin im Haus ihrer Eltern Station machen.

Der telefonische Anruf sollte sie am nächsten Morgen pünktlich um zehn Uhr im Haus ihrer Eltern in Umtata, Transkei, erreichen. Von unserem Haus in East London bis dorthin waren es etwa zweihundertvierzig Kilometer. Um die Sicherheitspolizei auf eine falsche Fährte zu setzen, sollte sie so tun, als wolle sie mit den Kindern für diesen Tag an den Strand fahren. Von unserem angezapften Telefon aus sollte sie eine Freundin anrufen und ihr sagen, ich würde nicht mitkommen, da ich mich nicht wohl fühlte und im Bett geblieben sei. Nachdem sie einige Kilometer auf der zum

Strand führenden Straße gefahren war, sollte sie eine Abzweigung nehmen, zum Haus ihrer Eltern fahren und dort auf meinen Anruf warten.

Wenn ich sie um zehn Uhr nicht anrief, bedeutete das, daß man mich beim Überschreiten der Grenze festgenommen hatte. In diesem Fall sollte sie mit den Kindern sofort nach Hause zurückkehren, damit sie nicht mit meinem Fluchtversuch in Verbindung gebracht werden konnten.

Von unseren fünf Kindern waren nur die beiden ältesten, die vierzehnjährige Jane und der dreizehnjährige Dillon, in den Fluchtplan eingeweiht. Wir fürchteten, die Kleineren könnten in der Nähe eines versteckten Mikrophons unabsichtlich etwas Unvorsichtiges sagen. Wir hatten nur draußen im Garten oder am Schwimmbecken über unsere Pläne gesprochen, denn wir wußten nicht, wo die Abhörgeräte im Haus versteckt waren.

Heute kommt es mir fast wie ein Wunder vor, daß unsere Flucht gelungen ist. Der Plan war so naiv, sein Gelingen hing so sehr vom Zufall ab, und er enthielt so viele nicht vorausberechenbare Faktoren wie etwa die Möglichkeit einer Reifenpanne und die Unzuverlässigkeit der Telefonverbindung von Lesotho, daß er jetzt geradezu lächerlich erscheint.

Obwohl ich sechs Stunden für unerwartete Verzögerungen eingeplant hatte, war ich nur wenige Minuten vor zehn Uhr in Maseru eingetroffen und hatte sofort die telefonische Verbindung zu meiner Frau bekommen. Aus den verschiedensten Gründen hatte ich mich so sehr verspätet, daß ich nur rechtzeitig nach Maseru kam, weil mein Freund Bruce Haigh, der damalige Zweite Sekretär an der Australischen Botschaft in Pretoria, mich mit geradezu halsbrecherischer Geschwindigkeit über die schlechten Straßen im Grenzgebiet von Lesotho fuhr. Bruce hatte jenseits der Grenze fünf Stunden über die verabredete Zeit hinaus auf mich gewartet und hatte schon einige Male vor meinem Eintreffen aufgeben wollen.

Auf dem Wege zu dem Treffen mit Bruce hatte ich ein paar gefährliche Situationen erlebt. Nachdem Wendy mich außerhalb der Stadtgrenzen abgesetzt hatte, fuhr ich mit einem befreundeten südafrikanischen Pfarrer in nördlicher Richtung durch King William's Town und Stutterheim zur Grenze.

Auf dem Wege vergaß ich immer wieder, daß ich mich verkleidet hatte, und als ein Polizeiauto neben uns hielt und ich den Eindruck hatte, daß der am Lenkrad sitzende Polizeioffizier mich anstarrte, glaubte ich, er habe mich erkannt. Aber dann wurde mir klar, daß ich in meiner klerikalen Aufmachung ohne Brille und mit dem schwarzgefärbten Haar ganz anders aussah als gewöhnlich. Der Polizist fuhr weiter, ohne sich um uns zu kümmern. Wahrscheinlich hatte er nur gelangweilt in die Gegend gestarrt.

Als ich die Mitfahrgelegenheit gewechselt hatte, hatte der zweite Wagen eine Reifenpanne. Vorbeikommende Autos hielten an, um uns zu helfen, was mir sehr unangenehm war, denn ich wollte es unter allen Umständen vermeiden, Aufmerksamkeit zu erregen.

Auf der Weiterfahrt überholten uns zwei Polizeiwagen. Einer von ihnen setzte sich vor uns, und der andere fuhr hinter uns her, doch schließlich nahmen sie Tempo auf und verschwanden in der Nacht.

Auf einer einsamen Strecke nahe der Grenze war die Straße wieder so schlecht, daß wir eine zweite Reifenpanne hatten, und während wir das Rad wechselten, näherte sich ein anderes Fahrzeug mit hoher Geschwindigkeit, das wir für einen Polizeiwagen hielten. Deshalb fuhr ich in den Straßengraben – in dem nach den starken Regenfällen der letzten Tage das Wasser noch mehrere Zoll hoch stand –, bis das Fahrzeug vorüber war.

Den größten Schreck erlebten wir, als wir unmittelbar vor der Grenze an eine Furt kamen. Normalerweise war es ein schmales Bachbett, das sich ohne weiteres durchfahren ließ. Aber nun war der angeschwollene Telle River ein reißender Strom, der ganze Baumstämme und Buschwerk mit sich führte. Ihn mit der Tasche, in der sich das Manuskript befand, zu durchwaten oder zu durchschwimmen, war unmöglich.

Es blieb mir nur noch ein letzter Ausweg. Ich mußte den falschen Paß benutzen, den ich vorsorglich mitgenommen hatte, und die Grenze am offiziellen Übergang an der über den Telle River führenden Brücke überqueren.

Während ich noch über diese Alternative nachdachte, wurde ich durch einen Suchscheinwerfer aufgeschreckt, der die Straße und das Gelände in der Umgebung beleuchtete und mich zwang, im nassen Sand am Flußufer Deckung zu nehmen und so lange liegenzubleiben, bis die Gefahr vorüber war. Ich nahm zunächst an, es seien wahrscheinlich nur die starken Scheinwerfer eines Wagens auf der am Fluß entlangführenden Straße gewesen. Nach meiner Ankunft in Großbritannien erfuhr ich jedoch, daß es wirklich ein Suchscheinwerfer gewesen war, den die Polizei eingesetzt hatte, als sie einen Bankräuber suchte, der am gleichen Tag in dem benachbarten Dorf Sterkspruit einen Wachmann erschossen hatte.

Als ich zum Grenzposten kam, hatte ich unerhörtes Glück. Die Schranken waren geschlossen, und während ich einige Minuten darauf wartete, daß sie um sieben Uhr morgens geöffnet wurden, kam ein Postinspektor aus Lesotho in einem Land Rover an die Schranke, der mich für einen echten Pfarrer hielt und mir anbot, mich nach Lesotho mitzunehmen.

Da er häufig dienstlich die Grenze passieren mußte, kannten ihn die Grenzbeamten und nahmen wahrscheinlich an, er habe mich mitgenommen, weil er mich kannte. Die katholische Mission St. Theresa war von hier nur wenige Kilometer entfernt, und es kam häufig vor, daß katholische Pfarrer die Grenze nach Lesotho überschritten, um im Dorf Qthing die Messe zu feiern.

Die Grenzposten interessierten sich kaum für meinen gefälsch ten Paß, und schon nach wenigen Kilometern sah ich an der Straße den auf mich wartenden Bruce Haigh und ließ mich von dem freundlichen Postbeamten dort absetzen.

Nach unserer wilden Fahrt nach Maseru führte ich vom Büro des britischen Hochkommissars aus das entscheidende Telefongespräch mit Wendy. Noch am gleichen Nachmittag kam sie mit den Kindern über die Grenze. Als wir uns in Maseru wiedersahen, hatte die Sicherheitspolizei in East London noch nicht einmal festgestellt, daß ich das Haus verlassen hatte. Von Nachbarn hörten wir später, daß die Sicherheitspolizei erst am folgenden Tag durch eine Rundfunkmeldung davon erfuhr.

Von Maseru flogen wir in einer kleinen Chartermaschine nach Botswana – ein zweieinhalb Stunden dauernder Flug über südafrikanisches Gebiet. Die südafrikanische Regierung hatte zwar damit gedroht, das Flugzeug zur Landung zu zwingen, wenn wir durch südafrikanischen Luftraum fliegen sollten, tat es aber nicht. So landeten wir sicher in Botswana und flogen dann über Sambia und Tunesien mit normalen Linienflügen nach London.

Bevor ich irgend etwas anderes unternahm, lieferte ich das vollständige Manuskript meines Buchs »Biko« bei meinem Verleger ab. Wir hatten uns kaum eine vorläufige Unterkunft verschafft, als wir durch einen Sonderkurier des Chefs der südafrikanischen Sicherheitspolizei eine Warnung erhielten, die besagte, wir dürften nicht glauben, daß wir »außerhalb seiner Reichweite« seien. Wir sollten uns davor hüten, öffentlich etwas gegen die Apartheid zu sagen oder uns an Antiapartheidskampagnen zu beteiligen.

Wendy und mich ließen diese Drohungen kalt. Seit 1978 besteht meine Arbeit darin, in Vorträgen, Aufsätzen und Rundfunksendungen gegen die Methoden der südafrikanischen Regierung und ihre Apartheidspolitik zu protestieren.

Zunächst hatte ich geglaubt, die Medien würden sich nur kurze Zeit und in begrenztem Umfang für den Bericht über Biko und dafür interessieren, was ich über Südafrika zu sagen hatte. Doch von Anfang an war die Reaktion der Nachrichtenmedien überwältigend und übertraf alles, was ich erwartet hatte. Die Presse brachte rund um die Welt Berichte und Interviews, und ich mußte jedes Jahr mehrere Vortragsreisen unternehmen, vor allem in den Vereinigten Staaten, aber auch in Europa und sogar in Australien, Neuseeland, Japan, Indien und Nigeria.

Die erste Fassung von »Biko« erschien in den Jahren 1978 und 1979 in zwölf Sprachen – Englisch, Französisch, Deutsch, Dänisch, Spanisch, Schwedisch, Finnisch, Japanisch, Norwegisch, Hebräisch, Isländisch und in Urdu.

Richard Attenborough wurde in seiner Absicht, über meine Freundschaft mit Steve Biko einen Film herzustellen, bestärkt, als sein Freund, der Drehbuchautor John Briley, der auch das Drehbuch für den Gandhi-Film geschrieben hatte, sich bereit erklärte, auch dieses Drehbuch nach meinen Aufzeichnungen zu verfassen. Die Dreharbeiten begannen 1986 in Simbabwe und wurden 1987 in London beendet.

Die eigentliche Filmhandlung stützt sich auf Begebenheiten aus dem Leben Bikos und auf meine Berichte und Erfahrungen. Das persönliche Leben Bikos stand im Vordergrund. Den dokumentarischen Hintergrund bildeten wichtige historische Ereignisse aus der gleichen Zeit, die das Wesen der Apartheid beleuchteten. Dazu gehörten die Polizeirazzia in der schwarzen Siedlung Crossroads bei Kapstadt, der Streik der Schüler und Studenten in Soweto von 1976 und der folgende Einsatz von Schußwaffen durch die Polizei, bei dem zahlreiche Demonstranten ums Leben kamen.

Am letzten Tag der Dreharbeiten in Simbabwe hatte ich das gleiche Gefühl wie an dem Tag, an dem ich meinem Verlag die korrigierten Druckfahnen der ersten Ausgabe dieses Buches übergab – es war zu spät für die Sicherheitspolizei, meinen Bericht zu zensieren oder die genaue Darstellung ihres brutalen Vorgehens gegen Steve Biko, das zu seinem Tod geführt hatte, zu verschleiern.

Das von mir zusammengetragene Material in diesem Buch und in dem Film würde jetzt seine Wirkung tun und das Gewissen der Welt im Namen des jungen Märtyrers Steve Biko aufrütteln.

Ich glaube immer noch, wenn man den Menschen überall auf der Welt ermöglichen könnte, die ganze Wahrheit über die Apartheid zu erfahren, dann würde die überwältigende Mehrheit ein internationales Vorgehen mit wirtschaftlichen und diplomatischen Sanktionen unterstützen, deren Ziel es sein muß, das Regime, das diese mörderische Politik verfolgt, mit friedlichen Mitteln zu stürzen. Leider hat es den Anschein, daß wirtschaftliche Sanktionen, auch wenn sie von der Bevölkerung Opfer verlangen, der einzig verantwortbare Weg sind, den die freie Welt gehen kann.

Ich hoffe, dieses Buch und der daraus entstandene Film werden dazu beitragen, die öffentliche Meinung in der ganzen Welt zu informieren, und damit helfen, das Werk von Steve Biko und anderen schwarzen Patrioten zu vollenden, die sich darum bemüht haben, Südafrika die Freiheit zu bringen.

Der Hintergrund

Die Kolonialzeit

Steve Biko war von diesem Südafrika und seiner Geschichte geprägt, deshalb ist es nötig, eine kurze Zusammenfassung dieser Geschichte zu geben und besonders jene Elemente zu betonen, die seine Haltung und seine Philosophie beeinflußt haben.

Die schriftlich überlieferte Geschichte Südafrikas beginnt mit der Ankunft weißer Siedler im Jahre 1652, als die Holländer dort, wo jetzt Kapstadt steht, einen Stützpunkt für ihre Schiffahrt einrichteten. Aber bewohnt war das Land schon seit langer Zeit; Archäologen sind hier sogar mit auf die frühesten Spuren menschlichen Lebens überhaupt gestoßen. Als die holländischen Siedler ankamen, fanden sie das Kap und sein Hinterland von fahlhäutigen Jägern und Hirten bewohnt, den Khoisan. Ein großer Teil des Landesinneren war von negroiden, bantusprechenden Stammesangehörigen bewohnt. Südafrikanischen Schulkindern bringt man bei, daß die Ankunft der weißen Siedler mit der dieser Bantu-Stammesangehörigen zusammentraf, jedoch beweisen Radiokarbon-Datierungen, daß es schon im 5. Jahrhundert nach Christi Geburt negroide Gemeinschaften im Transvaal gegeben hat.

Zu den weißen Siedlungen auf der Kaphalbinsel stießen Gruppen französischer und deutscher Siedler; die französischen waren Hugenotten auf der Flucht vor der religiösen Verfolgung in Europa. Nach einer Weile verschmolzen diese Gruppen zu einer einzigen weißen Kulturgemeinschaft, die ihre eigene Sprache, Afrikaans, hatte und deren Nachkommen Afrikaaner* genannt wurden. Die Sprache Afrikaans entwickelte sich aus dem Holländischen, mit einigen deutschen Einflüssen. Heute ist das Afrikaans eine eigenständige Sprache.

1814 annektierten die Briten die gesamte Kolonie im Rahmen eines postnapoleonischen Abkommens zwischen Großbritannien, Holland und Schweden. Aus verschiedenen Gründen, nicht zuletzt wegen der Abschaffung der Sklaverei und der von den Afrikaanern als zu liberal empfundenen Politik der britischen Kolonialregierung gegenüber den Schwarzen, wanderte eine große Anzahl von Afrikaanern in das Hinterland. Diese Wanderung wurde später als der Große Trek bekannt. Die Afrikaaner errichteten zwei unabhängige Republiken; eine im Norden (Transvaal) und eine im Zentrum des Landes (Orange Free State), nach dem holländischen Königshaus Oranje benannt.

Zu Beginn des 20. Jahrhunderts kontrollierten die Briten die zwei Küstenprovinzen, die Kapprovinz und Natal, die Afrikaaner die zwei nördlich gelegenen. Die Entdeckung der größten Goldvorkommen der Welt lockte weiße Bergarbeiter aus der ganzen Welt nach Transvaal, meist aus englischsprachigen Ländern – Großbritannien, den Vereinigten Staaten, Kanada, Australien und Neuseeland. Das stellte den Afrikaanerführer Paul Kruger, den Präsidenten der Republik Transvaal, vor ein Problem: Diese Neuankömmlinge stellten jetzt eine Mehrheit dar, die den Afrikaanern in dieser Gegend zahlenmäßig überlegen war. Diese Leute, von Kruger als Uitlanders (Ausländer) bezeichnet, verlangten die Bürgerrechte und besonders das Wahlrecht, mit der Begründung, daß sie dem Transvaal den Großteil seines Staatseinkommens lieferten.

Wie in unseren Tagen Premier Vorster, weigerte sich Kruger, wirkliche Verhandlungen mit der auf ihre Rechte pochenden Mehrheit zu führen. Schließlich explodierte die aufgestaute Spannung; der Burenkrieg brach aus, der einen entsetzlichen Tribut an Menschenleben forderte.

* Hier wird die afrikaanse Schreibweise gebraucht, da bei der englischen (Afrikaner) Mißverständnisse entstehen könnten.

Kurz nach Kriegsende gaben die Briten ganz Südafrika zurück an eine ihrer Meinung nach vereinigte weiße Nation unter den Afrikaanerführern Louis Botha und Jan Smuts. 1910 wurden die beiden früheren Afrikaaner-Republiken und die beiden ehemaligen britischen Kolonien durch den Act of Union vereint und ihnen die Unabhängigkeit als souveräner Staat gegeben, in dem die Afrikaaner die Mehrheit der weißen Bevölkerung stellten. Vor dem Hintergrund der Geschichte der beiden weißen Gruppen, die sich die Herrschaft des Landes teilen sollten, der Afrikaaner und der englisch sprechenden Weißen (etwa sechzig bzw. vierzig Prozent der gesamten weißen Bevölkerung) war der Act of Union eine stark vereinfachende und oberflächliche Formel für die Gestaltung der Zukunft des Landes. Und angesichts der historischen und politischen Vergangenheit der überwältigenden schwarzen Mehrheit, deren Bestrebungen dabei völlig außer acht gelassen wurden, mußte diese Lösung in der Zukunft zu katastrophalen Rassenkonflikten führen.

Vor 1910 spielte die schwarze Politik kaum eine Rolle im politischen Denken der weißen Südafrikaner. Zur Zeit der Gründung der Südafrikanischen Union wurde ein qualifiziertes Wahlrecht für die Schwarzen, wie es von den britischen Kolonialherren eingeführt worden war, nur in der Kapprovinz aufrechterhalten. Die beiden von den Afrikaanern beherrschten Republiken hatten den Schwarzen keine politischen Rechte gewährt, und auch Natal war kaum weniger konservativ. Und die minimalen Rechte, die den Schwarzen in der Formel von 1910 eingeräumt wurden, sollten nicht nur nicht weiterentwickelt werden, sondern wurden ihnen im Lauf der Zeit gänzlich genommen.

1913 wurden Gesetze erlassen, nach denen den Schwarzen nur noch das Besitzrecht an Grund und Boden in bestimmten Gebieten gewährt wurde, die insgesamt knapp zehn Prozent des gesamten nationalen Territoriums ausmachten. Mit dem Entstehen des Afrikaansen Nationalismus wurde die Rechtelosigkeit der Schwarzen noch deutlicher spürbar, was besonders in den Äußerungen des Begründers der Afrikaansen Nationalistischen Partei, des ehemaligen Burengenerals James Hertzog, zum Ausdruck kam. Hertzog erkannte, daß die Afrikaaner eine sechzigprozentige Mehrheit innerhalb der weißen Bevölkerung bildeten und daß er unter Ausnutzung ihres rassischen Konservatismus Botha und Smuts ausschalten und die Herrschaft im Lande übernehmen konnte. Deshalb gründete er 1914 die Afrikaanse Nationalistische Partei zur Bekämpfung der gemäßigteren Politik von Botha und Smuts. Der Chauvinismus und die schwarzenfeindliche Bigotterie der Afrikaaner wirkten sich in den Wahlen des Jahres 1924 so günstig für diese Partei aus, daß sie in einer Koalition mit der rassistischen weißen Labor Party, deren Anhänger vor allem weiße Minenarbeiter waren, die politische Macht an sich reißen konnten.

Damit begann die programmatische Entwicklung der Apartheid, der gesetzlich festgelegten Rassendiskriminierung, die allerdings in ihren extremsten Formen erst 1948 von den politischen Nachfolgern Hertzogs gesetzlich verankert wurde. Hertzog hatte noch gewisse Hemmungen, von denen bei seinen Nachfolgern nichts mehr zu spüren war. Das hinderte ihn unter anderem daran, gewisse Bestimmungen der Verfassung von 1910 über das Wahlrecht der »Farbigen« (Mulatten) in der Kapprovinz für ungültig zu erklären. Die vollständige Durchführung der Pläne von Hertzog wurde außerdem unmöglich gemacht, als Smuts 1939 die hitlerfeindliche Stimmung im südafrikanischen Parlament ausnutzte und eine Vertrauensabstimmung erzwang, die zum Rücktritt von Hertzog führte. Am Ende des Krieges gegen Hitler war Hertzog inzwischen gestorben, und sein politischer Erbe als Führer der Nationalist Party, Daniel Malan, gewann in den Wahlen von 1948 die politische Macht zurück, nachdem er sich im Wahlkampf auf den von Hertzog vertretenen Chauvinismus der Afrikaaner und ihre bigotte Schwarzenfeindlichkeit gestützt hatte.

Seitdem ist die Afrikaaner Nationalist Party an der Macht. Dreißig Jahre lang hat sie systematisch und rücksichtslos die Rassenpolitik der Apartheid durchgesetzt, eine Politik, die dem Regime den Abscheu der Welt sowie den Haß der schwarzen Massen innerhalb des Apartheidstaates eingebracht hat.

Die schwarze Antwort

Wie reagierten nun die Schwarzen auf die weiße Besiedlung und später auf das gesetzliche Anziehen der Apartheid-Schrauben? Die erste große schwarze Reaktion auf den von der Kapniederlassung ausgehenden Expansionsdrang der Weißen war der Krieg. Ein Jahrhundert lang, ab 1779, wurden nicht weniger als neun Kriege zwischen Angehörigen des Xhosa-Stammes und den Grenzlandfarmern ausgetragen. Ende des 19. Jahrhunderts war die militärische Macht der Xhosa gebrochen. Die andere große schwarze Gruppe, die Zulus, führte in Natal einen wütenden Krieg, bevor sie 1879 den britischen Waffen erlag.

In den darauffolgenden hundert Jahren strebte die schwarze Mehrheit ein faires Arrangement mit der weißen Minderheit an. Das östliche Kap war dabei das Zentrum der schwarzen Politik. Bildungsanstalten wie die Fort Hare University, das Lovedale Institute und das Healdtown College schulten schwarze Führer nicht nur für Südafrika, sondern auch für Kenia, Tansania, Malawi und Sambia. Aus diesen Bildungszentren gingen alle Führer der ersten schwarzen Befreiungsbewegung hervor: Dr. T. Jabavu, Dr. A. B. Xuma, P. Mzimba, E. Makiwane, W. Rubusana, A. K. Soga, J. Dube, M. Pelemi, J. Gumede und P. Seme; auch die drei wichtigsten schwarzen Führer, die in der stürmischen Zeit seit der Machtübernahme der Afrikaaner Nationalist Party im Jahre 1948 auftauchten, waren allesamt Männer vom Ostkap – Nelson Mandela, Robert Sobukwe und Steve Biko.

Ironischerweise wurde die schwarze Bevölkerung zum ersten Mal politisch aktiv, als eine beträchtliche Zahl schwarzer Wähler 1869 in der Kapprovinz das Wahlrecht erhielten und den weißen Kandidaten, George Wood, dabei unterstützten, in die Legislative gewählt zu werden. In mindestens einem Wahlkreis in der Kapprovinz verhalfen schwarze Wähler einem weißen Kandidaten zum Siege über einen schwarzen Kandidaten. Hier zeigte es sich zum ersten Mal, daß die schwarzen Wähler ihre Stimmen nicht nach rassischen Gesichtspunkten abgaben. Doch diese nicht rassistische Haltung konnte sich auf die Dauer nicht durchsetzen, weil die Weißen sich darum bemühten, das Wahlrecht der Schwarzen einzuschränken, während die Zahl der schwarzen Wähler wuchs, die sich zunehmend schwarzen Gruppierungen und Organisationen anschlossen, um politischen Druck auf die Regierung auszuüben. Lange Zeit versuchten diese schwarzen Interessenvertretungen, die an der Macht befindlichen weißen Politiker zu veranlassen, eine Beteiligung der Schwarzen an der Innenpolitik zuzulassen. Als diese Bemühungen jedoch fehlschlugen, sahen sich schwarze Führer veranlaßt, sich im Ausland nach Unterstützung ihrer Forderungen umzusehen. Nach einer Konferenz in King William's Town im Jahre 1887 gründete Dr. T. Jabavu die Cape Native Convention, als deren Delegierter er 1909 nach London reisen sollte, um gegen rassistische Bestimmungen zu protestieren, die Großbritannien zur Voraussetzung dafür machen wollte, daß es der Südafrikanischen Union die volle Unabhängigkeit gewährte.

Als Jabavu nach dem Scheitern seiner Mission zurückkehrte, mußte er feststellen, daß unter der schwarzen Bevölkerung in Südafrika eine erhebliche Verärgerung über das vorgeschlagene Gesetz zur Gründung der Südafrikanischen Union herrschte. Der schwarze Rechtsanwalt Seme gewann die Mehrheit der Anhänger von Jabavu für eine militantere schwarze Organisation, den sogenannten Südafrikanischen Nationalkongreß (South African Native National Congress). Dazu gewann Seme die Unterstützung von einflußreichen schwarzen Führern wie Rubusana, Pelemi, Mapikela, Makgatho, Mangena, Msimang und Dr. J. L. Dube, eines in Amerika ausgebildeten Schülers von Booker T. Washington. Jabavu schloß sich nicht dieser neuen Organisation an, sondern gründete den South African Races Congress. Dabei setzte er seine Hoffnungen auf den guten Willen liberaler Weißer unter den einflußreichen Politikern der Kapprovinz. Botha und Smuts waren sich indessen klar darüber geworden, welchen Anklang die rassistischen Parolen Hertzogs bei der weißen Bevölkerung fanden, und reagierten darauf 1913 mit der Einführung der Land Bill. Mit diesem Gesetz wurden ethnischen Gruppen bestimmte Landgebiete zugeteilt. Damit war die territoriale Apartheid geboren.

Jabavu, der glaubte, daß dieser Gebietstrennungsplan den Schwarzen zugute kommen würde, unterstützte die Gesetzesvorlage. Das führte zur Spaltung des Native National Congress. Ein Teil seiner Mitglieder stellte sich hinter Dube, der grundsätzlich nichts gegen die Rassentrennung einzuwenden hatte (vorausgesetzt, das Territorium und die Reichtümer des Landes wurden gerecht zwischen Schwarzen und Weißen aufgeteilt), die anderen hinter Makgatho, der die Rassentrennung ablehnte, von der Mehrheit unterstützt wurde und 1917 die Präsidentschaft in der Organisation übernahm. Diese Entwicklung ließ bereits ahnen, welche Haltung die Schwarzen in Zukunft einnehmen würden. Einige schwarze Führer akzeptierten später die »Homeland-Politik« der Landaufteilung und wurden dafür kritisiert, daß sie ihre schwarzen Brüder verraten und sich mit weniger zufrieden gegeben hätten als der Gewährung der uneingeschränkten Bürgerrechte in ganz Südafrika.

Die erste tragische Folge der Landverteilungspolitik war das Bulhoek-Massaker von 1921, als sich eine Gruppe von Schwarzen weigerte, Land bei Bulhoek in der Nähe von Queenstown freizugeben, auf dem sie sich niedergelassen hatten, und eine Polizeistreife angriffen, die sie von dort vertreiben sollte. Die Polizisten eröffneten das Feuer und metzelten die Schwarzen nieder. Auch dieses Ereignis erinnert uns an ähnliche Vorfälle aus neuerer Zeit, etwa an die Demonstration vor der Polizeistation in Sharpeville, Transvaal, im Jahr 1960, die mit einem ähnlichen Massaker endete. Von Zeit zu Zeit sind der Zorn und die Frustration der Schwarzen in Südafrika angesichts der Politik der Afrikaansen Nationalisten in ähnlichen Protesten zum Ausbruch gekommen. Der explosivste war der Aufstand in Soweto von 1976. Elf Jahre später, im Jahr 1987, kam es zu sporadischen Ausbrüchen von Gewalt und Bombenanschlägen auf Eisenbahnen – aber jedesmal zeigte es sich, daß man mit Steinen und Speeren nichts gegen Gewehre und Tränengas ausrichten kann.

In den Jahren 1917 bis 1924 wurde der Native National Congress zusehends aggressiver. Die Schwarzen griffen nun zum passiven Widerstand und zu Streiks, Methoden, die später auch vom African National Congress und dem Pan-Africanist Congress angewendet wurden. Doch Streiks erfordern finanzielle Mittel, um die Streikenden eine gewisse Zeit materiell zu unterstützen, und da diese Mittel fehlten, mußte jeder Streikversuch schwarzer Arbeiter an ihrer bedrückenden Armut scheitern. Zu den erfolgreichen Streikführern gehörte der aus Malawi stammende Clements Kadalie. Der berühmteste Vertreter des passiven Widerstandes war der Rechtsanwalt Mohandas Gandhi aus Natal, der später als Mahatma berühmt geworden ist und Indien mit den Methoden des passiven Widerstandes, die er in Südafrika entwickelt hatte, von der britischen Herrschaft befreite.

Zu den Rassenunterschieden zwischen Schwarz und Weiß, zu den Problemen zwischen Afrikaanern und Englisch-Sprechenden und den Problemen der sogenannten Coloureds (der Mischlingsnachkommen schwarzer und weißer Eltern) kam noch das Inderproblem hinzu, vom Chinesenproblem ganz zu schweigen. Man hatte billige indische Arbeitskräfte für die Zuckerrohrfelder von Natal und chinesische für die Goldminen geholt. Nachdem sich weiße Bergleute beschwert hatten, wurden viele Chinesen in die Heimat zurückgeschickt, aber ein Teil blieb da. Bemühungen, auch die Inder in ihre Heimat zurückzubringen, waren weniger erfolgreich, und heute gibt es, überwiegend in Natal, fast eine Million Südafrikaner indischer Herkunft.

Im Jahr 1924 nahmen die schwarzen und indischen politischen Bewegungen an Nachdruck zu, damals kam, wie schon erwähnt, die Afrikaan Nationalist Party unter Hertzog an die Macht. In der Folgezeit legte die Regierung Hertzogs den legislativen Grundstein für das Bollwerk der Apartheidgesetze, das die Afrikaansen Nationalisten von 1948 errichteten. Die Regierung Hertzogs setzte allen Hoffnungen auf eine politische Mitwirkung der Schwarzen in einer gemeinsamen Gesellschaft ein jähes Ende. Die Schwarzen waren im zentralen Parlament nur indirekt vertreten – durch eine Handvoll Weiße.

Inzwischen war durch die wegbereitenden Bemühungen des Native National Congress als Vertretung der Schwarzen der African National Congress errichtet worden, der als Vorhut der schwarzen Sache zu fungieren begann. Unter dem Häuptling Albert Luthuli und später unter Nelson Mandela, zwei Hünen der schwarzen Befreiungsbewegung, gewann der ANC massive Unterstützung im ganzen Land.

Steve Bikos Vorgänger

Erst als Mandelas Geduld bei der Beschwörung der Weißen um einen Kompromiß erschöpft war, spaltete sich die Volksbewegung. Mandela kam zu dem Schluß, daß weiteres Appellieren an die Vernunft Zeitverschwendung sei und der Nationalismus der Afrikaaner nur durch Gewalt zum Verhandeln gezwungen werden könne. Die Anwendung von Gewalt begann mit Sabotageakten. Für den Fall, daß die weiße Minderheitsregierung nicht bereit war nachzugeben, sollten Polizeistationen und militärische Einrichtungen angegriffen werden. Wenn auch das die Regierenden nicht beeindruckte, sollte die Gewalt eskalieren, wenn notwendig bis zum Bürgerkrieg mit allen Mitteln. Um dieses Programm in die Tat umzusetzen, bereiste Mandela andere afrikanische Länder auf der Suche nach Unterstützung und erklärte, er werde sie von jeder Seite annehmen.

Die kleine, aber militante Südafrikanische Kommunistische Partei war entscheidend daran beteiligt, die Unterstützung des Ostblocks für den ANC zu gewinnen, und Mandela selbst gelang es, alle großen afrikanischen Staaten auf seine Seite zu bringen. Seine Versuche und später die Versuche seines Freundes und Kollegen Oliver Tambo, sich auch die Unterstützung des Westens zu sichern, stießen auf entschiedene Ablehnung, so daß die einzige konkrete materielle Unterstützung des ANC zunächst von den kommunistischen Ländern, den afrikanischen Staaten sowie Ländern der Dritten Welt kam, die allerdings nur über sehr begrenzte Mittel verfügten.

An dem Bündnis zwischen dem ANC und der Kommunistischen Partei nahmen zunächst jüngere Mitglieder der Bewegung wie Robert Sobukwe Anstoß. Sobukwe fürchtete nicht nur einen möglichen Einfluß der Kommunisten auf die Politik des ANC, sondern auch den offensichtlich wachsenden Einfluß von Weißen in dem Bündnis. Nach seiner Auffassung würde eine solche Entwicklung dazu führen, daß der Freiheitskampf als rein schwarzes Anliegen verwässert wurde. Mit solchen Ideen bereitete sich das Entstehen der künftigen Block-Consciousness-Bewegung vor, an deren Gründung sich auch Steve Biko beteiligte.

Es gab natürlich auch andere Gründe für die Abspaltung des Pan-Africanist Congress, zum Beispiel den Streit um die später so bezeichnete Freiheitscharta (Freedom Charter), in der die politischen Grundsätze des ANC öffentlich dargelegt wurden. Der ANC betrachtete sie als eine umfassende Darstellung der Richtlinien für ein befreites Südafrika, in dem alle Rassen als gleichberechtigt anerkannt werden sollten und das den verschiedenen Gruppen einschließlich der Weißen garantieren sollte, daß das Land »allen gehört, die darin leben«. Der PAC kritisierte die Charta als unangemessen ethnisch in ihrer Sprache, unangemessen versöhnlich gegenüber den Weißen und ganz allgemein nicht »afrikanisch« genug. Doch zweifellos haben persönliche Unstimmigkeiten bei diesem Bruch eine größere Rolle gespielt, als die Ideologen auf beiden Seiten zugeben wollten.

Der Bruch zwischen Sobukwe und Mandela kam 1959. Sobukwe gründete den Pan-Africanist Congress und zog eine beträchtliche Anzahl der jungen ANC-Anhänger auf seine Seite. Schon 1961 hatten beide Bewegungen eine gigantische Anhängerschaft bei den schwarzen Massen; in jenem Jahr wurden sowohl der ANC als auch der PAC verboten, Sobukwe, Mandela und ihre wichtigsten Mitkämpfer wurden festgenommen, Mandela wegen des Vorhabens, die südafrikanische Regierung auf gewaltsame Weise zu stürzen. Beide kamen ins Gefängnis Robben Island. Nachdem Sobukwe seine Strafe abgesessen hatte, wurde er geächtet und in die abgelegene Gegend um Kimberley verbannt. Mandela sitzt immer noch auf Robben Island, seit fünfundzwanzig Jahren; die Regierung Botha hat bekanntgegeben, daß sie das über ihn verhängte Urteil nicht revidieren wird.

Nach den heute in Südafrika geltenden Gesetzen darf Mandela nicht zitiert werden, und niemand im Lande darf seine Worte wiederholen. Deshalb dürfen seine eigenen Landsleute keine Diskussionen über seine Auffassungen führen. Daß er jedoch ein bemerkenswerter Mann ist, läßt sich an verschiedenen Reden Mandelas erkennen, die wir hier auszugsweise wiedergeben. In seinem ersten Gerichtsverfahren wurde Mandela zweier Vergehen beschuldigt: Er habe afrikanische Arbeiter zum Streik aufgerufen (die Arbeitsverweigerung im März 1961) und Südafrika ohne gültiges Reisedokument verlassen. Nun benutzte er die Verhandlung dazu, das weiße Regime scharf anzugreifen, und sprach dem Gericht die moralische Berechtigung ab, ein Urteil gegen ihn zu fällen:

Ich möchte Euer Ehren ersuchen, das Verfahren einzustellen. Ich bestreite die Zuständigkeit des Gerichts aus zwei Gründen. Erstens bestreite ich sie, weil ich fürchte, daß ich nicht mit einem fairen und ordnungsgemäßen Verfahren rechnen darf. Zweitens betrachte ich mich als weder gesetzlich noch moralisch verpflichtet, Gesetze zu befolgen, die von einem Parlament erlassen worden sind, in dem ich nicht vertreten bin. Was ist das für eine Rechtspflege, die es dem Kläger erlaubt, über den Beklagten zu Gericht zu sitzen?

Der weiße Mann erläßt alle Gesetze, er zerrt uns vor seine Gerichte, stellt uns unter Anklage und sitzt über uns zu Gericht. Ich stehe in diesem Gerichtssaal vor einem weißen Richter, vor einem weißen Staatsanwalt und werde von einem weißen Justizbeamten zur Anklagebank geführt. Mich bedrückt die Atmosphäre der weißen Vorherrschaft, die in diesem Gerichtssaal so deutlich zu spüren ist. Hier werde ich daran erinnert, daß ich kein Stimmrecht habe, weil es in diesem Lande ein von weißen beherrschtes Parlament gibt. Ich besitze kein Land, weil die weiße Minderheit den Löwenanteil meines Landes für sich in Anspruch genommen und mich gezwungen hat, mit den von Armut heimgesuchten, überbevölkerten Reservaten vorliebzunehmen, wo wir von Hunger und Krankheit gepeinigt werden. Diese Gerichte sind keine unparteiischen Tribunale, die ein unbeeinflußtes Urteil sprechen, sondern es sind Instrumente des weißen Mannes zur Bestrafung derjenigen unter uns, die nach Befreiung von der weißen Vorherrschaft rufen.

Seit 1944 bin ich Mitglied des African National Congress und habe seine Ziele achtzehn Jahre lang vertreten. Ich habe über die Stammesunterschiede hinweg die Einheit aller Afrikaner angestrebt. Ich habe für die Übernahme der politischen Macht durch die Afrikaner im Land ihrer Geburt gekämpft. Der African National Congress glaubt zudem, daß alle Menschen, ohne Rücksicht auf die Zugehörigkeit zu nationalen Gruppen und ohne Rücksicht auf ihre Hautfarbe, alle Menschen, deren Heimat Südafrika ist und die an die Grundsätze der Demokratie und die Gleichberechtigung der Menschen glauben, als Afrikaner behandelt werden sollten; daß alle Südafrikaner das Recht auf ein freies Leben aufgrund der vollkommenen Gleichheit der Rechte und Chancen auf jedem Gebiet, der uneingeschränkten demokratischen Rechte mit einem direkten Mitspracherecht in Regierungsangelegenheiten haben.

Jeder denkende Afrikaner in diesem Land wird ständig in einen Konflikt zwischen seinem Gewissen und dem Gesetz getrieben. Während seines fünfzigjährigen Bestehens hat der Afrikanische Nationalkongreß alles in seiner Macht Stehende getan, um den jeweiligen südafrikanischen Regierungen seine Forderungen verständlich zu machen. *Aber diese Regierung hat der Gewalt den Boden bereitet, denn sie hat die Forderungen der afrikanischen Bevölkerung ausschließlich mit Gewalt beantwortet.* Wir sind durch die Geschichte zu unserer gegenwärtigen Haltung getrieben worden. Wir haben diese Haltung nicht aus uns selbst entwickelt. Die Geschichte der weißen Regierungen in diesem Lande hat uns gezwungen, die Tatsache anzuerkennen, daß Afrikaner, die ihre Forderungen energisch genug vorbringen, um eine gewisse Chance auf Erfolg zu haben, auf Gewalt und Terror seitens der Regierung stoßen.

Die von der Regierung ausgeübte Gewalt muß Gegengewalt erzeugen. Wenn die Regierung nicht zur Vernunft kommt, dann wird der Konflikt zwischen der Regierung und meinem Volk schließlich mit Gewalt entschieden werden müssen. Ich hasse Rassendiskriminierung, und ich werde in meinem Haß durch die Tatsache bestärkt, daß die überwältigende Mehrheit der Menschen im In- und Ausland sie ebenso haßt wie ich. Ich hasse die systematische Beeinflussung der Kinder mit Rassenvorurteilen, und ich werde in diesem Haß durch die Tatsache bestärkt, daß die überwältigende Mehrheit der Menschen hier und im Ausland mir darin zustimmt. Ich hasse die rassische Arroganz, die verlangt, daß die guten Dinge im Leben das Vorrecht einer Minderheit sein sollen, und die die Mehrheit der Bevölkerung zu Knechtschaft und Minderwertigkeit verurteilt, ihr das Stimmrecht verweigert und sie dazu zwingt, dort zu arbeiten, wo es der herrschenden Minderheit gefällt, und das zu tun, was diese Minderheit ihr befiehlt. In diesem Haß werde ich durch die Tatsache bestärkt, daß die überwältigende Mehrheit der Menschheit in diesem Land und jenseits seiner Grenzen auf meiner Steite steht. Ich habe meine Pflicht gegenüber meinem Volk und Südafrika erfüllt. Ich zweifle nicht daran, daß die Nachwelt mir meine Unschuld bescheinigen und erklären wird, daß die Verbrecher, die vor dieses Gericht hätten gestellt werden müssen, die Mitglieder der südafrikanischen Regierung sind.

Mandela wurde wegen Aufwiegelung zum Streik zu drei Jahren und, weil er Südafrika ohne gültige Ausreisegenehmigung und ohne Paß verlassen hatte, zu zwei Jahren Gefängnis verurteilt. Er trat seine fünf Jahre dauernde Gefängnisstrafe im Zentralgefängnis von Pretoria an. Dort verbrachte er dreiundzwanzig von jeweils vierundzwanzig Stunden in Einzelhaft in seiner Zelle.

Am 11. Juni 1963 verhaftete die Polizei bei einer Razzia im Untergrundhauptquartier des ANC in Riwonia, einem Vorort von Johannesburg, Walter Sisulu, Govan Mbeki, Raymond Mhlaba, Ahmed Kathrada, Dennis Goldberg, Lionel Bernstein und andere. Das Riwoniaverfahren begann im Oktober 1963, und Mandela wurde aus seiner Zelle geholt und mit den anderen Beschuldigten auf die Anklagebank gesetzt. Ihm wurden Sabotage und die Beteiligung an einer Verschwörung zum Sturz der Regierung durch eine Revolution und die Unterstützung einer bewaffneten Invasion Südafrikas durch ausländische Truppen vorgeworfen. Neben diesen afrikanischen Führern gehörten auch Elias Motsoaledi und Andrew Mlangeni zu den Angeklagten. Damit standen insgesamt neun Männer vor Gericht. Die Hauptzeugen der Anklage waren fast alle lange Zeit in Einzelhaft gehalten worden. Mandela ergriff als erster das Wort zu seiner Verteidigung und sagte dem Gericht in seiner Erklärung am 20. April 1964, er sei einer der Gründer des »Umkonto we Sizwe« (Speer der Nation), des für Sabotage zuständigen Flügels des ANC:

Ich bin der erste Angeklagte. Ich habe den akademischen Grad eines Bakkalaureus der Philosophischen Fakultät erworben und eine Reihe von Jahren mit meinem Partner Oliver Tambo in Johannesburg als Anwalt praktiziert. Gegenwärtig verbüße ich eine fünfjährige Gefängnisstrafe, weil ich das Land ohne Ausreisegenehmigung verlassen und die Bevölkerung Ende Mai 1961 zum Streik aufgerufen habe. Ich möchte vorausschicken, daß die Behauptung der Anklage, der Kampf in Südafrika werde von Ausländern oder Kommunisten beeinflußt, vollkommen falsch ist. Was ich als Privatperson und als Führer meines Volkes getan habe, das habe ich aufgrund meiner Erfahrungen in Südafrika und meiner afrikanischen Abstammung getan, aber nicht auf Veranlassung irgendeines Außenseiters. In meiner Jugend in der Transkei habe ich die Erzählungen der Ältesten meines Stammes über die alten Zeiten gehört. Ihre

Geschichten handelten unter anderem von den Kriegen, die unsere Vorfahren zur Verteidigung des Vaterlandes geführt haben. Damals hoffte ich, daß das Leben mir die Gelegenheit geben werde, meinem Volk zu dienen und einen bescheidenen Beitrag zu seinem Kampf um die Freiheit zu leisten. Das ist es, was mich bei all meinen Handlungen motiviert hat, die mir in diesem Verfahren vorgeworfen werden.

Nachdem ich das gesagt habe, muß ich mich sofort ausführlich mit der Frage der Gewalt beschäftigen. Was dem Gericht bisher vorgetragen worden ist, das ist zum Teil richtig, zum Teil aber auch falsch. Ich bestreite nicht, Sabotageakte geplant zu haben. Ich habe das nicht leichtfertig getan, denn ich verabscheue die Gewalt. Diese Pläne waren das Ergebnis einer ruhigen und nüchternen Beurteilung der politischen Lage, die nach vielen Jahren der Tyrannei, der Ausbeutung und der Unterdrükkung meines Volkes durch die Weißen entstanden ist.

Ich gebe unumwunden zu, daß ich zu dem Personenkreis gehörte, der das Umkonto we Sizwe gegründet hat, und daß ich bis zu meiner Verhaftung im August 1962 in dieser Organisation eine führende Rolle gespielt habe. Ich und die anderen, die die Organisation ins Leben gerufen haben, taten das aus zwei Gründen. Erstens glaubten wir, daß als Folge der Regierungspolitik Gewaltanwendung durch den afrikanischen Bevölkerungsteil unvermeidlich geworden war und daß es, wenn die Stimmung in unserem Volk nicht durch verantwortliche Führer in die richtigen Bahnen gelenkt und kontrolliert würde, zu terroristischen Gewaltakten kommen werde, die zu einer so intensiven Verbitterung und Feindschaft zwischen den verschiedenen Rassen in unserem Lande führen müßten, wie das nicht einmal in einem Krieg geschieht. Zweitens waren wir überzeugt, daß sich ohne Gewalt für den afrikanischen Bevölkerungsteil kein Weg öffnen werde, auf dem sich der Kampf gegen die weiße Vorherrschaft erfolgreich führen ließ. Alle Möglichkeiten, den Widerstand gegen die weiße Vorherrschaft im Rahmen des geltenden Rechts zum Ausdruck zu bringen, waren durch entsprechende Gesetze blockiert, und wir sahen uns in eine Lage gedrängt, in der wir entweder akzeptieren mußten, als minderwertig behandelt zu werden, oder gezwungen waren, der Regierung Widerstand entgegenzusetzen. Wir entschlossen uns, die von dieser Regierung erlassenen Gesetze zu mißachten. Zunächst verstießen wir in einer Weise gegen die Gesetze, die es uns ermöglichte, auf Gewalt zu verzichten. Als die Regierung Gesetze gegen diese Methoden erließ und zu Gewaltdemonstrationen griff, um den Widerstand gegen ihre Politik zu brechen, beschlossen wir, der Gewalt mit Gewalt zu begegnen, aber nicht früher.

Trotzdem hatten die Mittel, für die wir uns entschieden, nichts mit Terrorismus zu tun. Wir, die Begründer von Umkonto, gehörten alle dem African National Congress an, und hinter uns stand die Tradition der Gewaltlosigkeit und der Verhandlungsbereitschaft zur Lösung politischer Konflikte. Wir glaubten, Südafrika gehöre allen seinen Bewohnern und nicht nur einer Gruppe, weder den Schwarzen noch den Weißen. Wir wollten keinen Krieg zwischen den Rassen und haben bis zum letzten Augenblick versucht, ihn zu vermeiden. Wir mußten jedoch der harten Tatsache ins Auge sehen, daß fünfzig Jahre Gewaltlosigkeit der afrikanischen Bevölkerung nichts gebracht hatten als eine zunehmend repressive Gesetzgebung und immer weniger Rechte. Vier Formen der Gewaltanwendung waren möglich. Es gibt Sabotage, es gibt Guerillakrieg, es gibt den Terrorismus, und es gibt die offene Revolte. Wir entschieden uns für die erste Methode und wollten ihre Möglichkeiten voll ausschöpfen, bevor wir irgendeine andere Entscheidung trafen.

Unser erster Plan stützte sich auf eine sorgfältige Analyse der politischen und wirtschaftlichen Lage in unserem Land. Wir glaubten, daß Südafrika weitgehend von ausländischem Kapital und dem Außenhandel abhängig sei. Wir waren überzeugt, die planmäßige Zerstörung von Kraftwerken und die Unterbrechung von Eisenbahn- und Telefonverbindungen würden ausländische Investoren abschrecken, ihr Kapital in unserem Land zu investieren, würde das rechtzeitige Eintreffen von Gütern aus den Industriegebieten in den Seehäfen erschweren, auf die Dauer das Wirtschaftsleben im Lande erheblich belasten und so die Wähler zwingen, ihre Haltung zu überdenken.

Die gegen das Wirtschaftsleben des Landes gerichteten Aktionen sollten mit Sabotageakten gegen Regierungsgebäude und andere Symbole der Apartheid verbunden werden. Diese Aktionen sollten die afrikanische Bevölkerung inspirieren. Außerdem wären sie ein Ventil für diejenigen, die sich für die Anwendung von Gewalt ausgesprochen hatten, und würden uns in die Lage versetzen, unseren Anhängern den konkreten Beweis dafür zu liefern, daß wir uns zu einem energischen Vorgehen entschlossen hatten und daß wir uns aktiv gegen die Gewaltmaßnahmen der Regierung wehrten. Außerdem glaubten wir, wenn Massenaktionen erfolgreich organisiert und gegen diese Massenvergeltungsmaßnahmen ergriffen würden, werde die Sympathie für unsere Sache in anderen Ländern geweckt und ein stärkerer Druck auf die südafrikanische Regierung ausgeübt werden.

Das also war der Plan. Umkonto sollte Sabotageakte verüben, und die Mitglieder der Organisation wurden von Anfang an strikt angewiesen, unter keinen Umständen bei der Planung oder Ausführung ihrer Operationen Menschen zu verletzen oder zu töten.

Wir wußten aus Erfahrung, daß eine Rebellion der Regierung den Vorwand dafür geben werde, unter der afrikanischen Bevölkerung ein Gemetzel anzurichten. Aber gerade weil der Boden von Südafrika schon mit dem Blut unschuldiger Afrikaner getränkt ist, hielten wir es für unsere

Pflicht, uns auf lange Sicht auf die Anwendung von Gewalt vorzubereiten, um uns gegen die Gewalt zu verteidigen. Wenn der Krieg unvermeidlich war, dann wollten wir den Kampf unter den für unser Volk günstigsten Bedingungen führen. Die besten Aussichten für uns und das geringste Risiko für Verluste an Menschenleben bot der Guerillakrieg. Für alle Weißen besteht Wehrpflicht, aber Afrikaner werden nicht militärisch ausgebildet. Deshalb kam es nach unserer Auffassung darauf an, einen Kern ausgebildeter Männer zusammenzustellen, die in der Lage wären, bei Beginn eines Guerillakrieges die Führung zu übernehmen.

Die staatliche Anklage hat unter anderem behauptet, der ANC und die Kommunistische Partei hätten die gleichen politischen Ziele. Ich möchte mich mit dieser Frage und mit meiner persönlichen politischen Haltung beschäftigen, weil ich annehmen muß, daß die Anklage, ausgehend von einem Teil des Beweismaterials, behaupten könnte, ich hätte versucht, den Marxismus in den ANC einzuführen. Diese Behauptung ist falsch. Das ideologische Bekenntnis des ANC ist der Glaube an den afrikanischen Nationalismus und ist es immer gewesen. Es ist nicht der afrikanische Nationalismus, der seinen Ausdruck in dem Schlagwort findet, »treibt den weißen Mann ins Meer«. Der afrikanische Nationalismus, den der ANC vertritt, fordert die Freiheit und alle Entwicklungsmöglichkeiten für die afrikanische Bevölkerung in ihrem eigenen Land. Das bei weitem wichtigste Dokument, in dem der ANC seine politischen Forderungen zum Ausdruck bringt, ist die »Freiheitscharta«. Das ist keineswegs der Entwurf für die Verfassung eines sozialistischen Staats. Die Charta verlangt vielmehr eine Neuverteilung, nicht aber eine Verstaatlichung des Bodens. Sie sieht die Verstaatlichung der Bergwerke, der Banken und der Monopolindustrie vor, weil die großen Monopole von einer Rasse allein beherrscht werden und bei einer solchen Verstaatlichung die Vorherrschaft einer Rasse trotz der Verteilung der politischen Macht bestehen bliebe.

Was nun die Kommunistische Partei betrifft, so verlangt sie, wenn ich ihre Politik richtig interpretiere, die Errichtung eines Staates auf der Grundlage der Prinzipien des Marxismus. Zwar ist sie bereit, sich für die Verwirklichung der Forderungen der Freiheitscharta einzusetzen, aber nur als Zwischenlösung der Probleme, die durch die weiße Vorherrschaft entstanden sind. Die Freiheitscharta ist für die Kommunistische Partei nur der Anfang und nicht das Ende ihres Programms. Das Hauptziel des ANC ist es, die afrikanische Bevölkerung zu vereinigen und die vollen politischen Rechte für sie durchzusetzen. Das Hauptziel der Kommunistischen Partei dagegen ist es, die kapitalistische Regierung zu stürzen und durch eine Regierung der Arbeiterklasse zu ersetzen. Die Kommunistische Partei betont die Klassenunterschiede, während der ANC den Ausgleich zwischen den Klassen sucht. Das ist ein wesentlicher Unterschied.

Es ist richtig, daß der ANC und die Kommunistische Partei häufig eng zusammengearbeitet haben. Aber diese Zusammenarbeit zeigt nur, daß beide Organisationen ein gemeinsames Ziel haben, in diesem Fall die Beseitigung der weißen Vorherrschaft. Es beweist nicht die völlige Übereinstimmung der Interessen. In der Weltgeschichte finden sich zahlreiche ähnliche Beispiele. Das bekannteste war die Zusammenarbeit zwischen Großbritannien und den Vereinigten Staaten von Amerika auf der einen und der Sowjetunion auf der anderen Seite im Kampf gegen Hitler. Niemand außer Hitler hätte es gewagt zu sagen, daß als Folge dieser Zusammenarbeit Churchill oder Roosevelt Kommunisten oder Werkzeuge der Kommunisten geworden wären oder daß Großbritannien und Amerika darauf hingearbeitet hätten, die Welt kommunistisch zu machen.

Eine sehr ähnliche Zusammenarbeit finden wir im Umkonto. Sehr bald nach der Gründung von Umkonto wurde ich von einigen Mitgliedern davon unterrichtet, daß die Kommunistische Partei Umkonto unterstützen werde, und das geschah dann auch. Später wurde Umkonto ganz offen von den Kommunisten unterstützt.

Ich glaube, die Kommunisten haben sich seit jeher aktiv am Freiheitskampf der Kolonialvölker beteiligt, weil die kurzfristigen Ziele des Kommunismus stets den langfristigen Zielen der Freiheitsbewegungen entsprachen. So haben die Kommunisten eine wichtige Rolle bei den Freiheitskämpfen in Ländern wie Malaysia, Algerien und Indonesien gespielt, aber keines dieser Länder ist heute ein kommunistisches Land. Ebenso haben die Kommunisten in den Widerstandsbewegungen, die während des letzten Weltkrieges in Europa entstanden sind, eine wichtige Rolle gespielt. Sogar General Tschiang Kai-schek, heute einer der erbittertsten Feinde des Kommunismus, hat in den dreißiger Jahren zusammen mit den Kommunisten vor seiner Machtübernahme in China gegen die herrschende Klasse in diesem Land gekämpft. Die gleiche Zusammenarbeit zwischen Kommunisten und Nichtkommunisten hat sich in der nationalen Befreiungsbewegung Südafrikas wiederholt. Vor dem Verbot der Kommunistischen Partei gehörten gemeinsame Kampagnen der Kommunisten und der Kongreßbewegung zur Tagesordnung. Afrikanische Kommunisten konnten Mitglieder des ANC werden, und einige von ihnen gehörten den Ausschüssen dieser Organisation auf nationaler, regionaler und lokaler Ebene an. Zu den Mitgliedern des nationalen Exekutivkomitees gehörten die ehemaligen Sekretäre der Kommunistischen Partei Albert Nzula und Moses Kotane sowie das ehemalige Mitglied des Zentralkomitees J. B. Marks.

Ich wurde 1944 in den ANC aufgenommen. Als junger Mann vertrat ich die Ansicht, daß es zur Verbesserung des Konzepts des afrikanischen Nationalismus führen würde, wenn Kommunisten in den ANC aufgenommen würden und der ANC gelegentlich auf bestimmten Gebieten eng mit der Kommunistischen Partei zusammenarbeitete. Damals gehörte ich der African National Congress Youth League an und stellte mit einer Gruppe Gleichgesinnter den Antrag, alle Kommunisten aus dem ANC zu entfernen. Dieser Antrag wurde mit großer Stimmenmehrheit abgelehnt. Zu denen, die gegen ihn stimmten, gehörten einige der konservativsten Interessenvertreter der afrikanischen Sache. Sie begründeten ihre Ablehnung damit, daß der ANC seit seiner Gründung nicht als politische Partei gedacht war, die nur eine politische Ideologie vertrat, sondern als Parlament des afrikanischen Volkes, dem Persönlichkeiten mit den verschiedensten politischen Überzeugungen angehören sollten, die jedoch alle das gemeinsame Ziel der nationalen Befreiung verfolgten. Schließlich habe auch ich mich zu dieser Auffassung durchgerungen und vertrete sie bis heute.

Weißen Südafrikanern mit einem tief verwurzelten Vorurteil gegen den Kommunismus wird es vielleicht schwerfallen zu verstehen, warum erfahrene afrikanische Politiker so bereitwillig Kommunisten als ihre Freunde akzeptieren. Aber für uns ist das durchaus verständlich. Menschen, die gegen die Unterdrückung kämpfen, können sich den Luxus nicht leisten, sich dabei durch theoretische Meinungsverschiedenheiten stören zu lassen. Außerdem waren die Kommunisten jahrzehntelang die einzige politische Gruppe in Südafrika, die bereit war, Afrikaner als menschliche Wesen und Gleichberechtigte zu behandeln. Sie waren bereit, mit uns zu essen, mit uns zu sprechen, mit uns zusammenzuleben und zusammenzuarbeiten. Sie waren die einzige politische Gruppe, die bereit war, mit den Afrikanern für ihre politischen Rechte und für ihren Anteil am gesellschaftlichen Leben zu kämpfen. Deshalb gibt es heute viele Afrikaner, die dazu neigen, Freiheit und Kommunismus gleichzusetzen. Sie werden in dieser Überzeugung durch eine Gesetzgebung bestärkt, die alle Vertreter einer demokratischen Regierungsform und der afrikanischen Freiheit als Kommunisten brandmarkt und viele von ihnen (die Kommunisten sind) nach dem Gesetz zur Unterdrückung des Kommunismus aus der Gesellschaft ausstößt.

Die Kommunisten unterstützen unsere Anliegen aber nicht nur im innenpolitischen Bereich. Auch auf internationaler Ebene sind uns kommunistische Länder stets zu Hilfe gekommen. In den Vereinten Nationen und anderen internationalen Gremien hat der kommunistische Block den afro-asiatischen Kampf gegen den Kolonialismus unterstützt und hat, wie es scheint, für unsere bedrängte Lage mehr Verständnis aufgebracht als einige westliche Mächte. Zwar wird die Apartheid weltweit verurteilt, aber der kommunistische Block verurteilt sie mit lauterer Stimme als die meisten Länder der weißen Welt. Angesichts dieser Tatsachen muß man schon ein sehr vorlauter junger Politiker sein, wie ich es 1949 war, wenn man behaupten wollte, die Kommunisten seien unsere Feinde.

Ich komme jetzt zu meiner eigenen Position. Ich habe bestritten, Kommunist zu sein, und ich glaube, die Umstände erfordern es, daß ich deutlich sage, welche politischen Überzeugungen ich vertrete. Ich habe mich stets in erster Linie als afrikanischen Patrioten betrachtet. Ich sympathisiere mit der Idee von der klassenlosen Gesellschaft. Sie ist mir zum Teil durch die Lektüre marxistischer Schriften nahegebracht worden. Aber zum Teil gründet sich diese Neigung auf meine Bewunderung für die Struktur und Organisation früher afrikanischer Gesellschaften in diesem Lande. Der Grund und Boden, damals das wichtigste Produktionsmittel, gehörte dem Stamm. Es gab keine Reichen und keine Armen, und es gab keine Ausbeutung.

Ja, ich bin von marxistischen Ideen beeinflußt worden. Das trifft aber auch auf viele Führer der neuen unabhängigen Staaten zu. Persönlichkeiten wie Gandhi, Nehru, Nkrumah und Nasser bekennen sich dazu. Wir alle sind der Auffassung, daß wir irgendeine Form des Sozialismus brauchen, um unser Volk in die Lage zu versetzen, die entwickelten Länder einzuholen und das Erbe der extremen Armut zu überwinden. Das bedeutet aber nicht, daß wir Kommunisten oder gar Marxisten sind. Ich für meine Person glaube sogar, daß die Frage noch nicht entschieden ist, ob die Kommunistische Partei in diesem Stadium unseres politischen Kampfes eine spezifische Rolle übernehmen muß. Gegenwärtig kommt es vor allem darauf an, die Rassendiskriminierung aufzuheben und die in der Freiheitscharta geforderten demokratischen Rechte für die afrikanische Bevölkerung durchzusetzen. Soweit jene Partei diese Entwicklung fördert, begrüße ich ihre Hilfe. Ich bin mir der Tatsache bewußt, daß hier eine von vielen Möglichkeiten besteht, Angehörige aller Rassen an unserem Kampf zu beteiligen.

Aus der Lektüre marxistischer Schriften und aus Gesprächen mit Marxisten habe ich den Eindruck gewonnen, daß die Kommunisten das parlamentarische System des Westens als undemokratisch und reaktionär betrachten. Im Gegensatz dazu bin ich jedoch ein Bewunderer dieses Systems. Die Magna Charta, die Petition of Rights und die Bill of Rights sind Dokumente, die bei den Demokraten auf der ganzen Welt hohes Ansehen genießen. Ich habe große Hochachtung vor den britischen politischen Institutionen und vor dem Rechtssystem des Landes. Ich halte das britische Parlament für die demokratischste Einrichtung der Welt, und ich habe seit jeher die Unabhängigkeit und Unparteilichkeit des britischen Gerichtswesens bewundert. Der amerikanische Kongreß, die in den Vereinigten Staaten geltende Doktrin von der Gewaltenteilung sowie die Unabhänigkeit des amerikanischen Gerichtswesens wecken ähnliche Gefühle in mir.

Mein Denken ist sowohl von westlichen als auch von östlichen Ideen beeinflußt. Das alles hat mich zu der Überzeugung geführt, daß ich auf meiner Suche nach einer politischen Formel absolut unparteiisch und objektiv sein sollte. Ich darf mich auf kein anderes Gesellschaftssystem festlegen als auf das sozialistische. Ich muß mich offenhalten für das Beste aus dem Westen und aus dem Osten. Was nun den Vorwurf betrifft, wir seien vom Ausland finanziell unterstützt worden, möchte ich erklären, daß unser politischer Kampf immer aus inländischen Quellen finanziert wurde, mit Geldmitteln, die die afrikanische Bevölkerung und unsere Anhänger aufgebracht haben. Wenn wir eine besondere Kampagne durchführten oder ein wichtiges Gerichtsverfahren durchstehen mußten wie zum Beispiel den Hochverratsprozeß, dann sind wir von einzelnen Freunden und Organisationen in den westlichen Ländern finanziell unterstützt worden. Wir haben es niemals für notwendig gehalten, uns nach anderen Geldquellen umzusehen.

Als jedoch 1961 Umkonto gegründet wurde und in unserem Kampf eine neue Phase begann, erkannten wir, daß unsere geringen Mittel dafür nicht ausreichten und unsere Aktivitäten aus Geldmangel stark eingeschränkt werden mußten. Deshalb bestand eine meiner Aufgaben während meiner Auslandsreise im Januar 1962 darin, in den afrikanischen Staaten um finanzielle Unterstützung zu bitten. Ich muß hinzufügen, daß ich im Ausland mit den Führern politischer Bewegungen in Afrika Gespräche geführt und dabei festgestellt habe, daß fast jede von ihnen in den noch nicht unabhängigen Gebieten von den sozialistischen Ländern und vom Westen unterstützt worden ist, und zwar auch finanziell. Außerdem stellte ich fest, daß einige bekannte afrikanische nicht kommunistische Staaten, ja sogar antikommunistische Staaten in ähnlicher Weise unterstützt worden waren.

Die Regierung beantwortet die Kritik an ihrem System sehr oft damit, daß sie erklärt, die Afrikaner in Südafrika seien wirtschaftlich besser gestellt als die Bewohner anderer afrikanischer Länder. Ich weiß nicht, ob diese Behauptung richtig ist, und bezweifle, daß man einen solchen Vergleich anstellen kann, ohne den Lebenskosten-Index in solchen Ländern zu berücksichtigen. Aber selbst wenn das für die afrikanische Bevölkerung zutrifft, ist es irrelevant. Wir beschweren uns nicht darüber, daß wir im Verhältnis zu den Menschen in anderen Ländern arm sind, sondern daß wir im Vergleich zu den Weißen in unserem eigenen Land arm sind und die Gesetze uns daran hindern, diese Unausgewogenheit zu beseitigen. Daß den Afrikanern die Menschenwürde verweigert wird, ist die direkte Folge der Politik der weißen Vorherrschaft. Die weiße Vorherrschaft setzt die Minderwertigkeit der Schwarzen voraus. Gesetze, die erlassen worden sind, um diese weiße Vorherrschaft zu erhalten, schreiben diese Auffassung fest.

Wir Afrikaner verlangen einen gerechten Anteil am gesamten Südafrika, wir verlangen Sicherheit und gesellschaftliche Gleichberechtigung.

Doch vor allem verlangen wir gleiche politische Rechte, denn sonst wird unsere Rechtlosigkeit zu einem Dauerzustand. Ich weiß, für die Weißen im Lande klingt das revolutionär, weil die Mehrheit der Wähler aus Afrikanern bestehen wird. Deshalb fürchtet der weiße Mann die Demokratie. Aber diese Furcht darf nicht der einzigen Lösung im Wege stehen, die allen Bewohnern des Landes harmonische Beziehungen zwischen den Rassen und die Freiheit garantieren wird. Es ist nicht wahr, daß das allgemeine Wahlrecht zur Vorherrschaft einer Rasse führen wird. Die politische Aufspaltung der Bevölkerung aufgrund der Hautfarbe ist etwas völlig Unnatürliches, und wenn sie verschwindet, dann wird es auch keine Vorherrschaft von Gruppen einer bestimmten Hautfarbe über andere Gruppen mehr geben. Der ANC hat ein halbes Jahrhundert gegen den Rassismus gekämpft. Wenn er aus diesem Kampf als Sieger hervorgeht, wird er seine politische Linie nicht ändern.

Dafür also kämpft der ANC. Es ist ein echter nationaler Kampf. Es ist ein Kampf des afrikanischen Volkes, inspiriert von seinem eigenen Leid und seiner eigenen Erfahrung. Es ist ein Kampf um das Recht zu leben. Ich habe mein Leben dem Kampf des afrikanischen Volkes geweiht. Ich habe gegen die weiße Vorherrschaft gekämpft, und ich habe gegen die schwarze Vorherrschaft gekämpft. Mein Ideal war eine demokratische und freie Gesellschaft, in der alle Menschen harmonisch zusammenleben und die gleichen Chancen haben. Für dieses Ideal hoffe ich leben zu dürfen, und ich hoffe, es zu verwirklichen. Aber wenn notwendig, bin ich auch bereit, für dieses Ideal zu sterben.

Das waren die letzten Worte, welche die Südafrikaner von Mandela hören sollten, bevor er eingesperrt wurde, um den Rest seines Lebens eine Gefängnisstrafe auf Robben Island abzusitzen. Wir haben sie hier abgedruckt, weil ich glaube, sie gehören in diesen Bericht über Steve Biko, und weil Mandela, was seinen Lebensstil, seine Persönlichkeit und seine intellektuellen Fähigkeiten betrifft, in die Reihe der bedeutenden südafrikanischen schwarzen Führer gehört, deren interessantester Biko selbst war.

Eines Tages wird die südafrikanische Geschichte der bewunderungswürdigen Reihe der mutigen Führer, die ihre Tatkraft der Sache ihres Volkes gewidmet haben, die volle und gebührende Ehre erweisen. Die Beiträge schwarzer Wortführer verschiedener gemäßigter und radikaler Färbungen werden erkannt werden, einschließlich der frühesten und der letzten, von Jabavu und Soga, Mzimba, Makiwane, Rubusana, Pelemi, Seme, Gumede, Bokwe,

Xuma, Makgatho, Mapikela, Mangena, Msimang und Dube bis zu Luthuli, Mandela, Sobukwe, Tambo, Sisulu und Biko. Ich glaube aber, daß Steve Biko einen besonderen Platz in der Geschichte unseres Landes einnehmen wird, nicht nur aufgrund seiner bemerkenswerten Eigenschaften, sondern weil er der erste dieser großen Führer sein sollte, der vom Staat getötet wurde.

Das Erwachen des schwarzen Selbstbewußtseins

Nachdem Mandela seine Gefängnisstrafe angetreten hatte und Sobukwe mit dem Bann belegt worden war, bestand in der politischen Führung der schwarzen Südafrikaner einige Jahre ein Vakuum. Ende der 60er Jahre wurde dieses Vakuum von Bantu Steven Biko ausgefüllt.

Der Führungsstil Bikos war ein ganz neuer. Er verzichtete ganz darauf, irgendwie aufzufallen, und bezeichnete sich selbst niemals als Führer. Er lehnte jeden Personenkult grundsätzlich ab und versuchte, hinter den Kulissen zu wirken. Das Ringen um die Befreiung der Schwarzen sollte nach seiner Auffassung von vielen Menschen und nicht nur von wenigen geführt werden. Die Organisation zur Stärkung des schwarzen Selbstbewußtseins, die Black-Consciousness-Bewegung war eine Massenbewegung, und er betrachtete sich nur als einer ihrer zahlreichen Sprecher. Aber in dieser Hinsicht täuschte er sich. Von seiner frühesten Jugend an ließen sich seine Führerqualitäten so deutlich erkennen, und so viele seiner Zeitgenossen sahen in ihm ihren politischen Führer, daß er sich in jeder Versammlung, an der er teilnahm, mit seinen Vorstellungen durchsetzen konnte. Er war in der Tat der eigentliche Begründer der Black-Consciousness-Bewegung, die sich vor allem an die schwarze Jugend wendete, um sie auf eine neue Phase im Kampf um die Freiheit vorzubereiten, und er war es, der die jungen Menschen für diese Idee zu begeistern verstand.

Die Bewegung löste sich fast vollständig von den Vorstellungen, welche die Schwarzen bisher im Ringen um die Freiheit geleitet hatten, und sah es als ihre Aufgabe an, die schwarze Bevölkerung davon zu überzeugen, daß es notwendig sei, Selbstbewußtsein und Würde zu zeigen und mit dieser Haltung neue Initiativen zu ermöglichen. Diese Philosophie war die Grundlage vieler neuer schwarzer Organisationen, die sich aus der Black-Consciousness-Bewegung entwickelten, vor allem der Black People's Convention (BPC) und der nur aus Schwarzen bestehenden South African Students' Organization (SASO). Biko und seine Freunde bedienten sich zur Gründung dieser Körperschaften einer fast brutalen Sprache, weil sie glaubten, sie müßten die Schwarzen zunächst veranlassen, sich von den Weißen und ihren gemischtrassigen Organisationen trennen. Eine solche Organisation war die National Union of South African Students.

Es war mehr als Ironie des Schicksals, daß die Black-Consciousness-Bewegung erst wirklich bekannt wurde, als es zwischen ihr und der weißen Jugendorganisation National Union of South African Students, die sich besonders mutig für die Rechte der Schwarzen eingesetzt hatte, zum Bruch kam. Die NUSAS bestand hauptsächlich aus weißen englischsprechenden Studenten der liberalen Universitäten von Kapstadt, Witwatersrand (Johannesburg), Natal (Durban und Pietermaritzburg) und Rhodes (Grahamstown). Ihre Führer und Funktionäre waren wiederholt mit Gefängnis bestraft, gebannt und vor Gericht gestellt worden, weil sie gegen rassistische Ungerechtigkeit protestiert hatten, und obwohl die NUSAS unerschrocken versucht hatte, Angehörige aller Rassen als Mitglieder zuzulassen, scheiterten diese Bemühungen an den in Südafrika herrschenden politischen Verhältnissen. Es gab mehr weiße als schwarze Studenten im Land, und diese Tatsache sowie die durch geltendes Recht auftretenden Hindernisse, die eine sozialpolitische Integration in Südafrika unmöglich machten, führten dazu, daß die Führung der NUSAS die Haltung der weißen Mehrheit vertrat. Das wiederum hatte zur Folge, daß die schwarzen Studenten sich entschlossen, eine südafrikanische Studentenorganisation zu gründen, die nur schwarze Mitglieder aufnahm.

Die Gründung der South African Students' Organization, ein traumatisches Ereignis für weiße liberale junge Menschen, die sich den Idealen der NUSAS verpflichtet fühlten, wurde von Steve Biko angeregt. Aber wie es zu dieser Entwicklung kam, wurde zu Beginn von zwei Sprechern der beiden Seiten in dieser Kontroverse öffentlich dargestellt. Der eine, ein Führer in der NUSAS mit Namen Clive Nettleton, verfaßte die folgende sehr scharfsinnige Analyse:

Die Gründung der SASO hat dazu geführt, daß die traditionelle Organisationsform der südafrikanischen Studenten aufgegeben wurde. In Südafrika gab es bis dahin auf der einen Seite den Afrikaanse Studentebond, der die Universitäten repräsentierte, an denen die Unterrichtssprache Afrikaans war und die die Apartheid unterstützten, auf der anderen Seite die NUSAS als Vertretung der englischsprechenden Universitäten einschließlich der schwarzen Colleges. Mit der Gründung der SASO kam eine neue Kraft ins Spiel, und das verdeutlichte das Unvermögen der NUSAS, die Auffassungen der schwarzen Studenten angemessen zu vertreten. Die Bedeutung der SASO liegt auch darin, daß sie die Haltung einer neuen Bewegung in der Gesellschaft zum Ausdruck bringt, der Black-Consciousness-Bewegung.

Das Hauptproblem der NUSAS als einer nicht rassistischen Organisation in einer Gesellschaft, in der rassistische Grundsätze herrschen, ist es, daß sie zwar das Ideal der Ablehnung eines jeden Rassismus predigt, die Mitglieder der Oganisation jedoch diese Ideale im praktischen Leben nicht verwirklichen können. Zwar ist es immer noch möglich, daß weiße und schwarze Studenten gemeinsam Kongresse und Seminare abhalten und sich gelegentlich zu gesellschaftlichen Veranstaltungen treffen, aber sie leben in verschiedenen Welten.

Die weißen englischsprechenden Studenten sind unfähig außerhalb des Rahmens ihres studentischen Lebens zu einer eigenen Identität zu finden, während die schwarzen Studenten sich entschieden mit den Bestrebungen der gesamten schwarzen Bevölkerung identifizieren und im Rahmen eines Forums wie etwa eines NUSAS-Kongresses das Gefühl haben, hier würden nicht nur schwarze Studenten, sondern die gesamte schwarze Bevölkerung repräsentiert.

Legalität und die Gleichberechtigung aller Rassen lassen sich in Südafrika nicht ohne weiteres unter einen Hut bringen. Ein Ausschuß der NUSAS hat Gesetze untersucht, welche die Rechte des Individuums einschränken, ein Problem, das nach Auffassung weißer Studenten eine große Bedeutung hat. Doch zum ersten Mal kam es nun zu einer neuen Reaktion schwarzer Studenten. Ein Delegierter fragte: »Was hat es für einen Sinn, wenn ein Schwarzer etwas über die Aushöhlung der Freiheit in

Südafrika sagt? Wir haben keine Freiheit, und ein oder zwei Gesetze mehr oder weniger werden unsere Lage nicht ändern können.«

Der NUSAS-Kongreß von 1967 war der Wendepunkt gewesen. Die Art und Weise, wie die schwarzen Delegierten (getrennt von den weißen) an der Rhodes Universität untergebracht worden waren, spottete jeder Beschreibung, und die NUSAS konnte nichts daran ändern.

Die schwarzen Studenten sind heute der Überzeugung, nur vereint seien sie stark genug, mit den zahlreichen Problemen fertig zu werden, die sich für sie zunächst als Studenten und dann als Mitglieder eines unterdrückten Bevölkerungsteils ergeben. Diese Auffassungen werden im folgenden kurz präzisiert:

1. Schwarze Studenten sind in erster Linie dem schwarzen Bevölkerungsteil verpflichtet, mit dem sie die Belastungen und Ungerechtigkeiten der Apartheid teilen. Der Zusammenschluß von Studenten ist, wenn es dabei darum geht, Menschen verschiedener Überzeugungen zusammenzuführen, abzulehnen. In der Vergangenheit hat sich gezeigt, daß die Zusammenarbeit von schwarzen und weißen Studenten oft dazu führt, daß die Erwartungen in verschiedene Richtungen gehen, was nur zu Enttäuschungen führt.
2. Die gesame Studentenschaft ist bereits in zwei Lager geteilt, und schwarze Studenten glauben, ihre Ziele besser erreichen zu können, wenn sie sich allein um deren Verwirklichung bemühen und nicht bescheiden auf einer Rednertribüne stehen, von der aus sie nichts bewirken können, wenn sie sich mit großen Worten gegen »das System« wenden.
3. Für die schwarzen Studenten ist es von entscheidender Bedeutung, das Bewußtsein der schwarzen Bevölkerung auf eine höhere Ebene zu bringen, indem sie das Selbstbewußtsein, den Stolz, die Leistungen und Fähigkeiten der Schwarzen fördern. Auf lange Sicht wird sich das als sehr viel wertvoller erweisen als die sentimentale und idealistische Haltung, mit der ständig versucht wird, die Kluft zwischen den Rassen »zu überbrücken«.

Die Gründung der SASO hat unter den liberalen Weißen eine erhebliche Verwirrung hervorgerufen, und dieser Umstand muß sorgfältig analysiert werden. Das Problem liegt darin, daß die Gründung einer nur aus Schwarzen bestehenden Organisation der Ablehnung des Rassismus zu widersprechen scheint. Doch in Wirklichkeit wurde die NUSAS auf eine weiße Inititative hin gegründet. Sie wird mit dem Geld Weißer finanziert und vertritt die Auffassung der Mehrheit ihrer Mitglieder, und das sind Weiße. Die SASO auf der anderen Seite hat es ebenfalls mit schwierigen Problemen zu tun. Die Aufgabe der SASO sollte es augenscheinlich sein, zunächst das Selbstbewußtsein unter den schwarzen Studenten zu fördern und sich in diesem Rahmen den weißen Machtstrukturen entgegenzustellen. Zu Anfang bedeutet dies eine Konfrontation mit den liberalen Strukturen, die am leichtesten zu fassen und anzugreifen sind, weil sie eine gemäßigte Haltung manifestieren. Jede Gruppierung, die eine Konfrontation herbeiführen will, muß dazu klare Fronten schaffen, und der Einfluß der in der Mitte des politischen Spektrums Stehenden muß ausgeschaltet werden, damit es zu einer Konfrontation kommen kann. So durfte es nicht überraschen, daß sich der erste Angriff der SASO gegen die NUSAS richtete und nicht gegen die Organisationen des äußersten rechten Flügels.

Die SASO hat erkannt, daß es in Südafrika heute unmöglich ist, die Ablehnung des Rassismus im praktischen Leben durchzusetzen, und daß es daher besser ist sich zurückzuziehen, um die Übereinstimmung zwischen dem Programm und der Realität herzustellen.

Nettleton hat in seinen Ausführungen das Problem in bewundernswerter Weise dargelegt und erläutert. Aber auch Barney Pityana, der wichtigste Mitarbeiter von Steve Biko in der SASO, hat sich ebenso klar über die Ziele der Black-Consciousness-Bewegung geäußert. Bezeichnenderweise hielt sich Biko zunächst im Hintergrund, denn er glaubte, wenn er am Anfang nicht als Initiator an die Öffentlichkeit träte, werde das die Führer im zweiten Glied ermutigen, was auch wirklich geschah. Es folgen die Ausführungen von Pityana:

Die richtigen Fragen zu stellen, ein neues Selbstbewußtsein zu fördern und neue Formen zu suchen, die dieses Bewußtsein zum Ausdruck bringen, das sind die Ziele, die in der jetzt von uns eingeschlagenen Richtung liegen.

In der Tat ist die Erwähnung der Rassenfrage oft sehr peinlich für uns. Man sollte nicht so darüber sprechen, wie man im viktorianischen Zeitalter über das Sexualproblem gesprochen hat. »Du mußt schon verstehen, ich liebe dich als Menschen, und es kommt mir gar nicht in den Sinn, daß du ein Schwarzer bist!« Das ist eine Geste, wie wir sie oft bei unseren Freunden erleben, die uns etwas Gutes tun wollen. Viele wären am liebsten farbenblind. Für sie ist die Hautfarbe nur ein Versehen der Schöpfung. Für uns ist sie etwas viel Fundamentaleres. Sie ist das Synonym der Unterwerfung. Mit ihr identifizieren sich die Enterbten. Die Schule des Realisten Hans Morgenthau lehrt, mit dem Begriff Macht bezeichneten wir die Beherrschung des Denkens und Handelns des Menschen durch den Menschen. Bei der politischen Macht geht es um die gegenseitige Kontrolle von Inhabern öffentlicher Ämter und dem Volk. Die Inhaber öffentlicher Ämter üben ihre Macht mit Zustimmung der von ihnen regierten Menschen aus. Die Regierten haben im Fall des Machtmißbrauchs oder der Korruption das Recht, den Inhabern öffentlicher Ämter ihre Vollmachten zu nehmen. Macht ist daher ein wesentliches Element der Politik.

Die Bevölkerung Südafrikas besteht aus über 25 Millionen Menschen. Von diesen sind nur etwa 5 Millionen weiß. Trotzdem befindet sich die gesamte politische und wirtschaftliche Macht in den Händen dieser weißen Minderheit. Sie haben das Recht, alle gesetzgebenden Körperschaften zu wählen und sich dort hineinwählen zu lassen. Sie haben das Monopol für alle Schlüsselstellungen, Machtzentren und bevorzugten Berufe. Weiße sind von Gesetzes wegen vor der Konkurrenz der Schwarzen im beruflichen, sportlichen und politischen Bereich geschützt. Sie halten den großen Abstand in technischen Kentnissen zwischen sich selbst und anderen Rassen aufrecht und sichern sich damit den Wohlstand. Die sogenannten Nichtweißen werden von der öffentlichen Gewalt vollkommen unterdrückt. Es ist die ausgesprochene Politik der Regierung, die verschiedenen Rassengruppen vollständig voneinander getrennt zu halten. Es liegt auf der Hand, daß das Bild der Menschen voneinander durch Vorurteile, Komplexe und Verdächtigungen geprägt ist. Sie wetteifern um die Gunst der maßgebenden Stellen. Überaus unterschiedlich sind Lebensbedingungen, soziale Leistungen und Gehaltsstaffelung.

Man muß auch die Jahre der Indoktrinierung berücksichtigen, die mit der ersten Begegnung weißer Kolonisten mit schwarzen Stammesangehörigen begannen und in denen die Weißen für die Schwarzen zum Vorbild wurden. Gemäß ihrer kapitalistischen Grundeinstellung wurde die gesellschaftliche Stellung des einzelnen Menschen davon abhängig gemacht, wieviel Geld er besaß. Auf diese Weise wurde das Wertesystem der abendländischen Klassengesellschaft auch für die Schwarzen eingeführt. Im Augenblick gibt es keine dringendere Aufgabe als die Befreiung des Bewußtseins des schwarzen Mannes.

Folglich ist das Erwachsen des schwarzen Selbstbewußtseins die Voraussetzung für jedes Umdenken, die Voraussetzung für den Verzicht auf eine vom Egoismus geprägte Haltung: Der erste Schritt besteht daher darin, dem schwarzen Mann zur Selbsterkenntnis zu verhelfen, einer hohlen Schale wieder Leben einzuhauchen, ihm das Gefühl des Stolzes und der Würde zurückzugeben und ihn daran zu erinnern, daß er mitschuldig ist, wenn er mißbraucht wird und es zuläßt, daß im Land seiner Geburt die Kräfte des Bösen die politische Macht ausüben. Das ist es, was wir meinen, wenn wir davon sprechen, daß es notwendig sei, den Blick nach innen zu wenden. Damit wird nach unserer Auffassung das Bewußtsein, das schwarze Bewußtsein geweckt. Fanon schreibt: »Ich bin nicht die latente Möglichkeit von irgend etwas. Ich bin ganz und gar ich selbst. Ich muß mich nicht um Universalität bemühen. In meinem Inneren ist kein Platz für irgendeine unbestimmte Wahrscheinlichkeit. Wenn ich ein Neger bin, dann steht im Vordergrund meines Bewußtseins nicht die Tatsache, daß ich schwarz bin. Mein Bewußtsein existiert ganz einfach und folgt sich selbst. Das ist alles, was wir Schwarzen wollen. Wir wollen sein. Wir glauben, daß wir durchaus in der Lage sind, mit unserem Dasein fertig zu werden, und dafür sind uns alle Voraussetzungen gegeben. Wir werden unsere Ziele und Hoffnungen, Teil der Bevölkerung zu werden, nie woanders vorgeführt finden als in den Vereinigten Staaten. Das erfordert Selbstprüfung und die Wiederentdeckung dessen, was wir sind. Schwarze können es sich nicht mehr leisten, von Nichtschwarzen geführt und beherrscht zu werden.«

Ich glaube nicht, daß es in der Lebensart der einheimischen schwarzen Menschen nichts Wertvolles gegeben hat. Man betrachtete den Stamm als eine Erweiterung der Familie, und alle gemeinsamen Vorhaben dienten dem Gemeinwohl. Der Häuptling war lediglich der Treuhänder des Stammeseigentums. Es kann kein besseres kollektives Regierungssystem geben. Die Schwarzen müssen das System der Ausbeutung der Weißen ablehnen. Die Normen der westlichen Gesellschaft sind von den Kapitalisten eingeführt worden, um das Überleben dieser Gesellschaft zu garantieren. Deshalb werden die Weißen niemals freiwillig auf die Ausbeutung verzichten, weil sie ein natürlicher Bestandteil der westlichen Kultur ist. Die Kultur ist vor allem ein Produkt der Gesellschaft, das jedem einzelnen durch den Sozialisierungsprozeß aufgezwungen wird, dem er in seiner besonderen Gesellschaft unterworfen ist. Kultur ist eine lebendige Tradition, sie besteht aus Ideen und Überzeugungen, welche das Gemeinschaftsleben eines Volkes beherrschen. Das kulturelle Leben der schwarzen Menschen wird beeinflußt durch ihren Lebensstil in den schwarzen Gettos! Um in diesen Camps noch menschliche Wesen bleiben zu können, mußten sie die notwendigen »Seelenkräfte« sammeln. Ich betrachte die Versuche der Regierung, die Kulturen der verschiedenen ethnischen Gruppen zu entwickeln, als ein »erstarrtes Abbild der Kultur«. Die Regierungspolitik will uns den Lebensnerv abschneiden. Die Black-Consciousness-Bewegung ist entschlossen, eine neue Kultur aufzubauen und neue Wertbegriffe zu schaffen, die zwar auch von anderen Kräften beeinflußt werden, aber die Vorzüge und Bedürfnisse der schwarzen Menschen zum Ausdruck bringen und diesen Bedürfnissen Rechnung tragen.

Die Forderung, wir sollten gemeinschaftlich zu unserem Ursprung zurückkehren und unsere Geschichte umschreiben, um ein neues Selbstbewußtsein zu wecken, darf nicht bis ins Absurde getrieben werden. Ich möchte die Bedeutung der Vergangenheit nicht auf Kosten der Gegenwart und der Zukunft übertreiben. Die Beschäftigung mit der Vergangenheit könnte jedoch zur Bewältigung der Gegenwart und der Zukunft notwendig werden, weil eine richtige Interpretation der Ereignisse, das heißt der Geschichte, nur möglich ist, wenn wir begreifen, welche Tendenzen miteinander im Streit gelegen haben und was das Ergebnis solcher Konflikte gewesen ist. Unsere Geschichtstheorie ist folgende: In der Vergangenheit liegende Ereignisse können die Gegenwart und die Zukunft gestalten.

Es wäre ein frommer Wunsch zu hoffen, daß die existierenden politischen Parteien in Südafrika eine Änderung herbeiführen könnten. Eine politische Partei, die es auf eine ausschließlich weiße Wählerschaft abgesehen hat, macht natürlich die Forderungen dieser Wählerschaft zum Angelpunkt ihrer Politik; sie nutzt deren Rassenvorurteile aus und vereint ihre Wähler in einem hegemonialen Block, der zur stimmenlosen Mehrheit in Opposition steht. Das heißt, daß sich schwarze Menschen eine Position der Unabhängigkeit von den Weißen aufbauen müssen. Sie müssen eine autarke politische, gesellschaftliche und wirtschaftliche Einheit anstreben. Dadurch verhelfen sie sich selbst zu einer tieferen Vergegenwärtigung ihrer verborgenen Kraft und ihres Wertes als ein sich selbst achtendes Volk. Die Sicherheit, die dadurch erzeugt wird, wird ihnen ein Gefühl des Stolzes und des Selbstbewußtseins geben. Das ist es, was wir in Südafrika brauchen, um eine wirkungsvolle Änderung des Status quo herbeizuführen. Der Weg in die Zukunft führt nicht über einen richtungslosen Multirassismus, sondern über eine positive, eindeutige Einstellung. Schwarzer Mann, du bist auf dich selbst angewiesen.

Ironie der Geschichte: Die Apartheid, deren Zweck es war, eine gemeinsame Reaktion der Schwarzen zu unterbinden, hatte ebendiese Reaktion verursacht. Dadurch, daß sie den Schwarzen nicht einmal den winzigsten Anteil in einer gemeinsamen mehrrassigen Gesellschaft gewährten, hatten die Rassisten die aufgewecktesten jungen Schwarzen dazu getrieben, nicht nur einen Anteil an einer solchen Gesellschaft zu verlangen, sondern eine dominierende Rolle spielen zu wollen – zu ihren eigenen Bedingungen.

Der junge Steve Biko und seine Kollegen hatten den schlafenden Riesen des schwarzen Selbstbewußtseins in Südafrika gepackt, um ihn aus seinem Schlummer zu rütteln. Mehr noch: um ihn auf die Beine zu stellen, um ihn zu seiner vollen Größe aufzurichten und um alle herauszufordern, die versucht hatten, ihn am Boden zu halten. Das schwarze Selbstbewußtsein war geboren, ein neuer Totalitätsanspruch in der schwarzen Antwort auf die weiße Macht, und damit eine neue Ära im südafrikanischen Rassenkampf.

Und mit ihr war die immer deutlicher wahrnehmbare Führung Steve Bikos geboren. Trotz all seiner Bemühungen, sich im Hintergrund zu halten und eine breitgefächerte kollektive Führung zu schaffen, konnte ihn seine eigene Bescheidenheit nicht vor der unaufhaltsamen Entwicklung bewahren, welche auch die fähigsten Männer dazu bringt, sich einem von ihnen zuzuwenden und ihm klarzumachen, daß er, mehr als irgendein anderer, ihr anerkannter Führer ist. Obwohl die Bewegung des schwarzen Selbstbewußtseins von Anfang an ein großes Aufgebot von begabten Führern und Sprechern hervorbrachte, war es der Name Biko, der sich in zunehmendem Maße von den anderen Namen abhob. Anfang der siebziger Jahre schien es, als ob der junge Biko eine gewaltige neue Kraft in der schwarzen Politik Südafrikas verkörperte.

Bei dem Bemühen, Schwarze gegen weiße Rassisten mobil zu machen, hielten es die Verfechter des schwarzen Selbstbewußtseins für nötig, zuerst ihre Mitschwarzen von den liberalen weißen Antirassisten zu trennen, indem sie den Liberalismus selbst angriffen. Als Liberaler war ich deshalb einer von denen, deren erste Bekanntschaft mit dem schwarzen Selbstbewußtsein durch Angriffe von Leuten wie Biko zustande kam, Angriffe auf alles, an das ich im Rahmen der südafrikanischen Politik persönlich glaubte. Schließlich war ich, zusammen mit meinen liberalen Vorbildern wie Alan Paton, einer dieser weißen Liberalen, deren Paternalismus und negativer Einfluß angegriffen wurden. Wir Liberale glaubten an eine gemeinsame nichtrassistische Gesellschaft in Südafrika, an ein Ende jeder Apartheid und an eine Brüderschaft aller Südafrikaner, welcher Rasse, welchen Glaubens, welcher Farbe auch immer. Wir konnten nicht einsehen, daß solche Vorstellungen für junge Schwarze in unserer unterdrückten Gesellschaft unbrauchbar und unsere ständigen Bemühungen, diese Ideale umzusetzen, nicht mehr ausreichend waren.

Ehrlich gesagt, gab es sowieso nicht viele von unserer Art. Wenige Südafrikaner teilten unsere Ansichten über die Apartheid, und auch viele von uns, die sich als liberal bezeichneten, hatten einen langen Weg fort vom Rassismus zurücklegen müssen.

Für mich traf dies jedenfalls zu.

Die Welt der Weißen

Um deutlich zu machen, aus welcher Perspektive ich die Bedeutung und die Philosophie von Steve Biko beobachtet und bewertet habe, muß ich etwas über meine eigene Vergangenheit und die Einflüsse sagen, die mein Denken geprägt haben. Ich wurde am 15. Dezember 1933 im Transkeiterritorium der östlichen Kapprovinz geboren. Aus diesem Territorium entstand später das erste »Bantustan« oder »Homeland«. Wie die meisten weißen Südafrikaner gehörte auch ich einer Familie an, die in der Rassenfrage eine äußerst konservative Haltung einnahm. Mein Vater war ein »Trader« und ebenso auch mein Großvater mütterlicherseits. Ein Trader ist der Inhaber eines Ladens in einem Stammesreservat, der Decken, Schmuckperlen, Eimer, Hacken, Spaten und andere Werkzeuge an die Stammesangehörigen verkauft und bei ihnen Getreide, Häute, Pelze, Wolle und Rohtabak kauft. Das Kind eines Traders wächst daher in einer ganz eigenen Welt auf. Es lernt schon früh eine Stammessprache (in unserem Fall war es Xhosa) und lebt eng mit den Menschen zusammen, die von den Weißen als äußerst primitiv angesehen werden. In dieser Umgebung muß es auf alle Annehmlichkeiten des Stadtlebens verzichten.

Deshalb betrachtete ich die Schwarzen in meiner Jugend als rückständig, denn nur die wenigsten von ihnen konnten lesen oder schreiben. Die meisten trugen einen Lendenschurz oder Decken und keine »europäischen Kleider«. Zudem wurde ihre Gedankenwelt von einem extremen Aberglauben beherrscht, der sich in Form von Magie und Hexerei manifestierte. Das führte augenscheinlich zu einer für mich schwer verständlichen Gefühllosigkeit und Grausamkeit. Im täglichen Umgang waren diese Stammesangehörigen grenzenlos freundlich und höflich, aber wenn es um bestimmte Aspekte ihres Zusammenlebens ging, beispielsweise um Stammeskämpfe und rituelle Morde, zeigten sie eine mir unbegreifliche Wildheit. Bei diesen Kämpfen gingen sie mit Beilen aufeinander los und hackten sich gegenseitig buchstäblich in Stücke. Die Zahl der Todesopfer an den Wochenenden war erschreckend groß. Aus irgendwelchen Gründen fanden diese Kämpfe immer an den Sonntagen statt, und wenn am Montag darauf die Toten gezählt wurden, waren es allein in unserem Bezirk schon Dutzende. Auch die körperlichen Strafen in den Familien reichten fast bis zum Totschlag. Frauen und Kinder wurden so unbarmherzig geprügelt, daß sie gelegentlich an den Folgen dieser Schläge starben. In der Stammesgemeinschaft wurde es als ganz normal angesehen, wenn der Strafende zu diesem Vorgehen provoziert worden war.

Ein unter solchen Verhältnissen aufwachsendes Kind, das schon sehr früh lesen und schreiben lernte und dabei feststellte, daß selbst erwachsene Stammesangehörige keinen einzigen Buchstaben des Alphabets kannten, betrachtete verständlicherweise die Schwarzen als minderwertig und akzeptierte ohne weiteres die vorherrschende Auffassung der Weißen, daß Farbe und Rasse die Unterschiede in den Kulturen bestimmten. Ich lebte in meiner Kindheit in zwei verschiedenen Welten. Das eine war die Welt der Xhosa, wo meine Spielgefährten Twalidcobo und Bhatuni sowie andere Gleichaltrige waren, die sich allein für materielle Dinge wie die Herstellung von winzigen Ochsen aus Ton und von Spielzeugspeeren, für Wettläufe und Kämpfe mit Stöcken interessierten. Und dann gab es meine weiße Welt der englischen Erzählungen, die ich in der Schule lernte, und der amerikanischen Comics – eine Welt, die meinen schwarzen Spielgefährten völlig fremd war. Vergeblich versuchte ich, ihnen etwas von Dick Tracy, Batman, Superman, Li'l Abner, von Lone Ranger, Hopalong Cassidy und Captain Marvel zu erzählen. Aber diese Welt, diese Sprache und diese Kultur waren etwas völlig anderes. Auf meinem Nachttisch lag das *Greyfriars Annual* mit seinen Geschichten von Harry Wharton, Bob Cherry, Bunter und anderen. Doch dort, wo ich spielte, trugen die schwarzen Jungen Lendenschurze, und einigen von ihnen war es schon jetzt bestimmt, in einem der mit Beilen ausgefochtenen Kämpfe zu sterben, bevor sie fünfzehn oder sechzehn Jahre alt würden.

Meine Kindheit war nicht typisch für die eines weißen Südafrikaners. Im Gegenteil, die meisten weißen Kinder in Südafrika leben außerhalb der Stammesgebiete und lernen keine Stammessprache. Als ich in Kimberley ins Internat kam, sahen viele meiner Mitschüler sogar eine Art Wundertier in mir. Sie sprachen von der Transkei so, als läge sie auf einem anderen Planeten und als seien alle seine Bewohner unglaublich primitiv.

Meine Kontakte mit anderen weißen Kindern bestärkten in mir die bei den meisten Weißen herrschende stereotype Vorstellung von den Schwarzen: daß sie sich niemals mit uns vergleichen lassen würden, daß sie gar nicht so sein wollten wie wir, daß sie als Schwarze geschaffen worden seien, weil es der Wille des Allmächtigen sei, daß sie etwas Besonderes sein und bleiben sollten, mit einer anderen Hautfarbe, einem anderen Geruch, einer anderen Sprache und einem anderen Verhalten (und uns in jeder Beziehung unterlegen). Unsere Pfarrer sagten uns manchmal, daß dies nicht der Haltung eines Christen entsprach und daß rassistisches Denken unchristlich sei. Aber irgendwie überzeugten uns solche Argumente nicht. Es war reine Theorie.

Als ich mich 1952 als Jurastudent an der Universität von Kapstadt einschrieb, begann eine der sich unter dem Regime der Afrikaanischen Nationalisten in gewissen Abständen wiederholenden Perioden gewalttätiger Auseinandersetzungen in den Städten, und ich erinnere mich noch heute daran, wie sehr ich meinen Professor für römisches Recht, Harold Levy, mit meiner Antwort auf die Frage schockierte, ob ich mir eine Lösung für das Rassenproblem in unserem Lande vorstellen könne. Ich wiederholte das Klischee, die besten Schwarzen seien die Schwarzen in den Reservaten, die dort ihrer Stammestradition gemäß und unverdorben durch eine weiße Erziehung lebten: »Man muß sie entweder in ihre Reservate zurückschicken oder erschießen. Die Alternative lautet, sie oder wir.«

Sein Entsetzen beeindruckte mich tief. Ich bewunderte diesen Mann, und die Tatsache, daß meine Antwort ihn schockierte, erschütterte meine Überzeugung, daß ich die richtige und vernünftige Auffassung vertrat oder daß eine solche »Härte« unbedingt klug sei. Mein bigottes Selbstvertrauen wurde darüber hinaus durch die offensichtlich immer tiefer werdende Kluft zwischen meinen Auffassungen und den Rechtsgrundsätzen erschüttert, welche die Grundlage des römischen und des römisch-holländischen Rechts bilden. Insbesondere beeindruckten mich die sich auf christliches Denken stützenden, von Justinian verkündeten Rechtsgrundsätze.

Weitere Zweifel kamen, als ich mich kurze Zeit an einem juristischen Seminar beteiligte, an dem auch ein schwarzer Student aus Amerika teilnahm (die Afrikaanischen Nationalisten hatten damals noch nicht die Rassentrennung an den Universitäten gesetzlich angeordnet). Dieser junge schwarze Amerikaner sprach zu meiner Überraschung Englisch mit einem amerikanischen Akzent – wie Schauspieler im Film:

Ich erlebte also, daß Schwarze nicht automatisch mit einem anderen Akzent sprechen als Weiße.

Und das bedeutete, daß der Akzent nichts mit der Rasse zu tun hat.

Es bedeutet, daß ein Japaner, ein Inder oder sogar ein Xhosa, der von Kindheit an im Buckingham Palace aufwüchse, genauso sprechen würde wie der König von England.

Und es bedeutete noch vieles andere – daß nämlich die Kultur eine Sache der Umwelt und nicht eine Sache der Rasse oder der Hautfarbe ist.

Diese Erkenntnisse lösten eine Kettenreaktion von Schlußfolgerungen aus, die schließlich zu der Überzeugung führten, daß, wenn alle diese Dinge entscheidend von der Umwelt beeinflußt würden, wir weißen Südafrikaner ebenso von der Umwelt konditioniert seien und deshalb an Vorstellungen festhielten, die falsch begründet waren und deshalb nicht richtig sein konnten. Nun begann ich, die richtigen Antworten in Büchern zu suchen, in Büchern von oder über Personen wie Abraham Lincoln, William

Wilberforce und britische Liberale. Etwa um die gleiche Zeit erschien der Roman *Cry, The Beloved Country* von Alan Paton, gefolgt von Werken anderer bedeutender südafrikanischer Schriftsteller wie Nadine Gordimer. Nach dieser Lektüre war mein Glaube an die Berechtigung der Apartheid endgültig zerstört, und während der folgenden zwanzig Jahre war ich überzeugt, meine Erziehung zur Abkehr vom Rassismus sei abgeschlossen – bis ich Steve Biko kennenlernte.

Aber um zu erklären, wie weit mir Steve Biko in dieser Frage die Augen geöffnet hat, muß ich zuerst sagen, wie blind ich vorher gewesen war. Als ich im Alter von zwanzig Jahren zu der Überzeugung kam, daß die Apartheid die große schmutzige Lüge war, gab ich mein Jurastudium auf und ging in die Politik. Da die Apartheid eine Erfindung der Regierung der Afrikaan Nationalist Party war, schloß ich mich zunächst der großen weißen Oppositionspartei, der United Party an. Doch als ich ihre politischen Grundsatzpapiere gelesen hatte, erkannte ich, daß sie die Apartheid nicht völlig ablehnte. Ihre Politik war vielmehr eine verwässerte Version der Rassendiskriminierung, wie sie von der Afrikaaner Nationalist Party vertreten wurde. Die United Party vertrat die Apartheid in einer gemilderten Form. Sie wollte die Rassentrennung, aber auf »humanere« Weise. Das war nichts für mich. Ich hielt es nicht für sinnvoll, mich einem Übel zu widersetzen, um dem gleichen Übel dann nur deshalb wieder zuzustimmen, weil es ein wenig abgemildert worden war.

Die einzige andere politische Partei, die es damals gab und die eine Zukunft zu haben schien, war die neugegründete Federal Party, die dafür eintrat, das Wahlrecht, unabhängig von der Rassenzugehörigkeit, vom Bildungsstand des einzelnen abhängig zu machen, und die eine Dezentralisierung der Regierungsgewalt durch die Übertragung von Regierungsvollmachten auf die Provinzen in einem föderativen System anstrebte, wie es in den Vereinigten Staaten bestand. Diese Ideen gefielen mir – die erste, weil sie die Abschaffung jeder Rassentrennung beinhaltet, ohne daß dabei über Nacht alle Schleusen geöffnet wurden, und die zweite, weil eine Föderalisierung von Südafrika zu einer vernünftigen und umfassenderen südafrikanischen Föderation führen konnte, der auch Swasiland, Lesotho, Botswana, Namibia, Simbabwe und Sambia angehörten.

Die Federal Party nominierte mich zwei Jahre später für die Wahlen in einem parlamentarischen Wahlbezirk, aber die weißen Wähler lehnten empört ein Wahlprogramm ab, das keine Rücksicht auf Rasse und Hautfarbe nahm und im Lauf der Zeit zur Herrschaft der schwarzen Mehrheit führen würde. So erlitt ich eine schwere Wahlniederlage und konnte weniger als tausend Stimmen für mich verbuchen. Ich war aber erst zwanzig Jahre alt und wollte mich durch diesen Mißerfolg nicht entmutigen lassen. Ich war sicher, es werde lange Zeit brauchen, bevor weiße Wähler davon überzeugt werden konnten, daß die Apartheid abgeschafft werden müsse. Deshalb gab ich die Mitarbeit auf parteipolitischer Ebene auf und fing an, als Journalist zu arbeiten. Wenn ich meine weißen Mitbürger nicht durch Reden überzeugen konnte, dann wollte ich versuchen, es mit Schreiben zu tun. Das war zumindest meine Absicht... Heute, dreißig Jahre später, nachdem ich eine Million oder mehr Worte gegen die Apartheid geschrieben habe, muß ich zugeben, daß meine Bemühungen erfolglos geblieben sind. Die Menschen geben ihre Vorurteile nur ungern auf, besonders eine weiße Minderheit, die sich vor einer überwältigenden schwarzen Mehrheit fürchtet, und obwohl die Zahl der Weißen zugenommen hat, die die Apartheid ablehnen, halten die meisten Weißen in Südafrika daran fest.

Als ich mich 1958 endlich dazu entschlossen hatte, Berufsjournalist zu werden, erkannte ich, daß ich in kurzer Zeit sehr viel journalistische Erfahrung sammeln mußte, um mit den Kollegen meines Alters konkurrieren zu können, die eine fünfjährige Ausbildung hinter sich gebracht hatten, während ich in zwei Berufen, zuerst als Jurist und dann als Politiker, gescheitert war. Deshalb ging ich nach Übersee und arbeitete zwei Jahre als Journalist in Großbritannien und Kanada. Den interessantesten Auftrag bekam ich von der Londoner Zeitung *Daily Herold.* Ich sollte den Süden der Vereinigten Staaten bereisen und die Rassentrennung dort mit der Apartheid in Südafrika vergleichen. Eine knappe

Stunde nach meinem Eintreffen in Little Rock, Arkansas, verübte der Ku-Klux-Klan einen Sprengstoffanschlag auf das Haus eines schwarzen Mannes, Mr. Cartelyou Walls, der sich bereitwillig von mir interviewen ließ. Das war das erste von vielen interessanten Gesprächen mit weißen und schwarzen Südstaatlern.

Zwar gab es auffallende Ähnlichkeiten darin, wie sich der Rassismus im amerikanischen Süden und in Südafrika manifestierte, aber ich konnte einige interessante Unterschiede in der Art und Weise feststellen, wie sich diese Haltung in beiden Ländern darstellte und auswirkte. Der Hauptunterschied lag natürlich darin, daß der Rassismus im amerikanischen Süden von der Bundesregierung in Washington abgelehnt wurde, während er in Südafrika von der nationalen Regierung gefördert und gesetzlich untermauert wurde. In Südafrika hat es niemals eine Lynchjustiz oder eine ähnliche Organisation wie den Ku-Klux-Klan gegeben. Die Afrikaansen Nationalisten ziehen es vor, ihre rassischen Vorurteile in Form von gesetzlichen Bestimmungen zum Ausdruck zu bringen, die nach stundenlangen Reden, in denen diese Redner versuchen, solche Maßnahmen vor ihrem angeblich kalvinistischen Gewissen zu rechtfertigen, im Parlament ganz offiziell verabschiedet werden.

1960, im Jahr des Massakers von Sharpeville, kehrte ich nach Südafrika zurück und ging als Reporter zum *Daily Dispatch* nach East London. Ich hatte mich um eine Stellung beim *Dispatch* beworben, weil ich die politische Haltung der Zeitung bewunderte und sie in meiner Heimat, der östlichen Kapprovinz, viel gelesen wurde. 1965 wurde ich zum Redakteur ernannt, und obwohl die meisten meiner Kollegen wesentlich älter waren als ich und über eine längere Berufserfahrung verfügten, hatte niemand etwas dagegen einzuwenden, daß ein Einunddreißigjähriger ihnen vor die Nase gesetzt wurde. Sie haben mich vielmehr stets tatkräftig unterstützt, obwohl wir sofort nach meiner Ernennung dazu übergingen, die Apartheid noch energischer zu verurteilen als bisher. Das gefährdete zeitweilig sogar die Existenz der Zeitung, denn das Blatt setzte sich mit dieser Haltung immer wieder der Gefahr aus, von der Regierung verboten zu werden.

Ich machte mir deshalb allerdings kaum irgendwelche Sorgen, denn nachdem ich von der Pressegalerie des Parlaments aus als politischer Korrespondent die Mentalität der Afrikaansen Nationalisten gründlich beobachtet hatte, wußte ich, daß sich ihre Angriffe eher gegen mich persönlich als gegen die Zeitung richten würden. Meine Strategie war es deshalb, die Rolle des Blitzableiters für die Zeitung zu übernehmen, indem ich die »gefährlichen« Leitartikel persönlich unterzeichnete.

Die ersten Reaktionen auf die härtere Linie der Zeitung waren das Wutgeschrei der weißen Leser, die Kündigung einer Anzahl von Geschäftsanzeigen und Abonnements, aber mit der Zeit konnten wir die Auflage erhöhen, und die Einnahmen für Anzeigen wuchsen mit jedem Jahr. Das hatten wir allein dem glücklichen Umstand zu verdanken, daß die Zahl unserer schwarzen Leser zu unserer Überraschung stark zunahm, und zwar zu einer Zeit, als die Firmen, die ihre Anzeigen bei uns aufgaben, ihre schwarzen Kunden angesichts eines wachsenden Verbrauchermarkts auf diese Weise erreichen wollten.

Als ich Chefredakteur des *Dispatch* wurde, betete ich drei Jahre lang darum, von Verhaftungen, Gefängnisstrafen und Schreibverboten verschont zu werden. Tatsächlich durfte ich dann zwölf Jahre in dieser Stellung arbeiten und war von Herzen dankbar, daß mir neun Jahre mehr für diese Arbeit geschenkt wurden, als ich mir zunächst gewünscht hatte! Während dieser zwölf Jahre kam es in Südafrika zu sehr schnellen und ungestümen politischen Entwicklungen. Weiße Politiker gründeten 1958 die Progressive Party. Sie war zwar besser organisiert als meine alte Federal Party, verfolgte aber praktisch die gleichen politischen Ziele und Grundsätze, nachdem die junge föderative Bewegung im Jahr zuvor gescheitert war. Ebenso entstand die Liberal Party, doch da auf ihrem Programm die Forderung »ein Mann, eine Stimme« stand, hatte sie keine Chance, in den Wahlen von den Weißen unterstützt zu werden. So löste sich die Partei, nachdem sie einige Jahre unter der mutigen Führung des Schriftstellers Alan Paton ihren politischen Kampf geführt hatte, wieder auf, nachdem die Afrikaansen Nationalisten viele ihrer leitenden Funktionäre in den Bann getan und durch Gesetz die Mitgliedschaft von Angehörigen verschiedener Rassen in einer Partei verboten hatten. Sogar die Progressive Party mit ihrem vorsichtigeren Programm, das ein qualifiziertes Wahlrecht vorsah, wurde von der weißen Wählerschaft als zu gefährlich und radikal betrachtet, und es vergingen mehr als zehn Jahre, bevor die Progressiven mehr als einen Sitz im Parlament gewinnen konnten. Ihre einzige Vertreterin im Parlament war die tapfere Helen Suzman, die als Vertreterin des Antirassismus von den nichtstimmberechtigten Massen in Südafrika geliebt und verehrt wurde.

In den Jahren vor meinem ersten Zusammentreffen mit Steve Biko stellte sich die allgemeine politische Lage in Südafrika wie folgt dar: Das weiße Parlament wurde vollkommen von den Afrikaansen Nationalisten beherrscht, die ihre Macht nach dem Sieg in den Apartheidswahlen von 1948 noch mehr gefestigt hatten. Als Folge der Wahlmanipulationen, bei denen die ländlichen Bezirke, wo die Afrikaansen Nationalisten in der Mehrheit waren, gegenüber den Stadtbezirken bevorzugt wurden, wo die Opposition stärker vertreten war, zählte jede für die Afrikaansen Nationalisten abgegebene Stimme so viel wie zwei für die Opposition abgegebene Stimmen. Damit gewannen die Afrikaansen Nationalisten zwei Drittel aller Sitze im Parlament. Bis 1974 wurden die restlichen Sitze mit Ausnahme des einen von Helen Suzman von Abgeordneten der Nationalist Party eingenommen, der früher von Jan Smuts geführten United Party. Aber nach den Erfolgen der Progressiven in den Parlamentswahlen von 1974 verlor die United Party viele Wähler, spaltete sich und wurde 1977 aufgelöst. Nach den Parlamentswahlen vom 30. November 1977 ergab sich die folgende Sitzverteilung:

Afrikaanse Nationalisten 135 Sitze
PFP (Progressive) 17 Sitze
NRP (vormals United Party) 10 Sitze
SAP (South African Party) 3 Sitze

Im November 1977 wollten die meisten weißen Wähler in Südafrika mit ihrer Stimmabgabe offenbar ihren Widerstand gegen die schwarzen Befreiungsbewegungen dokumentieren und zeigten damit ihre Bereitschaft, sie mit allen verfügbaren Mitteln, wenn notwendig sogar mit einem Bürgerkrieg zu bekämpfen.

Aber daß sich die weißen Wähler so deutlich für eine mit Gewalt durchzusetzende rassistische Politik aussprachen, lag auch daran, daß seit vielen Jahren eine immer größer werdende Zahl rassistischer Gesetze erlassen worden waren. Über drei Jahrzehnte hatten die Afrikaansen Nationalisten die schwere Bürde der zur Unterdrückung der schwarzen Mehrheit erlassenen gesetzlichen Bestimmungen ständig vermehrt und praktisch Hunderte von Apartheidsverordnungen verabschiedet, die es den Schwarzen verboten zu wählen, bestimmte Arbeiten zu verrichten, sich gemeinsam mit Weißen politisch, gesellschaftlich oder sportlich zu betätigen, sexuelle Beziehungen zu Weißen zu unterhalten, in den Städten zu leben, sich auf der Suche nach Arbeit frei im Land zu bewegen, sich öffentlich gegen die Apartheid auszusprechen, Gewerkschaften zu gründen, die gleichen Aufzüge, Hauseingänge oder öffentlichen Toiletten zu benutzen wie die Weißen oder mit den Weißen auf irgendeinem Gebiet in eine faire Konkurrenz zu treten. Die Schwarzen waren verpflichtet, stets besondere Ausweispapiere bei sich zu tragen und durften festgenommen und eingesperrt werden, wenn sie nicht jederzeit einen solchen Paß vorzeigen konnten. Seit dem Erlaß der Nürnberger Gesetze durch Hitler hat keine Regierung irgendwo auf der Welt so monströse Rassengesetze gegen einen Bevölkerungsteil erlassen, wie die Minderheitsregierung der Afrikaansen Nationalisten in Südafrika dies gegen die große Mehrheit ihrer eigenen Bürger getan hat.

Die ganze Politik der Afrikaansen Nationalisten gründet sich auf die Arithmetik und das Ziel, die politische Macht in den Händen von drei Millionen der 4,5 Millionen Weißen in Südafrika zu bewahren, um sechzehn Millionen Schwarze, eine Million »Farbige«, eine Million »Inder« und die nichtafrikaanischen und antinationalistischen Weißen zu beherrschen. Um es zu ermöglichen, daß drei Millionen südafrikanische Bürger zwanzig Millionen ihrer Landsleute in Kategorien aufteilen und über sie herrschen können, wurde die »Homeland-Politik« entwickelt. Für die Schaffung dieser »Homelands« hat die Regierung fünfzehn Prozent des Territoriums von Südafrika zur Verfügung gestellt. Dahinter stand die Idee, daß, wenn die sechzehn Millionen schwarzen Bürger auf neun »unabhängige Homelands« verteilt würden, sie nicht mehr Bürger des größeren Teils von Südafrika wären und damit die 4,5 Millionen Weißen auf fünfundachtzig Prozent der Bodenfläche von Südafrika die stärkste ethnische Gruppe würden. So gelten die vier Millionen Zulus nur als Bürger des kleinen Homelands Kwa Zulu. Die vier Millionen Xhosas sind Bürger von zwei ihnen zugeteilten »Homelands«, Transkei und Ciskei. Nachdem diese beiden großen »ethnischen« Gruppen schwarzer Bürger auf diese Weise ausgeschaltet waren, wurden die übrigen Schwarzen zu Bürgern von sechs anderen »Homelands« gemacht.

Das Wort »Homelands« soll zum Ausdruck bringen, daß diese Gebiete die ursprüngliche Heimat der sogenannten »ethnischen Gruppen« sind – obwohl viele Bürger der Homelands ihre angebliche Heimat vorher noch nie gesehen hatten, denn ihre Familien lebten in einigen Fällen schon seit Generationen in den weit von den Homelands entfernt gelegenen Großstadtgebieten. Die Afrikaansen Nationalisten behaupten scheinheilig, ihre Politik sei es, den betroffenen Schwarzen eine besondere Wohltat zu erweisen, indem sie es ihnen ermöglichen, ihre ethnische Identität zu bewahren, denn die Zulus, Xhosas, Swasis, Vendas, Tswanas und Sothos hätten jeweils ihre eigene Kultur, ihre eigene Sprache und ihren eigenen »Nationalstolz«. Aber das ist reine Heuchelei und völliger Unsinn. Die meisten südafrikanischen Schwarzen (die Zulu, Xhosa, Swazi und Ndebele) sprechen die Nguni-Sprache. Die Sprache der Zulu und Xhosa ist fast identisch und hat mehr Worte und Ausdrücke als das Englische und das Afrikaans. Es wird jedoch nicht für notwendig gehalten, den englisch- und afrikaanssprechenden Weißen besondere »Homelands« zuzuweisen. Ihre weiße Hautfarbe hat offenbar eine größere Bedeutung als die Zugehörigkeit zu irgendeiner ethnischen Gruppe. Für die Schwarzen gilt das allerdings nicht!

Man hat den Schwarzen niemals die Möglichkeit gegeben, in einer fairen Abstimmung zu entscheiden, ob sie nach solchen ethnischen Gesichtspunkten auf bestimmte Reservate verteilt werden wollen. Das Regime der Afrikaansen Nationalisten hat die Entscheidung für sie getroffen, weil die arithmetischen Erfordernisse zum Zweck des »teile und herrsche« es verlangen. Alles deutet darauf hin, daß die überwältigende Mehrheit der Schwarzen, wenn ihr die Möglichkeit gegeben würde, die »Homeland-Politik« ebenso wie alle anderen Manifestationen der Apartheid ablehnen würde. Einige Schwarze haben allerdings die Unterbringung in den Homelands akzeptiert und gesagt, daß dies nicht die beste Lösung für sie sei (das wäre die Gleichberechtigung in einem ungeteilten Südafrika), sondern daß sie unter den gegebenen Verhältnissen mit einem für sie reservierten Teilgebiet Südafrikas vorliebnehmen wollten, in dem sie ein normales Leben führen und das sie als ihr Eigentum betrachten könnten, ohne unter der Geißel der Apartheid leiden zu müssen. Einer von ihnen ist der Oberhäuptling Kaiser Matan Zima, der sich mit der Unabhängigkeit des Territoriums der Transkei, das etwa so groß ist wie Dänemark, als Homeland für zwei Millionen Xhosas einverstanden erklärt hat. Aber der Staatshaushalt der Transkei wird zum größten Teil von der nationalistischen Regierung finanziert, und viele Schwarze betrachten eine solche Unabhängigkeit, die sie finanziell an die Regierung in Pretoria fesselt, mit Mißtrauen.

Die politischen Erben von Albert Luthuli, Nelson Mandela, Robert Sobukwe und Steve Biko verurteilen Matan Zima und andere Homeland-Führer wie den Häuptling der Kwa Zulus, Gatsha Buthelezi, den Häuptling von Bophutatswana, Mangope, den Professor Hudson Ntsanwisi aus Gazankulu, den Häuptling der Ciskei, Lennox Sebe und Dr. Cederic Phatudi als Verräter, die sich mit der Stammespolitik und ethnischen Apartheid einverstanden erklärt hätten, indem sie die Balkanisierung des territorialen Erbes der Schwarzen akzeptierten und der Homeland-Politik der Regierung damit eine gewisse Glaubwürdigkeit und Respekt verliehen. Obwohl alle diese Homeland-Führer ohne Ausnahme – besonders Häuptling Buthelezi, der eine große Gefolgschaft hat – die Apartheid scharf und uneingeschränkt verurteilen, werden sie von den militanteren schwarzen Führern entschieden abgelehnt, besonders von der jetzt in den Städten revoltierenden schwarzen Jugend, die den Standpunkt vertritt, sie dürfte sich auf keinerlei Kompromisse einlassen, die der Sache der Befreiung aller Schwarzen in ganz Südafrika nur schaden können. Ähnliche Vorbehalte äußern junge »farbige« und »indische« Aktivisten gegenüber Mitgliedern des vom Staat anerkannten Colored Persons' Representative Council und des South African Indian Council.

Nachdem der African National Congress und der Pan-Africanist Congress von der Regierung verboten worden waren, hatten die Schwarzen in Südafrika eine Zeitlang keine Möglichkeit mehr, ihre Politik des Widerstandes gegen die Apartheid in der Öffentlichkeit fortzusetzen. Zwar gingen einige Mitglieder der verbotenen Gruppen in den Untergrund, aber ihre Führungsspitze saß im Gefängnis, und der Einfluß des ANC und des PAC war auf ein Minimum geschrumpft. Während dieser Periode entschlossen sich die meisten schwarzen Führer in den Homelands, eine pragmatische Haltung einzunehmen und sich mit Teilzugeständnissen der Regierung zufriedenzugeben, anstatt auf der Erfüllung aller ihrer Forderungen zu bestehen. Doch die Anhänger des ANC und des PAC widersetzten sich entschieden einem solchen Pragmatismus, auch wenn sie ihre Opposition wegen der strengen Sicherheitsgesetze und des in ihrer Führung entstandenen Vakuums nicht öffentlich artikulieren konnten.

In dieses Vakuum trat nun ein ungewöhnlich begabter Mann, der Bantu Stephen Biko, und er füllte es aus, indem er die Ziele und die Philosophie des Kampfes der Schwarzen so zu artikulieren wußte, wie es noch keinem schwarzen Führer vorher gelungen war. Er übernahm die Rolle des Führers bescheiden und unaufdringlich. Das war sein persönlicher Stil. Er war so zurückhaltend und unegoistisch, daß eine lange Zeit verstrich, bevor die Schwarzen sich dessen bewußt wurden. Und die Tatsache, daß er es im Alter von gerade einundzwanzig Jahren getan hatte, war als solche ebenso bemerkenswert wie der Mann selbst.

Ich habe Steve Biko erst einige Jahre später kennengelernt, und zwar erst mehr als ein Jahr nachdem mich gemeinsame Freunde dazu gedrängt hatten. Ich hatte zunächst nicht mit ihm zusammentreffen wollen, weil ich bestimmte Vorstellungen davon hatte, welche Ziele er verfolgte, und sie gefielen mir nicht. Er war der Begründer und seit fünf Jahren Förderer der Black Consciousness Bewegung, die ich als eine Manifestation des schwarzen Rassismus betrachtete, und nachdem ich dem weißen Rassismus nach besten Kräften Widerstand geleistet hatte, war ich nicht geneigt, irgendeine Art des schwarzen Rassismus hinzunehmen. Es erschien mir sinnlos, daß an die Stelle des einen ein anderer Rassismus trat, und alles, was ich über die von Biko geführte Bewegung gehört und gelesen hatte, brachte mich dazu, sie als Ausdruck eines rassistischen Alleinvertretungsanspruchs der anderen Seite zu sehen.

Ich stand jetzt am Anfang eines Umdenkungsprozesses. Doch bevor ich darüber in Zusammenhang mit einer ersten Begegnung mit Steve Biko spreche, muß ich dem Leser noch eine andere Persönlichkeit vorstellen. Das ist meine Frau Wendy, die Biko zur gleichen Zeit kennenlernte wie ich. Sie hat die Bedeutung dieses Mannes schneller begriffen als ich, und mit einer natürlichen Gabe für das Verständnis politischer Zusammenhänge hat sie Steve geholfen, einen oft verwirrten orthodoxen Liberalen in die Tiefen schwarzer politischer Grundsätze einzuführen, von deren Existenz ich keine Ahnung gehabt hatte. Obwohl sie, da sie auch in der Transkei geboren war, in ihrer Jugend ähnliche Erfahrungen gemacht und ähnliche rassistische Vorurteile hatte wie ich, hat sie sich sehr viel schneller davon befreien können, so daß sie mich auf der Flucht vor dem starken Konservatismus weit hinter sich ließ. Ich hatte politische Vorlesungen, Bücher und persönliche Erfahrungen gebraucht, um zur Einsicht zu kommen. Sie hat ihre Haltung aus sich selbst heraus entwickelt. Ihr schnelles Auffassungsvermögen hat Steve in späteren Jahren manchmal veranlaßt, mir zu sagen: »Wendy versteht es, weshalb können Sie es nicht verstehen?«

Vor unserer Freundschaft mit Steve vertraten Wendy und ich dieselben orthodoxen Auffassungen wie alle liberalen weißen Südafrikaner, und unsere gemeinsame Haltung kam in meinen

Leitartikeln und Artikelserien zum Ausdruck, die einmal wöchentlich in sechs Tageszeitungen erschienen. Mein Hauptthema war die totale Ablehnung der Apartheid, und schon 1972 stellte mich Premierminister Vorster eines Tages ärgerlich zur Rede: »Das Zeug, das Sie schreiben, ruft die Schwarzen zur Revolution auf!« Ich antwortete, daß dies vielmehr seine Apartheidsgesetze täten. Aber ich habe Steve Biko die Erkenntnis zu verdanken, daß es bei dem Kampf der Schwarzen um mehr als die Apartheidsgesetze ging; seine Black Consciousness Bewegung richtete sich gegen die psychologische und die gesetzliche Unterdrückung, gegen die wirtschaftliche Ausbeutung und gegen die Apartheidsgesetze, die eine solche Ausbeutung ermöglichten. Ich mußte einsehen, daß dieses Ringen weit über die Grenzen hinausging, in denen die weiße Parteipolitik befangen war. Durch die Bekanntschaft mit Steve Biko wurde mir bewußt, daß es das Ziel dieses genialen Menschen war, Ketten zu zerreißen – die psychologischen Ketten, die den schwarzen Mann ebenso fesselten wie die Ketten der gesetzlich verordneten Apartheid.

Der Mann

Wir lernen uns kennen

Ich wurde von einem resoluten Schwarzen in mein erstes Zusammentreffen mit Steve Biko hineingedrängt. Meine Sekretärin ließ mich wissen, daß ein Dr. Ramphele im Büro sei und mich sprechen wolle. Der Name sagte mir, daß Dr. Ramphele schwarz war, und ich stellte mir einen alternden, grauhaarigen, mit einer Onkel-Tom-artigen Schüchternheit behafteten Mediziner vor. Keine Vorstellung hätte der Wirklichkeit weniger entsprechen können.

Eine zierliche Person in Bluejeans und weißem Pulli platzte herein, baute sich herausfordernd vor meinem Schreibtisch auf, die Hände in den Hüften eingestützt, und schrie förmlich: »Warum widmen Sie all Ihre Schlagzeilen Versagern wie Buthelezi und Matanzima? Warum lernen Sie nicht die echten schwarzen Führer kennen? Wann kommen Sie und unterhalten sich mit Steve Biko? Sie wissen, daß er in Acht und Bann steht und nicht zu Ihnen kommen kann, also warum gehen Sie nicht zu ihm? Was ist los mit Ihnen?«

Es war ein Schlag. Es gibt wenig schwarze Ärzte in Südafrika, und noch weniger schwarze Ärztinnen, und obwohl ich in Sambia, London und anderswo schwarze Frauen kennengelernt hatte, welche die Haltung und Selbstsicherheit besaßen, in das Büro eines Journalisten hineinzuplatzen und eine Tirade dieser Art loszulassen, hatte ich nie gedacht, daß es solche Leute auch in meinem eigenen Land gäbe. Alle Schwarzen in Südafrika, ob männlich oder weiblich, sind in der Gegenwart Weißer sehr schüchtern.

Dies war eine neue Generation schwarzer Südafrikaner – die Black-Consciousness-Generation –, und ich wußte sofort, daß eine Bewegung, die eine Persönlichkeit hervorbrachte, wie sie mir jetzt gegenüberstand, Eigenschaften hatte, die die Schwarzen in Südafrika seit dreihundert Jahren gebraucht hätten.

Etwas von dieser Erkenntnis muß man mir angesehen haben; ich glaube mich sogar daran zu erinnern, daß meine Reaktion auf diese Tirade ein breites, entzücktes Grinsen war, weil sich diese bemerkenswerte Dr. Ramphele sofort beruhigte, sich setzte und unter der zuversichtlichen (und vollkommen zutreffenden) Annahme, daß all meine anderen Verabredungen plötzlich vollkommen unwichtig geworden seien, anfing, mir auf geduldige und liebenswürdige Art und Weise eine Erklärung der schwarzen politischen Realität und der Philosophie des schwarzen Selbstbewußtseins zu geben.

Ich hatte bis dahin eine durchaus negative Einstellung zu Black Consciousness gehabt. Ich war einer der sehr, sehr wenigen südafrikanischen Liberalen, die das Moment der Rasse im politischen Denken ablehnten, und war einer nichtrassistischen Politik und Philosophie ergeben. Alles, was ich zu jener Zeit über Biko und die Black-Consciousness-Philosophie und -Organisationen wußte, zeigte mir, daß sie all diese Ideen ablehnten; man mußte nur verfolgen, wie Biko den Abfall von der NUSAS betrieben hatte, um die rein schwarze SASO zu schaffen, mit der Begründung, daß schwarze Studenten nur politische Selbstsicherheit erlangen konnten, wenn sie taten, was sie als Schwarze für richtig und natürlich hielten, ohne sich von Weißen beeinflussen zu lassen. Sein Argument, daß schwarze Studenten ihre eigene schwarze Identität entwickeln müßten, empfand ich als rassistisches Denken, und ich sah die Gründung der SASO als Verrat am weißen liberalen Engagement an. Und genauso dachte ich über die anderen, von Biko gegründeten Black-Consciousness-Untergruppierungen, wie die Black Community Programs und die ausschließlich schwarzen Sportvereine und Treuhandfonds für die Versorgung der Familien politischer Gefangener. Ich sah in ihnen die Umkehrung der Apartheidmentalität: umgekehrten Rassismus.

Dr. Ramphele hörte mir geduldig zu und schrie dann fast wieder: »Das siehst du alles ganz falsch, Mann! Wir sind nicht rassistisch. Wir bestehen nur darauf, wir selbst zu sein. Du mußt kommen und mit Steve sprechen, er wird alles erklären.«

Ein Treffen wurde vereinbart, und an dem Tag, an dem ich die einstündige Autofahrt von East London nach King William's Town zurücklegte, ließ ich mir durch den Kopf gehen, was ich über Biko gehört und gelesen hatte.

Soweit ich wußte, war Biko eine ungewöhnlich intelligente Persönlichkeit von besonderem Charisma und hatte schon in jungen Jahren eine treue Gefolgschaft. Mich verblüffte die Haltung, die weiße Führer der NUSAS ihm gegenüber einnahmen. Ich war Ehrenvizepräsident der NUSAS und hatte erwartet, daß die weißen Führer der NUSAS es mißbilligen würden, daß sich Biko von ihrer Organisation gelöst, alle Folgen dieses Schritts auf sich genommen und ihre Ideale mißbilligt hatte. Aber die NUSAS war in dieser Frage seltsam unkritisch, sosehr sie diese Trennung auch bedauerte. Das von ihnen gezeigte Verständnis machte mich irgendwie ungeduldig, und ich betrachtete diese Haltung als zu weich und Ausdruck einer für die weißen Liberalen typischen Furcht davor, Schwarze irgendwie zu kritisieren. Ich nahm dagegen eine sehr kritische Haltung ein und griff die SASO in meinen Leitartikeln und Vorträgen scharf an. Ich beschuldigte die Organisation, auf ihre Art ebenso rassistisch zu sein wie die Afrikaansen Nationalisten am entgegengesetzten Ende des politischen Spektrums. Ich konnte all dieses Gerede vom Stolz der Schwarzen und das Schlagwort »Black is beautiful« nicht mehr hören und erklärte, Schwarz sei nicht schöner oder häßlicher als Weiß, und es läge ebensowenig ein Verdienst darin, als Schwarzer geboren zu sein, wie in der Tatsache, eine weiße Hautfarbe zu haben. Das waren anerkannte, klare liberale Ideen, und ich hielt sie für überzeugend.

Aber ich mußte noch lernen, daß man in Südafrika einfach schwarz sein muß, um jeden einzelnen Aspekt der Tatsache des Schwarzseins vollständig zu verstehen, und daß es unmöglich ist, die Totalität dieser Erfahrung mit akademischem oder theoretischem Idealismus zu begreifen. Das war es, was Biko den jungen weißen Führern der NUSAS verständlich gemacht hatte. Dazu kam sein persönliches Charisma, das sie beeindruckt hatte und daran hinderte, die Idee von der Wiedererweckung des schwarzen Selbstbewußtseins zu verurteilen.

Ich hatte mich mit den wichtigsten Einzelheiten des kurzen und stürmischen Lebenslaufs von Steve Biko vertraut gemacht. Biko wurde am 18. Dezember 1946 in King William's Town geboren. Seine Ausbildung hatte mit zwei Jahren an der Brownlee Primary begonnen. Es schlossen sich vier Jahre an der Charles Morgan Higher Primary an. Dann ging er an das Lovedale Institute, um sich für die Aufnahme an die Universität vorzubereiten. Schon nach drei Monaten aber wurde Lovedale wegen eines Streiks älterer Schüler geschlossen. Daraufhin ging Biko nach Marianhill, einem katholischen Institut in Natal, wo er sehr gut vorankam. 1966 immatrikulierte er sich an der University of Natal, um Medizin zu studieren, wurde jedoch nach anfänglichen akademischen Erfolgen so in die Politik verstrickt, daß seine Noten darunter litten und er vom weiteren Studium ausgeschlossen wurde. Zu dieser Zeit war er schon ein angesehener Führer verschiedener Organisationen, die er gegründet oder mitbegründet hatte, einschließlich der South African Students' Organization (SASO) und des Black Community Programs. Kurz danach wurde er in Acht und Bann gestellt, er durfte sich nur im Gebiet von King William's Town aufhalten.

Sein Vater, Mzimkhayi Biko, war gestorben, als Steve Biko vier Jahre alt war. Steve hatte einen älteren Bruder und eine ältere sowie eine jüngere Schwester. 1970 hatte er Montsikelelo (Ntsiki) Mashalawa aus Umtata geheiratet. Mit ihr hatte er zwei Söhne.

Auf dem Weg zu unserem ersten Treffen dachte ich an einen Artikel, den Biko als leidenschaftlicher junger Mann und Begründer der SASO geschrieben hatte und dessen Inhalt mich erheblich ärgerte. Er war 1972 in dem später verbotenen Buch *Student Perspectives on South Africa* erschienen, das H. W. van der Merwe und David Welsh zusammen mit dem Bailey Institute of Interracial Studies herausgegeben hatten, und enthielt Aussagen wie die folgende:

»Keine Rasse besitzt das Monopol auf Schönheit, Intelligenz und Kraft, und es ist Platz für uns alle bei der Siegesfeier.« Ich glaube nicht, daß Aimé Césaire an Südafrika gedacht hat, als er diese Worte sprach. Die Weißen in diesem Lande haben sich auf einen Weg ohne Wiederkehr begeben. Der weiße Rassismus ist in der Praxis geistig und materiell so ausbeuterisch, daß man sich fragt, ob sich die Interessen der Schwarzen und der Weißen in diesem Land nicht gegenseitig ausschließen, so daß es keine Möglichkeit mehr gibt, gemeinsam an »der Siegesfeier« teilzunehmen.

Es wird nicht mehr lange dauern, bis die Schwarzen erkannt haben, daß die Armut in engem Zusammenhang mit ihrer schwarzen Hautfarbe steht. Die Tradition, die unserem Land aufgezwungen worden ist, verlangt, daß die Armen immer nur die Schwarzen sind. Es überrascht daher nicht, daß die Schwarzen sich von einem System befreien wollen, das dafür sorgt, daß der Reichtum des Landes einer Minderheit vorbehalten bleibt. Zweifellos dachte Rick Turner daran, als er erklärte, daß »jede schwarze Regierung wahrscheinlich sozialistisch sein wird«. (Anmerkung des Verfassers: Rick Turner wurde mit an Sicherheit grenzender Wahrscheinlichkeit im Januar 1978 in seinem Haus von der Sicherheitspolizei oder von Leuten erschossen, die eng mit ihr zusammenarbeiteten.)

Wir kommen jetzt zu der Gruppe, die sich am längsten des Vertrauens der schwarzen Bevölkerung erfreut. Das ist das liberale Establishment. Zu ihr gehören auch die radikalen und linken Gruppen. Der größte Fehler, den die Schwarzen je gemacht haben, war es zu glauben, jeder Gegner der Apartheid sei ihr Verbündeter. Lange Zeit hat sich der Zorn der Schwarzen ausschließlich gegen die Regierungspartei und nicht so sehr gegen die Machtstruktur insgesamt gerichtet. In gewissem Sinne haben die Schwarzen ihr politisches Vokabular von den Liberalen übernommen. Seit langer Zeit haben die Schwarzen sich damit beschäftigt, »die Massen zu beruhigen«, während sie sich auf nutzlose Verhandlungen mit den Vertretern des Status quo einließen...

Das konnte auf die Dauer natürlich nicht so bleiben. Eine neue Generation schwarzer Führer begann der Beteiligung Liberaler an einem Kampf zu mißtrauen, den sie in erster Linie als den ihren ansahen, als die politischen Bewegungen der Schwarzen entweder verboten oder so behindert wurden, daß sie sich auflösen mußten. Damit ergab sich eine neue Möglichkeit für die Liberalen, ihre Arbeit im »Kampf für die Rechte der Schwarzen« fortzusetzen. Die Liberalen haben nie begriffen, daß die Integration, die nach ihrer Auffassung das einzige wirksame Mittel zur Bekämpfung der Apartheid war, in Südafrika niemals verwirklicht werden konnte. Man muß das politische System insgesamt in Südafrika erneuern, bevor man hoffen darf, daß Schwarze und Weiße eines Tages Seite an Seite den gemeinsamen Feind bekämpfen können. Wie die Dinge liegen, bewegen sich Schwarze und Weiße gemeinsam in einem hastig organisierten Kreis und tragen dabei den Konfliktstoff für die Vernichtung dieses Kreises mit – ihre Minderwertigkeits- und Überlegenheitskomplexe. Der Mythos der Integration, der unter dem Banner der liberalen Ideologie verkündet wird, muß als solcher entlarvt werden, weil er die Menschen glauben macht, daß etwas erreicht wird, während die künstlich herbeigeführte Integration für die Schwarzen nur ein Betäubungsmittel ist und das Gewissen der wenigen schuldbewußten Weißen beruhigen soll. Dieser Mythos geht von der falschen Voraussetzung aus: Weil es schwierig ist, in diesem Land Menschen verschiedener Rassen zusammenzuführen, stellen Fortschritte auf diesem Weg noch lange nicht einen Schritt in Richtung auf die totale Befreiung der Schwarzen dar.

Die einzig wirksame Politik besteht darin, sich gegen die Gruppe zu wenden, welche die Macht in den Händen hat. Die meisten weißen Dissidentengruppen sind sich der politischen Macht bewußt, die die weiße Machtstruktur an sich darstellt. Sie berufen sich gern auf Statistiken, die zeigen, wieviel Geld dem Verteidigungsetat zur Verfügung steht. Sie wissen genau, wie wirksam Polizei und Armee die protestierenden schwarzen Massen unterdrücken können – friedlich oder mit Gewalt. Sie wissen, wie weit die Sicherheitspolizei die schwarze Bevölkerung mit ihren Spitzeln unterwandert hat. Deshalb sind sie von der Wehrlosigkeit der Schwarzen überzeugt. Warum sprechen sie dann überhaupt noch mit den Schwarzen? Sie wissen doch, daß das Problem in diesem Lande der weiße Rassismus ist. Warum wenden sie sich dann nicht an die Weißen? Wenn man diese Fragen beantworten will, dann muß man zu dem schmerzlichen Schluß kommen, daß die Liberalen nur ihr eigenes Gewissen beruhigen oder bestenfalls zeigen wollen, daß sie sich mit den Schwarzen nur so weit identifizieren, daß sie nicht ihre Beziehungen zu ihren weißen Freunden und Verwandten abbrechen müssen. Als Weißer besitzt ein solcher Liberaler den Schlüssel zu allen ausschließlich den Weißen zugestandenen Privilegien, die er ohne Zögern in Anspruch nimmt, wenn es ihm paßt. Doch da er sich mit den Schwarzen solidarisch erklärt, bewegt er sich im Kreise der anders denkenden Weißen, an den für Weiße reservierten Stränden, Restaurants und Filmtheatern mit einem weniger belasteten Gewissen. Doch im Hintergrund seiner Gedanken wird er ständig daran erinnert, daß er auf diese Weise ein recht bequemes Leben führt und sich deshalb um Veränderungen der Lage keine Sorgen zu machen braucht. Bei den Parlamentswahlen gibt er seine Stimme zwar nicht den Nationalisten (denn sie stellen ohnedies die Mehrheit), aber er fühlt sich sicher unter dem Schutz, den die Nationalisten ihm gewähren, und vermeidet es unbewußt, an eine Systemveränderung zu denken.

Ich will mich nicht über die Liberalen und ihre Beteiligung an der politischen Auseinandersetzung lustig machen. Ich behaupte auch nicht, daß sie an der verzweifelten Lage des schwarzen Mannes die Hauptschuld tragen. Ich illustriere vielmehr die Unmöglichkeit, sich mit einer unterdrückten Gruppe total zu identifizieren in einem System, das einzelnen Privilegien gewährt und es ihnen ermöglicht, vom Schweiß der Unterdrückten zu leben. Die weiße Gesellschaft in ihrer Gesamtheit schuldet den Schwarzen so viel, daß keines ihrer Mitglieder erwarten sollte, der generellen Verurteilung zu entgehen, die von den Schwarzen notwendigerweise erhoben werden muß. Es ist nicht so, daß die Weißen ihre Privilegien nur genießen dürfen, wenn sie sich mit der herrschenden Partei solidarisch erklären. Sie sind in ihren privilegierten Status hineingeboren und werden von einem System erhalten und gefördert, das die Schwarzen rücksichtslos ausbeutet. Wenn die Liberalen kämpfen wollen, dann müssen sie es allein und für ihre eigenen Ziele tun. Wenn es aufrichtige Liberale sind, dann müssen sie erkennen, daß sie selbst unterdrückt werden und für ihre eigene Freiheit und nicht für die der Schwarzen kämpfen müssen, denn sie dürfen kaum behaupten, daß es ihnen möglich sei, sich mit ihnen zu identifizieren... Ich habe versucht zu zeigen, daß die politische Macht in Südafrika seit jeher in den Händen der Weißen lag. Man muß den Weißen nicht nur vorwerfen, daß sie die Angreifer sind, sondern daß es ihnen durch geschickte Manöver auch gelungen ist, die Reaktionen der Schwarzen auf ihre Provokationen in bestimmte Bahnen zu lenken. Sie haben den Schwarzen nicht nur mit Füßen gestoßen, sondern ihm auch beigebracht, wie er auf eine solche Mißhandlung reagieren muß. Lange Zeit hat der Schwarze dies langmütig geduldet. Es ist beklemmend zu sehen, wie lange er dazu gebraucht hat, so darauf zu reagieren, wie er es für richtig hält.

Der Aufruf zur Wiedererlangung des schwarzen Selbstbewußtseins ist der positivste Aufruf, der seit langer Zeit von einer Gruppe Schwarzer ausgegangen ist. Er ist mehr als nur eine reaktionäre Ablehnung der Weißen durch die Schwarzen. Die Quintessenz ist die Erkenntnis der Schwarzen, daß sie, um in diesem Kampf um die politische Macht eine Chance zu haben, den Vorteil der Gruppenmacht nutzen und darauf ein festes Fundament bauen müssen. Für die historisch, politisch, gesellschaftlich und wirtschaftlich Enterbten und ihres Eigentums Beraubten ist die Philosophie der Wiedererweckung des schwarzen Selbstbewußtseins deshalb ein Ausdruck des Gruppenstolzes und der Entschlossenheit der Schwarzen, sich zu erheben und das ersehnte Selbstbewußtsein wiederzugewinnen. Der Kern dieses Denkens ist die Erkenntnis der Schwarzen, daß die wirksamste Waffe in den Händen des Unterdrückers die totale Manipulation und Kontrolle der Unterdrückten ist. Wenn die Unterdrückten die Unterwürfigkeit erfolgreich verinnerlicht haben, ist alle Widerstandskraft gegen das Machtsystem gebrochen. Wenn der schwarze Mann jedoch lernt, im Sinne der Black Consciousness Bewegung zu denken, dann wird er sich als ein ganz auf sich selbst angewiesenes Wesen erkennen und nicht als Hebel irgendeiner Maschinerie. Schließlich darf der Schwarze keinen Versuch dulden, seinen Mannesstolz zu brechen. Wenn ihm das gelingt, dann wird die Männlichkeit des Schwarzen allmählich sichtbar werden.

Ich habe vom Selbstbewußtsein des Schwarzen gesprochen, als sei es etwas, das sich ohne weiteres entdecken ließe. Das mag jetzt vielleicht noch eine Übertreibung sein, aber es ist doch richtig, daß die verschiedenen schwarzen Gruppen allmählich immer mehr Selbstbewußtsein entwickeln. Sie fangen an, sich von einengenden Vorstellungen zu befreien, die das Erbe der weißen Herrschaft über ihr Verhalten sind. Allmählich haben sie das Argument der »Moral« beiseite geschoben, das sie gehindert hat, selbständig zu handeln, und lernen jetzt, daß viel damit gewonnen werden kann, wenn den Weißen die Mitarbeit in schwarzen Institutionen verwehrt wird. Es überrascht uns nicht, daß die Weißen diese Entwicklung kaum bemerken, denn ein solcher Prozeß des Bewußtwerdens vollzieht sich im Inneren jedes einzelnen.

Wir wissen, daß der weiße Mann an unserem Tisch sitzt. Wir wissen, daß er dazu nicht das Recht hat. Wir wollen ihn von unserem Tisch vertreiben. Wir wollen alles, was er auf diesen Tisch gelegt hat, fortnehmen, und ihn auf echt afrikanische Weise neu decken, uns daran setzen und den weißen Mann dann auffordern, unter den von uns festgelegten Bedingungen daran Platz zu nehmen, wenn er es wünscht.

Ich kochte vor Wut bei dem Gedanken an die grobe Ungerechtigkeit, die diese Theorie enthielt. Schon die unverfrorene Verallgemeinerung, mit der alle Weißen verurteilt wurden, war eine Unverschämtheit. Liberale wie Patrick Duncan, Peter Brown und viele andere waren ins Gefängnis gesperrt, in den Bann getan und mit Hausarrest bestraft worden, weil sie sich dem Rassismus widersetzt hatten. Alan Paton war jahrelang von der Sicherheitspolizei schikaniert worden. Mit welcher verdrehten Logik durfte man sie beschuldigen, im geheimen oder unbewußt Wohltaten von der Apartheidsregierung empfangen zu haben? Viele Liberale boykottierten die Einrichtungen, die ihnen aufgrund der Apartheidsgesetze offenstanden, wie die für Weiße reservierten Strände, Restaurants und Kinos, und was war das für ein abwegiges Denken, mit dem ein kleines Kind verurteilt wurde, weil es mit seiner Geburt in den Genuß weißer Privilegien gekommen war? Ich konnte diesen Gefühlsausbruch nur damit entschuldigen, daß er das Ergebnis jugendlicher Emphase war.

Überlegte man sich die Sache jedoch genauer, dann mußte man zugeben, daß es in der Tat Liberale gab, die das Vorrecht in Anspruch nahmen, Restaurants, Kinos und Strände zu besuchen, zu denen nur Weiße Zutritt hatten.

Auch ich gehörte zu ihnen...

Ich beschloß, als ich meiner ersten Begegnung mit Steve Biko entgegenfuhr, daß ich ihn wegen seiner Einstellung zum weißen Liberalismus zur Rede stellen würde, einer Einstellung, die auf der schwarzen Forderung zu basieren schien, daß weiße Gegner der Apartheid nur dann in dem zukünftigen Südafrika, das er sich vorstellte, akzeptiert würden, wenn sie eine doppelte Heiligsprechung vorzuweisen hatten. Schließlich war es nicht *allein* sein Land. Wenigstens in einem gewissen Maß war es auch meins, und ich hatte ganz bestimmt keine Lust, mich in dieser Beziehung für irgendwelche Zufälle der Hautfarbe, mit der ich geboren war, zu entschuldigen. Die Begegnung versprach, lebhaft zu werden.

Als ich nach King William's Town hineinfuhr, kam mir die Ironie der Situation erst voll zu Bewußtsein: Eine kleine Kolonialstadt, mit ihren viktorianischen Gebäuden, beherbergte das Hauptquartier von Südafrikas radikaler schwarzer Widerstandsbewegung; die guten Bürger von »King« waren sich der Viper, die sie in ihrer Mitte beherbergten, sicher nicht bewußt. Ich sollte Biko in der Leopold Street 15a treffen, im Büro der Black Community Programs, wo er als Hauptleiter für das Ostkap arbeitete, nachdem die Verfügung, die 1973 gegen ihn erlassen wurde, ihn auf den Amtsbezirk von King William's Town eingeschränkt hatte.

Die Leopold Street war nicht schwer zu finden: im Zentrum der Stadt. Es ist eine hübsche, schattige Allee, aber dort, wo Nummer 15a hätte sein sollen, stand eine kleine Kirche, deren Haupttür geschlossen war. Nähere Nachforschungen ergaben jedoch, daß es sich bei der Kirche tatsächlich um Nummer 15a handelte. Ich klopfte an die Tür, um den Kirchendiener aufzuscheuchen; vielleicht konnte er das Geheimnis lüften. Die Tür wurde fast sofort aufgemacht, und einige junge Schwarze, die mich anscheinend erwartet hatten, hießen mich eintreten. Drinnen sah ich, daß das

Gebäude keineswegs eine Kirche war, sondern eine Reihe von Verwaltungsbüros beherbergte, mit allem Drum und Dran: Schreibtischen, Karteikästen, Schreibmaschinen, Fotokopiergeräten und Regalen. Ich sagte, ich wolle Steve Biko sehen, und wurde durch die Büroräume zum Hinterhof der »Kirche« geleitet.

Ich war mir einer gewissen Spannung bewußt. Ich hatte noch nie eine Person getroffen, die in Acht und Bann stand, und wußte nur, daß er nicht mit mehr als einem Menschen auf einmal sprechen und nicht zitiert werden durfte und außerdem von der Sicherheitspolizei sorgsam beschattet wurde. Überhaupt war mir nicht klar, warum Biko mich kennenlernen wollte – einen orthodoxen weißen Liberalen, den seine Bewegung wie alle anderen Weißen ablehnte, ungeachtet ihrer ablehnenden Haltung zur Apartheid.

Der Hinterhof der Kirche war klein und von Unkraut überwuchert. Der Hof wurde von einem hohen Baum beherrscht, der auch über ein kleines Eckgebäude schräg gegenüber der Kirche hinausragte. Dieses Gebäude enthielt drei Büroräume und eine Veranda, und davor stand Biko. Ich bin fast einen Meter achtzig groß, aber er überragte mich um einiges und hatte den massiven Bau eines Schwergewichtsboxers, der nicht vollkommen durchtrainiert ist und daher etwas zuviel Gewicht mit sich herumträgt. Seine Züge waren angenehm, sein Ausdruck jedoch eher prüfend als wohlwollend. Er begrüßte mich zurückhaltend und bat mich in einen Raum, der vermutlich sein Büro war. Ich begann damit, ihm zu sagen, daß ich mehr über Black Consciousness, die meiner Meinung nach zu sehr nach schwarzem Rassismus aussehe, erfahren wolle. Ich erinnere mich, mit diesem Satz aufgehört zu haben: »Ich muß mich, verdammt noch mal, nicht dafür entschuldigen, als Weißer geboren zu sein, und auch nicht entschuldigen für eine Rassenpolitik, die ich nicht unterstütze!«

Seine Reaktion verblüffte mich. Er hatte die ganze Zeit mit ernster Miene zugehört, aber als ich ausgeredet hatte, wurde sein ganzes Gesicht pötzlich von einem alles überdeckenden Grinsen belebt, und sein Körper nahm eine Haltung an, die mir in den kommenden Jahren wohlvertraut werden sollte – er rutschte in die Tiefe des Sessels, bis er fast auf dem Rücken lag. Es war eine Haltung der völligen Entspannung und sollte später ein sicheres Zeichen dafür werden, daß Steve es sich für eine lange, lange Diskussion bequem machen wollte. Er erklärte mir, daß die schwarze Befreiung mit der Psychologie eines schwarzen Selbstvertrauens beginnen müsse und daß der erste Schritt auf diesem Wege sei, sich von Verbündeten zu lösen, deren gute Absichten dieser Selbstverwirklichung im Wege stünden. »Es ist nicht so, daß ich den Liberalismus an sich oder weiße Liberale an sich ablehne. Ich lehne nur die Idee ab, daß die schwarze Befreiung unter der Führung weißer Liberaler erreicht werden könne.«

»Es muß ja auch keine weiße liberale Führung sein«, sagte ich. »Warum können die Führer keine schwarzen Liberalen sein?«

»So leicht ist das nicht. Die gesamte politische Struktur des Landes steht dagegen. Der Gedanke ist politisch einfach unrealistisch. Da sind zum Beispiel die Gesetze, die eine mehrrassische politische Zusammenarbeit verbieten.«

»Aber Herrgott noch mal, euer schlimmster Feind ist der weiße Rassist, der Pro-Apartheid-Nationalist oder United-Party-Mann, nicht der weiße Liberale oder Progressive, der die Apartheid ablehnt. Warum sollen die als erste angegriffen werden?«

»Sicher, der weiße Rassist, der Afrikaanse Nationalist oder die UP, die sind unsere schlimmsten Gegner. Aber um uns für eine Herausforderung des Feindes zu rüsten, müssen wir uns erst von dem Freund distanzieren, der uns hemmt. Der Liberale ist kein Feind, er ist ein Freund – aber im Moment hält er uns zurück, indem er eine Formel anbietet, die zu sanft ist, unzureichend für unseren Kampf.«

»Das ist ja alles schön und gut, aber ich bin über die generelle Richtung dieses Alleingangs der Schwarzen nicht froh. Heute habt ihr die Black Consciousness bei euren Schwarzen erreicht; wie wollt ihr sie morgen bremsen? Wie wollt ihr sie davon abhalten, daß sich ihr Bewußtsein nicht in schwarzen Rassismus oder Weißenhaß verwandelt?«

»Weil es kein negativer Haß ist. Es geht um ein politisches schwarzes Selbstbewußtsein, das keinen Haß beinhaltet. Okay, es wird vielleicht Fälle geben, wo Randerscheinungen eine antiweiße

Verbitterung beibehalten. Wir werden tun, was wir können, um das in Grenzen zu halten, aber es ist, ehrlich gesagt, nicht eine unserer dringendsten Sorgen. Unser größtes Anliegen ist die Befreiung der Schwarzen – der Mehrzahl der Südafrikaner –, und obwohl wir für die Errichtung eines Landes arbeiten wollen, in dem alle Menschen als freie Bürger willkommen sind – weiße ebenso wie schwarze –, müssen wir uns auf das konzentrieren, was den Schwarzen am meisten bedeutet. Also sind wir in diesem Stadium hauptsächlich mit der schwarzen Empfindungsfähigkeit beschäftigt, nicht mit der weißen Empfindlichkeit.«

Ich erkundigte mich, warum er mich hatte sprechen wollen, und er antwortete mir wiederum mit einem breiten Grinsen: »Ich wollte sehen, wie du wirklich aussiehst. Die meisten Schwarzen halten dich für einen Mordskerl, du hast wegen deiner Leitartikel eine große Anhängerschaft bei den Schwarzen – aber ich wollte eigentlich herauskriegen, ob du auch Mordskerl genug bist, um über die Black-Consciousness-Bewegung etwas Gescheites zu schreiben, die den Schwarzen einiges mehr bedeutet als das ganze Bantustangerede deiner Reporter.« Er sagte, daß SASO- und Black-Consciousness-Leute im allgemeinen der Meinung seien, daß sich die Zeitungen nicht in ausreichendem Maße mit ihren Projekten und Einstellungen beschäftigten, und daß sie hofften, der *Daily Dispatch* möge diesbezüglich einen Wandel herbeiführen. Ich erwiderte, daß wir gerne so viel wie möglich tun würden, da unsere Nachrichtenspalten allen wichtigen Nachrichten und unsere Leserbriefspalten allen Meinungsschattierungen gegenüber offen seien. Ich versprach spontan, einen Reporter, einen schwarzen Reporter, auf die Black Consciousness anzusetzen, und bat darum, daß dieser Reporter die volle Unterstützung jener Black-Consciousness-Funktionäre, die zitiert werden konnten, erhalten würde.

Biko antwortete: »Okay, das wären die Nachrichten. Was ist mit den Ansichten? Deine Zeitung enthält Spalten, in denen alle anderen Gruppen ihren Standpunkt vertreten können – Sprecher der Nats, UP, Progressives, der Homelanders und der Coloured Labour Party. Wie wär's auch mit einer Spalte für Black Consciousness?«

»In Ordnung«, sagte ich. »Gib mir einen Autor, der so eine Spalte ohne Übertretung des Pressegesetzes schreiben kann, und ich werde sie regelmäßig abdrucken.«

Nach einer ausführlichen Diskussion über diese und andere Fragen merkte ich, daß wir uns schon einige Stunden lang unterhalten hatten, und wollte gehen. Er begleitete mich zu meinem Wagen. Als er ihn sah, einen braunen Mercedes, den ich vor der Kirche geparkt hatte, stutzte er merklich und versuchte seine Augen mit einer theatralischen Geste vor diesem Symbol des Kapitalismus zu schützen.

»Um Gottes willen«, sagte er und wandte sich demonstrativ ab. »Wie kann ein Verfechter der Interessen des Volkes in diesem Ding herumfahren!«

»Hör mal«, sagte ich, »du machst auf Schwarz, und ich mach' auf Weiß. Die Tage weißer Privilegien sind gezählt, und ich genieße es, solange ich noch kann.« Er lachte noch immer darüber, als ich schon um die Ecke bog, ihn aus den Augen verlor und nach Hause fuhr.

Das war meine erste Begegnung mit Steve Biko, und sie hatte genügt, mich davon zu überzeugen, daß er ein ungewöhnlich begabter Mann war. Sein schneller Verstand, seine hervorragenden Formulierungen und seine intellektuelle Kraft waren überaus beeindruckend. Er hatte die Ausstrahlung und die Statur eines Führers, und auf meinem Heimweg kam ich zu dem Schluß, daß dieser Biko möglicherweise die imponierendste aller Persönlichkeiten, die ich in meiner Tätigkeit als politischer Journalist kennengelernt und interviewt hatte, sein könnte. In den darauffolgenden Monaten und Jahren verlor ich bald jeden Zweifel darüber. Später wurde mir klar, daß Steve Biko der größte Mann war, den zu kennen ich die Ehre hatte.

Mein nächstes Treffen mit Steve fand dort statt, wo die meisten unserer zukünftigen Treffen stattfanden: in der Zanempilo Clinic. Die Black Cummunity Programs, die in der »Kirche« in der Leopold Street ihr Hauptquartier hatten, betrieben eine Anzahl Projekte, die schwarze Selbsthilfegruppen wie Literaturkurse, Damenschneiderei und Gesundheitsausbildung zum Ziel hatten. Die Zanempilo Clinic war eines der größten Gesundheitsprojekte. Die Klinik stand auf einem Hügel einige Meilen außerhalb von King William's Town und diente Tausenden von Schwarzen vom Lande, die das städtische Krankenhaus nicht erreichen konnten. Sie wurde von einem kleinen Ärzteteam unter Dr. Ramphele geleitet, besaß einen Operationssaal, eine Entbindungsstation und Einrichtungen für Ernährungsunterricht. Während unserer ersten Begegnung hatte Steve erwähnt, daß er mir gerne die Klinik zeigen würde; einige Tage später rief er mich an und lud mich ein, Wendy und die Kinder am Sonntag zum Essen mitzubringen und den Tag dort zu verbringen. Ich wies darauf hin, daß wir fünf Kinder hätten. Er sagte, das höre sich nach einer »schönen, großen afrikanischen Familie« an; wir wären alle willkommen. Am Sonntag zwängten Wendy und ich und die Kinder, die zwischen drei und elf Jahre alt waren, uns ins Auto und fuhren nach King William's Town. Wie abgemacht, trafen wir Steve in der Leopold Street; nach einer inzwischen offenbar unerläßlichen Grimasse des Entsetzens über meinen Wagen fuhr er uns voraus zur Klinik.

Wir wurden von Dr. Ramphele willkommen geheißen. Als sie unseren Mercedes sah, tat sie überrascht und sah sich nach einer Möglichkeit um, ihn zu verstecken, damit die örtlichen Schwarzen nicht auf den Gedanken kämen, Anhänger der Black Consciousness Bewegung verkehrten mit den falschen Leuten.

»Es ist der kleinste, billigste Mercedes, den es gibt«, sagte ich.

Aber sie konnte es nicht lassen, uns in ihrer gutmütigen Art zu necken, und rief: »Das ist keine Entschuldigung, trotzdem ist es ein Mercedes! Wo kommen wir hin? Unsere Leute werden nicht mehr mit uns sprechen, wenn sie dieses Ding sehen!«

Ich erwähne dieses kleine Wortgefecht, das in einem durchaus freundschaftlichen Ton geführt wurde, weil Steve und seine Anhänger entschieden jeden Luxus ablehnten. Später stellte ich fest, daß Steve es sogar abgelehnt hatte, ein Fernsehgerät für seine Organisation zu kaufen, weil die meisten seiner Leute keines hatten und es nicht unbedingt notwendig war, ein Fernsehgerät zu besitzen.

Dr. Ramphele hieß uns in ihrem kleinen Haus neben der Klinik willkommen. Insgesamt waren wir an die zwanzig Personen; es gab Drinks und eine endlose Diskussion. Obwohl die Stimmung freundlich war (die kleineren Kinder wurden auf diverse Schöße verteilt, in der vollkommen ungenierten Art, in der Afrikaner mit Kindern umgehen), war es ganz offensichtlich, daß Wendy und ich uns auf einer Art Prüfstand befanden. Lange und eingehend wurden wir nach unserer politischen Einstellung befragt. Zufriedenstellende Antworten hatten bei unseren Gastgebern ein leises, erfreutes Murmeln zur Folge, unzufriedenstellende ein kaum merkbares Unbehagen.

Wir hielten fest an unseren Vorbehalten den unvermeidlich rassistischen Aspekten der Black Consciousness gegenüber, müssen die Prüfung aber bestanden haben, da wir von diesem Tag an immer mehr als Vertrauenspersonen in jenen Kreis aufgenommen wurden. In den nachfolgenden Jahren entwickelte sich eine tiefe Freundschaft zwischen uns allen – eine Freundschaft, die über politische Erwägungen hinausging. Obwohl sie ein politisches Fundament hatte, war es doch eine persönliche Beziehung zwischen Menschen, die sich als zueinanderpassende Wesen gegenseitig angezogen fühlten.

Für Wendy und mich war dies eine einmalig bereichernde Erfahrung, weil in unserem Land, mit seinen zahllosen rassistischen Einschränkungen, Freundschaften zwischen Schwarz und Weiß selten waren. Es gab oberflächliche Bekanntschaften; aber im allgemeinen sorgten die gesellschaftlichen Umstände dafür, daß nur wenige Weiße jemals interessante Schwarze kennenlernten – das heißt, Schwarze, die sie als Menschen und nicht als Schwarze interessierten.

Das Erstaunliche an Steve und seinen Anhängern war, daß sie als Förderer der Black Consciousness jederzeit ihre Hautfarbe vergessen konnten. Diese Beobachtung sollte ich lieber genau erklären. Die Black-Consciousness-Leute hatten zweifelsohne ein vollkommenes Selbstwertgefühl – eine Ausgeglichenheit und Selbstsicherheit, die nur wenige Schwarze in Südafrika in ihren Beziehungen zu Weißen zeigen. Sie gingen, sprachen und ließen sich in Stühle hineinfallen genau »wie wir«. Die Unterhaltung war weder gestelzt noch befangen. Wenn sie im Moment nichts zu sagen hatten, wurden sie durch langes Schweigen nicht verlegen. In allen Dingen gaben sie sich würdevoll, ohne Unterwerfung oder Entschuldigung. Die meisten Menschen würde es befremden, daß man dies als ungewöhnlich betrachtet, aber unsere südafrikanische Gesellschaft ist eine im höchsten Maße anomale. Niemand sollte die Erfolge der Black Consciousness Bewegung unterschätzen, der es gelungen war, das Selbstbewußtsein der Schwarzen unter Verhältnissen zu stärken, in denen sie von Geburt an gelernt hatten, alle Schwarzen als minderwertig anzusehen und alles Positive, was bei Schwarzen festzustellen war, im Sinne der politischen Bedürfnisse der weißen Rassisten als stereotype Stammesmerkmale abzuwerten.

Irgendwie wird es vielleicht anstößig klingen, wenn ich berichte, daß Wendy und ich das Gefühl hatten, die Menschen in der Umgebung von Steve gingen, redeten und handelten »wie wir«. Vielleicht klingt das herablassend, bevormundend und sogar rassistisch. Ich will damit aber das Gegenteil zum Ausdruck bringen. Für privilegierte weiße Südafrikaner ist eine Begegnung mit Schwarzen, die in ihrem eigenen Land in fast jeder Hinsicht benachteiligt sind, aber jetzt die innere Freiheit für eine psychologisch emanzipierte Haltung zurückgewonnen haben, sehr aufschlußreich und zugleich erzieherisch. Wir stellten uns vor, daß es ähnlich war, wie in einer Diktatur auf eine Gruppe von Dissidenten zu treffen, deren ganze Haltung der von Personen gleicht, die niemals eine Unterdrückung gekannt haben. Es war, als hätten wir in einer Wüste der Versklavung eine Oase der Freiheit entdeckt.

Vor einigen Jahren stattete ich Sambia einen Besuch ab und war dort von der ähnlich selbstsicheren Haltung junger Schwarzer beeindruckt – besonders der jungen schwarzen Mädchen. Ich war seit einem Jahrzehnt, seit dem Jahr der Unabhängigkeit jenes Landes, nicht mehr in Sambia gewesen, und jetzt gab es eine ganz neue Generation von Sambiern, die nie die Knechtschaft oder die psychologische Erniedrigung als Bürger zweiter Klasse kennengelernt hatte.

Jämmerlich wenige weiße südafrikanische Männer haben je eine schwarze Frau kennengelernt, die sich mit ihnen auf irgendeiner Basis der rassischen und sexuellen Gleichberechtigung verständigen konnte. Für sie gehen schwarze Frauen entweder unauffällig ihren häuslichen Pflichten nach, oder sie eilen an einem in Schuluniform vorbei, den Kopf ehrerbietig geneigt. Wenige weiße Männer in Südafrika haben je eine Dr. Ramphele kennengelernt, die ganz lässig sagen konnte: »Jetzt redest du wirklich Unsinn – paß auf, ich hol' dir noch einen Drink.«

Am Beginn unserer Freundschaft mit Steve mußten auf beiden Seiten gewisse Zugeständnisse gemacht werden. Steve mußte sich auf meine liberale Betrachtungsweise und kapitalistischen Vorstellungen einstellen, und ich mußte Rücksicht auf seine radikalen Empfindlichkeiten nehmen. Ein Beispiel wird das illustrieren. Bald nach unserem ersten Zusammentreffen fuhr ich zu einem Gespräch mit ihm nach King William's Town. In der Stadt gab es ein ausgezeichnetes Restaurant. Es hieß »Jack's Place«. Auf der Fahrt dachte ich, es wäre keine schlechte Idee, Steve dort zum Mittagessen einzuladen, um ostentativ die Barriere der Apartheid niederzureißen.

Um ihm, für den Fall daß wir abgewiesen würden, Peinlichkeiten zu ersparen, ging ich zuerst zum Besitzer und sprach mit ihm. Er sagte, er persönlich habe nichts dagegen, und die Behörden erteilten neuerdings in solchen Fällen eine Sondergenehmigung, wenn man sie beantragte. Um allen Schwierigkeiten aus dem Wege zu gehen, erklärte ich mich damit einverstanden, daß er um eine solche Erlaubnis nachsuchte. Nachdem er bei verschiedenen Behörden angerufen hatte, teilte er mir mit offensichtlichem Vergnügen mit, daß ich meinen schwarzen Gast zum Mittagessen mitbringen dürfe.

Wenn ich heute daran zurückdenke, schäme ich mich noch immer meiner Naivität, aber ich weiß noch genau, wie ich Steve ganz beiläufig (aber innerlich sehr zufrieden mit mir selbst) zum Essen in »Jack's Place« einlud. Er lehnte höflich ab und sagte, er könne grundsätzlich kein Restaurant besuchen, in das er nur in meiner Begleitung eingelassen würde, wenn er es nicht auch jederzeit mit seinen schwarzen Freunden besuchen dürfe. Aber dann muß er mit seinem angeborenen Taktgefühl gespürt haben, was das für mich bedeutete, denn plötzlich änderte er seine Meinung und sagte: »Okay, gehen wir. Es wird lustig sein.«

Auf beiden Seiten war vieles ungesagt geblieben. Ich hatte ihm verschwiegen, daß ich eine »Genehmigung« erwirkt hatte, weil ich glaubte, das würde ihn kränken, und er hatte mir nicht gesagt, daß er und Mamphela ein besonders gutes Essen vorbereitet hatten, zu dem sie mich in der Klinik hatten einladen wollen. Als Mamphela ins Zimmer kam, sagte er ihr mit einer besonderen Betonung in der Stimme, um sie darauf aufmerksam zu machen, daß sie mir den Spaß nicht verderben sollte: »Mamphela, Donald und ich werden in ›Jack's Place‹ zu Mittag essen. Was hältst du davon?« Sie ging an die Decke.

»Ich halte das für eine lausige Idee! Was? Ausgerechnet dorthin? Bist du verrückt, Steve? Wie kannst du deine Grundsätze verraten? Ihr werdet hier essen, beide! Außerdem ist das Essen schon fertig. Kommt jetzt!«

Damit war die Sache gelaufen. Erst später erfuhr ich, daß Steve schon einmal in »Jack's Place« gewesen war, um festzustellen, wie es dort aussah. Aber er hielt das Restaurant für »zu ausgefallen – nichts für ›gewöhnliche Leute‹«. Ich habe den Fehler, solche symbolischen Integrationsversuche zu unternehmen, nicht ein zweites Mal begangen. Das war ein Teil meines Lernprozesses.

Ich sagte bereits, daß Steve Biko der größte Mann gewesen ist, den ich je kennengelernt habe. Was macht Größe aus? Wie mißt man sie? Jeder von uns hat seine eigenen Kriterien. Wenn ich sage, daß Steve Biko für mich der größte Mann war, so meine ich ganz wörtlich, daß er, mehr als irgendeine andere Person, der ich begegnet bin, das imponierendste Aufgebot an Eigenschaften und Fähigkeiten in jener Sphäre des Lebens vorzuweisen hatte, in der sich die Schicksale der Menschheit entscheiden: der Politik. Das heißt nicht, daß er nur ein hervorragender Politiker war. Er war viel mehr als das. Er war ein Staatsmann vom Format eines Abraham Lincoln, mit jenem Sehvermögen, jener Visionsgabe und jenem umfangreichen Verständnis für die Angelegenheiten von Menschen und Nationen, das dem Zuhörer mit mehr als bloßen Worten mitgeteilt wird. Er konnte die Leute verstehen machen, und das mit wenigen Worten. Er schien Ideen auf nonverbalem Wege mitzuteilen – fast physisch.

Als Journalist hatte ich viele prominente Persönlichkeiten in verschiedenen Ländern interviewt, aber meiner Meinung nach war keine von ihnen mit Steve Biko zu vergleichen. Der, der ihm an »Charisma« am nächsten kam, war Robert Kennedy, mit dem ich sowohl in Südafrika als auch in den Vereinigten Staaten lange Diskussionen führte. Aber das Charisma Kennedys war aus den Umständen geboren, aus Hintergrund und Ereignissen. Das Charisma Steve Bikos war voll und ganz sein eigenes. Schon früh hatte er die unverkennbare Haltung, die Eigenschaften eines einzigartigen Führers. Ich sage einzigartig, weil der Stil seiner Führung sein eigener war – er war unaufdringlich und nicht auf das eigene Vorwärtskommen gerichtet, wurde aber sofort von seiner Umgebung anerkannt. Pfarrer Aelred Stubbs, der ihn schon seit seiner Jugendzeit kannte, sagte, daß die Größe Steves schon im Knabenalter sichtbar gewesen sei. Vater Stubbs, ein belesener ehemaliger Eton-Schüler, später Rektor des Federal Theological Seminary in Alice, war also in der Lage, die Führungsqualitäten eines Jungen, der halb so alt war wie er, anzuerkennen und sich ihnen zu beugen.

Ich weiß, was Stubbs meinte. Ich war dreizehn Jahre älter als Steve, aber ich hatte immer das Gefühl, als spräche ich mit einem, der älter und weiser war; wie viele andere, bat ich ihn oft in allen möglichen Sachen um Rat.

Steve hatte die Gabe, zum Kernpunkt eines Problems vorstoßen zu können und die einzige und beste Lösung zu finden, sogar bei Themen, die außerhalb des Bereichs seiner persönlichen Erfahrung lagen. Zum Beispiel wußte er wenig über die Leitung einer Zeitung, doch konnte er ein Mitarbeiterproblem, das ich ihm vortrug, nachdem ich mir tagelang den Kopf zerbrochen hatte, zwischen dem Anstecken und Ausdrücken einer Zigarette lösen.

Kommilitonen an der Natal University beschreiben, wie er unauffällig, aber bestimmt Einfluß auf ihre Überlegungen ausübte. Sie sagten, daß er nie vorne saß, daß er sich immer einen Platz ganz hinten im Raum aussuchte und wenig sprach. Aber es schien unvermeidlich, daß sie, nachdem sie alle ihre Meinung geäußert hatten, sich an ihn wandten und daß seine Vorschläge unweigerlich den Sieg davontrugen.

Neben seinem Charisma besaß er unzählige außergewöhnliche Qualitäten. Er war eine starke Persönlichkeit, war klug, absolut integer und unerschrocken. Damit bewies er, zu welchen ungeahnten Höhen der menschliche Geist aufsteigen kann. In diesem Buch geschilderte Ereignisse werden es illustrieren, doch an dieser Stelle genügt es zu sagen, daß ein Widerruf für einen Menschen, der über seine Unerschrockenheit verfügt, selbst vor einem Erschießungskommando undenkbar ist.

Wie bei den meisten wahrhaft großen Männern war bei Steve keine Spur von Arroganz zu bemerken. Arroganz ist mit einem guten Sinn für Humor unvereinbar, und den hatte er zur Genüge. Während er kompromißlos die Mentalität der Afrikaansen Nationalisten verachtete, brachte er seinen Verfolgern keine Spur des Hasses oder der Verbitterung entgegen. Tatsächlich sprach er manchmal fast liebevoll von seinen Kerkermeistern und Inquisitoren.

Für eine Anzahl von Steves engsten Freunden, die zufällig weiß waren – Leute wie Pfarrer Stubbs, Francis Wilson, David Russell,

Trudi Thomas und andere, einschließlich Wendy und mir – wirkte es besonders komisch, Sprecher der Afrikaansen Nationalisten sagen zu hören, daß Steve (den sie nie kennengelernt hatten) ein Weißenhasser sei. Dabei war es so, daß Steve Leute ganz einfach nicht hassen *konnte.* Weder Vorster noch Kruger, nicht einmal den Extremisten unter den Extremisten Treur. Steve verstand sie und ihre Probleme viel zu gut, um sie zu hassen. Er haßte nur ihre rassistischen Ideen. Und die haßte er so sehr, trat ihnen mit einer solchen Entschiedenheit entgegen und trommelte seinen derartigen Widerstand zusammen, daß ein Zusammenstoß mit dem System schließlich unvermeidlich wurde.

Ich könnte endlos über Steves menschliche Qualitäten schreiben und von seinen Ideen und Meinungen berichten. Ich wünschte, es wäre möglich, mit dem gedruckten Wort auch den Tonfall seiner Sprache und die Besonderheiten seiner Ausdrucksweise genauso wiederzugeben, wie sie klangen. Sie waren so bezeichnend, so charakteristisch für ihn. Im allgemeinen neigte er dazu, undeutlich zu sprechen, ja sogar fast zu murmeln, besonders wenn er in seiner Erregung sehr schnell etwas sagen wollte. Zwischen seinen Schneidezähnen war eine kleine Lücke, und das war die Ursache für seine unklare Aussprache. Nur wenn er sich besonders darum bemühte, konnte er deutlich sprechen. Und in den meisten Fällen waren ihm die Worte und Gedanken, um die es ging, zu wichtig, um sich auch noch um eine korrekte Aussprache zu bemühen. Er hatte eine tiefe, angenehm klingende Stimme und benutzte wie viele Anhänger der Black Consciousness Bewegung im Gespräch zahlreiche Amerikanismen. Am Telefon oder bei persönlichen Begegnungen begrüßte er einen stets mit »Hi!« Er zog diesen Laut dabei in die Länge, ähnlich wie es die Leute in den amerikanischen Südstaaten tun. Männer waren für ihn immer »guys«. Eine Ausnahme machte nur die Sicherheitspolizei. Sie und sogar die einzelnen Polizisten bezeichnete er als »das System«.

Er sprach ein hervorragendes Englisch, und sein Vokabular war beeindruckend, selbst wenn er in einem Gespräch die für ihn bezeichnende Bescheidenheit zeigte. Er sprach ungezwungen und mit einem leichten afrikanischen Akzent. Worte wie »burn«, »turn« und »colonel« sprach er so wie viele schwarze Südafrikaner aus und sagte »ben«, »ten« und »kennel«.

Der Name »Biko« klingt korrekt ausgesprochen wie »Biehkao«. In der Xhosa-Sprache wird das B nicht hart ausgesprochen. Es ist ein weiches B, ein Geräusch wie es der Pfeifenraucher macht, wenn er seine Pfeife anzündet und die Luft einzieht. Beim Namen Biko liegt die Betonung auf der ersten Silbe. Aber Steve sprach seinen Namen gewöhnlich mit einem harten B aus, um Menschen, die keine Xhosas waren, die Aussprache zu erleichtern. Ich habe ihm einmal gesagt, er spräche seinen Namen aus politischen Gründen falsch aus. Darauf meldete er sich bei den nächsten Telefongesprächen mit einem übertrieben weichen B am Anfang und zog die erste Silbe bewußt in die Länge.

Steve hatte sehr viel Sinn für Humor und konnte hemmungslos lachen, wenn irgendeine Kleinigkeit ihn amüsierte. Steves Lachen ist mir unvergeßlich geblieben. Ich erinnere mich noch, wie er eines Tages voller Entzücken lachte, als mein jüngster Sohn Gavin ins Zimmer gestürmt kam und herausplatzte: »Dad – in der Schule gibt es einen Jungen – der hat eine Uhr – die ist wasserdicht – stoßfest – und antimagnetisch!«

»Hey Mann!« sagte Steve. »Das muß ja eine tolle Uhr sein! So eine sollte dein Vater dir kaufen!« Auch das »Hey Mann!« war charakteristisch für ihn. Manchmal rief er mich gutgelaunt am Morgen an und sagte: »Hiiii! Hey Mann, das war ein verdammt guter Leitartikel heute morgen! Kwewuku! Ubabetile!« (»Da hast du es ihnen aber gegeben!«) Oder er sagte: »Hiiii! Ich schicke dir mit einem kleinnasigen Kurier eine Nachricht. Er wird in etwa fünf Minuten bei dir sein.« Das konnte nur Malusi Mpumlwana sein, ein enger Freund und Kollege von Steve. »Mpumlwana« ist die Verkleinerungsform von »Mpumlo«, und das ist das Xhosa-Wort für Nase.

Wenn man ihm eine lustige Geschichte erzählte, dann mußte man ihm die Feinheiten nicht erklären, denn er begriff sie sofort. Einmal amüsierte es ihn sehr, als ich ihm eine Geschichte meines Bruders erzählte. Wie viele Trader in der Transkei bediente auch mein Bruder sich manchmal gewisser Ausdrücke aus der Xhosa-Sprache, wenn es keine entsprechenden englischen Worte gab. Bei einer Versammlung des Golfclubs in unserer Heimatstadt Elliotdale bemerkte er, schon nicht mehr ganz nüchtern, daß man zwei angesehene Mitglieder des Clubs, von denen das Gerücht ging, sie hätten eine Affäre, nebeneinandergesetzt hatte. Dazu machte mein Bruder eine Bemerkung und verwendete dabei einen anglisierten Xhosa-Ausdruck: »Ngati i ›arrangiwe‹ le nto!« (»Es sieht aus, als sei diese Sache ›arrangiert‹!«) In unserer Familie wurde dieser Satz von nun an stets verwendet, wenn es aussah, als sei irgend etwas manipuliert worden. Als wir Steve eines Tages zum Mittagessen eingeladen hatten, bat ich ihn, während Wendy nicht im Zimmer war, sie aufzufordern, wir beide sollten ihm auf unseren zwei Klavieren etwas vorspielen. (Ich wußte, daß eine solche Bitte sie irritieren würde, glaubte aber, das Stück, das wir kürzlich eingeübt hatten, werde Steve gefallen.) Als sie zurückkam, sprach er die Bitte aus, worauf sie mich mißtrauisch ansah und murmelte: »Ngati i arrangiwe, let nto!« Steve erwiderte: »Hayi (nein) – kodwa (aber) i suggestiwe (ich habe es vorgeschlagen)!« Seine Schlagfertigkeit überwältigte uns, aber besonders komisch fanden wir es, wie er das Wort »suggest« mit seinem Xhosa-Akzent aussprach.

Im übrigen gefiel ihm unser Spiel. Es war ein Potpourri auf zwei Klavieren und enthielt nur von schwarzen Musikern komponierte Stücke. Wir neckten ihn und sagten, es wäre sicher unpassend, einem Vertreter der Black Consciousness Bewegung die Musik weißer Komponisten vorzuspielen. So spielten wir Melodien von Scott Joplin, Fats Waller, Dollar Brand und Duke Ellington sowie von seinem geliebten Xhosa-Komponisten Tyamzashe, der in unmittelbarer Nachbarschaft der Zanempilo Clinic lebte. Steve pflegte den alten Mann häufig zu besuchen und schätzte besonders seine Chormusik. Als ich ihm einmal eine Kassette mit meiner eigenen Komposition »African Overture« vorspielte – es war eine Aufnahme des Staatlichen Orchesters der Kapprovinz –, war er tief bewegt und hatte am Schluß Tränen in den Augen. »Das ist echte afrikanische Musik. Sie ist so gut wie die Musik von Tyamzashe.« Als ich ihm sagte, ich wollte ihm diese Komposition widmen, war er sichtlich gerührt und brachte zunächst kein Wort heraus. Dann bat er mich um eine Kopie der Aufnahme, und ich sagte, er sollte doch warten, bis die nächste Aufnahme fertig sei, die neu instrumentiert werden sollte. Aber dazu kam es erst nach seinem Tod.

Besonders gefiel ihm auch eine Aufnahme, die ich von einem mit mir befreundeten Journalisten bekommen hatte. Es war die afrikanische Hymne »Nkosi Sikeleli i Afrika« gesungen von Präsident Kaunda, Bischof Muzorewa, Joshua Nkomo, Ndabaningi Sithole und anderen Unterzeichnern der Vereinbarungen von Lusaka, nach denen sich der African National Council in einer gemeinsamen Front zur Lösung des Simbabwe-Problems zusammengeschlossen hatte. Bei den Beisetzungsfeierlichkeiten für Steve mußte ich an diese Aufnahme denken, als zwanzigtausend Trauergäste die Hymne »Nkosi Sikeleli« sangen – nach meinem Empfinden die schönste Hymne der Welt.

Steve liebte fast jede Art von Musik und hatte zu Hause eine umfangreiche Plattensammlung; am meisten mochte er jedoch afrikanische »gumba«-Musik, die mehr auf Klanggefühle als auf Melodien aufgebaut ist.

Wenn der Anlaß stimmte, liebte er auch Partys. Ich erinnere mich an einen lustigen Abend, bald nach seiner Entlassung aus seiner dritten Haft (101 Tage). Wendy und ich brachten ein Dutzend Flaschen Champagner mit, um mit ihm zu feiern, und ungefähr fünfzehn von uns drängten sich in das winzige Foyer in Zanempilo zu einem Trinkgelage, das bis in die Morgenstunden dauerte. Steve amüsierte sich köstlich, einen der Zanempilo-Arbeiter damit aufzuziehen, daß er sich in ein vom Deutschen Fernsehen aufgezeichnetes Gespräch einmischte. »Der Typ ist dauernd vor die Kamera gelatscht und hat gefragt, ob jemand Tee möchte – nur um sein Gesicht auf die Mattscheibe zu kriegen«, lachte er.

Das einzig Traurige an der Veranstaltung war die Tatsache, daß ein enger Freund von Steve am Tag zuvor »restricted«, also in seiner Bewegungsfreiheit auf ein bestimmtes Gebiet beschränkt worden war. Kurz bevor er Steve in King William's Town besuchen wollte, hatte man ihn auf das Gebiet von Kapstadt eingeengt. Aber Steve, der einen ausgeprägten Sinn fürs Dramatische hatte, verließ den Raum um Mitternacht und erschien, den Arm um den verbannten Mann gelegt, wieder. Wir waren gleichzeitig verblüfft und entzückt. Wie war das möglich? Wir überhäuften ihn mit Fragen. Ich erinnere mich an den Blick uneingeschränkter Wonne und Stolzes, mit dem er antwortete: »Es ist unser Land, *man!* Wir bewegen uns, wie's uns Spaß macht, *man!*«

Von Zeit zu Zeit unternahm Steve ausgedehnte Reisen, bis nach Kapstadt und Durban, und mehr als einmal nach Johannesburg. Einmal reiste er vollkommen legal dorthin. Er mußte bei dem Prozeß einiger SASO- und BPC-Führer als Zeuge auftreten und bekam zu diesem Zweck die Erlaubnis, die ganze Strecke selbst zu fahren.

Auf der Durchfahrt durch den trockenen, flachen Orange Free State langweilte er sich, fühlte sich einsam und nahm zwei junge weiße Anhalter mit. Sie schienen nicht willens zu sein, sich zu unterhalten, aber da er sie zwecks Begleitung und Unterhaltung mitgenommen hatte (sie wollten bis nach Johannesburg), beschloß er, sie zu einem Gespräch zu bewegen.

»Sprecht ihr beide Englisch oder Afrikaans?« fragte er sie.

Zögernd antwortete einer von ihnen: »Wir sprechen beide Englisch.« Aber Steve meinte, aus ihrem Akzent zu erkennen, daß sie »Afrikaaner« waren.

»Schade«, sagte er, »ich hatte gehofft, daß ihr Afrikaans sprecht, weil ich mein Afrikaans verbessern möchte und gewünscht hatte, etwas Übung zu kriegen.«

Keine Reaktion.

»Kom, praat met my«, sagte er auf afrikaans. (Komm, sprich mit mir.)

»Nein, wir können nicht viel Afrikaans«, erwiderte einer von ihnen. Aber je mehr Englisch Steve sprach, desto schwieriger wurde es für sie, bis er sie endlich mit einem Lächeln herausforderte: »Kommt schon, ihr sprecht Afrikaans, stimmt's?« Sie gaben es mit Widerwillen zu.

»Warum habt ihr es bestritten?« fuhr er beharrlich fort. Nun sagten sie, sie wüßten, daß Schwarze die Afrikaaner nicht mochten. Typischerweise hielt ihnen Steve dann einen langen Vortrag, daß man sich nie, unter keinen Umständen, seiner Herkunft oder Rasse oder Kultur schämen oder sie verschweigen sollte. Danach wurden sie gelockert und freundlich und plauderten bis nach Johannisburg. Auf afrikaans!

Steve erinnerte sich gerne an die Fahrt. »Das waren nette, gute Burschen«, meinte er. Es war auch typisch, daß er das Feingefühl gehabt hatte, keine tiefsinnigen politisch-rassischen Diskussionen mit ihnen anzufangen. »Das wäre, ehrlich gesagt, zu schwierig für sie gewesen. Sie hätten's nicht verkraften können. Aber so haben sie einen hübschen Anteil ihrer Rassenvorurteile auf der Reise verloren, ohne daß ich mich besonders habe anstrengen müssen.«

Das kann ich mir vorstellen.

Sensibilität war eine der herausragenden Eigenschaften von Steve; Sensibilität und Nachdenklichkeit. Diese Seite seines Charakters kommt besonders in einem Artikel zum Ausdruck, der kurz nach seinem Tod von einer gemeinsamen Freundin, Dr. Trudi Thomas, verfaßt wurde. Mit wenigen gefühlvollen Worten war es ihr gelungen, das zutiefst Menschliche seines Wesens darzustellen:

Steve war etwas Besonderes, und ein Zusammensein mit ihm war ein besonderes Erlebnis. Ihn zu kennen war eine Bereicherung.

Er war ein glänzender Gesellschafter, voller Charme, großzügig, ungezwungen und humorvoll. Er hatte sich stets völlig in der Gewalt, war selbstbeherrscht – und bescheiden. Er hatte es allerdings auch nicht nötig, anmaßend aufzutreten. Das natürliche Gewicht seiner Persönlichkeit war zu offensichtlich. Seine stets heitere Stimmung übertrug sich auf jeden, der mit ihm zusammenkam.

Er war kein Asket – er liebte das Leben und alle guten Dinge und teilte sie großzügig mit anderen. Er glaubte, jeder habe das Anrecht auf einen fairen Anteil.

Ich sehe ihn noch vor mir in einem neuen karierten Wollhemd. Er sah gut aus und freute sich, wenn man es ihm sagte. Aber es irritierte ihn ein wenig, wenn es zu laut um ihn wurde. Ich sehe ihn, wie er ein Glas Bier hinunterstürzte, das ein Student ihm angeboten hatte – einer von unzähligen Besuchern, die in das entlegene King William's Town gekommen waren, um mit diesem bemerkenswerten Mann zu sprechen und ihm zuzuhören –, und wie er sich genießerisch auf den schon beginnenden Bauch klopfte.

Er genoß seine Auftritte, obwohl ihn der Gesamteindruck mehr interessierte als irgendwelche Einzelheiten. So hatte er oft Ärger mit seiner Frau, wenn sie ihn fragte, welches Kleid sie gestern getragen habe.

Die Menschen waren das Wichtigste für ihn (das war der Kernsatz seiner Lebensphilosophie), und das galt für jeden, der ihm begegnete. Wenn man mit ihm zusammen war, vermittelte er einem das Gefühl für den eigenen Wert – und für die Verantwortung, die man trug. Er plauderte ungezwungen mit den großen und einflußreichen Persönlichkeiten, die ihn an seinem Verbannungsort besuchten und damit aus dem Sibirien, das dieser Ort nach dem Willen seiner Gegner für ihn sein sollte, ein Mekka machten.

Aber ebenso stand er jederzeit dem Geringsten zur Verfügung und teilte seine Sorgen. Unmittelbar nach seiner Entlassung aus einer einhunderteins Tage dauernden Haft (ohne vorangegangenes Gerichtsverfahren) half er die alljährliche Weihnachtsfeier in einem Kindergarten zu organisieren, der in einem schwarzen Gemeindezentrum eingerichtet worden war. Ich konnte an dieser Feier nicht teilnehmen, wie ich gehofft hatte, und später machte er mir sanfte Vorwürfe, weil ich zu dieser von ihm für sehr wichtig gehaltenen Veranstaltung nicht gekommen war.

Solange der im Rahmen dieses Gemeindeprogramms arbeitende Arzt in Polizeihaft war, bemühte er sich überall um eine geeignete Vertretung für die wöchentlich abgehaltenen ambulanten Sprechstunden, weil er fürchtete, die Kranken würden erscheinen und niemanden finden, der sie behandeln könnte. Man darf sich diesen Mann auf keinen Fall als rabiaten Revolutionär vorstellen. Die von ihm bevorzugten Methoden waren stets friedlich, konstruktiv und kreativ.

Ich lernte ihn im Rahmen seiner Arbeit als Leiter der schwarzen Gemeindeprogramme kennen, denn wir beide interessierten uns für die Heimindustrie, für eine umfassende medizinische Betreuung der Bevölkerung und für die Kinderfürsorge. Er war ein außerordentlich fleißiger und erfolgreicher Sozialarbeiter.

Gemeinsam mit Dr. Mamphela Ramphele gründete er ein medizinisches Gemeindezentrum. Damit wurde ein Traum verwirklicht, den sie beide schon als Medizinstudenten gehabt hatten. Ich erinnere mich an den unverhüllten Stolz, mit dem er uns das sorgfältig geplante Projekt zeigte, typisch bescheiden, aber in jeder Hinsicht zweckentsprechend. Das ist heute erst drei Jahre her.

Das war die Zeit, in der wir begeistert, voller Hoffnung und Zuversicht an die Arbeit gingen. Heute ist Mamphela geächtet, und Steve ist tot. Müssen wir so mit unseren schwarzen Vordenkern umgehen? Ist das der

Preis, den die Schwarzen für ihre Träume, für ihre Fähigkeiten und für ihre Tüchtigkeit zu bezahlen haben?

Steve war ein hochintelligenter Mann. In seiner Gegenwart spürte man deutlich, daß man es mit einem geistig überragenden Menschen zu tun hatte. Eigenartigerweise paßte das Wort »klug« nicht auf ihn. Er hat sich nie mit intellektuellen Plänkeleien zur Schau gestellt. Sein Verstand war für ihn nur ein Werkzeug, das dazu diente, Sinn und Wahrheit zu erforschen und Ordnung zu schaffen.

In Steves Gegenwart flogen uns die Ideen zu, und jeder neue Einfall wurde gewissenhaft und objektiv untersucht. Er ließ sich nicht durch Stimmungen, Gefühle oder unbegründete Argumente beeinflussen. Selbst im Umgang mit seinen entschiedensten Gegnern und angesichts unaufhörlicher Verfolgungen blieb er irritierend fair.

Besonders hervorragende Arbeit leistete er bei den Ausschußsitzungen. Wenn die Probleme sich nicht klären lassen wollten oder man sich in Nebensächlichkeiten verlor, kam er mit einer scharfsinnigen Analyse sofort auf das Wesentliche und sorgte dafür, daß die Beratungen in der richtigen Richtung weitergingen und Fortschritte erzielt wurden.

Alle diese Qualitäten machten ihn zu einer hochintelligenten, engagierten, leistungsorientierten und menschlich sympathischen Persönlichkeit. Es steckte aber noch sehr viel mehr in ihm. Seine Größe lag in der Qualität seines Geistes, mit der er unbeirrbar seine Ziele verfolgte.

Trotz seines überragenden Formats und obwohl er ständig von den Behörden schikaniert wurde und Enttäuschungen erleben mußte, blieb er der bescheidenste und toleranteste Mann, den man sich vorstellen kann und der mit seinen Forderungen niemals über die Grenzen des Möglichen hinausging. Nach jedem Zusammensein mit Steve hatte man das Bedürfnis, den Menschen zu sagen: Kommt und lernt diesen Mann kennen; kommt und sprecht mit ihm. Dann werdet ihr wieder ins Gleichgewicht kommen und die Dinge aus der richtigen Perspektive sehen.

Steves Leitmotiv war die Suche nach dem Guten und nach der Wahrheit. Dafür gibt es in unserer südafrikanischen Gesellschaft viele Möglichkeiten, denn Haß, Habgier, Vorurteile und Gleichgültigkeit überschatten das Leben der Menschen.

Doch er ließ sich in seinen Bemühungen nicht beirren und verfolgte seine Ziele mit Beharrlichkeit. Seine Hauptaufgabe sah er in der Förderung des schwarzen Selbstbewußtseins, denn er war zutiefst davon überzeugt, daß der schwarze Mensch den gleichen Wert besitzt wie jeder andere. Diese Einsicht führte ihn jedoch nicht nur dazu, die Schuld bei anderen zu suchen. Sie bedeutete natürlich, daß der Schwarze die gleichen Rechte hat wie alle anderen Menschen, aber auch, daß er sie furchtlos für sich in Anspruch nehmen muß. Die Wahrnehmung der vollen Persönlichkeitsrechte bedeutete die Übernahme der uneingeschränkten persönlichen Verantwortung, auch unter Einsatz des eigenen Lebens. Die Alternative konnte nur den Verzicht auf die Menschenwürde bedeuten.

Steve ruhte in sich selbst. In einer aus den Fugen geratenen, verwirrten Welt blieb er normal, gelassen und gut. Sein Handeln wurde nicht von irgendwelchen importierten, konventionellen Ideologien bestimmt. Wer Steve aufgeschlossen begegnete, spürte eine Art Magnetismus. Ich führe das auf seine absolute, unerschütterliche Normalität zurück, eine Haltung, die zu teilen er jeden aufforderte.

Es gibt Leute, die behaupten, er werde jetzt künstlich zum Helden gemacht, und sein Tod werde von seinen Anhängern politisch mißbraucht. Sie irren sich. Der Aufschrei der Empörung der Massen ist allein Ausdruck der Trauer, des Zorns und der Verzweiflung. Es ist mit Sicherheit nicht notwendig gewesen, diese Gefühle künstlich zu wecken. Und wenn sich die Lage wieder beruhigt hat, dann wird in unseren Herzen die Abscheu lebendig bleiben.

Man hat behauptet, wenn Steve am Leben geblieben wäre, hätte man ihn wahrscheinlich als Verfasser hetzerischer Flugschriften unter Anklage gestellt. Es ist unehrenhaft, einen Mann zu beschuldigen, der sich selbst nicht mehr verteidigen kann. Solche Vorwürfe rechtfertigen auch nicht den Tod oder die Haft ohne Gerichtsverfahren. Wir haben ein ausgezeichnetes Gerichtssystem, das solche Fälle durchaus befriedigend behandeln kann.

Man hat behauptet, nur ein Prozent der schwarzen Bevölkerung Südafrikas habe vor seinem Tod den Namen von Steve Biko gekannt. Das wären etwa einhundertsechzigtausend Menschen – kein schlechtes Zeugnis für einen Mann, der im Alter von sechsundzwanzig Jahren daran gehindert worden war, mit diesen Menschen zusammenzukommen und mit ihnen zu sprechen, und der mit dreißig Jahren starb. Doch wenn auch nur ein kleiner Prozentsatz der Bevölkerung ihn kannte, so gibt es doch nur wenige, denen seine Ideen unbekannt geblieben sind, und sie bestimmen heute entscheidend und in zunehmendem Maß die Haltung einer Nation.

Ich habe einmal geglaubt, niemand werde ihm etwas anhaben können, er sei unzerstörbar. Doch was seinen Körper betrifft, habe ich mich geirrt. Ich hatte ihm offenbar die gleichen Qualitäten zugeschrieben wie seinem transzendenten Geist. Dieser Geist lebt weiter und erleuchtet Herzen und Sinne Tausender. Möge er sie reinigen und stärken. Möge er sie auf den rechten Weg führen in ein gerechtes und friedliches Land, wie er es sich gewünscht hat, an dem jeder Bürger den ihm angemessenen Anteil haben kann.

Was Trudi über sein Hemd sagt, ist bezeichnend für ihn. Er kleidete sich unauffällig und besaß nur wenige Kleidungsstücke, aber was er trug, paßte zu ihm. Seine Kluft bestand meist aus einem ärmellosen Hemd mit offenem Kragen, Jeans mit einem breiten Gürtel und Schuhen aus gelblichem Leder. Bei seinen vielen Auftritten vor Gericht trug er einen unauffälligen Anzug.

Steve war oft angeklagt, und was kleine Anschuldigungen anging, konnte er sich ganz brillant verteidigen. Er wußte immer, wann er seiner Beredsamkeit freien Lauf lassen konnte und wann es besser war, nicht zu schlau zu erscheinen. Einmal, als er sich wegen einer Verkehrsanzeige zu verantworten hatte, erwies er dem Richter in genau dem richtigen Maße seine Ehrerbietung; er erweckte den Eindruck von Demut, ohne eine Spur von Kriecherei. (»Man muß diese Richter sich wichtig vorkommen lassen, weißt du.«) Und die Art, in der er die wirksamsten Punkte vortrug, ohne dem Gericht gegenüber respektlos zu erscheinen, erinnerte mich an die Reden, die Nelson Mandela auf der Anklagebank hielt. Obwohl zwei Leute vor Steve, die desselben Vergehens angeklagt worden waren, schwere Geldstrafen erhalten hatten, wurde Steve nur verwarnt.

Draußen vor dem Gerichtsgebäude rauchten Steve und der junge weiße Verkehrspolizist, den Steve einem gnadenlosen Verhör im Zeugenstand unterzogen hatte, zusammen eine Zigarette. Ich erinnere mich, im Gesicht des jungen Mannes einen Ausdruck bemerkt zu haben, den man nur als Heldenverehrung bezeichnen kann.

»Sagen Sie, Mr. Biko...« hörte ich ihn sprechen. Es war möglicherweise das erste Mal in seinem Leben, daß er einen Schwarzen als Mister angesprochen hatte.

Der Richter war sichtlich auch von Steve beeindruckt, genauso, wie es viele Weiße waren, die diesem ungewöhnlichen schwarzen Mann begegneten. Während eines seiner Prozesse hörte ich, wie der Staatsanwalt halblaut zu einer Ordonnanz sagte: »Dieser Biko ist kein gewöhnlicher Mann.«

Ich habe nur selten gesehen, daß Steve eine Krawatte trug, wenn er nicht vor Gericht erscheinen mußte. Einmal brachte ich ihm aus Sambia eine UNIP-Krawatte von der United National Independence Party des Präsidenten Kaunda mit, und er trug sie als

Zeuge in dem SASO-BPC-Prozeß. Später erzählte er mir, der Staatsanwalt habe ihn in einer Verhandlungspause gefragt, woher er diese Krawatte habe. »Von einem Freund«, antwortete Steve.

»Was für ein Freund? Wie heißt er, wenn Sie sich nicht schämen, es mir zu sagen?«

»Im Gegenteil. Ich bin stolz darauf, Ihnen seinen Namen zu nennen – Donald Woods.«

Aber mein Stolz war noch größer.

Da er als Geächteter sein Medizinstudium nicht fortsetzen konnte, weil es in der Nähe von King William's Town keine Universität gab, nahm Steve die Juristerei per Fernstudium wieder auf. Zur Zeit seines Todes hatte er schon beachtliche Fortschritte gemacht. Er hatte eine Reihe von Examen bestanden, und nach seinem Tod bekam ich einen bewegenden Brief von seinem Professor an der University of South Africa, der größten Lehranstalt im Lande, die Fernkurse veranstaltete. Hier haben auch Robert Sobukwe und Nelson Mandela während ihrer Haftzeit auf der Robben Island akademische Grade erworben. (Seither hat die Regierung solche Studien für Gefangene verboten.)

Der zweite Charakterzug, der in dem Beitrag von Trudi Thomas so deutlich zum Ausdruck kommt, war Steves mitfühlendes Interesse für andere. Es veranlaßte ihn, bei der Gründung des Zimele Trust eine führende Rolle zu übernehmen. Dies war ein Fonds zur Unterstützung der Familien politischer Gefangener. Hier kümmerte man sich sowohl um kleine als auch um große Sorgen und Probleme. Als einige gemeinsame Freunde in Polizeihaft genommen waren, wurde Steve bei der Gefängnisverwaltung vorstellig und bat sie um die Erlaubnis, den Inhaftierten Lebensmittel zu bringen. (Er war selbst kein Kostverächter und kannte die Gefängnisverpflegung!) An einem Besuchstag (die Gefangenen wurden nicht unter den strengsten Bedingungen nach den Vorschriften des sogenannten Terroristengesetzes festgehalten) beschloß Wendy, nach King William's Town zu fahren, um die Gefangenen zu besuchen, und rief Steve an, um ihn zu fragen, was sie am dringendsten brauchten. Er sagte: »Fleisch, Wendy, Fleisch! Und wenn du es bekommen kannst, Lammfleisch.«

Sie brachte das schon gebratene Fleisch ins Gefängnis, und bevor sie nach East London zurückfuhr, rief sie Steve noch einmal an. Sie führte ein langes Gespräch mit ihm, und nachdem sie zu Hause angekommen war, rief er sie zurück.

»Wendy, hast du an das Fleisch gedacht?«

»Ja«, sagte sie, »sie haben es schon bekommen.«

Er dankte ihr und sagte, er hätte sich erst nach ihrer Abfahrt daran erinnert und ein schlechtes Gewissen gehabt, weil er es nicht mehr erwähnt hatte, da er wußte, sie wollte den Gefangenen etwas mitbringen.

Steve war nicht religiös im konventionellen Sinn, obwohl ihn eine allgemeine tiefe Religiosität beseelte. Also fragte ich ihn, warum er einen seiner Söhne Nkosinathi (Der Herr ist mit uns) genannt hatte.

»Das war ein einseitiger Entschluß meiner Mutter, ehrlich gesagt. Sie ist sehr religiös, und Ntsiki und ich haben ihrer Entscheidung zugestimmt. Aber als der nächste kam, faßte ich meinen eigenen einseitigen Beschluß und nannte ihn Samora, nach Samora Machel.«

Als ich ihn fragte, ob das hieße, daß er der Politik Machels hundertprozentig zustimme, sagte er: »Nicht unbedingt, aber Machel leitete die Entkolonialisierung Mosambik, und das finde ich ausreichend. Außerdem sind eine Anzahl seiner Vorhaben wirklich gut.«

Eine Beschreibung von Steves Persönlichkeit wäre ohne Erwähnung seiner kräftigen Sexualität unvollständig. Tatsächlich hatte Steve den Ruf eines Schürzenjägers, der zweifellos berechtigt war. Aber zu zwei Frauen hatte er ein besonders enges Verhältnis: zu seiner Frau Ntsiki und mit seiner ehemaligen Kommilitonin Mamphela. Zu beiden unterhielt er eine besondere, obwohl unterschiedliche Beziehung.

Ich bewunderte sie beide – die stille, treue, bescheidene, aber zähe Ntsiki und die ungestüme, extrovertierte, aber ebenso zähe Mamphela. Beide äußerten sich Wendy und mir gegenüber sehr anerkennend, besonders Ntsiki, als ich mit ihr über die Beisetzung von Steve sprach und erklärte, wir würden in der Menge der Trauergäste bleiben und uns nicht zu den Familienangehörigen stellen, weil wir nicht den Eindruck erwecken wollten, wir drängten uns ihnen an diesem für das schwarze Afrika so außerordentlich wichtigen Tag als »vorlaute Weiße« unnütz auf. Doch mit großer Herzlichkeit, die mich den Tränen nahebrachte, sagte sie: »Oh Donald, du und Wendy, ihr seid unsere Geschwister!« Mamphela signalisierte bezeichnenderweise ihr Einverständnis mit uns ganz anders. Eines Abends rief sie an, um mich zu sprechen, und Wendy sagte ihr, ich sei im Schachclub. Daraufhin sagte sie verwirrt: »So ein blöder Kerl!«

Ein bemerkenswerter Freund von Steve war Thami Zani, der einmal den BPC-Rekord für Einzelhaft hielt (423 Tage) und so ausdauernd und treu der Sache gegenüber war wie nur irgend möglich. Er war ein großer, starker Mann und sah aus wie ein Boxchampion – in Wahrheit war und ist er einer der größten Denker der Bewegung. Dann gab es noch den hervorragenden, fröhlichen Peter Jones, einen Coloured von Kapstadt, der Steves ständiger Begleiter war, auch damals, als sie bei einer Straßensperre gefaßt und eingeliefert wurden in jene Haft, die mit Steves Tod endete. Peter oder PC, wie ihn seine Freunde nannten, war irrsinnig komisch. Seine überdimensionalen Füße steckten unweigerlich in Sandalen, und einmal trat ich ihm versehentlich auf die Zehen. In einem Ton, als ob er eine wissenschaftliche Untersuchung zu führen hätte, erkundigte er sich: »Donald, woran liegt es, daß du darauf bestehst, mir unaufhörlich auf den Füßen herumzutrampeln?«

Nachdem ich viele von Steves Freunden kennengelernt hatte, fragte ich ihn einmal, ob ich einen Freund von mir, Colin Eglin, den Führer der Progressive Federal Party, mitbringen könnte. Steve sagte so sanft wie möglich: »Ich werde mit jedem deiner Freunde sprechen. Auch mit Colin Eglin, wenn du meinst, daß es ihm etwas nützt. Mir wird es nichts nützen.« Was Steve meinte, war dies: Obwohl die Progressives sich dadurch auszeichneten, daß sie eine nichtrassistische Politik betrieben und außerdem Verbindung zu der großen Helen Suzman hatten, waren Steves Anhänger gegenüber zu intensiven Kontakten mit weißen südafrikanischen Politikern jeglicher Partei mißtrauisch. Obwohl sie die

Progressives natürlich den Afrikaansen Nationalisten vorzogen, hegten sie trotzdem jeder Partei gegenüber Groll, die im ausschließlich weißen Parlament vertreten und daher ein Bestandteil des Systems war.

Jedenfalls brachte ich die beiden Mitte 1977 zusammen und wohnte ihrem ganzen Marathongespräch bei. Das empfand ich als Privileg, da es ein Zusammentreffen zweier ungewöhnlich heller Geister war. Nach anfänglicher Zurückhaltung, besonders auf seiten Steves, kamen sie gut miteinander aus, und am Ende ihrer Diskussion einigten sie sich, in Kontakt zu bleiben und zwischen ihren beiden Gruppen Gespräche einzuleiten. Am Ende dieses Dialogs machte mir Steve sein größtes Kompliment. Colin hatte Steve gefragt, ob er irgend etwas für ihn tun könne, und Steve antwortete: »Ja, Colin – versprich mir, daß du nie versuchen wirst, meinen Freund (er nickte in meine Richtung) zu überreden, in deiner Partei fürs Parlament zu kandidieren. Er ist nützlicher in seiner jetzigen Position, mit der uneingeschränkten Unabhängigkeit, die er außerhalb der ausschließlich weißen Einrichtungen genießt.«

Colin lachte und stimmte zu. (Zweifelsohne auch deshalb, weil ihn meine Kandidatur weiße Stimmen gekostet hätte!) Ohne irgendwelche Details ihrer Unterhaltung preiszugeben, kann ich sagen, daß das generelle Thema war, wie jeder in seiner eigenen Position dazu beitragen könnte, alle Gruppierungen der Nation am Verhandlungstisch zusammenzuführen. Beide unterstrichen die Notwendigkeit, alles Menschenmögliche zu tun, um Gewalttätigkeit zu verhindern. Steve sagte: »Wenn es Gewalt gibt, gibt es auch Unordnung. Die Gewalt hinterläßt für die Zeit des Wiederaufbaus zuviel Haß. Von ihren offensichtlichen Schrecken abgesehen, schafft sie zu viele nachrevolutionäre Probleme. Wenn es nur irgendwie möglich ist, wollen wir eine friedliche und versöhnende Revolution. Ich hoffe, daß das noch möglich sein wird – obwohl die Regierungsaktionen den Eindruck erwecken, daß die Afrikaansen Nationalisten versuchen, das Gegenteil heraufzubeschwören.«

Nach dem Treffen sagten mir beide getrennt, daß sie vom Scharfsinn des anderen sehr beeindruckt gewesen seien.

Zu dieser Zeit nahm mich Steve ziemlich oft auf den Arm, und dieser Moment unserer Beziehung wird mir immer besonders lebhaft in Erinnerung bleiben. Ich hatte einen neuen Dienstwagen gekauft, wieder einen Mercedes. Steve ließ mich damit nicht in Ruhe.

»Was hat er gekostet?« fragte er gnadenlos.

»Weißt du, der gehört gar nicht mir, Steve. Er gehört der Zeitung.«

»Was hat er gekostet?« fragte er.

»Nun, er ist der kleinste dieser Serie, ich bin nicht sicher...«

»Was hat er gekostet?«

»Um ehrlich zu sein, ich hab' ihn nicht selbst gekauft...«

»Wenn du damit fertig bist«, sagte Steve mit riesigem Vergnügen, »was hat er gekostet?«

»Umnqundu wakho!« (»Deinen Arsch!«) war alles, was ich erwidern konnte.

Das Leben in einem Polizeistaat

Die Zanempilo Clinic wurde für uns und unsere neuen Freunde ein wichtiger Treffpunkt. Da sie sich ziemlich abgelegen einige Meilen außerhalb von King William's Town befand, war sie ein einigermaßen sicherer Ort, um mit verschiedenen geächteten Mitgliedern der Biko-Gruppe zu diskutieren. Obwohl die Sicherheitspolizei regelmäßig Razzien veranstaltete, gab es alle möglichen Frühwarnsysteme, die uns ihr Nahen signalisierten. Bei ihrer Ankunft fanden die Polizisten die Geächteten immer in getrennten Räumen im Beisein nur einer Person, wie es die Verfügung verlangte.

In den darauffolgenden Jahren traf ich Steve, oft zusammen mit Wendy, an verschiedenen Orten. Weil sowohl seine als auch unsere Telefongespräche abgehört wurden, entwickelten wir eine Art Geheimsprache, die es uns ermöglichte, Treffpunkte auszumachen. Diese Geheimsprache bestand hauptsächlich aus Xhosa-

Worten. Wenn die Beamten der Sicherheitspolizei uns abhörten, dann verstanden sie wahrscheinlich das normale Xhosa, aber unsere entstellte Version konnten sie mit Sicherheit nicht entschlüsseln. In ihrer Enttäuschung riefen sie nach jedem dieser Gespräche Steve und mich an, ohne ein Wort zu sagen. Wir hörten dabei nur ein schweres Atmen. An einem Abend wurden wir drei- oder viermal auf diese Weise angerufen, Steve sogar nicht weniger als sechsmal.

Aber zurück zu unserer Geheimsprache. Die Zanempilo Clinic befand sich in dem ländlichen Bezirk Zinyoka (in der Xhosa-Sprache »Ort der Schlangen«). In dem von uns benutzten und für die Sicherheitspolizei unverständlichen Xhosa verabredeten wir uns zum Beispiel im Rambaland. Auf Xhosa bedeutet Ramba die Puffotter, und das r wird ebenso ausgesprochen wie das ch in »Loch Lomond«. Eigentlich war es eine Frechheit, daß wir dieses Wort benutzten, denn es war leicht verständlich, aber die Beamten, die unsere Gespräche abhörten, haben seine Bedeutung niemals begriffen, und wir verließen uns darauf nach dem Grundsatz: »Unterschätze nie die Unfähigkeit der Sicherheitspolizei.« Wenn wir uns im Hof hinter der Kirche treffen wollten, dann nannten wir den Treffpunkt »eyadini« – auf englisch »yard« oder »Hof«. So wurde aus ihm »Biko vom Yard«, und ein paarmal meldete er sich am Telefon: »Hier Scotland Yard!«

Eines Nachts waren Wendy und ich schon viele hundert Kilometer gefahren, nachdem wir unseren ältesten Sohn im Internat in Kimberley besucht hatten. Auf dem Wege zu unserem Haus in East London kamen wir durch King William's Town. Wir hatten mit Robert Sobukwe gesprochen, der in Kimberley wohnte und es nicht verlassen durfte. Nun beschlossen wir, Steve von diesem Gespräch zu unterrichten. Ich rief ihn von einem öffentlichen Fernsprecher aus an und sagte, ich sei »Umhleli wa se Monti« (ich sprach sehr undeutlich, denn dieser Ausdruck bedeutete »der Redakteur aus East London«, brauchte aber nichts zu befürchten, weil Umhleli auch wie der Name eines Menschen klingt). Zehn Minuten später trafen wir uns im »eyadini«.

Ein anderes Mal rief er uns mit betont gleichgültiger Stimme an, und wir verabredeten uns in der Geheimsprache in der Zanempilo Clinic. Auf dem Wege dorthin sagte Wendy, sie habe aus seiner Stimme trotz der vorgetäuschten Gleichgültigkeit eine gewisse Erregung herausgehört. Aber wir konnten uns den Grund nicht vorstellen, denn Mamphela war kürzlich in das weit entfernte Tzaneen im nördlichen Transvaal verbannt worden. Man hatte sie die mehr als tausendsechshundert Kilometer in Begleitung von Sicherheitspolizisten dorthin gebracht, und wir hätten damit rechnen müssen, daß er jetzt sehr niedergeschlagen war, weil sie ihm, wie wir wußten, sehr fehlte. Als wir in der Klinik ankamen, wurde uns sehr bald klar, weshalb wir in seiner Stimme eine gewisse Erregung gespürt hatten, denn plötzlich stand Mamphela in voller Lebensgröße vor uns. Sie hatte sich einen Wagen geliehen und war den ganzen langen Weg zurückgefahren, nachdem sie festgestellt hatte, daß die Ausweisungsanordnung einen Formfehler enthielt. Ihr Name war falsch geschrieben, und ihre Identitätsnummer war verwechselt worden. Deshalb beschloß sie, die Anordnung wegen dieses Formfehlers zu mißachten.

Sie nahm ihre ärztlichen Pflichten in der Klinik sofort wieder auf und nahm gleich nach ihrer Rückkehr eine Entbindung vor. Wir alle mußten lachen, als wir uns überlegten, ob sie, die Mutter und das neugeborene Kind eine »illegale Versammlung« darstellten, denn als Geächtete durfte sie nie gleichzeitig mit mehr als einer Person zusammen sein. Mamphela machte uns das Frühstück, Pater Stubbs war plötzlich auch aufgetaucht, um an der Feier teilzunehmen, und obwohl wir alle damit rechneten, daß die Sicherheitspolizei jeden Augenblick erscheinen würde, verbrachten wir einen fröhlichen und entspannten Vormittag.

Ich weiß noch, wie sehr ich die eisernen Nerven von Mamphela und Steve bewunderte. Sie ließen sich ihre Erregung nicht anmerken, obwohl beide gewußt haben müssen, daß irgendwelche Spitzel die Sicherheitspolizei von ihrer Rückkehr in die Klinik unterrichten würden und wir mit einer Razzia rechnen mußten. Bezeichnenderweise wollte die Ortsgruppe der Black Peoples Convention die Situation ausnutzen und gab einige Tage nachdem die Sicherheitspolizei in der Klinik erschienen war, um festzustellen, ob Mamphela dort war, eine Presseerklärung ab. Die Polizisten hielten sich, wie sie das in ihrer undurchschaubaren Art gelegentlich taten, streng an die Bestimmungen und unternahmen zunächst nichts dagegen, sondern warteten, bis der Minister eine zweite und diesmal korrekte Anweisung für ihre Verbannung unterschrieben hatte. Erst dann brachten sie Mamphela nach Tzaneen zurück. Aber sie war zehn Tage in der Klinik gewesen und genoß den Triumph, sich während dieser zehn Tage den Anordnungen der Regierung erfolgreich widersetzt zu haben.

Steve und seine Freunde verstießen oft gegen solche Anordnungen und gingen dabei ein kalkuliertes Risiko ein, wenn sie glaubten, daß es sich lohnte. Doch meist achteten sie sehr genau darauf, daß man ihnen die Verstöße gegen solche Bestimmungen nicht nachweisen konnte. Eines Abends hatten sich mehrere Freunde von Steve in der Klinik versammelt, um mit ihm ein Glas zu trinken. Ich überlegte mir, was geschehen werde, wenn plötzlich die Sicherheitspolizei erschiene. Im Flüsterton stellte ich ihm diese Frage, und um mich zu beruhigen, führte er mich hinaus. Es war stockdunkel, aber nachdem sich meine Augen an die Dunkelheit gewöhnt hatten, zeigte er in verschiedene Richtungen, und ich sah rundherum in verschiedenen Entfernungen das Aufleuchten glühender Zigaretten. Er lächelte und sagte: »Wenn die Polizei irgendwo auftaucht, bekommen wir eine Frühwarnung. Dann verteilen wir uns nach einem vorher gefaßten Plan, und nur die nicht von einem Bann betroffenen Personen bleiben im Haus.«

Es war erstaunlich, wie es Steve gelang, als politischer Führer auf die Entwicklung im ganzen Lande Einfluß zu nehmen, obwohl er die kleine Stadt, in der er für uns der »König« war, nicht verlassen durfte. Aus dem ganzen Land und aus allen Teilen der Welt strömten die Besucher zu ihm, und für sehr viele Schwarze in Südafrika war er der anerkannte politische Führer, der seinen Aufgaben auch praktisch gerecht wurde. Manchmal wurde er von Leuten aufgesucht, die entweder auf der Flucht vor der Sicherheitspolizei waren oder aus Gebieten kamen, die sie nicht verlassen durften.

Einmal hatten Wendy und ich uns mit Steve im »Yard« verabredet. Er hatte seinen ältesten Sohn mitgebracht, den sechsjährigen Nkosinathi. Ich erinnere mich noch, wie Steve vor uns stand, eine Hand auf Nkosinathis Schulter, und erklärte, er müsse sich als »Babysitter« betätigen. Nkosinathi müsse den ganzen Tag bei ihm bleiben, weil er einen »heißen« Gast im Hause habe, und Nkosinathi könnte den Namen des Gastes zufällig erwähnen, wenn er mit dem Kind unseres Nachbarn spielte, eines schwarzen Polizisten. »Ja«, sagte Steve lächelnd und zupfte den Jungen am Ohr, »dieser Bursche hat Dinge gesehen, die er nicht sehen sollte. Deshalb muß er den ganzen Tag bei mir bleiben.«

In seiner gutmütigen Art kam Steve praktisch mit jedem aus, sogar mit den Sicherheitspolizisten, die ihn zum Teil mit »Steve« anredeten. Aber er konnte sehr wohl zwischen Spaß und Ernst unterscheiden, und zwar auch im Umgang mit den Vertretern des Systems.

Eines Abends kamen zum Beispiel einige Beamte der Sicherheitspolizei in sein Haus, um nach bestimmten Papieren zu suchen, die er dort verwahrte. Steve verlangte einen schriftlichen Durchsuchungsbefehl, bevor er sie hereinließ, obwohl er wußte, daß sie ihn eigentlich nicht brauchten. Sie waren auf diese Frage schon vorbereitet und zeigten ihm ein mehrseitiges Dokument, das ihnen ihre Vollmachten bestätigte. Darauf erklärte er: »Ich werde zum Fenster kommen und es lesen, bevor ich Sie hereinlasse.« Er verschloß die Haustür, ging ins Zimmer seiner Mutter und versteckte in aller Eile die Papiere und kam dann ans Fenster. Die Polizisten hielten ihm das zusammengeheftete Dokument vor die Augen, und er tat so, als läse er sorgfältig die erste Seite.

Dann sagte er mit ernstem Gesicht: »Blättern Sie um.« Die Sicherheitspolizisten taten es, und Steve las ruhig weiter. Zum Zeichen, daß umgeblättert werden sollte, nickte er nun nur noch mit dem Kopf. Später erzählte er: »Dem armen Kerl müssen inzwischen schon die Arme geschmerzt haben.« Als die ganze Scharade vorüber war (»ehrlich, er sah aus wie ein Meßdiener, der seinem Pfarrer den Text der Liturgie vor die Nase hält«), ließ er sie herein. Sie durchsuchten das ganze Haus sehr gründlich, das Zimmer der Mutter aber nur oberflächlich, und fanden die Papiere nicht.

So trieb er wiederholt seinen Spaß mit den Beamten der Sicherheitspolizei. Aber er erlaubte ihnen niemals, sich irgendwelche Freiheiten herauszunehmen. Einmal kamen mehrere von ihnen unter der Führung des berüchtigten Feldwebels Gerhardus Hattingh zu ihm in die Wohnung. (Von Hattingh wird später noch die Rede sein.) Im Haus machte Hattingh den Fehler, einen Revolver zu ziehen. Mit einer raschen Bewegung versetzte ihm Steve einen karateähnlichen Schlag auf den Unterarm und nahm ihm mit der anderen Hand die Waffe weg. »Keine Schußwaffen in meinem Haus!« sagte er und gab dem außer Fassung geratenen Hattingh die Pistole wieder. Die Sache hatte diesmal noch keine weiteren Folgen.

Bei einer anderen Gelegenheit, Steve war wieder einmal in Polizeihaft genommen worden, wurde er in einen Vernehmungsraum gebracht und mußte sich in der Mitte des Zimmers auf einen Stuhl setzen, während sieben Sicherheitspolizisten um ihn herum an den Wänden standen. Dann kam Hattingh herein, ging auf den dort sitzenden Steve zu und schlug ihm mit aller Kraft ins Gesicht. »Was geschah dann?« fragte ich.

»Ich schlug zurück, und er taumelte gegen die Wand«, antwortete Steve. »Ich hatte ihm seine falschen Zähne zerbrochen.«

»Und dann?«

»Er ging sofort hinaus. Ich hatte das Gefühl, er wußte nicht, was er tun oder wie er reagieren sollte, so ging er einfach hinaus – wahrscheinlich wollte er sich von seinem Vorgesetzten weitere Anweisungen holen.«

Doch Steve spürte keinen persönlichen Haß gegen Hattingh oder sonst irgend jemanden. Es war ihm bewußt, daß die Hattinghs, die Krugers und die Vorsters selbst Gefangene ihrer Umwelt, ihrer Ausbildung, ihrer Erziehung und ihrer Herkunft waren. Und Hattingh muß das irgendwie gespürt haben, denn als er später noch einmal versuchte, Steve in Polizeihaft anzugreifen, und Steve ihm sagte, während er sich Hattingh auf Armeslänge vom Leibe hielt: »Hören Sie damit auf, Hattingh! Ich möchte einen älteren Mann nicht schlagen«, entschuldigte sich Hattingh und sagte: »Es tut mir leid, Steve. Ich habe die Beherrschung verloren.« Anschließend erlaubte er Ntsiki, ihm etwas zu essen und frische Kleider zu bringen.

Später bei der Untersuchung der Todesursache von Steve hat der Offizier der Sicherheitspolizei, Major Hansen aus King William's Town, diese Vorfälle als Zeuge völlig falsch dargestellt und behauptet, Steve habe Hattingh grundlos und ohne provoziert worden zu sein angegriffen. Hansen behauptete sogar, dabeigewesen zu sein, aber Steve hatte mir erzählt, bei diesem Gerangel sei niemals einer von Hattinghs Vorgesetzten im Zimmer gewesen. Sicherlich war Hattingh auch deshalb hinausgegangen, »wahrscheinlich um sich weitere Anweisungen zu holen...«

Insgesamt wurde Steve viermal festgesetzt – zweimal für kurze Zeit, einmal für 101 Tage und das letzte Mal, bis er umgebracht wurde. Als ich ihn kennenlernte, war er geächtet, war aber noch nie inhaftiert gewesen, und seine Mitarbeiter zogen ihn deswegen auf, weil er das einzige Mitglied der Gruppe war, das nie gesessen hatte. Damals fragte ich ihn, wie es dazu kam, daß ihn die Regierung nie festgenommen hatte.

»Ich glaube, die Arschlöcher versuchen, mich in Mißkredit zu bringen«, lachte er.

Einer der Gründe war zweifellos seine eigene Vorsicht, die er in politischen Fragen bewahrte. Bei wichtigen Angelegenheiten ging er keine Risiken ein; er bewegte sich stets im Rahmen des Gesetzes, so daß er nicht belangt werden konnte. Gott weiß, daß sie es versucht haben, des öfteren. Insgesamt saß er fünfmal auf der Anklagebank. Die Klage reichte von Zuwiderhandlung gegen seine banning orders (in diesem Fall mit mehr als einer Person zur selben Zeit zu sprechen) über mehrere Verkehrsvergehen (Stoppschild nicht beachtet; zu hohe Geschwindigkeit) bis zur Anschuldigung, einige Zeugen angeblich dazu überredet zu haben, ihre unter Eid gemachte Aussage zu ändern.

Alle diese Prozesse gewann er. Die Absicht der Behörden war es offensichtlich, jede mögliche Anklage gegen ihn zu erheben, um die Geldmittel der Black People's Convention durch Gerichts- und Anwaltskosten zu dezimieren. Im letztgenannten Fall, in dem die Anklage unter anderem auf Anstiftung zum Meineid lautete, wurde er beschuldigt, einer Anzahl von schwarzen Schülern, die wegen Brandstiftung an ihrer Schule angeklagt waren, nahegelegt zu haben, Aussagen, die sie gegenüber der Polizei gemacht hatten, zu widerrufen. Passiert war folgendes: Die Jungen waren zu ihm gekommen, um sich seinen Rat zu holen; sie sagten, sie wären von der Sicherheitspolizei geschlagen worden, und man hätte sie gezwungen, Geständnisse zu unterschreiben, die man ihnen nicht einmal zu lesen erlaubt hätte. Sie sagten, man hätte sie einzeln ein Schriftstück unterschreiben lassen, das größtenteils zugedeckt war; diese Papiere wurden nun dem Gericht als echte Geständnisse vorgelegt.

Steve hatte ihnen allen geraten, in den Zeugenstand zu treten und dem Richter genau das zu erzählen, was sie ihm, Steve, gesagt hatten. Das taten sie auch und wurden freigesprochen.

Und jetzt wurde Steve beschuldigt, sie angestiftet zu haben, durch Widerruf der freien und freiwilligen Geständnisse, die sie gegenüber der Polizei gemacht hatten, einen Meineid zu leisten. Steve hatte Dr. Wilfrid Cooper und Rechtsanwalt Denis Kuny als Verteidiger und war sich seines Sieges sicher, obwohl das Gericht prompt alle beteiligten Schüler unter Berufung auf den Terroism Act festhielt und sagte, sie würden erst dann freigelassen, wenn sie eine zufriedenstellende Aussage geleistet hätten.

Glücklicherweise konnte die von der Polizei vorgetragene Fassung der Geschichte dem Kreuzverhör nicht standhalten, doch weil die Behörden den Verlauf des Prozesses hinausziehen und dadurch die Verteidigungskosten in die Höhe treiben wollten, lud man mehr als ein Dutzend Schüler vor. Die Zeugen widersprachen sich dermaßen, daß nach einer Weile der wahre Sachverhalt ans Tageslicht kam und Steve freigesprochen werden mußte. Er hatte es schwer, die Honorare für die Rechtsanwälte aufzutreiben. Es gelang mir, einen Teil des Geldes durch Spenden von Freunden aufzubringen.

Steve brauchte ziemlich lange, den Rest seiner Anwaltskosten zu bezahlen; dafür entwickelten wir auch ein Tarnverfahren. Von meinem Studium waren eine Anzahl Jurabücher übriggeblieben, die ich nicht mehr brauchte. Es wurde abgemacht, daß ich, falls ich tausend Rand auftreiben konnte, Steve anrufen und ihm sagen würde, daß ich ein Buch für ihn hätte. Er würde einen Boten schikken und das Buch erhalten, in dem das Geld versteckt war. Einmal hatten wir Grund zum Jubeln: Ich war in der Lage, ihm zwei Bücher zu schicken, dank einiger philantropischer weißer Freunde, auf die ich hier und da Druck ausübte.

Einmal schickte mir Helen Suzman, die Abgeordnete der Progressives und lange Zeit die einzige Progressive im ganzen südafrikanischen Parlament, etwas Geld für Steve, unter der Bedingung, daß er nicht wissen sollte, wo es herkam. Helen, mit der ich seit vielen Jahren eng befreundet bin, bestand auf dieser Anonymität, weil sie nicht als herablassend wohltätige weiße Liberale erscheinen wollte. Lange Zeit hatte sie einen Privatfonds für politische Gefangene unterhalten, und das Geld für Steve entstammte diesem Fonds. Als ich Steve das Geld übergab, war er entzückt, aber neugierig, wer denn der Wohltäter sei. Als ich sagte, daß dieser anonym bleiben wolle, war er nicht weiter aufdringlich; er sagte nur: »Nun, ich wollte lediglich einen Brief schreiben und mich bedanken.« Ich dachte mir, was soll's, und erwiderte: »Wenn du's wissen willst, der Stifter ist ein Abgeordneter.« Das machte ihn erst recht neugierig.

»Ein südafrikanischer Abgeordneter? Ich würde verdammt gerne wissen, wer es ist; aber ist ja schon gut.«

»Nun, es ist so, sie möchte anonym bleiben«, sagte ich. Und Steve, der wußte, daß es nur einen weiblichen Abgeordneten im südafrikanischen Parlament gab, grinste anerkennend. »Bitte, sag der anonymen Dame, daß ich ihr außerordentlich dankbar bin, ohne zu wissen, wer sie ist!«

Der Sicherheitspolizei, die unsere Telefonate dauernd abhörte, brachte es offenbar besonders in Rage, wenn wir miteinander telefonierten.

Eines Abends unterhielten Steve und ich uns am Telefon, und ich erwähnte, daß ich am folgenden Tag nach Durban zu einem Journalistentreffen fahren würde. Am nächsten Abend, um Mitternacht herum, erhielt Wendy einen anonymen Anruf, der ungefähr folgendermaßen lautete: »Wir wissen, daß Sie heute nacht allein zu Hause sind. Wir kommen nachher und werden es Ihnen zeigen.«

Ungefähr um 4 Uhr morgens hörte sie fünf Pistolenschüsse – einen, dann vier kurz hintereinander. Am nächsten Morgen fand man fünf Einschläge in unserer Hausfront; an die Wand war mit einer Spraydose in großen Buchstaben »Biko-Commy Hq.« (Biko-Kommunisten-Hauptquartier) geschrieben, daneben Hammer und Sichel. Ein Privatdetektiv stellte später fest, daß die Schüsse von dem Sicherheitspolizei-Unteroffizier B. Jooste abgefeuert worden waren und daß der Sicherheitspolizei-Leutnant G. Cilliers die Malerei ausgeführt hatte. Jedoch lehnte es die Polizei ab, dem Beweismaterial nachzugehen.

Diese Vorfälle entsprangen dem Zorn, den die Sicherheitspolizei über unsere Freundschaft mit Steve hegte. Und nicht nur die Sicherheitspolizei. Viele weiße Südafrikaner macht der Gedanke einer gemischtrassigen Freundschaft rasend. Bei einer der Vorladungen Steves vor Gericht sah Mamphela Ramphele, die gerade aus der Haft entlassen worden war, Wendy im Gerichtsgebäude, und die beiden umarmten und küßten sich liebevoll. Ein junger weißer Polizist starrte Wendy wütend an und sagte zu seinem Kollegen, so daß es jeder hören konnte: »Die müßte erschossen werden!« Seiner Ansicht nach war Wendy zweifellos eine Verräterin am weißen Stamm.

Ich durfte Steve, während er in Polizeihaft war, nie besuchen, als er jedoch wegen Meineids in Untersuchungshaft saß, durfte Wendy mit ihm sprechen, bevor wir die Kaution für ihn zusammengebracht hatten. Folgendes berichtete sie über diesen Besuch:

Wir hörten, daß Steve wieder eingesperrt worden war – was einen eigentlich nicht überraschte. Aber diesmal gab es gewissen Anlaß zur Freude. Er war festgenommen und nicht verhaftet worden. Hierin besteht in Südafrika ein deutlicher Unterschied. Eine Verhaftung bedeutet, daß außer den Beamten der Sicherheitspolizei niemand mit dem Verhafteten sprechen darf. Eine gewöhnliche Festnahme bedeutet, daß der Betreffende beschuldigt wird, eine Straftat begangen zu haben, und als Untersuchungsgefangener nur den Gefängnisbehörden unterstellt ist, die Sicherheitspolizei aber keinen Zugriff auf ihn hat.

Man hatte Steve vorgeworfen, »die Rechtsprechung behindert zu haben«, und er wurde jetzt im Gefängnis von East London festgehalten – in »unserem« Gefängnis. Deshalb beschloß ich, ihn zu besuchen. Ich war schon oft am Gefängnisgebäude vorbeigefahren, hatte es aber noch niemals von innen gesehen. Noch vor wenigen Monaten war ich sogar sehr häufig daran vorbeigefahren, weil ich mich am Wahlkampf für die Gemeindewahlen in diesem Bezirk beteiligte. Jedesmal wenn ich vorüberfuhr, dachte ich daran, daß Steve dort irgendwo in Einzelhaft saß – so nah und doch so weit. Und in Gedanken sagte ich ihm »Hallo«, während ich gleichzeitig versuchte, mich innerlich für meinen weißen Kandidaten zu begeistern. Nun fuhr ich durch das Gefängnistor, vorbei an Baracken und Bürogebäuden, an grünem Rasen und von den Gefangenen angelegten Beeten und fand schließlich ein düsteres zweistöckiges, altes und häßliches Ziegelgebäude, das ich für den eigentlichen Gefängnisblock hielt. Ich konnte keine Aufschrift entdecken, die mir gesagt hätte, wo der Eingang für Besucher war, es gab keine ausgeschilderten Parkplätze und keine Hinweispfeile – nicht einmal das Wort »Gefängnis« über dem Haupteingang.

Ich stellte den Motor ab, sah mich um und horchte. In der Mitte des Gebäudes war eine riesige hölzerne Doppeltür, und die einzigen anderen Öffnungen waren zahlreiche kleine, mit Maschendraht vergitterte Fenster in regelmäßigen Abständen. Aus diesen Fenstern hörte ich Gesang, Rufe und Lachen. Allmählich wurde ich nervös und hatte das Gefühl, irgend jemand werde kommen und mich fragen, was ich hier zu tun hätte, und sagen, ich solle weiterfahren, denn ich hätte schon vor Monaten beim Innenministerium einen Antrag auf Besuchserlaubnis stellen müssen. Aber nichts geschah. So sah ich mir das Gebäude noch einmal genau an und überlegte, wie ich hineinkommen könnte. Der Haupteingang sah lächerlich aus. Die Tür war mit gekreuzten Balken gesichert. Ich erkannte große eiserne Schraubenbolzen darin, und das Beste waren zwei runde gußeiserne Türklopfer in der Mitte. Ich konnte mich nicht dazu überwinden, über den Kiesweg zu gehen und die Türklopfer zu betätigen, ohne dabei hysterisch zu kichern.

Dann bemerkte ich, daß ein Fenster auf der linken Seite etwas größer war als die anderen. Darüber las ich die Aufschrift »Weiße«. Ich ging an das Fenster, schaute durch den Maschendraht und sah zwei junge Männer, die in einem Büro auf und ab gingen. Beide trugen Pistolen am Gürtel.

»Wie komme ich hier hinein, um einen Gefangenen zu besuchen?«

»Klopfen Sie nur an die Tür, Lady.«

Also mußte ich doch den Türklopfer betätigen, und zu meiner Freude öffnete sich eine kleine Luke, und ein Auge starrte mich an.

»Ich möchte einen Gefangenen besuchen«, sagte ich dem Auge.

Die Luke wurde geschlossen, und ich hörte ein lautes Klappern. Ein Schlüssel drehte sich im Schloß, und eine Hälfte der Tür öffnete sich. Ich ging hinein und befand mich in einem ringsum abgesperrten Vorraum. Der Pförtner verschloß die Eingangstür. Es war ein weißer Mann mittleren Alters. Auch er war mit einer Pistole bewaffnet und trug an seinem Gürtel eine Kette, an der mehrere große Schlüssel hingen. Er machte einen gutmütigen, freundlichen und törichten Eindruck. Ich sah mich um und kam schließlich in das Büro mit den beiden jungen Männern.

»Ich möchte den leitenden Beamten sprechen.«

»Das können Sie nicht, Lady, er ist im Gericht.«

»Könnte ich dann mit seinem Stellvertreter sprechen?«

Einer der beiden jungen Männer kam heraus in den Vorraum und zeigte auf den Pförtner, der sich beeilte, eine Tür aufzuschließen, durch die man aus dem Vorraum in das Gefängnis gelangen konnte. Der junge Mann verschwand, und ich wartete, während ich meine Blicke durch den Korridor schweifen ließ. Es war sehr laut. Schwarze und weiße Gefangene gingen an mir vorbei und sahen erstaunlich fröhlich aus. Das ganze erinnerte mich an ein Krankenhaus. Der einzig sichtbare Unterschied war, daß es keine Rollstühle und Tragbahren gab und daß die Männer recht grob miteinander umgingen. Ein weißer Mann, der aussah wie ein Gefängnisbeamter, kam langsam auf mich zu und starrte mich neugierig an. Ich wollte mein Anliegen auf keinen Fall vorbringen, wenn ich dabei mein Gesicht an irgendwelche Gitterstäbe pressen mußte, und deshalb sagte ich in einem möglichst bestimmten Ton: »Ich möchte in Ihrem Büro mit Ihnen sprechen.« Er nickte, und wieder öffnete mir der Pförtner die Tür zum Korridor.

In dem Büro des Beamten, das er mit drei anderen teilen mußte, sagte ich: »Ich bin wegen des Gefangenen Steve Biko gekommen. Soweit ich weiß, ist er nur in Untersuchungshaft. Welche Rechte hat er da?«

»Oh, Lady, er darf Briefe empfangen«, sagte er. »Er darf auch Besuch empfangen. Er darf Zeitungen und Bücher lesen. Er darf Lebensmittel, Zigaretten und Geld bekommen.«

Ich notierte mir alles, dankte ihm und fragte dann, ob ich den Gefangenen sehen könne. Er wollte es mir gerade erlauben, als einer seiner Kollegen, der während unseres Gesprächs im Zimmer auf und ab gegangen war, ihn schnell unterbrach und sagte: »Nein, Lady. Weiße dürfen Bantus (Schwarze) in diesem Gefängnis nicht besuchen.« Der Beamte, mit dem ich zuerst gesprochen hatte, und ich sahen uns erschrocken an – er, weil er gar nicht auf den Gedanken gekommen war, daß ich einen Schwarzen besuchen wollte, und ich, weil ich nicht begriff, daß er mich mißverstanden hatte.

»Aber kommen niemals Weiße in dieses Gefängnis, um Schwarze zu besuchen?«

»Niemals, Lady.« Es schien ihnen peinlich zu sein, aber sie sagten es sehr bestimmt.

»Aber werden die Schwarzen denn nicht von weißen Ärzten oder Pfarrern besucht?«

»Nein, Lady, sie haben ihre eigenen Leute dafür.«

»Aber im Gefängnis von King William's Town habe ich schon Schwarze besucht.«

»Ja, nun, dort haben sie die entsprechenden Einrichtungen, Lady. Das ist ein neues Gefängnis.«

»Aber haben Sie hier nicht solche Einrichtungen?«

»Nein, Lady, hier gibt es keine Einrichtungen dafür.«

Offensichtlich fühlten sich beide verunsichert. Sie wichen meinen Blikken aus und zeigten deutlich ihre Verlegenheit. Ich ergab mich in mein Schicksal und ließ mich von ihnen zum Pförtner begleiten, der mir die Tür zum Ausgang öffnete.

Als ich wieder draußen auf dem Kiesweg stand, war meine Enttäuschung so groß, daß ich wieder an das Fenster des Büros mit den beiden jungen Männern ging.

»Wer ist der Gefängnisleiter?« wollte ich wissen.

»Der Kommandant.«

»Wo kann ich ihn finden?«

»Am Ende dieser Straße im Hauptbüro.«

Ich machte mich auf den Weg und kam zum Verwaltungsgebäude, das ich daran erkannte, daß ein Fahnenmast mit der südafrikanischen Flagge in einem davor angelegten Gartenbeet stand. Zwei sehr bedeutend aussehende Polizisten in Uniform standen vor dem Portal. Ich stellte mich ihnen vor und verlangte, den Kommandanten zu sprechen. Beide waren sehr freundlich, einer von ihnen kam auf mich zu, nannte seinen Namen und bat mich in sein Büro. Darin stand ein großer Schreibtisch, an der Wand hing ein Bild von Vorster, und auf dem Fußboden lag ein dicker Teppich.

Bevor ich noch mein Anliegen vorbringen konnte, kam seine elegant wirkende Sekretärin herein, wurde mir vorgestellt und sagte ihm auf afrikaans, sie habe alle Einladungen für das Orchesterkonzert der Polizei des Orange Free State in East London schon verschickt und werde dafür sorgen, daß »der Redakteur und seine Frau« auch einen bekämen. Dann fragte sie, ob sie die Einladung »der Gattin des Redakteurs« nicht persönlich übergeben dürfe, da sie gerade hier sei.

»Ja, das können Sie«, sagte der Kommandant und äußerte die Hoffnung, der Redakteur und seine Gattin würden der Einladung folgen. Die Gattin des Redakteurs war sogar bereit, das über sich ergehen zu lassen, wenn sie dafür die Erlaubnis bekäme, den Gefangenen zu besuchen.

Ich warf einen Blick auf die Sekretärin. Ihre Welt war dieses Büro mit dem dicken Teppich, dem Schreibtisch und dem Bild von Vorster an der Wand, und direkt daneben war die Welt der Gefangenen, die ich gerade verlassen und die sie wahrscheinlich so noch nie gesehen hatte.

Der Kommandant und ich nahmen unser Gespräch wieder auf, und zu meiner Überraschung erlaubte er mir, den Gefangenen zu besuchen. Er rief seinen Stellvertreter und sagte ihm, er solle mich zum Gefängnis begleiten und den Besuch organisieren. Dann ging es zurück zum Pförtner in den abgesperrten Vorraum, aber diesmal beschleunigte die Gegenwart des stellvertretenden Kommandanten das Verfahren erheblich.

Nun wurde der Gefangene Biko gerufen. Ich hörte das laute »Biko, Biko« in den langen Korridoren verhallen.

Es dauerte eine ganze Zeit, bis er kam, und während ich wartete, beobachtete ich einen jungen schwarzen Gefangenen in der hier üblichen Gefängniskleidung, Khakishorts und Hemd, der in einiger Entfernung auf dem Flur stand. Er machte einen verängstigten Eindruck. Diesen Gesichtsausdruck hatte ich schon bei Tausenden von Schwarzen in diesem Lande gesehen. Es war das Gesicht eines Menschen, der darauf wartete, der Laune seines weißen »Baas« zu folgen. Er stand dort, als habe man ihm befohlen, an dieser Stelle zu stehen und zu warten. Ein wohlgenährter weißer Gefangenenwärter ging an ihm vorbei, wendete sich ihm plötzlich mit einer Drohgebärde zu und schrie ihn auf afrikaans an. Der Wärter war nicht wirklich böse. Er wollte den jungen Mann nur necken und seinen Spaß dabei haben. Dieser hob sofort die Arme, um sich vor den nun zu erwartenden Schlägen zu schützen. Einen Arm legte er über den Magen und hinter dem anderen verbarg er seinen Kopf. Dann stammelte er seine Antworten auf die Fragen und Schmähungen, die auf ihn herabregneten. Der Wärter ließ wieder von ihm ab und kam auf mich zu. Er sah, wie ich ihn anstarrte, und als er mich ansah, wurde mir klar, daß ihm sein Verhalten keineswegs peinlich war und er nicht daran dachte, sich zu schämen. In seinen Augen machte mich meine weiße Haut sogar automatisch zu seiner Komplizin, und er war überzeugt, was er getan hatte, habe mir gefallen.

Gelangweilt ging er weiter, verschwand für ein paar Augenblicke und ging, als er zurückkam, wieder auf den schwarzen Mann zu. Als er in dessen Nähe kam, krümmte sich der Schwarze und hob in einer Reflexbewegung wieder die Arme. Der Wärter amüsierte sich köstlich. Die Anwesenheit von Publikum (ich) verdoppelte sein Vergnügen. Aber diesmal brüllte er den jungen Mann nur an und verschwand dann um die Ecke. Der Schwarze ließ die Arme fallen und nahm wieder die gleiche Haltung an wie zuvor.

Jetzt hörte ich Geräusche aus der entgegengesetzten Richtung und preßte das Gesicht gegen das Gitter, weil ich glaubte, Steve würde kommen. Ich konnte ihn nicht sehen, vielmehr eine Gruppe von Wärtern und

Polizisten, und wußte, daß er dort irgendwo sein mußte. Dann sah ich sein Gesicht und stellte zu meinem Schreck fest, daß er noch niemals so ausgesehen hatte. Er blickte auf den Boden und sah mürrisch, geistesabwesend und böse aus. Wenn er sich dafür interessierte, weshalb man ihn geholt hatte, zeigte er es nicht. Doch als er näher kam, konnte er seine Neugier offenbar nicht mehr beherrschen, denn er sah auf, schaute am Kopf des vor ihm gehenden Mannes vorbei und erkannte mich.

Ich werde es nie vergessen, wie sich sein Ausdruck in diesem Augenblick verwandelte. Mir kam es vor, als geschähe es im Zeitlupentempo. Aus der vollkommenen Gleichgültigkeit wurde allmählich zögernde Neugier, die sich intensivierte und schließlich im strahlenden, unverhüllten Lächeln des Erkennens aufleuchtete. Aber das dauerte nicht lange. Er war auf diese Begegnung nicht vorbereitet, und als man mich in den vergitterten Raum einließ, hatte er sich wieder gefangen und zeigte die alte Zurückhaltung. Wir gaben uns förmlich die Hand wie zwei Fremde und murmelten ein paar bedeutungslose Begrüßungsworte, während die Leute um uns herumstanden. Dann führte man uns in ein Besuchszimmer. An der einen Wand stand eine lange Bank, daneben ein kleiner Tisch und vor dem Tisch ein eiserner Küchenstuhl mit blauem Sitz. Das war offenbar der Stuhl für die Besucher. In dem schäbigen Raum wirkte er wie ein Thronsessel. Die Bank war für den Gefangenen bestimmt. Ich setzte mich nicht auf den Stuhl, sondern ging um den Tisch herum zur Bank. Das tat auch Steve. Der stellvertretende Kommandant blieb im Zimmer, um mitzuhören, und stellte sich neben die Tür. Er wendete sich ein wenig von uns ab und versuchte, irgendwie die Würde zu wahren, während er die Rolle des Horchpostens übernahm.

Da waren wir also – drei peinlich berührte Menschen in einer bizarren Situation. Ich glaube, ich habe Steve etwa fünfmal gefragt, wie es ihm ginge, und dabei auf keine seiner Antworten gehört. Er sagte mir, er erwarte nicht, lange im Gefängnis bleiben zu müssen (er sollte recht behalten), und bat mich, seiner Mutter mitzuteilen, daß es ihm gut ginge. Wir sprachen über seine »Vorrechte« als Untersuchungsgefangener, und ich versprach, ihm etwas zu lesen und zu essen zu bringen. Einmal unterbrach er das Gespräch und fragte den stellvertretenden Kommandanten nach den Besuchszeiten. Sein Ton war dabei so rüde und schroff, daß es mich schockierte. Der Polizeioffizier beantwortete seine Fragen sehr höflich. Weshalb er das tat, hat Steve mir erst später gesagt. Er wußte, in meiner Gegenwart konnte er in diesem Ton mit dem stellvertretenden Kommandanten sprechen, ohne dafür zurechtgewiesen zu werden. Auf diese Weise war es ihm möglich, in dem Nervenkrieg ein paar Punkte zu machen. Er wußte aber auch, wenn ich gegangen war, würden der stellvertretende Kommandant und alle anderen die Maske fallen lassen und ihn ebenso behandeln wie die anderen »Kaffern« im Gefängnis.

Sein mürrischer Gesichtsausdruck gehörte auch zu seiner Verteidigungstaktik. Später bei der gerichtlichen Untersuchung der Todesursache sprachen die Beamten der Sicherheitspolizei davon, wie er es verstanden habe, zwischen sich und den Vernehmungsbeamten eine Mauer aufzubauen. Er schloß sie einfach aus; sie existierten nicht für ihn und konnten nicht an ihn herankommen. Sie konnten ihm Schmerzen zufügen und ihn sogar töten, aber sie konnten ihm nicht nahekommen. Das muß sie verrückt gemacht haben.

Nach etwa zwanzig Minuten verabschiedete ich mich. Mein Besuch war insofern kein wirklicher Erfolg gewesen, als wir kein richtiges Gespräch miteinander hatten führen können. Ich war befangen gewesen, und Steve hatte es gemerkt und ständig gesprochen. Ich hatte nicht die Hälfte von dem gehört, was er sagte, und am Schluß war ich sehr unzufrieden. Ich glaubte, ich hätte die Zeit nicht richtig genutzt, aber jetzt im Rückblick weiß ich, trotz meiner Ungeschicklichkeit war der Besuch für den bloßen menschlichen Kontakt ein Erfolg gewesen, und das allein zählte.

Einige Zeit später sagte ich Steve, welchen Eindruck das Gefängnis auf mich gemacht hatte, und er lachte leise und sagte: »Ja – es ist eines von den ganz alten.« Das war alles. Kein Zorn, keine Bitterkeit – er nahm die Dinge, wie sie waren.

Ich wußte, daß er nur im Gefängnis Romane las. Sonst hatte er zuviel zu tun. Deshalb brachte ich ihm einen Tag nach meinem Besuch sechs Taschenbücher. Vier davon waren ganz leichte Lektüre. Die anderen beiden waren *Brave New World* und *1984*. Er hat sie während seines kurzen Gefängnisaufenthalts alle gelesen, und ich erinnere mich noch, wie ich mich mit ihm über *1984* unterhalten habe. Wir sprachen von einem System, das bewußt und mit stets verfeinerten Methoden die Entwürdigung des Individuums erreicht, um an der Macht zu bleiben.

Was ich heute als besonders schmerzlich empfinde, ist die Tatsache, daß die Sicherheitspolizei aus ihm ein verunstaltetes Stück Fleisch gemacht hat, das nackt auf dem Fußboden einer Gefängniszelle lag. Sie hatten ihn der menschlichen Würde entledigt, von der wir bei unserem Gespräch über *1984* gesprochen hatten, und sie taten es nicht, weil sie es so geplant hatten, sondern weil er für sie »nur so ein Kaffer« war – und das werde ich ihnen niemals verzeihen.

Einmal, als ich mit Steve darüber sprach, was für ein Gefühl es denn sei, geächtet zu sein, fragte ich ihn naiverweise, ob das Verbot, mit mehr als einer Person auf einmal zusammen zu sein, politische Verschwörungen verhindern sollte; jedenfalls war das die offizielle Begründung.

»Überhaupt nicht«, erwiderte er. »Merkst du nicht, was so eine

Verfügung soll? Es ist eine Methode, die Leute zu bestrafen, die der Staat nicht mittels der normalen Gesetze bestrafen kann. Viele der Einschränkungen sind einfach dazu da, lästig und ärgerlich zu sein. Anfangs ist es nicht so schlimm, wenn man sich einmal in der Woche beim Polizeirevier melden muß – aber nach einem Jahr erscheint es unerträglich. Mit nur einer Person auf einmal zu reden – das hat zur Folge, daß man alles, was man einer Person gesagt hat, der nächsten Person wieder sagen muß. Sogar zu Hause sieht man sich unentwegt ängstlich um. So wird auf Dauer Spannung und Nervosität aufrechterhalten. Außerdem sind all diese Bestimmungen dazu da, daß man unvermeidlich irgendwelche Delikte begeht – dadurch, daß man gegen die Verfügung verstößt. Vorher konnten sie aus dir keinen Kriminellen machen, also haben sie künstliche Bestimmungen eingeführt, und wenn du beim Übertreten dieser Bestimmungen erwischt wirst, bist du eben ein Krimineller.«

Nur zu wahr, wie sich später an meiner eigenen Person herausstellte. Wie er gelacht hätte, hätte er gewußt, daß ich mir genau dieselben banning orders zuziehen würde, die man ihm verpaßt hatte!

Wegen meiner weißen Hautfarbe und der Bedeutung, die ich seiner Meinung nach als Journalist besaß, glaubte Steve, ich sei gegen eine derartige Bestrafung immun. Er glaubte auch, daß er in der Haft nicht physisch angegriffen würde, weil »sie mich noch nie zusammengeschlagen haben«. Er war der Ansicht, daß sich die Sicherheitspolizei seiner politischen Bedeutung bewußt war und es deshalb vermeiden würde, grob zu werden. Er glaubte auch, daß die Artikel, die ich über ihn schrieb (und von denen er mich aus echter Bescheidenheit öfters abzubringen versuchte), ihm ein gewisses Maß an Schutz gaben. In all diesen Punkten hat er sich geirrt.

Ein weiterer Grund, warum er sich vor der Folter in der Haft sicher wähnte, war sein Vertrauen in das Wissen der Sicherheitspolizei, daß er weder ein Extremist noch ein Befürworter der Gewalt war und daß er sich keiner ernsthaften umstürzlerischen Tätigkeiten schuldig gemacht hatte. Als ich ihn fragte, ob er glaube, daß solche Dinge bei der Sicherheitspolizei zählen würden, erwiderte er, das Regime zeige ja hier und da immer noch ein Mindestmaß an Achtung dem gegenüber, was vom Gesetz übriggeblieben war. »Sie sind noch nicht völlig faschistisch, weißt du«, sagte er.

Im August 1975 schlug ich Steve etwas vor. Ich erzählte ihm, daß ich den neuen Polizeiminister, James Kruger, schon gekannt hatte, noch bevor er ins Kabinett bestellt wurde, und fragte ihn, ob er etwas dagegen haben würde, wenn ich Kruger persönlich bäte, Steves banning orders aufzuheben oder sie wenigstens zu lockern. Er sagte, daß er dagegen nichts einzuwenden habe, im Gegenteil. Er konnte keine Formulierung vorschlagen, mit der man das Ersuchen vortragen könnte, da man für seine Verbannung sowieso nie einen Grund angegeben hatte. Theoretisch ist eine geächtete Person dazu berechtigt, den Minister nach dem Grund dieser Anordnung zu fragen; aber was geschieht, ist dies: Jede banning order beginnt mit einem Kernsatz, der lautet: »Da der Minister ausreichend informiert ist, daß Sie sich auf Tätigkeiten eingelassen haben, die die öffentliche Sicherheit gefährden, verbannt er Sie hiermit und verbietet Ihnen dieses und jenes.« Wenn man ihn um seine Gründe ersucht, antwortet er, daß er ausreichend informiert sei, daß man sich auf Tätigkeiten eingelassen habe, die die öffentliche Sicherheit gefährden...

Ich fuhr nach Pretoria und ließ mir bei Minister Kruger einen Termin geben. Ich hatte ihn 1969 auf einer Party der Britischen Botschaft in Pretoria kennengelernt. Er war mir damals als recht angenehm aufgefallen. Es war unvermeidlich, daß wir uns politisch in die Haare gerieten, aber er blieb gut gelaunt, und gegen Ende des Abends, dank des reichlichen Whiskykonsums, nannte ich ihn schon Oom Jimmy. Afrikaaner nennen ältere Leute oft Oom (Onkel), als Zeichen des freundschaftlichen Respektes. Oom Jimmy mußte ausgezeichneter Laune gewesen sein: Irgendwann im Verlaufe des Abends erwähnte er, daß er von Premierminister Vorster gehört habe, daß ich ein angenehmer Bursche zu sein scheine, aber daß meine politische Meinung zu weit links von der Mitte liege.

Damals hatten Zeitungsherausgeber und Kabinettsminister

eine zumindest recht informelle Beziehung zueinander; sogar über die politischen Schranken hinweg gab es gewisse Höflichkeiten, wie den Austausch von Weihnachtskarten oder Beileidsbriefen in Todesfällen. In diesem Sinne schickte ich Oom Jimmy ein paar Jahre später, als er zum Polizeiminister ernannt wurde, meine Glückwünsche. Später bekamen wir von ihm und seiner Frau eine Weihnachtskarte. Als er das erste Mal als Minister nach East London kam, war ich einer der Ehrengäste. Er riß in aller Öffentlichkeit einen Witz auf meine Kosten, ganz harmlos und wohlwollend, und plauderte eigentlich recht freundlich mit mir nach dem Essen, das ihm zu Ehren gegeben wurde. Als ich aufbrach, um ihn wegen Steve zu sprechen, waren deshalb meine Hoffnungen, daß ich ihn überreden könne, Steves banning orders aufzuheben oder zu lockern, unrealistisch hoch.

Südafrikanische Staatsminister wohnen in Bryntirion, einem Vorort von Pretoria, wo alle großen Amtswohnungen liegen; da Mr. Kruger mir nur an einem Samstagnachmittag einen Termin geben konnte, hatte er mich zu sich nach Hause eingeladen. Es war ein wunderbarer Transvaaler Wintertag, warm und sonnig. Es war auch der Tag des großen Rugby-Endspiels zwischen der Pretoria-Mannschaft Northern Transvaal und der Bloemfonteiner Mannschaft Orange Free State. Es war ein so schöner Tag, daß ich von meinem Hotel zu Fuß nach Bryntirion ging und zehn Minuten vor der verabredeten Zeit am Eingang des Grundstücks von Mr. Kruger ankam. Ich ging durch das Tor und setzte mich auf eine Gartenbank, um zu warten.

Es überraschte mich, daß ich keine Wachen sah, und ich sagte es Mr. Kruger, als er die Haustür öffnete, um mich hereinzulassen. Er lachte und sagte: »Sie sehen sie vielleicht nicht, aber sie sind da.«

Kruger bat mich in sein Arbeitszimmer und bot mir einen Drink an. Wir tranken beide Whisky. Normalerweise trinke ich zu der Tageszeit nicht, aber da ich sozusagen eine diplomatische Mission auszuführen hatte, hielt ich es für besser, eine Ausnahme zu machen.

Er war leger gekleidet: Pantoffeln, sportliche Hosen und ein

Hemd mit offenem Kragen. Sein Sohn kam herein, wir wurden einander vorgestellt. Wir sprachen über das bevorstehende Rugby-Endspiel, das im Rundfunk übertragen werden sollte. Wir plauderten noch ein wenig, dann verließ sein Sohn das Zimmer, und Kruger sagte: »Nun, warum wollten Sie mich sprechen?«

»Ich möchte mit Ihnen über einen Freund von mir, Steve Biko, sprechen«, sagte ich. Seine Reaktion war eigenartig. Um seiner Bestürzung einen eher komischen Ausdruck zu verleihen, riß er Hände und Füße hoch. »Ooh!« sagte er. »Um Gottes willen, Steve Biko! Der hat sich vielleicht in eine Lage gebracht! Ich weiß alles über Mr. Biko!« Dann fügte er hinzu, daß Biko »der gefährlichste Mann im Lande« oder »ein äußerst gefährlicher Mann für das Land« sei – an den genauen Wortlaut erinnere ich mich nicht.

»Warum?« fragte ich. »Was veranlaßt Sie, das zu sagen?« Kruger nuckelte nur an seinem Whisky, lächelte müde und schüttelte den Kopf, als ob er in Gedanken private Informationen sehr traurigen Inhalts durchginge. Ich sagte: »Aber was hat er denn getan? Was hat er getan, das falsch oder gefährlich ist?«

Kruger erwähnte Steves Gründung der SASO und sagte irgendwas von wegen »dieser Black-Power-Sache«. Ich wies darauf hin, daß die SASO weder geächtet noch eine illegale Organisation sei und daß Steve sich nie eines Verbrechens schuldig gemacht habe. »Er ist ein lieber Freund von mir«, sagte ich. »Ich kenne ihn inzwischen sehr gut, und ich kann Ihnen sagen, daß er kein Extremist ist. Im Gegenteil, er ist einer der wenigen wahrhaft gemäßigten Menschen, die ich kenne.« Ich fuhr eine Weile so fort und sagte, Steve sei einer von den schwarzen Führern, denen die Regierung erlauben sollte, offen zu wirken, sogar im eigenen Interesse. Sollten die jüngeren Schwarzen in den Townships, ihren Trabantenstädten, gewalttätig werden, stünden der Regierung keine wahren und bedeutenden Führer gegenüber, mit denen sie verhandeln könnte. (Das war sieben Monate vor dem Soweto-Aufstand.)

»Man kann nicht mit einem führerlosen Pöbel verhandeln«, betonte ich. Nachdrücklich wies ich ihn darauf hin, daß ich fünf kleine Kinder hätte und für das Land eine gewaltlose Lösung am Verhandlungstisch anstrebte. Es hätte keinen Sinn, natürliche

Führung zu unterdrücken, besonders wenn sie so gemäßigt wie die von Steve sei, fügte ich hinzu und beendete meine kurze Tirade mit: »Zum Teufel, Oom Jimmy, Sie haben tausend Gesetze, mit deren Hilfe Sie den Mann gerichtlich verfolgen können, sollte er zur Gewalt oder zum Umsturz aufrufen. Warum befreien Sie ihn nicht vom Bann? Wenn er die Gesetze bricht, kann die Polizei ihn sich jederzeit schnappen.«

Das gab ihm offenbar zu denken. Er versprach, sich die Biko-Akte wieder anzusehen und die Situation zu überprüfen. »Ich kann aber nichts verbindlich versprechen«, sagte er.

Dann kam ich auf das Problem der Sicherheitspolizei zu sprechen. Ich sagte ihm, daß er als Minister die dubiosen Elemente entfernen müßte, deren es im Sicherheitsdienst eine ganze Menge gebe. Er antwortete, seine Sicherheitspolizei leiste »verdammt gute Arbeit unter schwierigen Bedingungen«. Darauf erwiderte ich, er sei sich offensichtlich nicht bewußt, daß eine Anzahl von Sicherheitspolizisten bösartig und sadistisch sei und kriminelle Züge habe. Ich erwähnte den Oberfeldwebel Hattingh als Beispiel eines Polizisten in King William's Town, der von den Schwarzen gehaßt werde, und sagte, daß ich von jemandem, der lieber anonym bleiben wolle, informiert worden sei, daß Hattingh in den Einbruch in die Büroräume der Black Community Programs in der Leopold Street verstrickt sei, bei dem Unterlagen gestohlen, Schreibmaschinen zertrümmert und Möbel zerschlagen worden seien.

»Sie sollten diese Angelegenheiten überprüfen lassen«, sagte ich und fügte hinzu, daß ich all diese Punkte über Steve Biko, Hattingh und die Sicherheitspolizei-Entgleisungen schon mit dem Chef des Staatssicherheitsdienstes, General H. J. van den Bergh, am Tage zuvor besprochen hätte. Die Reaktion sowohl van den Berghs als auch Krugers auf meine Eröffnungen war besorgt. Beide ließen mich wissen, daß ein solches Verhalten, sollte es sich tatsächlich zugetragen haben, nicht erwünscht sei.

Ich verließ Pretoria in dem Glauben, die Tatsache, daß ich diese beiden Angelegenheiten, die gegen Steve angeordneten einschränkenden Maßnahmen und die Übergriffe der Sicherheitspolizei, mit den zwei höchsten für die Sicherheitsbelange des Landes zuständigen Beamten besprochen hatte, werde sich für alle Beteiligten und besonders für Steve als hilfreich erweisen. Ich hatte auch den Eindruck gewonnen, daß van den Bergh und Kruger es positiv aufgenommen hatten, daß ich das Problem Hattingh privat mit ihnen besprochen und nicht in die Schlagzeilen meiner Zeitung gebracht hatte. In dieser Sache hatte ich im übrigen keine andere Wahl, denn mein Informant durfte nicht genannt werden, und mir lag mehr daran, daß gegen diese Übergriffe etwas unternommen wurde, als an einem sensationell aufgemachten Pressebericht.

Während meines Besuchs bei Kruger stand ich zweimal auf, um mich zu verabschieden, denn ich wußte, daß er sich den Rundfunkbericht über das Rugbyspiel anhören wollte und daß sein Sohn gekommen war, um mit ihm zusammen zu sein, aber beide Male bat er mich, wieder Platz zu nehmen, bot mir etwas zu trinken an und unterhielt sich über die verschiedensten Themen mit mir. Schließlich brach ich auf, und als er feststellte, daß ich nicht mit dem Taxi gekommen war, holte er seinen Wagen aus der Garage und fuhr mich zu meinem Hotel. Das war nicht ganz einfach, denn seine beiden kleinen Hunde im Rücksitz waren sehr unruhig, sprangen auf und leckten ihm die Ohren und den Hals. Mich rührte seine Gastfreundlichkeit und die freundliche Geste, mich ins Hotel zu fahren, und als ich wieder in East London war, schrieb ich ihm einen Dankesbrief, in dem ich meine Hoffnung zum Ausdruck brachte, er werde dafür sorgen, daß die gegen Steve verhängten Beschränkungen aufgehoben würden.

Der erste Schock nach meinem Besuch bei Kruger ereilte mich durch einen steifen, förmlichen Brief, in dem stand, daß der Minister, nachdem er sich noch einmal die Biko-Akte angesehen habe, »sich nicht in der Lage sähe, die Einschränkungen zu lockern«. Der nächste Schock: Steves Einschränkungen wurden sogar noch verschärft; unter anderem wurde ihm verboten, seine Arbeit für die Black Community Programs fortzusetzen. Steves Reaktion war eher amüsiert: »Sieh mal, ein Versuch kann doch nie schaden. Du hast dein Bestes getan. Diese neuen Einschränkungen werden meiner Arbeit nicht Einhalt gebieten – sie sind nur eine unbedeutende Sache, die dem Regime mehr schaden werden als mir.«

Der dritte Schock: Ich erhielt einen Besuch von der Sicherheitspolizei und wurde aufgefordert, den Namen der Person, die mir von Hattinghs Einbruch in die Büros der Black Community Programs erzählt hatte, preiszugeben. Später wurde ich dafür, daß ich mich weigerte, den Namen zu nennen, zu sechs Monaten Haft verurteilt. Ich erhob gegen die Gefängnisstrafe Einspruch, bis zur höchsten Instanz hinauf, und gewann zwei Jahre später wegen eines rein technischen Versehens. Der Richter, der meine Vorladung unterschrieben hatte, war nicht der Richter gewesen, der mich zur Haft verurteilte, und dieser Fehler seitens der Justiz reichte aus, um das Urteil ungültig zu machen.

Ich stellte bald fest, daß es nicht General van den Bergh gewesen war, der die Aktion gegen mich eingeleitet hatte, sondern Krugers Sicherheitschef, General Geldenhuys, der sich mit Kruger beraten hatte, ehe er gegen mich vorging.

Durch Vorfälle wie diese wurde ich zunehmend in das, was Steve »den Kampf« nannte, verstrickt. Es war wie ein unerbittlicher Prozeß, in den einen die Freundschaft zu einem Aktivisten wie Steve unweigerlich verwickelte. Mein Gefängnisurteil störte Steve nicht weiter. Im Gegenteil, er war von dieser Entwicklung begeistert, sagte, sie würde meiner »politischen Glaubwürdigkeit ungeheuer guttun«.

Ich antwortete mit einem Xhosa-Ausdruck: »Umnqundu wakho!« (Dein Arsch!), und wenn Steve mich anrief, meldete ich mich eine ganze Zeit lang mit diesen Worten. Seine Frau Ntsiki erzählte Wendy, das habe Steve so amüsiert, daß er sich lachend aufs Bett warf und sagte: »Stell dir vor, ein weißer Bursche beginnt ein Telefongespräch wie ein Xhosa!«

Von Zeit zu Zeit belehrte mich Steve darüber, wie ich mich als Aktivist zu benehmen hätte: »Du darfst dich niemals dafür entschuldigen, daß du zu spät zu einer Verabredung gekommen bist. Aktivisten müssen sich für so etwas nicht entschuldigen. Wenn du eine Verabredung nicht einhalten kannst, dann weiß ich, daß du gute Gründe dafür hast.«

Einer der engsten Freunde Steves war Mapetla Mohapi. Eines Tages kam er in mein Büro und bot mir an, eine Black-Consciousness-Kolumne zu schreiben. Ich willigte gerne ein. Mapetla war ein gutaussehender Mann mit ausdrucksvollen Augen. Anfangs war er sehr zurückhaltend; ich spürte sogar ein gewisses Gefühl der Feindschaft und des Mißtrauens. Zu jener Zeit mußte Steve einiges an Kritik von seinen Anhängern einstecken, wegen seiner Freundschaft mit Weißen, die der Bewegung nicht radikal genug waren. Ich nehme an, daß Mapetla Vorbehalte dieser Art hegte. Aber nach einer Weile faßte ich doch Vertrauen, und wir kamen sehr gut miteinander aus. Genau wie Steve hatte auch er einen ungeheurer feinen Sinn für Humor, trotz andauernder Schikanen. Zum Beispiel wurde er, kurz nachdem die Kolumne richtig eingeschlagen war, geächtet, und obwohl er und seine Familie in das Zwelitsha-Township verbannt wurden, wollten ihnen die Behörden dort keine Bleibe besorgen. Nachdem sie es endlich geschafft hatten, auf eigene Faust ein kleines Haus zu finden, wurden sie von den Behörden wieder vertrieben.

Dann wurde Mapetla festgehalten: Drei junge Schwarze bedrängten Mapetla dauernd, ihnen in Botswana Stipendien zu besorgen, da sie wußten, daß er alle paar Monate dorthin fuhr, um einen Freund zu besuchen. Mapetla bat Steve um Rat, und Steve sagte ihm, die Finger davon zu lassen. Steve betrachtete die Jungen als Träumer und sagte, jede Verwendung für sie würde nur Ärger bringen. Aber die Jungen ließen nicht locker, und Mapetla willigte endlich ein. Ohne Steve davon zu erzählen, obwohl er sich von ihm Geld für die Reise geliehen hatte, nahm er sie auf der nächsten Fahrt mit und setzte sie innerhalb Botswanas ab.

Nach ein paar Tagen erschienen die Eltern auf dem Polizeirevier und beschuldigten Mapetla, ihre Kinder gestohlen zu haben. Die Sicherheitspolizei konnte nur einen Schluß ziehen: Anheuerung von Jugendlichen, um sie im Ausland als Terroristen auszubilden. Sie hielten Mapetla fest. Aber er blieb guter Laune und schmuggelte Briefe aus der Haft, um seiner Frau Nohle zu sagen, daß sie sich keine Sorgen um ihn machen solle. Wie Steve war Mapetla ein widerstandsfähiger, harter Mann. Beide hatten Gefängnis und Einzelhaft erlebt, und beide wußten, daß sie es aushalten konnten. Mapetla sprach oft von der Notwendigkeit, alle Maßnahmen des Systems zu überleben – besonders die Haft –, um in der Lage zu sein, wieder herauszukommen und den Kampf fortzusetzen.

Dann rief Steve eines scheußlichen Abends Wendy und mich an, um uns mitzuteilen, daß Mapetla tot sei und daß die Sicherheitspolizei behaupte, er habe sich erhängt. Gleich nach diesem Anruf läutete das Telefon mehrere Male, und alles, was wir hören konnten, war manisches, gackerndes Gelächter. Steve erging es ebenso. Die Sicherheitspolizisten, die Nachtdienst hatten, amüsierten sich.

Am nächsten Tag fuhren wir nach King William's Town, und es war eindrucksvoll, Steve und seine Mitarbeiter an der Arbeit zu sehen, die Verbissenheit zu beobachten, mit der sie der Aufklärung über Mapetlas Tod nachgingen. Steve befürchtete, daß die Sicherheitspolizei die Obduktion so bald wie möglich beginnen würde, um die Ärzte von Mapetlas Familie daran zu hindern, dabeizusein. Er rief den verantwortlichen Offizier an, täuschte mit seiner Stimme eine Mordsautorität vor und sagte, er hätte mit Pretoria gesprochen und es so arrangiert, daß zwei schwarze Ärzte der Obduktion beiwohnen würden. Zuletzt fügte Steve scharf hinzu: »Die Obduktion wird Punkt elf Uhr beginnen! So ist es entschieden worden!« Er ließ nicht erkennen, daß *er* es so entschieden hatte und nicht Pretoria. Der Offizier hat deshalb die Entscheidung nicht in Frage gestellt. Erstaunlicherweise erlaubte der Bezirkschirurg dann tatsächlich den beiden schwarzen Ärzten Ramphele und Msauli, der ganzen Obduktion beizuwohnen.

Für Wendy und mich war es zugleich schauerlich und bewegend zuzusehen, wie Steve und Mamphela, vom Tod ihres engen Freundes schmerzlich betroffen, konzentriert und scheinbar unberührt technische und medizinische Details analysierten: das Aussehen von Mapetlas Augäpfeln, Zunge und so weiter, und insbesondere einige Hautabschürfungen seitlich am Hals, nicht unter dem Kinn, wo sie bei einem Erhängten hätten auftreten müssen. Vorrang hatte nicht die Trauer – die würde später kommen –, Vorrang hatten die Aufdeckung der Wahrheit und die Entscheidung, wie der Tod Mapetlas der Sache helfen könnte.

Während der gesamten Gerichtsverhandlung über den Tod des Häftlings, die für die Familie Mapetlas von Dr. Wilfrid Cooper, einem Kapstädter Anwalt, genial geführt wurde, blieb Steve mit den Medizinern im engsten Kontakt. »Der Befund ist unwichtig«, sagte er. »Der Richter wird die Sicherheitspolizei reinwaschen. Das System wird nicht das System verurteilen. Aber wichtig ist das Beweismaterial – die Tatsachen müssen veröffentlicht werden; die Methoden der Sicherheitspolizei müssen von der Öffentlichkeit aufgedeckt werden.« Und das wurden sie. Der *Daily Dispatch* enthielt detaillierte Berichte über die Untersuchung, und zum ersten Mal wurden umfassende Beschreibungen der geschickten Art und Weise veröffentlicht, wie die Sicherheitspolizei im Zeugenstand einem Kreuzverhör unterzogen wurde.

Die Mapetla-Untersuchung gab einen prophetischen Vorgeschmack von Steves eigener. Wie vorauszusehen war, wurde die Sicherheitspolizei von aller Schuld freigesprochen – bezeichnenderweise konnte sich aber nicht einmal der Richter dazu entschließen zu entscheiden, ob der Tod durch Selbstmord erfolgt war. In Anbetracht der Umstände war das schon ein gewisser Sieg für Dr. Cooper.

An einem der Zeugen hatte ich ein besonderes Interesse – an Thenjiwe Mtintso, einer meiner eigenen Reporterinnen. Dieses bemerkenswerte Mädchen hatte mir Steve geschickt, auf mein Ersuchen hin, mir eine geeignete Person für das Thema Black Consciousness zur Verfügung zu stellen. Tenjy, wie sie im Büro bald genannt wurde, lernte schnell und wurde eine begabte Journalistin. Später wurde mir bewußt, daß sie eine der führenden Heldinnen der nationalen Bewegung war. Tenjy war zierlich und hübsch. Genau wie Mapetla brauchte sie lange, um aufzutauen und etwas von ihrer Zurückhaltung gegenüber Weißen zu verlieren. Aber wie bei Mamphela war es so, daß es, wenn sie einen einmal akzeptiert hatte, keine Zurückhaltung mehr gab.

Eines Tages kam sie zu mir ins Büro mit besorgter und geistesabwesender Miene. Ich fragte, was los sei. Daraufhin lächelte sie, sah aber wieder besorgt aus, als sie mir sagte, daß sie befürchte, bald in Haft genommen zu werden, weil die Sicherheitspolizei die

Überwachung ihrer Wohnung verschärft habe und ihr jetzt ganz offen überallhin folge. Ihre Mutter war krank, und Tenjy hatte Angst, daß sie ohne ihr Gehalt bald mittellos sein würde. Ich versicherte ihr, daß wir, sollte sie festgehalten werden, ihr Gehalt jeden Monat ihrer Mutter schicken würden. Dann führten wir ein langes Gespräch über die Überwachung durch die Sicherheitspolizei.

Zwei Tage darauf wurde sie verhaftet. Ich beantragte beim Sicherheitspolizei-Hauptquartier mehrfach die Erlaubnis, sie zu besuchen, jedoch wurde mir dies erst Monate später gestattet. Im Besuchszimmer war sie vorsichtig mit dem, was sie sagte, weil der Raum offensichtlich mit Wanzen ausgestattet war, aber später gestand sie mir, daß sie geschlagen und gefoltert wurde. Bei der Mapetla-Untersuchung sagte sie über ihre Folter aus und nannte die Namen der beteiligten Polizisten. Sie gab dem Gericht eine schauerliche Beschreibung davon, wie man ihr ein Handtuch über das Gesicht geworfen und die Enden um ihren Hals festgezogen hatte, so daß sie fast das Bewußtsein verlor.

Erst während der Untersuchung wurde Wendy und mir klar, daß in Südafrika zwischen den Afrikaansen Nationalisten und den wahren schwarzen Widerständlern wie Steve, Mapetla, Mamphela, Tenjy und ihren ganzen Freunden ein Kriegszustand herrschte – ein Kriegszustand, von dem wenige Weiße etwas wußten. Spätere Ereignisse machten es unvermeidlich, daß wir auch in diesen Krieg mit hineingezogen wurden.

Ein Erlebnis mit Tenjy war besonders ergreifend. Sie himmelte Steve an, und eines Tages, als er eben aus der 101tägigen Haft entlassen worden war (und viel schlanker als sonst aussah), traf er Wendy und mich im Gefängnis von King William's Town. Wir wollten Tenjy, Mamphela und Mpumlwana (einen engen Freund und Mitarbeiter Steves) besuchen, sowie noch andere Gefangene. Steve sah sehr elegant aus, in einem hellen Anzug, und plauderte mit Wendy am Gefängniseingang, während ich Tenjy besuchte. Als der Wärter Tenjy aus dem Sprechzimmer herausführte, konnte sie wenige Sekunden lang den Eingang sehen. Ich gab Wendy ein Zeichen, sie holte schnell Steve herbei, und einen ergreifenden Augenblick lang sah Tenjy Steve wieder, seit vielen Monaten das erste Mal. Ich erinnere mich, wie ihr die Tränen emporstiegen und wie diese schlanke, zierliche, kleine Person freudestrahlend und trotzig ihre Faust zum BPC-Gruß hob, bevor sie der Wärter wegführte.

Am selben Tag sahen wir auch Malusi dort. Malusi war ein Unikum, immer überschäumend vor guter Laune, immer lächend – und zäh wie Leder. Seine eigenen Abenteuer würden ausreichen, ein Buch zu füllen, aber da er sich immer noch in Haft befindet, ist es ratsam, mit der Herausgabe dieses Buches noch etwas zu warten.

An jenem Tag im Gefängnis, an einem wunderbaren sonnigen Morgen, brachen Wendy, Steve und ich seine banning order vor aller Welt. Wir waren so froh, einander nach Steves langer Haft wiederzusehen, und er hatte uns so viel zu erzählen, daß wir einfach dastanden, lachten und redeten.

Er war blendender Laune, wurde dann aber ernst, um mir zu sagen: »Die haben es auf dich abgesehen, weißt du. Die haben es ganz stark auf dich abgesehen. Du scheinst sie wütend zu machen, und während sie das von einem Schwarzen hinnehmen können, können sie es von einem Weißen nicht vertragen. Mein Verhör ging hauptsächlich um dich. Die glauben, du seist ein Moskauer Agent oder irgendwas Furchtbares. Ich hab' ihnen gesagt: ›Könnt ihr nicht einen altmodischen Liberalen erkennen, wenn ihr einen seht? Woods ist ein Liberaler, zum Teufel noch mal, er ist um die Menschenrechte des einzelnen besorgt.‹ Aber sie haben immer wieder gefragt, was du vorhast. Je öfter ich gesagt habe, daß deine Meinung jeden Morgen öffentlich in deinen Leitartikeln erscheine, desto skeptischer wurden sie. Sie sind der Ansicht, daß deine Schreiberei eine Tarnung für weitaus finsterere Aktivitäten sei. Sie fragten mich, was Schwarze von dir hielten, und ich sagte, sie liebten dich, sie fänden dich toll, und das schien sie zu bestürzen.«

Steve erzählte, daß ihn die Sicherheitspolizei manchmal aus dem Gefängnis herausgefahren und ihn in verschiedenen Teilen von King William's Town herumkutschiert hätte, während sie ihn verhört habe. Einige Male fuhren sie an meinem Haus vorbei. Sie sagten ihm: »Da ist das Haus deines weißen Freundes. Würdest du ihn nicht gern besuchen?« Steve erklärte immer wieder, daß der Haß der Sicherheitspolizei auf mich und meine Zeitung ganz erstaunlich sei. »Während meiner Haft haben sie mich mehr über dich als über mich gefragt«, sagte er.

Er beschrieb die winzige Zelle, in der er mehr als einen Monat lang in Einzelhaft gesessen hatte. Sie maß ungefähr einen Meter achtzig mal zwei Meter vierzig, mit einer hohen Decke, was die beengende Wirkung erhöhte. Steve sagte, er habe festgestellt, daß er dadurch, daß er sich die Decke über den Kopf zog, sich hatte vorgaukeln können, daß die Wände weiter weg und alle Dimensionen des Raumes größer seien. Pfarrer Aelred Stubbs berichtete, Steve habe ihm gesagt, daß er während der Haft keinen Drang nach sexueller Befriedigung irgendeiner Art gehabt habe, da er Sex mit Glück verbinde und daher jeden Gedanken daran als unvereinbar mit der Gefangenschaft betrachte.

Steve hatte mir erzählt, er habe festgestellt, in der Einzelhaft habe sich sein Gedächtnis erstaunlich geschärft, und er hätte sich genau an den Ablauf bestimmter Tage und an Ereignisse in chronologischer Reihenfolge erinnert, obwohl er geglaubt hatte, alles längst vergessen zu haben. Das Essen sei reichlich gewesen, aber man habe es ihm in unappetitlicher Form vorgesetzt. Wenn es Brot und Haferbrei war, dann wurde der Teller in die Zelle geschoben, und das Brot lag mitten im Brei.

Die Vernehmungsbeamten seien überrascht gewesen, daß er sich auch für Angelegenheiten interessierte, die nach ihrer Ansicht nur Weiße etwas angingen. Damals war das neuseeländische Rugbyteam gerade in Südafrika, und die Sicherheitspolizisten fragten ihn, ob er die Spiele verfolge. Er bejahte diese Frage.

Was er von der Springbok-Mannschaft hielte?

Steve antwortete: »Ich würde Bosch nicht als linken Läufer einsetzen. Gavin Cowley würde sich besser dafür eignen.« Er sagte, die Beamten seien sprachlos gewesen. Daß ein Schwarzer so viel vom Sport der Weißen verstand!

Er sagte auch, er sei während der ganzen Haftzeit nie körperlich angegriffen worden, und obwohl die Vernehmungen sehr unangenehm gewesen wären, sei der Ton der Beamten immer gemäßigt geblieben, und sie hätten ihn nur ganz selten angeschrien. Er war jedoch über die entwürdigende Art einiger Vernehmungen empört, weil die Beamten darauf versessen schienen, ihm sexuelle Fragen zu stellen. Die Sicherheitspolizisten hielten Steve, vielleicht aus Neid, für einen Casanova. Bei einer Gerichtsverhandlung hörte ich einen von ihnen sagen: »Oh, Biko – er ist ein großer Weiberheld.« Er sagte das in einem Ton, der vermuten ließ, daß er Biko auf diesem Gebiet perverse Neigungen unterstellte, und das war in den Augen der Sicherheitspolizei schon ein belastender Umstand.

Bikos Ansichten

Bei ihrem Versuch, ihn als einen Mann der Gewalt darzustellen, haben Steve Bikos Verfolger ihm vieles vorgeworfen; es wäre gut, an dieser Stelle seine Ansichten zu einer Anzahl von Themen darzulegen. Nicht nur durch unsere langen, persönlichen Gespräche waren mir diese Ansichten bekannt, sondern auch durch Tonbandaufnahmen und Notizen, die von anderen gemacht wurden, so von Bruce Haigh von der Australischen Botschaft in Südafrika und von Bernard Zylstra vom Canadian Institute for Christian Studies. Beide führten ausgedehnte Gespräche mit Steve, von denen hier Auszüge wiedergegeben werden. Ich habe diese Tonbandaufzeichnungen mit Steves Worten so ausführlich zitiert, weil es wichtig scheint, das zu verbreiten, was er selbst formuliert hat – ihn selber reden zu lassen, wie Bernard Zylstra meint. Das erste Gespräch mit Steve führte Bruce Haigh am 13. Januar 1977; Bruce gab mir davon einen detaillierten Bericht:

Wir unterhielten uns über die politische und wirtschaftliche Lage in Australien. Er war gut informiert und sehr an den Ereignissen interessiert, die zu Mr. Whitlams Sturz führten. Ich fragte ihn, warum er so an Australien interessiert sei, und er erwiderte, daß Australien, neben den skandinavischen Ländern, Großbritannien und Amerika, ein Land sei, das ihn in allen möglichen Punkten interessiere, aber insbesondere in bezug auf die Entwicklung der Demokratie und die Art und Weise, wie sie mit den Anforderungen einer technokratischen Gesellschaft zu vereinen sei.

Bei unserer Ankunft verließen wir den Wagen und setzten uns unter einer Baumgruppe auf den Rasen. Das Gespräch wurde ganz von Biko bestimmt und fing damit an, daß er die voraussehbaren Ereignisse in Südafrika kurz skizzierte. Der Übergang zur Mehrheitsregierung in Rhodesien, meinte er, würde unglücklicherweise von Gewalt begleitet werden. Die Lösung in Namibia würde wahrscheinlich auch eine gewaltsame sein, aber er meinte, der Kampf dort würde länger dauern als der in Rhodesien, angesichts des Ausmaßes des südafrikanischen Engagements. Die Südafrikaner hätten Straßen gebaut, eine Anzahl von Flugplätzen und mehrere große Militärstützpunkte.

Nichtsdestoweniger würde Südafrika, egal ob es nun auf dem Boden Namibias kämpfte oder an der Grenze, einer geschlossenen Linie feindlich gesinnter Nachbarn gegenüberstehen, sobald Rhodesien unter die Kontrolle der Schwarzen gekommen sei. Südafrika befinde sich jetzt schon fast im Kriegszustand; nach der Errichtung Simbabwes würde es sich vollends im Kriegszustand befinden. Biko sagte, daß bei dieser Entwicklung die Bildung einer schwarzen Mehrheitsregierung in Südafrika nur eine Frage der Zeit sei.

Bruce Haigh hatte Steve unmittelbar, nachdem er zum ersten Mal in Polizeihaft genommen worden war, interviewt und berichtete freimütig:

Biko sagte mir, welches nach seiner Ansicht die Gründe für seine Verhaftung gewesen waren. Nach den ersten Gesprächen mit der Sicherheitspolizei war deutlich zu erkennen, daß die Beamten versuchten festzustellen, wie viele Studenten nach den Unruhen in Soweto nach Botswana und Swaziland geflohen waren und was sie dort taten. Die Polizei wußte nur sehr wenig darüber, aber auch Steve hatte ihre Fragen nicht befriedigend beantworten können. Er behauptete, mehrere tausend Studenten seien nach Botswana und Swaziland geflohen, und viele andere seien in andere afrikanische Staaten gegangen, wo sie wissenschaftlich und militärisch ausgebildet würden. Er meinte, eine beträchtliche Zahl von Studenten in Botswana sei damit beschäftigt, einen Umsturz in Südafrika vorzubereiten.

Biko sagte, nach seiner Ansicht organisierten sich die Studenten in den Townships allmählich besser. Sie wollten unnötiges Blutvergießen vermeiden. Er glaubte, künftig würden nicht mehr so viele Menschen an Demonstrationen teilnehmen, weil man das Leben der Demonstranten schonen wolle. Während der Unruhen 1976 war es dagegen nichts Ungewöhnliches, daß mehrere tausend Studenten an einer Demonstration teilnahmen und daß dabei hundert von Schüssen getroffen und etwa fünfzig getötet wurden. Um ein solches Blutvergießen künftig zu vermeiden, glaubte er, man müsse versuchen, mit einer geringeren Zahl von Menschen eine möglichst weitgehende Störung des öffentlichen Lebens herbeizuführen.

Angesichts der gegenwärtigen Haltung der Regierung der Afrikaansen Nationalisten glaubte Biko, daß die Aussichten auf eine friedliche Veränderung in Südafrika schlecht seien. Er glaubte jedoch, daß Proteste und Boykotte schon eine gewisse Wirkung gezeigt hätten. Dabei erwähnte er die Sportpolitik der meisten Länder gegenüber Südafrika als Beispiel. Im Gegensatz zu den Erklärungen der National Party glaubte er, sie sei empfindlich gegenüber jedem Druck von außen, obwohl ein sehr viel stärkerer Druck notwendig sei, um sie zu veranlassen, die Reformen durchzuführen, die notwendig seien, um das Apartheidssystem abzuschaffen.

Er war der Ansicht, daß Kontakte mit Diplomaten und reisenden ausländischen Politikern ihn vor Übergriffen der Sicherheitspolizei schützen könnten. Biko hätte hinzufügen können, daß zu diesen Faktoren auch die Stärke seiner Persönlichkeit und seines Charakters gehörten. Er ist ein Mann, der in jeder Gesellschaft als hervorragende Persönlichkeit anerkannt werden müßte. Biko glaubte, die ausländischen Botschaften in Südafrika seien viel zu konservativ in ihrer Haltung gegenüber den Ereignissen, die sich hier entwickelten. Er hatte das Gefühl, viele von ihnen vermittelten ihren Außenministerien entweder aus Nachlässigkeit oder bewußt ein verzerrtes Bild von der Entwicklung in diesem Land. Über Andrew Young sagte Biko, er glaube, Young habe Verständnis für die verzweifelte Lage der Schwarzen in den Stadtgebieten Südafrikas. Seine jüngsten Erklärungen unterschieden sich in erfreulicher Weise von den Äußerungen Kissingers und anderer Politiker über Südafrika. Biko hoffte, Young habe sich inzwischen eine einflußreiche Position in der Regierung Präsident Carters gesichert.

Der BPC werde am Jahrestag der ersten Unruhen von Soweto nach Möglichkeit im Hintergrund bleiben. Biko sagte, damit solle verhindert werden, daß Funktionäre des BPC unnötig verhaftet würden, die als Organisatoren eine sehr viel wichtigere Aufgabe erfüllten, als wenn sie die Rolle von Aktivisten übernehmen und deshalb mit dem Bann belegt oder ins Gefängnis geworfen würden.

Ich notierte mir diese Aussage von Bruce Haigh, weil Steve mir gesagt hatte, Bruce sei ihm sympathisch, und er habe ganz offen mit ihm gesprochen. Ich darf hinzufügen, daß diese Gefühle erwidert wurden und sich im Lauf der Zeit eine enge Freundschaft zwischen Bruce und uns beiden entwickelte.

Es folgt ein Bericht über ein ausführliches Gespräch Bernard Zylstras mit Steve im Juli 1977. Bernard gab mir später seine Notizen; er leitete die Aufzeichnung folgendermaßen ein:

Im Herbst 1976 hatte ich fast einen Monat in Südafrika zugebracht, und ungefähr die gleiche Zeit im letzten Sommer. Ich sprach mit vielen Weißen (besonders Afrikaanern, deren Sprache ich verstehen und lesen kann) und auch mit Schwarzen über die politische und wirtschaftliche Zukunft ihres Landes. Mein Interview mit Steve Biko im Juli war mit der interessanteste Austausch für mich. Es kann gut sein, daß es sein letztes, großes, aufgezeichnetes Interview war; lassen wir ihn selber reden.

ZYLSTRA: Was genau bedeutet Black Consciousness?
BIKO: Black Consciousness bedeutet das kulturelle und politische Wiedererwachen eines unterdrückten Volkes. Das muß mit der Emanzipation des gesamten afrikanischen Kontinents seit dem Zweiten Weltkrieg in Zusammenhang gebracht werden. Afrika hat das Ende der weißen Unbesiegbarkeit erlebt. Zuvor waren wir uns hauptsächlich zweier Klassen von Menschen bewußt, der weißen Eroberer und der schwarzen Eroberten. Die Schwarzen in Afrika wissen, daß die Weißen nicht auf immer und ewig Eroberer sein werden. Ich muß die kulturelle Bedeutung der Black Consciousness betonen. Schwarze erkennen das Ende der weißen Unbesiegbarkeit und fragen sich: »Wer bin ich? Wer sind wir?« Und die grundlegende Antwort, die wir ihnen geben, ist diese: »Menschen sind Menschen!« Also sagt die Black Consciousness: »Die Farbe ist unwichtig!« Aber die Realität, der wir vor zehn oder fünfzehn Jahren gegenüberstanden, erlaubte uns nicht, dies zu artikulieren. Schließlich befand sich der Kontinent in einer Periode rapider Entkolonialisierung, was eine Herausforderung an das schwarze Minderwertigkeitsgefühl in ganz Afrika bedeutete. Diese Herausforderung wurde von den weißen Liberalen angenommen. Also agierten die weißen Liberalen lange Zeit als Sprachrohr der Schwarzen. Aber dann fingen einige von uns an, sich zu fragen: »Können unsere liberalen Fürsprecher unseren Platz einnehmen?« Wir hatten darauf eine doppelte Antwort: »Nein! Das können sie nicht.« Und: »Solange die weißen Liberalen unsere Wortführer sind, wird es keine schwarzen Wortführer geben.« Es ist nicht möglich, in einem weißen Problem schwarze Wortführer zu haben.

Das sah man in vielen schwarzen Ländern außerhalb Südafrikas bereitwillig ein. Aber wie sah es hier bei uns aus? Die Gesellschaft insgesamt war in weiße und schwarze Gruppen aufgeteilt. Diese erzwungene Trennung mußte verschwinden, und viele nichtrassistische Gruppen arbeiteten auf dieses Ziel hin. Aber immer noch war fast jede nichtrassistische Gruppe weiß, besonders in Studentenkreisen. Also waren wir hier mit derselben Unzulänglichkeit konfrontiert: Die Beseitigung der Spannungen zwischen Schwarz und Weiß geschah immer noch in einem weißen Zusammenhang. Deshalb wurde uns klar, daß die Schwarzen selbst gegen das schwarze Los protestieren mußten. Wir konnten uns nicht mehr darauf verlassen, daß Weiße für uns die Frage: Wer sind wir? beantworteten. Die Antwort muß auf ein *einziges* Ziel gerichtet sein. Unsere weißen Vertrauenspersonen würden immer *voneinander abweichende* Ziele verfolgen.

ZYLSTRA: Wie steht die Black Consciousness zum Christentum?

BIKO: Ich bin in der anglikanischen Kirche aufgewachsen, folglich hat sie für mich eine große Bedeutung. Aber Ihre Frage ist schwierig, weil das Christentum für die meisten Leute in Südafrika eine rein formale Angelegenheit ist. Wir Schwarzen können nicht vergessen, daß das Christentum in Afrika mit der gesamten Kolonialisierung verbunden ist. Das bedeutet, daß Christen hierherkamen mit einer Kultur, die sie christlich nannten, die tatsächlich aber westlich war und die sich in bezug auf Afrika als Kultur der Herrschenden manifestierte. Hier haben die Missionare nicht die richtigen Unterscheidungen getroffen. Dies kann leicht anhand relativ nebensächlicher Dinge illustriert werden. Die Frage der Kleidung, zum Beispiel. Wenn ein Afrikaner Christ wurde, erwartete man von ihm im allgemeinen, daß er die überlieferte Tracht ablegte und sich wie ein Weißer anzog. Dasselbe geschah mit vielen Bräuchen, an denen die Schwarzen hingen und die sie aus angeblich christlichen Gründen aufgeben sollten. In Wahrheit standen diese Bräuche ganz einfach im Widerspruch zu bestimmten westlichen Moralbegriffen. Überdies wurde die Verantwortung für Kirchenangelegenheiten ausschließlich von Weißen getragen, so daß die gesellschaftliche Hierarchie innerhalb der Kirche Weiß-Schwarz war. Dies bedeutete, daß das Wesen besonders der großen Kirchen kaum durch Schwarze beeinflußt wurde. Es kann nicht bestritten werden, daß in dieser Situation viele Schwarze, besonders die jungen Schwarzen, angefangen haben, am Christentum zu zweifeln. Was sie sich fragten, ist dies: Erfordert die unumgängliche Entkolonialisierung Afrikas auch die Entchristianisierung Afrikas? Die positive Seite dieser Fragestellung liegt in der Entwicklung einer schwarzen Theologie im Zusammenhang mit Black Consciousness. Die schwarze Theologie fordert nämlich nicht das Christentum selbst heraus, sondern eine westliche Verpackung, um zu entdecken, was unserem Erdteil der christliche Glaube bedeutet.

ZYLSTRA: Erzählen Sie mir von der Black People's Convention.

BIKO: In den sechziger Jahren waren die African National Congress und der Pan-Africanist Congress verboten worden, also war auf weite Strekken die Realität, der wir gegenüberstanden, die Macht der Polizei und linksgerichtete Gesten der weißen Liberalen. Diesen Tatsachen gegenübergestellt, mußten wir die Frage beantworten, wie dem Volk ein neues Bewußtsein gegeben werden konnte. Die Regierung kontrollierte die Schulen. Was Black Consciousness anging, waren die Schulen nur zaghaft engagiert. Wir wußten, daß wir uns bei den Intellektuellen nach Mitarbeitern umschauen mußten. Wir wußten aber auch, daß die Intellektuellen dazu tendieren, die Massen als Werkzeuge anzusehen, die sie manipulieren können, also konzentrierte sich der Bewußtseinswandel, den wir bei den Absolventen der schwarzen Universitäten anstrebten, auf eine Identifizierung der Intellektuellen mit den Bedürfnissen der schwarzen Gemeinschaft. Hier liegen die Wurzeln der SASO. Sie protestierte gegen die Ungerechtigkeit der existierenden Strukturen, aber sie tat dies auf eine neue Art und Weise. Es war sogar so, daß man uns zuerst als Befürworter des Systems betrachtete, da wir die Betonung auf die wirklichen Bedürfnisse der *schwarzen* Gemeinschaft legten. Die Liberalen kritisierten und die Konservativen unterstützten uns. Aber das hielt nicht sehr lange an. Nach vier Jahren begann die Regierung, gegen uns vorzugehen. Sogar heute werden wir noch des Rassismus beschuldigt. Das ist ein Fehler. Wir wissen, daß alle interrassischen Gruppen in Südafrika Beziehungen unterhalten, in denen Weiße überlegen und Schwarze unterlegen sind. Also muß man die Weißen erst einmal dazu kriegen, sich bewußt zu werden, daß sie *nur* menschlich, nicht überlegen sind. Dasselbe trifft auf die Schwarzen zu. Es muß ihnen klargemacht werden, daß sie *auch* menschlich sind, nicht minderwertig. Für uns alle bedeutet das, daß Südafrika nicht europäisch, sondern afrikanisch ist.

Allmählich begann Black Consciousness an Gewicht zu gewinnen, aber wir standen immer noch dem praktischen Manko gegenüber, daß die Wortführer hauptsächlich Studenten und Promovierte waren. Es gab keine Diskussion auf breiter Ebene. Aus diesem Grund mußten wir von der SASO auf die Organisation der Black People's Convention übergehen, um es den Massen zu ermöglichen, an der Entwicklung eines neuen Bewußtseins teilzunehmen. Die BPC wurde 1972 gegründet. Und dann begann die Regierung, aktiv zu werden. Sie ächtete einzelne Führer der BPC. Aber heute gewinnt die BPC an Unterstützung auf breiter Basis. Das Volk ist bereit, für sie Opfer zu bringen, mit seinem Geld und mit seiner Zeit, wie Sie an den überfüllten Gerichtssälen bei den Prozessen schwarzer Führer und den Untersuchungen über ihren rätselhaften Tod in den Hinterzimmern der Polizeireviere sehen können. In gewissem Sinne ist die Black People's Convention die stärkste schwarze Organisation, aber da ANC und PAC als Organisationen verboten sind, ist es schwer, das genau zu bestimmen. Hinzu kommt, daß wir ein Generationsproblem haben. Es gibt jetzt eine ganze Generation, die nicht von ANC und PAC beeinflußt worden ist. Jedenfalls ist die tatsächliche Identifizierung des Volkes mit der BPC sehr stark. Wenn ich mich so ausdrücke, will ich nicht den Eindruck erwecken, als ob diese Organisationen in Konkurrenz zueinander stehen. Gegen das System der Ungerechtigkeit wird es *eine geschlossene* Bewegung der Auflehnung geben. Sicher gibt es die üblichen, durch Herkunft verursachten Trennungen, aber in bezug auf die Revolution sind wir uns einig.

ZYLSTRA: Was ist mit der Homeland-Politik?

BIKO: Einige Schwarze unterstützen um des Friedens willen die Regierungspolitik der getrennten Entwicklung in den Homelands, aber nicht als Bewegung. Daher müssen wir uns die Art von Unterstützung, die Gatsha Buthelezi erhält, genau ansehen. Unter den Zulus hat er eine *Stammes*-Anhängerschaft. Als *traditioneller* Häuptling in einer *nichtstädtischen* Umgebung hat er viele Qualitäten auf sich vereinigen können. Er wendet sich heftig gegen die Apartheid, aber heute ist er der von der Regierung bezahlte Führer der Zulus. Auf diese Weise gelingt es ihm, eine Anhängerschaft zu gewinnen. Wir lehnen Gatsha ab. Dadurch, daß er mit der Regierung zusammenarbeitet, verwässert er unsere Sache. Hier sehe ich die Gefahr einer Spaltung bei den Schwarzen. Aber mit dem großen Anklang, den die BPC bei den jungen Schwarzen findet, hoffen wir, eine wirkliche Spaltung zu vermeiden. Gatsha wird von den Alten unterstützt, aus gutem Grund, da Gatsha die Stabilität sichert, die alte Leute brauchen. Aber wir sind jung. Wir sehen die Zerstörung der Ungerechtigkeit nicht als Zukunftsvision, sondern als unsere Pflicht an. Darin liegt das Dilemma der Alten – Pflicht oder Brot?

ZYLSTRA: Was für Beweise gibt es für die Unterstützung der BPC durch die Jugend?

BIKO: In einem Wort: Soweto! Die Kühnheit, die Hingabe, die Zielstrebigkeit und die Klarheit der Analyse der Situation – all diese Dinge sind das direkte Resultat von Black-Consciousness-Ideen bei der Jugend, in Soweto und anderswo. Das läßt sich nicht quantitativ analysieren, da die Kraft einer Bewegung darin liegt, daß sie tatsächlich die Gewohnheiten der Menschen ändern kann. Dieser Wandel ist nicht das Resultat von Gewalt, sondern von moralischer Überzeugungskraft. Das ist es, was die jungen Leute kapiert haben. Sie sind sich darüber im klaren, daß es hier nicht nur um Brot-und-Butter-Angelegenheiten geht. In Anbetracht dessen ist der wahre Antrieb auf ihrer Seite. Mir ist klar, daß die BPC im Vergleich zu den Homeland-Führern ein strategisches Problem zu bewältigen hat. Wenn Gatsha eine Zusammenkunft organisieren will, kann er den Regierungsapparat dazu benützen. Aber das ist keine wirkliche Macht.

ZYLSTRA: Welche Einstellung haben Sie zum Kommunismus?
BIKO: Dieses Thema konfrontiert uns mit vielen, vielen Problemen. Lassen Sie mich eine Reihe von Dingen erwähnen, mehr oder weniger aufs Geratewohl. Innerhalb der BPC haben wir uns entschlossen, daß wir entweder innerhalb der Gesetze operieren oder überhaupt nicht. Das heißt, daß die BPC keine kommunistische Organisation ist und auch keine sein kann. Bis zu einem bestimmten Maße können Organisationen im Untergrund operieren, aber für eine Organisation wie die unsere ist das offene Arbeiten im Tageslicht viel wirksamer. Überdies muß in einer offenen Bewegung ein Element des Kompromisses enthalten sein, und das sehen wir als Vorteil an. Ferner wird ein Kommunist in Südafrika heute ein Instrument Moskaus sein, nicht ein Instrument des schwarzen Volkes. Einige Marxisten sind nachgiebiger, realistischer, aber dann müssen wir ganz genau wissen, von wem wir sprechen.

Während die BPC die Gewalt ablehnt, darf man nicht vergessen, daß wir Bestandteil einer *Bewegung* sind, die mit neuen Situationen konfrontiert sein wird, die andere Strategien benötigen könnten. Wir gehen von der Annahme aus, daß eine Annäherung nötig ist. Die BPC ist nicht eine dritte Kraft der Schwarzen, neben dem ANC und dem PAC.
ZYLSTRA: Gibt es bei südafrikanischen Schwarzen jene Meinungsverschiedenheiten, welche die Schwarzen anderer Nationen gespalten haben, wie in Angola und in Rhodesien (heute Simbabwe)?
BIKO: Lassen Sie mich zumindest dies sagen: Wir sind nicht wegen *persönlicher* Ambitionen der Führer gespalten. Meine eigenen Ambitionen? Ich habe keine persönlichen Ambitionen. Ich habe *Hoffnungen.* Ich kenne keine Grenzen. Ich bin kein Verwalter. Meine Hoffnung liegt darin, im Südafrika der Zukunft die Gerechtigkeit walten zu lassen.
ZYLSTRA: Wie ist Ihre Einstellung gegenüber den USA?
BIKO: Wir gehen von der Annahme aus, daß Südafrika im internationalen Zusammenspiel der Mächte nur ein Bauer im Schachspiel der Politik ist, im Machtkampf zwischen den USA und der UdSSR. Bis jetzt hat Rußland im südlichen Afrika den Sieg davongetragen. Das wird anhand von Angola und Mosambik deutlich. Und jetzt scheinen die USA aufzuwachen und sich zu fragen: Warum haben wir nicht so viele Freunde wie Rußland? Die Antwort ist natürlich ganz einfach. Die USA haben in der Vergangenheit ihre Kontakte mit den Minderheitsregierungen in Angola, Mosambik, Rhodesien und Südafrika aufrechterhalten. In den letzten Jahren hat sich die Situation in Angola und Mosambik von Grund auf geändert. In Rhodesien ist sie dabei, sich zu ändern. Das bedeutet, daß sich Washington in bezug auf das südliche Afrika hauptsächlich auf Pretoria konzentriert. Das Resultat ist, daß sich Südafrika wichtig vorkommt. Investitionen müssen geschützt werden. Der Handel muß ausgebaut werden. Der Kulturaustausch muß aufrechterhalten werden.

Die Entwicklungen der letzten Jahre haben die USA in eine heikle Lage gebracht. Sie erkennen, daß sie nicht so positiv gewesen sind, also schauen sie sich jetzt um und fragen: Wo finden wir Unterstützung? Und wenn Washington eine solche Frage stellt, tut es das in der Regel in Zusammenhang mit der Kluft zwischen Kommunismus und Kapitalismus, zwischen Ost und West, zwischen der »Ersten Welt« und der »Zweiten Welt«. Können die Probleme der Dritten Welt im Zusammenhang mit dieser Kluft richtig verstanden werden? Jedenfalls haben die Befreiungsbewegungen der Dritten Welt von Moskau Unterstützung erhalten und nicht von Washington. Überdies betrachten viele Menschen innerhalb der Befreiungskämpfe die marxistische Analyse der Unterdrückung als die richtige Diagnose ihrer Situation. Dazu kommt das überwältigende Beweismaterial zum Engagement Amerikas in der Dritten Welt, das auf wirtschaftliches Eigeninteresse zurückzuführen ist. Rußland hat in Johannesburg keine Investitionen getätigt, die es beschützen muß. Amerika schon.

ZYLSTRA: Repräsentiert die Regierung Carters eine grundlegende Änderung der amerikanischen Außenpolitik gegenüber der Dritten Welt?

BIKO: Die Betonung der Menschenrechte scheint eine Ablösung von der Politik Nixons und Fords zu kennzeichnen*. Wir haben den Eindruck, daß die USA die Moral in ihrem eigenen Machtkampf jetzt höher stellen, ebenso bei ihrem augenblicklichen Versuch, Einfluß in der Dritten Welt insgesamt wiederzugewinnen. Was Südafrika angeht: Um eine langfristige Politik realisieren zu können, muß Amerika Verbündete finden. Um diese zu finden, äußern sich die USA in zunehmendem Maße öffentlich kritisch gegenüber Ian Smith' Regierung in Rhodesien und auch gegenüber Vorsters Regierung in Pretoria. Uns scheint, daß dies auch der Grund ist, warum Carter Andrew Young als UN-Botschafter gewählt und ihn nach Südafrika geschickt hat. Dadurch hofft Carter, ein neues Image zu entwickeln, das für die Dritte Welt insgesamt und für Südafrika insbesondere annehmbar ist. Carter benützt Andrew Youngs Hautfarbe als Sonderpaß in die Dritte Welt. Aber Young hat außer der Förderung des amerikanischen Systems kein Programm. Deshalb spielt er in Soweto Tennis. Carter tut das, was schon Nixon und Ford getan haben, nur geschickter: das amerikanische System wirksamer arbeiten zu lassen.

Aber obwohl ich dem wirtschaftlichen Eigeninteresse des amerikanischen Kapitalismus in der Dritten Welt gegenüber sehr kritisch bin, mache ich mir über Rußland nichts vor. Rußland ist genauso imperialistisch wie Amerika. Das kann man an seiner eigenen Geschichte ebenso sehen wie an der Rolle, die es in Ländern wie Angola spielt. Aber die Russen haben aus der Sicht der Dritten Welt eine sauberere Weste. Deswegen

* Die Haltung Carters wurde später von der Regierung Reagan wieder zurückgenommen.

hatten sie im Machtkampf eine bessere Ausgangsposition. Ihre Politik *scheint* den revolutionären Gruppen akzeptabel zu sein. Sie sind nicht tabu. Hier stehen wir dem heute wahrscheinlich größten Problem der Dritten Welt gegenüber. Wir sind gespalten, weil einige von uns glauben, daß der russische Imperialismus als reine Übergangsphase akzeptiert werden kann, während andere, wie ich selbst, daran zweifeln, ob Rußland überhaupt an der Befreiung der schwarzen Völker interessiert ist.

ZYLSTRA: Könnten Sie schwarzen Kommunalismus erklären?

BIKO: Die Black-Consciousness-Bewegung will das Dilemma Kapitalismus gegen Kommunismus nicht akzeptieren. Sie bevorzugt eine sozialistische Lösung, die ein authentischer Ausdruck des schwarzen Kommunalismus ist. Im augenblicklichen Stadium unseres Kampfes ist es nicht leicht, diese Alternative im Detail darzulegen; aber ihr liegt die Einsicht zugrunde, daß eine Änderung in der Farbe des Besetzers nicht unbedingt eine Änderung des Systems zur Folge hat. Von unserer Suche nach einem gerechten System her wissen wir, daß die Debatte über Wirtschaftspolitik nicht im luftleeren Raum, von existierenden Systemen vollkommen getrennt, stattfinden kann. In unseren Schriften ist manchmal von *kollektiven* Unternehmen die Rede, weil wir individualistische, kapitalistische Arten von Unternehmen von uns weisen. Aber wir übernehmen auch nicht die russischen Modelle. Ich muß betonen, daß wir auf unserer Suche nach neuen Vorbildern gezwungenermaßen davon beeinflußt sind, wo wir uns heute befinden. Aus diesem Grund ist es auch unmöglich, detailliert die Übergangsphase zu beschreiben, die der Auflösung der weißen Herrschaft folgen wird. Dafür ist es noch viel zu früh.

ZYLSTRA: Hat das schwarze Christentum den schwarzen Kommunalismus beeinflußt?

BIKO: Nur indirekt. Vielleicht sollten wir uns Entwicklungen in Südamerika ansehen, wo der christlich-marxistische Dialog einer Alternative, einer Mitte, entgegenzugehen scheint. Sie dürfen nicht vergessen, daß wir im Umgang mit diesen hochkomplizierten Fragen sehr stark gehandikapt sind. Unsere besten Denker sind außerhalb des Landes oder geächtet oder inhaftiert.

ZYLSTRA: Was ist mit der Zukunft? Irgendwelche Prognosen?

BIKO: Wieder eine schwierige Frage. Ich beginne langsam, eine allgemeine Eskalation der Auseinandersetzung zu erwarten. Schauen Sie sich nur die verschiedenen Gesichtspunkte an. Erstens haben die Afrikaaner sich in eine äußerst verwundbare Position hineinmanövriert. Sie haben beschlossen, daß das Teilen der politischen Macht mit den Schwarzen nicht in Frage kommt. Da eine gerechte Gesellschaft ein Teilen der Macht beinhaltet, macht diese Haltung der Afrikaaner einen Konflikt unausweichlich. Wenn sich Afrikaanerführer breitschlagen lassen, kommen sie mit früheren Stellungnahmen in Widerstreit und verlieren unter ihren

Anhängern an Glaubwürdigkeit. Der Afrikaaner ist dadurch verpflichtet, eine *Lüge* aufrechtzuerhalten. Die Position, in die sich der Afrikaaner gebracht hat, läßt einen Konflikt unvermeidlich erscheinen. Der Konflikt wird nicht Resultat der schwarzen Position sein. Aus demselben Grund scheint ein Zusammentreffen am Verhandlungstisch unmöglich zu sein, da dies die politische Gleichberechtigung der Schwarzen voraussetzte. Dann ist da für die Afrikaaner noch ein komplizierender Faktor. Sie haben keine »Heimat«, in die sie gehen könnten, wie es die Portugiesen hatten, als Angola die Unabhängigkeit erlangte. Und diese Afrikaaner haben die politische Macht in der Hand. Sie sind deshalb ein *unerläßlicher* Bestandteil nicht nur des Problems, sondern auch der Lösung. Wenn unser Problem einmal gelöst ist, wird auch das der Afrikaaner gelöst sein. Deshalb braucht es den guten Willen auf beiden Seiten.
ZYLSTRA: Können sich die Afrikaaner nicht ändern?
BIKO: Teilweise ja. Aber sie brauchen fünfzig Jahre, und das ist ganz einfach zu lange. Und die Afrikaaner sind nicht das einzige Element in der Dynamik des Wandels. Der zweite Faktor ist die Eskalation des Konflikts an den Grenzen Südafrikas. Früher gab es Grenzstaaten, die als Puffer wirkten. Aber das ändert sich rapide. Der Wandel ist in Angola und Mosambik vollzogen; er vollzieht sich heute in Namibia und Simbabwe. Das bedeutet, daß sich der militärische Druck auf Südafrika verstärken wird. Dem muß sofort die dritte Komponente hinzugefügt werden: die ausgedehnten Aktivitäten innerhalb Südafrikas, insbesondere innerhalb der zahlreichen Sowetos. Die Massen der Schwarzen innerhalb des Landes werden immer trotziger werden. Eine neue Generation von Schwarzen wächst heran, die nicht von der Angst motiviert ist. Dieser interne, von den Schwarzen ausgehende Druck wird eine vierte Komponente stärken, die sich für einen Wandel einsetzen wird, nämlich die internationale öffentliche Meinung. Das ist jetzt bereits ein sehr wichtiger Faktor, den die Regierung in Pretoria berücksichtigen muß. Schließlich das fünfte Element, das in Betracht gezogen werden muß: ein wirklicher Wandel unter den Weißen in Südafrika. In unserem Kampf lassen sich hilfreiche Koalitionen zwischen Schwarz und Weiß gründen, in der Absicht, die Rasse als Grundlage unserer Gesellschaft zu eliminieren. Das wird hauptsächlich mit dem englischsprechenden Teil der Bevölkerung stattfinden, aber auch mit einigen Afrikaanern – nicht mit denen, die innerhalb der Kirchen führende Positionen einnehmen, sondern mit denen an den Universitäten. Sie fangen schon jetzt an einzusehen, daß das Zeitalter des afrikaansen Nationalismus vorüber ist. Sie wissen, daß die Zukunft nicht von den Afrikaanern allein festgelegt werden sollte, sondern durch den bestmöglichen, wahren Kompromiß.
ZYLSTRA: Angesichts all dieser Faktoren – und es gibt sicher noch andere – was kann man von der Regierung erwarten?

Biko: Wie gesagt, ich erwarte eine Eskalation des Konflikts, auch seitens der Polizei. Und falls das Afrikaanerregime noch unnachgiebiger werden sollte, müssen wir Schwarze unsere Strategie überdenken. Es ist wahr, daß die Regierung mächtig ist und lange durchhalten kann, aber eben weil sie sich auch der Eskalation des Konflikts auf allen Seiten bewußt ist, können die *ernüchternde* Wirkung der Gewalt (an den Grenzen und in den städtischen Townships), der Druck der Weltöffentlichkeit und eine Änderung der Einstellung bei den Weißen, können alle diese Beweggründe zusammen durchaus das Afrikaanerregime dazu bewegen, es sich anders zu überlegen. Wenn man einmal angefangen hat, sich seiner Kraft bewußt zu werden, hört man damit nicht mehr auf.
Zylstra: Was ist mit dem Drängen auf ein *one man, one vote*-System, auf das Stimmrecht für jeden, besonders vom Ausland?
Biko: Heute würde die *one man, one vote*-Lösung ein wirtschaftliches Desaster bedeuten, besonders für die schwarzen Massen. Für den weißen Mann wäre es die ideale Lösung. Es würde bei den Schwarzen die Konkurrenz fördern, sehen Sie, und die ausländischen Kritiker des jetzigen Regimes ihrer wichtigsten Basis berauben. Aber die *wirtschaftliche* Unterdrückung der Schwarzen würde es nicht ändern. Die würde gleichbleiben.
Zylstra: Warum können die Schwarzen in bezug auf ihre wirtschaftliche Lage in Südafrika nicht das tun, was die Afrikaaner in den vierziger und fünfziger Jahren getan haben?
Biko: Sie hatten eine organisierte Vorhut. Bevor ein Übergang möglich sein kann, brauchen das auch die Schwarzen. Deshalb ist heute bei den Schwarzen Zurückhaltung nötig. Die frustrierende Schwierigkeit ist die, daß die Lage es den Schwarzen nicht erlaubt, eine organisierte Führungsschicht zu entwickeln. Das liegt nicht nur daran, daß viele unserer Führer inhaftiert oder geächtet sind, sondern auch daran, daß die Schwarzen von vielen der für die Installierung einer Führungsschicht unerläßlichen Wissensgebieten ausgeschlossen sind: Naturwissenschaften, Ingenieurwesen und so fort. Ohne eine kompetente, organisierte Führung kann die schwarze Bevölkerung die Veranwortung, die ihr zusteht, nicht anständig übernehmen.

Aber wenn der bevorstehende Übergang nicht im Chaos enden soll, muß die weiße Bevölkerung auch auf einen eigenen radikalen Wandel vorbereitet sein. Die Weißen werden in diesem Land eine politische Konstellation akzeptieren müssen, in der die Schwarzen ein volles Mitsprachereecht haben. Was ich sagen will, kann vielleicht durch den Bürgerrechtskampf der amerikanischen Schwarzen in den fünfziger und sechziger Jahren illustriert werden. *Sie* forderten die Anwendung der existierenden Verfassung. *Wir* fordern eine neue Verfassung. Solch eine neue Verfassung kann den Schwarzen nicht von den Weißen auferlegt werden.

Sie muß das Ergebnis beiderseitigen Austausches sein. In ihr muß die Rolle aller südafrikanischen Bürger festgelegt sein, einschließlich der des weißen Mannes nach dem Übergang. Die weiße Teilnahme ist unerläßlich. Wir bevorzugen das Verhältniswahlsystem. Das zukünftige politische System dieses Landes darf in keiner Weise rassistisch sein. Das bedeutet auch, daß die Schwarzen keine Rache an den Weißen nehmen dürfen, jedoch wird die Gleichheit dem Weißen wesentliche wirtschaftliche Opfer abverlangen. Es ist unmöglich, heute genau zu sagen, was für ein Opfer das sein wird. Es könnte bedeuten, daß die Gehälter der Weißen über einen Zeitraum von fünf Jahren nicht erhöht werden. Es würde nicht bedeuten, daß Schwarze die Häuser und Wohnungen von Weißen übernehmen, aber sicher würde es bedeuten, daß die Wohngebiete allen Gruppen geöffnet werden, wie in Gaborone, der Hauptstadt von Botswana. Das sind nur einige Vorschläge. Eine wirtschaftliche Umwälzung muß vermieden werden.

ZYLSTRA: Was können die Vereinigten Staaten und andere Nationen tun, um diesen notwendigen Übergang zu fördern?

BIKO: Lassen Sie uns noch einmal das Verhältnis der Vereinigten Staaten zu Südafrika betrachten. Heute ist das wichtigste Phänomen in Südafrika der legitime Freiheitskampf des Schwarzen. Was in Washington und in den anderen Hauptstädten der westlichen Welt gebraucht wird, ist eine offene Anerkennung dieser Tatsache, und im Zusammenhang mit dieser Anerkennung können und müssen die USA auf die politische Entwicklung innerhalb Südafrikas Einfluß nehmen. Aber wirkungsvoll können sie das nur tun, wenn ihre konkreten Maßnahmen dem Kampf der Schwarzen um Freiheit Beistand leisten. Hier sind einige Vorschläge: Erstens brauchen die Schwarzen geeignete Literatur und genügend Bewegungsfreiheit, wenn dieser Kampf aufrichtig, gezielt und konsequent sein soll. Wenn die Regierung Carter ihre Menschenrechtspolitik ernst nimmt, sollte sie auf Pretoria Druck ausüben, um den Schwarzen Pressefreiheit und Bewegungsfreiheit zu garantieren. Überdies muß die Regierung Carter, wenn sie wissen will, welcher Geist die Schwarzen beseelt, Kontakte mit den Personen aufnehmen, die die anerkannten Führer der Schwarzen sind, auch wenn sie auf Robben Island im Gefängnis sitzen.

Zweitens kann Washington auf Südafrika wirtschaftlichen Druck ausüben, der Investitionen in der südafrikanischen Industrie um einiges weniger einträglich machen würde. Es wird oft so argumentiert, daß die, die am meisten unter dem Verlust der ausländischen Investitionen leiden würden, die Schwarzen wären. Auf kurze Sicht gesehen, würde es zweifellos den Schwarzen am meisten schaden, weil viele von ihnen wahrscheinlich ihre Jobs verlieren würden; aber es sollte in Europa und Nordamerika begriffen werden, daß ausländische Investitionen das jetzige wirtschaftliche System unterstützen und dadurch auch indirekt das jetzige

System der politischen Ungerechtigkeit. Wenn Washington zur Entwicklung einer gerechten Gesellschaft in Südafrika beitragen will, muß es von Investitionen in Südafrika abraten. Wir Schwarzen jedenfalls sind bereit, die Folgen zu tragen. Wir haben uns an das Leiden recht gut gewöhnt.

Drittens würde es in der diplomatischen Arena ein ungeheurer Auftrieb für die Schwarzen dieses Landes sein, wenn die USA ihre diplomatische Präsenz in Pretoria von der Botschaftsebene auf die Konsulatsebene herabsetzen würde. Überdies sollten die USA im Sicherheitsrat der UNO nie ihr Vetorecht zugunsten des jetzigen Regimes in Pretoria verwenden. Südafrika muß lernen, daß es im Westen Freunde verliert.

Soweit das Wesentliche aus Steve Bikos Gespräch mit Bernard Zylstra.

Nach Steves Tod taten die Pro-Vorster-Zeitungen ihr Bestes, Steve dadurch zu verunglimpfen, daß sie bestimmten Berichten eine gewisse Tendenz gaben. Sie zitierten – mit eigenem Kommentar – einen Bericht in der *New York Times* von John Burns, dem hochangesehenen Korrespondenten dieser Zeitung in Südafrika, wobei sie einen Satz besonders heraushoben, den Steve gegenüber Burns geäußert hatte. Steve hatte gesagt, daß, falls die Regierung der Afrikaansen Nationalisten unnachgiebig bliebe, junge Schwarze mit großer Wahrscheinlichkeit extremere Formen der Gewalt anwenden würden: »Schwarze werden aus den Townships hinausgehen, in die weißen Vororte hinein, dort zerstören und brandschatzen. Es wird geschehen, es ist unvermeidlich... eine Armee ohne Gesicht, die über Nacht zerstört, wird (dcn Weißen) ein weitaus größeres Gefühl der Unsicherheit einflößen als eine organisierte militärische Macht an der Grenze.«

Die Zeitungen dcr Afrikaansen Nationalisten faßten dies nicht als Steves Vision auf, sondern als eine Befürwortung dieser Art von Gewalt. Sie deuteten an, er sage nicht nur, daß es geschehen *würde,* sondern daß es geschehen *sollte.* Aber da ich wußte, daß John Burns ein äußerst gewissenhafter Journalist ist, der eine komplette Aufzeichnung des Interviews haben würde, setzte ich mich mit ihm in Verbindung, und er stellte bereitwillig den folgenden Bericht zur Verfügung:

Das Interview fand am 2. August 1976 in den Büroräumen der Black Community Programs in King William's Town statt. Obwohl Mr. Biko unter einer banning order stand, ignorierte er die Auflage, jeweils nur mit einer Person sprechen zu dürfen, und war mit mir und meiner Frau ungefähr drei Stunden lang zusammen. Mr. Biko sagte, daß es innerhalb der Black-Consciousness-Bewegung Meinungsunterschiede gäbe in bezug auf den Gebrauch von Gewalt zu politischen Zwecken. »Das Spektrum geht von friedlich bis grenzenlos gewalttätig«, sagte er. Wie auch immer, die Organisation sei im Augenblick nicht auf Gewalt eingestellt. »Momentan haben wir keinen Flügel, der an einen bewaffneten Kampf denkt«, sagte er. »Wir werden uns nicht auf den bewaffneten Kampf einlassen. Das überlassen wir dem PAC und dem ANC. Wir operieren in der Annahme, daß wir die Weißen durch eine Konfrontation mit unseren überwältigenden Forderungen zur Vernunft bringen können.«

Dann fügte er hinzu: »Wir haben bis jetzt noch nicht über Gewalt diskutiert. Eben deshalb, weil wir offen und legal operieren, sind wir darauf angewiesen, friedlich zu operieren. Das heißt nicht, daß wir die Gewalt ausschließen. Aber es gibt andere Methoden, mit denen wir unsere Befreiung vorantreiben können, indem wir beispielsweise unsere Wirtschaft lahmlegen.«

Mr. Biko sagte, die Frage der Einstellung der SASO und der Black-Consciousness-Bewegung zur Gewalt sei einer der meistdiskutierten Punkte bei dem SASO-Prozeß gewesen, und er wies darauf hin, daß die Polizei nicht in der Lage gewesen sei, irgendwelches dokumentarisches Beweismaterial dafür zu liefern, daß die SASO an einer revolutionären Verschwörung beteiligt sei. Dann gab er eine Zusammenfassung der Terroristenprozesse, die im Lande gerade im Gange waren, mit der Bemerkung, daß es wiederholte Versuche gegeben hätte, die Black-Consciousness-Bewegung mit dem Terrorismus in Verbindung zu bringen – ohne Erfolg. Er betonte noch einmal, daß es hauptsächlich der ANC, und zu einem gewissen Grad der PAC, sei, der an der Gewalt interessiert sei. Über den SASO-BPC-Prozeß in Pretoria sagte er: »Unsere Position bei diesem Prozeß ist folgende: Wir müssen verhandeln, müssen politische Lösung zwischen Schwarz und Weiß ausarbeiten. Wir befürworten ein Handeln und Feilschen, aber zweifelsohne werden alle anderen Aspekte des Wandels in Erwägung gezogen und zunehmend Beifall finden, je nachdem, wie unnachgiebig die Regierung gegenüber dem Wandel bleibt.«

Die Gewalt, sagte er, scheine unvermeidbar. »Es wird sporadische Ausbrüche geben, wie Soweto, und allmählich werden sie nicht mehr vereinzelt, sondern mit System erfolgen. Nach einer Weile wird der entscheidende Punkt kommen, an dem die Weißen darüber befinden müssen, ob unsere Befreiung eine vereinbarte oder erzwungene sein wird. Ich glaube, es wird unter ihnen Kräfte geben, die konservativ genug sind, sie die Gewalt vorziehen zu lassen, einen letzten verzweifelten Kampf. Was von unserer Seite aus geschieht, hängt von der Entscheidung ab, die die Weißen treffen...«

Mr. Biko fügte hinzu: »Selbst wenn die Weißen verhandeln, werden sie zu ihren Bedingungen verhandeln wollen«, was bedeuten werde, daß sie versuchten, den schwarzen Mittelstand auf ihre Seite zu bringen und Führer wie Gatsha Buthelezi zu manipulieren. Es würde auch der Versuch unternommen werden, die Schwarzen zu spalten, die Black-Consciousness-Bewegung und andere schwarze Radikale zu isolieren. Er sagte, es werde zweifellos zu solchen Spaltungen kommen, und dadurch werde sich die Befreiung der Schwarzen »über eine lange Zeit« hinauszögern. »Gleichgültig, wie man es betrachtet, man kann den bewaffneten Konflikt kaum ausschließen.« Er sagte, wie er schon angedeutet habe, würden die Weißen wahrscheinlich eine Lösung auf dem Wege von Verhandlungen, die ihre Interessen begünstigten, vorziehen, und das bedeute, daß sie nur mit »gemäßigten« Schwarzen verhandeln würden. Er sagte jedoch, wenn die Weißen »intelligent genug« wären, mit einflußreicheren Schwarzen zu verhandeln, das heißt mit der Black-Consciousness-Bewegung und denen, die eine ähnliche Haltung einnehmen, »würden (die Verhandlungen) ohnedies scheitern. Das Ergebnis ist das gleiche.«

Auf die wiederholte Frage nach Gewalt, und wie schnell sie sich ergeben könnte, erwiderte Mr. Biko: »Spontane Ausbrüche werden an Bedeutung gewinnen, und die weiße Bevölkerung, die bis jetzt sehr gut geschützt gewesen ist, wird merken, daß sie sich in einem falschen Gefühl der Sicherheit wiegt. Schwarze werden aus den Townships kommen, in die weißen Vororte gehen und dort zerstören und brandschatzen. Es wird geschehen. Es ist unvermeidlich. Und dann wird die Panik unter den Weißen ausbrechen.« An dieser Stelle wies Mr. Biko darauf hin, daß in der weißen Gemeinschaft schon beträchtliche Unsicherheit herrsche, die sich in den verzweifelten Versuchen, Geld aus dem Lande zu schaffen, bemerkbar mache. Er fuhr fort: »Eine Armee ohne Gesicht, die nachts operiert und zuschlägt, wird ein weitaus größeres Gefühl der Unsicherheit hervorrufen, als eine organisierte militärische Macht an der Grenze, der man sich stellen und die man besiegen kann.«

Mr. Biko prophezeite, daß die Regierung die Zusammenarbeit zwischen Polizei und Armee verstärken würde, in Vorbereitung auf den bevorstehenden Kampf, und daß weiße Zeitungen mehr und mehr dazu neigen würden, die Regierung dazu zu drängen, angesichts der Drohung angemessene Vorbereitungen zu treffen. Inzwischen würde das Geld weiterhin aus dem Lande fließen. »Ich glaube, der wirklich kritische Punkt könnte in drei bis vier Jahren erreicht sein. Ich behaupte nicht, daß es dann einen Wandel geben wird, aber es könnte der Augenblick kommen, wo Panik keine abstrakte Sache mehr ist.«

Teile dieses Interviews erschienen in der *New York Times,* und als ich Steve einen Zeitungsausschnitt zeigte, bemerkte er, daß es sich viel härter läse, als er es beabsichtigt habe. Er sagte, er hätte John Burns gegenüber »vielleicht ein wenig übertrieben«, um der öffentlichen Meinung in den Vereinigten Staaten etwas von der Dringlichkeit der südafrikanischen Frage zu vermitteln. Seine Erwartung sei freilich gewesen, daß der zusammengefaßte Bericht etwas entschärft werden würde, wie es ausländische Journalisten in Rücksichtnahme auf seine Ächtung zumeist taten. Reumütig kicherte er: »John Burns hat überhaupt nichts entschärft. Er war eigentlich beunruhigend genau ...« Wie dem auch sei, Steve war mit der fairen Wiedergabe seiner Äußerungen zufrieden und hoffte, daß sie den erwünschten Effekt haben würden, angesichts des großen internationalen Ansehens, das die *New York Times* genießt.

Im Alter von nur zweiundzwanzig Jahren schrieb Steve Biko für die Studentenzeitung der SASO eine Artikelserie mit dem Titel »Ich schreibe, was ich will« und unterzeichnete sie mit »Frank Talk« (»Freie Rede«). Schon diese Artikel zeigten, wie geschickt er mit Worten und Gedanken umgehen konnte, eine Fähigkeit, die er in wenigen Jahren zu höchster Vollendung entwickelte. Doch dann wurde das Veröffentlichungsverbot über ihn verhängt. Aber eine kleine Auswahl von Auszügen aus drei dieser frühen Artikel zeigt den Stil des jungen Biko.

Ich wurde Ende 1946 geboren und habe, solange ich denken kann, im Rahmen einer vom Staat verordneten Absonderung gelebt. Meine Freundschaften, meine Liebe, meine Erziehung, mein Denken und jeder andere Aspekt meines Lebens haben sich innerhalb dieser Absonderung entwickelt. Im Verlauf meines Lebens ist es mir gelungen, gewisse Dinge zu überwinden, die das System mich gelehrt hatte. Jetzt hoffe ich, mich intensiver mit denen beschäftigen zu können, die diesem System Widerstand leisten, und zwar nicht als objektiver Beobachter, sondern aus der Perspektive eines schwarzen Mannes, der erkannt hat, wie dringend notwendig es ist zu begreifen, was es mit der neuen Bewegung zur Wiederentdeckung des »schwarzen Selbstbewußtseins« auf sich hat.

Man muß die Tatsachen kennen, bevor man sich für ein bestimmtes Heilmittel entscheidet. Viele Organisationen, die neuerdings »gegen die Apartheid kämpfen«, machen sich die Sache zu einfach. Sie haben die gegenwärtige Lage nur oberflächlich zur Kenntnis genommen und das Problem nicht gründlich durchleuchtet. Sie haben die Nebenwirkungen fast völlig vergessen und nicht einmal die wahre Ursache bedacht. Deshalb wird ein nur improvisiertes Heilmittel kaum etwas am gegenwärtigen Zustand verändern können.

Die Apartheid – im kleinen wie im großen – ist offensichtlich etwas Verwerfliches. Nichts kann die Anmaßung einer Gruppe von Fremden rechtfertigen, sie habe das Recht, die Lebensverhältnisse der Mehrheit zu bestimmen. Deshalb muß die Apartheidspolitik, auch wenn sie in gutem Glauben und fair verwirklicht wird, von der einheimischen Bevölkerung ebenso verurteilt und entschieden abgelehnt werden wie von all denen, die das Problem aus dem richtigen Blickwinkel sehen...

Man sollte keine Zeit damit verschwenden, sich ausschließlich mit den materiellen Bedürfnissen der schwarzen Bevölkerung auseinanderzusetzen. Über dieses Problem ist sehr viel geschrieben worden. Was ist die Ursache für die Lebensuntüchtigkeit des schwarzen Mannes? Ist er sich seiner Schwächen bewußt? Fehlt in seiner Erbmasse jene seltene Qualität, die einen Menschen bereitwillig für die Verwirklichung seiner Ziele sterben läßt? Oder ist der Schwarze ganz einfach ein gescheiterter Mensch? Diese Fragen lassen sich nicht so einfach beantworten. Die Antwort liegt jedoch eher in der Nähe der letzten Vermutung. Das Ziel der weißen Vorherrschaft ist es, den schwarzen Mann für seine untergeordnete Rolle in diesem Lande zu konditionieren. Vor nicht allzu langer Zeit wurde das im Parlament ganz offen ausgesprochen, und zwar sogar auch im Hinblick auf das Erziehungssystem für die Schwarzen. Es wird auch heute noch so geredet, wenn auch in einer intellektuell verbrämten Sprache. Es ist den Übeltätern weitgehend gelungen, als Endprodukt ihres Systems einen schwarzen Mann zu erzeugen, der nur noch in seiner äußeren Form ein Mensch ist. So weit ist der Prozeß der Entmenschlichung schon fortgeschritten.

Zur Zeit der Regierung Smuts wurden die Schwarzen zwar unterdrückt, waren aber noch Menschen. Aus verschiedensten Gründen, die wir hier nicht aufzählen wollen, ist es ihnen nicht gelungen, das System zu ändern. Aber heute gibt es einen Typ des schwarzen Mannes, der seinen Stolz verloren hat. Er ist nur noch ein gehorsames Werkzeug, betrachtet die weiße Machtstruktur mit ehrfürchtiger Scheu und akzeptiert, was er als »unvermeidliche Position« ansieht. Tief in seinem Inneren wächst der Zorn über die ihm in zunehmendem Maß zugefügten Beleidigungen, aber dieser Zorn geht in die falsche Richtung – er richtet sich gegen seine Leidensgenossen in den Townships und gegen das Eigentum der Schwarzen. Dieser schwarze Mann vertraut seinen Führern nicht mehr, denn die Massenverhaftungen von 1963 waren dem Versagen der politischen Führer zuzuschreiben, und außerdem gibt es niemanden mehr, dem man vertrauen kann. Nur wenn er auf seiner Toilette allein ist, verzieht sich sein Gesicht in schweigender Verurteilung der weißen Gesellschaft, aber wenn er herauskommt, um eilfertig dem Ruf seines Herrn und Meisters zu folgen, wird es wieder zur einfältig lächelnden Maske des gehorsamen Dieners. Wenn er im Bus oder in der Eisenbahn nach Hause fährt, stimmt er in den Chor der anderen ein, die den weißen Mann und seine Politik ablehnen, aber in Gegenwart der Polizei oder des Arbeitgebers ist er der erste, der die Regierung lobt. Sein Herz sehnt sich nach dem bequemen Leben der weißen Gesellschaft, und das veranlaßt ihn, sich selbst die Schuld dafür zu geben, daß er nicht »gebildet« genug ist, um einen solchen Luxus für sich in Anspruch nehmen zu dürfen. Die überall gepriesenen Leistungen der Weißen auf dem Gebiet der Wissenschaft – deren Bedeutung er kaum versteht –, überzeugen ihn von der Vergeblichkeit seines Widerstandes und nehmen ihm jede Hoffnung darauf, daß sich jemals etwas ändern könnte. Alles in allem ist der schwarze Mann zu einem hohlen Wesen geworden, zu einem Schatten seiner selbst, zu einem Verlierer, der in seinem eigenen Elend erstickt, zu einem Sklaven, einem Ochsen, der das Joch der Unterdrückung mit hilfloser Verzagtheit trägt.

Das ist die reine *Wahrheit,* so bitter sie auch sein mag, die wir anerkennen müssen, bevor wir uns an ein Programm wagen können, das die Veränderung des Status quo zum Ziel hat. Es wird immer dringender, die Wahrheit als solche zu sehen, wenn man erkannt hat, daß die einzigen, die eine Veränderung bewirken können, diese Menschen sind, die ihre Persönlichkeit verloren haben. Der erste Schritt besteht deshalb darin, dem schwarzen Mann zu sich selbst zurückzuverhelfen, das Wesen wieder mit Leben zu erfüllen, ihm den Stolz und die Würde zurückzugeben, ihn daran zu erinnern, daß er an dem Verbrechen mitgewirkt hat, sich mißbrauchen zu lassen und es zuzulassen, daß das Böse im Land seiner Geburt regiert. Das ist es, was ich meine, wenn ich davon spreche, daß wir nach innen blicken müssen. Und das ist die Definition des Begriffs »Black Consciousness«.

Ein Schriftsteller hat darauf hingewiesen, daß die Kolonialisten in dem Bemühen, die in der afrikanischen Gesellschaft gewachsenen Strukturen vollständig zu zerstören und den Menschen ihren Imperialismus in nervenzerrüttender Totalität aufzuzwingen, sich nicht damit zufriedengaben, ein Volk zu beherrschen und das Gehirn des Eingeborenen von allen überkommenen Formen und Inhalten zu leeren, sondern sie haben sich auch gegen die Vergangenheit der unterdrückten Menschen gewendet und sie verzerrt, entstellt und vernichtet. Man sprach nicht mehr von einer afrikanischen Kultur, sondern von Barbarei. Afrika war der »schwarze Kontinent«. Religiöse Praktiken und Bräuche wurden als Aberglauben abgetan. Die Geschichte der afrikanischen Gesellschaft bestand nur noch aus Kriegen zwischen den Stämmen, in denen sich die

Schwarzen gegenseitig abschlachteten. Es gab keine friedlichen Wanderungen der Menschen von einem Zufluchtsort zum anderen. Nein, es war jedesmal die Flucht vor einem Tyrannen, der den Stamm nicht aus irgendeinem bestimmten Grund bekämpfen, sondern ihn nur völlig vernichten wollte.

Kein Wunder, daß das afrikanische Kind schon in der Schule lernt, das von seinen Ahnen überkommene Erbe zu hassen. Das Bild, das ihm hier geboten wird, ist so negativ, daß es nur in der einschränkungslosen Identifizierung mit der weißen Gesellschaft Trost finden kann.

Deshalb müssen sich alle Bemühungen um ein Wiedererwachen des »schwarzen Selbstbewußtseins« auch auf die Vergangenheit richten. Die Geschichte des schwarzen Mannes muß neu geschrieben werden, und hier müssen die Helden genannt werden, die das Herzstück der afrikanischen Vergangenheit sind. In Südafrika gibt es eine umfangreiche Literatur über Gandhi, und sie zeigt, daß auch die Inder einen Weg beschritten haben, der in diese Richtung geht. Von den afrikanischen Helden ist jedoch kaum die Rede. Ein Volk ohne eine positive Geschichte ist wie ein Fahrzeug ohne Motor. Seine Emotionen lassen sich nicht leicht kontrollieren und in eine bestimmte Richtung kanalisieren. Es lebt immer im Schatten einer erfolgreicheren Gesellschaft. In einem Land wie dem unseren ist unser Volk daher gezwungen, Feiertage wie den Paul-Kruger-Tag, den Heldengedenktag, den Tag der Republik und so weiter einzuhalten. Alle diese Feiern erinnern an unsere Demütigung, unsere Niederlagen...

Wer sind die Führer der schwarzen Welt, wenn sie in den Institutionen der Apartheid nicht gefunden werden können? Schwarze Menschen wissen natürlich, daß ihre Führer die Persönlichkeiten sind, die heute auf Robben Island gefangengehalten werden, die geächtet worden sind und die freiwillig oder unfreiwillig im Exil leben. Männer wie Mandela, Sobukwe, Kathrada, M. D. Naidoo und viele andere werden in unseren Herzen stets einen Ehrenplatz als die wahren Führer des Volkes einnehmen. Man mag sie als Kommunisten und Saboteure gebrandmarkt oder auf andere Weise beschimpft haben. Sie mögen sogar wegen solcher Vergehen vor Gericht verurteilt worden sein. Aber das mindert nicht im geringsten ihre menschliche Größe und ihren Wert. Es sind Menschen, die mit einer in moderner Zeit beispiellosen Hingabe gehandelt haben. Ihr Eintreten für die leidenden schwarzen Menschen hat ihnen die natürliche Unterstützung durch die Masse der schwarzen Bevölkerung gesichert. Vielleicht werden wir mit manchem, was sie getan haben, nicht einverstanden sein, aber wir wissen, daß sie die Sprache des Volkes gesprochen haben.

Bedeutet dies notwendigerweise, daß ich in der gegenwärtigen Gesellschaftsstruktur absolut nichts Nützliches erkennen kann? Wenn die

Schwarzen, die in den verschiedenen Apartheidseinrichtungen mitarbeiten, ihr politisches Bewußtsein nicht schärfen, dann werden wir, wie ich fürchte, sehr bald in eine Sackgasse geraten. Die junge Generation hat vielleicht recht, wenn sie uns beschuldigt, wir hätten zu unserer eigenen Vernichtung beigetragen. In Deutschland waren die niedrigen Beamten, die entschieden, welche Juden deportiert werden sollten, auch Juden. Schließlich sind auch sie Opfer der Schergen Hitlers geworden. Sobald die Dissidenten außerhalb des Apartheidssystems vollkommen zum Schweigen gebracht worden sind, werden auch diejenigen an die Reihe kommen, die innerhalb des Systems protestieren. Sobald das geschieht, werden die Grenzen unserer Welt für alle Zeiten dort liegen, wo sie schon für die dreizehn Prozent »schwarzer Schafe« gezogen sind.

Vielleicht sollte man zum gegenwärtigen Zeitpunkt ein wenig positiv sein. Ich möchte den Anhängern der linken Bewegung entschieden abraten, in den Institutionen der Apartheid mitzuarbeiten. Wenn wir eine eigene Strategie planen, müssen wir erkennen, wo die Stärke des Gegners liegt, und soweit ich es beurteilen kann, unterschätzen all unsere Leute, die innerhalb des Systems kämpfen wollen, welchen Einfluß das System auf uns hat. Gegenwärtig erscheint es mir logisch zu sein, daß die Linke Druck auf die verschiedenen Apartheidsinstitutionen ausübt, um die Grenzen unserer Wirkungsmöglichkeiten innerhalb des Systems festzustellen, zu beweisen, daß das ganze Spiel ein Betrug ist, und das System zu zerschlagen.

Ich bin stets davon überzeugt gewesen, daß die Schwarzen niemals über die Untaten überrascht sein sollten, die von der Regierung verübt werden. Für mich ergibt sich das logisch aus ihrem Anspruch, daß sie als eine Minderheit von Siedlern das Recht haben, als unsere Herren und Meister aufzutreten. Wenn sie so grausam sein konnten, die Eingeborenen mit brutaler Gewalt zu unterdrücken und sich auf die Dauer als Herrscher in einem fremden Land zu etablieren, dann wird alles andere, was sie den gleichen schwarzen Menschen antun, zur selbstverständlichen Folge ihrer ursprünglichen Grausamkeit. Von ihnen zu irgendeinem Zeitpunkt Gerechtigkeit zu erwarten, wäre naiv. Sie schulden es gewissermaßen sich selbst und ihren Wählern, zu zeigen, daß sie die schwarze Bevölkerung immer noch beherrschen. Es gibt nur einen Weg zu zeigen, daß sie diesem Herrschaftsanspruch genügen, und zwar damit, daß sie rücksichtslos jeden Widerstand der Schwarzen brechen, so gering dieser Widerstand auch sein mag.

Man muß nur sehen, über wie starke Sicherheitskräfte Südafrika verfügt, um das zu erkennen. Diese Männer müssen ihren Vorgesetzten ständig Erfolge melden, um ihre Daseinsberechtigung nachzuweisen. Es genügt nicht zu melden, »ich bin in Pondoland gewesen, und die Eingeborenen benehmen sich anständig, sind friedlich und zufrieden«. Das reicht nicht aus, denn diejenigen, die Böses tun, sind sich der Grausamkeit ihres Systems bewußt und erwarten nicht, daß die Eingeborenen zufrieden sind. So werden die Burschen von der Sicherheitspolizei nach Pondoland zurückgeschickt, um festzustellen, wer der Sprecher ist, der behauptet, die Leute seien zufrieden, und um ihn zusammenzuschlagen, bis er zugibt, daß sie es nicht sind. Und dann wird er entweder in den Bann getan oder wegen Verstoßes gegen eines der zahlreichen Gesetze vor Gericht gestellt. Die absolut kindischen Beweismittel, auf welche die Anklagebehörde ihre Beschuldigungen in einigen Verfahren stützt, lassen mich vermuten, daß sie durchaus in der Lage sind, eine Gruppe junger Leute, die nur Versteck spielen, zu verhaften und wegen Hochverrats vor Gericht zu stellen.

Vor diesem Hintergrund muß man die vielen politischen Verfahren sehen, die in diesem Lande durchgeführt werden. Den Herrschenden erscheint es gefährlich, wenn es im Verlauf eines Jahres zu keinem größeren politischen Verfahren kommt. Das wäre so, als werde irgend jemand von seinem Vorgesetzten beschuldigt, nicht die von ihm verlangte Arbeit zu tun. Das Eigenartigste ist, daß die Menschen völlig grundlos vor Gericht gezerrt werden, und zwar wegen Verstößen gegen das unmoralischste Gesetz, das man sich vorstellen kann, das Gesetz gegen den Terrorismus.

Aimé Césaire hat einmal gesagt: »Wenn ich mein Radio einschalte und höre, daß in Amerika Neger gelyncht worden sind, dann sage ich, wir sind belogen worden; Hitler ist nicht tot. Wenn ich mein Radio einstelle und höre, daß man in Afrika die Zwangsarbeit eingeführt und legalisiert hat, dann sage ich, man hat uns mit Sicherheit belogen; Hitler ist nicht tot.«

Vielleicht muß man nur noch das folgende hinzufügen, um das Bild zu vervollständigen:

»Wenn ich mein Radio einschalte und höre, daß in den Wäldern von Pondoland jemand geschlagen und gefoltert worden ist, dann sage ich, wir sind belogen worden; Hitler ist nicht tot. Wenn ich mein Radio anschalte und höre, im Gefängnis sei jemand auf einem Stück Seife ausgerutscht, hingefallen und gestorben, dann sage ich, man hat uns belogen, Hitler ist nicht tot, wahrscheinlich werden wir ihn in Pretoria finden können.«

Nach Fällen zu suchen, in denen Menschen, die bei der Sicherheitspolizei in Ungnade gefallen sind, brutal behandelt wurden, führt vielleicht zu weit. Man braucht die Richtigkeit der Behauptung, daß Schwarze in Südafrika um ihr Überleben kämpfen müssen, nicht zu beweisen. Es ist schon ein Wunder, daß es in den Townships Kinder gibt, die so lange am Leben bleiben, bis sie erwachsen sind. Die Schwarzen leben dort in einem solchen Elend, daß sie bereit sind, andere Schwarze umzubringen, um selbst zu überleben. Das ist der Boden, auf dem Vandalismus, Mord, Vergewaltigung und Plünderungen gedeihen, und das wird so lange weitergehen, wie die wirklichen Urheber des Bösen, die weiße Gesellschaft, die Strände und das angenehme Leben in ihren exklusiven Wohngebieten allein für sich in Anspruch nimmt.

Während die Schwarzen, die es wagen, ihren Mund zu einem schwächlichen Protest gegen solche Vorgänge aufzumachen, immer wieder mit Razzien der Sicherheitspolizei, der Einschränkung ihrer persönlichen Freiheit und Hausarrest eingeschüchtert werden, lebt die übrige schwarze Bevölkerung in lähmender Furcht vor der Polizei. Der schwarze Mann auf der Straße kann nie absolut sicher sein, daß er nicht gegen irgendein Gesetz verstößt. Es gibt so viele Gesetze, die das Leben und das Verhalten der schwarzen Bevölkerung regulieren, daß man manchmal das Gefühl hat, die Polizei brauche nur in dem Buch zu blättern, in dem die geltenden Strafbestimmungen verzeichnet sind, um ihr Opfer unter Anklage stellen zu können.

Hinter dem Verhalten der Polizei in diesem Lande scheint die Philosophie zu stehen: »Quäle sie und laß sie nicht zur Ruhe kommen!« Und man muß hinzufügen, daß sie diese Aufforderung in übertriebenem Sinne interpretiert. Sogar junge Verkehrspolizisten, die sonst im allgemeinen als besonders höflich gelten, halten es gelegentlich für richtig, erwachsene Schwarze zu schlagen. Manchmal hat man wirklich den Eindruck, daß die Regierung die klare Absicht verfolgt, die schwarze Bevölkerung vollständig einzuschüchtern und den weißen Mann auch weiterhin als Angehörigen einer überlegenen Rasse hinzustellen, wenn nicht intellektuell, so doch hinsichtlich seiner Stärke. Die Weißen, die ihren Willen mit Hilfe der südafrikanischen Polizei durchzusetzen suchen, haben die Richtigkeit der goldenen Regel erkannt: Wenn du einen Menschen nicht dazu zwingen kannst, dich zu achten, dann laß ihn dich fürchten.

Die Schwarzen in diesem Lande können keine Achtung vor den Weißen haben. In allem, was hier im Namen der weißen Bevölkerung geschieht, liegt so viel Unmoral und nackte Grausamkeit, daß kein Schwarzer, sosehr man ihn auch eingeschüchtert haben mag, jemals dazu gebracht werden kann, die weiße Gesellschaft zu respektieren. Doch trotz der offensichtlichen Verachtung der weißen Wertvorstellungen, trotz des hohen Preises, der für Wohlergehen und Sicherheit der Weißen bezahlt werden muß, scheint es mir, daß die Schwarzen durch die Brutalität dieser Gesellschaftsschicht erfolgreich eingeschüchtert worden sind.

Es ist Furcht, die an den Seelen der schwarzen Menschen in Südafrika nagt – eine Furcht, die das System offenbar absichtlich mit Hilfe zahlloser Hilfskräfte nährt, seien es Schalterbeamte bei der Post, Polizisten, CID-Beamte, Soldaten in Uniform, Sicherheitspolizisten oder manchmal auch schießwütige weiße Farmer oder Ladenbesitzer. Diese Furcht beeinflußt unbewußt das Verhalten schwarzer Menschen so entscheidend, daß es ihnen unmöglich wird, sich wie Menschen zu benehmen, geschweige denn wie freie Menschen. Diese Furcht manifestiert sich überall in der Haltung des Arbeitnehmers gegenüber seinem Arbeitgeber und in der eines Schwarzen, der in einem Laden von einem weißen Verkäufer bedient wird. Wie können sich Menschen bereitfinden, gegen die überall spürbare Unterdrückung Widerstand zu leisten, wenn sie in ihrem persönlichen Leben nicht die Möglichkeit haben, die Achtung ihres Daseins zu verlangen? Diese Frage wird oft von ausländischen Besuchern gestellt, die als aufmerksame Beobachter erkennen, daß in diesem von der Sonne verwöhnten Land, wo Milch und Honig fließen, nicht alles in Ordnung ist.

Aber es ist eine gefährliche Furcht, denn sie sitzt nicht sehr tief. Darunter verbirgt sich unermeßlicher Zorn, der oft zum Ausbruch zu kommen droht, der unverhüllte Haß für eine Gruppe, die keinerlei Achtung verdient. Anders als in den ehemaligen französischen oder spanischen Kolonien, wo die Chancen für eine Assimilation die Schwarzen nicht daran gehindert haben, eine Angleichung an die Weißen anzustreben, hat man die weiße Hautfarbe in Südafrika seit jeher mit dem brutalen Vorgehen der Polizei und der Einschüchterung der Schwarzen, mit Paßkontrollen am frühen Morgen und allgemeinen Schikanen innerhalb und außerhalb der Townships in Verbindung gebracht, und deshalb wünscht sich kein Schwarzer, so zu sein wie die Weißen. Die Ausschließlichkeit, mit der die Weißen Bequemlichkeit und Sicherheit von jeher für sich in Anspruch genommen haben, hat zur Folge, daß die Schwarzen in den Weißen das Haupthindernis auf dem Weg zum Frieden, zum Wohlstand und zu einer gesunden Gesellschaft gesehen haben. All diese negativen Aspekte haben den weißen Mann in den Augen der Schwarzen bis zur Unkenntlichkeit entstellt. Sie sehen deshalb in der weißen Hautfarbe bestenfalls etwas, das verachtet, gehaßt, vernichtet und durch einen Begriff ersetzt werden sollte, der ein menschlicheres Gesicht hat. Schlimmstenfalls beneiden die Schwarzen die weiße Gesellschaft um die Bequemlichkeiten, die sie unrechtmäßig für sich in Anspruch nehmen, und dieser Neid kommt in dem Wunsch – ja vielmehr in der geheimen Entschlossenheit – der meisten Schwarzen zum Ausdruck, die Weißen von ihren bequemen Gartenstühlen zu stoßen, die man sieht, wenn man im Bus am Stadtrand an ihnen vorüberfährt, und diese Stühle selbst zu besetzen. Mit jedem Tag wächst die Überzeugung, daß Aimé Césaire sich geirrt haben muß, als er sagte: »Keine Rasse besitzt das Monopol auf Wahrheit, Intelligenz und Kraft, und bei der Siegesfeier ist Raum für uns alle.«

Vielleicht wird es einige überraschen, daß ich von einer Kollektivschuld der Weißen spreche, während es in Wirklichkeit eine bestimmte Gruppe, nämlich die Regierung ist, die diesen ungerechten Feldzug gegen die Schwarzen führt.

Doch selbst wenn es einen fundamentalen Unterschied im Denken zwischen Weißen und Schwarzen gäbe, würde allein die Tatsache, daß nur diese übelgelaunten Weißen aus dem herrschenden System Nutzen ziehen dürfen, genügen, sie in Nürnberg als Verbrecher gegen die Menschlichkeit zu verurteilen.

Es mag den meisten Weißen nicht gefallen, wie mit den Schwarzen verfahren wird, aber es steht in ihrer Macht, diesem System ein Ende zu bereiten. Andererseits haben wir jeden Grund, sie als geschlossene Gruppe anzusehen und sie gemeinschaftlich für das verantwortlich zu machen, was hier geschieht.

Man kann natürlich sagen, daß die Schwarzen für die gegenwärtige Lage mitverantwortlich sind. Man kann sogar noch weitergehen und darauf hinweisen, daß es schwarze Polizisten und schwarze Agenten in der Sonderabteilung gibt. Zu dem letzten Punkt muß ich kategorisch erklären, daß so etwas wie ein schwarzer Polizist nicht existiert; jeder Schwarze, der das System aktiv unterstützt, hat nicht mehr das Recht, als Teil der schwarzen Welt angesehen zu werden; er hat seine Seele für dreißig Silberlinge verkauft und muß nun feststellen, daß er auch von der weißen Gesellschaft, der er angehören wollte, nicht akzeptiert wird. Diese Leute sind farblose Lakaien, die am Rande der Gesellschaft ein unglückliches Leben führen. Sie sind die Fühler, die der Feind in unsere Reihen ausstreckt. Andererseits wird die schwarze Welt nur in Schach gehalten, weil sie machtlos ist.

Machtlosigkeit erzeugt Bettler, die dem Feind ein lächelndes Gesicht zeigen und es nur auf der Toilette wagen, ihn zu beschimpfen, die den weißen Mann tagsüber unterwürfig mit »Baas« betiteln und ihn, wenn sie abends im Bus nach Hause fahren, einen gemeinen Hund nennen. Auch dieses doppelgesichtige Verhalten der unterworfenen Schwarzen wird von der Furcht diktiert.

Das Konzept der Furcht hat jetzt eine neue Dimension angenommen. Oft hört man die Menschen von jemandem sagen, der verhaftet oder mit dem Bann belegt worden ist, »es gibt keinen Rauch ohne Feuer«, oder wenn der Betreffende offen seine Meinung geäußert hat, heißt es, »er hat es nicht anders gewollt, es überrascht mich nicht«. In gewissem Sinne wird damit die Sicherheitspolizei gerechtfertigt; sie kann sich nicht irren; wenn sie die Rivoniaverschwörung zerschlagen konnte, weshalb fürchtet sie einen einzelnen Menschen so sehr, daß sie ihn ächten muß, ohne daß wissentlich irgend etwas dahintersteckt? Diese Art Logik, die man in unterschiedlicher Ausprägung bei den Afrikaanern, den englischsprechenden Weißen und der schwarzen Bevölkerung finden kann, ist gefährlich, weil sie das Wesentliche übersieht und die Sicherheitspolizei darin bestärkt, unsinnige Maßnahmen zu ergreifen.

Tatsache ist, daß die Regierung und ihre Sicherheitskräfte trotz ihrer ungeheuren Stärke auch von Furcht beherrscht werden. Wie jeder, der in Todesangst lebt, handeln sie gelegentlich unüberlegt in der Hoffnung, wenn sie anstelle von Intelligenz Stärke zeigten, könnten sie ihre Gegner davon abschrecken, Widerstand zu leisten. Das ist in den meisten Fällen die Basis aller Sicherheitsoperationen in Südafrika. Wenn die Regierung weiß, daß es drei Missionare gibt, die ihre Interessen gefährden, deren Identität sich jedoch nicht feststellen läßt, wird sie eher achtzig Missionare ausweisen und hoffen, daß die drei darunter sind, als ihren Verstand benutzen und feststellen, wer die drei sind.

Die Gesetze, aus denen die Sicherheitspolizei ihre Vollmachten ableitet, sind allerdings so vage und lassen der Interpretation so viel Spielraum, daß sie dies alles ermöglichen. Deshalb muß man zu dem Schluß kommen, daß das südafrikanische Sicherheitssystem gewaltorientiert und nicht verstandesorientiert ist. Man kann natürlich hinzufügen, daß diese Mentalität in unserem Land überall anzutreffen ist, von der Staatssicherheit bis zu der Art, wie die Weißen Rugby spielen. Diese Mentalität beherrscht ihr ganzes Leben.

Es ist daher nicht erstaunlich, wenn es uns schwerfällt zu akzeptieren, daß »bei der Siegesfeier Platz für uns alle« sein wird. Das sich auf drei Arten der Furcht stützende System – auf die Furcht der Weißen vor den Schwarzen, der Schwarzen vor den Weißen und der Regierung vor den Schwarzen, die zugleich die Furcht unter den Weißen verringern will – dieses System der Furcht erschwert es ungeheuer, vernünftige Beziehungen zwischen den beiden Gruppen in unserer Gesellschaft herzustellen. Daß sie getrennt voneinander leben müssen, verleiht ihrem Leben eine weitere Dimension, die vielleicht noch ernster genommen werden muß. Diese Tatsache führt dazu, daß die Bestrebungen der beiden Gruppen in diametral entgegengesetzte Richtungen gehen. Die Strategie der Weißen ist es bisher gewesen, jeden Widerstand der Schwarzen zu brechen, damit sie bereit sind, sich mit den Brosamen vom Tisch der Weißen zufriedenzugeben. Mit dem Gesagten haben wir gezeigt, daß wir das unwiderruflich ablehnen; und deshalb müssen wir sicherlich mit sehr interessanten neuen Entwicklungen rechnen.

Auseinandersetzungen und Diskussionen

Zwischen Steve Biko und mir fanden viele intensive Diskussionen über Politik und andere Dinge statt. Für Menschen, die nicht unter einem repressiven Regime leben, ist es schwierig, sich vorzustellen, daß ein harmloser Meinungsaustausch beiden Beteiligten Ärger bringen konnte. Jedenfalls traf das ganz bestimmt auf uns zwei zu, und deshalb versuchten wir immer sicherzugehen, daß uns keine versteckten Mikrophone belauschten, bevor wir offenherzig über Politik sprachen.

Einer der Orte, an den Steve Wendy und mich gern führte, war eine kleine Lichtung im Wald nördlich von King William's Town, wo wir reden konnten, ohne Angst haben zu müssen, abgehört zu werden. Manchmal ging er dort auch allein hin, um den ganzen Trubel hinter sich zu lassen und einfach nachzudenken. Aber eines Tages folgte ihm die Sicherheitspolizei und entdeckte den Ort, und seitdem ging er nie wieder dorthin.

Auf dieser Lichtung führte ich einmal ein langes Streitgespräch mit ihm über seine kritische Einstellung den Vereinigten Staaten gegenüber. Er selbst war der Meinung, daß ich zu unkritisch proamerikanisch sei und daß ich eine unrealistische Vorstellung von der westlichen Demokratie hätte. Er war nicht pro-östlich oder in irgendeiner Weise kommunistisch, aber er hatte das Gefühl, daß der Osten die südafrikanische Regierung in der UNO bereitwilliger unter Druck setzen und Embargos einführen würde.

Bei dieser Gelegenheit, und ein anderes Mal im Hof, beleuchteten wir die Angelegenheit von allen Seiten. Es gab vieles an amerikanischen Idealen, was ihm gefiel, aber für den westlichen Kapitalismus und das Auftreten des Westens als Beschützer und Investor in Südafrika hatte er nur Zynismus übrig. Er erklärte, daß junge Schwarze in Südafrika zunehmend anti-westlich empfinden würden, weil die Länder des Westens der Vorster-Regierung nur schullehrerhafte Rügen erteilten, wenn eine Anti-Apartheid-Geste wieder mal fällig sei, dabei aber ihre diplomatischen und wirtschaftlichen Kontakte, die dazu beitrugen, das Regime zu stärken, aufrechterhielten.

Ich stützte meine Argumentation auf die demokratischen Werte der amerikanischen Verfassung, mit ihren Garantien der individuellen Freiheit und mit ihren Kontrollen, die das glorreiche Kapitel Watergate produziert hatten, unter deren Bedingungen sogar der höchste Repräsentant des Staates wegen seines Fehlverhaltens gestürzt werden konnte. Steves Antwort überraschte mich. Er sagte, die Freiheit des einzelnen sei zugleich bewunderns- und wünschenswert, aber sie stelle nicht den höchsten Wert dar. »Wenn Menschen verhungern, arbeitslos sind und ausgebeutet werden, sind Essen, Arbeit und Sozialfürsorge wichtiger für sie als individuelle Freiheit«, meinte er.

Ich erwiderte: »Das ist ein richtiges Argument der Dritten Welt. Es ist doch so, daß der individuellen Freiheit alle anderen Vorteile entspringen. Paß auf, Steve, eines Tages werden wir beide die Welt bereisen. Wir werden in den Osten gehen, wo dein Ruf als schwarzer Führer mich beschützen wird, und dann gehen wir in den Westen, wo niemand Schutz braucht!« Er lachte anerkennend und sagte, er sähe einer solchen Entdeckungsreise gerne entgegen. Danach sprachen wir oft von dieser Reise, wie es sein würde und wen wir besuchen würden. Wir beschlossen, nachdem wir sowohl den Osten als auch den Westen besucht haben würden, Afrika von einem Ende zum anderen zu durchqueren. Er war nie außerhalb seines Landes gewesen und genoß immer meine Berichte von Reisen in ferne Länder – besonders in die Vereinigten Staaten.

Steve betonte ständig, wie wichtig es sei, daß sich die Black People Convention an sein Prinzip halte: das Südafrika der Zukunft – Azania – dürfe sich weder vom Osten noch vom Westen beherrschen lassen. »Wir können von beiden viel lernen, aber wir dürfen keinem unterworfen sein«, sagte er. Als ich gegen den Zynismus des Ostens bei der Unterstützung der afrikanischen Befreiungsbewegungen wetterte, stimmte er mir nur teilweise zu. »Zynismus, ja, aber begleitet von wirksamer materieller Hilfe, die wichtiger ist als Reden und Rügen«, sagte er.

Ich wies auf die Anzahl afrikanischer Staaten hin, die von Ländern des Ostens Hilfe angenommen und sie danach aus dem Land geworfen hatten. »Das ist es ja«, sagte er. »Du siehst nicht, worauf ich hinauswill. Die Russen bleiben danach nicht kleben. Bis jetzt haben sie immer materielle Hilfe geleistet und sich dann zurückgezogen. Oder sie sind rausgeworfen worden. Dagegen hat die westliche Hilfe gegen den Kolonialismus oft wirtschaftlichen Imperialismus westlicher Prägung zur Folge gehabt. Schau, ich mache mir über die Russen keine Illusionen, und ich lehne ihre Ideologie ab –

aber es ist eben so, daß ihre Art der Einmischung von Vorteil für Afrika gewesen ist. Natürlich verfolgen sie damit ihre eigenen zynischen Interessen – aber das ist von größerem praktischen Nutzen für uns als die Beredsamkeit eines Andy Young. Die Andy Youngs sind ganz nette Kerle, aber ihre Einstellung bringt uns keinen Schritt weiter. Wenn wir hier eine friedliche Lösung wollen, dann müssen die Andy Youngs aufhören zu reden und anfangen, Vorster hart anzufassen – Embargo, Blockaden wenn nötig, die ganze Palette. Wir Schwarzen lehnen die Theorie ab, daß uns ein Embargo mehr schaden als nützen würde. Es sind immer Weiße, die das sagen. Wenn jemand unser Freund sein will, dann muß er sich als Freund beweisen; mit Taten.«

Steve sprach offen über vieles, aber alles zu wiederholen, während die Afrikaansen Nationalisten die Macht in Südafrika haben, hieße, eine beträchtliche Anzahl von Menschen in Gefahr zu bringen. Wie dem auch sei, es gab einen Staatsminister, von dem Steve glaubte, daß er mit der Zeit dazu zu kriegen sei, in der zukünftigen Regierung der Nation eine Rolle zu spielen. Dr. Piet Koornhof, der Sport- und Erholungsminister, schien ihm menschliche Eigenschaften zu haben, die seine Parteifreunde noch nicht völlig hatten unterdrücken können. Er fügte hinzu: »Ich habe den Eindruck, daß da ein ganz netter Kerl sitzt, der versucht auszubrechen.«

Es fiel mir schwer, solche Äußerungen Steves mit anderen Kommentaren zu seiner politischen Haltung zu vereinbaren. In dem Interview mit Burns sagte er unter anderem, daß die Einparteienherrschaft für Afrika angebracht sei. Einmal hatten wir uns stundenlang darüber gestritten. Ich regte mich lautstark auf, was für ein im Grunde »totalitärer Schwachsinn« seine Theorie sei, und er machte sich über meinen guten alten Gladstone-Liberalismus lustig. Meine beiden wichtigsten Argumente waren diese: Erstens wäre ein Gesetz, welches das System auf eine Partei begrenzt, nicht nötig, wenn die Bürger afrikanischer Staaten sich tatsächlich so einig wären, und zweitens sei ein Kein-Parteien-Staat sowieso sinnvoller als ein Ein-Parteien-Staat, da die eine anerkannte Partei den Regierungsapparat des Staates unnötig verdoppele.

Im Gegensatz zu den meisten Menschen hatte Steve Format genug, sich einem Gegenargument zu beugen, und bei diesem Thema tat er es, nach einer über zwei Stunden langen Debatte. Er tat noch mehr. Er sagte, ich hätte Aspekte zu dem Thema aufgezeigt, die ihm nicht eingefallen wären; sie hätten Gültigkeit und seine Ansichten um einiges verändert; und er fuhr dann fort, meine Argumentation klarer und einleuchtender weiterzuführen, als ich es je hätte tun können. Ich betrachtete Steves teilweise Bekehrung zu den grundlegenden Prinzipien des Westminster-Ideals, die darauf folgte, mit Stolz – daß es freien Männern gestattet sei, so viele Vereinigungen oder Podien zur Förderung einer legalen Politik zu organisieren, wie es ihnen gefiele. Ich glaube immer noch gerne daran, daß Steve, der mir so viel beigebracht hat, von mir in mindestens zwei Dingen stark beeinflußt wurde. Nach langen Überzeugungskampagnen meinerseits nahm er eine weniger zynische Einstellung gegenüber den Vereinigten Staaten im besonderen und gegenüber den westlichen Demokratien im allgemeinen ein.

Zur Zeit des Burns-Interviews oder kurz danach waren Wendy und ich in Zanempilo und erzählten Steve davon, wie John Burns, der einige Jahre in China gelebt hatte, die Arbeitslager dort beschrieben hatte, die summarische Art und Weise, in der Menschen in sie eingewiesen wurden, weil sie unbedeutenden und oft imaginären ideologischen Irrtümern erlegen waren. Steve reagierte aggressiv: »Ich kann mir vorstellen, daß es für einen Amerikaner, der aus einem Land mit einem derart hohen Lebensstandard kommt, schwer ist zu begreifen, warum die Chinesen bereit sind, die Bürgerrechte gegen soziale Fürsorge und Befreiung vom Hunger einzutauschen.« Und das, er wußte es ganz genau, führte zu einem weiteren langen Streit.

Im Rückblick scheint das Wort »Streit« nicht die richtige Bezeichnung für viele dieser Gespräche zu sein. Steve war nicht der Mann, der in einer Debatte durch billige Tricks versuchte, seine Gesprächspartner auszumanövrieren. Wenn auch manche seiner Bemerkungen bewußt provozierend waren, dann nur um ein lautes Denken und aufmerksames Zuhören in Gang zu bringen – einen Prozeß der verbalen und mentalen Problemanalyse. Seine Schlagfertigkeit war immer beeindruckend, aber niemals beleidigend. Solange ich ihn kannte, hat er nie meine Gefühle verletzt.

Es tut mir leid, daß er das nicht auch von mir sagen könnte, denn ich habe seine Gefühle sicher mindestens einmal verletzt. Steve war zum Mittagessen zu uns gekommen und streichelte einen kleinen Hund, den wir für unsere Kinder angeschafft hatten. Der Hund war pechschwarz und hieß »Charley«. Steve sagte: »Wie habt ihr ihn genannt?« »Nun«, antwortete ich, »er ist sehr schwarz, und deshalb haben wir daran gedacht, ihm einen Namen zu geben, der zur Black-Consciousness-Bewegung paßt, etwa Saso.«

Er versuchte, seinen Ärger zu verbergen, und mir wurde im gleichen Augenblick klar, daß die schwarzen Afrikaner eine ganz andere Einstellung zu Hunden haben als wir Weißen. Das Xhosawort für Hund, »inja«, ist ein schlimmes Schimpfwort, viel schlimmer als im Englischen. Aber er ging mit einem Lächeln über die Sache hinweg und sagte nur: »Ihr solltet ihn lieber Vorster nennen.«

Später bei Steves Begräbnis mußte ich an diesen Vorfall denken, als die Menge im Chor rief:

»Vorster! – Inja!«

»Kruger! – Inja!«

»Hattingh! – Inja!«

Und als sie dann das Lied anstimmten: »Ama-bhulu a-zizinja!« (»Die Buren sind Hunde!«)

Jedesmal, wenn Steve, Wendy und ich zu der Lichtung nördlich von King William's Town hinausfuhren, taten wir das in zwei Wagen, wegen der Steve auferlegten Verfügung, nicht mit mehr als einer Person zusammen zu sein. Einer von uns fuhr auf dem Hinweg in Steves Wagen, der andere auf dem Rückweg. Manchmal unterhielten wir uns alle drei im Hof in der Leopold Street: Steve und ich in Sesseln unter dem großen Baum, Wendy im Wagen, der in Hörweite geparkt war, aber so, daß er unbestreitbar von uns getrennt stand – falls die Sicherheitspolizei reinkam. Während einer solchen Sitzung im Hof schockierte mich Steve damit, daß er sagte, in gewissen Fällen könne man Festnahme ohne Prozeß schon rechtfertigen. »Was?« rief ich. »Meinst du damit, daß du im Falle deiner Machtübernahme in diesem Land Leute wie Kruger und Vorster festhalten würdest?«

Er sagte: »Es könnte als Vorsichtsmaßnahme während einer heiklen Zeit des unstabilen Überganges durchaus nötig sein. Ja, in so einem Fall würde ich es tun.«

Ich erklärte: »Dann wäre ich der erste, der sich gegen dich wenden und verlangen würde, daß die Häftlinge entweder angeklagt oder freigesetzt werden.«

Der Gedanke daran brachte ihn zum Lächeln. »Das wußte ich«, sagte er.

Ungefähr zu dieser Zeit hatte ich in meiner wöchentlichen Kolumne eine nachdenkliche, an weiße Leser gerichtete Betrachtung veröffentlicht. Sie hieß *Macht euch bereit, die ALF kennenzulernen,* und lautete folgendermaßen:

Dies ist eine Voranzeige für meine südafrikanischen Landsleute; sie soll sie auf ein Treffen mit der ALF vorbereiten. Als regelrechte Anzeige ist sie etwas verfrüht, da die ALF noch nicht geboren ist, aber sie soll das Erscheinen der ALF in Südafrika vorbereiten.

ALF, so glaube ich, werden die Anfangsbuchstaben jener politischen Bewegung sein, die bald gegründet werden wird, um die Sehnsucht einer großen Zahl von Schwarzen zu artikulieren. Soweit ich informiert bin, wird diese Partei danach trachten, alle schwarzen politischen Gruppen zu vereinen, einschließlich jener früheren Rivalen, PAC und ANC; der stärkste Ansporn für diese schwarze Vereinigung wird von den jungen Führern der jetzigen BPC kommen.

Sie werden einen neuen Namen suchen, um von den Gruppierungen der Vergangenheit Abstand zu nehmen, und sie werden in diesem Namen einen Hinweis auf das neue Südafrika, das sie schaffen wollen, sehen. Sie werden es als gemeinsame schwarze Front sehen, also wird das Wort Front miteinbezogen sein. Sie werden es als Befreiungsbewegung ansehen, also wird das Wort Liberation miteinbezogen sein. Sie werden anstreben, daß es den neuen Namen, den sie ihrem Land geben wollen, andeutet – Azania.

Deshalb: Azania Liberation Front. Oder abgekürzt: ALF.

Ich bin der Meinung, daß die schwarze Einheit, die aus dem Wunsch heraus geboren ist, die Zersplitterung, welche die schwarze Politik in Rhodesien gebremst hat, zu vermeiden, in solch einer Bewegung ihren Ausdruck findet und daß ihr Einfluß unvergleichlich sein wird.

Zweifellos wird die Azania Liberation Front bald nach ihrer offiziellen Gründung verboten werden – aber es ist anzunehmen, daß ihre offizielle Gründung so lange Zeit nach ihrem tatsächlichen Stapellauf erfolgt, daß ihre Wirksamkeit durch das Verbot nicht wesentlich behindert wird.

Im Gegenteil, da ein großes Maß der Wirksamkeit jeder schwarzen Opposition zur weißen Herrschaft heutzutage von der Anerkennung der Front-Staaten, der OAU und der UNO abhängt, wird ein solches Verbot nur der Glaubwürdigkeit der ALF dienlich sein.

Jedenfalls ist es unwahrscheinlich, daß diese Bewegung revolutionär sein wird im Sinne der Anwendung von Gewalt. Ihre grundlegende Aufgabe wird wahrscheinlich vielmehr darin liegen, für Männer wie Mandela, Sobukwe und Biko, die bis dahin vermutlich mit der Inkatha-Bewegung Gatsha Buthelezis im Bund sein werden, ein unangreifbares Mandat zu formulieren, um für die schwarzen Massen, ohne über Homeland zu verhandeln, mit den weißen Führern zu sprechen.

Natürlich setzt das voraus, daß es solche Verhandlungen geben wird.

Aber Zweifel daran beseitigt ein Blick auf die zu erwartende Folge von Ereignissen im südlichen Afrika: Mehrheitsregierungen in Rhodesien (Simbabwe) und Südwestafrika (Namibia); zunehmender Druck sowohl vom Westen als auch vom Osten, einschließlich Handelsembargo und möglicherweise massiver militärischer Interventionen.

Auf lange Sicht wird jeder Versuch des weißen Nationalismus, es mit der ganzen Welt aufzunehmen, scheitern – egal, wie viele Munitionsfabriken P. W. Botha eröffnet. Und es ist unvermeidlich, daß der Tag kommen wird, an dem weiße Führer mit schwarzen Führern verhandeln müssen.

Der Hauptunterschied zwischen solchen Verhandlungen und denen, welche die Regierung jetzt führt, ist der, daß die betroffenen schwarzen Führer nicht nur das Mandat der schwarzen Mehrheit in Südafrika haben werden, sondern gerade deshalb auch vom restlichen Afrika und der Welt anerkannt sein werden.

Und das, so meine ich, wird die wichtigste Rolle der Azania Liberation Front sein – und das Ausmaß, in dem ihre Führer großzügig in ihrer Einstellung gegenüber weißen Ängsten sein werden, wird davon abhängen, wie bald sich die weißen Führer bereit zeigen, mit ihnen Nägel mit Köpfen zu machen.

Wie die Dinge jetzt stehen, gibt es keine Garantie dafür, daß die ALF großmütig sein wird, wohlwollend und vorteilhaft für alle Betroffenen – obwohl das gesamte existierende Beweismaterial darauf hindeutet, daß man mit einer solchen Möglichkeit durchaus rechnen kann.

Aber eines ist sicher: Je länger die Weißen zögern, mit den Führern der

Schwarzen zu verhandeln, die das Mandat ihres Volkes haben, um so mehr wird sich die Haltung der Schwarzen verhärten.

Dies ist anderswo in Afrika geschehen, und es gibt keinen Grund, warum es nicht auch hier geschehen sollte.

Wir sollten deshalb hoffen, daß, wenn die ALF eines Tages offiziell in Erscheinung tritt, die weiße Regierung den Verstand aufbringen wird, die Bedeutung dieses Ereignisses realistisch einzuschätzen und realistisch zu verhandeln, anstatt mit Verboten, Drohungen, Säbelrasseln und anderen Maßnahmen zu reagieren, die dazu verurteilt sind, keinen Bestand zu haben.

Steve rügte mich dafür, daß ich diesen Artikel geschrieben hatte: »*Hey, man,* die verdammte Sicherheitspolizei wird das alles ernst nehmen und glauben, daß wir in eine tiefe Verschwörung verstrickt sind. Du kennst sie doch.« Ich erwiderte, daß ich als Journalist das schreiben müßte, woran ich ehrlich glaubte, und offen das prophezeien müßte, was ich als wahrscheinliche politische Entwicklung betrachtete.

»Ja, aber du kennst doch ihre Mentalität – die lesen in so was alle möglichen finsteren Untertöne hinein, egal wie theoretisch es ist. Diese Typen glauben doch zu gern an alle möglichen Verschwörungen.« Als hätte er geahnt, daß ebendieser Artikel in seiner eigenen gerichtlichen Untersuchung von der Sicherheitspolizei gegen ihn verwendet werden würde.

Mein letzter Besuch bei Steve und unser letztes langes Gespräch fand nur zwei Tage, bevor er endgültig verhaftet wurde, statt. Den Vormittag verbrachte ich mit ihm in Zanempilo. Ich hatte vor kurzer Zeit Gespräche mit dem nichtrassistischen South African Council on Sport geführt, das dem Supreme Council for Sport in Africa angegliedert war, aber keine tatsächliche Macht hatte, um irgendeinem südafrikanischen Sportgesetz die Aussicht auf internationale Anerkennung zu sichern, egal, wie sehr es sich von der Apartheid distanzierte. Das Council würde diese Macht auch nicht ohne Unterstützung des BPC erreichen.

Ich schlug Steve vor, daß der BPC diese Unterstützung gewähren sollte, um den Gegnern des rassistischen Sports eine doppelte Waffe in die Hand zu geben – einerseits wären sie dann fähig, einen rassistischen Sportverband mit Verachtung zu strafen, andererseits in der Lage, ihn mit internationaler Anerkennung zu belohnen, sollte er alle Spuren des Rassismus ablegen. Erst lehnte Steve den Vorschlag ab, mit der Begründung, daß die Haltung des BPC jede Anerkennung südafrikanischer Sportverbände zurückweise, solange die Apartheid andauere. Aber nach eingehender Betrachtung aller Aspekte der Angelegenheit stimmte er mir doch zu, daß in dem Vorschlag mehr Vor- als Nachteile enthalten seien. Es ging darum, die vorgeschlagene Gründung eines ausschließlich schwarzen Sport Council zu verzögern, dem South African Council on Sport eine große schwarze Unterstützung zukommen zu lassen und denen, die darum bemüht waren, den Sport vom Rassismus zu befreien, eine letzte Chance zu geben (wir einigten uns auf eine sechsmonatige Frist), bevor die endgültige Trennung vollzogen würde.

Er sagte, er würde versuchen, seinen Kollegen die Idee schmackhaft zu machen, und fügte hinzu: »Aber laß mir etwas Zeit. Ich werde eine lange Reise machen müssen.«

Ob er auf dieser Reise war, als er zu der verhängnisvollen Straßensperre kam, oder ob er sie mit einer anderen Reise verband, um BPC-Probleme in Kapstadt zu regeln, oder ob er sich nur auf einer seiner Kontakttourneen befand, weiß ich nicht. Aber jeder, der Steve gekannt hat, wird mit Sicherheit bestätigen, daß der von der Sicherheitspolizei angegebene Grund für seine Reise, nämlich daß sie im Zusammenhang mit Flugschriften stand, die zum politischen Mord und allgemeinem Blutvergießen aufriefen, falsch ist. Daran war ihm nicht gelegen. Das war nicht sein Stil. Aber er sollte nicht die Möglichkeit haben, sich gegen solche Verunglimpfungen zu verteidigen. Die Art und Weise, in der er sich auf der Anklagebank betragen hätte, wenn man ihn mit solchen Beschuldigungen konfrontiert hätte, kann man sich anhand des folgenden inoffiziellen Wortgefechts ausmalen, das er während des 1976er SASO/BPC-Prozesses, bei dem er als Zeuge auftrat, führte:

FRAGE: Warum wollen Sie die Konfrontation?
BIKO: Konfrontation an sich ist nichts Böses.

FRAGE: Konfrontation führt zu Gewalt. Befürworten Sie die Gewalt?
BIKO: Nein, Konfrontation führt nicht unbedingt zur Gewalt. Sie und ich befinden uns jetzt in Konfrontation, und keiner von uns hat vor, gewalttätig zu werden.
Anwalt, leise zu einem Kollegen: Das ist keine Konfrontation – das ist ein Massaker!

Steve war immer schnell bereit, den humorvollen Weg einzuschlagen und auf das Menschliche zu reagieren, auch wenn er von seinen Verfolgern sprach. Spätere Behauptungen der Sicherheitspolizei, er wäre in eine Flugschriftenkampagne, die nach Mord und Totschlag schrie, verwickelt, kamen mir deshalb besonders obszön vor. Außerdem kannte er die Taktik der Sicherheitspolizei so gut, daß er sich nie durch den alten Trick mit Geständnissen von Mitarbeitern hätte hereinlegen lassen.

Er hat oft von diesen Dingen gesprochen. »Weißt du«, sagte er, »die kommen rein und sagen, dein Kumpel Soundso hätte ihnen alles gesagt. Die zeigen dir sogar Erklärungen, die andere Festgehaltene ›freiwillig‹ geliefert haben, aber das ist so saublöd; auch wenn der Kerl es selbst verfaßt hat und auch wenn in dem Zeug irgendwo ein Funke Wahrheit enthalten ist, was wollen die damit erreichen? Auch wenn sie dich zusammenschlagen und du alles zugibst, was sie wollen, hast du doch die Möglichkeit, einfach zu warten, bis du vor Gericht kommst, und dann dem Richter zu erzählen, daß das ganze verdammte Zeug Unsinn ist. Man hat dich gezwungen, es zu sagen, und dann ist es bedeutunglos, weil es unzulässiges Beweismaterial wird.«

Während Steve zum letzten Mal in Haft war, muß die Sicherheitspolizei von Port Elizabeth besonders erpicht darauf gewesen sein, ein Geständnis dieser Art zu erhalten. Nach seinem Tod versuchten sie, seinen Namen mit Beschuldigungen zu beschmutzen, mit denen sie ihn, während er lebte, nie öffentlich bedacht hatten. Und die Methode, die sie angewendet haben, war genau jene Methode, die er mir beschrieben hatte. Sie stellte einen Teil ihres eigenen Beweismaterials in der gerichtlichen Untersuchung dar, die seinem durch sie verschuldeten Tode folgte.

Der Prozeß

Im Jahre 1976 spielte Steve Biko eine führende Rolle in einem der bemerkenswertesten Prozesse in der Geschichte Südafrikas. Vor dem Obersten Gericht wurden neun junge Schwarze wegen subversiver Tätigkeit angeklagt. Besser gesagt, in gewissem Sinne standen ihre Ansichten vor Gericht. Der Staat versuchte nachzuweisen, daß ihre Philosophie, die von SASO und BPC formulierte Philosophie der Black Consciousness, die öffentliche Sicherheit dadurch gefährde, daß sie wahrscheinlich zu einer Mobilmachung der schwarzen Meinung gegen die etablierte weiße Ordnung führen würde, auf eine Art und Weise, die darauf abzielte, die Rassenkonfrontation unvermeidlich zu machen.

Da eine Mobilmachung des schwarzen Bewußtseins gegen die etablierte weiße Ordnung genau der Sinn der Black Consciousness war, standen die Angeklagten vor dem Problem, sich zu verteidigen, ohne ihre grundsätzliche Philosophie zu verleugnen. Die Argumente des Staatsanwalts liefen darauf hinaus, daß die Art, in der SASO und BPC die schwarze Meinung beeinflußten, das Heraufbeschwören einer leidenschaftlichen antiweißen Stimmung beinhalte, welche die Feindseligkeit zwischen den Rassen fördere und die Revolution als Endziel habe. Die Verteidigung berief sich darauf, daß die Schwarzen keiner Einpeitschung des schon weit verbreiteten Zorns gegenüber dem weißen Rassismus bedürften; daß es trotz der gesetzlichen Einschränkungen den Schwarzen immer noch erlaubt sei, Meinungen zu kräftigen, um ihrem Verdruß ein friedliches Ventil zu verschaffen; daß die Black Consciousness eine konstruktive und keine destruktive Philosophie sei.

Da die Angeklagten alle Anhänger dieser Philosophie waren und da Steve Biko ihr führender Verfechter war, wurde er von der Verteidigung aufgefordert, für sie alle auszusagen. Das war ironisch, da es so gut wie sicher war, daß er sich unter den Angeklagten befunden hätte, wäre er nicht schon geächtet gewesen. Aber als Zeuge der Verteidigung beherrschte er die Verhandlung, und im Stil Nelson Mandelas, im Stil einer älteren Generation, verwandelte er den Gerichtssaal in ein Forum für die Verkündung der schwarzen Unzufriedenheit.

Die folgenden Auszüge aus dem gekürzten Gerichtsprotokoll sollen – in Steve Bikos eigenen Worten, bei einer der wenigen Gelegenheiten, die ihm erlaubten, öffentlich zu sprechen – illustrieren, wie er die Rolle der intellektuellen schwarzen Führung im Befreiungskampf sah. Seine Antworten auf die Fragen des Verteidigers David Soggott, des Staatsanwalts K. Attwell und des bekannt regierungsfreundlichen Richters Boshoff sind in chronologischer Reihenfolge angegeben, so, wie die Verhandlung ablief.

SOGGOTT: Mr. Biko, ich glaube, wir sollten uns erst einmal die wichtigsten Punkte Ihres eigenen Lebenslaufes ansehen. Sie wurden 1946 in King William's Town geboren; ist das richtig?
BIKO: Ja.
SOGGOTT: Sie haben sich in Marianhill, in der Nähe von Pinetown, im Jahre 1965 immatrikulieren lassen?
BIKO: Richtig.
SOGGOTT: Ab 1966 studierten Sie Medizin?
BIKO: Ich habe 1966 angefangen, an der University of Natal zu studieren, und bin dort bis 1972 geblieben, als ich relegiert wurde.
SOGGOTT: Können Sie uns sagen, warum Sie relegiert wurden?
BIKO: Der Grund, der von der Verwaltung angegeben wurde, war unzureichende akademische Leistung.
SOGGOTT: Und was sagen Sie zu diesem Grund?
BIKO: Man könnte über ihn streiten, das ist alles, was ich sagen möchte.
SOGGOTT: Interessierten Sie sich für die Medizin?
BIKO: Zu dem Zeitpunkt, an dem ich relegiert wurde, hatte ich mich schon entschlossen aufzuhören.
SOGGOTT: Und Sie hörten 1972 auf; ist das richtig?
BIKO: Das ist richtig.
SOGGOTT: Und was taten Sie dann?

BIKO: Ich arbeitete für das Black Community Program.
SOGGOTT: BCP?
BIKO: Das BCP, ja, von Anfang August 1972 an.
SOGGOTT: Wo arbeiteten Sie?
BIKO: In Durban, bis ich im März 1973 geächtet wurde.
SOGGOTT: Und wo gingen Sie dann hin?
BIKO: Dann ging ich nach King William's Town. Das Black Community Program forderte mich auf, in jener Stadt eine Filiale dieser Organisation einzurichten.
SOGGOTT: Und dann fingen Sie an, für sie zu arbeiten?
BIKO: Das ist richtig.
SOGGOTT: Vom Februar 1973 an?
BIKO: Genau gesagt, vom April 1973 bis zum 9. Dezember 1975.
SOGGOTT: Warum haben Sie im Dezember 1975 aufgehört, für BCP zu arbeiten?
BIKO: Eine Abänderung der mir auferlegten Verfügung machte mir die Weiterarbeit unmöglich.
SOGGOTT: Nun, von Ihrer Arbeit für das Community Program abgesehen, haben Sie sich für Jura interessiert?
BIKO: Ja, habe ich. 1973 ließ ich mich bei der University of South Africa einschreiben.
SOGGOTT: Können Sie die Umstände, unter denen die SASO gegründet wurde und unter denen sie sich entwickelte, beschreiben? Als Sie nach Natal kamen, war die NUSAS, die National Union of South African Students, die herrschende Studentenvereinigung dort?
BIKO: Das ist richtig.
SOGGOTT: Würden Sie Seiner Ehren erzählen, wie sich die schwarzen Studenten gegenüber der NUSAS verhielten?
BIKO: Wo soll ich anfangen? Fange ich mit den Meinungsverschiedenheiten innerhalb der NUSAS an?
SOGGOTT: Ich glaube, das wäre passend.
BIKO: Schön. Als ich also auf die Universität kam, war ich zuerst an der NUSAS interessiert und habe ihre nichtrassistische Einstellung voll akzeptiert. Ich fing dann an, zu ihren Gunsten mit Leuten, die anderer Meinung waren, zu diskutieren, Leuten, die der allgemeinen Variante des weißen Nichtrassismus gegenüber kritisch eingestellt waren.
SOGGOTT: Können Sie das ein klein wenig erläutern; wer waren die anderen Leute, die diese Meinung vertraten?
BIKO: Nun, da gab es mehrere Studenten an der Universität, teilweise Freunde von mir, wie Dr. Mokoape, und andere, mit denen ich nicht befreundet war, die aber an der Universität politisch arbeiteten.
SOGGOTT: Wenn Sie Dr. Mokoape sagen, meinen Sie dann den Angeklagten Nummer 4, der dort sitzt?

BIKO: Seine Nummer weiß ich nicht. Ja, das ist der Mann.
SOGGOTT: Welche Einstellung hatten diese Männer?
BIKO: Ihre Einstellung war die eines tiefen Mißtrauens gegenüber der weißen Auffassung des Nichtrassismus. Sie hatten das Gefühl, daß dieser Nichtrassismus immer nur als Idee vorgetragen würde, daß die Weißen in Wahrheit aber mit dem Status quo zufrieden waren und nicht die Absicht hatten, ihn aufzugeben. Dieser Auffassung stimmte ich nicht zu. Ich war der Meinung, daß es engagierte Weiße gäbe, welche die Lage ändern wollten; die mit uns alles teilen wollten, was das Land produzieren konnte.
SOGGOTT: Hat sich die Kritik an der NUSAS auf irgendwelche bestimmten Beispiele festgelegt, die ihre Auffassung von der Rolle des weißen Studenten illustrieren sollte?
BIKO: Ich kann mich jetzt nicht an bestimmte Beispiele erinnern, die damals zitiert wurden, aber man wies allgemein darauf hin, daß die NUSAS in der Geschichte der Studentenvereinigungen dadurch auffiel, daß einige ihrer Führer Dinge getan hatten, die von schwarzen Studenten mit Verachtung betrachtet wurden.
SOGGOTT: Was zum Beispiel?
BIKO: Manchmal erwähnten sie die Erklärung eines bestimmten NUSAS-Präsidenten in einem Gespräch, von dem dieser angenommen hatte, daß es vertraulich bleibe; manchmal sprachen sie von Rassentrennung, zum Beispiel während der NUSAS-Konferenzen; da gab es private Studentenpartys in den Studentenwohnungen, zu denen Schwarze nicht durften, wo man aber Funktionäre der NUSAS sehen konnte. Das waren die Dinge, die die Schwarzen zu der Ansicht brachten, daß das Engagement der weißen liberalen Studenten zum Nichtrassismus auf wackligen Beinen stand.
DER RICHTER: War das die Politik der Universität, oder wurde an der Universität die gesellschaftliche Gleichberechtigung als offizielle Politik vertreten?
BIKO: Die offizielle Politik der Universität war die, daß Schwarze nicht in die Studentenwohnungen reinkommen sollten, aber die NUSAS-Funktionäre konnten sich frei entscheiden, wo sie ihre Partys feiern wollten. Und es war bekannt, daß sie diese Partys oft in weißen Studentenwohnungen veranstalteten, da sie wußten, daß die Schwarzen dorthin nicht kommen konnten.
SOGGOTT: Jetzt möchte ich Sie folgendes fragen: Gab es jemals eine NUSAS-Konferenz, bei der die Schwarzen ihrer Unzufriedenheit wegen ihrer Unterbringung Ausdruck verliehen?
BIKO: Ja, bei der 1967er-Konferenz in der Rhodes University in Grahamstown. Man hatte uns gesagt, daß die Studentenwohnungen das erste Mal bei einer NUSAS-Konferenz vollkommen integriert sein würden. Auf der Eisenbahnfahrt zur Konferenz – ich gehörte zur Delegation der Natal

University (Schwarze Abteilung) – gab es eine Diskussion, bei der beschlossen wurde, daß wir im Falle, daß diese Bedingung nicht erfüllt werde, protestieren, uns von der Konferenz zurückziehen und nach Hause gehen würden. Als wir an der Rhodes University ankamen, konnte uns der Organisator der Konferenz nicht genau sagen, wo man uns unterbringen würde; man setzte uns an verschiedenen Stellen des Studentenwohnheimes ab; nach einer Weile merkten wir, daß zuerst die Weißen, dann einige Inder drankamen; schließlich kam der Organisator zu uns zurück und sagte, er hätte eine Kirche gefunden, wo wir übernachten könnten. In diesem Augenblick war ich der Meinung, daß wir Grund genug hatten, an dem Entschluß, den wir im Zug gefaßt hatten, festzuhalten.

SOGGOTT: Mr. Biko, wer faßte im Zug diesen Entschluß? Können Sie irgendwelche Namen nennen?

BIKO: Nun, da war der damalige Präsident, Rogers Rabavan, da waren Ben Nqubane, Johnny Masonwane, Paul David und ich. Es waren, glaube ich, auch andere Studenten von anderen Universitäten in Natal dabei, wie Shan Maraj.

SOGGOTT: Schön. Sie wollten eben sagen, daß in jener Nacht etwas geschah?

BIKO: Ja, in jener Nacht wurden wir von der Exekutive der Organisation überlistet, indem die Exekutive gleich zu Beginn der Sitzung eine Entschließung beantragte, die das Rhodes University Council wegen ihres Ausschließens der Schwarzen aus den Studentenwohnungen verurteilte. Dies war dazu angetan, die Schwarzen in dieser Angelegenheit in zwei Lager zu spalten, denn nun sah es so aus, als ob die Schuld nicht bei der NUSAS-Exekutive, sondern mehr beim University Council lag. Meiner Ansicht nach war die NUSAS sich längst bewußt, daß die Integration ein schwer zu erreichendes Ziel war. Sie hätte deshalb sorgfältigere Vorbereitungen treffen, beziehungsweise die Konferenz für den Fall, daß sich kein Ort finden ließe, an dem wir integriert tagen könnten, absagen müssen. In meiner Abordnung wurde das besprochen, und da es keine Übereinstimmung gab, brachte ich einen Antrag ein, daß man die Konferenz vertagen solle, bis sich ein nichtrassistischer Versammlungsort gefunden hätte. Ich glaube, der Antrag wurde um Mitternacht eingebracht; die Abstimmung erfolgte endlich um halb sechs Uhr morgens, und während der Debatte, die dazwischenlag, klärten sich eine Menge Einstellungen und kamen mir neue Ideen.

SOGGOTT: Was meinen Sie damit: neue Einstellungen und neue Ideen?

BIKO: Mir wurde klar, daß ich mich lange Zeit an diesem ganzen Dogma des Nichtrassismus wie an einer Religion festgehalten hatte, mit dem Gefühl, daß es Gotteslästerung sei, dieses Dogma in Frage zu stellen, und daß ich deshalb die Kritik anderer Studenten nicht angenommen hatte. Aber im Verlauf der Debatte gelangte ich zu der Ansicht, daß den Verfechtern der nichtrassistischen Idee einiges fehlte und daß sie, obwohl sie an dieser eindrucksvollen Idee festhielten, in Wahrheit ihren eigenen Erfahrungen zu Hause unterlagen; sie hatten dieses Problem der Überlegenheit, wissen Sie, und sie neigten dazu, das als selbstverständlich anzusehen, und wollten, daß wir Zweitklassiges akzeptierten. Sie wollten nicht einsehen, daß wir nicht daran denken konnten, in dieser Kirche zu bleiben, und ich bekam langsam das Gefühl, daß sich unsere Auffassung von unserer eigenen Situation in diesem Lande nicht mit der dieser liberalen Weißen deckte.

SOGGOTT: Können Sie uns erzählen, wie nach dieser NUSAS-Zusammenkunft die Entwicklung weiterging?

BIKO: Nun, erst mal muß erwähnt werden, daß ich anfing, die Rhodes-Erfahrung mit einigen schwarzen Studenten zu teilen, erst an meiner Universität und dann anderswo, und damals begann eine Art kreativer Gedanke hervorzutreten, der besagte: Wir können die weißen Studenten nicht für das verantwortlich machen, was sie tun; sie haben die Erfahrungen, die sie zu Hause gemacht haben; wir müssen das, was wir als schwarze Studenten tun, positiv betrachten. Und wir gewannen die Meinung, daß schwarze Studenten eine Organisation brauchten, die sich hauptsächlich mit ihrem Problem des Schwarzseins an der Universität beschäftigte und die spezifisch für schwarze Studenten da war.

SOGGOTT: Diese Gruppe von Leuten, die sich gegen die NUSAS stellten, wurde sie im Laufe der Zeit größer oder kleiner?

BIKO: Sie wurde größer. Eine zunehmende Anzahl von schwarzen Studenten begann, der NUSAS ihre Unterstützung zu entziehen, um die neuen Gedanken, die sich langsam herauskristallisierten, aufzunehmen.

SOGGOTT: 1968 gab es eine Konferenz der University Christian Movement?

BIKO: Das ist richtig.

SOGGOTT: Wurde damals irgendwelchen neuen Ideen Ausdruck verliehen?

BIKO: Ja, wir hatten beschlossen (wenn ich wir sage, so heißt das: die Studenten, die im Begriff waren, mehr im Sinne eines schwarzen Dialogs zwischen den einschlägigen schwarzen Universitäten zu denken), daß wir der Sache etwas weiter nachgehen sollten, und einige von uns wohnten verschiedenen Konferenzen bei. Wir besuchten die NUSAS-Konferenz 1968 in Johannesburg, mußten aber feststellen, daß sich an ihr nur wenige schwarze Studenten beteiligten. Dann gingen wir zur Konferenz der University Christian Movement, die im Juli nach der NUSAS-Konferenz in Stutterheim tagte, und an der eine Reihe schwarzer Studenten aus dem ganzen Land teilnahmen, von Universitäten und Hochschulen; bei dieser Konferenz waren sie sogar in der Überzahl. Wir hatten das Gefühl, daß das Podium etwas breiter geworden war und daß wir tatsächlich mit einer

Gruppe reden konnten, die einigermaßen repräsentativ im Sinne einer Auswahl von Studenten verschiedener Universitäten war. Also trugen wir den Studenten unsere Idee vor, wir ermöglichten es schwarzen Studenten, diese spezifische Idee unter sich zu erörtern, und bei dieser Konferenz wurde der Entschluß gefaßt, eine Konferenz anzustreben, die sich nur mit diesem Problem befassen sollte.

SOGGOTT: Von wem wurde dieser Entschluß gefaßt?

BIKO: Wie gesagt, wir ermöglichten es schwarzen Studenten, sich alleine zu besprechen.

SOGGOTT: Wie haben Sie das getan, oder wie kam es dazu?

BIKO: In Stutterheim standen wir einem juristischen Problem gegenüber. Es ist ein Stadtgebiet, und in dem Group Areas Act gibt es, was man die 72-Stunden-Klausel nennt, die es einem Schwarzen verbietet, sich ohne Erlaubnisschein länger als 72 Stunden in einem Stadtgebiet aufzuhalten. Die Konferenz war also mit diesem Problem befaßt, und die Konferenzleitung gab es den Studenten zur Diskussion. Darüber fand eine sehr intensive Debatte statt, bei der einige Studenten sagten, daß wir als Protestmaßnahme diese Regel ignorieren, und andere, daß wir sie befolgen sollten, indem wir einfach symbolisch die Stadtgrenze passierten und auf eine neue Zeitspanne von 72 Stunden zurückkamen. Einige Studenten, darunter auch ich, meinten, das wäre etwas heuchlerisch. Ich war der Meinung, wir sollten zeigen, daß dieses Gesetz anstößig sei, und schlug vor, daß wir schwarze Studenten uns verhaften lassen sollten und daß die anwesenden weißen Studenten entweder mit uns verhaftet werden oder gegen unsere Verhaftung protestieren sollten. Über diese Strategie gab es eine Diskussion, und schließlich kamen wir zu dem Schluß, daß die Schwarzen das selber entscheiden sollten, da sie die Betroffenen seien. Die Konferenz akzeptierte das schließlich, und die Schwarzen setzten sich allein zusammen, um die Sache zu besprechen. Und als wir uns alleine zusammensetzten, fingen wir an, über Probleme zu reden, die nur uns schwarze Studenten betrafen und die unserer Ansicht nach in gemeinschaftlichen Organisationen nicht eingehend genug behandelt wurden. Schließlich wurde der formelle Entschluß gefaßt, auf eine Konferenz im Dezember hinzuarbeiten, die sich mit dieser spezifischen Angelegenheit einer eigenen schwarzen Studentenorganisation befassen sollte.

SOGGOTT: Würden Sie das als den ersten Keim der SASO bezeichnen?

BIKO: Ja.

SOGGOTT: Und wann fand die erste Konferenz der eigentlichen Organisation statt?

BIKO: Sie wurde im frühen Juli 1970 einberufen – Verzeihung, 1969, an der University of the North, allgemein Turfloop genannt.

SOGGOTT: Nun zur Frage der Black Consciousness: Ist das überhaupt in Ihrer 1968er Konferenz zur Sprache gekommen?

BIKO: Nicht in der endgültigen, definitiven Form, aber ich glaube, daß erste Ansätze sich im Denken der Studentenführer bemerkbar machten.
SOGGOTT: Würden Sie jetzt bitte von der Konferenz in Turfloop im Juli 1969 erzählen?
BIKO: Ja. Das war mehr eine Gründungskonferenz. Wir sahen uns den endgültigen Entwurf der Satzung an, den aus dem vorausgegangenen Treffen im Dezember, und nahmen ihn als Verfassung der SASO an. Wir berieten uns dann über grundsätzliche Fragen, von denen die dringendste die war, wie unsere Beziehungen zu den bereits existierenden Studentenorganisationen aussehen sollten. Darüber gab es eine lange Debatte. Deswegen beschlossen wir, uns nicht mit der NUSAS zu liieren, aber die NUSAS als die nationale Studentenorganisation anzuerkennen. Diese Zwiespältigkeit rührte übrigens von den dank ihres Universitätshintergrundes verschiedenen Auffassungen der einzelnen Studenten her. Einige schwarze Universitäten wurden von ihren Behörden an einem Mitwirken bei der NUSAS regelrecht gehindert. Dadurch wurde für sie die NUSAS so eine Art romantisches Ideal, und sie waren der Ansicht, daß es ein völliger Mißerfolg ihrerseits wäre, wenn sie sich mit ihrer Verwaltung der populären Kritik der NUSAS anschließen würden. Also ließen sie die Sache lieber offen.
SOGGOTT: Wurden Wahlen abgehalten?
BIKO: Ja, und dann eine neue Exekutive eingesetzt.
SOGGOTT: Wurden Sie in irgendein Amt gewählt?
BIKO: Ja, ich wurde zum ersten Präsidenten der Organisation gewählt.
SOGGOTT: Wer war zu diesem Zeitpunkt noch in der Exekutive?
BIKO: Ich hatte Pat Matshaka als Vizepräsidenten, ich hatte Wuila Mashalaba als Geschäftsführer und einen Mann namens Denamile als Schatzmeister. An die erinnere ich mich, an die anderen kann ich mich nicht erinnern.
SOGGOTT: Waren von den Angeklagten damals welche beteiligt?
BIKO: Nein, damals war niemand von ihnen beteiligt.
SOGGOTT: Welche von den neun Angeklagten vor Gericht kannten Sie vor ihrer Verhaftung?
BIKO: Vor ihrer Verhaftung kannte ich Mr. Cooper, Mr. Myeza, Mr. Lekota, Dr. Mokoape und Mr. Moodley.
SOGGOTT: Haben Sie als Präsident an den Universitäten gesprochen?
BIKO: Ja, das habe ich.
SOGGOTT: Und wie war die Reaktion der schwarzen Studenten auf das damalige Konzept der SASO?
BIKO: Überall, wo ich hinkam, ermutigte man mich.
SOGGOTT: Ich glaube, es wäre jetzt vielleicht angebracht, wenn Sie Seiner Ehren sagen würden, ob es bei den schwarzen Studenten selbst immer noch einen Widerstand gegen die Gründung der SASO gab?

BIKO: Ja, ich würde sagen, das beste Beispiel lieferte meine eigene Universität, wo ich mich täglich um die Studenten kümmerte. In der Einstellung einiger Studenten, die im wesentlichen für die NUSAS waren, gab es Differenzen; sie waren der Ansicht, daß das, was jetzt geschah, gegen den Geist des Nichtrassismus, den die NUSAS verfocht, gerichtet war. Andererseits gab es andere Studenten, die der Meinung waren, daß die SASO nicht weit genug ging und daß sich die Afrikaaner dadurch, daß sie sich mit Indern und Farbigen einließen, derselben Amorphie aussetzten, die das Los der nichtrassistischen Organisationen war.
SOGGOTT: Sie wollten eine rein afrikanische Organisation?
BIKO: Ja, einige Studenten wollten eine rein afrikanische Organisation.
SOGGOTT: Wann kam es zum Bruch mit der NUSAS?
BIKO: Ich glaube, der formelle Entschluß wurde 1970 gefaßt, aber es gab sogar zwischen den zwei Konferenzen einen drastischen Gesinnungswandel. Einerseits fühlte sich die NUSAS durch das Auftauchen der SASO bedroht und versuchte, ihre Verbreitung an den diversen Universitäten zu blockieren; wir dagegen, wir wurden der NUSAS gegenüber kritischer. Es wurde völlig klar, daß wir an den Universitäten konkurrierten, und deshalb mußten wir, um zu überleben, sagen, was wir wirklich über die NUSAS dachten, um den Studenten ganz genau darzulegen, warum sie sich uns anschließen sollten.
SOGGOTT: Und wurde das angenommen?
BIKO: Es wurde angenommen, und dann, 1970, wurde eine Entschließung verabschiedet, unsere Anerkennung der NUSAS zurückzuziehen.
SOGGOTT: Kam die Frage des Begriffes »nichtweiß« überhaupt auf?
BIKO: Die Studenten entschlossen sich, den Begriff nichtweiß nicht mehr zu verwenden und ihn auch nicht als Beschreibung ihrer selbst zu erlauben, da sie ihn als Verneinung ihres Seins betrachteten. Man bezeichnete sie als Nicht-Etwas, was hieß, daß Etwas der Maßstab war und sie nicht diesem Maßstab entsprachen. Sie waren der Meinung, daß eine positive Lebensanschauung und der entsprechende Aufbau der eigenen Würde und Selbstsicherheit in einer positiven Bezeichnung enthalten sein sollten, und sie ersetzten den Begriff nichtweiß durch den Begriff schwarz.
SOGGOTT: Nun, Mr. Biko, 1970 fand in Port Elizabeth ein Treffen des SASO-Vorstandes statt.
BIKO: Richtig.
SOGGOTT: Würden Sie Seiner Ehren bitte sagen, welche bedeutenden Entscheidungen – wenn überhaupt – dort getroffen wurden?
BIKO: Es wurden eine Reihe Entscheidungen getroffen. Ich erinnere mich besonders an zwei. Wir sahen uns unser Programm für das kommende Jahr, 1971, an und bestimmten einzelne Tage, denen wir eine symbolische Bedeutung geben wollten. Zuerst gab es den sogenannten Leidenstag (suffer day), ich glaube, der 10. Mai, und zweitens hatte es schon an eini-

gen Universitäten eine Gedächtnisfeier für Sharpeville gegeben. Bei unserem Treffen beschlossen wir, den Tag von Sharpeville als einen Gedenktag im SASO-Kalender festzuhalten.
SOGGOTT: Irgendwelche anderen Entscheidungen?
BIKO: Wir beschlossen, einen Mitleidstag (compassion day) zu organisieren.
SOGGOTT: Wurde irgend jemand zu der International Commonwealth Student's Conference in Ghana geschickt?
BIKO: Ja, wir hatten eine Einladung von der Commonwealth Student's Association erhalten, die gerade in Ghana zusammentrat. Die Einladung, die wir erhielten, war auch an die NUSAS gerichtet. Also schickten wir eine Telegramm, in dem wir sagten, daß wir nicht zu einer kombinierten Abordnung NUSAS/SASO bereit seien, aber daß sie uns gerne getrennt einladen könnten. Schließlich bekamen wir eine zustimmende Einladung, und wir ernannten Lindelwe Mabandla zu unserem Vertreter.
SOGGOTT: Wurde irgendein anderer Beschluß in bezug auf schwarze Organisationen gefaßt?
BIKO: Ja, wir waren damals der Meinung, daß wir die Vertreter einer bestimmten Philosophie waren, die nicht nur für die Studenten, sondern für die gesamte schwarze Gemeinschaft wichtig war. Und wir waren der Ansicht, daß wir alle bereits existierenden schwarzen Organisationen im Land daran teilhaben lassen sollten.
SOGGOTT: Welche Philosophie war das?
BIKO: Wir begriffen langsam, daß unsere Einstellung, die die Black Consciousness ausmacht, in diesem Land einzigartig war und daß wir sie auf die anderen Organisationen übertragen sollten. Das Wichtigste war die Koordination der Kräfte. Wir waren der Meinung, es gebe eine Anzahl Organisationen, die im Lande wichtige Arbeit unter den Schwarzen leisteten, und daß sie bessere Resultate erzielen könnten, wenn sie ihre Mühen aufteilten und ihre Arbeitsbereiche abgrenzten, um sich in ihren Betätigungen nicht zu überschneiden.
SOGGOTT: Und welche Entscheidung wurde deshalb getroffen?
BIKO: Wir beschlossen, eine Reihe individueller Treffen mit diesen Organisationen einzuleiten, und erklärten, wir würden im Laufe des kommenden Jahres eine Abordnung zusammenstellen, um unsere Einstellung zu koordinierten Bestrebungen, die Stellung des schwarzen Mannes im Land emporzuheben, zu erläutern.
SOGGOTT: Nun, Mr. Biko, historisch betrachtet kann man da sagen, daß dies die Dinge in die Richtung der BPC, der Black Peoples Convention, ins Rollen gebracht hat.
BIKO: Ja.
SOGGOTT: Kann ich noch mal auf die Frage des Andenkens an Sharpeville zurückkommen? Was war damit beabsichtigt?

BIKO: Es gab zwei Gründe. Erstens hatten wir da Menschen verloren, die im Kampf für den schwarzen Mann in diesem Land getötet worden waren, und uns schwarzen Studenten schien es nur geziemend, das Andenken an diese Leute, die für unsere Sache gestorben waren, in Ehren zu halten. Zweitens waren wir in diesem Land als Schwarze in einer besonders schwachen Position, angesichts eines allmächtigen institutionalisierten Regierungsapparates; wenn wir unserem Abscheu demgegenüber durch ständige Gedächtnisfeiern Ausdruck gaben, konnten wir die Weißen vielleicht dazu bringen, ihre Polizei zurückzuhalten, die für diese Todesfälle die Hauptverantwortung trug. Das sind die beiden Gründe, der erste faktischer, der zweite psychologischer Natur.

SOGGOTT: Hatten Sie vor der Gründung der SASO Gedächtnisfeiern für Sharpeville beigewohnt?

BIKO: Hatte ich.

SOGGOTT: War das noch als einfacher Student oder schon als Funktionär?

BIKO: Nein, nein, noch als Student.

SOGGOTT: Fanden Sie, daß in den damligen Reden irgendeine Feindseligkeit gegen die weiße Rasse ermutigt oder entzündet wurde?

BIKO: Ich würde sagen, nein; im Gegenteil, diese Feiern neigten dazu, einem ein gewisses Maß an andächtiger, gelassener Ruhe zu geben, wissen Sie, sie gaben einem ein gewisses Maß an Zufriedenheit und Identifizierung mit jenen Leuten.

SOGGOTT: Jetzt mal etwas vorausgegriffen. Haben Sie danach den SASO-Heldentagsfeiern beigewohnt?

BIKO: Ja, das habe ich.

SOGGOTT: Und wurde bei diesen Feiern oder Andachtsfeiern Rassenfeindschaft ermutigt oder entzündet?

BIKO: Ganz bestimmt nicht. Der herrschende Tenor verbreitete ein Gefühl der Ruhe, der Zufriedenheit darüber, daß man in einem bestimmten Aspekt unserer Geschichte vereint war, und es gab auch religiöse Anklänge. Verschiedene ausgezeichnete Geistliche hielten Predigten, und ich zweifle nicht daran, daß die Mehrzahl der Anwesenden von der Art, in der das Ganze gehandhabt wurde, ergriffen war. Irgendwie neigten alle dazu, die Feier mit einem biblischen Opfer in Verbindung zu bringen, wissen Sie, in dem Sinne, daß diese Leute für uns gestorben waren und daß wir uns deshalb kräftiger unserem Kampf widmen sollten, sozusagen.

SOGGOTT: Ja. Nun, Mr. Biko, der Tag des Mitleids. Können Sie uns kurz mitteilen, um was es da ging?

BIKO: Der Tag des Mitleids war zur Erinnerung an bestimmte Leidenssituationen gedacht, die der schwarze Mann von Zeit zu Zeit durchmachen mußte, etwa das Verhungern in Orten wie Dimbaza oder das Hochwasser in Port Elizabeth.

SOGGOTT: Sie sagten gerade Hungersnot in Orten wie Dimbaza?

BIKO: Ja.
SOGGOTT: Wo liegt Dimbaza?
BIKO: Dimbaza ist ein Neuansiedlungsgebiet außerhalb von King William's Town, wo ich wohne.
SOGGOTT: Wenn Sie von einer Hungersnot dort sprechen, können Sie uns sagen, was Sie damit meinen?
BIKO: Es gab dort Familien, die vom Norden, Nordwesten und Westen der Kapprovinz dorthin umgesiedelt worden und in entsetzlicher Not waren; in den meisten Fällen war der Mann nicht arbeitsfähig, die Frau in der Familie hatte bei ihrer Ankunft keine Arbeit, man gab ihnen Regierungsrationen, die meist nur für zwei oder drei Wochen reichten, obwohl sie für Monate reichen sollten. Die Kirche mußte eingreifen. Ich ging einmal mit dem Geistlichen der anglikanischen Kirche hin und besuchte drei oder vier Häuser. Ich konnte es nicht mehr aushalten. In keinem der Häuser waren Möbel, außer vielleicht einem Stuhl oder irgendeinem alten Bettgestell, einem Herd und einigen Töpfen, und die Kinder zeigten deutliche Symptome von Unterernährung.
SOGGOTT: Schön, Sie erwähnten Dimbaza – was noch?
BIKO: Die Hochwassersituation in und um Port Elizabeth.
SOGGOTT: Was war der Sinn, einen Tag des Mitleids abzuhalten, außer der schlichten Absicht, Katastrophen ins Gedächtnis zurückzurufen?
BIKO: Es ging hauptsächlich darum, die Studenten dazu zu kriegen, ein gesellschaftliches Gewissen aufzubauen, sich als Teil der Gemeinschaft zu sehen und ihre Energie auf die Lösung der natürlichen Probleme zu richten, an die am Tag des Mitleids gedacht wurde.
SOGGOTT: Nur um einige Details über Ihre Person zu erhalten: Wohnten Sie und Barney Pityana 1971 einer Konferenz bei, die als Institute of Interracial Studies bekannt war, unter Professor Van der Merwe, in Kapstadt?
BIKO: Das ist richtig, ja.
SOGGOTT: Und sprachen Sie auf dieser Konferenz?
BIKO: Das tat ich.
SOGGOTT: Worüber sprachen Sie?
BIKO: Ich sprach über den weißen Rassismus und Black Consciousness, und Barney Pityana sprach über Black Consciousness im allgemeinen.
SOGGOTT: Danach erschien ein Buch namens *Student Perspectives on South Africa,* nicht wahr?
BIKO: Das ist richtig, ja.
SOGGOTT: Wurde Ihre damalige Rede in dem Buch abgedruckt?
BIKO: Ja.
SOGGOTT: Ich möchte jetzt auf diesen Beschluß der SASO zu sprechen kommen: »Die SASO ist eine schwarze Studentenorganisation, die auf die Befreiung der Schwarzen hinarbeitet, zuerst von der selbst auferleg-

ten psychologischen Unterdrückung durch Minderwertigkeitskomplexe, und zweitens von der physischen Unterdrückung, die aus dem Leben in einer weißen, rassistischen Gesellschaft entsteht.« Frage: Steht das Konzept der Black Consciousness in irgendeiner Weise mit diesem Beschluß in Verbindung?

BIKO: Ja, das tut es.

SOGGOTT: Die Black Consciousness richtet sich an den schwarzen Mann und seine Situation, und der schwarze Mann ist in diesem Lande zwei Kräften ausgesetzt. Erstens wird er von einer äußeren Welt durch eine institutionalisierte Maschinerie unterdrückt und durch Gesetze, die ihn daran hindern, bestimmte Dinge zu tun, durch harte Arbeitsbedingungen, durch schlechte Bezahlung, schwierige Lebensbedingungen, durch unzureichende Erziehung; das sind für ihn alles äußerliche Dinge. Zweitens, und unserer Meinung nach ist das das Wichtige, hat der schwarze Mann in sich selbst einen gewissen Zustand der Entfremdung entwickelt; er weist sich selbst genau deswegen zurück, weil er die Bedeutung Weiß mit alldem verbindet, was gut ist. Mit anderen Worten: er setzt gut und Weiß gleich. Daran ist sein Leben schuld und seine Entwicklung von Kindheit an. Wenn er zum Beispiel in die Schule geht, ist seine Schule nicht dieselbe wie die weiße Schule, und er kommt zu dem Schluß, daß das, was er in seiner Schule lernt, nicht dasselbe ist wie das, was in der weißen Schule gelehrt wird. Die schwarzen Kinder haben meist schäbige Schuluniformen, wenn sie überhaupt welche haben; die weißen Kinder haben immer Uniformen. Sogar die Sportorganisation – das sind so Dinge, die einem als Kind auffallen: Bei weißen Schulen ist sie so gründlich, das Training ist so gut, daß man aus einer Schule fünfzehn Rugby-Mannschaften rausholen könnte; aus unserer Schule könnten drei kommen. Jede dieser fünfzehn weißen Mannschaften hat für jeden Bengel, der mitspielt, eigene Klamotten, während wir uns die Klamotten unter drei Mannschaften teilen müssen. Das ist nur ein Teil der Ursachen dieser Selbstverneinung, mit der unsere Kinder aufwachsen müssen. Das Zuhause ist anders, die Straßen sind anders, die Beleuchtung ist anders, also neigt man dazu, sich darüber Gedanken zu machen, ob an dem *eigenen Menschsein etwas unvollständig* ist und daß die Vollständigkeit mit Weißsein im Zusammenhang steht. Das wird ins Erwachsensein übertragen, wo der schwarze Mann leben und arbeiten muß.

SOGGOTT: Wie wird es Ihrer Meinung nach ins Erwachsensein übertragen? Können Sie uns da Beispiele geben?

BIKO: Ich erinnere mich besonders an eine Sache, die mich gerührt hat; ein Gespräch mit einem indischen Arbeiter in Durban, der für eine Reinigungsfirma einen Lieferwagen fuhr. Er beschrieb mir seinen Durchschnittstag, wie er lebte, und das tat er so: »Ich arbeite nicht mehr, um zu leben, ich *lebe, um zu arbeiten.*« Und als er das dann ausführlicher er-

klärte, erkannte ich die Wahrheit dieser Bemerkung. Er beschrieb mir, wie er um 4 Uhr aufstehen und einen langen Weg antreten mußte, um den Bus in die Stadt nicht zu verpassen. Dort arbeitete er den ganzen Tag, der Chef gab ihm zu viele Fahraufträge, und am Ende des Tages mußte er dieselbe Strecke nach Hause fahren, kam dort um halb neun oder neun an, viel zu müde, um an was anderes zu denken als an Schlafen, um am nächsten Morgen wieder pünktlich zur Arbeit zu erscheinen.
SOGGOTT: Inwieweit würden Sie sagen, daß dieses Beispiel typisch oder atypisch für einen schwarzen Arbeiter ist, der in einem Stadtgebiet wohnt?
BIKO: Ich glaube, das ist ein ziemlich typisches Beispiel, mit Abweichungen natürlich, was die Zeit angeht und die Art der Arbeit, eben weil die Townships weit weg von den Gebieten liegen, wo Schwarze arbeiten, und die Transportbedingungen sind entsetzlich. Züge sind überfüllt, Taxis sind überfüllt, die ganze Verkehrssituation ist gefährlich, und bis einer zur Arbeit kommt, hat er wirklich etwas durchgemacht. Er kommt zur Arbeit; und auch bei der Arbeit hat er keine Ruhe, der Chef preßt den letzten Tropfen Arbeit aus ihm raus, um die Produktion zu steigern. Das ist die allgemeine Erfahrung, die der schwarze Mann macht. Wenn er von der Arbeit heimkommt, durch dieselben Verkehrsverhältnisse hindurch, kann er seinen Zorn nur an seiner Familie auslassen; das ist seine letzte Verteidigung.
SOGGOTT: Warum gibt es dieses Gefühl der Minderwertigkeit, wie es Ihre Leute spüren?
BIKO: Ich habe ein wenig von *Erziehung* gesprochen, aber ich glaube, ich muß da ausführlicher werden. Als schwarzer Student ist man der Konkurrenz weißer Studenten ausgesetzt auf Gebieten, in denen man vollkommen unzureichend ist. Unser Hintergrund ist im wesentlichen der von Bauern und Arbeitern. Wir haben keinen täglichen Kontakt mit einer im höchsten Maße technologischen Gesellschaft. Auf diesem Gebiet sind wir Fremde. Wenn man als weißes Kind einen Aufsatz schreiben muß, dekken sich die Themen recht gut mit der weißen Erfahrung, aber als schwarzer Schüler, der denselben Aufsatz schreiben muß, muß man mit etwas ringen, das einem fremd ist – nicht nur fremd, sondern auch in gewissem Sinne überlegen, wegen der Fähigkeit der weißen Kultur, in der Medizin und so weiter so viele Probleme zu lösen. Man neigt dann dazu, diese Kultur als eine der eigenen überlegene zu betrachten. Man neigt dazu, die *Arbeiterkultur* zu verachten, und das bewirkt in dem schwarzen Mann ein Gefühl des *Selbsthasses,* das im Umgang mit sich selbst und anderen Schwarzen ein wichtiger Faktor ist.

Um mit den existierenden Problemen fertig zu werden, nimmt der schwarze Mann natürlich eine *doppeldeutige* Einstellung an. Ich kann ein typisches Beispiel zitieren. Da war ein Mann, der bei einem unserer Projekte im Osten der Kapprovinz als Elektriker arbeitete. Er installierte

Leitungen; ein Weißer mit schwarzem Gehilfen. Er mußte über der Decke sein und der schwarze Mann darunter, und sie arbeiteten zusammen daran, Drähte und Kabel raufzuschieben, und die Röhren, in denen die Kabel waren, durchzuschieben, und so weiter. Und die ganze Zeit hat der weiße Mann nur geschimpft, geschimpft, geschimpft. »Schieb doch, du Idiot!« In dieser Art. Und natürlich berührte mich das. Ich kannte den weißen Mann sehr gut, er war freundlich zu mir, also luden wir die beiden zum Nachmittagstee ein, und ich fragte ihn: »Warum reden Sie so mit diesem Mann?« Er sagte mir in Anwesenheit des anderen: »Das ist die einzige Sprache, die er versteht; ist'n fauler Sack.« Und der schwarze Mann lächelte. Ich fragte ihn, ob das wahr sei, und er sagte: »Ich bin an ihn gewöhnt.« Das fand ich zum Kotzen. Ich dachte einen Augenblick lang, daß ich die schwarze Gesellschaft nicht verstünde. Nach zwei Stunden oder so bin ich wieder zu dem Schwarzen hingegangen und habe gesagt: »Hast du das wirklich gemeint?« Der Mann wurde ganz anders, sehr verbittert. Er sagte mir, daß er seinen Job gerne aufgeben würde, aber was sollte er tun? Er hatte nichts gelernt und hatte keine Garantie, daß er einen neuen Job kriegen würde, sein Job gab ihm eine gewisse Sicherheit, er hatte kein Geld auf der hohen Kante. Wenn er heute nicht arbeitete, konnte er morgen nicht leben, er mußte arbeiten, er mußte es schlucken. Und da er es schlucken mußte, wagte er es nicht, seinem Chef gegenüber aufzutrumpfen. Nun, das, glaube ich, verdeutlicht die *doppeldeutige* Einstellung vieler Schwarzer zur ganzen Frage der Existenz in diesem Lande.

SOGGOTT: Der Gebrauch des Wortes schwarz in der Literatur und als Bestandteil der westlichen Kultur – ist das irgendwie ins Spiel gekommen?

BIKO: Wie bitte?

SOGGOTT: Der Gebrauch des Wortes schwarz; was bedeutet schwarz, und wie wird es in der Sprache angewendet?

DER RICHTER: Ist es ein umfassender Begriff?

BIKO: Wenn ich Sie richtig verstehe – ich glaube, in der üblichen Literatur wird der Begriff schwarz meist in Zusammenhang mit negativen Dingen gebraucht. Man spricht vom schwarzen Markt, vom schwarzen Schaf der Familie, man spricht von ... Sie wissen schon, alles, was schlecht sein soll, wird auch als schwarz angesehen.

DER RICHTER: Das Wort schwarz hat hier aber doch sicher nichts mit dem schwarzen Mann zu tun. Ist das nicht nur ein althergebrachtes Idiom? Die Dunkelheit, die Nacht war für den primitiven Menschen ein Geheimnis; wenn ich primitiver Mensch sage, schließt das die Weißen mit ein; und wenn er über dunkle Kräfte redet, redet er von Magie, von Schwarzer Magie; ist das nicht der Grund dafür?

BIKO: Das ist sicher der Grund. Aber ich glaube, durch die Geschichte und den allgemeinen Gebrauch ist eine Einstellung entstanden, aus der heraus genau diese Assoziation dauernd auch auf den schwarzen Mann

angewendet wird. Die Tatsache, daß man von Schwarzer Magie spricht, vom schwarzen Markt, führt der schwarze Mann darauf zurück, daß schwarz, genau wie er, als minderwertige Sache angesehen wird; eine unerwünschte, von der Gesellschaft verpönte Sache. Und typischerweise ist es bei weiß genau andersrum, mit der Logik, daß weiß zu Engeln paßt, Sie wissen schon, Gott, Schönheit, all das. Ich glaube, das trägt dazu bei, dieses Gefühl der Selbstzensur im schwarzen Mann zu erregen.
SOGGOTT: Wenn Sie da so Phrasen wie black is beautiful haben – würde diese Art von Phrase mit der Black-Consciousness-Einstellung übereinstimmen?
BIKO: Ja.
SOGGOTT: Worum geht es bei so einem Slogan?
BIKO: Dieser Slogan ist uns sehr behilflich, in einer bestimmten Weise an die Menschen heranzukommen. Er geht an die Wurzeln dessen, was der schwarze Mann von sich selbst hält. Wenn man sagt, black is beautiful, sagt man eigentlich dies: »Hör mal, du bist in Ordnung, so wie du bist. Fang an, dich als menschliches Wesen zu betrachten.« Nun, besonders im afrikanischen Leben bezieht es sich auch auf die Art, in der sich Frauen darauf vorbereiten, in der Öffentlichkeit gesehen zu werden. Wie sie sich anziehen, sich schminken und so weiter, ist eigentlich eine Verneinung ihres wahren Zustandes und in gewissem Sinne eine Flucht vor ihrer Farbe. Sie benützen Salben, die ihre Haut heller machen; sie benützen Geräte, die ihre Haare glätten und so weiter. Sie glauben irgendwie, wenigstens habe ich den Eindruck, daß ihr natürlicher Zustand, der ein schwarzer Zustand ist, nicht gleichbedeutend mit Schönheit sei; daß sie nur an die Schönheit rankommen, wenn sie ihre Haut so hell wie möglich machen, die Lippen so rot wie möglich und die Fingernägel so rosa wie möglich. Also greift der Begriff black is beautiful genau diesen Glauben an, der jemanden dazu bringt, sich selbst zu verneinen.
DER RICHTER: Mr. Biko, warum gebrauchen Ihre Leute dann das Wort schwarz? Es ist doch so, daß schwarz nur eine harmlose Bezugnahme ist, die im Laufe der Jahre entstanden ist, genau wie weiß. Schnee wird als weiß betrachtet, und Schnee wird als die reinste Form des Wassers betrachtet und symbolisiert deshalb die Reinheit. Also hat weiß doch nichts mit dem weißen Mann zu tun?
BIKO: Richtig.
DER RICHTER: Aber warum sprechen Sie von Ihren Leuten jetzt als Schwarzen? Warum nennen Sie sie nicht Braune? Ihre Leute sind doch eher braun als schwarz.
BIKO: Genauso, wie ich Weiße eher als rosa betrachte.

(Gelächter)

DER RICHTER: Eben. Aber warum gebrauchen Sie dann nicht das Wort braun?

BIKO: Weil wir historisch als Schwarze definiert worden sind. Wenn wir den Begriff »nichtweiß« von uns weisen und uns das Recht nehmen, uns so zu nennen, wie wir es für richtig halten, dann haben wir dafür eine ganze Reihe von Alternativen: Eingeborene, Afrikaner, Kaffern, Bantus und so weiter. Wir haben »Schwarze« genau deswegen gewählt, weil uns dieser Ausdruck als der passendste erschien.
DER RICHTER: Und das war die absolut falsche Wahl. Denn Sie knüpfen damit an etwas an, was Jahrhunderte hindurch an dunkle Gewalten erinnerte.
BIKO: Das ist richtig. Genau weil es in diesem Zusammenhang gebraucht wurde, ist es unser Ziel, es als Bezeichnung für uns zu verwenden und es so zu verwandeln, daß wir uns positiv betrachten können; auch wenn wir beschließen, uns braun zu nennen, wird es in der Literatur und in den Reden der weißen Rassisten in unserer Gesellschaft immer noch den verunglimpfenden Gebrauch des Wortes schwarz geben.
DER RICHTER: Aber würden Sie immer noch von Schwarzer Magie sprechen, wenn Sie Hexerei meinen?
BIKO: O ja, wir sprechen von Schwarzer Magie.
DER RICHTER: Gebrauchen Sie das jetzt positiv oder negativ?
BIKO: Wir lehnen es nicht ab. Das Schwarze ist ein Teil des Geheimnisvollen unseres Erbes. Wir sind der Meinung, daß die Magie wissenschaftlich noch nicht eingehend genug gewürdigt worden ist.
DER RICHTER: Aber mir geht es nicht um Hexerei. Ich rede von dem Begriff. Gebrauchen Sie nach wie vor die Bezeichnung »schwarze« Magie?
BIKO: Ja.
DER RICHTER: Aber warum gebrauchen Sie schwarz? In welchem Sinne gebrauchen Sie schwarz?
BIKO: Nun, wenn wir in diesem Land von Schwarzer Magie sprechen, im Gegensatz zu London zum Beispiel, wo man von Schwarzer Magie als von einer Art Hexerei spricht, ohne Zusammenhang mit der schwarzen Gesellschaft... Wenn man in diesem Lande von Hexerei oder Aberglauben spricht, assoziieren es die meisten Leute automatisch mit Schwarz. Die Weißen sind nicht abergläubisch; Weiße haben keine Hexen und Medizinmänner. Wir sind die Leute, die das haben.
SOGGOTT: Ich bin nicht sicher, ob er da recht hat.
(Gelächter)
DER RICHTER: Das stimmt, es gibt bei uns viel Hexerei.
BIKO: Nun, es ist sicher nicht unsere Art von Hexerei, muß ich schon sagen.
DER RICHTER: Nun, wie viele Weiße gehen zum Medizinmann?
BIKO: Sie meinen zu unseren Medizinmännern? Gut, da haben Sie recht. Sie gehen schon hin, aber die Medizinmänner sind unsere, und die Hexerei ist unsere.

DER RICHTER: Aber Sie nehmen das übel. Ich meine die Tatsache, daß der weiße Mann den schwarzen Mann für die Hexerei verantwortlich macht. Oder nehmen Sie das nicht übel?
BIKO: Nun, in bestimmten Fällen, ja. Ich glaube schon, daß die Bezeichnung abergläubisch in bezug auf Schwarze ziemlich herabsetzend ist.
DER RICHTER: Aber fügt das Ihren Leuten nicht großes Leid zu – die Hexerei? Ich meine, wenn ich Verhandlungen leite und Mordfälle in der Nähe von Sekukuneland oder sogar in der Nähe von Tzaneen ermittle, gibt es immer Hexereifälle, und die schrecklichsten Dinge passieren. Wenn ein Kind stirbt, glauben sie, daß jemand das Kind verhext haben muß, und bringen einfach ein paar Leute um. Das können Sie doch nicht rechtfertigen?
BIKO: Nein, das tun wir nicht. Wir lehnen den Aberglauben ab. Wir lehnen die Hexerei ab. Wir sagen nur, daß es bestimmte Dinge in diesem ganzen Bereich der Schwarzen Magie gibt, deren Erforschung nützlich wäre. Ich meine, ich würde es genauso ablehnen wie Sie, weil ich nicht daran glaube, aber ich verachte nicht die Leute, die daran glauben, wie sie der Großteil der Gesellschaft verachtet. Wegen der kulturellen Wurzeln habe ich dafür Verständnis. Daran ist meine Bildung schuld, die Tatsache, daß ich so viel Literatur ausgesetzt bin und anderen, sagen wir Kulturen dieser Welt. Ich habe beschlossen, daß in meinem Glauben für Hexerei kein Platz ist, aber der Mann, der daran glaubt: Ich kann immer noch verständnisvoll mit ihm reden. Ich lehne ihn nicht als Barbaren ab.
DER RICHTER: Aber ich nehme an, daß Hexerei deswegen mißbilligt wird, weil Leute unverantwortliche Dinge tun und anderen weh tun?
BIKO: Das ist richtig – ja.
SOGGOTT: Sind Sie so sehr um die Rekonstruktion des Wortes schwarz in der Linguistik bemüht, nur um die Reaktion der Schwarzen auf ihr eigenes Schwarzsein zu ändern?
BIKO: Das Ganze ist tatsächlich an den Menschen gerichtet – an den Schwarzen.
SOGGOTT: Sie sprachen vorhin vom dem Verständnis, das Sie für das Minderwertigkeitsgefühl des Schwarzen haben, für seinen Selbsthaß und so.
BIKO: Ja.
SOGGOTT: In der Welt der Sprache, welche Rolle spielt da der Schwarze? Wie fühlt er sich?
BIKO: Ich glaube, das ist ein weiteres Gebiet, in dem Erfahrungen ... nun, sagen wir, wo es Schwierigkeiten gibt. Wir haben hier in Südafrika eine Gesellschaft, die hauptsächlich zwei Sprachen als *offizielle Sprachen* anerkennt: Englisch und Afrikaans. Das sind Sprachen, die man in der Schule, an der Universität gebrauchen muß, oder bei Studium und Fortbildung als schwarzer Mann. Unglücklicherweise sind die Bücher, die man liest, englisch. Englisch ist für einen Schwarzen eine Zweitsprache.

Die Grundschulung erhält er meist in einer einheimischen Sprache, besonders heutzutage, mit der erweiterten Bantuerziehung. Bis zur Immatrikulation ringt man mit der Sprache, und bevor man sie überhaupt beherrscht, muß man sie schon im Studium gebrauchen. Das Ergebnis ist, daß man ein Buch nie ganz versteht. Ich rede jetzt vom Durchschnittsmenschen. Ich rede nicht von Ausnahmefällen. Man versteht den Absatz, aber es gelingt einem nicht ganz, das Argument, das in einem bestimmten Buch enthalten ist, wiederzugeben, ganz einfach, weil man bestimmte Worte in dem Buch nicht verstanden hat. Das macht einen als Schwarzen generell *weniger fähig, sich auszudrücken,* und deshalb introvertierter. Man spürt Dinge mehr, als daß man sie ausdrückt, und das trifft auch auf Afrikaans zu. Bei Englisch aber viel mehr als bei Afrikaans. Afrikaans ist im wesentlichen eine Sprache, die sich hier entwickelt hat, und in vielen Fällen ist sie sehr bildhaft. Sie paßt viel besser mit afrikanischen Sprachen zusammen. Englisch dagegen ist vollkommen fremd, und den Leuten fällt es deshalb schwer, in ihrem Verständnis der Sprache einen bestimmten Punkt zu überschreiben.
SOGGOTT: In welchem Zusammenhang steht das mit dem Schwarzen und insbesondere mit dem schwarzen Studenten in punkto Minderwertigkeit?
BIKO: Nur ein Beispiel dafür: Kehren wir noch mal zu den alten Tagen der NUSAS zurück, als weiße Studenten etwas diskutierten, das man als Schwarzer ebenfalls im täglichen Leben erlebte – aber die eigene *Formulierungsgabe* war nicht so stark wie ihre. Bei den weißen Studenten gab es dann einige, die den Magister machten, den Bakkalaureus cum laude, sehr intelligent, sehr beredt. Man mag selbst genauso intelligent sein, sich aber nicht ausdrücken können. Man wird in eine untergeordnete Rolle gedrängt, in der man nur ja sagt, zu dem, was sie sagen, auch wenn man von dem spricht, was man selbst erlebt hat. Und das nur, weil man es nicht so gut formulieren kann. Das gibt vielen schwarzen Studenten in gewissem Sinne ein Gefühl der Unzulänglichkeit. Man neigt dazu zu glauben, es sei nicht nur eine Frage der Sprache. Man neigt auch dazu, es in gewissem Sinne mit der Intelligenz in Zusammenhang zu bringen. Man bekommt das Gefühl, daß der Typ da geistig besser ausgerüstet ist als man selbst.
DER RICHTER: Aber warum sagen Sie das? Ist Englisch nicht die offizielle Sprache der SASO?
BIKO: Ja, ist es.
DER RICHTER: Ihre Beschwerde richtet sich gegen die Sprache, und es ist genau die Sprache, die Sie benutzen?
BIKO: Nein, nein, ich beschwere mich nicht über die Sprache. Ich erkläre nur, wie die Sprache zur Entwicklung eines Minderwertigkeitskomplexes beitragen kann. Ich beschwere mich nicht über die Sprache selbst. Es geht darum, daß wir ungefähr zehn Sprachen haben. Wir können bei einem

Treffen nicht alle zehn Sprachen sprechen. Wir müssen eine gemeinsame Sprache wählen. Aber unglücklicherweise geschieht im Lernprozeß dies: Man versteht nicht genug, und man kann sich nicht gut genug ausdrücken, und wenn man zusammen ist mit Leuten, die das besser können als man selbst, neigt man zu der Annahme, daß sie das können, weil sie intelligenter sind als man selbst; daß sie diese Dinge besser sagen können als man selbst.

DER RICHTER: Aber Ihre Sprache ist sehr idiomatisch. Ist es für Ihre Leute nicht einfacher, Afrikaans zu sprechen anstatt Englisch, weil Afrikaans genau wie eure Sprache sehr idiomatisch ist?

BIKO: Sicher, das ist wahr, aber dummerweise weckt Afrikaans bestimmte historische Assoziationen, die den Schwarzen dazu bewegen, es abzulehnen, und das sind politische Assoziationen.

SOGGOTT: Aber wenn ich Sie richtig verstanden habe, geht es Ihnen darum, daß sich der Afrikaner in der Sprache etwas fremd vorkommt?

BIKO: Richtig.

SOGGOTT: Mr. Biko, bleiben wir bei der Frage der Minderwertigkeit. Dieser Artikel hier, Beweisstück Nummer acht der Anklage: Die Angst – ein wichtiger Faktor in der südafrikanischen Politik. Wer hat das geschrieben?

BIKO: Das habe ich geschrieben.

DER RICHTER: Sie sagen, Sie haben das geschrieben?

BIKO: Ich habe es geschrieben.

DER RICHTER: Ist es das Beweisstück Nummer acht? Ist es von Frank Talk?

BIKO: Das ist richtig.

DER RICHTER: Ist der Angeklagte Nummer neun nicht Frank Talk?

BIKO: Nein, nein. Er war niemals Frank Talk. Ich war Frank Talk.

(Gelächter)

SOGGOTT: Euer Ehren, die Anklage nahm an, daß er das Material zusammengetragen hat, aber es hat niemals der Verdacht bestanden, daß Nummer neun es geschrieben hat.

BIKO: Nein, ich habe es geschrieben.

SOGGOTT: Darin sagen Sie: »Allein das Leben im Township läßt es als Wunder erscheinen, daß irgend jemand so lange leben kann, bis er erwachsen ist.« Was meinen Sie damit?

BIKO: Das bezieht sich auf den Grad der Gewalttätigkeit in den Townships, der dazu angetan ist, die Zukunft ziemlich unsicher zu machen. Wenn ich in einer anderen Welt lebe und bei Ihnen übernachte, würde ich mich irgendwie den schlechten Elementen der Gesellschaft nicht ausgesetzt fühlen. Aber wenn man in einem Township ist, ist es oft gefährlich, die Straße zu überqueren; trotzdem können die Kinder nicht immer zu Hause behalten werden, sie müssen sich auch mal im Freien aufhalten.

Sie sehen sich mit diesen Problemen konfrontiert; Vergewaltigung und Mord sind in unseren Townships alltäglich.
SOGGOTT: Und wie sieht es nachts aus?
BIKO: Nachts ist es besonders schlimm. In den paar Tagen, in denen ich hier in Mabopane war, habe ich zwei Fälle schwerer körperlicher Gewalt erlebt. Sie können einen alten Mann sehen, der von einigen jungen Männern scheinbar vollkommen ohne Grund angegriffen wird – aber es ist Monatsende, und er könnte etwas Geld bei sich haben. Das überrascht mich nicht. Man erlebt es überall. Aber ich habe es trotzdem nie akzeptieren können, da es eine schmerzliche Erinnerung an die Gewalt in unserer Gesellschaft ist. Wenn ich jetzt behaupte, daß es ein Wunder ist, erwachsen zu werden, dann bedeutet es dies: daß man all diese Gefahren übersteht, bei denen man ohne Erklärung sterben kann. Es ist nicht, weil man gut aufbewahrt ist oder weil man gut beschützt ist. Es ist ein Wunder. Es passiert einfach.
DER RICHTER: Es wäre interessant zu wissen, wie Sie dazu stehen. Ist das nicht eine Rechtfertigung für eine Überwachung der Menschen, die in dieses Gebiet kommen? Liegt nicht die Schwierigkeit darin, daß viele Menschen in ein solches Gebiet einsickern und man unter ihnen unerwünschte Elemente findet, weil nicht kontrolliert wird, welche Elemente hereinkommen? Um Ihnen ein Beispiel zu geben: Vor Jahren war ich hier Anwalt für die Schwarzen, als sie die schwarze Township Newclare verlegen wollten. Damals lebten hier, glaube ich, siebenunddreißigtausend Menschen, die nicht das Recht hatten, sich hier aufzuhalten. Sie waren einfach in die Township gekommen und hielten sich illegal dort auf. Sind nicht Vorkommnisse wie dieses die Ursache für Verbrechen, wie sie in einer Township vorkommen?
BIKO: Ja, Euer Ehren, wenn man es oberflächlich betrachtet, aber der eigentliche Grund liegt tiefer. Es ist das Fehlen einer ausreichenden Versorgung für die Menschen, die dort leben. Wenn sie mit allem versorgt werden, was sie brauchen, werden sie sich diszipliniert verhalten. Und weil die Menschen hier nicht das bekommen, was sie brauchen, ergreift der Staat Maßnahmen wie die Überwachung der Zuwanderer.
DER RICHTER: Ein weiterer Punkt. Sie dürfen fortfahren, aber ich möchte hier nur folgende Bemerkung machen: Die Überwachung der Zuwanderer sorgt dafür, daß die Menschen, die in der Township leben, Arbeit haben?
BIKO: Richtig.
DER RICHTER: Doch die Leute, die sich illegal hier aufhalten, haben keine Arbeit, und um Leben zu können, müssen sie wahrscheinlich stehlen. Ich will sagen, daß ihnen sonst jede Existenzgrundlage fehlt.
BIKO: Ich möchte die Frage der Überwachung der Zuwanderer nicht zu sehr strapazieren.

Der Richter: Nein, nein, ich frage Sie nur, weil mich diese Sache interessiert und behauptet wird, die Überwachung der Zuwanderer gehöre in das System der Unterdrückung des schwarzen Mannes.
Biko: Ja, denn wenn es schon notwendig ist, die Zuwanderung zu kontrollieren, dann muß das für jeden gelten. Es ist vorstellbar, daß es notwendig ist, die Zuwanderung in die Stadtgebiete zu kontrollieren, aber wo das geschieht, sollte es ohne Berücksichtigung der Hautfarbe geschehen. Jeder sollte dabei erfaßt werden. Es darf nicht sein, daß ein Weißer heute nach Kapstadt, morgen nach Durban und dann an irgendeinen anderen Ort umziehen kann, ohne erfaßt zu werden, während ich mich einem langwierigen bürokratischen Verfahren unterwerfen muß, wenn ich von einem Gebiet in das andere ziehen will, nur weil ich schwarz bin.
Der Richter: Aber bei den Weißen ist die Situation insofern anders, als Weiße gewöhnlich Arbeit haben. Stimmt das nicht? So bedauerlich das für den Schwarzen sein mag, Sie können nicht sagen, daß das auch für die Schwarzen gilt, die in ein zu dicht bevölkertes Gebiet kommen. Dann nimmt die Verbrechensrate zu.
Biko: Ebenso, Euer Ehren, gibt es sehr viele Schwarze, die dort, wo sie hingehen, Arbeit finden. Als ich in Durban eine Stelle angenommen hatte, mußte ich mich der ganzen Prozedur der bürokratischen Überwachung unterziehen. Es war so: Erstens hatte ich eine Arbeit. Zweitens hatte sich niemand anders um diese Stelle beworben. Man brauchte mich. Man wollte mir dabei helfen, eine Wohnung zu finden. Aber irgendwie wurde ich bei meinem Umzug behindert. Und das ist es, was an der Überwachung des Zuzugs von Schwarzen auszusetzen ist. Es ist ein sehr demütigendes System.
Der Richter: Nun, gewöhnlich ist die Form des Antrags die Ursache für die Schwierigkeiten.
Biko: Ganz richtig. Manchmal wird man sogar gezwungen, sich splitternackt von irgendwelchen Ärzten untersuchen zu lassen, die einem Blut abnehmen, um festzustellen, ob man nicht Syphilis mitbringt. Es ist geradezu unmenschlich, wie das geschieht. Drei Mann müssen sich nackt vor einem Arzt aufstellen, und er muß sie sich alle ansehen. Das gibt mir das Gefühl, wie ein Tier behandelt zu werden, denn bevor man das Untersuchungszimmer in Durban betritt, kommt man an einem großen Schild vorbei mit der Aufschrift: »Vorsicht – Eingeborene in unbekleidetem Zustand.« Man versucht, uns den uns gebührenden Platz zuzuweisen. Ich meine, wenn jeder so behandelt würde, wäre es in Ordnung.
Soggott: Wie immer die Gründe sind – was Sie sagen, ist, daß das physische Leben in einem Township unsicher ist. Hat das Auswirkungen auf das Gefühl der Selbstsicherheit, auf die Minderwertigkeit oder was auch immer?
Biko: Ja. Es trägt zu einem Gefühl der Unsicherheit bei, das ein Teil des

Gefühls der Unvollständigkeit ist. Man ist kein vollständiges menschliches Wesen. Man kann nicht hinausgehen, wann man will, Sie wissen schon, so ein Gefühl. Es ist ein beklemmendes Gefühl.
SOGGOTT: Nun, Mr. Biko, waren Sie je damit beschäftigt, anderer Leute Gespräche zu überprüfen?
BIKO: Sie meinen zu wissenschaftlichen Zwecken? Ja.
SOGGOTT: Würden Sie Seiner Ehren bitte kurz sagen, was das war?
BIKO: Euer Ehren, das war eine Studie, die 1972 vorgenommen wurde. Es ging um Bildung. Nun, diese bestimmte Methode, deren wir uns bedienten, betonte das Lehren von Silben sehr stark. Man brachte den Leuten nicht nur das Alphabet bei, sondern ganze Silben, und man mußte mit Worten beginnen, die für sie eine bestimmte Bedeutung hatten; wir nannten sie generative Begriffe. Zuerst mußte man auf dem spezifischen Gebiet, auf dem man vorhatte zu arbeiten, einige Forschungen betreiben, die einen zu verschiedenen Teilen der Gemeinschaft führten, zu bestimmten Orten, wo die Gemeinschaft zusammentraf und offen redete. Die eigene Rolle war sehr passiv. Man war nur da, um sich die Sachen, über die gesprochen wurde, anzuhören, und auch die Worte, die benutzt wurden. Wir verwendeten auch Bilder, um die besprochenen Themen darzustellen. Das tat ich zusammen mit Jerry Modisane und Barney Pityana.
SOGGOTT: Wer hatte diesen Forschungsauftrag erteilt?
BIKO: Wir selbst. Man hatte mich gebeten, an einem Bildungsprogramm mitzuarbeiten, das die SASO einleitete.
SOGGOTT: Unter welchen Bedingungen haben Sie gearbeitet?
BIKO: Wir nahmen, was wir vorfanden. Was diesen bestimmten Fall anging, so hörten wir uns Frauen an, die in einer Klinik Schlange standen, um auf einen Arzt oder eine Krankenschwester zu warten. Wir hörten uns Leute in Kneipen an. Ich bin in vielen Kneipen herumgegangen und habe Bier gekauft, und Leuten im Bus und im Zug haben wir auch zugehört.
SOGGOTT: Was sagten die Leute, wenn überhaupt, über ihre Lebensbedingungen? Und wurde der Weiße, wurden der Weiße oder die weiße Regierung überhaupt erwähnt?
BIKO: Das Auffälligste waren die ständigen Beschwerden über die Unterdrückung der Schwarzen. Manchmal waren die Beschwerden ganz allgemein, manchmal sehr konkret; aber immer enthielten sie das, was ich eine allgemeine Verurteilung der weißen Gesellschaft nennen würde. Oft geschah das unter Verwendung einer sehr, sehr groben Sprache, die teilweise nicht zur Wiedergabe vor diesem Gericht geeignet ist. Ich erinnere mich zum Beispiel an einen Bus, in dem ich fuhr. Wenn man aus Umlazi rauskommt, fährt man an einer Herberge für schwarze Wanderarbeiter vorbei. Nun gibt es in diesen Herbergen bestimmte einschränkende Bestimmungen, zum Beispiel darf man keine Frauen mitbringen und so weiter, aber jedesmal, wenn wir dort vorbeifuhren, kam natürlich ein Strom

von Frauen aus der Herberge heraus, und die Leute fingen an, darüber zu reden, daß diese Junggesellen einen Haufen Frauen hätten, und dann ging das Gespräch fast automatisch darum, warum Frauen dort überhaupt verboten seien. Wo, glaubt denn der weiße Mann, daß die Leute ihren Sex kriegen sollen? So in der Art, und ab da eskalierte es dann. Und dann fährt der Bus auch durch das Jacobs genannte Industriegebiet; man fährt durch den südlichen Teil von Jacobs und sieht einen nicht abreißenden Strom von Leuten, die in Fabriken reingehen und aus ihnen rauskommen, und das Gespräch geht um Arbeitsprobleme und so weiter. Ich kann mich nicht genau an das erinnern, was gesagt wurde, aber es lief immer wieder auf eine Verurteilung der weißen Gesellschaft hinaus. Wissen Sie, wenn Leute in den Townships reden, dann reden sie nicht über die Regierung, sie reden nicht über die Landräte oder über die Stadträte, sie reden über Weiße. Und, wie gesagt, die Sprache ist eben oft sehr grob; manchmal werden Schimpfworte benützt, die man vor diesem Gericht nicht wiederholen kann.
SOGGOTT: Und Sie selbst haben in King William's Town in der Ginsberg Location gewohnt? Ist das richtig?
BIKO: Ja, habe ich.
SOGGOTT: Das ist eine ziemlich arme ländliche Gegend?
BIKO: Ja, ein kleines Township mit ungefähr tausend Häusern, sehr arm.
SOGGOTT: Also sind Sie mit dem Leben dort vertraut?
BIKO: Das ist richtig.
SOGGOTT: Wurden diese Empfindungen auch dort ausgesprochen?
BIKO: O ja. Sehr oft.
SOGGOTT: Nun, Mr. Biko, als Sie anfingen, den Leuten ins Gewissen zu reden, geschah das, um ihnen die Ideen der Black Consciousness näherzubringen?
BIKO: Das ist richtig.
SOGGOTT: Wenn Sie das tun, bringen Sie dann das, was Sie sagen, in Zusammenhang mit ihrem Zustand und den verschiedenen Aspekten, von denen Sie Seiner Ehren berichtet haben; Hunger und Arbeit und so weiter?
BIKO: Das ist richtig. Wir weisen schon auf die Zustände, unter denen der schwarze Mann lebt, hin. Wir versuchen, Schwarze dazu zu bringen, ihre eigenen Probleme realistisch anzugehen, dafür Lösungen zu suchen, sich ihrer Situation sozusagen bewußt zu werden, sie analysieren zu können und sich selber mit Antworten zu versorgen. Es geht eigentlich darum, den Leuten irgendeine Hoffnung zu geben. Ich glaube, das Wesentliche an der schwarzen Gesellschaft ist, daß sie Elemente einer besiegten Gesellschaft enthält. Oft machen Leute den Eindruck, als ob sie den Kampf aufgegeben haben, so wie der Mann, der mir sagte, daß er lebt, um zu arbeiten. Er hat sich mit dieser Vorstellung abgefunden. Nun, es ist im we-

sentlichen dieses Gefühl der Niederlage, das wir bekämpfen. Die Leute dürfen sich nicht einfach der Mühsal des Lebens ergeben. Die Leute müssen eine Hoffnung haben. Die Leute müssen irgendeine Sicherheit entwickeln, in der sie sich gemeinsam ihre Probleme ansehen können, und die Leute müssen in dieser Art und Weise ihr Menschsein aufbauen. Das ist es, worum es bei der Black Consciousness geht.

SOGGOTT: Haben sich diese Leute nicht an die Bedingungen ihrer Existenz gewöhnt, an die Beschwernisse, die Unsicherheit, an den Hunger?

BIKO: Das stimmt nicht ganz. Ich glaube, es ist möglich, sich an eine existierende schwierige Situation anzupassen, eben deswegen, weil man mit ihr leben muß, jeden Tag mit ihr leben muß. Aber sich anpassen bedeutet nicht: vergessen. Man macht jeden Tag die Tretmühle durch. Das Ganze bleibt trotzdem inakzeptabel. Es ist schon immer inakzeptabel gewesen, und das bleibt es fürs Leben. Aber man paßt sich an, in dem Sinn, daß man nicht dauernd in einem Zustand des Konflikts mit sich selber leben kann. Man duldet es, so wie der Mann, der mit dem Elektriker zusammengearbeitet hat und der mir sagte: »Na ja, er redet eben so.« Das ist seine Erklärung dafür. Das ist seine Art, es zu dulden; aber in seinem Inneren spürt er die Demütigung. Er kann sich nicht jeden Tag wehren, er kann nicht sagen: »Nenn mich nicht Kleiner! Schrei mich nicht an! Beschimpf mich nicht!« Weil er an seinen Job denken muß. Er hat sich angepaßt, aber er vergißt es nicht, und er akzeptiert es nicht, und das halte ich für wichtig.

SOGGOTT: Wenn Sie in einem Papier der BPC oder SASO die Weißen oder die weiße Regierung als Unterdrücker bezeichnen, ändert das nicht die Gefühle der Schwarzen oder ihre Einstellung zur weißen Regierung oder den Weißen?

BIKO: Nein, es dient nur dazu, eine gemeinsame Basis für die Diskussion zu finden; denn das, was in diesem Ausdruck enthalten ist, ist meist das, was der schwarze Mann selber normalerweise über das Problem in viel härteren Worten sagt. Aber wenn wir von den Problemen des schwarzen Mannes sprechen, setzen wir ja nur einen Ausgangspunkt für das Gespräch, und das Ziel von BPC und SASO ist es gewöhnlich, eine Mitgliedschaft aufzubauen, besonders für die BPC.

SOGGOTT: Würden Sie Seiner Ehren jetzt bitte die Wünsche der SASO in bezug auf ausländische Investitionen mitteilen?

BIKO: Was angestrebt wird, ist eine Zurückweisung der ausländischen Investitionen, die nichts sind als ein Ausnützen der Schwarzen dieses Landes durch Firmen, die Staaten angehören, die sich der Apartheid in diesem Lande gegenüber kritisch äußern. Mit anderen Worten: Einerseits kritisiert Harold Wilson das hiesige System, und andererseits investieren einige britische Firmen in diesem Land genau deswegen, weil es in diesem Land billige schwarze Arbeitskräfte gibt.

SOGGOTT: Und was hätte die SASO in bezug auf diese Investitionen verlangt?
BIKO: Unser Wunsch richtet sich auf ein ideelles Ziel. Die ausländischen Geldanleger sollten die Einstellung der weißen Gesellschaft gegenüber dem schwarzen Mann ablehnen, jene Einstellung, die ihn zu einem vollkommen ungelernten Arbeiter reduziert, zur Verlängerung einer Maschine.
SOGGOTT: Und wenn sie das nicht täten?
BIKO: Dann waren wir einfach der Meinung, daß sie uns im Stich ließen und daß sie genausogut verschwinden könnten.
SOGGOTT: Genausogut verschwinden könnten?
BIKO: Das ist richtig.
SOGGOTT: Standen hinter der Zurückweisung ausländischer Investitionen noch irgendwelche anderen Themen oder Gedanken? Sie sprachen ja von der heuchlerischen Teilnahme an der Ausbeutung.
BIKO: Richtig.
SOGGOTT: Irgendwelche anderen Aspekte?
BIKO: Ja, es gab noch einen, sozusagen die Beziehung einer ausländischen Regierung zu jenen ihrer Firmen, die in diesem Land investieren. Wir meinen, daß Südafrika auf die Kritik der Weltöffentlichkeit an seiner Politik besonders sensibel reagiert. Wir glauben, daß es Bestandteil unseres politischen Feldzuges ist, so viel Leute wie möglich dazu zu kriegen, die südafrikanische Politik zu kritisieren. Die Ausübung von Druck auf ausländische Firmen wegen ihres Anteils an diesem unmoralischen System sollte auch erreichen, daß deren Regierungen mit ihnen unzufrieden wurden, und sie sollte auch generell dazu beitragen, Druck auszuüben, um Südafrika dazu zu bringen, sein Verhalten nach und nach akzeptabler zu machen. Es war eine politische Haltung, die Druck auf Südafrika auslösen sollte, um seine Politik für die Welt und für uns Schwarze annehmbarer zu machen.
SOGGOTT: Sie haben schon gegenüber Seiner Ehren einige Gründe erwähnt, warum Sie und Ihre Leute ausländische Geldanlagen ablehnen. Sind damit noch irgendwelche anderen Aspekte verbunden?
BIKO: Der Wohlstand des Landes muß der Bevölkerung des Landes zugute kommen. Ausländische Geldanleger kommen her, beuten den Reichtum des Landes aus, mit neueren technischen Mitteln als die, die wir in Südafrika haben, um Profite einzuheimsen, die rechtmäßig hierhergehören, die aber an Profitgesellschaften gehen, die nicht die unseren sind.
DER RICHTER: Gab es irgendwelche Befürworter dieser Anti-Investment-Richtung, die eine Schwächung der südafrikanischen Wirtschaft beabsichtigten?
BIKO: Nein, dies wurde von der SASO nicht als Ziel betrachtet.

DER RICHTER: Oder die Erzeugung einer allgemeinen Arbeitslosigkeit?
BIKO: Ganz sicherlich nicht.
SOGGOTT: Was, glauben Sie und Ihre Leute, könnte mit dem eigentlichen Rückzug des ausländischen Geldes erreicht werden?
BIKO: Wir hatten keinen Augenblick erwartet, daß ausländische Firmen sich wegen unserer Haltung zurückziehen würden.
SOGGOTT: Wie sahen Sie die Möglichkeit für solche Firmen, die es gewollt hätten, sich zurückzuziehen?
BIKO: Nun, damals, und wohl auch noch heute, hatten wir den Eindruck, daß, jedenfalls nach Sharpeville, die ganze Frage der Investitionen oder der Teilnahme an der Wirtschaft des Landes durch ausländische Firmen straffer gehandhabt wurde, um es jedem, der in die südafrikanische Wirtschaft verwickelt war, unmöglich zu machen, nach Belieben auszuscheiden.
SOGGOTT: Ja?
BIKO: Und es ist natürlich klar, daß man, wenn man Geld in Fabriken und Maschinen und so weiter anlegt, diese Sachen nicht mit zurück nach England nimmt. Man wird sie hierlassen, also wird ein Geldanleger, dem es hier nicht mehr gefällt, sie dem nächsten Geldanleger verkaufen oder einem südafrikanischen Konzern; was anderes bleibt ihm nicht übrig. Und deshalb, wissen Sie, war es unmöglich, eine Zersetzung der südafrikanischen Wirtschaft zu erwarten, auch wenn man sie gewünscht hätte. Jerry Modisane meinte, das sei eine unpräzise Strategie. Man würde nichts damit erreichen. Er schlug vor, daß wir ein Programm entwickelten, mit dem wir ausländisches Kapital abschreckten. Dagegen sprach, daß wir nicht daran interessiert waren, ein Investmentabbauprogramm aufzuziehen, weil wir sowieso nicht der Meinung waren, daß die, die hier Geld anlegten, das ohne Kenntnis der Situation taten.
SOGGOTT: Also wurde der Vorschlag abgelehnt?
BIKO: Er wurde abgelehnt, ja.
SOGGOTT: Können Sie uns erklären, warum Sie und Ihre Freunde so an ausländischen Investitionen interessiert waren?
BIKO: Wir sind der Meinung, daß, wenn wir auf eine friedliche Lösung hinarbeiten wollen, unsere Bemühungen mit der Unterstützung anderer Leute gekoppelt sein müssen, anderer Regierungen, und wir betrachten diese ganze Frage der ausländischen Investitionen als Mittel, um Druck auszuüben, um Sympathie für unseren Standpunkt zu erwerben, daß Südafrika nicht nur uns, sondern auch anderen zuhört, die von derselben Sache reden. Ich spreche jetzt von einem Argument, das ausländische Geldanleger oft vorbringen: daß ausländisches Investment Arbeitsstellen schafft und dadurch dem schwarzen Mann hilft. Das ist wie die Einstellung von Polaroid, wenn sie sagen, daß sie sich um die Probleme des schwarzen Mannes kümmern werden, indem sie einen Teil ihrer Profite

für Wohltätigkeitsprogramme zur Verfügung stellen. Wir betrachteten das als paternalistisch. Wir waren der Meinung, daß ausländische Geldanleger mehr an die Menschen selbst, die sie beschäftigen, denken sollten, und weniger an Materielles, daß sie ihnen nicht als Beweis ihres Entgegenkommens hier eine Lohnerhöhung und dort eine zusätzliche Fürsorge geben.

Es gibt keine Möglichkeit, die etablierte Industrie, die in diesem Land mit ausländischem Kapital errichtet worden ist, zu vernichten; wenn ein Eigentümer geht, wird es immer einen anderen geben, der die Sache übernimmt. Was also Arbeitsplätze und Arbeitsbedingungen angeht, werden diejenigen Schwarzen, die in Firmen angestellt sind, die von ausländischem Kapital gelenkt werden, ihre Stellung behalten. Was wir angreifen, ist eben die Tatsache, daß diese Leute, die Druck ausüben könnten, weil sie nicht Südafrikaner sind, davon keinen Gebrauch machen. Das ist es, was wir angreifen. Sie erleichtern das Los der Schwarzen nicht, und wenn sie sich zurückziehen, wird es uns bestimmt auch nicht schlechter gehen, weil es keinen Unterschied macht, ob der Eigentümer nun ein Südafrikaner ist oder ein Ausländer.

SOGGOTT: Was ist mit dem Beschluß, der die schwarzen Marionetten verurteilt, die unter dem Deckmantel der Führerschaft nach Übersee gehen und ausländische Geldgeber überreden, in Südafrika zu bleiben?

BIKO: Dieser Angriff richtet sich im wesentlichen gegen die Führer der Bantustans. Ich denke insbesondere an Gatsha Buthelezi. Er hat das getan. Sebe von der Ciskei hat das auch getan. Sie fahren hinaus in die Welt, um ausländisches Kapital anzuziehen, ohne zu verstehen, was wir, die Vertreter des schwarzen Volkes, wollen. Wir sind der Ansicht, daß sie Marionetten sind, Marionetten derer, die gegen unsere Interessen und für die Interessen der weißen Gesellschaft arbeiten, und wenn ich weiße Gesellschaft sage, dann meine ich den Regierungsapparat dieser Gesellschaft. Also greifen wir sie deswegen an, weil sie so tun, als würden sie für das schwarze Volk sprechen, und doch nur sagen, was die, denen sie dienen, von ihnen erwarten.

SOGGOTT: Mr. Biko, würden Sie bitte zu folgendem Beschluß etwas sagen, dem Beschluß 42: »Die SASO ist der Meinung, daß Südafrika ein Land ist, in dem sowohl Schwarz und Weiß leben und in dem sie weiterhin zusammen leben werden.« Was bedeutet das?

BIKO: Das bedeutet, daß wir die Tatsache akzeptieren, daß Südafrika eine pluralistische Gesellschaft hat, zu deren Entwicklung alle Teile der Bevölkerung beigetragen haben.

SOGGOTT: Wie stellen Sie sich das Wahlrecht beim Erreichen einer offenen Gesellschaft vor? Welche Wahlrechte wird der weiße Mann haben?

BIKO: Wir betonen gegenüber unseren Mitgliedern, daß es nicht unsere Absicht ist, ein Gefühl des Anti-Weiß-Seins zu erzeugen. Wir sind nur aus historischen Überlegungen gezwungen, die Tatsache zu erkennen, daß wir nicht Seite an Seite mit Menschen arbeiten können, die ihre exklusiven Privilegien ausnutzen.

DER RICHTER: Nun, Sie sagen, Sie und Ihre Leute befürworteten *one man, one vote,* eine Stimme für jeden?

BIKO: Ja.

DER RICHTER: Ist das ein zweckmäßiges Konzept im afrikanischen Gesamtzusammenhang? Gibt es das irgendwo in Afrika?

BIKO: Das gibt es, sogar in diesem Land, für Weiße.

DER RICHTER: Ich meine jetzt, von diesem Land abgesehen. Nehmen wir irgendein anderes Land in Afrika. Gibt es *one man, one vote* in irgendeinem anderen Land?

BIKO: Ja.

DER RICHTER: In welchem?

BIKO: Um nicht zu weit zu greifen: in Botswana.

DER RICHTER: Ja, Botswana steht unter dem Einfluß der südafrikanischen Tradition. Aber irgendwo außerhalb der südafrikanischen Tradition?

BIKO: In Ghana gibt es das.

DER RICHTER: Ist es dort nicht schon unter Nkhrumah verschwunden?

BIKO: Es ist nicht verschwunden. Ghana hat jetzt nur ein Militärregime, aber das Konzept der Wahlen, seien es Stadtratswahlen oder Landratswahlen oder Wahlen für irgendeine seiner Regierungseinrichtungen, beruht auf der Basis von *one man, one vote.*

DER RICHTER: Gut, das mag auf die untergeordneten Körperschaften zutreffen. Aber was die wichtige Stimme angeht, die das Land betrifft, gibt es in irgendeinem Staat in Afrika *one man, one vote?*

BIKO: Nun, Kenia zum Beispiel.

DER RICHTER: Ich habe erst kürzlich gelesen, daß es sechsundvierzig Länder in Afrika gibt und daß von diesen sechsundvierzig, glaube ich, nur fünf eine demokratische Regierungsform haben, und das sind nur die um Südafrika herum.

BIKO: Das habe ich auch gelesen. Ich glaube, es hieß dort, daß es neunundzwanzig mit einer nichtmilitärischen Regierung gibt, aber daß viele dieser neunundzwanzig nur eine Partei hätten. Nun ist ein Einparteienstaat nicht unbedingt undemokratisch, wenn die Partei vom Volk bestimmt wird.

DER RICHTER: Ja, aber als Beispiel: Rußland funktioniert auf dieser Basis.

BIKO: Ja.

DER RICHTER: Und von den zweihundertund – ich glaube – fünfundvierzig Millionen sind nur vierzehn Millionen Kommunisten, und das sind die Leute, die wirklich regieren und festlegen, was das Volk wählen soll.

BIKO: Ich habe mich mit dem russischen System nicht beschäftigt. Ich bin nicht in der Lage, Ihnen zu widersprechen.

Der Richter: Ja, aber sehen Sie, das ist eben auch ein Einparteienstaat, und dort argumentiert man auch so, wie Sie es tun. Jeder hat eine Stimme, aber was ist sie wert?
Biko: Ja, Euer Ehren. Aber kommen wir auf die Situation in Kenia zurück, wo sich in jüngster Zeit eine Opposition entwickelt hat.
Der Richter: Ich dachte, die wäre mit Odinga Ogingas' Ermordung verschwunden?
Biko: Nein, Odinga Ogingas wurde nicht ermordet. Er lebt noch.
Der Richter: Tom Mboya?
Biko: Mboya war bei der regierenden Partei, und diese Partei regiert noch.
Der Richter: Ja, aber dann stellt sich heraus, daß er eine gewisse Anhängerschaft beim Volk hatte und...
Biko: Ich glaube, Sie verwechseln Tom Mboya mit Kariuke. Es war Kariuke, der ermordet wurde, und es war Kariuke, der im Volk ein gewisses Denken erzeugt hatte, aber Kariuke operierte ja auch innerhalb der regierenden Partei. Sehen Sie, Kenia demonstriert in sehr guter Weise, was ein Einparteienstaat durch Meinungsverschiedenheiten innerhalb der Partei erreichen kann. Einerseits war Kariuke der Fürsprecher des einfachen Mannes, des Arbeiters, des Dieners in Kenia, gegen die Entwicklung einer Bourgeoisie innerhalb der regierenden Partei in Kenia. Andererseits gab es Kenyatta, der sich dauernd von Kariuke angegriffen fühlte. Okay, Kariuke durfte seine Ansichten im Parlament äußern; er durfte im ganzen Land Versammlungen abhalten, aber er operierte immer noch innerhalb der KANU, die die regierende Partei ist. Das ist die Voraussetzung eines Einparteienstaates, daß es nicht nötig ist, daß Politiker sich trennen und eigene Parteien anführen, um...
Der Richter: Ja, aber Kariuke hat all das doch nicht überlebt?
Biko: Je nun, Euer Ehren, einige Politiker überleben nicht. Verwoerd hat auch nicht überlebt.
(Gelächter)
Der Richter: Nachdem Sie also Kenia erwähnt haben, würden Sie sagen, daß es in anderen afrikanischen Ländern *one man, one vote* gibt?
Biko: Ja.
Der Richter: Setzt die Demokratie nicht eine entwickelte Gemeinschaft voraus? Eine Demokratie mit *one man, one vote?*
Biko: Ja, das tut sie, das tut sie, und ich meine, sie ist ein Teil des Vorgangs, in dem die Gemeinschaft sich entwickelt.
Der Richter: Ja, aber die Demokratie kann doch nur wirklich erfolgreich sein, wenn die Leute, die das Recht haben zu wählen, das auf intelligente und ehrliche Weise tun können?
Biko: Ja, Euer Ehren, und deswegen verwendet man zum Beispiel in Swaziland, wo es Menschen gibt, die die Namen der Kandidaten nicht lesen können, Zeichen.

DER RICHTER: Ja, aber wissen sie genug von Regierungsangelegenheiten, um mit ihrer Stimme das Programm ihrer Wahl zu unterstützen? Ich meine, man muß doch wissen, was man wählt, weswegen man wählt? Angenommen, man organisiert eine Abstimmung zu irgendeinem bestimmten Problem, sagen wir zu ausländischen Investitionen: Was weiß denn ein Bauer von ausländischem Geld?
BIKO: Ich glaube, Euer Ehren, dort, wo es der Demokratie gestattet ist zu funktionieren, gibt es normalerweise ein Rückkoppelungssystem, eine Diskussion zwischen denen, die die Politik formulieren, und denen, die sie annehmen oder ablehnen. Mit anderen Worten, es muß ein System der Bildung, der politischen Bildung geben, und das setzt nicht unbedingt das Alphabetentum voraus. Afrikas Bevölkerung wurde immer durch diverse Häuptlinge regiert, Chaka und so, die nicht schreiben konnten.
DER RICHTER: Ja, aber Regieren ist heutzutage eine viel kompliziertere und spezialisiertere Angelegenheit als damals.
BIKO: Und es gibt Möglichkeiten, das dem Volk zu erklären. Leute können hören. Vielleicht können sie nicht schreiben und lesen, aber sie können hören und die ihnen vorgetragenen Angelegenheiten verstehen.
DER RICHTER: Nun, nehmen wir einmal die Goldwährung. Gesetzt den Fall, wir müßten über das Verhalten der Regierung gegenüber der Goldwährung debattieren. Wären Sie der Meinung, daß Sie genug darüber wüßten, um in der Lage zu sein, darüber ein intelligentes Votum abzugeben?
BIKO: Ich persönlich?
DER RICHTER: Ja.
BIKO: Ich glaube, wahrscheinlich besser als der Durchschnittsafrikaaner auf der Straße, Euer Ehren.
DER RICHTER: Nun ja, das mag sein. Aber wissen Sie genug darüber, um eine Stimme abzugeben, die so überlegt ist, daß sich die Regierung nach dieser Stimme richten soll?
BIKO: Ja, ich bin der Meinung, daß ich das Recht habe, von meiner Regierung in jeder Angelegenheit zu Rate gezogen zu werden. Wenn ich nichts davon verstehe, kann ich es mir von einer Person, der ich vertraue, erklären lassen.
DER RICHTER: Wie können Sie das? Schließlich ist es Ihre Stimme, und was ist mit den zehn anderen Leuten, die eine Stimme haben?
BIKO: Dasselbe trifft für jeden anderen zu, und deshalb gibt es politische Vorgänge, in denen Dinge erklärt werden. Zum Beispiel versteht der Durchschnittsbrite nicht sofort die Vorzüge oder Nachteile, die auf Großbritannien im Falle seines Beitritts zur Europäischen Gemeinschaft zukommen; aber wenn es eine Angelegenheit wird, über die vom Volk entschieden werden muß, gehen die Politiker raus auf die Straße und legen ihre Meinungen dar, und der Mann auf der Straße hört sich verschie-

dene Meinungen an und entscheidet sich, was er mit seiner Stimme macht.
DER RICHTER: Aber ist das nicht einer der Gründe, warum Großbritannien wahrscheinlich eines der bankrottesten Länder der Welt ist?
BIKO: Ich glaube, ich würde das lieber positiver betrachten und sagen, daß es eines der demokratischsten Länder der Welt ist.
DER RICHTER: Was nutzt das, wenn es bankrott ist?
BIKO: Ich glaube, das ist nur vorübergehend, Euer Ehren. Großbritannien ist schon einmal reich gewesen. Es kann sich wieder erholen. Ich glaube, es handelt sich um eine Phase in der Geschichte.
DER RICHTER: Ja, aber irgendwo hat etwas nicht geklappt, und das liegt wahrscheinlich an der Demokratie.
BIKO: Das glaube ich nicht. Ich glaube, es ist vor allem der Verlust der Kolonien, der Großbritannien seines festen Lebensunterhalts beraubt hat. Jetzt sind die Briten auf ihre wenigen eigenen Bodenschätze angewiesen. Geographisch betrachtet, ist England ein kleines Land mit 56 Millionen Menschen.
DER RICHTER: Aber es muß doch irgendwann einmal eine gute Regierung gehabt haben.
BIKO: Ich glaube, an einem Punkt hätte es gute Gründe gegeben, den Gürtel enger zu schnallen, um zu verhindern, daß die Verteilung des Wohlstandes nicht den kleinen Mann irgendwo benachteiligt, so wie zu Adam Smith' Zeiten; oder während der Zeit der Laissez-faire-Politik, in der, wie Sie wissen, die wenigen Leute, die die Industrie in Großbritannien in der Hand hatten, sich im ganzen Land bereicherten und Fabriken aufmachten. Natürlich wurde die Regierung reich, aber nicht das Volk. Das Volk wurde ärmer.
DER RICHTER: Sie hatten Stimmrecht.
BIKO: Sie haben es gekriegt, und nach und nach haben sie eine sozialistischere Regierung gewählt, die gegen die Ausbeutung der Menschen ist.
SOGGOTT: Mr. Biko, darf ich nur mal einige der Fragen, die Ihnen Seine Ehren gestellt hat, weiter erörtern. Was dieses Land angeht, sehen Sie irgendein besonderes Hindernis, das der Annahme und dem Funktionieren des *one man, one vote*-Systems im Wege steht?
BIKO: Im Grunde ist es doch so, daß Südafrika sich in vielen Aspekten von dem Zustand unterscheidet, in dem einige afrikanische Länder die Unabhängigkeit erreichten. Erstens, glaube ich, ist der südafrikanische Schwarze in hohem Grade europäisiert, und seine Aufgeschlossenheit für das ganze westliche System ist dementsprechend größer. Denken Sie nur an Alphabetentum und praktische Bildung. Aber zweitens glaube ich, ist er mit einem anderen Problem konfrontiert im Gegensatz zu Schwarzen in anderen afrikanischen Ländern, die von Siedlern bewohnt waren. Hier haben wir eine Situation, in der die Weißen ein Teil dieses Landes sind,

nicht nur Siedler. Also bin ich der Meinung, Euer Ehren, daß die ganze politische Entwicklung in diesem Lande die verschiedenen Faktoren, die unsere Gesellschaft bestimmen, in sich aufnehmen muß. Unsere Haltung ist die, daß wir das System *one man, one vote* wollen. Dagegen haben die Weißen ihre Vorbehalte. Nun muß es aber möglich sein, durch Verhandlungen einen Kompromiß zu finden. Wissen Sie, man kann nicht ohne Meinung verhandeln, aber unsere Meinung bedeutet nicht den Ausschluß des weißen Mannes. Wir müssen uns irgendwo in der Mitte treffen.

SOGGOTT: Würden Sie Seiner Ehren die schwarze Auffassung zu wirtschaftlichen Werten erklären? Können Sie uns sagen, was für ein Wirtschaftssystem Sie und Ihre Leute anstreben?

BIKO: Gerne. Unser Ausgangspunkt ist der, daß wir Afrikaner sogar in unserer rudimentären Kultur (ich gebrauche jetzt den Begriff rudimentär, weil sich der ganze Umfang des Wissens in der Moderne so erweitert hat, Sie wissen ja) eine Form der Wirtschaft gehabt haben, hauptsächlich eine Agrarwirtschaft, die auf Ackerbau, Rindern, Schafen und so weiter basierte; Kleinvieh und Großvieh. Nun fußte das ganze Funktionieren dieser Gesellschaft auf bestimmten grundlegenden Voraussetzungen. Erstens wollten wir nicht Land als individuellen Privatbesitz aufteilen. Das Land gehörte dem Stamm, und der Häuptling verwaltete es für den Stamm. Der Häuptling konnte sagen: Da drüben werden wir unser Weideland haben, und du wirst da drüben sitzen und deine Farm hier haben, und du wirst hier wohnen. Nun, wenn er das tut, dann gibt er dir nicht das, was im allgemeinen von der westlichen Gesellschaft sehr hoch geschätzt wird, eine Besitzurkunde über irgendwas, das man gekauft oder geschenkt bekommen hat. Er gibt einem nur das Recht, dort zu bleiben. Falls der Stamm aus irgendeinem Grund diesen Teil braucht, gibt er einem einen anderen, und damit hat es sich. Aber natürlich tut er das nicht völlig willkürlich. Wissen Sie, er berät sich mit dem Volk, und jeder kann sich bei den verschiedenen, vom Häuptling einberufenen Versammlungen Rat holen; aber was ich hauptsächlich sagen will, ist, daß dieses Wirtschaftssystem bestimmte Grundlagen gehabt hat.

Wir sind für den schwarzen Kommunalismus, der in vielem dem afrikanischen Sozialismus ähnelt. Wir entfernen uns von unserem ursprünglichen System, bei dem es im wesentlichen um den Stamm ging, um ein inzwischen kompliziertes wirtschaftliches System anzunehmen. Wir müssen uns der Industriegesellschaft anpassen. Wir müssen uns der Beziehung zwischen Industrie und Politik anpassen. Aber diese Auslegung ist bis zu einem gewissen Grade biegsam, eben weil doch niemand dafür eine endgültige Definition vorgelegt hat. In Kenia sagen sie zum Beispiel, daß sie am afrikanischen Sozialismus festhalten, aber Kenia ist fast die Nachahmung der alten britischen Gesellschaft, mit einer sehr kapitalistischen Einstellung.

Soggott: In welche Richtung führt Ihre Wirtschaftspolitik?
Biko: Was wir akzeptiert haben, ist die Idee der Besitzaufteilung in der gegenwärtigen Gesellschaft. Nun, ich habe andeutungsweise erklärt, was unsere Meinung ist. Wir wissen, daß wir es mit einer Gesellschaft zu tun haben, die im wesentlichen am Kapitalismus orientiert ist, obwohl sie eine Menge sozialistischer Elemente mit einschließt. In Südafrika sind zum Beispiel einige Dinge wie der Rundfunk und die Eisenbahn verstaatlicht. Und wieder geht es uns um das Verhandeln. Es geht uns um den Dialog zwischen zwei Standpunkten, zwei verschiedenen Bevölkerungsgruppen, die beide an der Zukunft des Landes interessiert sind. Wir würden bei der Entwicklung unserer Ideen vom System der freien Marktwirtschaft ausgehen, um mit seinen Anhängern dann vernünftig verhandeln zu können. Und aus diesen beiden Anschauungen muß natürlich eine Synthese entstehen.
Der Richter: Gibt es in Ihrem Programm irgendeinen Punkt, der die Enteignung allen privaten Eigentums befürwortet?
Biko: Nein.
Soggott: Nun, Mr. Biko, kommen wir bitte zu der Frage, wie Sie die Freiheit erreichen wollen?
Biko: Der springende Punkt in unserer Analyse ist die Existenz des in unserer Gesellschaft institutionalisierten und von der Mehrzahl der Weißen unterstützten weißen Rassismus. Ein weißes Kind muß nicht wählen, ob es in diesem System leben will oder nicht. Es wird in das System hineingeboren. Es wird innerhalb weißer Schulen und Einrichtungen aufgezogen, und irgendwie wird es ständig von dem bestehenden Rassismus abgeschirmt; es genießt die Privilegien, die ihm eingeräumt sind und die es von der schwarzen Gesellschaft für immer trennen.

Da setzen unsere Fragen ein. Können wir die Weißen dazu bewegen, sich vom Begriff des Rassismus zu lösen, weg davon, die Privilegien und die Schätze des Landes für sich selbst in Anspruch zu nehmen? Wir glauben nicht, daß die weiße Gesellschaft auf Predigten hört. Sie hören nicht auf ihre Liberalen. Der Liberalismus ist innerhalb der weißen Gesellschaft nicht einflußreicher geworden, und wir Schwarze können der Situation nicht einfach untätig zusehen. Wir können in der weißen Gesellschaft nur dadurch eine Reaktion bewirken, daß wir als Schwarze mit einer schwarzen Stimme sprechen und sagen, was wir wollen. Im Zeitalter der Liberalen war es so, daß die schwarze Stimme eigentlich nur dann gehört wurde, wenn sie das wiederholte, was die Liberalen gesagt haben. Jetzt ist die Zeit gekommen, in der wir, als Schwarze, das aussprechen müssen, was wir wollen, und es dem weißen Mann klarmachen müssen, und zwar von einer starken Position aus.

Wir sind uns sicher, daß wir nicht scheitern werden. Sicher ist auch, daß wir keine Alternative haben. Wir haben die Geschichte analysiert. Wir glauben, daß sich die Geschichte in einer bestimmten Richtung logisch entwickelt, und in diesem Fall ist die logische Richtung die, daß jede weiße Gesellschaft in diesem Lande früher oder später auf das schwarze Denken Rücksicht nehmen muß. In dieser Geschichte sind wir nichts weiter als Ausführende. Es gibt Alternativen. Einerseits gibt es in diesem Lande bekanntermaßen Gruppen, die sich zu einer anderen Handlungsweise entschlossen haben, zur Gewalt. Wir wissen, daß ANC und PAC das getan haben, aber wir glauben nicht, daß das die einzige Möglichkeit ist. Wir glauben, daß es möglich ist, mit friedlichen Mitteln an unser Ziel zu gelangen. Und die Tatsache, daß wir uns entschlossen haben, unsere Bewegung offen agieren zu lassen, zeigt ja schon, daß wir bei unseren Operationen bestimmte legale Einschränkungen auf uns genommen haben. Wir haben akzeptiert, diesen Weg zu gehen. Wir wissen, daß der Weg, der zu dieser Wahrheit hinführt, voller Gefahren ist. Einige von uns werden geächtet, wie ich. Andere werden verhaftet, wie diese Männer hier. Aber es ist unvermeidlich, daß sich der Vorgang mit dem von der Geschichte beabsichtigten deckt, nämlich eine Situation zu schaffen, in der die Weißen zuhören müssen.

Ich glaube nicht, daß die Weißen immer taub bleiben werden. Diese Regierung ist nicht unbedingt auf einen hitlerähnlichen Kurs festgelegt. Ich glaube, sie versucht Zeit zu gewinnen. Mr. Vorster kann die Lösung einiger Probleme verschieben, aber ich glaube, sobald die Stimme derer, die nein sagen, stärker wird, wird er zuhören. Er wird auf die Gefühle der Schwarzen Rücksicht nehmen müssen.

Nach seiner Zeugenaussage vor Mr. Soggott und Richter Boshoff wurde Steve Biko anschließend von dem Staatsanwalt, Mr. K. Attwell ins Kreuzverhör genommen; Attwell versuchte, dadurch Beweismaterial, das für die SASO/BPC schädlich war, zu erlangen, daß er aus Biko einige negative Geständnisse über das Wesen dieser Organisationen herausquetschte, insbesondere über die Extravaganz eines Teils ihrer Schriften.

ATTWELL: Mr. Biko, ist es richtig, wenn ich sage, daß Sie einer der Gründer sowohl der SASO als auch der BPC sind und einer der ersten Verfechter der Idee der Black Consciousness?
BIKO: Richtig.
ATTWELL: Und daß Sie in nicht geringem Maße für den konstitutionellen Rahmen dieser Organisationen verantwortlich sind und für einen Großteil ihrer Politik, wie sie in ihren Schriften zu erkennnen ist?
BIKO: Zum großen Teil, ja.

ATTWELL: Nun, Sie und einige andere Gründungsmitglieder hatten bestimmte Tendenzen bemerkt, die Sie dazu veranlaßten, eine Vereinigung wie die SASO zu gründen. Ist das richtig?
BIKO: Richtig.
ATTWELL: Und die SASO war damals als Organisation einzigartig, nicht wahr?
BIKO: Richtig.
ATTWELL: Es gab in unserer Geschichte so gar keine Parallele? Man kann sogar sagen, daß es in der ganzen Geschichte keine Parallele zur SASO-Organisation gibt, nicht wahr?
BIKO: Außerhalb unseres Landes – das weiß ich nicht; aber innerhalb des Landes trifft das sicherlich zu.
ATTWELL: Es war ein höchst gefahrvolles Unternehmen, ein Unternehmen, daß Sie sicher mit großer Vorsicht angingen?
BIKO: Richtig.
ATTWELL: In der Vergangenheit hatten es Organisationen, die in erster Linie für die Schwarzen arbeiteten, in diesem Lande ziemlich schwer?
BIKO: Das ist richtig.
ATTWELL: In Ihren Publikationen werden frühere Organisationen folgendermaßen beschrieben: »Die in der Verteidigung der schwarzen Würde und Rechtschaffenheit an führender Stelle standen und in den sechziger Jahren verbannt wurden.« Das bezieht sich auf den African National Congress und den Pan-Africanist Congress, die beide geächtet sind, nicht wahr?
BIKO: Sie müssen eine Sache in bezug auf die schwarze Gemeinschaft einsehen: ANC und PAC sind in der Geschichte der schwarzen Gemeinschaft wichtige Bewegungen, in dem Sinne, daß sie Einfluß auf das Leben der Leute gehabt haben und Verbundenheit geschaffen haben. Wenn eine neue Bewegung auftritt und sich überall beliebt machen will, kann jede unpassende Erwähnung früherer Bewegungen, denen die Leute noch einen Rest von Treue erweisen, ihr schaden; also haben sich BPC und SASO früheren Bewegungen gegenüber nie kritisch geäußert. Von uns selbst sprachen wir positiv, und von anderen Gruppen wie der weißen Gesellschaft und deren Machtapparaten sprachen wir so selten wie möglich.
ATTWELL: Würden Sie mit mir darin übereinstimmen, daß sich SASO und BPC in ihrer Annäherung sehr auf die psychologische Unterdrückung konzentrieren?
BIKO: Ja, aber ich bin der Meinung, wie ich es in meiner Zeugenaussage schon gesagt habe, daß das ganze Gemeinschafts-Aufbauprogramm auch der Erleichterung des Leidens gilt, das eine Form der physischen Unterdrückung ist. Für uns bedeutet die physische Befreiung auch eine Befreiung von den tatsächlichen Lebensbedingungen, die repressiv sind.

ATTWELL: Sind Sie persönlich heute der Ansicht, daß die Schwarzen in der Lage wären, den Staat gewaltsam zu stürzen?
BIKO: Ich glaube nicht.
ATTWELL: Einer der Militärexperten, die als Zeugen auftraten, war der Ansicht, daß Südafrika militärisch zu stark sei und jeden Angriff dieser Art seitens der Einwohner zurückschlagen würde. Trifft das zu?
BIKO: Nun, ich habe in letzter Zeit nicht die Stärke der weißen Armee untersucht.
ATTWELL: Aber Sie halten einen Umsturz nicht für durchführbar?
BIKO: Ich halte ihn nicht für durchführbar.
ATTWELL: Der Militärexperte meinte weiter, daß das geeignetste Terrain, auf dem die Schwarzen in diesem Land auf einen Wandel hinarbeiten könnten, das der schwarzen Arbeiter sei; stimmen Sie dieser Behauptung zu?
BIKO: Wenn von fundamentalem Wandel die Rede ist, mag das richtig sein. Aber meiner Meinung nach gibt es andere, aussichtsreichere Gebiete. Zum Beispiel der Sport, der meiner Meinung nach für die Gesellschaft eine große Bedeutung hat, indem er Einstellungen auf anderen Gebieten vorausahnen läßt. Ich glaube, das Land ist jetzt in einer Phase, in der auf dem Gebiete des Sports beträchtlicher Druck auf fruchtbare Weise ausgeübt werden kann.
ATTWELL: Auf welchem Gebiet können die Schwarzen Ihrer Meinung nach den größten und wirksamsten Druck ausüben?
BIKO: Ich sagte ja, im Sport.
ATTWELL: Inwiefern üben Schwarze im Sport großen Druck aus?
BIKO: Die Bedeutung von Gruppen wie der South African Rugby Union, des South African Cricket Board of Control und verschiedener Gruppen, die unter den Schwarzen den Sport in der Hand haben, ist im Laufe der Jahre enorm gestiegen. Sie sind einflußreich geworden, sie haben draußen zahlreiches Publikum, und wie ich sehe, treten jetzt sogar richtige Politiker bei, wie Gatsha Buthelezi, meiner Meinung nach ganz einfach deshalb, weil das ein Gebiet ist, auf dem das Ende abzusehen ist. Die Springboks werden nicht mehr lange ausschließlich weiß bleiben, außer sie wollen nur innerhalb des Landes gegen sich selbst spielen.
ATTWELL: Könnten Sie sich vorstellen, daß der Sport einen fundamentalen Wandel herbeiführen kann?
BIKO: Ich glaube, Entwicklungen lassen sich vorausahnen. Wenn der Sport integriert wird, voll integriert, was irgendwann passieren muß, und wenn die Weißen bei uns nicht uneinsichtig sind, dann muß man meiner Meinung nach auch an andere Gebiete denken, an Kino, Theater, Tanz und so weiter, man muß sich über politische Rechte Gedanken machen. Es ist ein Schneeballeffekt; die Außenwelt setzt sich damit auseinander, um dem weißen Südafrika klarzumachen, daß es sich über einen Wandel

Gedanken machen muß. Der Wandel ist ein nicht aufzuhaltender Vorgang; denn ich glaube, daß sich die Geschichte in einer Richtung logisch auf ein vernünftiges Ziel hinbewegt.
ATTWELL: Also sind Sie nicht der Meinung, daß die Arbeitswelt der Schwarzen tatsächlich das Gebiet ist, auf dem Schwarze am effektivsten gewinnen können?
BIKO: Im Augenblick jedenfalls nicht.
ATTWELL: Ich würde jetzt gerne einen Teil der von den schwarzen Organisationen verwendeten Terminologie aufklären, Mr. Biko, vor allem was Sie unter diesen Begriffen verstehen. Erstens gibt es bei Ihnen doch das Wort *conscientize**?
BIKO: Ja.
ATTWELL: Nun habe ich hier eine Definition der *conscientization,* die ich gerne vorlesen würde: »Die *conscientization* ist ein Vorgang, in dem einzelnen oder Gruppen, die innerhalb einer gewissen gesellschaftlichen Umgebung leben, ihre Situation bewußtgemacht wird. Es geht hier nicht so sehr um ein Bewußtsein ihrer realen Situation, sondern um ihre Fähigkeit, ihren eigenen Einfluß auf sich selbst und ihre Umgebung einzuschätzen und zu verbessern. In diesem Sinne ist es in der südafrikanischen Umwelt zum Beispiel nicht ausreichend, sich bewußt zu sein, daß man in einem Zustand der Unterdrückung lebt oder an einer rassengetrennten und wahrscheinlich minderwertigen Bildungsanstalt studiert. Man muß dem Gedanken verschrieben sein, sich aus dem Morast herauszuholen, man muß sich der Faktoren und Gefahren, die mit einem solchen Unternehmen verbunden sind, bewußt sein, aber man muß immer von dem grundlegenden Glauben ausgehen, daß man in einem Kampf steht, der bis zum Ende durchgeführt werden muß, trotz aller Gefahren und Schwierigkeiten. Also umfaßt die *conscientization* unter anderem den Wunsch, Menschen in einen emanzipatorischen Vorgang zu verwickeln, in einen Versuch, sich aus der Situation der Knechtschaft zu befreien. Der Rahmen, innerhalb dessen wir arbeiten, ist die Black Consciousness.« Wir lautet Ihr Kommentar zu dieser Auslegung der *conscientization?*
BIKO: Ich glaube, sie ist ziemlich zutreffend.
ATTWELL: Verstehen die SASO und die BPC *conscientization* in dieser Weise?
BIKO: Ja.
ATTWELL: Und wenn man der Formulierung begegnet, irgend etwas wird zu Zwecken der *conscientization* gebraucht, wird das Wort dann in dem soeben dargelegten Sinne gebraucht?
BIKO: Ja, das stimmt.

* *conscience* = Gewissen, in manchen Fällen Bewußtsein.
conscientize = bewußt machen. (Anmerkg. d. Übers.)

ATTWELL: Dann gibt es weiter den Begriff »System«?
BIKO: Ja.
ATTWELL: Was verstehen Sie unter »System«?
BIKO: Im Grunde jene operativen Kräfte in der Gesellschaft, jene institutionalisierten und nicht-institutionalisierten Kräfte in der Gesellschaft, die das Sein eines Menschen kontrollieren, sein Verhalten und die generell die Herrschaft über ihn ausüben. Damit ist auf jeden Fall unter anderem die Regierung gemeint, und die Helfershelfer der Regierung, besonders die Polizei. In unseren Reihen betrachtet man gerne die Polizei als das System, aber zum System gehört auch der ganze Vorgang der Unterdrückung.
ATTWELL: Nun, von SASO- und BPC-Dokumenten erhält man den Eindruck, daß, egal ob vom System, von der Regierung oder von den Weißen die Rede ist, diese drei Begriffe anscheinend dasselbe bedeuten.
BIKO: Ja, man kann diese drei Begriffe schon als untereinander austauschbar betrachten.
ATTWELL: Und wenn man liest, daß irgendein Autor in einer Schrift sagt, die Weißen haben dies getan oder die Regierung habe dies getan oder das System habe dies getan, bedeutet das alles im Grunde das gleiche?
BIKO: Manchmal wird der Begriff Weiße als austauschbar mit einem anderen Begriff, weißer Rassismus, verwendet, doch muß der Begriff weißer Rassismus wiederum als eng mit dem System verbunden angesehen werden. Mit anderen Worten, es gibt den institutionalisierten Rassismus, der sich durch die Exekutive der Regierung ausdrückt, und es gibt den nicht institutionalisierten Rassismus, der sich auf offener Straße ausdrückt. Draußen, auf dem Platz zum Beispiel, drückt die ganze Beziehung zwischen Schwarz und Weiß eine gewisse Form des Rassismus aus. Hier draußen gibt es keine schwarze Toilette, und heute vormittag ging ich in die Toilette, wo Weiß steht, und alle schauten mich so an, als ob sie mich hindern wollten, und man fragte mich, wo denn die schwarze Toilette sei. Glücklicherweise haben sie mich nicht aufgehalten. Aber das, was sie mir gegenüber zeigten, war Rassismus.
ATTWELL: Die SASO und die BPC betrachten das System als weiß und die Regierung als eine weiße Regierung?
BIKO: Das trifft nicht ganz zu: In den Reihen der Schwarzen gibt es Verlängerungen des Systems, die als Teil des Systems organisiert sind.
ATTWELL: Wie Gatsha Buthelezi?
BIKO: Gathsa Buthelezi ist ganz sicher in der Hautfarbe so schwarz wie ich und möglicherweise auch in seinem Streben, aber er operiert innerhalb eines Systems, das von der weißen Regierung für ihn geschaffen wird, und in diesem Sinne ist er eine Erweiterung des Systems.
ATTWELL: Würden Sie sich als Freiheitskämpfer bezeichnen?
BIKO: Diesen Ausdruck habe ich einmal gebraucht, als mich die Sicher-

heitspolizei fragte, was mein Beruf sei, und ich sagte, ich sei Freiheitskämpfer.
ATTWELL: Das war aber ironisch gemeint, nicht wahr?
BIKO: Nun, es war eben so dahingesagt, in einer allgemeinen Plauderei. Wenn man pausenlos die Sicherheitspolizei am Hals hat, muß man sich eine Sprache zurechtlegen, in der man mit ihnen spricht, wissen Sie, und das war so eine Redewendung. Im Grunde verstehen sie nur eine Sprache.

ATTWELL: Warum traten Sie im Juli 1971 zurück und machten nicht bei der Exekutive der SASO weiter?
BIKO: Dafür gibt es zwei Gründe; eigentlich können Sie mich auch gleich fragen, warum ich mich 1970 nicht wieder für die Präsidentschaft beworben habe. Wir waren im wesentlichen der Ansicht, daß wir versuchen müßten, Leute dazu zu kriegen, sich mit dem Kern unserer Aussagen zu identifizieren und nicht mit einzelnen Personen. Wir durften keinen Führerkult aufbauen. Wir mußten die Aufmerksamkeit der Leute auf den Inhalt konzentrieren. Sie werden bemerkt haben, daß sich die ersten Präsidenten der SASO jedes Jahr ablösten; das war der Grund dafür. Es war auch der Grund, warum jene Kolumne, die mir zu schreiben aufgetragen wurde, unter einem Pseudonym erschien; wenn man sich dauernd mit Streitfragen auseinandersetzt, neigen die Leute dazu, das Geschriebene nach ihrer persönlichen Zuneigung oder Abneigung für oder gegen den Autor zu beurteilen. Wir wollten, daß sie sich auf die Botschaft konzentrierten. Im Juli 1972 bat mich ein Parteiausschuß, wieder in den Vorstand zurückzukommen, aber ich lehnte es ab, weil ich der Meinung war, daß ich meinen Zweck schon erfüllt hatte, daß ich meinen Beitrag geleistet hatte und daß es an der Zeit war, daß eine neue Führerschaft hervortrat. Ich war der Ansicht, daß ich dadurch, daß ich zwei Jahre im Vorstand gewesen war, sowieso schon überfällig war.
ATTWELL: Warum war der Führungsausschuß so wenig auf Berichterstattung über Gründung der SASO bedacht?
BIKO: Der Führungsausschuß konnte gar keine öffentliche Werbung machen, eben deswegen, weil er sich über eine Politik hätte äußern müssen, die von der Organisation noch gar nicht formuliert worden war.
ATTWELL: Also wurden diese Dinge eineinhalb Jahre lang verschwiegen?
BIKO: Von wem?
ATTWELL: Verschwiegen, bis Sie der Ansicht waren, Sie seien stark genug?
BIKO: Von wem, wem gegenüber verschwiegen?
DER RICHTER: Mr. Attwell, worauf wollen Sie hinaus?
ATTWELL: Euer Ehren, ich werde Ihnen noch beweisen, daß diese Leute wußten, daß ihr Konzept ein revolutionäres war, daß sie es eine ziemlich

lange Zeit versteckt hielten, bis sie sich stark genug wähnten, um es der Öffentlichkeit vorzutragen, und daß der Grund, warum sie es versteckt hielten, der war, daß sie zunächst eine gewisse Stärke gewinnen wollten; sie wollten nicht, daß diese Sache an die Presse gelangte, weil sie Angst davor hatten, wie so eine Geschichte aufgenommen werden würde und ob sie in den Anfangsstadien nicht hätten zerdrückt werden können.

BIKO: Aber diese Verfassung, die Sie als versteckt bezeichnen, wurde in Wahrheit vielen Studentenräten vorgelegt, die sich gemäß der internen Universitätsregeln an die Rektoren wenden mußten, bevor sie sich uns anschlossen. Sie mußten die Verfassung vorzeigen. Ich habe mit einer Reihe von Rektoren über die SASO gesprochen. Die Rektoren kannten die Verfassung, und ich erinnere mich besonders an Mr. Boshoff von Turfloop; mit ihm sprach ich ausführlich über die SASO, und er akzeptierte die Verfassung und schließlich die SASO. Ich frage sie: Kann man das als »verstecken« bezeichnen?

ATTWELL: Seine Ehren wird am Schluß noch sehen, daß in den Schriften der SASO eine zunehmend militante Sprache gebraucht wurde.

BIKO: Ich würde sagen, die SASO gebrauchte eine zunehmend positive Sprache.

ATTWELL: Sie sind doch mit der Sprache, die in den frühen Dokumenten verwendet wurde, vertraut?

BIKO: Ja, da sie teilweise von mir verfaßt wurden.

ATTWELL: Auch jenes Dokument, das mit tiefer Besorgnis und Abscheu die Entfaltung des nackten Terrorismus feststellt?

BIKO: Richtig. Aber das war nur eines der üblichen Dokumente, in denen die SASO ihrer Entrüstung Ausdruck gab.

ATTWELL: Sie sagten, die Schwarzen würden von der weißen Regierung dem direkten Terrorismus ausgesetzt?

BIKO: Ja.

ATTWELL: Halten Sie diese Behauptung für gerechtfertigt?

BIKO: Ich halte sie für weitaus gerechtfertigter als die Anklage, die gegen diese Männer erhoben wird. Ich finde das, was wir erdulden müssen, für physisch schlimmer als die paar Dinge und Behauptungen, deretwegen Sie diese Männer unter Anklage stellen.

ATTWELL: Von welchen Männern reden Sie?

BIKO: Von den neun Angeklagten.

ATTWELL: Nun, vielleicht könnten Sie da etwas ausführlicher werden, Mr. Biko?

BIKO: Ich spreche von der Gewalt, mit der die Polizei auf die Leute losgeht, davon, wie sie sie zusammenschlägt, etwa die Leute, die im März in Henneman streikten. Ich spreche von der Polizei, die, wie in Sharpeville, auf Unbewaffnete schießt, und ich spreche von der indirekten Gewalt, die das Ergebnis des Hungers in den Townships ist. Ich spreche von dem

Elend, das in diesem Augenblick in Winterveld herrscht. Ich spreche von einer Situation wie in Dimbaza, wo die Leute keine Lebensmittel und kaum Möbel haben. Ich glaube, das alles zusammen hat mehr mit Terrorismus zu tun, als das, was diese Männer hier gesagt haben. Sie werden jetzt angeklagt, aber die weiße Gesellschaft wird nicht angeklagt; das meine ich.

ATTWELL: Kennen Sie die Anklage, die gegen die Beschuldigten erhoben wird?

BIKO: Nach dem, was man mir mitgeteilt hat, sollen sie die Gemüter der Schwarzen aufgerührt haben, um einen Zustand der Rassenfeindschaft herbeizuführen. Dieser Fall hat mich schon von Anfang an interessiert. Als ich das erste Mal davon hörte, dachte ich, daß meine Leute vielleicht etwas getan hätten; nach langer Zeit wurde die Untersuchung eingestellt; und was hatten sie getan? Sie legten einen Haufen Akten vor, aber diese sogenannte Verschwörung existierte nur in den Gedanken der Sicherheitspolizei und wahrscheinlich in den Ihren, Mr. Attwell.

ATTWELL: Sie bezeichnen Sie als Ihre Männer?

BIKO: Sie arbeiten mit mir.

ATTWELL: Mit Ihnen?

BIKO: Ja.

ATTWELL: Ist es eine enge Zusammenarbeit?

BIKO: Tatsächlich kenne ich einige von ihnen, aber was ich damit meine, wenn ich sage, daß sie mit mir arbeiten, ist, daß wir derselben Meinung über unsere Gesellschaft sind.

ATTWELL: Einige von ihnen kennen Sie nicht?

BIKO: Richtig.

ATTWELL: Aber Sie sind bereit, sie zu verteidigen, obwohl Sie nicht wissen, was sie getan haben?

BIKO: Ich verteidige sie, weil ich an unsere Organisationen glaube. Wenn man sie dafür anklagt, daß sie in der SASO und in der BPC sind, dann habe ich Vertrauen zu ihnen, weil ich der SASO und BPC vertraue.

ATTWELL: Natürlich sind Sie, zusammen mit dem Rest der Mitgliedschaft von SASO und BPC, in einen Befreiungskampf gegen das weiße System verstrickt?

BIKO: Ja.

ATTWELL: Darf ich annehmen, daß Ihre Sympathien deshalb unter allen Umständen den Angeklagten gelten?

BIKO: Ich wurde unter Strafandrohung vor dieses Gericht geladen, und ich muß unter Eid die Wahrheit sagen, wenn ich das richtig sehe. Natürlich bringe ich meinen Leuten Sympathien entgegen, aber ich werde mich nicht zwischen meine Leute und die Wahrheit stellen.

ATTWELL: Da wir schon von Aussagen in dieser Verhandlung sprechen: Wann bat man Sie, in diesem Prozeß auszusagen, Mr. Biko?

BIKO: Ende letzten Jahres bekam ich von Mr. Chetty, dem Anwalt, etwas, das man einen Fragebogen nennen könnte. Dieser Bogen enthielt verschiedene Fragen zur Gründung der SASO und zu verschiedenen Konferenzen, denen ich bis 1970 beigewohnt hatte. Ich beantwortete alle Fragen so gewissenhaft wie möglich, und ich deutete Mr. Chetty gegenüber selbst an, daß ich zur Verteidigung aller meiner Angaben gerne zur Verfügung stehen würde, eben weil mir klarwurde, daß es in der Tat sehr wenige Leute gab, die am Anfang der SASO dabeigewesen waren, ganz bestimmt nicht diese Leute hier, und sehr wenige von denen, die überhaupt für Aussagen zur Verfügung stehen. Im November bekam ich dann eine Vorladung unter Strafandrohung, es muß ungefähr Mitte November gewesen sein, also kam ich hierher, in der Annahme, daß ich aussagen müßte. Dem war aber nicht so, ich fuhr nach Hause, und zwei Wochen später erhielt ich eine weitere Vorladung, deretwegen ich jetzt hier bin.
ATTWELL: Also haben Sie sich freiwillig angeboten auszusagen?
BIKO: Ja, ich habe mich freiwillig angeboten auszusagen.
ATTWELL: Weil es, wie Sie sagen, eine falsche Auffassung der SASO und der BPC gibt und dies eine Gelegenheit wäre, die Sache aufzuklären?
BIKO: Weil ich sehe, daß ich einer der wenigen bin, die damals bei der Gründung dieser Organisation dabei waren und die heute dem Gericht bei der Klärung historischer Fragen behilflich sein können.
ATTWELL: Nachdem Sie geächtet wurden, hatten Sie da irgendwelchen Kontakt zu den Angeklagten?
BIKO: Wie gesagt, ich traf nach meiner Ächtung Mr. Lekota und Mr. Myeza.
ATTWELL: Sind sie nach King William's Town gekommen?
BIKO: Nun, sie waren geschäftlich unterwegs, sehen Sie, und ich wohne in King William's Town, und ich interessiere mich für die SASO, also kamen sie, um mit mir über Entwicklungen in der Organisation zu plaudern.
ATTWELL: Was taten Sie, um die Befürchtungen irgendwelcher Leute in bezug auf die Einstellung von SASO und BPC zu den Methoden des ANC oder des PAC zu beschwichtigten?
BIKO: Im Zusammenhang mit SASO und BPC wurden solche Befürchtungen überhaupt nicht erwähnt. Ich glaube, es war jedem völlig klar, um was es bei SASO und BPC ging; sicher ist, daß wir von der Entwicklung des menschlichen Wesens sprachen, mit anderen Worten davon, wie der schwarze Mann seine eigene psychologische Unterdrückung ablegt. Jeden Tag konnte man bei unseren Zusammenkünften erkennen, daß dies das eigentliche Anliegen von SASO und BPC war.
ATTWELL: Wenn ich Sie richtig verstehe, wurde nichts Spezifisches getan, um irgendwelche Ängste, falls sie existierten, zu beschwichtigen?
BIKO: Wenn Sie mich richtig verstehen, müssen Sie sagen, daß keine Ängste ausgesprochen wurden.

ATTWELL: Aber scheinbar hatten die Weißen Angst?
BIKO: Wenn Sie im Zusammenhang mit der BPC von Angst sprechen – es gab keine Weißen in der BPC.
ATTWELL: Es gab keine Weißen in der BPC, aber Sie haben indirekt doch sicher die Weißen angesprochen?
BIKO: Ich habe früher vor weißem Publikum über die Black Consciousness gesprochen und habe keine derartige Angst bemerkt. Als ich in Kapstadt vor einer Gruppe weißer Studenten sprach, erklärte ich unseren Standpunkt, und den fanden die anwesenden afrikaanischen Studenten übrigens sehr annehmbar; sie sagten mir, genauso hätte sich der Afrikaaner-Nationalismus entwickelt, okay, wir wünschen euch alles Gute. Der Präsident des Afrikaaner Studentebond, Mr. Johan Fick, und ich kamen sehr gut miteinander aus. Neulich traf ich ihn in Johannesburg, und er lud mich auf sein Zimmer in der Rand Afrikaans University ein. Er hatte keine Angst.
ATTWELL: Sind Sie der Ansicht, daß der weiße Mann in Afrika Angst hat?
BIKO: Ich kann mir vorstellen, daß die weiße Bevölkerung insgesamt so unter dem Einfluß der Propaganda steht, daß ihr nicht bewußt ist, wie unvermeidlich der Wandel ist. Aber ich glaube, die weiße Führerschaft, besonders die Führerschaft der drei großen weißen Parteien dieses Landes ist sich der Unausweichlichkeit des Wandels bewußt, und ich glaube schon, daß eine gewisse Angst an ihnen nagt, in welche Richtung dieser Wandel wohl gehen wird. Natürlich wollen sie ganz sicher nicht von den Ereignissen überrumpelt werden, sondern mit ihnen Schritt halten. Also gibt es in der Führerschaft bestimmt ein Element der Angst, aber ich möchte betonen, daß der Durchschnittsweiße oft keine Ahnung hat. Die Art, in der er Schwarze in Geschäften und auf der Post behandelt, weist darauf hin, daß er sich der Unvermeidbarkeit des Wandels einfach nicht bewußt ist.
ATTWELL: Welches Bild verbreitet die BPC von ANC und PAC?
BIKO: Wir bezeichnen sie als Organisationen, die in der Geschichte des schwarzen Volkes existieren.
ATTWELL: Billigend oder mißbilligend?
BIKO: Ich glaube, Sie müssen eins verstehen, Mr. Attwell: Der Kampf der Selbstbefreiung, der Befreiung von allem, was einen bedroht, geht durch die ganze Geschichte. Zu verschiedenen Zeiten wird er von verschiedenen Menschen mit verschiedenen Methoden aufgegriffen. Das ist das eine. Aber der Kampf ist das, an was wir uns klammern. Wir müssen anerkennen, daß der ANC und der PAC in diesen Kampf verwickelt waren, und zwar nicht aus selbstsüchtigen Gründen, sondern für die Schwarzen und für deren Befreiung. Vielleicht billigen wir ihre Methoden, vielleicht auch nicht, aber Tatsache ist, daß sie in der Geschichte existieren, weil sie den Kampf vorangebracht haben.

ATTWELL: Aber sind wir einer Meinung, daß das eine Billigung ist?
BIKO: Ich fälle kein Urteil. Ich anerkenne bloß Tatsachen, das, was in der Geschichte geschehen ist. Eine Billigung bedeutet, das, was vorgefallen ist, einer systematischen Analyse zu unterziehen, um zu einem gutheißenden oder tadelnden Urteil zu gelangen. In diesem Fall nehme ich lediglich auf eine bestimmte Phase in unserer Geschichte als Schwarze Bezug.
ATTWELL: Und wenn in den Schriften der BPC oder der SASO die Rede ist von »unseren wahren Führern, die geächtet und auf Robben Island eingesperrt worden sind«?
BIKO: Das ist richtig.
ATTWELL: Auf wen wird da besonders angespielt?
BIKO: Es geht um Leute wie Mandela, um Leute wie Sobukwe, um Leute wie Govan Mbeki.
ATTWELL: Was verbindet diese Leute?
BIKO: Ihre Gemeinsamkeit liegt darin, daß sie Leute sind, die selbstlos den Kampf für den schwarzen Mann vorangetrieben haben.
ATTWELL: Einschließlich der Führer des ANC?
BIKO: Ja.
ATTWELL: Kennen Sie irgendwelche dieser Personen, die auf Robben Island gewesen sind?
BIKO: O ja.
ATTWELL: Könnten Sie sie beim Namen nennen?
BIKO: Ich habe Mr. Sobukwe kennengelernt.
ATTWELL: In welchem Zusammenhang?
BIKO: Ich wollte ihn kennenlernen.
ATTWELL: Wann war das, Mr. Biko?
BIKO: Das war 1972.
ATTWELL: Gab es irgend etwas Besonderes, was Sie von ihm wissen wollten?
BIKO: Nun, nein, ich fuhr durchs Land für die Black Community Programs und mußte mir von Mr. Stanley Ntwasa Informationen besorgen über einige Fälle, die er in jenem Jahr gehabt hatte, und da wir in Kimberley waren, nutzten wir gleich die Gelegenheit, um Mr. Sobukwe zu besuchen.
ATTWELL: Wann war das genau?
BIKO: September 1972.
ATTWELL: In der Geschichte des schwarzen Kampfes in diesem Land ist Sobukwe eine besonders bedeutende Figur, nicht wahr?
BIKO: Er ist eine wichtige Persönlichkeit.
ATTWELL: Können Sie irgendeine Schrift der SASO oder der BPC vorweisen, die spezifisch und unzweideutig die Gewalt verurteilt?
BIKO: Sie müßten mir einen ganzen Haufen Akten zum Durchsehen geben.

ATTWELL: Im Programm der BPC wird die Gewalt doch nicht verurteilt, oder?
BIKO: Nein, wird sie nicht. Das wird sie auch nirgendwo im Programm der Nationalist Party.
ATTWELL: Aber Sie und Ihre Leute lebten in ungewöhnlichen Umständen, Sie hatten mit Vorurteilen fertig zu werden?
BIKO: Ja.
ATTWELL: Eine Menge Behörden paßten ständig auf Sie auf und verfolgten Ihre Arbeit mit Argwohn?
BIKO: Mmmm.
ATTWELL: Beide Organisationen wurden von Anfang an schwere Zeiten vorausgesagt?
BIKO: Das ist richtig.
ATTWELL: Und man erwartete große Abneigung?
BIKO: Das ist richtig.
ATTWELL: Und man erwartete großen Widerstand?
BIKO: Das ist richtig. Und?
ATTWELL: Und weder die einen noch die anderen Statuten enthalten eine spezifische Ablehnung der Gewalt?
BIKO: Genau, weil wir sie nie in Erwägung gezogen haben.
ATTWELL: Betrachten Sie einige der weißen Studenten als eigenartige Erscheinung?
BIKO: Afrikaanerstudenten?
ATTWELL: Ja. Ihr Mr. Negwekulu sprach in einer Rede von diesen eigenartigen Leuten mit ihrer eigenartigen Logik.
BIKO: O ja, das tat er, das tat er, ja.
ATTWELL: Im allgemeinen werden doch Studenten die zukünftigen führenden Köpfe der Gesellschaft sein, nicht wahr?
BIKO: Ja, natürlich. Aber wenn man im Zusammenhang mit Studenten von Führern spricht, dann meint man nicht jeden einzelnen Studenten. An der Universität gibt's auch Nieten.
ATTWELL: Würden Sie die SASO als die Kinderstube der BPC betrachten?
BIKO: In dem Sinne, daß die Politik der SASO später von der BPC übernommen wurde, ja.
ATTWELL: Die SASO und BPC wurden gegründet, um die Gefühle der Schwarzen zu artikulieren, nicht wahr?
BIKO: Ja, um ihre Gefühle in bezug auf Streitfragen zu artikulieren.
ATTWELL: Nun, welche Gefühle artikulieren SASO und BPC – die der Militanteren, die eine sehr herbe Sprache sprechen, oder die der Gemäßigteren?
BIKO: Mr. Attwell, ich glaube, wenn Sie eine Befragung durchführten, würden Sie nur einen Bruchteil eines Prozentes schwarzer Leute finden,

die mit der gegenwärtigen Situation zufrieden sind. Jetzt betrachtet sich die BPC als druckausübende politische Gruppe. Sie will die Interessen der Mehrzahl des schwarzen Volkes vertreten, und die Mehrzahl des schwarzen Volkes ist unzufrieden mit dem, was vorgeht, also versucht die BPC, diese Unzufriedenheit mit dem System zu artikulieren. Und das auf verschiedene Weise. Es gibt viele Beschwerden. Es würde drei Wochen dauern, wenn ich sie hier einzeln vortragen wollte.

ATTWELL: Ich möchte nur wissen, welche Gruppe Schwarzer Sie vertreten.

BIKO: Die Mehrzahl derer, die mit dem, was im Augenblick vorgeht, unzufrieden sind.

ATTWELL: Und wenn die BPC diese Gefühle artikuliert, sind das die Gefühle derer, die bösartig antiweiß und militant sind, oder die der anderen?

BIKO: BPC vertritt alle Schwarzen. Ich glaube, alle Beschwerden werden zu einer Synthese verbunden. Einige Leuten beschweren sich wegen der Wohnungsbedingungen, unter denen sie leben, andere beschweren sich darüber, daß sie zu kleine Höfe haben; das alles muß man unter einen Hut bringen und zu einem allgemein schwarzen Standpunkt verschmelzen.

ATTWELL: Sie sagen, die überwältigende Mehrheit der Schwarzen hätte diese Gefühle?

BIKO: Ja, sicher.

ATTWELL: Nun, Sie wissen, daß die Angeklagten beschuldigt werden, diese feindseligen Gefühle verursacht, ermutigt oder gefördert zu haben.

BIKO: So soll die Anklage lauten.

ATTWELL: Sehen Sie einen Unterschied zwischen Verursachen, Ermutigen und Fördern einer Sache?

BIKO: Nun ja, ich bin sicher, daß ein Unterschied besteht, weil die Worte selbst verschiedene Bedeutung haben. Aber ich glaube zugleich, daß Sie die schwarze Solidarität falsch auslegen. Wir beabsichtigen nicht, eine verpflichtete Mitgliedschaft zusammenzustellen, die eine Art Armee bildet. Nein, wir wollen die Mehrzahl der Schwarzen auf unsere Seite ziehen, auf die Seite dessen, was wir sagen, genauso, wie die Nationalist Party in diesem Augenblick die Mehrzahl der weißen Bevölkerung hinter sich hat. Sie bilden keine homogene Masse, die man jeden Moment mobilisieren könnte. Innerhalb ihrer Reihen gibt es große Unterschiede, aber gleichzeitig gibt es eine gemeinsame Grundüberzeugung, eine gemeinsame Basis, und die Nationalist Party und der Broederbond, das sind deren Wortführer. Man kann sie nicht morgen mobilisieren, weil sie über das ganze Land verteilt sind, aber sie haben eine Identität, ein Sprachrohr in der Gestalt der Nationalist Party, des Broederbond und all der anderen Kulturorganisationen der Afrikaaner, die für sie das Wort ergreifen. Nun, dasselbe trifft auf die Schwarzen zu; wir versuchen, eine Situation herbeizuführen, in der die BPC das Sprachrohr des Volkes ist, ihnen ein

Zuhause gibt, ihnen Würde gibt, so daß sie sich wieder wie Menschen fühlen können, denn wie solche fühlen sie sich im Augenblick nicht.
ATTWELL: Sie wollen alle Schwarzen vereinigen, nicht wahr?
BIKO: Nicht unbedingt alle. Ich bin sicher, daß nicht alle Afrikaaner in der Nationalist Party sind.
ATTWELL: Schön, wie viele Schwarze gibt es in Südafrika?
BIKO: Über 20 Millionen.
ATTWELL: In den Akten werden, wie Sie sehen, dreißig Millionen erwähnt, ungefähr ein Drittel mehr als Ihre Schätzung.
BIKO: Einverstanden.
ATTWELL: Messen Sie dieser aufgeblasenen Zahl irgendeine Bedeutung zu?
BIKO: Nein. Ich glaube, das einzig Bedeutende daran ist die Erkenntnis, die die BPC durch eigene Erfahrung gewonnen hat, daß viele Schwarze einfach nicht registriert sind. In Soweto, zum Beispiel, lautet die augenblickliche offizielle Zahl ungefähr 800000. Aber in Soweto leben ungefähr eineinhalb Millionen, weil auf jeweils, sagen wir, sechs Leute, die registriert sind, zwei kommen, die nicht registriert sind. Diese Zahlen geben Anlaß zum Nachdenken. Sonst hat das keine Bedeutung.
DER RICHTER: Der Grund ist, daß die Bevölkerungsziffern auf einer Volkszählung beruhen?
BIKO: Das ist richtig.
ATTWELL: Also richten Sie sich nicht unbedingt nach der registrierten Anzahl von Leuten, die wirklich in den Haushalten gezählt werden?
BIKO: Nun ist es natürlich so, Euer Ehren: Wenn der Beamte zu mir kommt, einem Schwarzen, sagt er nie wirklich zu mir: »Wir zählen die Menschen, die hier im Land sind.« Nein, er wird die Sache auf typisch weiße Art und Weise angehen. Er kommt herein, und er sagt: »Wie viele Leute wohnen hier?« Jetzt ist das erste, an was man denkt, die Registrierung. Wenn bei mir irgendwelche anderen Leute auf dem Fußboden pennen, werde ich verhaftet; wenn also zehn Leute da sind, aber nur sechs registriert, dann sage ich: »Sechs, *baas.*« Also schreibt er sechs und geht nach nebenan. *(Gelächter.)* Sehen Sie, das ist doch von Bedeutung. Wenn man es den Leuten nett erklären würde, daß die Beamten nur zählen und keine Anklage erheben werden, würden die Leute die richtigen Zahlen angeben, aber sie wissen es ja nie, man sagt es ihnen nie.
DER RICHTER: Sie haben gesagt, daß das Verhalten des weißen Mannes eine explosive Lage hervorrief, die 1972 und 1973 zu Streiks führte.
BIKO: Ja.
DER RICHTER: Besteht beim Gebrauch dieser ungewöhnlichen Sprache nicht die Gefahr einer agitatorischen Wirkung auf den schwarzen Mann, die diese explosive Lage verschlimmern könnte?
BIKO: Euer Ehren, wie ich Ihnen schon vorgetragen habe, ist diese Spra-

che in bezug auf den Schwarzen wirklich sehr milde; es ist die Sprache, mit der er selbst gewöhnlich von der weißen Gesellschaft spricht. Wenn es die Absicht der SASO oder der BPC wäre, Leute zu gewaltsamen Reaktionen zu verleiten, gäbe es viele Situationen, die man in weitaus grelleren Farben schildern könnte, um sein Ziel zu erreichen. Um dieses Ziel zu erreichen, könnten sie auf äußerst emotionale Weise über Hunger reden, über die vielen Morde, die in den Townships passieren, aber das haben sie nie getan. Meines Wissens ist es ganz sicher nicht die Aufgabe der SASO und der BPC, herumzugehen und zu sagen: Weiße sind dies, Weiße sind das, Weiße sind Feinde, Weiße sind Rassisten. In der Sprache gibt es eben gewisse Begriffe, die dazu da sind, existierende Gedanken der Schwarzen zu artikulieren, Gedanken, die für den Aufbau unserer Mitgliedschaft, für den Aufbau der Menschlichkeit in unseren Reihen wichtig sind. Und ich glaube, ehrlich gesagt, nicht, daß Schwarze gerade dadurch zur Gewalt angetrieben werden. Sie achten auf den Kernpunkt der Sache. Das heißt, wir haben einen gemeinsamen Grund zur Klage, wir haben gemeinsame Erfahrungen. Fangen wir beim Aufbau unserer Gesellschaft an. Ich glaube, wenn man die Schriften der Afrikaaner liest, in denen das ganze Afrikaaner-Engländer-Problem dargestellt ist, sieht man, historisch betrachtet, daß eine ebenso ungewöhnliche Sprache gebraucht wurde, um die üblichen Probleme des Afrikaaners in bezug auf seinen Streit mit dem Engländer auszudrücken. Das läßt sich nicht vermeiden, wenn man seinen Standort definieren will, wenn man sagen will, was das Problem ist.
ATTWELL: Kann das die Menschen nicht feindseliger machen, als sie es ohnehin schon sind?
BIKO: Euer Ehren, ich kann Ihnen typische Beispiele dafür schildern, wie Schwarze auf so etwas reagieren. Sie haben zum Beispiel eine Veranstaltung angesprochen, bei der Harry Nengwekulu von der gewalttätigen weißen Gesellschaft sprach. Ich war bei dieser Versammlung. Es waren sicher mehr als tausend Menschen anwesend, vielleicht auch mehr. Aber zum Teufel noch mal, als er von der gewalttätigen weißen Gesellschaft sprach und sie in gewissem Sinne auf den Arm nahm, haben die Leute nur gelacht. Keiner von ihnen ist aufgestanden und hat: »Nieder mit der weißen Gesellschaft!« geschrien. Wissen Sie, sie spürten einfach einen inneren Frieden, eine psychologische Überlegenheit über die weiße Gesellschaft, weil sie ihr Problem gemeinsam artikulieren, gemeinsam darüber sprechen und lachen konnten. Ich glaube, so geht es bei vielen SASO- und BPC-Zusammenkünften zu. Ich habe noch kein einziges Treffen erlebt, bei dem die Leute in der angedeuteten Art aufgehetzt wurden.
ATTWELL: Nirgendwo in diesen Schriften heißt es, die Regierung tue irgend etwas Gutes.
BIKO: Sie tut so wenig Gutes, daß es eines Kommentars gar nicht wert ist.
ATTWELL: Würden Sie sich jetzt bitte diese Huldigung an den verstorbe-

nen Nthuli Shezi ansehen, den Vizepräsidenten der Black Peoples Convention, die von der BPC herausgegeben wurde. Schauen Sie sich zum Beispiel den dritten Absatz dieser Schrift an: »Die gewaltsame Ermordung geschah durch einen Verteidiger des weißen Rassismus, der weißen Überlegenheit und der weißen Unterdrückung unseres schwarzen Bruders. Sie sollte nicht als nur auf ihn gezielte Tat angesehen werden, sondern als Angriff auf die gesamte schwarze Gemeinschaft.« Und so weiter: »Wer kann es bestreiten, daß die Not durch Armut, Krankheit und Gewalttätigkeit weder Fügung noch Zufall sind? Wer kann es bestreiten, daß die Tausende von schwarzen Kindern und schwarzen Müttern und Vätern, die verhungern, einen vorsätzlichen Versuch darstellen, die gesamte schwarze Nation zu vertilgen?«

Nun, diese Art von Gefühl – glauben Sie in der BPC und der SASO allen Ernstes, daß das die Absicht der Regierung und des Systems ist, systematisch und vorsätzlich die gesamte schwarze Nation zu vertilgen?

BIKO: Nun, ich finde, Sie sollten wissen, daß es in der afrikanischen Politik, wie in der Dichtung, eine gewisse Freiheit zur, sagen wir, gerechtfertigten Übertreibung gibt. Vorhin sprach ich von verschiedenen Situationen, in denen der schwarze Mann einzelnen Phänomenen des Systems ausgesetzt ist. Ich sprach von miserablen Wohnbedingungen, von Schwarzen, die von der Polizei erschossen werden, und ich nannte das Terrorismus. Das zu behaupten ist politische Freiheit. Ich möchte auch sagen, daß Sie eine solche Sprache in einigen Schriften der SASO und BPC finden können, aber es ist nicht die Sprache, mit der die BPC und die SASO pausenlos umgehen. Die zentrale Botschaft von SASO und BPC betrifft nur die schwarze Gesellschaft selbst. Man tut uns unvergleichliche Dinge an, und wir neigen dazu, in extremer Sprache darauf zu reagieren. Unglücklicherweise haben Sie nicht die Erfahrung von Schwarzen gemacht, Mr. Attwell, also kann ich Ihnen das nicht erklären. Man muß schwarz sein, um zu verstehen, was ich meine.

ATTWELL: Nun, diesen Eindruck habe ich bekommen, als ich das erste Mal diese Schrift las...

BIKO: Das kommt daher, daß Sie weiß sind.

ATTWELL: Aber es hätte in ihre Hände gelangen können?

BIKO: Sicher, wenn man es verteilt hätte. Das ist nur Theorie.

ATTWELL: Waren Sie auf Shezis Beerdigung?

BIKO: Ich war dort.

ATTWELL: War es eine emotional aufgeladene Veranstaltung?

BIKO: Alle Beerdigungen sind emotional.

ATTWELL: Was für Reden hielt man?

BIKO: Es gab Reden, die die Leute aufforderten weiterzumachen. Es ist die typische afrikanische Situation: Wenn irgend jemand von Bedeutung stirbt, ist das übliche Thema der Reden, daß andere Leute mit dem fort-

fahren sollen, was der Gestorbene getan hat. Das war das Thema des weißen Geistlichen, der die Beerdigung leitete.
ATTWELL: Sie sagen, die Beerdigung wurde von einem weißen Geistlichen geleitet?
BIKO: Ja, wurde sie.
ATTWELL: Ich kann mir vorstellen, daß die Redner alle guten Eigenschaften Mr. Shezis betonten, welche immer dies auch gewesen sein mögen, und die schlechten ignorierten.
BIKO: Das soll vorkommen.
ATTWELL: Und alles Böse über die Weißen zur Sprache gebracht haben, das möglich war, und alles Gute, das es geben oder nicht geben mag, ignoriert haben. Würden Sie mir da zustimmen?
BIKO: Ich glaube, mit dem Bösen sind sie nicht zu Ende gekommen.
ATTWELL: Mit dem Bösen sind sie nicht zu Ende gekommen?
BIKO: Nein, nein.
ATTWELL: Wären Sie weiter gegangen als diese Redner?
BIKO: Man könnte weiter gehen, wenn man wollte.
ATTWELL: Wären Sie weiter gegangen?
BIKO: Ich nicht unbedingt, aber jeder andere hätte es tun können, wenn er es gewollt hätte. Wenn es darum gegangen wäre, die weiße Gesellschaft als schlecht anzuprangern und damit alle Anwesenden zornig zu machen, hätte man Stunden und Stunden reden können.
ATTWELL: Hat ein Mann namens Bokwe Maphuna je einen Polizisten angegriffen?
BIKO: Ich wohnte einer Gerichtsverhandlung bei, bei der er beschuldigt wurde, einen Verkehrspolizisten angegriffen zu haben. Laut Maphuna war genau das Gegenteil passiert. Ein weißer Verkehrspolizist hatte ihn geschlagen, er erstattete Anzeige, und anscheinend beschloß der Verkehrspolizist, als er davon hörte, Gegenanzeige zu erstatten. Sein Fall kam zuerst dran, also mußte sich Maphuna jetzt dafür verantworten, einen Polizisten angegriffen zu haben, während es tatsächlich so war, daß der Polizist ihn angegriffen hatte.
ATTWELL: Wurde er für schuldig erklärt?
BIKO: Ja.
ATTWELL: Nun haben Sie folgendes geschrieben: *»Beispiele der Grausamkeit an denen, die in Ungnade bei der Sicherheitspolizei fallen, zu suchen, ist eigentlich nicht nötig. Man muß nicht versuchen, die Behauptung, daß Schwarze in Südafrika ums Überleben kämpfen müssen, zu beweisen. Unser Leben beweist das Tag für Tag. In unseren von Kriminalität durchsetzten Townships ist die Armut so allgegenwärtig, daß ein Schwarzer sogar einen Schwarzen umbringt, um überleben zu können. Das ist die Basis des Vandalismus, der Morde, der Vergewaltigungen und der anderen Verbrechen, die es gibt, während die wahren Schuldigen, die weißen Rassisten,*

sich an Stränden exklusiv für Weiße sonnen oder sich in ihren Großbürgervillen ausruhen.«

BIKO: Ja.

ATTWELL: Ist das Ihre tatsächliche Meinung?

BIKO: Ja.

ATTWELL: Dann schreiben Sie: *»Dies ist eine gefährliche Art der Furcht, weil sie nur oberflächlich ist. Unter sich verbirgt sie einen unermeßlichen Zorn, der oft droht auszubrechen. Unter ihr liegt der nackte Haß gegen eine Gruppe, die keinen Respekt verdient. Im Gegensatz zu anderen, ehemaligen französischen oder spanischen Kolonien, wo es die Chancen der Anpassung den Schwarzen ermöglichten, das Weißsein anzustreben, wird in Südafrika das Weißsein inzwischen mit Polizeibrutalität, Einschüchterung, frühmorgendlichen Paßrazzien und allgemeinen Schikanen innerhalb und außerhalb der Townships assoziiert, und deswegen strebt es kein Schwarzer wirklich an, weiß zu sein. Der weiße Anspruch auf Monopol, Komfort und Sicherheit ist schon immer so exklusiv gewesen, daß die Schwarzen die Weißen als hauptsächliches Hindernis auf ihrem Weg zum Frieden, zum Wohlstand und zu einer gesunden Gesellschaft betrachten. Durch die Verbindung mit all diesen negativen Aspekten ist das Weißsein über alle Maßen verschmutzt worden. Schwarze sehen das Weißsein deshalb höchstens als Konzept, das es verdient, abgesetzt, gehaßt, zerstört und durch ein Leben mit größerem Inhalt ersetzt zu werden. Andere Schwarze beneiden die weiße Gesellschaft um den Komfort, dessen sie sich bedient, und im Kern dieses Neides steckt der Wunsch, nein, im Innersten die heimliche Entschlossenheit, die Weißen aus ihren bequemen Gartensesseln, die man als Schwarzer auf der Fahrt in die Townships sieht, hinauszustoßen und sie für sich selbst in Anspruch zu nehmen.«* Was haben Sie damit gemeint?

BIKO: Wenn man den Artikel ganz liest, braucht man ihm keinen Kommentar hinzuzufügen. Es ist ein Kommentar auf die Dekadenz unserer Gesellschaft. Ich weise auf die zunehmende Feindseligkeit zwischen Schwarz und Weiß hin, die das Ergebnis der Geschichte, das Ergebnis von dreihundert Jahren Unterdrückung ist, und ich warne hier, daß, falls diese Situation nicht korrigiert wird, es zu einer Verhärtung der Positionen kommen wird, besonders bei den Schwarzen. Es kann durchaus sein, daß die Schwarzen an einen Punkt kommen, wo sie sagen, sie können nicht mehr Seite an Seite mit den Weißen leben. Das ist eine Warnung an die Gesellschaft, daß man sich dieser Tendenz bewußt sein soll.

ATTWELL: Wo wird die Warnung als Warnung ausgesprochen?

BIKO: Überall. Sie müssen das Ganze im Zusammenhang lesen, wissen Sie, und wenn Sie sich den Titel ansehen... ja, ich versuche, das in der weißen Gesellschaft vorherrschende Denken auszulöschen, das sie veranlaßt, aus Angst zu handeln. In anderen Worten: Die Weißen betrachten

Dinge, die die Schwarzen tun, nicht unbedingt auf logische Weise. Sie betrachten sie in Zusammenhang damit, wie sehr sie jetzt in ihrer Position als Weiße gefährdet sind, und das ist der Grund, auf dem die Brutalität der Polizei beruht.
ATTWELL: Also sind Sie mit mir einer Meinung, daß die Weißen im Grunde Angst haben vor der Black Consciousness?
BIKO: Nicht alle Weißen.
ATTWELL: Nun, wenn wir mal von Weißen kollektiv sprechen, wie Sie und Ihre Leute das ja gern tun – würden Sie dann sagen, daß sie sich vor der Black Consciousness fürchten?
BIKO: Sie sprechen jetzt kollektiv von der Mehrzahl der Weißen, nicht wahr?
ATTWELL: Ja.
BIKO: Ich würde sagen, daß sich die Mehrzahl der Weißen der Black Consciousness nicht einmal bewußt ist.

Die Angeklagten in dem Prozeß, Saths Cooper, Edmund Myeza, Patrick Lekota, Dr. Aubrey Mokoape, Nkwenkwe Nkomo, Pandelani Fefolovidwe, Gilbert Sidibe, Absolom Cindi und Srini Moodley, wurden für schuldig erklärt und zu jeweils mindestens fünf Jahren Haft auf Robben Island verurteilt.

Sogar dem gesprochenen Recht nach war nun ungebührlich aufsässiges Denken im Zusammenhang mit Black Consciousness ein Schwerverbrechen geworden, und die verbalen Ausdrücke des schwarzen gegen die weiße Herrschaft gerichteten Zornes waren von Gerichts wegen als Terrorismus deklariert worden.

Nachdem Steve Biko seine Marathon-Zeugenaussage beendet hatte, kehrte er in die Verbannung zurück.

Der Mord

Am 18. August 1977 wurden Steve Biko und sein Freund Peter Jones bei einer Straßensperre der Sicherheitspolizei in der Nähe von Grahamstown, in der östlichen Kapprovinz, angehalten.

Malusi Mpumlwana teilte mir die Verhaftung am darauffolgenden Tag telefonisch mit. Wir unterhielten uns einige Zeitlang über die Angelegenheit. Offensichtlich hatte man Steve dabei erwischt, sich seiner Verbannung zu widersetzen – er hatte sich außerhalb von King William's Town aufgehalten –, und wir überlegten uns, wann gegen ihn wohl Anklage erhoben werden würde. Wir sprachen auch darüber, ob er gegen Kaution freigelassen werden würde, und darüber, wie wir das Geld für die Kaution und die Verteidigung zusammenbekommen könnten. Später rief Malusi noch einmal an, um zu sagen, daß Steve nicht einfach verhaftet, sondern festgehalten und nach Port Elizabeth zum Verhör gebracht worden sei. Aber Wendy und ich, Malusi, Ntsiki und andere Mitglieder der Familie Steves und seines Freundeskreises waren nicht übermäßig besorgt. Steve war schon öfter festgehalten worden, und es war ihm nichts zugestoßen.

Die Tatsache, daß er und Peter nach Port Elizabeth gebracht worden waren, weckte freilich ein etwas ungutes Gefühl in uns. Die dortige Sicherheitspolizei unter Oberst Pieter Goosen hatte den Ruf, besonders brutal zu sein. Aber obwohl uns der Schauplatz von Steves Verhör nicht so gut gefiel, fürchtete keiner von uns wirklich um Steves Leben, auch nicht, daß er Mißhandlungen ausgesetzt werden würde. Wir nahmen an, er spiele in der südafrikanischen Politik eine zu bedeutende Rolle und sei bei wichtigen ausländischen Persönlichkeiten viel zu bekannt, als daß ihm etwas zustoßen könnte. Zusätzlich schien er es zu verstehen, die gewaltsamen Neigungen der Vernehmungsbeamten dadurch zu entschärfen, daß er dem Zorn mit Humor, kühler Vernunft und ganz einfach mit der Kraft seiner Persönlichkeit begegnete.

Als die Tragödie begann, waren wir vollkommen unvorbereitet.

Steve war schon fast einen Monat in Haft gewesen, als wir die Nachricht von seinem Tod bekamen. Ich betrat mein Büro im *Daily Dispatch* ungefähr um 10 Uhr am Morgen des 13. September, einem Dienstag, und fand meine Sekretärin, Linda Murray, in Tränen vor. Malusi hatte angerufen, um zu sagen, daß es Meldungen gebe, Steve sei tot. Ich reagierte überhaupt nicht betroffen. Ich war mir absolut sicher, daß es nicht wahr sein konnte. Ich sagte ihr, sie solle sich keine Sorgen machen, das Ganze müsse ein Irrtum sein. Ich lachte sogar bei der bloßen Vorstellung: »Steve tot? Unsinn! Ich weiß, daß die Afrikaansen Nationalisten verrückt sind – aber selbst die sind nicht so verrückt, ihn an *irgend etwas* in der Haft sterben zu lassen.«

Dann der Zweifel – schwach nur, aber trotzdem lief es mir kalt den Rücken hinunter. Könnten sie *doch* so verrückt sein?

Ich rief Malusi an. Er war nicht da.

Ich rief die Familie an.

Lieber Gott, es war wahr.

In diesen ersten schockierenden Sekunden wurde Südafrika für mich ein anderes Land. Alles daran war jetzt anders. Die Afrikaansen Nationalisten waren nicht mehr nur katastrophal irregeführte Rassisten – sie waren jetzt der Todfeind, der vor nichts zurückschreckte, der die abscheulichste Schandtat begangen hatte. Ich erkannte sie plötzlich als das, was sie wirklich waren – Menschen vom selben Schlag wie Duvaliers Tonton Macoute auf Haiti und alle politischen Polizeiterroristen repressiver Regimes, deren Raserei keine Grenzen kennt, denen nichts heilig ist. Ihnen war ihre weiße Rassenreinheit so heilig, daß der Krieg, den sie zu ihrer Verteidigung führten, aufhörte, von Moral irgendeiner Art begleitet zu werden.

Ich rief Wendy an, um es ihr zu sagen. Sie konnte es ebenfall nicht glauben. Als sie endlich davon überzeugt war, konnte sie kaum sprechen. In jener Nacht konnte keiner von uns schlafen. Über das Regime sagte Wendy: »Ich spüre gar nichts mehr. Ich bin darüber hinweg, vor ihnen Angst zu haben. Etwas Schlimmeres können sie nicht mehr tun.«

Es war am frühen Morgen, und ich saß da und starrte ins Leere. In Gedanken führte ich ein intensives Gespräch mit dem toten Steve.

»Wer hat es getan? Wie konnte das geschehen?«

Die Vorstellungskraft nach einem solchen Verlust ist manchmal so stark, und das Bild, das einem vor Augen steht, wird so lebendig, daß ich, nachdem ich mir eine Stunde diese bohrenden Fragen gestellt hatte, plötzlich klare Antworten von einem wirklich deutlich sichtbaren Abbild von Steve bekam. Er saß im Lehnstuhl am Fußende des Bettes mit übergeschlagenen Beinen, hatte lange Hosen und ein Hemd mit offenem Kragen an und beugte sich mit aufmerksamem Gesicht leicht nach vorn, als wolle er etwas sagen.

»Was tust du hier?« fragte ich.

Sein breites Lächeln erlaubte es ihm kaum, die Lippen zu bewegen und ein Wort herauszubringen.

»Was ich immer tue – meine Arbeit.«

»Wo bist du?« fragte ich und wußte nicht recht, was ich mit dieser Frage meinte.

»Zu Hause, Mann. Alles ist wirklich ganz normal.«

»Was ist geschehen? Wer hat es getan? Wie sieht er aus?«

»Es war nicht nur einer, es waren drei. Aber der Haupttäter war ein junger Mann, sehr stark. Aber darauf kommt es wirklich nicht an!«

Ich hatte den Eindruck, daß er sagen wollte, die gegen ihn geführten Schläge (es waren bestimmt mehr als einer gewesen) hätten dem System sehr viel mehr geschadet als ihm.

Diese Worte waren offensichtlich nicht laut gesprochen worden, weder von mir noch von ihm, denn sie entsprangen meiner Phantasie als Folge der Erschöpfung, der emotionalen Spannung und unterbewußter Vorstellungen. Wendy war noch wach, und ich erzählte ihr, was ich eben erlebt hatte. »Was hat er gesagt?«

fragte sie. Ich sagte es ihr, und sie hatte Verständnis dafür. Wir beide wußten, daß es reine Einbildung war. Wir sprachen die ganze Nacht miteinander und spürten deutlich, daß keiner von uns je diese Lücke würde ausfüllen können, so stark unsere Vorstellungskraft auch sein mochte.

Wir beide hatten den Tag besser überstanden als die Nacht, denn bis zum frühen Abend hatten wir Artikel redigiert, und ich hatte mit den dafür zuständigen Leuten beim *Daily Dispatch* am Satzspiegel für eine besondere Titelseite gearbeitet, auf der ein großes Farbfoto von Steve Platz finden sollte, das von den Worten umrahmt wurde:

»Wir ehren einen Helden der Nation«
(»Shikahlela indoda yamadoda«)

Die Reaktion auf die Tragödie

Am nächsten Morgen erfuhren Zeitungsleser in ganz Südafrika von Steves Tod, darüber hinaus vieles, was Rundfunk und Fernsehen, in der Hand der Regierung, am Vorabend verschwiegen hatten.

Stunden nachdem sie von Steves Tod erfuhren, hatten verschiedene südafrikanische Zeitungen Wendy und mich gebeten, unsere erste Reaktion auf die Schreckensnachricht niederzuschreiben. Das Folgende schrieben wir noch immer unter dem Einfluß des Schocks, als wir noch kaum glauben konnten, daß Steve tatsächlich tot war. Südafrikanische Zeitungsleser konnten diese Artikel am folgenden Morgen lesen. Es waren mit die letzten Artikel mit derart unverblümten Worten, die die südafrikanische Presse drukken konnte.

Ich schrieb:

Mir ist soeben mitgeteilt worden, daß mein Freund, Steve Biko, in der Haft gestorben ist. Er braucht keine Huldigung von mir. Die brauchte er nie. Er war ein besonderer und außergewöhnlicher Mann, der, obwohl erst dreißig Jahre alt, in den Herzen und Gedanken zahlloser Tausender junger Schwarzer in ganz Südafrika zum Helden geworden war.

In den drei Jahren, in denen ich ihn kannte, geriet meine Überzeugung nie ins Wanken, daß dies der wichtigste politische Führer im ganzen Land war, ganz einfach der größte Mann, den ich je die Ehre hatte kennenzulernen.

Weisheit, Humor, Mitleid, Verständnis, einen genialen Geist, Selbstlosigkeit, Bescheidenheit, Mut – er besaß alle diese Eigenschaften. Man konnte mit den kompliziertesten Problemen zu ihm kommen, und mit ein oder zwei Sätzen traf er unfehlbar den Kern der Sache und sagte einem die Lösung, die einzig möglich war.

Wie gerne würde ich für alle Südafrikaner seine Gedanken über ihre Ängste veröffentlichen, über ihre Vorurteile und politischen Bedenken, und über das, was er als klare und friedliche Antworten auf sie erkannte – aber durch ihre Verbannung hat die Regierung alle seine öffentlichen Erklärungen unterdückt, und nicht mal im Tod darf er zitiert werden.

Er ist mehr als einmal ohne Gerichtsverfahren in Haft genommen worden und hat dabei mehrfach in Einzelhaft gesessen. Diese schlimmen Erlebnisse haben ihm seine innere Kraft und den Humor nicht nehmen können, mit dem er später über die Verhöre berichtete. Er kannte sehr genau die Befürchtungen und Motive der Männer, die ihn verhörten, und konnte später fast wörtlich die zum Teil unglaublichen Fragen wiederholen. Bei allen Wortgefechten war er haushoch überlegen. Er war nur zu besiegen, wenn man ihn tötete, und jetzt hat man es getan.

Über die Umstände seines Todes weiß man genug, um zu erkennen, wer dafür verantwortlich war.

Wir wissen, daß er bei seiner Festnahme vor etwa drei Wochen völlig gesund war. Er wurde ohne Gerichtsverfahren in Haft gehalten und befand sich bis zu seinem Tode ununterbrochen im Gewahrsam der Sicherheitspolizei.

Deshalb mache ich, was auch immer die Todesursache gewesen sein mag, all jene verantwortlich, die etwas mit Steves Inhaftierung zu tun gehabt haben, weil er zur Zeit seines Todes in der Gewalt dieser Leute war. Die Gewalt läßt sich moralisch nicht rechtfertigen. Deshalb müssen diejenigen, die diese Gewalt ausüben, für alles zur Rechenschaft gezogen werden, was in ihrem Zuständigkeitsbereich geschieht.

Und weil Minister J. T. Kruger der Chef des Ministeriums ist, das eine solche Gewalt ausübt, bin ich der Auffassung, daß er ganz persönlich für diese Tragödie verantwortlich ist.

Was nun die Männer betrifft, die direkt an den Verhören beteiligt waren, so muß alles Menschenmögliche getan werden, um festzustellen, welche Rolle sie gespielt haben.

Seit Bekanntgabe des Todes von Steve Biko habe ich hämische Briefe von weißen Rassisten bekommen, die sich über seinen Tod freuen und glauben, er werde ihrer Sache etwas nützen. Sie scheinen nicht zu wissen, daß es gerade seiner gemäßigten Haltung zu verdanken war, wenn der so stark gefährdete Friede in unserem Lande gewahrt werden konnte.

Jetzt kommen sie mir mit Bibelsprüchen aus dem Alten Testament und werfen mir vor, daß ich in meinem Kummer Rachegefühle hege.

Diesen Vorwürfen könnte man mit einem Zitat aus dem Neuen Testament begegnen: »Weinet nicht über mich, sondern weinet über euch selbst und eure Kinder.«

Dies ist Wendys Artikel:

Es gab eine Zeit, in der Steve Biko meinem Mann und mir unbekannt war. Wir hatten von ihm gehört, kannten ihn aber nicht. Und dann, auf das unnachgiebige Drängen verschiedener Leute hin, lernten wir ihn kennen, und der Grundstein zu einer tiefen und engen Freundschaft wurde gelegt.

Wir waren von Anfang an von ihm angezogen. Er war eine imposante Gestalt: sehr groß, außergewöhnlich gut gebaut, mit einem edlen Gesicht. Er war nicht extrovertiert – man spürte, wie sehr er sich selbst in der Hand hatte. Er sprach leise, meist beherrscht, und man war sich die ganze Zeit seines scharfen Empfindungsvermögens bewußt – seiner Fähigkeit zuzuhören, seines Urteilsvermögens, seiner Menschenkenntnis.

Als nationaler Führer war er ein vielbeschäftigter Mann und hätte sich jeder Ausrede bedienen können, hätte er versäumt, irgendwelche Menschen wahrzunehmen oder sich an ihre Namen oder Gesichter zu erinnern. Aber er ignorierte niemanden – weil es nicht in seinem Wesen lag.

Er hatte einen messerscharfen Verstand. Es war aufregend, ihm zuzuhören, wenn er über abstrakte Begriffe sprach, über Ideologien, Moralisches, Menschen und gewöhnliche, alltägliche Vorfälle.

Jemand sagte einmal: »Bei Steve gibt es keine Enttäuschungen.« In dieser Behauptung liegt keine Übertreibung. Das erste Mal, als wir ihn trafen, waren wir uns bewußt, daß wir mit jemandem sprachen, der außergewöhnlich war, und jedes weitere Treffen offenbarte einen neuen Aspekt seines außergewöhnlichen Geistes und seiner außergewöhnlichen Persönlichkeit.

Er war ein Mann der unversehrten Integrität und besaß eine intuitive Weisheit, die ihn Gleichaltrigen weit voraus sein ließ. Sein tiefer Respekt vor der menschlichen Würde schloß jeden Hang zu undisziplinierten und oberflächlichen Emotionen eines revolutionären Anarchisten aus.

Das Bewußtsein seiner ideologischen Position und der seines Volkes machte ihn im Umgang mit Menschen beharrlich und sehr diszipliniert; das wurde aber von seinem persönlichen Feinsinn ausgeglichen und von der Wärme, die trotz seiner Zurückhaltung zum Vorschein kam.

Er verstand die Menschen und die Machtpolitik. Er verstand seine Feinde. Er war nicht einfach ein Politiker. Er war ein Staatsmann, wie ihn dieses Land lange Zeit nicht mehr haben wird.

Steve und ich trafen uns oft, einmal besuchte ich ihn hier in East London im Gefängnis; und in diesem Land, wo eine Krisensituation die nächste hervorruft, verstärkte sich unsere Freundschaft.

Unsere Freundschaft und die Zusammenarbeit mit ihm hat unser Leben verändert. Wir fühlen uns geehrt, zu den Freunden eines Mannes gezählt zu haben, der mit ungewöhnlichen Führereigenschaften begabt war und der sich ganz der Befreiung seines Volkes geweiht hatte.

Wir liebten ihn sehr, und der Schmerz zu wissen, daß er tot ist, wird uns lange Zeit nicht verlassen.

Wenige Tage später schrieb ich einen jener Artikel, wie sie jeden Freitag in sechs südafrikanischen Zeitungen zugleich erschienen, für eine Leserschaft von insgesamt weitaus mehr als einer Million Menschen:

In dieser Spalte habe ich schon oft über Steve Biko geschrieben, bestrebt, so viele Südafrikaner wie möglich mit den besonderen Eigenschaften dieses bemerkenswerten Mannes vertraut zu machen.

In einer normalen Gesellschaft, in der er frei hätte sprechen und schreiben können, wäre seine einmalige Größe für die Mehrzahl unseres Volkes bekannt geworden. Aber kraft der ministeriellen Verordnung, die ihn ächtete, durfte er nicht öffentlich sprechen und auch nicht zitiert werden, und daher wußte vor allem die weiße Bevölkerung wenig oder nichts über ihn.

Das war töricht von unseren politischen Führern. Im Endeffekt machten sie sich dadurch selbst zu den Hauptverlierern, da die Unterdrückung eines gemäßigten Führers den unerbittlichen Widerstand verstärkt und vertieft.

Aber Ideen sind ihr Feind. Gedanken mehr als Worte. Worte sind ja schließlich nur die Widerspiegelungen von Gedanken. Die Gedanken sind das Wesentliche, und gegen Gedanken kann man nicht gesetzlich vorgehen. Man kann sie nicht festhalten, ächten oder verbannen.

Aus diesem Grund kann das Credo unserer jetzigen Herrscher in Südafrika nicht überleben. Die Gedanken zu vieler sind gegen sie gerichtet, und sie selbst sind zu wenige.

Steve ist in der Haft gestorben, und so bitter die Trauer ist, die Früchte dieser Tragödie werden für die am bittersten sein, die vielleicht der Ansicht waren, sein Tod würde ihnen nützen.

Premierminister Vorster in diesem Land und Premierminister Smith in Rhodesien geben auf ihren Parteikongressen im Namen ihrer Länder lautstarke Erklärungen ab, als müßten sie die Rolle Churchills übernehmen, der in Kriegszeiten seine Nation zum Durchhalten aufruft. Aber der Unterschied liegt darin, daß Churchill sich an ein Volk wandte, das sich in der Verfolgung eines gemeinsamen Ziels einig war, während Mr. Vorster und Mr. Smith Ideen vertreten, die von der Mehrheit ihrer Landsleute entschieden abgelehnt werden.

Wieder sind Ideen der Grund dafür. Ideen, die zu Apartheidgesetzen führten, zu rassistischen Einstellungen, zu Planierraupen, welche die armseligen Hütten Obachloser dem Erdboden gleichmachen, zu Gesetzen, die Haft ohne Prozeß erlauben, zu Umständen, unter denen fünfundvierzig Bürger in dieser Haft starben – allein zwanzig in den letzten achtzehn Monaten.

Und diesen Ideen stehen wiederum Ideen der Verurteilung, der Entrüstung, der Verbitterung und des Hasses gegenüber.

Ein Verfechter der Versöhnung hingegen, der Mäßigung und des Friedens liegt tot in der Haft.

Sein Tod verringert die Hoffnungen auf den Frieden, den er uns wünschte, beträchtlich, und wir können nur wünschen und glauben, daß seine Nachfolger sein Ziel mit noch stärkerem Eifer anstreben.

Gibt es nichts, was unsere Herrscher freiwillig von ihrem katastrophalen Kurs abbringt? Gehen wir wirklich den Schrecken des Krieges entgegen?

Diese Fragen sind nicht mehr das Problem Steve Bikos. Er starb als ein Mann, der alles getan hat, um seinen Mitmenschen zu helfen.

Die erste Reaktion des Polizeiministers Kruger war die Andeutung, daß Steve Biko an einem Hungerstreik gestorben sei; aber ich erinnerte mich an das, was mir Steve einmal gesagt hatte. Obwohl er daran glaubte, daß ihm in der Haft nichts zustoßen würde, sagte er, daß ich im Falle seines Todes wissen sollte, die Behauptung, er sei an einer der vier folgenden Todesursachen gestorben: Selbsterhängen, Ersticken, Verbluten (zum Beispiel wegen aufgeschnittener Pulsadern) und Verhungern, sei unter allen Umständen eine Lüge.

Er hatte mir gesagt, daß er sich sein eigenes Leben weder nehmen noch es aufs Spiel setzen würde, während er in Haft sei. Er glaubte ans Überleben und wußte aus früherer Erfahrung, daß er die Einzelhaft, lange Gefangenschaft und andauernde Verhöre aushalten konnte, ohne zusammenzubrechen oder durchzudrehen.

Am nächsten Tag begann ich mit einer Reihe öffentlicher Reden bei großen Protestveranstaltungen in den größten Städten des ganzen Landes. Ich bestritt Krugers Hungerstreiktheorie und beschuldigte ihn und seine Sicherheitspolizei, für Steves Tod verantwortlich zu sein. Wendy betätigte sich auf dieselbe Weise; während ich an der Cape Town University sprach, tat sie dasselbe an der Rhodes University.

Steves Tod fiel mit dem Transvaaler Kongreß der Nationalist Party zusammen, und Kruger, von der Parteikumpanei angesteckt, beteiligte sich an der generell frivolen Aufnahme der Nachricht durch den Kongreß. Er sonnte sich in dem Kraftmeier-Image, das die Gefühllosigkeit solchen Politikern verleiht, wenn die Parteidelegierten ihnen Beifall spenden: »Bikos Tod läßt mich kalt.« Ein Parteidelegierter aus Springs, ein gewisser Christoffel Venter, stand von zustimmendem Gekicher begleitet auf, um die demokratischen Prinzipien des Ministers Kruger zu loben. Mr. Kruger, sagte Venter, sei so demokratisch, daß er Inhaftierten das demokratische Recht, sich selbst zu Tode zu hungern, überließ, wenn sie es wünschten.

Mr. Kruger stand selbstzufrieden vor den fröhlich lachenden Delegierten und erwiderte: »Mr. Venter hat recht. Das ist sehr demokratisch.«

Kruger versuchte später zu behaupten, er sei bei der Übersetzung vom Afrikaans ins Englische falsch zitiert worden. Er behauptete, der afrikaanse Ausdruck, den er verwendet habe – *Dit laat my koud* – bedeute nicht: Es läßt mich kalt, sondern: Es tut mir leid, ich habe keine Meinung dazu.

Das war nur die erste einer Anzahl von Lügen, die zu erzählen sich Kruger anschickte. Der afrikaanse Ausdruck *Dit laat my koud* bedeutet absolut nichts anderes als: Es läßt mich kalt.* Tatsäch-

* Oder weniger vornehm ausgedrückt: Es ist mir völlig egal.

lich war Mr. Kruger noch weiter gegangen. Damals hatte er die Grenzen seines Humors gesprengt: »Jeder Todesfall tut einem leid. Mir würde wahrscheinlich mein eigener Tod auch leid tun.« Typischerweise hatte er durch seinen Versuch, den Schaden, den seine erste Erklärung angerichtet hatte, wiedergutzumachen, alles nur noch schlimmer gemacht.

Als die Proteste sich mehrten, begann Kruger, sich von seiner Hungerstreiktheorie zu distanzieren. »Ich habe nicht gesagt, daß Biko an einem Hungerstreik gestorben ist«, sagte er. Aber jedermann wußte, daß er das mit seiner Erklärung angedeutet hatte, Biko sei nach einem Hungerstreik gestorben. Tatsächlich war Kruger ins Detail gegangen, indem er behauptet hatte, einige Ärzte hätten Biko untersucht und nichts Negatives festgestellt, nur daß Biko alles, was ihm an Essen und Trinken angeboten worden sei, verweigert habe.

Zu diesem Zeitpunkt erschien Kruger schnell zweimal hintereinander im nationalen Fernsehen. Beim ersten Auftritt behauptete er, Biko sei intravenös ernährt worden. Dabei deutete Kruger vage auf seinen Arm und gab eine schlechte Darbietung eines verwirrten, von der medizinischen Prozedur geblendeten Laien zum besten. »Ich bin kein Arzt«, sagte er scheinheilig. Als die Proteste noch lauter wurden, erschien er wieder im Fernsehen und ließ sich ausführlich über die Gefahren der Black Consciousness für Weiße aus und behauptete, Biko habe gewalttätige Aktionen vorbereitet und gewaltverherrlichende Schriften verfaßt. Die Presse der Afrikaansen Nationalisten wiederholte brav diese Verleumdungen; das Kapstädter Organ der Partei, *Die Burger,* ging sogar so weit, folgende große Schlagzeile zu drucken: *Lyke en bloed gevra in Bikopampflet* (Leichen und Blut in Biko-Pamphlet gefordert). Diese Schlagzeile erboste mich derart, daß ich *Die Burger* beim South African Press Council anzeigte, das nach einer eingehenden Untersuchung in Johannesburg der Zeitung auftrug, einen Widerruf zu drucken, in dem darauf hingewiesen wurde, daß die Schlagzeile keine Tatsachen wiedergegeben habe, sondern nur Minister Krugers Behauptung.

Die Presse der Afrikaansen Nationalisten griff mich dafür an daß ich auf Protestkundgebungen gesprochen hatte, und beschuldigte mich, Steves Tod auszunützen, um Rassenfeindschaft gegen die Weißen zu schüren. Dann erfuhr ich weitere Tatsachen, aus Quellen, die mit Personen zu tun hatten, die der Obduktion Bikos beigewohnt hatten, und brachte neue Anklagen gegen Minister Kruger vor. Würde er es bestätigen oder bestreiten, daß Pathologen bei der Obduktion Beweise einer Gehirnverletzung festgestellt hatten? Diesmal antwortete Kruger nicht.

Zu diesem Zeitpunkt hatte ich guten Grund anzunehmen, daß er mit mir persönlich unzufrieden war, um es gelinde auszudrükken. Tatsächlich war er das schon einige Zeit gewesen. Nachdem ich erfolgreich gegen das Gefängnisurteil Berufung eingelegt hatte, das meiner gescheiterten Mission gefolgt war, Steves Verbannung aufzuheben, hatte Kruger in Gegenwart eines Mannes, der mir später Bericht erstattete, über mich gewettert.

Nach Krugers anfänglicher Hartnäckigkeit in bezug auf die Hungerstreiktheorie hatte ich ihn öffentlich folgendermaßen herausgefordert: Falls Pathologen zu dem Schluß kommen würden, daß Steve an Unterernährung oder anderen Folgen eines Hungerstreiks gestorben sei, wäre ich bereit, meine journalistische Arbeit einzustellen und nie mehr ein Wort zu schreiben, vorausgesetzt, daß Kruger seinerseits verspräche, sein Ministeramt niederzulegen und sich auf immer und ewig aus dem öffentlichen Leben Südafrikas zuruckzuziehen, falls die Pathologen Beweise dafür fänden, daß die Todesursachen gewaltsamer Natur seien und die Sicherheitspolizei Kruger belogen habe. Kruger zog es vor, auf diese Herausforderung nicht zu reagieren.

Wendy und ich sahen dem Tag des Begräbnisses mit Angst entgegen. Die Beisetzung wurde von Malusi und anderen Mitarbeitern Steves organisiert. Wir wußten beide, daß uns nichts daran hindern würde, dem Begräbnis beizuwohnen, aber wir hielten es für mehr als wahrscheinlich, daß wir in ein plötzliches Aufflackern antiweißer Gefühle hineingeraten konnten, seitens Schwarzer aus anderen Teilen des Landes, deren Zorn und Schmerz bei diesem emotionalen Anlaß vielleicht alle Grenzen sprengten.

Als die Pathologen Steves Körper der Familie für die Beerdigungsvorbereitungen überließen, ging ich mit Ntsiki zur Leichenhalle. Der Leichenbestatter führte uns in einen kleinen Vorraum zu etwas, das wie ein großer, doppelter Karteikasten aussah. Er öffnete die oberste Tür des gekühlten Behälters und zog eine große Schublade heraus, auf der Steves mit einem Laken zugedeckter Körper lag. Ich beugte mich vor und deckte das Gesicht auf.

Was ich sah, war eine groteske Karikatur seiner Züge. Auf der Stirn prangte eine große Beule, die Gesichtszüge waren verzerrt, und das ganze Gebiet über der Nase und den Augen war unnormal erhöht. Ntsiki schluchzte leise und flüsterte: »Oh, Steve! Oh, Steve!«

Wir sahen uns das Gesicht ganz genau an. Es ließ sich nicht feststellen, inwieweit die veränderten Züge auf die Obduktionsoperationen zurückzuführen waren, bei denen der Kopf geöffnet worden war, um das Gehirn bloßzulegen.

Steves Augen waren offen und hatten eine silbrige, opake Starre. Der Leichnam war in keiner Weise abstoßend. Diese massive Biko-Würde war noch da – aber das Frappante war der unheimliche Kontrast zwischen jenen bewegten Gesichtszügen im Leben und der flachen Ausdrucksleere im Tode. Sogar die vollen Lippen waren zusammengefallen.

Es gab ganz gewiß keine Anzeichen von Unterernährung – sowohl Ntsiki als auch ich bemerkten, wie voll und normal der Körper aussah –, aber das war keine Überraschung für uns, da zu diesem Zeitpunkt sogar Kruger gemerkt hatte, daß die Hungerstreiktheorie als unsinnig fallengelassen werden mußte.

Trotz der Befürchtungen, die Wendy und ich hinsichtlich der Beerdigung gehabt hatten, verlief die fünf Stunden lange Zeremonie ohne Zwischenfall, und in meiner zugleich in mehreren Zeitungen erscheinenden Kolumne konnte ich folgendes berichten:

Stellen Sie sich 20000 Schwarze beim Begräbnis eines geliebten, in der Haft gestorbenen Führers vor und fügen Sie ihrem Schmerz eine große Portion Zorn hinzu, Zorn wegen der Umstände, unter denen der Mann gestorben ist, Zorn über gewisse gefühllose Bemerkungen eines weißen Politikers zu seinem Tode, Zorn darüber, daß es vielen Tausenden von Trauernden untersagt ist, dem Begräbnis beizuwohnen, Zorn wegen der allgemeinen Rassensituation und Zorn, dem in äußerst bewegenden Reden Ausdruck gegeben wird.

Dazu kommen mehrere hundert Weiße, die keinem in dieser Menge persönlich bekannt sind – Teenager, Studenten und andere – und die sich unter diese riesige schwarze Versammlung mischen. In diesem Land der Rassenspannung brauchte es eigentlich nur eine Bagatelle, eine falsche Bemerkung, um einen tragischen Zwischenfall auszulösen.

Aber bei der Beerdigung Steve Bikos am vergangenen Wochenende fand kein derartiger Zwischenfall statt. Während der fünf Stunden langen Feier mit den Reden der Sprecher all jener vermeintlich antiweißen Organisationen wie SASO und BPC mußte sich kein Weißer dort unerwünscht oder von dieser emotional aufgeladenen Menge persönlich bedroht fühlen.

Harte, haßerfüllte Worte fielen über die Regierung der Afrikaansen Nationalisten und einige ihrer Minister, besonders J. T. Kruger, über die Apartheid und über den weißen Rassismus, über die Sicherheitsgesetze und über 300 Jahre der Bigotterie – aber kein einziger Weißer, ob mitten in der Menge oder auf dem VIP-Podest, wurde anders als freundschaftlich behandelt. Es war eine Art Wunder. Meine Frau und ich standen inmitten der Menge und verglichen danach die Notizen, die wir in bestimmten Augenblicken der Besorgnis gemacht hatten. So hatte ich zum Beispiel in meiner Nähe einen Herrn bemerkt, der den Eindruck eines abgebrühten Schlägers aus den Townships machte; mit steinernem Gesicht und zusammengekniffenen Augen sah er mich an. Auf der Backe hatte er eine tiefe Schnittnarbe. Er sah ganz so aus, als ob er sich überlegte, wie ich auf sein blankes Messer reagieren würde.

Bei solchen Gelegenheiten ist man sich seiner weißen Hautfarbe sehr bewußt... Aber als er merkte, daß ich ihm in die Augen sah, wurde das steinerne Gesicht von einem freundlichen Lächeln aufgelockert, und er nickte grüßend. Ich bin mein ganzes Leben noch nie so erleichtert gewesen.

Die Progressiven Helen Suzman, Alex Boraine und Zac de Beer trafen früh ein, und ein Meer von Schwarzen auf einer der überfüllten Tribünen machte schnell für Helen einen Platz frei – aber wenige der anwesenden Weißen genossen eine ähnliche Popularität. Es waren überwiegend junge Leute, und die meisten von ihnen wußten wahrscheinlich, welches Risiko sie eingingen.

Ich glaube, daß das, was viele der anwesenden Weißen, von dem natürlichen Beweggrund der Beileidsbekundung abgesehen, dazu motiviert hat dabeizusein, eine Art Vertrauenskundgebung war in das Land, das

Südafrika sein könnte, wenn man seine Bewohner erst als menschliche Wesen einschätzen würde und nicht als Angehörige einer Rassengruppe. Jedenfalls war das ein Punkt, der in vielen Reden hervorgehoben wurde. Zugegeben, verglichen mit dem Hauptthema, dem schwarzen Aktivismus, war er nicht so bedeutend, aber die Botschaft, daß das Endergebnis eine nichtrassistische Gesellschaft sein würde, zog sich wie ein roter Faden durch alle Ansprachen. Ich habe schon lange daran geglaubt, daß die südafrikanischen Schwarzen nicht rassistisch veranlagt sind und daß es eine immerfort gültige Wahrheit sei, wenn man sagt, daß die Schwarzen nicht in dem Maße zur Rassenbigotterie neigen, wie es so viele Weiße tun.

Was angesichts der Umstände auch eine Art Wunder ist.

Mehrere Weiße, die persönlich mit Steve Biko befreundet waren, wie Rev. David Russell und Dr. Francis Wilson, konnten in der Menge gesehen werden; zudem waren alle wichtigen Botschaften sowie die großen christlichen Kirchen gut vertreten. Es war ein angemessen trauriges und würdevolles Ereignis, aber für meine Frau und mich war das Traurigste die Heimfahrt, nachdem all die Huldigungen und Reden zu Ende waren. Wir beide wußten, daß der Steve Biko, den wir am schmerzlichsten vermißten, nicht der verehrte Führer war, den die Mehrzahl der Massen vermißte, nicht der junge Philosoph, den die Akademiker vermißten, nicht der geniale Gesprächspartner, den die ausländischen Journalisten vermißten, sondern der liebenswerte Freund, der sich in unserem Haus immer denselben Stuhl geschnappt hatte und dessen Tonfall und Gesten beim Anstecken einer Zigarette, beim Biertrinken, beim Begrüßen eines Kindes und beim Streicheln einer Katze sich uns so lebhaft und unauslöschlich eingeprägt hatten.

Ich glaube, Steve würde sagen, daß es bei seiner Beisetzung nicht zu Rassenunruhen gekommen ist, habe daran gelegen, daß man wußte, die hier versammelten Menschen seien alle in Freundschaft gekommen, daß Weiße und Schwarze friedlich nebeneinander standen und nicht in nach Rassen getrennten Gruppen gekommen waren und daß, ebenso wie Feindschaft durch Trennung und Isolation entsteht, die Liebe im engen Kontakt miteinander wächst.

Das ist das genaue Gegenteil der Apartheid.

Ich werde geächtet

In der darauffolgenden Woche hielt ich meine letzte vorbereitete öffentliche Rede, bevor ich geächtet wurde. Der Wortlaut der Rede deutete an, daß ich erwartete, geächtet zu werden, aber tatsächlich standen die von mir geäußerten Befürchtungen, zum Schweigen gebracht zu werden, nicht im Zusammenhang mit irgendwelchen formellen Aktionen, die der Staat gegen mich richten konnte, sondern im Zusammenhang mit einer großen Anzahl körperlicher Drohungen, die an meine Familie und mich von der Sicherheitspolizei oder von rechtsgerichteten Fanatikern ergangen waren. An einem einzigen Tag hatten wir fünf telefonische Bombendrohungen erhalten. Hier einige Auszüge aus dieser Rede, die ich vor einer großen Menschenmenge an der University of Natal in Pietermaritzburg hielt:

Heute wird Südafrika von der Angst regiert – von der Angst der Untertanen und der Angst der Regierenden.

Die Regierenden haben Angst, weil sie eine Minderheit sind, und ihre Angst nimmt zu, weil sie erkennen, daß der Haß der Mehrheit gegen sie zunimmt.

Wie immer erzeugt die Angst Haß, und der Haß erzeugt wiederum Angst. In zunehmendem Maße wird Warnung als Hetze verstanden, eine nicht linientreue Meinung als Verrat, Mäßigung als Extremismus. Und die Friedensstifter werden als Fürsprecher der Gewalt dargestellt.

Heute bewegt sich Südafrika auf einen Bürgerkrieg zu, und wir, die wir davor warnen, bringen uns dadurch selber in Gefahr, weil das, was wir als Warnung verstehen, motiviert durch die Liebe zu allen unseren Mitbürgern, als Befürwortung eben dessen angesehen wird, was wir versuchen zu verhindern.

Die Gefahr liegt darin, die Dinge, welche die Leute nicht wahrhaben wollen, tatsächlich deutlich auszusprechen. Die Leute hassen diese Gedanken, weil sie vor den Folgen Angst haben. Sie würden das ganze Thema viel lieber in die Tiefen des Unterbewußten verbannen und so tun, als ob der angenehme Sonnenschein von heute die gewünschte Realität widerspiegelt.

Steve Biko sah Gewalt und Blutvergießen in Südafrika voraus. Tun wir das nicht alle? Er sah sie drohend ihr Haupt erheben. Tun wir das nicht alle? Aber die Behauptung, er hätte sie befürwortet oder herbeigewünscht, ist eine abscheuliche Lüge. Es geht darum, daß eine der wichtigsten politischen Persönlichkeiten Südafrikas bei guter Gesundheit festgenommen und nach drei Wochen der fünfundvierzigste Staatsbürger wurde, der unter geheimnisvollen Umständen im Gewahrsam der Sicherheitspolizei starb, und daß es die Pflicht aller freien Menschen ist, die Ursachen dieses mysteriösen Todes so lange in Frage zu stellen, bis die Verantwortlichen zufriedenstellend geantwortet haben.

Ich bin mir der physischen Gefahr bewußt, die mit der Forderung nach Gerechtigkeit verbunden ist. Ich bin mir auch bewußt, daß, von bestimmten vernünftigen Sicherheitsvorkehrungen abgesehen, nichts getan werden kann, um diese Gefahr zu verringern, aber ich möchte die Gelegenheit nutzen, um folgendes zu sagen: Falls Leuten wie mir irgend etwas zustößt, um unsere Stimmen in dieser Angelegenheit zum Schweigen zu bringen, dann bitte ich die Hunderttausende von Südafrikanern, die so denken wie wir, dafür zu sorgen, daß ein solches Ereignis die vielen Rufe nach Gerechtigkeit nicht verringert, sondern vielmehr ihre Lautstärke und Eindringlichkeit fördert.

Es ist höchst unangenehm, unter Drohungen zu leben, aber die Umstände haben es zu diesem Zeitpunkt notwendig gemacht, und es besteht nicht die leiseste Chance, daß sich das noch einmal ändert. Für das Klima der Hysterie und des Hasses, das diese Gefahren hervorgebracht hat, mache ich die Regierung verantwortlich, insbesondere Premierminister Vorster und den Justiz- und Polizeiminister Kruger, sowie ihre Helfershelfer bei der Presse.

Sie sind es, die die Bedingungen geschaffen haben, die Gewalt und Unruhe verursachen. Sie haben mit dem, was sie gesagt haben, einige Male weiße Extremisten zu Ausschreitungen ermutigt. Und was viel schlimmer ist: Sie haben ein Polizeisystem geschaffen, das es zuläßt, daß hilflose Leute festgenommen, gefoltert und geschlagen werden können, ohne je Kontakt zu ihren Anwälten, Freunden oder ihrer Familie aufnehmen zu können. Trotzdem sieht die Regierung keinen Grund, eine gerichtliche Untersuchung über Todesfälle in der Haft zu veranlassen.

Es gibt Gründe für die Notwendigkeit solcher Untersuchungen: die vielen Beschwerden über Folter in der Haft. Egal, ob Mr. Vorster diese Beschuldigungen als unwahr betrachtet oder nicht, kann ich ihm sagen, daß buchstäblich Millionen von Südafrikanern glauben, daß Verhöre durch die Sicherheitspolizei oft von Folter begleitet sind, einschließlich elektrischer Schocks, Prügel und Strangulieren mit Handtüchern, bis der Betroffene kurz vor dem Ersticken ist. Man glaubt auch, daß diese Methode bei einigen Gelegenheiten überzogen worden ist – deshalb die große Zahl von Todesfällen durch angebliches Selbsterhängen in der Zelle. Diese Angelegenheit ist doch wichtiger als einige andere Angelegenheiten, die zum Gegenstand einer Untersuchung geworden sind!

Wenn Mr. Vorster und Mr. Kruger wollen, daß die Tragödie Biko aufhört, dem Ansehen dieses Landes zu schaden, müssen eine ganze Anzahl von Dingen getan werden, und zwar schnell:

Anklagen, die auf Grund der Untersuchungsergebnisse fällig werden, müssen so bald wie möglich danach eingeleitet werden.

Eine gerichtliche Untersuchungskommission muß so bald wie möglich einberufen werden, um alle Todesfälle und alle Beschuldigungen von Folter zu untersuchen.

Die Inhaftierung ohne Prozeß muß abgeschafft werden.

Minister Kruger muß entweder zurücktreten oder wegen seiner unfähigen und gefühllosen Handhabung der ganzen Angelegenheit entlassen werden.

Und die Afrikaansen Nationalisten sollen aufhören, Sündenböcke für die Unruhe unter den Schwarzen zu suchen. Die Unruhe ist nicht auf schwarze Agitatoren zurückzuführen, sondern auf die Apartheid. Sie können jeden einzelnen vermeintlichen Agitator einsperren, aber wirklichen Frieden wird Südafrika nur dann erreichen, wenn die Apartheid abgeschafft wird.

Allen Afrikaansen Nationalisten möchte ich folgendes sagen: Ob ihr es glaubt oder nicht, wir, die wir euch offen kritisieren, hassen euch nicht. Wir möchten dieses Land mit euch teilen. Wir akzeptieren völlig eure Kultur und eure Identität. Diese Dinge müssen nicht geopfert werden.

Aber, in Gottes Namen, wendet euch ab von dem Irrsinn der Apartheid, bevor es zu spät ist, und lernt, euch selbst ehrlich so zu sehen, wie euch andere sehen. Nach dreißig Jahren der Macht habt ihr es fertiggebracht, jeden gegen eure Politik aufzubringen – die Schwarzen, die Inder, die Farbigen und viele Weiße. Ihr habt es fertiggebracht, euch den ganzen afrikanischen Kontinent zum Feind zu machen, ja die ganze Welt. Haben alle unrecht? Haben alle christlichen Kirchen unrecht?

Ihr erklärt euch bereit, es mit der ganzen Welt aufzunehmen – aber nicht einmal die Mehrzahl eurer eigenen Bürger wird euch in einem solchen Kampf zur Seite stehen. Nicht euer bekannter Mut und eure bewiesenen Qualitäten werden in Frage gestellt, sondern euer Rassismus, euer Bestehen darauf, daß nur ihr es seid, die entscheiden können, was für die meisten von uns in diesem Land gut ist. Doch dieses Land ist nicht euer Haus – es ist ein Haus, das ihr mit uns allen teilt. Niemand will euch hinausschmeißen. Es gibt niemanden, der euer Recht hierzusein in Frage stellt – aber es gibt Millionen, die euer Recht in Frage stellen, *nur unter euren eigenen Bedingungen* hierzusein.

Wir leben in einer gefährlichen Zeit, und ich sage hier all die Dinge, die ich sagen will, solange ich sie noch sagen kann. Ich sage sie in der bewußten Angst vor einer Anzahl fürchterlicher Möglichkeiten, die in diesem

Klima der übertriebenen Verteufelung durch die Anwälte des Hasses geschehen können.

Doch diese Dinge müssen gesagt werden, weil keine Angst größer sein kann als die Notwendigkeit, sie auszusprechen.

Kurz nachdem ich diese Rede gehalten hatte, begann in Südafrika der allgemeine Wahlkampf.

Zu diesem Zeitpunkt hatte Kruger seine Hungerstreiktheorie vollkommen aufgegeben. Er hatte sogar in einem Interview behauptet, daß Köpfe rollen würden, wenn sich herausstellen sollte, daß sich die Sicherheitspolizei ungehörig verhalten habe. Er schien dabeizusein, einige untere Dienstgrade als Sündenböcke hinzustellen, um von seiner eigenen traurigen Rolle in der Tragödie abzulenken.

In den Wochen, die der Untersuchung vorausgingen, arbeiteten Regierungspropagandisten hart daran, die Öffentlichkeit durch die vom Staat kontrollierten Medien Rundfunk und Fernsehen zu beeinflussen. Dafür genügt ein Beispiel. Kraft des Restes, der von dem südafrikanischen Prozeßrecht noch übrig ist, kann eine Untersuchung nur dann durchgeführt werden, wenn gewisse Formalitäten erfüllt sind. Es muß eine Bescheinigung des Staatsanwaltes vorliegen, daß keine Anklage wegen des Todesfalls beabsichtigt sei. Mit anderen Worten, der Staatsanwalt erklärt: »Ich habe keine sichere Information, die auf irgendeine bestimmte Person oder Personen als für den Tod verantwortlich hinweist; also soll eine Untersuchung durchgeführt werden, bei der sich herausstellt, wen ich anklagen soll, wenn überhaupt jemanden.«

Das wurde von den Staatspropagandisten begierig aufgegriffen, die wiederholt Stellungnahmen im Rundfunk und im Fernsehen ausstrahlten, die besagten: »Der Staatsanwalt hat bestätigt, daß niemand wegen des Todes des Black-Consciousness-Führers Steve Biko angeklagt werden wird.«

Kein Wort wurde darüber verloren, daß es sich hierbei um eine prozeßrechtliche Formalität handelte. Kein Wort, mit dem erklärt wurde, daß es als nächstes eine Untersuchung geben werde, um festzustellen, gegen wen man Anklage erheben müsse.

Die Nachrichten sollten den Eindruck erwecken, daß eine ausgedehnte Untersuchung die Sicherheitspolizei schon vor der gerichtlichen Untersuchung von aller Schuld freigesprochen habe und daß Steves Tod entweder auf einen Unfall oder auf Selbstmord zurückzuführen sei. Ein großer Teil der südafrikanischen Öffentlichkeit glaubte das. Es ging sogar ein Gerücht um, daß es keine gerichtliche Untersuchung geben würde.

Wir erneuerten unsere Forderung nach einer baldigen gerichtlichen Untersuchung. Es ist gut möglich, daß es diese Forderungen waren, die zusammen mit der Reaktion im Ausland die Regierung dazu bewegten, die gerichtliche Untersuchung vor Abschluß des Wahlkampfes durchzuführen.

Die Wahlen gaben letztendlich nicht Aufschluß darüber, ob die erschreckenden Details, die bei der Untersuchung zutage kamen, die Afrikaansen Nationalisten Stimmen gekostet hätten. Im Gegenteil: Die Regierung baute ihre Mehrheit aus, und Krugers eigener Wahlbezirk unterstützte ihn nachdrücklich.

Aber bevor die Untersuchung begann, wurden mehrere Personen, die die Regierung provoziert hatten, geächtet oder in Haft genommen. Percy Qoboza wurde von der Sicherheitspolizei abgeholt und seine Zeitung, *The World,* ohne Angabe von Gründen verboten. Beyers Naude, Theo Kotze, David Russell, Cedric Mayson, Brian Brown und ich wurden geächtet und Malusi Mpumlwana, Thenjiwe Mtsintso, Kenny Rachidi und andere Funktionäre der BPC festgenommen.

An jenem Tag, dem 19. Oktober, sollten Percy und ich nach Amerika fliegen, zu einer Konferenz des African-American-Institute in Williamsburg, Virginia. Die Sicherheitspolizei hatte Percy schon abgeholt, als sie mich am Flughafen festhielten. Ich wollte gerade am Flughafen durch die Paßkontrolle gehen, als drei Männer auf mich zukamen.

»Mr. Woods?« fragte einer auf englisch. »Wir kommen vom Hauptquartier der Sicherheitspolizei in Pretoria. Sie werden nicht mit der Maschine fliegen – bitte, kommen Sie mit uns.«

In einem kleinen Büro in der Nähe der Paßkontrolle gaben sie mir drei Stöße von Papieren, die von Polizeiminister J. T. Kruger unterschrieben waren und mich nach den Bestimmungen des Internal Security Act ächteten. Die banning orders schränkten mich auf den Amtsbezirk East London ein, untersagten es mir, irgend etwas zu schreiben oder zu veröffentlichen, irgendein Zeitungs- oder Verlagsgebäude, eine Schule oder andere Bildungsanstalten zu betreten, mich in der Gesellschaft von mehr als jeweils einer Person zu befinden (von Frau und Kindern abgesehen), und befahlen mir, mich jede Woche beim East Londoner Polizeirevier zu melden. Die Verfügung galt für fünf Jahre.

»Jetzt ist Kruger endgültig verrückt geworden, nicht wahr?« sagte ich. Die Beamten zogen es vor, sich nicht festzulegen.

Sie teilten mir mit, daß sie Anweisung hätten, mich sofort nach East London zurückzubringen. Zwei von ihnen fuhren mich bis nach Winburg, im Orange Free State, wo sie mich drei anderen Beamten der Sicherheitspolizei übergaben, die mich von Winburg nach Aliwal North brachten. Von dort fuhren mich zwei weitere nach Queenstown, und von dort noch mal zwei nach East London. Die Fahrt dauerte zwölf Stunden. Während der Reise stellte ich viele Fragen über die Todesfälle in der Haft, erhielt aber keine zufriedenstellenden Antworten.

Bei unserer Ankunft in East London fuhren wir gleich zu den dortigen Büros der Sicherheitspolizei, wo mich Oberst J. van der Merwe darüber informierte, was die Verfügung bedeutete. »Meine Leute sind darauf erpicht, Sie beim Übertreten der Verfügung zu schnappen«, fügte er hinzu. »Es gibt nichts, was sie lieber tun würden. Glauben Sie mir, wir wissen, was vor sich geht, und können Sie jederzeit zu Hause überraschen.«

Ich wurde dann mit meinem Koffer an meiner Haustür abgesetzt.

Zu meinem neuen Lebensstil als Geächteter gehörte, daß ich der gerichtlichen Untersuchung nicht beiwohnen konnte, deren Beginn auf den 14. November festgesetzt war. Wendy sollte bei der ganzen Untersuchung dabeisein und mich regelmäßig anrufen, um den Verlauf jedes Tages zu beschreiben.

In gewissem Sinne war das alles vergeblich. Die Person, mit der wir die Untersuchung am liebsten besprochen hätten, war nicht mehr erreichbar. Dennoch war es nötig, die Untersuchung so genau wie möglich zu beobachten. So grauenhaft die Beweise sein würden – dies war unser letztes Zusammenkommen mit dem körperlichen Steve Biko, und wir mußten uns so gut wie nur irgend möglich auf jedes sichtbare Detail der letzten Tage seines Lebens konzentrieren.

Die gerichtliche Untersuchung

Die Szene

Am Montag, dem 14. November 1977, begann in Pretoria die gerichtliche Untersuchung über den Tod von Steve Biko. Sie wurde in der »Old Synagogue« abgehalten, der ehemaligen Hauptsynagoge Pretorias, die aber schon lange als Gerichtssaal verwendet wurde. Die gesamte internationale Presse und alle bedeutenden südafrikanischen Zeitungen waren vertreten.

Für mich bestand der Gipfel der Ironie darin, daß ich durch die Verbannung davon abgehalten wurde, der Untersuchung beizuwohnen, die ich selbst so energisch verlangt hatte, und daß mir die Verfügung offensichtlich auferlegt worden war, um mich für die Schritte zu bestrafen, die ich unternommen hatte, um die Notwendigkeit einer öffentlichen Untersuchung zu verkünden. Also mußte ich zu Hause bleiben und auf die mündlichen oder schriftlichen Berichte anderer warten – ein frustrierendes Erlebnis, das aber vor allem durch Wendys detaillierte Schilderungen dessen, was weit weg in einem Gerichtssaal in Pretoria geschah, gelindert wurde. Sie war während der ganzen Untersuchung anwesend.

Wenn wir ein erdichtetes Drama verfolgen, legen wir unsere Skepsis ab, damit wir, wenn wir etwas Schockierendes sehen, bereit sind, es zu akzeptieren, und uns ganz der Illusion hingeben können, die der Schöpfer des Dramas für uns bereit hält. Ein erdachtes Drama ist stets eine Übertreibung des wirklichen Lebens, mag es auch noch so gut gespielt sein und mag sich der Verfasser auch noch so sehr darum bemüht haben, nichts zu übertreiben und die Grenzen des Geschmacks zu wahren.

Ein wirkliches Drama zu erleben ist etwas ganz anderes. Es ist gekennzeichnet durch Alltäglichkeit. Es soll den Zuschauer nicht in Spannung versetzen oder seine Skepsis herausfordern. Wir sehen und hören die Dinge, und unsere Sinne versorgen das Gehirn mit den richtigen Informationen. Aber das Gehirn weigert sich, sie aufzunehmen, weil sie zu bizarr sind, um geglaubt zu werden.

Das war die Erfahrung, die ich bei der gerichtlichen Untersuchung des Todes von Steve gemacht habe. Es dauerte drei Wochen, bis sich die Geschichte dieses Mordes klar vor unseren Augen abzeichnete. Und während dieser Zeit verdeckte ein eigenartiges Gefühl, man habe es mit etwas Alltäglichem zu tun, die schmerzlichen und schockierenden Tatsachen, die nun ans Licht kamen. Am ersten Tag hörten wir etwas von eisernen Fußfesseln, und dann sahen wir diese Fesseln. Sie wurden in den Gerichtssaal gebracht, und wir hörten die Ketten rasseln und sahen die schweren Eisenringe, an denen sich Steves Fußgelenke blutig gerieben hatten. Wir sahen, wie Major Snyman im Zeugenstand sie ganz ruhig anblickte, als gehörten sie zur normalen Ausstattung seines Büros. Und wir konnten es nicht glauben. Solche Fußfesseln gehören in das Wachsfigurenkabinett von Madame Tussaud, in den Fundus der Filmstudios von Hollywood oder in die Horrorgeschichten der Comics – aber nicht in diesen vor Spannung brodelnden Gerichtssaal. Hier bin ich zeitweilig noch nicht ganz überzeugt davon, daß Steve tot ist und daß wir alle wegen seines Todes hier sitzen. Ich habe das Gefühl, im nächsten Augenblick wird jemand zur Tür hereinkommen, lächeln und froh verkünden, alles sei nur ein Scherz gewesen, aber jetzt sei man weit genug gegangen, und man würde uns auf den Hof hinauswinken.

Und dann hörten wir noch am gleichen Tag, daß man Steve mehrere Tage nackt in seiner Zelle gehalten hatte. Wir hörten, daß er auf die Frage eines Untersuchungsrichters, ob er irgendwelche Beschwerden habe, um Wasser und Seife, einen Waschlappen und einen Kamm gebeten und gesagt hatte: »Ist es Vorschrift, daß ich hier nackt gehalten werde? Ich bin nackt, seit ich hier bin.«

Wieder fing der Verdrängungsmechanismus an zu arbeiten. Steve trank Bier, rauchte Zigaretten, benutzte Autos und sagte den Menschen, was sie zu tun hätten. Wie konnte er in eine Situation geraten, in der er gezwungen war, solche Worte zu äußern?

Wir alle wußten, daß die Sicherheitspolizei Steve getötet hatte und nun eine Geschichte zusammenbrauen würde, um die Hirnverletzungen zu erklären. Deshalb überraschten uns die verschiedenen Berichte über die angebliche Rauferei nicht. Wir waren aber nicht darauf vorbereitet, daß die Sicherheitspolizei zugeben werde, Steve sei zu verschiedenen Zeiten nackt und in Ketten gehalten worden. Diese Aussagen wurden im Zeugenstand mit bürokratischer Überheblichkeit und heuchlerischer Selbstgerechtigkeit von einem Beamten gemacht, der so tat, als handle es sich darum, daß er in seinem Büro ein Dutzend Kugelschreiber geklaut hatte.

Wenn ich heute daran zurückdenke, dann glaube ich, daß mich folgendes besonders schockiert hat: Während der ganzen Untersuchung erfuhren wir eine Tatsache nach der anderen und mußten daraus eine zusammenhängende Geschichte machen und an ihr festhalten. Dabei wußten wir, daß diese Leute die Wahrheit kannten und wir sie niemals von ihnen erfahren würden. Und wir wußten das, während sie ihre Aussagen mit der Selbstsicherheit von Männern machten, die nicht daran zweifelten, daß das System sie niemals fallenlassen würde.

Die alte Synagoge ist ein prächtiges Gebäude im Stadtzentrum von Pretoria. Darin gibt es Bankreihen für die »Gemeinde«, für etwa zweihundert Personen. Vorn sind zwei Reihen für die Presse reserviert. Davor hat man erhöhte Sitze für die Richter, für Staatsanwalt und Verteidiger, den Gerichtsstenographen und den Zeugen aufgestellt. Das einzige, was noch an die ursprüngliche Funktion des Raumes erinnerte, war grünes und rosafarbenes Licht, das im Lauf des Tages die Gesichter der hier versammelten Menschen beleuchtete, während die Sonne über ein farbiges Fenster in der Mitte der Decke wanderte.

Am ersten Tag herrschte erwartungsvolle Stimmung. Vor dem Gebäude drängten sich die Kameraleute des Fernsehens, junge

Polizisten mit kurzgeschnittenem Haar in ihren blauen Uniformen marschierten auf und ab, und aus ihrer Amtsmiene erkannte man, daß sie genau darüber instruiert worden waren, wie sie sich im Notfall zu verhalten hatten. Wenn sie keine Pistolen getragen hätten, dann hätte man über sie lachen können.

Die Familie Biko erschien, alle in Schwarz, Steves Frau, seine Mutter, seine Schwester und sein Bruder. Immer wieder zuckte das Blitzlicht der Kameras und ließ deutlich die Umrisse ihrer Gestalten erkennen. Als die Fotografen ihre Arbeit beendet hatten, setzten sie sich bescheiden und mit Würde hin und wurden wieder zu normalen Menschen. Die Zeitungsreporter standen oder gingen im Gerichtssaal herum, als sei das Ganze eine alltägliche Sache für sie. Aber in Wirklichkeit wußte niemand, wer die anderen waren, und es dauerte einige Zeit, bevor wir alle uns zu einer Gruppe zusammengeschlossen hatten, die wenigstens einen gemeinsamen Zweck verfolgte – die Beweisaufnahme dieses Verhandlungstages zu hören oder als Zeuge aufgerufen zu sein.

Im Verlauf des Untersuchungsverfahrens lernten wir einander kennen. Dabei offenbarte sich der Charakter der einzelnen Persönlichkeiten. Man fühlte sich zu bestimmten Personen hingezogen, andere lehnte man ab. Der Unterschied zwischen »wir« und »sie« wurde deutlich spürbar. »Wir« waren die Familie Biko und ihre Freunde, die Schwarzen, die mit ihnen sympathisierenden Weißen, der Anwalt der Familie, die englischsprachige südafrikanische Presse, die Weltpresse und die Mitglieder von Interessengruppen. »Sie« waren die Beamten der Sicherheitspolizei, die Ärzte, der Anwalt der Polizei, der Anwalt der Ärzte, der Anwalt für die Gefängnisverwaltung, der Richter, die Polizisten im und vor dem Gerichtsgebäude, die Dolmetscher und die Polizeispitzel. Die beiden Beisitzer des Gerichtsvorsitzenden ließen sich zunächst noch keiner der beiden Gruppen zuordnen.

Im Gerichtssaal herrschte eine gedämpft kriegerische Stimmung. Es war klar, daß die Beamten der Sicherheitspolizei angewiesen worden waren, nur auf afrikaans zu antworten, um es der internationalen Presse nach Möglichkeit zu erschweren, der Beweisführung zu folgen. Jedesmal wenn sie gefragt wurden, wendeten sie ihre Gesichter ostentativ von den Zuhörerbänken ab, um dem Richter in unterwürfigem Ton zu antworten. Jede Antwort begann mechanisch mit den Worten »Euer Ehren« auf afrikaans. Die Tatsache, daß sich das so gehörte (der Gerichtsstenograph mußte es niederschreiben, und schließlich brauchte der Richter nicht hinzuhören), ließ ihre schmierige Selbstgefälligkeit noch deutlicher erkennen.

Die Akustik im Gerichtssaal war denkbar schlecht. Die meisten Zeugen machten ihre Aussagen auf afrikaans, es war aber völlig unverständliches Afrikaans. Man hatte keine Lautsprecher installiert. Die Verhandlung klang wie ein Privatgespräch am anderen Ende des Raumes. Das Gericht ließ durch nichts erkennen, daß es eine Verantwortung gegenüber der Öffentlichkeit hatte, kein Gefühl dafür, daß dies eine öffentliche Anhörung war und daß das Recht der Öffentlichkeit, alles zu hören, auch wirklich ein Recht und kein Privileg war, um das man sich besonders hätte bemühen müssen. Ein von der Presse unterschriebener Antrag, die Installierung eines eigenen Lautsprechersystems bezahlen zu dürfen, wurde vom Vorsitzenden Richter abgelehnt mit der Begründung, dadurch könnten die Mikrophone der Protokollführer gestört werden.

Die Polizisten, die im Gerichtssaal für Ordnung sorgen sollten, beschäftigten sich in Wirklichkeit nur damit, jeden Schwarzen in Verlegenheit zu bringen, der einnickte, indem sie mit dem Finger auf ihn zeigten und ihn in väterlichem Ton zurechtwiesen. Das taten sie aber nicht, als der weiße Gerichtsdolmetscher, der vor dem Zeugenstand saß, die Arme verschränkte und hin und wieder einschlief, oder als ein anderer weißer Beamter durch den langen Vortrag des medizinischen Sachverständigen im Fachjargon in einen traumähnlichen Zustand verfiel. Mit besonderem Eifer drängten die Gerichtspolizisten die Presse und die Zuhörer immer wieder hinter strategisch günstig aufgestellte Schranken zurück, um sie außer Hörweite zu halten.

Jeden Tag versammelten sich zahlreiche Schwarze etwa eine Stunde vor Ende der Verhandlung auf dem Bürgersteig vor der alten Synagoge. Allmählich wurden es immer mehr, und wenn die ersten Verhandlungsteilnehmer aus dem Gebäude kamen, standen diese Leute dicht gedrängt Schulter an Schulter davor und fingen an, Freiheits- und Kampflieder zu singen. Das dauerte etwa zwanzig Minuten, während weiße Polizisten in strammer Haltung am Eingang standen, die Menge mit unverhüllter Mißbilligung anstarrten und deutsche Schäferhunde in ihren winzigen Käfigen auf den in der Nähe stehenden Polizeilastwagen wütend bellten und nur darauf warteten, losgelassen zu werden.

Dieses Untersuchungsverfahren brachte uns Südafrikanern eine ganz neue Erfahrung. Wir hatten Gelegenheit, uns die Beamten der Sicherheitspolizei sehr genau anzusehen. Millionen Menschen konnten lesen, was sie in dem Verfahren als Zeugen zu sagen hatten, und konnten in den Zeitungen Fotos von ihnen sehen. Wir, die wir selbst im Gerichtssaal anwesend waren, sahen ihre Gesichter und beobachteten ihre Haltung während des Kreuzverhörs. Wir konnten ihre Worte hören – ihre Version der Geschichte. Zum ersten Mal mußten diese Leute, Produkte und Erben der Tradition der Afrikaansen Nationalisten, sich außerhalb ihrer Polizeireviere und Vernehmungszimmer der Öffentlichkeit zeigen. Hier hatten sie endlich die Möglichkeit, sich für das zu verantworten, was sie getan hatten.

Mit allem, was diese Männer sagten, bewiesen sie ihre unglaubliche Engstirnigkeit. Es sind Leute, deren Ausbildung und Werdegang dazu geführt hat, daß sie für sich das Recht in Anspruch nehmen, als Instrumente der politischen Macht zu wirken, und man kann ihnen eigentlich keinen Vorwurf daraus machen, denn sie sind gar nicht in der Lage, anders zu denken oder zu handeln. Darüber hinaus haben sie sich einem Beruf verschrieben, der ihnen jede Möglichkeit gibt, die ihnen anerzogene Rücksichtslosigkeit auszuleben. Seit vielen Jahren genießen sie den Schutz der Gesetze dieses Landes. So haben sie alle nur denkbaren Foltermethoden ganz ungestört in Zellen und Vernehmungszimmern in ganz Südafrika praktizieren können, und zwar mit der stillschweigenden Zustimmung der Regierung, die sie darüber hinaus als Männer, die »den Staat vor subversiven Kräften schützen«, bevorzugt behandelt. Es kommt noch hinzu, daß es sich um Personen handelt, denen es Freude macht, ihren Mitmenschen Schmerzen zuzufügen, und wir sehen, daß es Männer mit einem verkümmerten Verantwortungsbewußtsein sind, Opfer einer kollektiven psychischen Verstümmelung – und mit den Vollmachten, die man ihnen einräumt, sind es sehr gefährliche Leute.

Die Ärzte, die sich mit Steve beschäftigt haben, sind nicht ganz so deutlich als Produkte der weißen südafrikanischen Gesellschaft zu erkennen. Zwar sind sie nicht bewußt grausam, aber ihr Gewissen ist doch so fest in den Vorurteilen ihrer Gesellschaft gefangen, daß sie gegebenenfalls bereit sind, ihre ärztlichen Pflichten zu vernachlässigen und sich im höchsten Grade unmenschlich zu verhalten. Sie waren sich dessen offensichtlich nicht bewußt. Dr. Lang wußte, daß Steve Fußfesseln tragen mußte, das hat ihn aber augenscheinlich nicht beeindruckt. Ich nehme an, er hatte sie schon oft bei anderen Gefangenen gesehen. Aus den Aussagen aller drei Ärzte ging auch deutlich hervor, daß es für sie ganz normal war, schwarze Gefangene nur oberflächlich zu untersuchen und zu behandeln, und daß sie es gewohnt waren, alle Anordnungen von Oberst Goosen jederzeit zu befolgen, obwohl sie im direkten Widerspruch zu ihrer Fürsorgepflicht gegenüber ihren Patienten standen.

Während ein Tag nach dem anderen verging, erkannten wir immer deutlicher, daß es zu keinem entscheidenden Durchbruch kommen würde. Die Sicherheitspolizei hatte ihre Aussagen gemacht, und obwohl der Anwalt der Familie Biko, Mr. Sidney Kentridge, sie völlig durchlöchert und sowohl die Sicherheitspolizisten als auch die Ärzte als Lügner entlarvt hatte, durfte man kaum noch damit rechnen, daß das Gericht irgend jemanden schuldig sprechen würde.

Doch im Rückblick sehe ich heute, daß wir trotz allem, was dagegen sprach, eine logisch nicht zu begründende Hoffnung nährten. Die Erfahrung hatte gezeigt, daß wir von den gerichtlichen Entscheidungen bei politischen Prozessen in Südafrika nicht allzuviel erwarten durften. Aber irgendwie müssen wir doch noch gehofft haben, denn als diese Hoffnung enttäuscht wurde, zeigte sich das in den Gesichtern der Menschen, als der Richter, Mr. Prins, in seiner einc Minutc dauernden Urteilsbegründung erklärte, Steve sei an Kopfverletzungen gestorben, die er sich wahrscheinlich bei einer Rauferei zugezogen habe.

Das Folgende ist eine Aufzeichnung des Verlaufes der gerichtlichen Untersuchung und stützt sich auf die Notizen von Wendy, Roger Omond vom *Daily Dispatch* und Helen Zille von der *Rand Daily Mail,* und auf die detaillierten Berichte, die in beiden Zeitungen erschienen.

Die dreizehn Tage

Dies waren die Hauptbeteiligten an der gerichtlichen Untersuchung des Todes von Steve Biko:

Mr. Marthinus Prins – Vorsitzender Richter
Professor Johannes Olivier – Zweiter Richter
Dr. Isidor Gordon – Beisitzer
Mr. Sidney Kentridge – Rechtsanwalt der Familie Biko
Mr. George Bizos – Rechtsanwalt der Familie Biko
Mr. Shun Chetty – Bevollmächtigter Verteidiger der Familie Biko
Mr. K. von Lieres – Leiter der Untersuchungskommission
Mr. Retief van Rooyen – Rechtsanwalt der Polizei
Mr. J. M. C. Smit – Rechtsanwalt der Polizei
Mr. W. H. Heath – Rechtsanwalt des Polizeiministeriums
Mr. B. de V. Pickard – Rechtsanwalt der Ärzte
Dr. Marquard de Villiers – Rechtsanwalt der Ärzte

Die wichtigsten Zeugen, die zur Aussage aufgerufen wurden, in der Reihenfolge ihres Erscheinens:

Leutnant G. Kuhn – Polizei (Port Elizabeth)
Unteroffizier P. J. van Vuuren – Sicherheitspolizei (Grahamstown)

Major H. Snyman – Sicherheitspolizei (Port Elizabeth)
Oberfeldwebel R. Marx – Sicherheitspolizei (Port Elizabeth)
Hauptmann D. Siebert – Sicherheitspolizei (Port Elizabeth)
Major R. Hansen – Sicherheitspolizei (King William's Town)
Oberst P. J. Goosen – Sicherheitspolizei (Port Elizabeth)
Mr. J. Fitchet – Wärter im Gefängnis von Port Elizabeth
Leutnant W. E. Wilken – Sicherheitspolizei (Port Elizabeth)
Dr. I. Lang – Bezirksarzt in Port Elizabeth
Dr. B. Tucker – Oberster Bezirksarzt in Port Elizabeth
Dr. C. Hersch – Facharzt in Port Elizabeth
Professor J. Loubser – Chefpathologe in Pretoria
Professor N. Proctor – Professor für Anatomische Pathologie, Witwatersrand University
Dr. A. van Zyl – Bezirksarzt in Pretoria
Dr. J. Gluckman – Arzt der Familie Biko
Professor I. Simson – Chef der Abteilung Anatomische Pathologie, Pretoria University
Oberfeldwebel J. Beneke – Sicherheitspolizei (Grahamstown)

Erster Tag: Montag, 14. November 1977

Die Untersuchung begann mit der Vorlage des Obduktionsberichtes durch den Chefpathologen Dr. J. D. Loubser. Der Bericht Dr. Loubsers erklärte mit Nachdruck, daß Steve Biko an einer schweren Hirnverletzung gestorben sei, die den Kreislauf in einem solchen Maße lahmgelegt habe, daß es zu einem Blutgerinnsel in den Gefäßen, akutem Nierenversagen und Urämie gekommen sei. In dem Bericht wurden auch Hautabschürfungen links an der Stirn, Verletzungen am Brustkasten und andere zahlreiche, jedoch oberflächliche Verletzungen erwähnt.

Leiter der Untersuchungskommission war der stellvertretende Oberstaatsanwalt beim Oberlandesgericht Transvaal, Mr. Klaus von Lieres. Er verlas eine Erklärung des Leuntnants Alfred Oosthuizen von der Sicherheitspolizei in Grahamstown. In seiner Erklärung sagte der Leutnant aus, ihm sei am 18. August mitgeteilt worden, daß man aufrührerische Pamphlete verteile – Pamphlete, welche die Schwarzen dazu ermunterten, Unruhe zu stiften. Ihm wurde auch mitgeteilt, daß sich Mr. Biko auf dem Weg von King William's Town nach Kapstadt befand, und er hatte Grund, Mr. Biko der aktiven Teilnahme zu verdächtigen.

Um 20 Uhr errichtete er eine Straßensperre, und um 22.20 Uhr wurde ein weißer Kombi angehalten. Er bat den Fahrer, den Kofferraum aufzuschließen; dieser wollte das aber nicht, weil, wie er zuerst sagte, der Wagen seiner Firma gehöre, und dann, weil er einem Freund gehöre. Aufgrund dieser abweichenden Erklärungen bat der Leutnant den Fahrer, sich auszuweisen. Der Fahrer und sein Fahrgast wurden beide ziemlich frech, und der Fahrer fragte den Leutnant aufsässig, ob das die übliche Handlungsweise sei. Er wies sich als Peter Jones aus und der Fahrgast als Bantu Biko. Sie weigerten sich, weitere Angaben zu machen, und Leutnant Oosthuizen beschloß, sie zum Revier mitzunehmen. Dort fragte er Mr. Biko, ob er eine Erlaubnis habe, sich außerhalb des Bezirks King William's Town aufzuhalten, auf den seine Meldung beschränkt war. Mr. Biko sagte, er habe keine schriftliche Genehmigung, könne aber tun, was er wolle. Mr. Biko lachte ihn aus und fiel dabei auf eine Bank, die brach.

Leutnant Oosthuizen versuchte laut seiner Erklärung, Mr. Biko und Mr. Jones zu durchsuchen, aber sie ließen es nicht zu, und Mr. Biko hielt ihn an den Händen fest. Schließlich durchsuchte er sie doch. Mr. Biko wollte seine persönlichen Sachen mit in die Zelle nehmen, das wurde ihm aber nicht gestattet. Laut der Erklärung trat Leutnant Oosthuizen dann mit seinem Vorgesetzten in Verbindung, der ihm sagte, er solle die beiden Männer nach Port Elizabeth bringen. Das geschah am darauffolgenden Tag.

Mr. van Lieres las auch eine Erklärung des Majors Andries Michiel Kuhn aus Grahamstown vor. Er sagte, er habe das Kommando über die Straßensperre gehabt, als der Kombi angehalten wurde, und sei später im Revier gewesen, als Mr. Biko und Mr. Jones durchsucht wurden.

Dann wurde Leutnant Gert Kuhn in den Zeugenstand gerufen und verlas drei selbstverfaßte Erklärungen. In der ersten, die auf den 20. Oktober 1977 datiert war, stellte der Leutnant eine Liste all seiner Besuche bei Mr. Biko in der Zelle auf. Der erste Besuch fand um 8.10 Uhr am 22. August 1977 statt; er nannte weitere am 8., 9. und 10. September. In der ersten Erklärung sagte er, er habe bei Mr. Biko keine Verletzungen bemerkt; er sei sich auch keines Vorfalls bewußt, bei dem Mr. Biko hätte verletzt werden können. Die zweite Erklärung vom 18. Oktober 1977 befaßte sich mit einem Besuch in Mr. Bikos Zelle zusammen mit einem Polizeifotografen, der Biko nach Anweisung fotografierte. In der dritten Erklärung, die auf den 9. November 1977 datiert war, revidierte der Leutnant seine erste Erklärung. Er wiederholte die Liste der Besuche bei Mr. Biko in dessen Zelle, ließ aber die Daten 8., 9. und 10. September aus. Er erklärte, ihm sei von anderen Polizisten nichts gesagt worden, daß sich Mr. Biko weigere zu essen oder daß er sich beschwert habe. Leutnant Kuhn sagte auch, daß er von Mr. Biko nie eine Beschwerde erhalten habe. Er hatte ihn schon unbekleidet unter einer Decke liegen sehen, aber er konnte nicht sagen, ob Mr. Biko damals nackt herumging.

Auf Befragen Mr. Kentridges bestätigte Leutnant Kuhn, daß er mit Mr. Biko englisch gesprochen hatte. Er sagte, er habe, als er die erste Zeugenaussage – die mit den Besuchszeiten bei Mr. Biko – schrieb, gewußt, daß diese für eine Untersuchung gebraucht würde. Mr. Kuhn sagte, er habe bei Mr. Biko keine Verletzungen entdeckt, auch nicht die Beule an Mr. Bikos linker Stirnseite, die auf einem ihm vorgelegten Foto zu sehen war. Der Leutnant äußerte vor Gericht, seine Erklärung zu den Besuchen bei Mr. Biko sei nicht falsch, sondern nur fehlerhaft. In einer späteren Erklärung hätte er das richtiggestellt. Er gab folgendes als den Grund für seinen Irrtum an: Als er seine Aussage niederschreiben wollte, stellte sich heraus, daß sein Vorgesetzter seine Zellenbesuchszeiten schon dem Buch entnommen hatte, in dem sie eingetragen waren. Er übernahm diese Zeiten in seine Aussage, ohne sie nachzuprüfen. Er wußte, daß man seine Aussage verwenden würde, um nachzuweisen, daß Mr. Biko an diesen Tagen nichts gefehlt habe.

Leutnant Kuhn sagte, er habe Mr. Biko nach dem 6. September nicht mehr gesehen. Erst als Mr. von Lieres in einer Besprechung seine Aufmerksamkeit darauf gelenkt hatte, merkte er, daß die Daten in seiner Erklärung unrichtig waren. Er sagte, er habe seine Erklärungen abgegeben, als General Kleinhaus nach Port Elizabeth gekommen sei, um der Angelegenheit nachzugehen. Der General befragte jeden, der irgend etwas mit Biko zu tun gehabt hatte. Von den Erklärungen wurden Duplikate angefertigt, aber er wußte nicht, von wem. Der General brachte sie nicht mit.

Dann sagte Unteroffizier Paul Janse van Vuuren aus. Er hatte Mr. Biko vom 18. August bis zum 6. September täglich besucht, und wieder am 11. September, aber Mr. Biko habe sich nie beschwert. Der Unteroffizier hatte den Eindruck, als wolle Mr. Biko nicht sprechen. Er brachte Mr. Biko zu essen: Suppe, *magewu,* Brot, Margarine, Marmelade und Kaffee. Mr. Biko lehnte Suppe und *magewu* ab, und das Brot blieb liegen. Der Gefangene verlangte kein anderes Essen. Am 11. September sah er in den Eintragungen, daß Mr. Biko, den man am 6. September vom Polizeirevier Walmer in Port Elizabeth weggebracht hatte, wieder da war.

An jenem Abend besuchte er die Zelle 5, wo Mr. Biko eingesperrt war, der auf seinen Matten lag und scheinbar schlief. Später sah er Mr. Biko auf dem Betonfußboden, den Kopf zum Zellengitter gerichtet, die Füße auf den Matten. Unteroffizier van Vuuren sagte, daß man durch vier abgeschlossene Turen gehen mußte, wenn man in die Zelle wollte. Er war nicht sicher, ob Mr. Biko in diese Stellung gefallen oder gekrochen sei. Mr. Biko lag auf der rechten Seite, die Augen auf die Tür gerichtet. Er hatte Schaum vorm Mund, und die Augen schienen leblos. Unteroffizier van Vuuren sagte, er habe versucht, ihm Wasser zu geben, aber Biko sei in derselben Stellung geblieben. Er zog Mr. Biko auf die Matten, deckte ihn zu und rief die Sicherheitspolizei.

Major Fischer, Oberst Goosen und Dr. Tucker kamen und nahmen Mr. Biko mit.

In einer zweiten Erklärung sagte Unteroffizier van Vuuren aus, er habe einem Polizeifotografen die Stellung gezeigt, in der er Mr.

Biko das letzte Mal vorgefunden hätte. Am 20. Oktober gab er General Kleinhaus eine dritte Erklärung, in doppelter Ausführung, der einige Details handschriftlich hinzugefügt waren. Eine Extraliste führte seine Besuche in Mr. Bikos Zelle zu allen Tages- und Nachtzeiten auf, bis zu sechs Besuchen während einer Wache. Er sagte, er habe bei Mr. Biko keine Verletzungen gesehen, auch keine Beule an der linken Stirnseite, wie sie auf einem ihm vorgelegten Foto zu sehen war. Mr. Bikos Hautfarbe sei viel dunkler gewesen als auf dem Foto, teilte er dem Gericht mit.

In einer vierten, maschinengeschriebenen Erklärung, die dem Gericht vorgelesen wurde, sagte Unteroffizier van Vuuren, daß Mr. Biko nie mit ihm gesprochen habe – er beantwortete keine einzige Frage und reagierte nie, wenn man ihm Essen in die Zelle brachte. Mr. Biko ignorierte ihn. Suppe und *magewu* ließ er in der Zelle stehen, und wenn sie beim nächsten Besuch immer noch dastanden, wurden sie den anderen Gefangenen gegeben. Der Unteroffizier sagte, der Becher Kaffee sei meist leer gewesen. Er konnte nie feststellen, ob Biko von dem Brot gegessen hatte oder nicht. Es bestand die geringe Möglichkeit, daß er es tat. Als er am 11. September Mr. Biko auf dem Betonfußboden liegen sah, faßte er ihn von hinten unter den Armen und zog ihn auf seine Schlafmatte. »Wie ein Lebensretter«, meinte Mr. Prins, der Richter.

Auf Befragen Mr. Kentridges sagte Unteroffizier van Vuuren, er habe Befehl erhalten, Mr. Biko in der Zelle nackt zu lassen. Mr. Kentridge las dem Gericht dann einen Bericht eines Richters vor, der Mr. Biko in der Zelle des Polizeireviers Walmer am 2. September besucht hatte. Der Richter erklärte, Mr. Biko habe ihn um Wasser, Seife, Waschlappen und Kamm gebeten. Laut der Erklärung dieses Richters hatte Mr. Biko gesagt: »Ich möchte, daß man mir erlaubt, Lebensmittel zu kaufen. Hier lebe ich nur von Brot. Muß ich unbedingt nackt sein? Ich bin, seitdem ich hierhergebracht wurde, nackt.« Mr. Kentridge fragte, ob man Mr. Biko nackt gehalten habe, um ihn zu erniedrigen.

»Das kann ich nicht sagen«, erwiderte Unteroffizier van Vuuren. Er bestätigte dann, daß Mr. Biko zwischen dem 18. August und dem 6. September seine Zelle nicht verlassen durfte.

»Ist ein Gefangener nicht berechtigt, sich an der frischen Luft zu bewegen?« fragte Mr. Kentridge.

Unteroffizier van Vuuren sagte, er habe nur die Anweisungen des Chefs der Sicherheitspolizei in Port Elizabeth, Oberst P. Goosen, befolgt. Er bestätigte, daß Mr. Biko am 11. September, am Tag, bevor er starb, Schaum vor dem Mund gehabt hätte, daß seine Augen leblos ausgesehen hätten und sein Atem beschleunigt gewesen wäre. Um 18.20 Uhr trug Unteroffizier van Vuuren Mr. Bikos Überführung aus dem Polizeirevier Walmer ein. Er wußte nicht, wo man ihn hinbrachte.

Der nächste Zeuge, Major Harald Snyman von der Sicherheitspolizei in Port Elizabeth, sagte, er sei der Leiter eines aus fünf Männern bestehenden Untersuchungsteams, das aufgestellt worden sei, um die Black-Power-Häftlinge zu vernehmen. Mr. Biko war am 19. August festgenommen worden, aber aus taktischen Gründen wurden andere vor ihm vernommen. Am 6. September wurde beschlossen, daß man Mr. Biko bestimmtes Beweismaterial vorlegen wollte. Er wurde ins Zimmer 619 des Sanlam Building in Port Elizabeth gebracht. Das Verhör begann um 10.30 Uhr und endete um 18.00 Uhr.

Major Snyman sagte, Mr. Biko hätte eine außerordentlich aggressive Haltung gegenüber dem Team von Verhörenden eingenommen. Um es ihm bequemer zu machen, wurden ihm die Handschellen abgenommen und ihm ein Stuhl angeboten. Im Verlauf des Tages bot man ihm Fleischpasteten und Milch an, die er ablehnte. Eigenartigerweise, sagte Major Snyman, benutzte er die Toilette nicht. Major Snyman sagte, Mr. Biko wich Fragen über seinen Besuch in Kapstadt aus. Er beantwortete Fragen nicht direkt, aber im Verlauf des Verhörs wurde er kooperativer. Unter anderem habe er gesagt, daß er nach Kapstadt gefahren sei, um ehelichen Problemen auszuweichen. Später sagte er, der einzige Grund für seine Reise sei die Beilegung einer Unstimmigkeit gewesen, die innerhalb der Black People's Convention aufgetreten sei.

Auf die Frage nach der Verteilung von Flugschriften in Port Elizabeth am 17. August gab Mr. Biko zu, daß er und Mr. Patrick Titi, ein weiterer Gefangener, für die Texte verantwortlich seien.

Mr. Kentridge befragte den Major über die Methoden, die während des siebeneinhalbstündigen Verhörs angewendet wurden, um Mr. Bikos Haltung von einer außerordentlich aggressiven in eine solche umzuwandeln, die das Geständnis einer Verwicklung in die Abfassung von Flugschriften und anderen Dingen zur Folge hatte. Mr. Kentridge: »Welche Methoden der Überredung haben Sie angewandt, um einen widerwilligen Zeugen dazu zu bringen, mit Ihnen zu reden? An jenem Vormittag bestritt Mr. Biko, von dieser Flugschrift überhaupt etwas zu wissen, und als es 18.00 Uhr war, gab er zu, sie verfaßt zu haben. Welche Methoden der Überredung haben Sie angewandt?« Major Snyman sagte, daß Mr. Biko bestimmten Beweismaterialien gegenübergestellt wurde, welche die Sicherheitspolizei hatte, und daß er dann gestanden habe.

Mr. Kentridge: »Erst bestritt er es, und dann gab er es zu. Warum hätte er Ihnen überhaupt antworten müssen? Warum Ihnen nicht einfach eine Geschichte auftischen?... Haben Sie ihn bedroht?« Major Snyman bestritt, Mr. Biko bedroht oder unter physischen Druck gesetzt zu haben.

Mr. Kentridge: »Wie haben Sie ihn dazu gebracht, klein beizugeben?« Major Snyman sagte, ihm stünde unbegrenzte Zeit zur Verfügung, um die Informationen zu bekommen, die er brauche, und es habe sich für die Polizei nicht gelohnt, Mr. Biko gegenüber deswegen handgreiflich zu werden. Er wies Mr. Biko lediglich darauf hin, daß er in Haft bleiben würde, bis er die Fragen zufriedenstellend beantwortet habe.

Mr. Kentridge sagte, Mr. Biko seit 1976 101 Tage in Haft festgehalten worden. »Was soll das für eine Drohung sein, einen Mann festzuhalten, bis er Fragen beantwortet? Was können Sie mit einem Mann tun, der darauf besteht, stumm zu bleiben?« Mr. Kentridge wiederholte diese Frage einige Male, während Major Snyman eine Zusammenstellung der Themen gab, über die Mr. Biko verhört worden war. Mr. Kentridge fragte dann erneut den Major: »Sie weichen meinen Fragen aus. Anfangs bestritt er (Biko) es.

Später erhielten Sie von ihm richtige Informationen. Wie kriegt man einen Mann dazu?«

Hier wurde Mr. Kentridge von Mr. R. van Rooyen unterbrochen, der die südafrikanische Polizei vertrat und darauf hinwies, daß Major Snyman erwidert habe, daß Mr. Biko seine Verwicklung zugegeben hätte, nachdem man ihn mit Beweismaterial konfrontiert hatte.

In seiner Erklärung über den darauffolgenden Tag, als das Verhör fortgesetzt wurde, erzählte Major Snyman von einem Handgemenge zwischen seinem Vernehmungsteam und Mr. Biko. Major Snyman sagte, kurz nachdem man Mr. Biko seine Handschellen und Fußeisen abgenommen und ihm einen Stuhl angeboten hatte, »bekam er plötzlich einen wilden Blick und sprang vom Stuhl auf.« Mr. Biko warf mit dem Stuhl nach Major Snyman, der aber auswich. Dann raste Mr. Biko auf Oberfeldwebel J. Beneke zu, schlug wild auf ihn ein und preßte ihn gegen einen Stahlschrank. Major Snyman sagte, er und Hauptmann Siebert seien Oberfeldwebel Beneke zu Hilfe gekommen. Sie hätten versucht, Mr. Biko, der offensichtlich außer sich vor Wut war, festzuhalten. Dabei stießen sie gegen die Tische im Büro.

Zwei weitere Mitglieder des Teams kamen zu Hilfe. Sie überwältigten Mr. Biko und legten ihm Handschellen und Fußeisen an. Der Kampf dauerte mehrere Minuten, obwohl Major Snyman nicht mehr wußte, wie lange genau. Mr. Biko wurde an das Gitter im Büro gekettet, aber er fuhr fort, sich gegen die Handschellen und Fußeisen zu sträuben. »Oberfeldwebel Beneke sagte mir, daß er eine furchtbare Beule am rechten Ellenbogen hätte«, sagte Major Snyman. Um 7.30 Uhr an jenem Morgen erstattete Major Snyman Oberst Goosen Bericht über den Vorfall. Sie besuchten zusammen Mr. Biko im Zimmer 619. Oberst Goosen sprach Mr. Biko an, der, so Major Snyman, immer noch einen wilden Ausdruck in den Augen und eine sichtbare Anschwellung auf der Oberlippe hatte. Er sprach auf unverständliche und verschwommene Weise. Mr. Biko weigerte sich, auf Fragen zu reagieren, und der wilde Ausdruck blieb auf seinen Augen. Um 9.30 Uhr untersuchte ihn Dr. Lang, der Bezirksarzt. Major Snyman war nicht anwesend. Nach der Untersuchung, sagte Major Snyman, versuchten er und das Team, mit Mr. Biko zu sprechen, aber er reagierte auf keine Frage. Er gab dann Befehl, daß man Mr. Biko sich auf seiner Matte ausruhen lassen und ihn zudecken solle. Mr. Biko trug immer noch Handschellen, und die Fußeisen waren an dem Gitter festgemacht. Es wurde ihm mehrmals Wasser angeboten, das er murmelnd ablehnte. Mr. Biko wurde in den Gewahrsam eines Nachtteams unter Leutnant Wilken gegeben.

Am nächsten Morgen, dem 8. September, kehrten Major Snyman und sein Team zurück und fanden Mr. Biko immer noch am Boden liegend vor. Er war wach, aber reagierte nicht auf Fragen; eine Fortsetzung der Untersuchung wäre sinnlos gewesen. Major Snyman wußte, daß Dr. Lang am Vortag keine physischen Schäden bei Mr. Biko festgestellt hatte. Oberst Goosen hatte einen diesbezüglichen medizinischen Bescheid erhalten. Als Major Snyman sah, daß Mr. Biko sich immer noch weigerte, Fragen zu beantworten, trug er das Handgemenge in ein für das Festhalten derartiger Vorfälle bestimmtes Buch ein.

Major Snyman sagte, er habe gewußt, daß Oberst Goosen Dr. Lang am 8. September noch einmal bestellt hatte. Er erfuhr, daß man Mr. Biko am 8. September ins Gefängnisspital gebracht hatte und am 11. September zurück in die Zellen des Polizeireviers Walmer. Er war am 11. September um 18.20 Uhr anwesend, als Mr. Biko mit Hauptmann Siebert und anderen Polizisten nach Pretoria abfuhr. Er erfuhr später, daß Mr. Biko in Pretoria gestorben sei.

Major Snyman sagte, daß der Grad der Gewaltanwendung, mit dem Mr. Biko am 7. September wieder unter Kontrolle gebracht wurde, angemessen gewesen sei, »nur so viel, um ihn am Boden festhalten und ihm Handschellen anlegen zu können«. Mr. Kentridge befragte den Major in diesem Zusammenhang, ob er Mr. J. T. Krugers (Justiz-, Polizei- und Strafvollzugsminister) Hungerstreikerklärung gehört habe.

MAJOR SNYMAN: Ich erinnere mich daran.
MR. KENTRIDGE: Wie reagierten Sie auf die Nachricht von Mr. Bikos Tod?

Major Snyman: Es tat mir leid. Lebend war er uns mehr wert als tot.
Mr. Kentridge: Deswegen tat er Ihnen leid?
Major Snyman: Sein Tod berührte mich auch so.
Mr. Kentridge: Waren Sie darüber erstaunt, daß er gestorben war?
Major Snyman: Ich war überrascht. Wir dachten nicht, daß ihm so viel fehlte, wie...
Mr. Kentridge: Wie was?

Major Snyman erwiderte, daß sie einen ärztlichen Befund gehabt hätten, demzufolge Mr. Biko physisch nichts fehlte.

Mr. Kentridge befragte Major Snyman über die Erklärung des Polizeiministers auf dem Kongreß der Nationalist Party in Pretoria, in der behauptet worden war, daß Mr. Biko um 15 Minuten Zeit gebeten hätte, um sich zu überlegen, ob er Polizeifragen beantworten würde, und dann bekanntgegeben hätte, daß er einen Hungerstreik beginnen würde. Mr. Kentridge fragte, ob Major Snyman darüber irgendwelche Informationen an den Minister gegeben habe. Major Snyman erwiderte: »Ich erstattete meinem Vorgesetzten Bericht. Er hat die Sache dann weitergeleitet.«

Dann legte Mr. Kentridge eine schriftliche Aussage einer gewissen Mrs. Ilona Kleinschmidt vor, die sich auf Erklärungen des Polizeiministers zum Tode Mr. Bikos in der Haft bezog. Mr. Kentridge sprach von der Bedeutung dieses Beweismaterials: »Der Minister hat eine Reihe von Dingen gesagt, die im ernst zu nehmendem Widerspruch zu den vorliegenden schriftlichen Aussagen der Polizisten stehen. Daher kann es sein, daß dieses Material von beträchtlicher Bedeutung für die Glaubwürdigkeit bestimmter Polizisten ist. Es geht darum, daß, falls diese Erklärungen der Wahrheit entsprechen, bestimmte Erklärungen des Ministers unwahr sein müssen. Wir wissen nicht, welche wahr sind. Aber einige Polizisten werden nicht darum herumkommen, die Abweichungen zu erklären.«

In einer weiteren Erklärung sagte Major Snyman, man habe ihm gesagt, die Obduktion hätte ergeben, daß Mr. Biko an einer Verletzung gestorben sei, die zu einer Gehirnschädigung geführt habe. Generalmajor Kleinhaus leitete die Untersuchung, bei der festgestellt werden sollte, wie Mr. Biko die Verletzungen erlitten hatte. Major Snyman erklärte, daß er zu keinem Zeitpunkt eine Beule auf Mr. Bikos Stirn gesehen habe und nicht sagen könne, wie es passiert sei. In seiner Erklärung vom 20. Oktober sagte Major Snyman, daß niemand Mr. Biko in seiner Anwesenheit angegriffen habe.

Mr. Kentridge fragte, warum man Mr. Biko in den Zellen des Polizeireviers Walmer nackt ließ. Major Snyman sagte, er habe Anweisungen befolgt, die wiederholte Selbstmorde in Polizeizellen verhindern sollten. Mr. Kentridge wies dann darauf hin, daß man den Gefangenen nackt und nur mit einer Decke gelassen habe, und sagte: »Es gibt Leute, die mit Decken Selbstmord begangen haben.«

Major Snyman sagte, so etwas sei in den Zellen des Walmer-Reviers nie vorgekommen.

Mr. Kentridge fragte dann, warum es nötig gewesen sei, Mr. Biko am 6. September Fußeisen anzulegen, wenn er vor dem Vormittag des 7. September keine Zeichen von Gewalttätigkeit von sich gegeben habe. Major Snyman sagte, das Büro sei nicht abgeschlossen gewesen.

MR. KENTRIDGE: Hätten Sie es nicht abschließen können? Ich glaube, Sie müssen uns eine bessere Antwort geben. Warum haben Sie ihm Fußeisen angelegt? War es, um den Mann fertigzumachen oder um ihn von der Flucht abzuhalten?
MAJOR SNYMAN: Es war so üblich.

(Vertagung)

Zweiter Tag: Montag, 15. November 1977

Major Snyman sagte dem Gericht, daß Mr. Biko bei dem Handgemenge mit den fünf Sicherheitspolizisten, von dem er am Vortag berichtet hätte, mit dem Kopf gegen eine Wand gefallen sei, daß er am nächsten Morgen, dem 8. September, als er sich zum Dienst meldete, bemerkte, daß Mr. Biko immer noch undeutlich redete. Er hatte auch gewußt, daß man einen Arzt gerufen hatte.

MR. KENTRIDGE: Als Sie sahen, daß er sich nicht erholt hatte, beschlossen Sie, sich dadurch abzusichern, daß Sie den Vorfall in das erwähnte Buch eintrugen. Aber Sie hielten es nicht für nötig, schon am 7. September einen Eintrag in das Buch zu machen. Glaubten Sie, er simuliere?
MAJOR SNYMAN: Ich sah keinen Anlaß zu glauben, daß ihm ernsthaft irgend etwas fehlte.
MR. KENTRIDGE: Warum änderten Sie vom 7. auf den 8. September Ihre Meinung?
MAJOR SNYMAN: Weil er sich hartnäckig weigerte zu antworten.
MR. KENTRIDGE: Aber das war am 7. September doch genauso.
MAJOR SNYMAN: Ich erstattete meinem Vorgesetzten, Oberst Goosen, einen mündlichen Bericht, bevor ich den Eintrag ins Buch machte.
MR. KENTRIDGE: In Ihrem Eintrag heißt es unter anderem, daß er Amok lief, Ihnen einen Stuhl an den Kopf warf und nach einem Handgemenge mit dem Kopf gegen eine Wand fiel. Gegen welche?
MAJOR SNYMAN: Gegen die Nordwand.
MR. KENTRIDGE: Zwischen dem Schrank und dem Stuhl, auf dem er vorher saß?
MAJOR SNYMAN: Das ist richtig.
MR. KENTRIDGE: Welcher Teil seines Kopfes traf die Wand?
MAJOR SNYMAN: Der Hinterkopf; er ist mehrere Male gefallen.
MR. KENTRIDGE: Erstatteten Sie Oberst Goosen darüber Bericht, daß er mit dem Kopf gegen die Wand schlug?
MAJOR SNYMAN: Ja, das tat ich.
MR. KENTRIDGE: Waren Sie alle fünf im Zimmer, als er mit dem Kopf gegen die Wand schlug?
MAJOR SNYMAN: Richtig.
MR. KENTRIDGE: Aber Oberst Goosen sagte dem Arzt nicht, daß Mr. Biko mit dem Kopf gegen die Wand fiel. Er sagte nur, daß er befürchte, Mr. Biko habe einen Schlag bekommen.
MAJOR SNYMAN: Ich weiß nicht, was Oberst Goosen dem Arzt gesagt hat.
MR. KENTRIDGE: Im Zusammenhang mit dem Vorfall wurden achtundzwanzig schriftliche Zeugenaussagen gemacht, und in keiner von ihnen wird erwähnt, daß Mr. Biko mit dem Kopf gegen die Wand schlug.

Mr. Kentridge fragte Major Snyman, ob Generalmajor Kleinhaus ihm, Major Snyman, bei seiner Untersuchung in Port Elizabeth gesagt habe, daß Mr. Biko an den Folgen einer Gehirnverletzung gestorben sei, und ob er auf eine Verletzung an Mr. Bikos linker Stirnseite hingewiesen habe.

MAJOR SNYMAN: Das ist richtig.
MR. KENTRIDGE: Man bat Sie dann, alles, was Ihnen nötig erschien, Ihrer schriftlichen Zeugenaussage hinzuzufügen, aber darin erwähnten Sie nicht, daß er mit dem Kopf gegen die Wand fiel?
MAJOR SNYMAN: Ich betrachtete es nicht als nötig.
MR. KENTRIDGE: In Ihrer Erklärung sagen Sie, daß niemand Mr. Biko in Ihrer Gegenwart angegriffen habe?
MAJOR SNYMAN: Das ist richtig.
MR. KENTRIDGE: Hat Sie General Kleinhaus über die Beule an seinem Kopf befragt?
MAJOR SNYMAN: General Kleinhaus fragte uns, und wir zeigten ihm, wie es passiert war.
MR. KENTRIDGE: Zeigten Sie General Kleinhaus, wie Mr. Biko mit dem Kopf gegen die Wand schlug?
MAJOR SNYMAN: Ich erklärte dem General den Verlauf des Kampfes, wo wir überall hingefallen waren und wie sich so ein Handgemenge überhaupt hatte zutragen können.
MR. KENTRIDGE: Haben Sie dem General genau gesagt, daß und wie Mr. Biko mit dem Kopf anschlug?
MAJOR SNYMAN: Ja.
MR. KENTRIDGE: Ich darf die Wahrheit dieser Antwort bezweifeln. General Kleinhaus hat eine Anzahl schriftlicher Zeugenaussagen von Ihren Männern entgegengenommen, und in keiner von ihnen wird erwähnt, daß Mr. Biko mit dem Kopf gegen die Wand schlug. Als die Polizei Ihr Büro fotografierte, bat man Sie da, die Stelle an der Wand zu zeigen?
MAJOR SNYMAN: Nein.
MR. KENTRIDGE: Ich meine, Sie dachten nicht, daß Mr. Biko sterben würde, und trugen die Angelegenheit in das Buch ein, für den Fall einer gerichtlichen Untersuchung.

(Die Antwort Major Snymans war nicht zu hören.)

MR. KENTRIDGE: Als Oberst Goosen Mr. Biko sah, zeigte dieser schon Symptome einer Gehirnverletzung. Ich glaube, daß er um 7.30 Uhr am Morgen des 7. September schon an einer Gehirnverletzung litt.
MAJOR SNYMAN: Mr. Biko beschwerte sich nicht über Kopfschmerzen und hat auch keinen Arzt verlangt.
MR. KENTRIDGE: Ich glaube, daß Mr. Biko sich die Gehirnverletzung wahrscheinlich zwischen dem Abend des 6. und dem Morgen des 7. Septembers zuzog.
MAJOR SNYMAN: Ich bestreite dies.
MR. KENTRIDGE: Dann behaupte ich, daß er sie sich in Ihrer Gegenwart zuzog.
MAJOR SNYMAN: Die einzige Verletzung, die ich bei Mr. Biko sah, war ein Kratzer an seiner Lippe.

Mr. Kentridge: Bevor die Obduktionsresultate veröffentlich wurden, gab es vom Polizeiminister Erklärungen, in denen von Hungerstreiks und so weiter die Rede war, aber nichts von einem gegen die Wand geschlagenen Kopf. Hielten Sie es nicht für Ihre ausdrückliche Pflicht, Ihren Vorgesetzten zu sagen, daß er mit dem Kopf gegen die Wand geschlagen war?

An dieser Stelle unterbrach Mr. Prins, der Richter, Mr. Kentridge und fragte Major Snyman, ob er tatsächlich gesehen habe, wie Mr. Biko mit dem Kopf gegen die Wand schlug, oder ob das eine Folgerung sei, die er aus dem Vorgefallenen schloß.

Major Snyman: Nun, ich konnte es selbst nicht sehen, da ich in das Handgemenge verstrickt war.
Mr. Prins: Es besteht also die Möglichkeit, daß er nicht mit dem Kopf gegen die Wand schlug?
Major Snyman: So ist es.
Mr. Kentridge: Aber in das Buch trugen Sie ein, daß er mit dem Kopf gegen die Wand schlug. Ihrer Erklärung ist also kein Wert beizumessen.
Major Snyman: Ich glaube, er muß sich die Verletzung nach dem 8. September, an dem ich ihn gesehen habe, zugezogen haben.

Vorher hatte Major Snyman bestritten, daß sie Mr. Biko in ihren Büros behalten hätten, um zu verhindern, daß irgendwer erfuhr, wie Mr. Biko behandelt worden war. Er sagte, Mr. Biko sei ein gewalttätiger Revolutionär gewesen, der Amok lief, als ihm klarwurde, daß er von seinen Freunden betrogen worden war. Major Snyman sagte, Mr. Biko sei unmittelbar, bevor er in den Büros des Special Branch in Port Elizabeth durchdrehte, mitgeteilt worden, daß die Polizei über seine Pläne und Tätigkeiten Bescheid wisse. Zu diesen Plänen gehörte die Gründung einer vereinten revolutionären Front der Black People's Convention und der verbotenen African Nationalist und Pan-Africanist Congress. Diese Vereinigung, so Major Snyman, hätte sowohl in Südafrika als auch im Ausland über terroristische Abteilungen verfügt. Man hätte ausgebildete Männer zum bewaffneten Umsturz der Regierung in das Land eingeschleust.

Major Snyman sagte, die Polizei besäße schriftliche Zeugenaussagen, aus denen hervorging, daß Mr. Biko in die Abfassung und

Verteilung einer umstürzlerischen und revolutionären Flugschrift in einigen der Townships von Port Elizabeth am 17. August verwickelt war. Er hatte Mr. Biko Erklärungen seiner Freunde unterbreitet, deren Handschrift Biko kannte, in denen seine Verstrikkung in umstürzlerische Umtriebe bezeugt wurde. Man hatte Mr. Biko gesagt, daß die Polizei wisse, daß er nicht aus den von ihm angegebenen Gründen nach Kapstadt gefahren sei, das heißt, wegen ehelicher Schwierigkeiten bzw. einer Meinungsverschiedenheit innerhalb der Black People's Convention. »Ich sagte ihm... daß der hauptsächliche Grund darin bestand, mit Neville Alexander und anderen Mitgliedern des Unity Movement Kontakt aufzunehmen. Es gab Besprechungen wegen der Gründung einer revolutionären Front mit ANC und PAC, die terroristische Organisationen sind, dem Unity Movement of South Africa und der BPC. Ich sagte auch, daß wir Informationen bekommen hätten, denen zufolge es bereits geplant war, daß er (Mr. Biko) nach Übersee gehen sollte, um diese vier Organisationen in einer vereinten Form zusammenzubringen. Ich sagte ihm, daß er Besprechungen mit dem geächteten Präsidenten des PAC, Robert Sobukwe, geführt hätte.«

Major Snyman fuhr fort, er habe Mr. Biko gesagt, daß, falls Mr. Biko nicht in der Lage sein sollte, ins Ausland zu gehen, ein anderer seinen Platz einnehmen, ihn vertreten und unter dem Vorwand eines Theologiestudiums nach England gehen würde. Diese Vorhaltungen stützten sich auf Mr. Bikos Geständnis vom Vorabend, in dem er zugegeben hatte, in die Abfassung einer umstürzlerischen Flugschrift verwickelt zu sein.

Laut Major Snyman hatte man Mr. Biko auch über Mr. Donald Woods, den Herausgeber des *Daily Dispatch,* ausgefragt. Mr. Woods hatte einen Artikel über die Errichtung einer neuen Organisation, der Azania Liberation Front, geschrieben, und man hatte Mr. Biko gefragt, ob er mit Mr. Woods Besprechungen geführt habe.

Als man ihm mitteilte, was die Polizei wußte (so Major Snyman), hätte sich Mr. Bikos Gesichtsausdruck beunruhigend verändert. »Er sprang sofort wie ein Besessener auf, ergriff den Stuhl und warf ihn nach mir. Ich führe das auf die Tatsachen zurück, mit denen wir ihn an jenem Vormittag konfrontierten.« Major Snyman sagte, er könne keine detaillierte Beschreibung des gewaltsamen Handgemenges geben, in dessen Verlauf zuerst drei und dann fünf Polizisten versucht hätten, Mr. Biko zu überwältigen. Die Beule auf Mr. Bikos Stirn, wie sie auf einem Foto des Leichnams zu sehen war, hätte er nicht bemerkt. Alles, was er nach dem Handgemenge bemerkt hätte, waren eine Beule auf Mr. Bikos Oberlippe und ein Kratzer auf seiner Brust.

Auf die Frage, was für eine Reaktion er sich von einem Mann erwartet hatte, der mit belastendem Beweismaterial konfrontiert wurde, wie es bei Mr. Biko der Fall war, sagte Major Snyman, daß an jenem Morgen eine ganze Reihe Dinge gegen Mr. Biko sprachen. Es gab möglicherweise Anklagen wegen Übertretung des Hausarrests, wofür sich Mr. Biko vielleicht zu verantworten hätte. Er war in die Verbreitung einer revolutionären Flugschrift verwikkelt und in die Errichtung einer neuen revolutionären Partei. Seine eigenen Leute hatten ihn im Stich gelassen, und sein Bild in der Öffentlichkeit wäre im Falle seiner Verurteilung schwer getrübt gewesen.

Auf eine Frage Mr. van Rooyens, die sich auf Mr. Bikos Image in der Öffentlichkeit bezog, sagte Major Snyman erst, daß Mr. Biko ganz gewiß nicht den Ruf einer friedliebenden Person gehabt habe, sondern den eines Revolutionärs. Die Flugschrift, die in Port Elizabeth zur Debatte stand, rief das Volk auf, am darauffolgenden Tag nicht zur Arbeit zu gehen und Schwarz bzw. ein schwarzes Kleidungsstück als Sympathiezeichen für jene zu tragen, die gestorben, im Exil oder in Haft waren.

Mr. Kentridge sagte, es gebe keine Beweise dafür, daß Mr. Biko die Flugschrift zusammengestellt habe. Er wolle ihre Gültigkeit zu diesem Zeitpunkt nicht in Frage stellen, obwohl er später in bezug auf ihre Bedeutung vielleicht etwas zu sagen haben werde. Major Snyman verlas dann den vollständigen Wortlaut der Flugschrift.

Dann erklärte Mr. Kentridge: »Diese Flugschrift erscheint mir im Rahmen dieser Untersuchung vollkommen belanglos zu sein.

Ob Mr. Biko dazu ein Geständnis abgelegt hat, bleibt dahingestellt. Der einzige, der uns darüber Auskunft geben könnte, weilt nicht mehr unter uns. Es ist ja nicht so, daß man jemanden, weil er eine umstürzlerische Flugschrift verfaßt hat, einfach umbringen darf. Ich kann verstehen, daß man versucht, Mr. Biko posthum für schuldig zu erklären, aber ich bin sicher, daß Euer Ehren damit nichts zu tun haben wollen.«

Auf eine Frage Mr. van Rooyens sagte Major Snyman, daß das Beweismaterial, das sich in Händen der Sicherheitspolizei befinde, Mr. Bikos Image als friedliebenden Menschen zerstören und ihn als gewalttätige Person darstellen würde. Auf die Frage, ob er irgend etwas habe, womit er beweisen könne, daß Mr. Bikos Image falsch sei, erwiderte Major Snyman, daß er einen Ausschnitt aus dem East Londoner *Daily Dispatch* habe, und zwar einen von Mr. Donald Woods geschriebenen Artikel über die Bildung einer neuen Front unter dem Namen Azania Liberation Front. Er hätte auch Erklärungen »von seinen (Bikos) eigenen Freunden, den Leuten, die mit ihm gearbeitet haben«.

MR. VAN ROOYEN: Es ist ihm also klar gewesen, daß ihn seine Freunde im Stich gelassen hatten?
MAJOR SNYMAN: Wir mußten den Mann mit Tatsachen konfrontieren. Er mußte wissen, daß seine Freunde geredet hatten, und wir wollten alles aus seinem eigenen Munde hören.
MR. VAN ROOYEN: Sie waren dabei. Warum drehte er durch?
MAJOR SNYMAN: Ich stellte ihn diesen Tatsachen gegenüber. Er sprang sofort wie ein Besessener auf. Ich führe das auf die Enthüllungen, die ich ihm machte, zurück.

Mr. van Rooyen bat dann um Erlaubnis, die Flugschrift und die Aussagen anderer Festgehaltener als Beweismaterial vorlegen zu dürfen. Mr. Kentridge sagte, er habe die Unterlagen gerade gelesen und zöge seine Einwände zurück. Er sagte, er sehe, daß die beschworenen Erklärungen, die Mr. Biko vorgelegt wurden, mit an seinem Ausbruch schuld gewesen seien.

Mr. Kentridge fragte dann, ob diese beschworenen Erklärungen Mr. Biko am 6. September oder am Morgen des 7. September vorgelegt worden seien. Major Snyman erwiderte, daß das am Morgen des 7. September geschehen sei. Mr. Kentridge vergewisserte sich dann beim Richter, daß die schriftlichen Zeugenaussagen auf den 15. bis zum 30. September datiert waren, und sagte, die Erklärungen seien Mr. Biko nicht vorgelegt worden, als er noch am Leben war. »Was wir hier haben, ist eine nach Mr. Bikos Tod angefertigte Verleumdung.«

Mr. van Rooyen sagte, der Inhalt der Unterlagen sei Mr. Biko vorgelegt worden. Mr. Kentridge erwiderte, es sei ganz klar ausgesagt worden, daß die beschworenen Erklärungen selbst Mr. Biko vorgelegt worden seien. Er forderte den Zeugen auf, dies zweifelsfrei zu bestätigen.

Der Richter beschloß dann, daß die Erklärungen nicht als Beweismaterial zulässig seien. Mr. van Rooyen stimmte zu.

Auf Mr. van Rooyens Frage nach dem Handgemenge zwischen Mr. Biko und den fünf Polizisten wiederholte Major Snyman seinen Bericht vom Vortag und fügte hinzu, daß Mr. Biko einmal gerufen habe: »Ihr schikaniert mich, ihr wollt mich einschüchtern!« Mr. van Rooyen fragte, ob Mr. Biko mit dem Hinterkopf gegen die Wand geschlagen sei. »Ja, mit dem Hinterkopf«, erwiderte Major Snyman.

Der nächste Zeuge war Oberfeldwebel Ruben Marx, ein weiteres Mitglied des Verhörteams. In seiner ersten Erklärung sagte er, daß er und Kriminalkommissar Nieuwoudt, der im Nebenzimmer gearbeitet hatte, am 7. September um 7.20 Uhr in den Verhörraum gerannt seien, nachdem sie einen heftigen Knall gehört hätten. Dort hätten sie gesehen, wie Major Snyman, Hauptmann Siebert und Oberfeldwebel Beneke mit Mr. Biko rangen, der außer sich vor Wut war. Oberfeldwebel Marx gab Mr. von Lieres eine detaillierte Beschreibung der Auseinandersetzung mit Mr. Biko. Kriminalkommissar Nieuwoudt sei auf Mr. Biko zugestürzt und ihm mit der Schulter gegen den Rücken geprallt. Mr. Biko sei zu Boden gefallen, aber sofort wieder aufgestanden und habe weitergekämpft. Dann sei er über einen Stuhl gefallen und in einer sitzenden Stellung auf dem Stuhl gelandet. Dann sprang Mr. Biko auf und schrie: »Ihr schikaniert mich, ihr wollt mich einschüchtern!« Er war wütend und außer sich. Mr. Biko wurde dann überwältigt, und es wurden ihm Handschellen angelegt.

In seiner Befragung bezog sich Mr. Kentridge auf die Worte: »Ihr schikaniert mich, ihr wollt mich einschüchtern.«

MR. KENTRIDGE: Heute morgen gebrauchte Major Snyman genau diese Worte. Wissen Sie das?
OBERFELDWEBEL MARX: Davon weiß ich nichts.
MR. KENTRIDGE: Darüber, was in jenem Zimmer am Morgen des 7. September passierte, gibt es elf Erklärungen. In keiner einzigen dieser Erklärungen heißt es, daß Mr. Biko geschrien habe, und heute kriegen wir plötzlich von Ihnen und Major Snyman genau dieselben Worte zum ersten Mal zu hören. Ich meine, daß es sich hierbei um eine Erfindung handelt.
OBERFELDWEBEL MARX: Es ist keine Erfindung.

Dann wies Mr. Kentridge Oberfeldwebel Marx auf einen Eintrag vom 8. September in dem Buch hin, in dem Major Snyman das Handgemenge am 7. September festgehalten hatte, in dessen Verlauf Mr. Biko mit dem Kopf gegen die Wand und mit dem Körper auf den Boden schlug und sich dabei an der Lippe und am Körper verletzte.

MR. KENTRIDGE: Ist das wahr?
OBERFELDWEBEL MARX: Ich weiß von einer Verletzung an der Oberlippe.
MR. KENTRIDGE: Ich frage Sie, ob Major Snymans Erklärung der Wahrheit entspricht oder nicht.
OBERFELDWEBEL MARX: Ich habe nicht gesehen, wie er mit dem Kopf gegen die Wand schlug.

In einer zweiten, auf den 10. Oktober datierten, nicht beschworenen Erklärung sagte Oberfeldwebel Marx, er habe keinen Kratzer und keine Wunde über Mr. Bikos linkem Auge bemerkt, wie es auf Fotos zu sehen sei. Mr. Kentridge fragte, ob ihn die Todesursache interessiert habe.

OBERFELDWEBEL MARX: Ich konnte nur Vermutungen anstellen. Ich bin kein Arzt... vielleicht war es auf unsere Auseinandersetzung zurückzuführen. Das wäre eine Möglichkeit; es gab einen heftigen Kampf.
MR. KENTRIDGE: Wegen der Auseinandersetzung, die stattfand? Wie kommen Sie darauf?
OBERFELDWEBEL MARX: Es ist naheliegend, daß man sich bei solch einer Auseinandersetzung eine Verletzung zuzieht.
MR. KENTRIDGE: Tatsächlich? Sagten Sie das General Kleinhaus?
OBERFELDWEBEL MARX: Man stellte mir Fragen, und ich beantwortete sie.
MR. KENTRIDGE: Trugen Sie General Kleinhaus die Theorie, die Sie hatten, vor?
OBERFELDWEBEL MARX: Ich beantwortete seine Fragen, und er bat mich nicht, ausführlicher zu werden.
MR. KENTRIDGE: Glaubten Sie nicht, daß das Handgemenge eine der Ursachen war, warum er sich so anomal benahm, als die Ärzte ihn in Port Elizabeth besuchten?
OBERFELDWEBEL MARX: Ich hatte nicht viel mit ihm zu tun.
MR. KENTRIDGE: Er fiel zweimal. Sahen Sie, wie er auf den Kopf fiel?
OBERFELDWEBEL MARX: Nein.

Als nächster sollte Major R. Hansen aus King William's Town in den Zeugenstand treten. Mr. Kentridge bat darum, daß das Gericht sich an die Reihenfolge für die Zeugenaussagen halten und Hauptmann Siebert aufrufen möge, der auch an dem Handgemenge mit Mr. Biko beteiligt gewesen war. Der Richter hielt sich an die Regelung, und Hauptmann Siebert wurde aufgerufen.

Hauptmann Siebert gab dem Gericht zwei Erklärungen, die eine vom 17. September, die andere vom 10. Oktober. In seiner ersten Erklärung wiederholte Hauptmann Siebert die Details, die in den anderen Aussagen enthalten waren. In seiner zweiten Erklärung sagte er, er habe die Beule auf Mr. Bikos Stirn nicht gesehen, aber es sei nicht auszuschließen, daß er sich diese Verletzung am 7. September zugezogen habe, als sie gezwungen waren, ihn zu überwältigen. Hauptmann Siebert sagte, daß Mr. Biko am 8. September normal und ohne Hilfe gehen konnte.

Nach Hauptmann Sieberts Aussage erklärte Mr. Kentridge dem Gericht: »Mit großem Erstaunen bemerke ich, daß mein gelehrter Freund Mr. von Lieres es abgelehnt hat, sich von diesem Zeugen eine vollständige Beschreibung dessen geben zu lassen, was in jenem Büro vorgefallen war, so wie er es bei den anderen Zeugen getan hat. Darf ich Euer Ehren bitten, auch diese Tatsache zur Kenntnis zu nehmen.« Mr. Kentridge befragte Hauptmann Siebert über das dem Handgemenge vorausgegangene Verhör und erwähnte dabei, daß sich Mr. Biko beschwert haben solle, man schikaniere ihn und schüchtere ihn ein. Hauptmann Siebert sagte, das sei richtig.

Hauptmann Siebert bestätigte, daß Mr. Biko während dieses Verhörs keine Unterlagen gezeigt wurden.

Er sagte, Mr. Biko sei zweimal gefallen – das erste Mal in der Nähe des Stuhles, auf dem er vorher saß, und das zweite Mal in der Nähe des Bettes, mit dem Gesicht nach unten. Mr. Kentridge befragte ihn über Major Snymans Eintragung in das Buch. Hauptmann Siebert sagte, er wisse nicht, daß diese Eintragung erfolgt sei. Mr. Kentridge las ihm die Eintragung vor und fragte ihn, ob sie wahr sei. Hauptmann Siebert sagte, es sei nicht auszuschließen, daß Mr. Biko mit dem Kopf gegen die Wand geschlagen sei.

MR. KENTRIDGE: Sahen Sie, wie er mit dem Kopf gegen die Wand stieß?
HAUPTMANN SIEBERT: Nein.

(Vertagung)

Dritter Tag: Mittwoch, 16. November 1977

Mr. Kentridge fuhr mit dem Kreuzverhör von Hauptmann Siebert fort und fragte ihn, ob er gehört habe, daß irgend jemand seinem befehlshabenden Offizier (Oberst Goosen) mitgeteilt habe, daß Mr. Biko am Vormittag des 7. September bei einem Verhör in Port Elizabeth mit dem Kopf gegen die Wand geschlagen sei.

HAUPTMANN SIEBERT: Ich kann mich nicht erinnern.
MR. KENTRIDGE: Sie selbst sagten Oberst Goosen nicht, daß Mr. Biko sich den Kopf angeschlagen hatte?
HAUPTMANN SIEBERT: Möglicherweise.
MR. KENTRIDGE: Sie könnten es getan haben, aber *haben* Sie es getan?
HAUPTMANN SIEBERT: Nein, das kann ich nicht behaupten.

Hauptmann Siebert sagte, er habe gegenüber dem untersuchenden Offizier, Generalmajor Kleinhaus, deshalb nicht erwähnt, daß Biko während des Verhörs zweimal hingefallen war, weil er sich an die Erklärung halten wollte, die er vorher Oberst Goosen gegeben hatte. In seiner Erklärung an General Kleinhaus habe er nur auf Fragen geantwortet, die man ihm gestellt hatte.

Am Vormittag des 11. September hatte man ihm und bestimmten anderen Polizisten gesagt, sie sollten Mr. Biko in einem Landrover ins Gefängnis Pretoria überführen.

HAUPTMANN SIEBERT: Man sagte mir, daß die Ärzte nicht feststellen konnten, daß ihm etwas fehle, und daß die örtlichen Krankenhäuser nicht die nötigen Einrichtungen hätten und er deshalb nach Pretoria zur Beobachtung und Untersuchung müßte.
MR. KENTRIDGE: Warum wurde er nicht in einem Krankenwagen dorthin gebracht?
HAUPTMANN SIEBERT: Man versuchte vergeblich, ein Flugzeug für die Überführung nach Pretoria zu bekommen. Deshalb wurde der Landrover benutzt.
MR. KENTRIDGE: Geschah es, um zu vermeiden, daß Leute außerhalb der Polizei zu ihm Zugang hatten?
HAUPTMANN SIEBERT: Nein. Verschiedene Ärzte untersuchten ihn, und meiner Meinung nach hätten sie seinen Transport nicht gestattet, wenn sein Zustand es nicht erlaubt hätte.
(Mr. Biko wurde hinten in den Landrover hineingeworfen und lag auf einigen Zellenmatten.)
MR. KENTRIDGE: Was hatte er an?
HAUPTMANN SIEBERT: Er war nackt.

Auf weitere Fragen antwortete Hauptmann Siebert, daß man Mr. Biko als sich in einem halb besessenen Zustand befindlich betrachtet habe. In dem abgegrenzten Teil des Landrovers mit den Sitzen wäre es noch schwieriger gewesen, ihn unter Kontrolle zu halten, als es im Verhörraum gewesen war.

MR. KENTRIDGE: Haben Ihnen ganz einfache menschliche Gesichtspunkte gar nichts bedeutet?
HAUPTMANN SIEBERT: Ich glaube doch.
MR. KENTRIDGE: Laut Oberst Bothma (vom Polizeiministerium in Pretoria) sagten Sie ihm, daß Mr. Biko vier Jahre Medizin studiert habe, daß er

Yogaübungen mache und daß es ihm leichtfiele, andere Leute zu täuschen. Haben Sie das gesagt?
HAUPTMANN SIEBERT: Es ist möglich, daß ich das gesagt habe.
MR. KENTRIDGE: Was veranlaßte Sie, Oberst Bothma das zu sagen?
HAUPTMANN SIEBERT: Ich glaube nicht, gesagt zu haben, daß es Mr. Biko leichtfiele, andere Leute zu täuschen.

Hauptmann Siebert sagte, er selber habe geglaubt, daß Mr. Biko simuliere, aber jetzt glaube er es nicht mehr.

MR. KENTRIDGE: Ein anderer Gefängnisoffizier, Oberst Dorfling, erklärte, Sie hätten ihm gesagt, Mr. Biko sei in Hungerstreik getreten.
HAUPTMANN SIEBERT: Ich sagte, ich hätte gesehen, daß er sich weigerte zu essen.
MR. KENTRIDGE: Oberst Bothma erklärte auch, daß Sie ihm gesagt hätten, daß Mr. Biko seit seiner Verhaftung nichts gegessen habe.
HAUPTMANN SIEBERT: Das bestreite ich. Ich habe Mr. Biko ja erst am 6. September das erste Mal gesehen.
MR. KENTRIDGE: Oberst Dorfling sagte ferner, Sie hätten ihm gesagt, Mr. Biko sei Medizinstudent und mache Yogaübungen. Er hat das so aufgefaßt, als ob Mr. Biko eine Krankheit vortäuschen könne.
HAUPTMANN SIEBERT: Er wurde von zwei Ärzten untersucht, die nichts Negatives feststellen konnten.
MR. KENTRIDGE: Ich möchte wissen, warum Sie sich so viel Mühe gegeben haben, den beiden Obersten mitzuteilen, daß Mr. Biko simuliere?

Hauptmann Sieberts Antwort war nicht zu hören.

Auf die Frage, ob er Oberst Dorfling gesagt habe, daß Mr. Biko eine aggressive Natur besitze und daß er vor seinem Hungerstreik mit einem Stuhl nach einem Major geworfen habe, antwortete Hauptmann Siebert: »Ich sagte, er habe mit einem Stuhl nach ihm geworfen. Was den Hungerstreik angeht, so glaube ich, daß der Oberst sich irrt.« Hauptmann Siebert sagte, daß sich Mr. Bikos Zustand nicht von dem am Vorabend unterschied, als er ihn den Gefängnisbehörden in Pretoria übergab.

MR. KENTRIDGE: Der Krankenpfleger, dem Sie Mr. Biko übergaben, Unteroffizier Pretorius, sagte, er sehe todkrank aus. Der Pfleger hatte recht, nicht wahr?

HAUPTMANN SIEBERT: Rückblickend schon.
MR. KENTRIDGE: Der Pfleger sagte auch, einer der Sicherheitspolizisten habe ihm gesagt, daß Mr. Biko Medizin und Yoga studiere. Was sollte das – die Mediziner auf die falsche Fährte bringen?
HAUPTMANN SIEBERT: Das war nicht meine Absicht.

Auf andere Fragen antwortete Hauptmann Siebert, seiner Ansicht nach habe Mr. Biko, um weitere Verhöre zu vermeiden, Krankheit simuliert.

Dann beschrieb ein Sicherheitspolizist aus King William's Town, wie Mr. Biko einen anderen Sicherheitspolizisten, der ihm Fragen stellte, ohrfeigte. Der Polizist, Major Hansen, sagte, er habe Mr. Biko seit Anfang 1975 gekannt. Mr. Biko hatte sich oft darüber beschwert, daß die Sicherheitspolizei ihn und andere Mitglieder der Black-Power-Organisationen schikaniere.

Am 31. August 1976 wurde Mr. Biko bei Mrs. E. Mtintso verhaftet und zur Befragung festgehalten. Major Hansen beschrieb einen Vorfall, der sich dabei ereignete: »Als wir beim Büro der Sicherheitspolizei in King William's Town ankamen, gab ich Oberfeldwebel Hattingh Anweisungen, die Personalien aufzunehmen, während ich die Verhaftung meldete. Nach einer Weile kam Oberfeldwebel Hattingh und sagte mir, Mr. Biko würde frech und weigere sich, die erforderlichen Angaben zu machen. Ich ging mit Oberfeldwebel Hattingh ins Büro zurück, wo Mr. Biko war. Ich sagte Mr. Biko, er solle nicht kindisch sein und seine Personalien angeben. Als Oberfeldwebel Hattingh ihm eine Frage stellte, sprang Mr. Biko an mir vorbei und versetzte Oberfeldwebel Hattingh mit der offenen rechten Hand einen heftigen Schlag auf die linke Backe und schlug auch mit der geballten Faust auf Oberfeldwebel Hattingh ein. Oberfeldwebel Hattingh wehrte den Schlag ab, und ich packte Mr. Biko von hinten. Dabei fragte ich ihn, was er denn tue. Plötzlich beruhigte er sich und sagte: ›Verzeihung, Hauptmann, ich vergaß mich.‹«

Auf die Frage Mr. Kentridges, ob Oberfeldwebel Hattingh irgend etwas getan habe, um Mr. Biko zu provozieren, sagte Major Hansen: »Nicht, daß ich wüßte.« Auf die Frage, ob Oberfeldwebel Hattingh Mr. Biko wegen tätlichen Angriffs angezeigt habe, sagte Major Hansen, er habe Oberfeldwebel Hattingh geraten, ihn zu jenem Zeitpunkt nicht wegen tätlichen Angriffs anzuzeigen, da bestimmte Beschuldigungen gerade untersucht würden, die Mr. Biko und Mr. Donald Woods, den Herausgeber des *Daily Dispatch,* beträfen. Mr. Kentridge fragte, ob es nicht deshalb gewesen sei, weil er (Hattingh) dann einem Kreuzverhör unterzogen worden wäre? Major Hansen verneinte dies.

Major Hansen sagte weiter, daß er nach Mr. Bikos Tod eine Erklärung und eine schriftliche Aussage über die Vorfälle in King William's Town abgegeben habe, weil er dazu aufgefordert worden sei.

MR. KENTRIDGE: Bat man Sie, Mr. Bikos Angriff auf Mr. Hattingh zu schildern? Hat man das verlangt?
MAJOR HANSEN: Ja, aber man sagte nicht, warum man es wollte. In der schriftlichen Aussage sollte ich Mr. Bikos Charakter beschreiben.
MR. KENTRIDGE: Mr. Biko wurde einmal 101 Tage in Gewahrsam gehalten, und danach wurde keine Anklage erhoben. Wissen Sie darüber Bescheid?
MAJOR HANSEN: Ich weiß, daß er festgehalten wurde, möglicherweise für diese Zeitspanne. Es wurde keine Anklage erhoben.

Der nächste Zeuge war Oberst P. J. Goosen, der Chef der Sicherheitspolizei in der östlichen Kapprovinz. Er sagte, die Sicherheitspolizei betrachtete Mr. Biko aufgrund ihrer Informationen schlicht und einfach als einen Terroristenführer in Südafrika. Einer schriftlichen Aussage, die er am 17. September gemacht hatte, fügte Oberst Goosen hinzu: »Am 9. September, ungefähr um 7.30 Uhr, erstattete mir Major Snyman Bericht, daß Mr. Biko sehr aggressiv geworden sei, ihm einen Stuhl an den Kopf geworfen und Oberfeldwebel Beneke mit den Fäusten angegriffen habe. Ein bestimmtes Maß an Gewalt mußte angewandt werden, um ihn zwecks Wiederanlegung der Handschellen zu überwältigen. Ich besuchte sofort Mr. Biko. Er saß auf seiner Schlafmatte, die Hände in Handschellen und die Fußeisen an einem Eisengitter befestigt. Ich bemerkte eine Schwellung seiner Oberlippe. Er hatte einen wilden Ausdruck in den Augen. Ich sprach ihn an, aber er ignorierte mich.«

Oberst Goosen habe dann sofort versucht, telefonisch mit dem Bezirkschirurgen, Dr. Lang, in Verbindung zu treten. Nach einigen anderen Telefonaten habe er Dr. Lang eine Nachricht hinterlassen. Dr. Lang habe dann später am selben Morgen zurückgerufen. Ungefähr um 9.30 Uhr sei er ins Büro gekommen. Oberst Goosen fuhr fort: »Ich gab ihm eine kurze Zusammenfassung von Mr. Bikos persönlichem Hintergrund und bat ihn, den Häftling zu untersuchen. Nachdem Dr. Lang ihn untersucht hatte, gab er mir folgenden Bescheid: ›Hiermit wird bezeugt, daß ich auf Wunsch Oberst Goosens von der Sicherheitspolizei, der sich beschwert, daß Steve Biko nicht spricht, Letztgenannten untersucht habe. Ich habe bei dem Häftling keinen Hinweis auf irgendeine Anomalität und keinen pathologischen Befund feststellen können.‹ Unterschrift: Dr. Lang. Zeit: 10.10 Uhr, 7. September 1977.«

Auf einen Bericht Major Fischers, des Leiters des zweiten Verhörteams, hin besuchte Oberst Goosen Mr. Biko am 7. September um 21.15 Uhr wieder. Er erklärte: »Ich sprach Mr. Biko an. Wieder murmelte er Unverständliches. Zu diesem Zeitpunkt war ich wirklich der Meinung, daß uns Mr. Biko an der Nase herumführte, da weder der Bezirksarzt noch ich irgendwelche Verletzungen oder Anzeichen einer Krankheit feststellen konnten. Während ich im Büro war, fragte ich noch einmal nach, ob Mr. Biko irgend etwas gegessen oder getrunken habe. Man berichtete mir, daß er sich grundsätzlich weigere, zu essen oder zu trinken. Als ich am Vormittag des 8. September in mein Büro kam, sah ich sofort nach Mr. Biko. Er lag auf den Zellenmatten. Ich sprach ihn an. Er murmelte. Ich rief sofort Dr. Lang an und bat ihn herzukommen, um Mr. Biko noch mal zu untersuchen, da er nicht auf unsere Fragen reagiere. Ungefähr um 12.55 Uhr meldeten sich der Oberste Bezirksarzt, Dr. Tucker, und Dr. Lang bei mir im Büro. Ich beschrieb ihnen kurz Mr. Bikos Zustand und äußerte mich abermals besorgt darüber, daß er nichts aß und trank. Beide Ärzte untersuchten dann Mr. Biko. Nach der Untersuchung sagte mir Dr. Tucker, daß keiner von ihnen an Mr. Biko etwas physisch Anomales gefunden habe. Dr. Tucker schlug vor, daß man Mr. Biko irgendwohin bringen solle, wo bessere Einrichtungen für eine gründliche Untersuchung zur Verfügung stünden, und daß man einen Spezialisten konsultieren solle.« Dann wurde die Überführung Mr. Bikos in ein Gefängnishospital veranlaßt, wo ein Facharzt, Dr. Hersch, ihn untersuchen konnte. Später am Abend wurde Mr. Biko von Dr. Hersch und Dr. Lang untersucht.

»Nach der Untersuchung teilte mir Dr. Hersch mit, daß er, genau wie Dr. Lang und Dr. Tucker vor ihm, an Mr. Biko nichts physisch Anomales feststellen konnte. Wir einigten uns dann, daß Mr. Biko zur Beobachtung im Gefängnishospital behalten würde, damit Dr. Hersch am Vormittag des 9. September weitere Tests an ihm durchführte, einschließlich eines lumbalen Einstiches. Am 9. September teilte mir Dr. Lang telefonisch mit, daß die Lumbalpunktion gemacht worden sei und daß er Mr. Biko zur weiteren Beobachtung noch gerne im Spital behalten würde. Am 11. September teilte mir Dr. Lang telefonisch mit, daß weder er noch Dr. Tucker, noch Dr. Hersch bei Mr. Biko irgend etwas physisch Anomales feststellen könnten und daß ich ihn wieder nach Walmer ins Gefängnis zurückholen sollte. Die nötigen Vorbereitungen wurden mit Major Fischer getroffen. Am 11. September, ungefähr um 14.00 Uhr, bat mich Major Fischer telefonisch, ins Polizeirevier Walmer zu kommen, wo man mir Bericht erstattete. Ich besuchte Mr. Biko in seiner Zelle. Er lag auf seinen Zellenmatten und atmete ziemlich unregelmäßig. Seine Lippen waren von etwas Schaum bedeckt. Ich rief sofort Dr. Tucker an und bat ihn, herzukommen und Mr. Biko zu untersuchen. Dr. Tucker untersuchte Mr. Biko um 15.20 Uhr. Wir waren beide besorgt, da keine bestimmte Krankheit diagnostiziert werden konnte. Es wurde gemeinsam beschlossen, Mr. Biko in eine Anstalt zu bringen, in der alles für eine gründliche ärztliche Untersuchung Nötige vorhanden war. Ich teilte Brigadegeneral Zietsman vom Sicherheitspolizei-Hauptquartier in Pretoria telefonisch die Lage der Dinge mit. Ich erhielt Anweisung, Mr. Biko ins Zentralgefängnis in Pretoria zu überführen, jedoch sollte ich erst feststellen, ob irgendwelche Militärflugzeuge zur Verfügung stünden. Wenn dem nicht so sei, sollte ich einen Wagen benützen, falls der Oberste Bezirksarzt dagegen nichts einzuwenden hätte.

Keine militärische oder andere Maschine stand zur Verfügung. Ich besprach mich mit Dr. Tucker, der keine Einwände dagegen hatte, daß man Mr. Biko über Land nach Pretoria brachte, vorausgesetzt, wir gaben ihm eine Matratze oder irgend etwas anderes Weiches zum Draufliegen. Brigadegeneral Zietsman wurde erneut telefonisch informiert, und alles Nötige wurde veranlaßt, um Mr. Biko so schnell wie möglich von Hauptmann Siebert, Leutnant Wilken, Oberfeldwebel Fouche und Unteroffizier Nieuwoudt im bequemen Landrover unseres Reviers nach Pretoria bringen zu lassen. Am 11. September, ungefähr um 18.30 Uhr, teilte mir Hauptmann Siebert telefonisch mit, daß sie jetzt mit Mr. Biko nach Pretoria aufbrechen würden. Ich tat alles, was ich konnte, um Mr. Bikos Komfort und Gesundheit in der Haft zu gewährleisten.«

Oberst Goosen sagte, daß Mr. Biko in den Polizeizellen nackt und in Ketten gehalten worden sei, um ihn daran zu hindern, Selbstmord zu begehen oder zu entkommen. »Wer gibt Ihnen das Recht, einen Mann 48 Stunden lang oder noch länger in Ketten zu legen?« fragte Mr. Kentridge. Oberst Goosen sagte, als Divisionskommandant habe er die Befugnis, das mit einem Mann, der unter Berufung auf Abschnitt 6 des Terrorism Act festgehalten wird, zu tun, um ihn davon abzuhalten, Selbstmord zu begehen oder sich zu verletzen.

MR. KENTRIDGE: Woher haben Sie diese Befugnis? Zeigen Sie mir ein Stück Papier, das Sie berechtigt, einen Mann in Ketten zu legen – oder stehen Sie und Ihre Leute über dem Gesetz?
OBERST GOOSEN: Wir sind dazu berechtigt. Es bleibt meinem Urteil überlassen.
MR. KENTRIDGE: Mit welcher gesetzlichen Befugnis?
OBERST GOOSEN: Wir brauchen keine gesetzliche Befugnis.
MR. KENTRIDGE: Sie brauchen keine gesetzliche Befugnis? Haben Sie vielen Dank, Oberst, genau das haben wir immer angenommen.

Mr. Kentridge fragte, warum man in der Nacht vom 6. September Mr. Biko in den Büros der Sicherheitspolizei in Ketten gehalten habe, anstatt ihn zurück in seine Zelle im Walmerschen Polizeirevier zu schicken. Oberst Goosen sagte, in den Büros existierten ausreichende Schlaf- und Toiletteneinrichtungen; Mr. Biko hätte versuchen können zu entkommen; wenn man ihn transportiert hätte, hätte es Befreiungsversuche geben können. Oberst Goosen fügte hinzu, daß Mr. Biko in Ketten gelegt wurde, weil nicht alle Büros einbruchssicher seien.

MR. KENTRIDGE: Würden Sie einen Hund auf diese Weise 48 Stunden lang anketten? Ich will wissen, was für ein Mensch Sie sind.
OBERST GOOSEN: Wenn ich ihn als wirklich gefährlich betrachtet hätte, hätte ich das getan.
MR. KENTRIDGE: Man teilt uns mit, daß Mr. Biko in den Polizeizellen in Walmer nackt bleiben mußte. Können Sie das bestätigten? Man sagt auch, daß das auf Ihren Befehl hin geschah.
OBERST GOOSEN: Das trifft zu.

Auf die Frage, ob er befürchte, daß Festgehaltene sich mit Kleidungsstücken aufhängen könnten, sagte Oberst Goosen, daß es in jüngster Zeit zwei Fälle gegeben habe, bei denen sich Häftlinge mit zerrissenen Hemden und anderen Kleidungsstücken erhängt hätten.

MR. KENTRIDGE: Gibt es irgendeinen Grund, warum ein Mann keine Unterhosen anhaben darf?
OBERST GOOSEN: Einen ganz bestimmten Grund: um Selbstmord auszuschließen.
MR. KENTRIDGE: Hat sich ein Mann je bei Ihnen mit Streifen erhängt, die er aus seinen Decken herausgerissen hat?
OBERST GOOSEN: Ich glaube nicht, daß es bei mir in dreiundzwanzig Jahren einen Fall gegeben hat, wo das passiert ist. Decken sind für Ausbrüche verwendet worden.

Oberst Goosen sagte, es seien ihm keine Behauptungen des Special Branch bekannt, wonach sich Männer mit ihren Decken erhängt hätten, und er konnte keinen Kommentar dazu geben, ob er das für möglich halte. Dann sagte der Richter, Mr. Prins: »Es geht darum, ob Sie es je für möglich gehalten haben, daß sich jemand mit einer Decke umbringen könnte.« Oberst Goosen erwiderte: »Darüber habe ich nie nachgedacht.« Auf die Frage, ob er Befehl gegeben habe, Mr. Biko im Gefängnisspital nackt zu lassen, sagte Oberst Goosen, daß er sich nicht daran erinnern könne, einen derartigen Befehl gegeben zu haben. Auf die Frage, ob er wisse, ob Mr. Biko im Gefängnisspital Kleidungsstücke gehabt habe, sagte Oberst Goosen, er habe gewußt, daß Mr. Biko unter anderem einen Schlafanzug besessen habe.

Oberst Goosen sagte, daß Nachforschungen Mr. Biko in einen unabweisbaren Zusammenhang mit dem Abfassen, Tippen, Vervielfältigen und Verteilen einer umstürzlerischen Flugschrift gebracht hätten, die in der Nacht des 17. August in einigen der Townships von Port Elizabeth verteilt worden seien. »Wäre er noch am Leben, hätte man gegen den Verstorbenen ganz sicher Anklage erhoben.«

Oberst Goosen äußerte die Vermutung, daß sich Mr. Biko seine tödliche Kopfverletzung während seines Aufenthalts im Gefängnisspital von Port Elizabeth am 8. oder 9. September zugezogen haben müsse. Er wußte, daß man Mr. Biko dort zweimal im Bad und einmal auf dem Fußboden vor seinem Bett gefunden hatte. Er sagte: »In Anbetracht der Tatsache, daß sich diese Vorfälle in der Nacht vom 8. oder 9. September ereigneten, möchte ich den ernsten Verdacht aussprechen, daß sich der Verstorbene seine Stirnwunde und die Gehirnverletzung möglicherweise zur Zeit dieser Vorfälle zugefügt hat. Der Verstorbene schien es auf die Selbstvernichtung abgesehen zu haben, sogar mit seiner Atmungsmethode während der Haft.«

Oberst Goosen sagte auch, daß Mr. Biko absichtlich auf anomale Art und Weise geatmet hätte; später sei das von Dr. Lang als Hyperventilation diagnostiziert worden. Diese Methode, die von Tiefseetauchern angewendet wird, um so viel Sauerstoff wie möglich zu bekommen, könne gefährlich sein, da sie zur Euphorie und sogar zum Tode führen könne; das habe er in medizinischen Büchern gelesen. »Diese Tatsache und die Tatsache, daß der Verstorbene bekleidet in einer vollen Badewanne gefunden worden ist – scheinbar ein Selbstmordversuch –, könnte darauf zurückzuführen sein, daß er vielleicht den Kopf fest gegen die Badewanne geschlagen und dadurch die Gehirnverletzung verursacht hat«, sagte Oberst Goosen.

(Vertagung)

Vierter Tag: Donnerstag, 18. November 1977

Das Kreuzverhör Oberst Goosens wurde fortgeführt. Mr. Kentridge sagte, wie er höre, sei es Mr. Biko während seines Aufenthaltes in den Walmerschen Polizeizellen nicht gestattet gewesen, sich Bewegung zu verschaffen, auf Anweisung Oberst Goosens hin. Oberst Goosen erwiderte, man interpretiere ihn falsch. Mr. Biko sei in einer Zelle allein gewesen und hätte dadurch genügend frische Luft gehabt. Er gab zu, daß man Mr. Biko nicht aus der Zelle hinausgelassen habe.

Mr. Kentridge sagte, daß in dem Befehl, aufgrund dessen Mr. Biko festgehalten wurde, bestimmt spezielle Klauseln enthalten waren, wonach er von niemandem besucht werden und von draußen keine Lebensmittel und keine Lektüre erhalten durfte. Der Befehl schrieb auch vor, daß Mr. Biko als Untersuchungsgefangener behandelt werden sollte.

Laut Gefängnisbestimmungen sollte es Gefangenen, die an der frischen Luft keine Arbeit verrichteten, gestattet sein, sofern es das Wetter erlaubte, eine Stunde täglich an die Luft zu gehen, sagte Mr. Kentridge. Oberst Goosen sagte, seine Anweisungen hätte er gegeben, um zu verhindern, daß Mr. Biko mit irgend jemandem draußen in Kontakt trete. Mr. Kentridge fragte ihn: »Wer gab Ihnen das Recht, eine gesetzliche Regelung zu mißachten?« Mr. van Rooyen, Fürsprecher der Polizei, erhob Einspruch und sagte, die Frage hätte nichts mit der Todesursache zu tun, sondern wäre Teil eines Verleumdungsfeldzuges gegen die Sicherheitspolizei. Die Untersuchung solle nicht als ein Forum für Propaganda gegen die Sicherheitspolizei benutzt werden. Sie sei nur dazu da, um zu ergründen, ob jemand für Mr. Bikos Tod verantwortlich gemacht werden könne. »Da die ganze Welt erfährt, was in diesem Saal vorgeht, geht das ein wenig zu weit«, sagte er.

Mr. M. J. Prins, der Vorsitzende Richter, sagte, Mr. Bikos Geisteszustand während seiner Haft sei schon eine wichtige Sache. Zu beachten sei auch, daß vielleicht mit Absicht eine bestimmte Gemütsverfassung herbeigeführt wurde, die schließlich Mr. Bikos Erregung auslöste.

Mr. van Rooyen sagte, die Frage, ob Mr. Biko sich an der frischen Luft regenerieren durfte, sei schon von Bedeutung, aber die Frage an Oberst Goosen, ob seine Anweisungen von den allgemeinen Vorschriften abwichen, hätte nichts mit Mr. Bikos Geisteszustand zu tun und sollte nicht erlaubt sein.

Mr. Kentridge sagte: »Ich glaube nicht, daß Euer Ehren irgendeine Kritik an der Sicherheitspolizei gehört hat, außer an der in Port Elizabeth oder an der, die mit Mr. Biko zu tun hatte. Ich hätte eigentlich erwartet, daß sich die Polizei von diesen Mitgliedern distanziert.« Bei seiner gesamten Fragestellung ginge es ihm darum zu zeigen, daß man Mr. Biko damit fertiggemacht habe, daß man ihn nackt in der Zelle liegen ließ. Seine Fragen über den Gebrauch von Ketten, das Versäumnis, Mr. Biko die Gelegenheit zu geben, sich fit zu halten, und über das Versäumnis, außergewöhnliche Vorfälle in dem dafür bestimmten Buch festzuhalten, würden gestellt, um zu zeigen, daß sich die Sicherheitspolizei bei ihrer Behandlung von Mr. Biko nicht um das Gesetz geschert und sich nicht dazu verpflichtet gefühlt habe, sich an Verordnungen zu halten. Es interessiere ihn nicht, wie Oberst Goosen andere Gefangene behandele; er wolle nur zeigen, daß sich Oberst Goosen in diesem Falle nicht um die klaren gesetzlichen Vorschriften gekümmert habe. Eine Anzahl von Zeugen der Polizei hätten ausgesagt, daß ihr Verhalten auf keine Weise gesetzwidrig gewesen sei. Der Richter müsse selbst entscheiden, mit was für Menschen er es hier zu tun habe.

Mr. Kentridge bezog sich dann auf Oberst Goosens schriftliche Zeugenaussage, in der es hieß, daß Dr. Tucker (der Oberste Bezirksarzt von Port Elizabeth) am 8. September in sein Büro gekommen sei, um Mr. Biko zu untersuchen. Der Oberst hatte ausgeführt, daß er den Ärzten seine Vermutungen mitgeteilt habe. Mr. Kentridge wollte wissen, was für Vermutungen das waren.

OBERST GOOSEN: Ich teilte ihnen mit, was ich hinsichtlich Mr. Bikos Weigerung, irgendwelche Nahrung zu sich zu nehmen, vermutete. Hier hatten wir einen Menschen, der sich weigerte zu reagieren oder zu sprechen und der nicht die Toilette benutzte. Das war ein unnatürliches Verhalten. Ich konnte nicht akzeptieren, daß das das Verhalten einer normalen Person sei. Ich glaubte immer noch, er simuliere. Ich hatte in solchen Dingen schon Erfahrung.
MR. KENTRIDGE: Wenn ein Mann drei Tage nicht auf die Toilette geht, halten Sie das für Simulieren?
OBERST GOOSEN: Er hatte keine Flüssigkeit zu sich genommen. Ich dachte, das Bedürfnis sei dann nicht so stark. Ich bin nur ein Laie. Dieser Mann war in meiner Obhut. Ich war für ihn verantwortlich.

Oberst Goosen sagte, er hätte den Ärzten nie erzählt, daß er glaube, Mr. Biko simuliere. Er hätte Dr. Lang gerufen, und Dr. Lang kam mit Dr. Tucker, weil er es für nötig hielt, ein zweites Gutachten zu bekommen. Es sei möglich, daß er Dr. Tucker gesagt habe, er befürchte, Mr. Biko habe einen Schlaganfall erlitten. Nach der ärztlichen Untersuchung, so der Oberst, war er immer noch überzeugt, daß Mr. Biko eine Krankheit vortäuschte. Später war er sich nicht mehr so sicher. Er hatte seine Zweifel und wollte ganz sichergehen. Er wußte, daß es am 8. September eine gewaltsame Auseinandersetzung gegeben hatte, aber er wußte nicht genau, was für Verletzungen es gegeben haben konnte.

MR. KENTRIDGE: Machten Sie sich Sorgen, daß Mr. Biko sich eine Kopfverletzung zugezogen haben könnte?
OBERST GOOSEN: Zu dem Zeitpunkt achtete ich nicht darauf. Ich wußte es nicht genau. Aber ich mußte mit dieser Möglichkeit rechnen.
MR. KENTRIDGE: Warum erwähnten Sie das gegenüber den Ärzten? Gab ihnen irgend etwas die Sicherheit, daß er einen Schlaganfall erlitten hatte? Sie sagten den Ärzten, daß Sie sich wegen eines Schlaganfalls Sorgen machten, aber nie wegen einer Kopfverletzung.

Oberst Goosen sagte, die Tatsache, daß Mr. Bikos Sprachvermögen beeinträchtigt war, ließ ihn einen Schlaganfall vermuten.

MR. KENTRIDGE: Ich glaube eher, daß Sie wußten, daß sich Mr. Biko eine Kopfverletzung zugezogen haben könnte, aber daß Sie die Ärzte davon ablenken wollten.
OBERST GOOSEN: Das stimmt nicht.

Oberst Goosen sagte, daß Mr. Biko immer noch an Händen und Füßen in Ketten war, als die Ärzte kamen. Nachdem sie gegangen waren, wurde er wieder in Ketten gelegt.

MR. KENTRIDGE: Sind wir uns darin einig, daß er zu jenem Zeitpunkt eine Gehirnverletzung hatte?
OBERST GOOSEN: Ich weiß jetzt, daß es möglich war.
MR. KENTRIDGE: Ich stelle fest, daß man einen Mann mit einer Gehirnverletzung 48 Stunden lang in Ketten daliegen ließ.
OBERST GOOSEN: Wenn ich zu jenem Zeitpunkt gewußt hätte, daß er an einer Gehirnverletzung litt, hätte ich es nicht getan.
MR. KENTRIDGE: Sie geben selber zu, daß Sie nicht wußten, was Mr. Biko fehlte, und trotzdem ließen Sie ihn auf der Matte liegen.
OBERST GOOSEN: Die Ärzte konnten nichts feststellen.
MR. KENTRIDGE: Das stimmt nicht ganz. Dr. Tucker war besorgt genug, um vorzuschlagen, man solle Mr. Biko in einem Gefängnisspital von einem Facharzt untersuchen lassen. Und trotzdem haben Sie ihn auf der Matte liegen lassen.
OBERST GOOSEN: Ich war für diesen Mann verantwortlich. Ich hatte guten Grund zu glauben, er simuliere. Deshalb mußte ich ihn so behandeln.
MR. KENTRIDGE: Für Ihr Verhalten gibt es interessante Vorbilder. Wenn ich richtig informiert bin, ist das genau die Art und Weise, in der im 18. Jahrhundert Geisteskranke behandelt wurden.

Hier stand Mr. van Rooyen auf und sagte, dies sei die Art von Bemerkung, die Schlagzeilen hergebe und die nicht zugelassen werden dürfe.

Mr. Kentridge erwiderte: »Wir machen keinen Hehl aus der Feststellung, daß Mr. Biko mit äußerster Gefühllosigkeit behandelt wurde. Wenn Mr. Biko anständig behandelt worden wäre, wäre er vielleicht gar nicht gestorben.« Mr. Prins intervenierte. Mr. Biko hätte zu jenem Zeitpunkt vielleicht noch keine Kopfverletzung gehabt, sagte er. Mr. Kentridge sagte dann, daß er solche Kommentare unterlassen werde, bis er sein Plädoyer halte.

Er warf Oberst Goosen vor, daß Mr. Biko zwischen dem Vormittag des 7. September und dem Zeitpunkt, zu dem er aus dem Gewahrsam der Sicherheitspolizei entlassen wurde, nicht einmal einen Klacks Salbe für seine angeschwollene Lippe erhalten habe. Oberst Goosen sagte, als er Mr. Biko ins Krankenhaus habe transportieren lassen, habe dieser nicht mehr unter seiner Befehlsgewalt gestanden, sondern sei den Gefängnisvorschriften unterworfen gewesen; trotzdem sei der Wunsch geäußert worden, daß man Mr. Biko während seines Krankenhausaufenthaltes isoliert halte. Während er die Verantwortung für Mr. Biko getragen habe, hätten diesen zwei Ärzte untersucht, und das Verschreiben von Medikamenten sei deren Sache gewesen.

Mr. Kentridge wies dann darauf hin, daß Dr. Lang am 7. September bemerkte hatte, daß Mr. Bikos Knöchel angeschwollen waren. Oberst Goosen erwiderte, daß er selbst Kartzer an Mr. Bikos Handgelenken und Knöcheln gesehen habe. Das sei nichts Unnatürliches. Er sagte, Mr. Biko hätte sich wenige Stunden zuvor wie ein Wahnsinniger gegen seine Ketten gewehrt. Oberst Goosen sagte, daß er immer noch glaube, er habe alles Mögliche für das Wohlbefinden Mr. Bikos in der Haft getan.

»Am 8. ist Mr. Biko erst nach Einbruch der Dunkelheit ins Gefängnis von Port Elizabeth gebracht worden. Sie gaben Oberst Bothma, dem Gefängnisdirektor, ganz bestimmte Anweisungen«, sagte Mr. Kentridge. Oberst Goosen erwiderte, er habe Oberst Bothma das Vorgefallene kurz umrissen und ihn gebeten, Mr. Biko zur Beobachtung dazubehalten und darauf zu achten, daß er nicht mit anderen Gefangenen Kontakt aufnehme. Mr. Kentridge zitierte dann Oberst Bothma; Oberst Goosen habe Bothma Anweisungen gegeben, Mr. Biko nur von weißen Mitgliedern der Polizei bewachen zu lassen. Er habe Oberst Goosen gefragt, ob er den schwarzen Mitgliedern der Polizei nicht traue. Oberst Goosen habe erwidert, daß dies gemäß einem seiner Dauerbefehle in allen derartigen Haftfällen zu geschehen habe. Schwarze Polizisten stünden nicht immer zur Verfügung. Das Gefängnisspital sei mit Weißen bemannt gewesen, und dieser Befehl sei erteilt worden, um das Weiterleiten von Nachrichten zu unterbinden.

MR. KENTRIDGE: Läßt das, zusammen mit der Tatsache, daß Mr. Biko erst nach Einbruch der Dunkelheit ins Gefängnis gebracht wurde, nicht vermuten, daß Sie es vermeiden wollten, daß irgend jemand von Mr. Bikos Leiden erfuhr?
OBERST GOOSEN: Unterkünfte für Untersuchungsgefangene mußten für Mr. Biko freigemacht werden. Ich mußte mich mit Oberst Bothma besprechen, und mir wurde gesagt, daß der Arzt sich Mr. Biko erst spät an jenem Abend ansehen könne.

Mr. Kentridge zitierte einschlägige Gefängnisvorschriften, in denen es hieß, daß die Gefängnisbehörden im Falle eines Todes, einer ernsten Krankheit oder einer Verletzung den nächsten Verwandten des Gefangenen verständigen müßten. Mr. Bikos Krankheit war ernst genug, um die Untersuchung durch einen Facharzt und die Überführung in ein Spital im 700 Meilen entfernten Pretoria zu rechtfertigen.

MR. KENTRIDGE: Warum haben Sie nicht seine nächsten Verwandten verständigt?
OBERST GOOSEN: Nachdem die Ärzte ihn untersucht hatten, waren sie der Meinung, daß ihm physisch nichts fehle. Ich sah keinen Grund, seine Familie zu unterrichten. Ich hatte guten Grund zu glauben, daß er simuliere.

Mr. Biko, sagte er außerdem, wurde lediglich zur Diagnose nach Pretoria geschickt.

MR. KENTRIDGE: Sie dachten, es sei alles in Ordnung, aber am Sonntagabend versuchten Sie, ein Flugzeug zu bekommen, um diesen Simulanten nach Pretoria zu schaffen?
OBERST GOOSEN: Daran sehen Sie ja, wie wir uns um ihn kümmerten. Auch wenn ein Gefangener nur Kopfweh hat, holen wir einen Arzt. Ich versuchte, Mr. Biko so bald wie möglich nach Pretoria zu bringen.
MR. KENTRIDGE: Wissen Sie, daß Dr. Hersch einen lumbalen Einstich vornahm und daß der Befund positiv war? Man fand rote Blutkörperchen in der Rückenmarksflüssigkeit.
OBERST GOOSEN: Soviel ich weiß, sagten die drei Ärzte, es fehle ihm nichts.
MR. KENTRIDGE: Wenn Ihnen alle diese Ärzte gesagt haben, es fehle ihm nichts, warum versuchten Sie dann, sich ein Militärflugzeug zu besorgen?

Oberst Goosen sagte, das zeige eben, wie bemüht sie gewesen seien, jede Kritik zu vermeiden.

MR. KENTRIDGE: Wenn Sie nichts zu verbergen hatten, hätten Sie doch eigentlich die reine Menschlichkeit und der Anstand dazu verleiten müssen, die Familie zu unterrichten.
OBERST GOOSEN: Die Umstände waren außergewöhnlich. Wir versuchten zu beweisen, daß Mr. Biko jemand ganz anderer war als der, der er zu sein schien. Hätten wir gewußt, daß er krank war, wäre die Familie unterrichtet worden.

Mr. Kentridge sagte, in seiner schriftlichen Aussage habe Oberst Goosen behauptet, daß Dr. Lang zu dem Schluß gekommen sei, daß Mr. Biko eine leichte Lähmung simuliere.

OBERST GOOSEN: Dr. Hersch und Dr. Lang sagten mir, sie könnten nichts physisch Anomales feststellen. Dadurch bestärkten sie mich in der Annahme, daß er seine Krankheit vortäuschte.
MR. KENTRIDGE: In Ihrer schriftlichen Aussage geben Sie an, daß Sie anwesend waren, als Dr. Hersch Mr. Biko untersuchte. Dr. Lang war auch da. Sie sagen, daß er, als er von Dr. Lang und Dr. Tucker untersucht wurde, so tat, als ob sein einer Arm etwas schwach sei, obwohl er im Gefängnis so getan habe, als ob sein anderer Arm etwas schwächer sei, aber daß sie sich nicht erinnern könnten, um welchen Arm es ging.

Mr. Kentridge sagte, er könne in Dr. Langs Aussage keine Erwähnung davon finden, obwohl dies Oberst Goosen offenbar stark beeindruckt hatte.

OBERST GOOSEN: Ich kann mich nicht daran erinnern, welcher Arm es war, aber es fiel mir sofort auf, daß er den Arm gewechselt hatte. Es war nur eine Beobachtung. Ich machte deswegen keine Eintragung.
MR. KENTRIDGE: Das kann doch nicht wahr sein. Wenn es Ihnen so stark aufgefallen ist, müssen Sie doch eine Erinnerung daran haben? Ich finde es eigenartig, daß Sie nicht sagen können, um welchen Arm es sich handelte.

Mr. Kentridge erklärte, daß Dr. Tucker auch eine schriftliche Aussage gemacht hätte, in der er feststellte, daß Mr. Biko, als man ihn bat, seine Gliedmaßen zu bewegen, seine linken Extremitäten nicht richtig bewegen konnte.

OBERST GOOSEN: Bei Dr. Tuckers Untersuchung war ich nicht anwesend.
MR. KENTRIDGE: Ich werde klarstellen, daß diese Ihre Aussage eine freie Erfindung ist. In Ihrer schriftlichen Aussage heißt es: »Es war zu bemerken, daß Mr. Biko während der von Dr. Lang und Dr. Tucker durchgeführten Untersuchung am 7. und 8. September so tat, als ob einer seiner Arme etwas schwach sei.« Gestern sagten Sie uns, daß Sie nicht anwesend waren. Also muß diese Erklärung unwahr sein.
OBERST GOOSEN: Dr. Lang und Dr. Tucker kamen zu mir ins Büro, und es gab eine Diskussion. Ich wollte die Diagnose wissen. Während der Diskussion sagte man mir, daß er so getan habe, als ob ein Arm schwach sei. Dr. Lang wies mich im Gefängnis noch einmal darauf hin.
MR. KENTRIDGE: Warum hat Dr. Lang das nicht erwähnt?
OBERST GOOSEN: Er wird dazu vermutlich aussagen.
MR. KENTRIDGE: In seiner schriftlichen Aussage erklärte Dr. Lang, Mr. Biko habe Wasser und Essen verweigert und sei an allen vier Gliedmaßen schwach gewesen. Warum hätte er Ihnen etwas anderes sagen sollen, als er in seinem Bericht festgehalten hat?

Oberst Goosen sagte, daß dieses Gespräch sofort nach der Untersuchung geführt worden sei. Der Untersuchung durch Dr. Hersch und Dr. Lang habe er beigewohnt.

Mr. Kentridge sagte, dem Bericht zufolge stellte sich ein jeweils anderer Arm beim Prüfen der Reflexe als schwach heraus, die Ärzte hätten das jedoch als unerheblich angesehen. Man kann Reflexe nicht vortäuschen, sagte er. Er unterstellte Oberst Goosen, daß diese vermeintliche Diskrepanz eine Erfindung seinerseits sei.

MR. KENTRIDGE: In Ihrer schriftlichen Aussage sagten Sie, daß Mr. Biko zu dem Zeitpunkt, zu dem Sie beschlossen, ihn nach Pretoria zu schicken, von drei Ärzten untersucht worden sei und daß diese Ihnen versichert hätten, daß ihm nichts fehle und daß die allgemeine Ansicht die sei, daß er simuliere. Wollen Sie uns weismachen, daß Dr. Hersch auch nichts auszusetzen hatte?
OBERST GOOSEN: Ich hatte ein Gespräch mit Dr. Hersch. Ich wollte unbedingt seine Diagnose erfahren. Er sagte, er könne nichts physisch Anomales feststellen, und schlug vor, daß am folgenden Tag eine Lumbalpunktion vorgenommen werden solle.

Mr. Kentridge: Was veranlaßt Sie zu behaupten, daß Dr. Hersch auch der Meinung war, daß Mr. Biko nichts fehle?

Oberst Goosen: Ich habe nicht gesagt, daß dies die generelle Meinung der Ärzte war. Ich gebe meine eigene Meinung wieder. Dr. Lang stimmte mir weitgehend zu.

Mr. Kentridge las den entsprechenden Absatz in der schriftlichen Aussage noch einmal vor. »Sollte das nicht Dr. Hersch einschließen?« fragte er. Oberst Goosen sagte, was er meine, sei, daß Dr. Lang dieser Ansicht gewesen sei und daß andere Leute dieser Ansicht gewesen sein mögen. Dr. Lang habe ihm gesagt, daß weder er noch Dr. Tucker, noch Dr. Hersch hätten feststellen können, daß Mr. Biko etwas fehle und daß deshalb Mr. Biko ins Walmersche Polizeirevier zurückgebracht werden könne.

Mr. Kentridge: Hat Dr. Lang Ihnen je gesagt, daß Dr. Hersch der Meinung war, Mr. Biko simuliere?

Oberst Goosen: Nicht mit diesen Worten.

Mr. Kentridge: Es ist nicht geschehen, nicht wahr? Ich unterstelle Ihnen, daß Sie diese Äußerung in Ihrer schriftlichen Aussage gemacht haben in der Absicht zu täuschen. Hat Ihnen Dr. Lang etwa nicht gesagt, daß Dr. Hersch rote Blutkörperchen im Rückenmark gefunden hatte? Was hat er Ihnen gesagt?

Oberst Goosen erwiderte, man hätte ihm gesagt, daß ein lumbaler Einstich vorgenommen worden sei und daß Dr. Lang und Dr. Hersch Mr. Biko zur Beobachtung im Gefängnisspital behalten wollten. Er sagte, er habe Befehl gegeben, Mr. Biko nach Pretoria zu bringen, weil dort eine richtige Untersuchung möglich wäre.

Mr. Kentridge: Warum nicht Port Elizabeth? Es gibt sehr gute Krankenhäuser in Port Elizabeth.

Oberst Goosen: In Anbetracht der Aktivitäten Mr. Bikos und seines Charakters gab es gute Gründe, ihn nicht dort zu behalten.

Mr. Kentridge: In Krankenhäusern werden Gefangene doch oft rund um die Uhr bewacht? Ich weiß, daß Sie seinem Yogastudium große Bedeutung beigemessen haben. Hielten Sie ihn für einen Zauberer?

Oberst Goosen: Ich war immer noch der Ansicht, er simuliere. Ich hielt es für möglich, daß man ihm zur Flucht und zum Verlassen des Landes

verhelfen könnte. Ich habe oft bewachte Gefangene in Krankenhäusern gehabt, denen es gelang zu entkommen.
MR. KENTRIDGE: War der wahre Grund nicht der, daß Sie es vermeiden wollten, daß jemand Mr. Biko in diesem Zustand sah? Sie glaubten nicht, daß er sterben würde, und bis er sich erholt haben würde, wollten Sie ihn verstecken.
OBERST GOOSEN: Ich hatte keinen Grund, ihn zu verstecken. Weder ich noch einer meiner Kollegen, noch die Ärzte stellten irgendwelche äußeren Verletzungen fest.
MR. KENTRIDGE: Wissen Sie, daß General Gericke, der Kommandant des Pretoria-Gefängnisses, in einer schriftlichen Aussage festgestellt hat, daß Mr. Biko in ein öffentliches Krankenhaus zur Behandlung gebracht worden wäre, wenn sein Gefängnis nicht über die nötigen Einrichtungen verfügt hätte?
OBERST GOOSEN: Wenn ich gewußt hätte, wie es ihm wirklich ging, hätte ich dazu meine Einwilligung gegeben, aber damals glaubte ich noch, er simuliere.

Oberst Goosen sagte, er habe Dr. Tucker gefragt, ob eine Überführung auf dem Landweg möglich sei, falls er für Mr. Biko keine Militärmaschine auftreiben könne. Dr. Tucker habe gesagt, wenn sich Mr. Biko auf eine weiche Matratze legen könne, ginge das in Ordnung.

MR. KENTRIDGE: Was wurde Mr. Biko zur Verfügung gestellt?
OBERST GOOSEN: Ein relativ luxuriöser Landrover. Um Platz für die Matratze zu schaffen, wurden Sitze entfernt.
MR. KENTRIDGE: Wie man hört, war alles, was Mr. Biko zur Verfügung gestellt wurde, ein Behälter mit Wasser.
OBERST GOOSEN: Wir dachten immer noch, er simuliere. Die Ärzte haben ihm nichts verschrieben.
MR. KENTRIDGE: Wissen Sie, daß Mr. Biko nicht einmal von einem medizinischen Befund nach Pretoria begleitet wurde?
OBERST GOOSEN: Ich rief Oberst Dorfling vom Zentralgefängnis an und erkundigte mich, wer Mr. Biko behandeln würde. Er sagte mir, es würde Dr. Brandt sein. Er sagte mir, ich solle Dr. Brandt mitteilen, er möge sich mit Dr. Lang und Dr. Tucker in Port Elizabeth in Verbindung setzen. Oberst Dorfling wurde zweimal angerufen. Ich glaube, alles, was möglich war, wurde getan, um Pretoria zu unterrichten.

Der Oberst sagte, er wisse nicht, ob der medizinische Befund richtig weitergegeben wurde. Er erfuhr später, daß Dr. Brandt nicht Dr. Lang und Dr. Tucker angerufen hätte, aber er selbst habe alles, was von seiner Seite aus möglich gewesen sei, getan. Er sei einigermaßen bestürzt gewesen, als er vom Tode Mr. Bikos erfuhr, weil dieser im Gewahrsam der Sicherheitspolizei gewesen war, und ihm, Goosen, klar war, was für eine folgenschwere Tragödie es war, daß man Mr. Biko nun nicht mehr vor Gericht bringen konnte, um zu zeigen, was er wirklich war. Die traurige Situation sei jetzt die, daß Mr. Biko von der internationalen Presse und dem Ausland als Märtyrer angesehen werde.

Mr. Kentridge sagte: »Sie haben jedenfalls Ihr Bestes getan, ihn in diesem Gerichtssaal bloßzustellen.« Oberst Goosen sagte, daß ihm, als Mr. Biko starb, klar wurde, daß er überhaupt nicht simuliert habe. Mr. Kentridge: »Unglücklicherweise kam diese Erkenntnis für Mr. Biko zu spät.« Oberst Goosen sagte, für die südafrikanische Polizei sei dies ein tragischer Vorfall, angesichts der daraus möglicherweise resultierenden Propaganda. Er habe Mr. Bikos Tod mit seinen Kollegen besprochen, aber niemand könne sich diesen Tod erklären. Er habe keine Ahnung, was die Todesursache hätte sein können.

Mr. Kentridge las einen Teil von Oberst Goosens schriftlicher Zeugenaussage vor, in dem ein Vorfall beschrieben wurde, bei dem Mr. Biko in einer Badewanne gefunden wurde. Oberst Goosen hatte erklärt, daß er den ernsten Verdacht aussprechen möchte, daß sich Mr. Biko bei diesem Vorfall eine Gehirnverletzung zugezogen habe. Oberst Goosen hatte ferner gesagt, daß Mr. Biko es auf Selbstzerstörung abgesehen habe, sogar mit seiner Atmungsmethode in der Haft. Die Ärzte hätten Mr. Bikos Stirnverletzung nie bemerkt, und er wüßte nicht, was sie verursacht haben könnte. Inzwischen habe er erfahren, daß das dem Gericht vorgelegte Foto, das die Verletzung zeige, überbelichtet sei und daß die Verletzung einfach aus ein paar Kratzern bestehen könnte, die auf dem Foto stärker zum Vorschein kämen.

Dann sagte Mr. Kentridge: »Wollen Sie ernsthaft andeuten, daß der Vorfall im Bad ein Selbstmordversuch war? Wollen Sie behaupten, daß sich ein normaler Mensch vollbekleidet in die Badewanne setzt? Denken Sie nicht, daß er da schon eine Gehirnverletzung hätte haben können?« Er fuhr fort und sagte, daß der Wärter Coetzee, als er Mr. Biko vollständig angezogen in einer Badewanne antraf, ihn aufgefordert hätte auszusteigen, was er schließlich auch tat. Als ihn der Wärter fragte, was er dort so früh am Morgen tue, sagte er nichts, sondern stöhnte nur.

Oberst Goosen erwiderte: »Viele von Mr. Bikos Methoden sind mir eigenartig vorgekommen.« Er stimmte zu, daß es nicht normal sei, daß ein Mann vollbekleidet in eine Badewanne steige, den Hahn aufdrehte und nach der Aufforderung, ihn zuzudrehen, ihn gelassen mit dem Fuß zudrehe.

Mr. Kentridge sagte: »Hört sich das nicht nach einem Gehirnschaden an? Warum sagen Sie nur, daß Sie den ernsthaften Verdacht hätten, daß Mr. Biko es auf Selbstmord abgesehen hätte? Ist die richtige Erklärung nicht die, daß Sie, als Sie die schriftliche Aussage anfertigten, als sicher annahmen, daß er sich die Verletzung zugezogen hatte, bevor er ins Krankenhaus kam?« Er fragte Oberst Goosen, ob er, als er seine schriftliche Aussage anfertigte, Mr. Bikos Gehirnverletzung nicht mit seinem Gemurmel und der Tatsache, daß er in seine Decke genäßt hatte, in Zusammenhang gebracht hätte.

Oberst Goosen: Ich habe viel darüber nachgedacht, wo er sich die Gehirnverletzung hätte zuziehen können.
Mr. Kentridge: Als Sie Ihre schriftliche Aussage anfertigten, dachten Sie immer noch, daß Mr. Biko möglicherweise die Folgen einer Gehirnverletzung am 7. und 8. September nur vortäuschte und sie sich tatsächlich erst am 9. September zufügte?
Oberst Goosen: Ich dachte, der Mann simuliere möglicherweise, um in ein Krankenhaus eingewiesen zu werden, wo er vielleicht die Möglichkeit hätte, sich umzubringen.
Mr. Kentridge: Was ist mit Ihrer Ansicht, daß Mr. Bikos absichtliche Hyperventilation ebenfalls ein Versuch war, sich umzubringen?
Oberst Goosen: Ich machte mir zu diesem Zeitpunkt darüber Gedanken, daß er sich die Verletzung von uns unbeobachtet hätte zuziehen können. Ich war der Meinung, daß das Atmen ein Teil seiner versuchten Selbstzerstörung darstellen könnte.

Oberst Goosen sagte, er habe auch an die Möglichkeit gedacht, daß Mr. Biko im Gewahrsam der Sicherheitspolizei verletzt worden sei.

MR. KENTRIDGE: Haben Sie irgendeine Vermutung?
OBERST GOOSEN: Ich würde jetzt sagen, daß es durchaus möglich ist, daß er sich die Verletzung auf Zimmer 619 zugezogen hat.

Mr. Kentridge ging dann zu dem Thema Hungerstreik über und zu den in einigen schriftlichen Zeugenaussagen der Polizei enthaltenen Behauptungen, daß sich Mr. Biko in einem solchen Streik befand. Er fragte Oberst Goosen nach der Bedeutung des Wortes Hungerstreik; dieser erwiderte, daß es viele Bedeutungen habe. Mr. Kentridge sagte, es wäre wichtig, daß man sich Klarheit verschaffe; wenn jemand nicht esse, weil er sich nicht wohl fühle, würde der Oberst das als Hungerstreik bezeichnen?

OBERST GOOSEN: Nein.
MR. KENTRIDGE: Wenn jemand nicht ißt, weil er keinen Hunger hat, befindet er sich dann Ihrer Meinung nach in einem Hungerstreik?
OBERST GOOSEN: Ja – so würde ich es nicht ausdrücken...
MR. KENTRIDGE: Der Mann ißt einfach nicht?
OBERST GOOSEN: Ja.

Mr. Kentridge sagte, er werfe dem Oberst vor, daß er überhaupt nicht dazu berechtigt gewesen sei zu sagen, Mr. Biko befinde sich in einem Hungerstreik. Mr. Kentridge verlas Auszüge aus schriftlichen Aussagen des Obersten, des Arztes und einiger anderer, in denen erwähnt wurde, daß Mr. Biko Speise und Trank annahm und einigen dafür dankte. Mr. Kentridge wies darauf hin, daß Mr. Biko von dem Brot, dem Kaffee und dem *magewu* etwas zu sich genommen habe. Er beschuldigte Oberst Goosen, daß seine Beobachtung, Mr. Biko habe mit einem Hungerstreik begonnen, lediglich auf der Tatsache beruht habe, daß er in seiner Zelle Stücke Brot gesehen hätte. Die Antwort war nicht zu verstehen.

Mr. Kentridge sagte, es deute nichts darauf hin, daß Mr. Biko am 6. September weder Brot noch Kaffee zu sich genommen habe, außer der Aussage einiger von Oberst Goosens Polizisten. Der Oberst sagte, das stimme. Mr. Kentridge erzählte dann, daß Mr. Biko, als er am 8. September ärztlich untersucht wurde, um Wasser bat und es trank. Oberst Goosen sagte, davon wüßte er nichts.

Mr. Kentridge wies dann darauf hin, daß die schriftlichen Aussagen, die sich auf den 8. und 9. September bezogen, sowie die schriftlichen Aussagen der Wärter erwähnten, daß Mr. Biko Wasser getrunken habe. Nachdem er aus den schriftlichen Aussagen, die sich auf Mr. Bikos Nahrungsaufnahme bezogen, vorgelesen hatte, sagte er: »Das hört sich in keiner Weise nach einem Mann im Hungerstreik an.« Oberst Goosen sagte, man habe ihm berichtet, daß Mr. Biko einfach nichts äße.

Mr. Kentridge wies das Gericht auf einen Vorfall am 9. September hin, nachdem man Mr. Biko in der Badewanne gefunden hatte. Der Wärter Du Preez hatte Mr. Biko Verpflegung gebracht und ihn aufgefordert zu essen. Mr. Kentridge las einen Teil von Wärter Du Preez' Erklärung vor: »Obwohl er seine Finger stark bewegte, konnte Mr. Biko seinen Löffel nicht festhalten. Dann fütterte ich ihn. Nachdem er die Hälfte seines Haferbreis gegessen hatte, sagte er, daß er nicht mehr wolle, er habe genug. Dann gab ich ihm seinen Becher Kaffee, und er trank ihn aus.«

Mr. Kentridge wies Oberst Goosen dann auf die erste offizielle Erklärung hin, die der Justizminister Kruger nach Mr. Bikos Tod abgab. In dieser Erklärung sagte der Minister, daß sich Mr. Biko seit dem 5. September im Hungerstreik befunden habe. Mr. Kentridge las dann dem Gericht Teile dieser Erklärung vor.

MR. KENTRIDGE: Sehen Sie, erstens heißt es hier, daß Mr. Biko seit dem 5. September die Nahrungsmittelaufnahme verweigerte und mit einem Hungerstreik drohte. Aus dem Beweismaterial geht ganz klar hervor, daß er nie irgendwelche Drohungen im Zusammenhang mit einem Hungerstreik ausgesprochen hat. Und zweitens ist es nicht richtig, wenn es heißt, Mr. Biko habe am Sonntag (dem 11. September) immer noch nichts gegessen ... Oberst, in dieser Erklärung stecken eine Anzahl grundlegender Fehler. Das ist Ihnen doch klar?

OBERST GOOSEN: Wenn das die Worte des Ministers sind, dann gibt es Widersprüche. Ich kann nicht sagen, daß es korrekt ist.

Mr. Kentridge sagte, der Minister wäre in einer Beschwerde über die *Rand Daily Mail* an das Press Council von dieser Erklärung ausgegangen und hätte einen der Erklärung beigefügten Brief unterschrieben.

Mr. Kentridge: Da gibt es mindestens zwei Fehler.
Oberst Goosen: Wenn es die Erklärung des Ministers ist, kann ich dazu keinen Kommentar abgeben.

Mr. Kentridge fragte Oberst Goosen, wer dem Minister Bericht erstattet hätte. Goosen erwiderte: »Ich habe keine Ahnung. Ich informiere das Hauptquartier der Sicherheitspolizei, dann, so nehme ich an, geht die Sache weiter an den *commissioner* und den Minister.«

Mr. Kentridge wandte sich dann an das Gericht: »Wir haben dem Gericht das Dossier vorgelegt, das eine Anzahl von Erklärungen des Polizeiministers in bezug auf die Behandlung Mr. Bikos enthält. Der Minister war nicht in Port Elizabeth. Der Minister hatte keine persönliche Kenntnis von dem, was vorgefallen war. Er mußte sich auf Berichte verlassen, die, wie Oberst Goosen gesagt hat, von seinen Offizieren über das Hauptquartier der Sicherheitspolizei kommen. Der Ausgangspunkt der Information ist Oberst Goosen. Um was es mir dabei geht, ist folgendes: Diese Erklärungen geben vor, im Detail zu beschreiben, wie Biko am 5. September mit einem Hungerstreik drohte. Einer anderen Erklärung des Ministers zufolge hatte Biko um eine Viertelstunde Bedenkzeit gebeten, bevor er den Hungerstreik ankündigte. Aus dem Dossier geht ferner hervor, daß der Minister später wiederholte, daß er nie gesagt habe, Biko sei an einem Hungerstreik gestorben, daß Biko aber einen solchen durchgeführt habe. Das ist vollkommen unbegründet. Es widerspricht den Aussagen von Oberst Goosen und Major Snyman. Nach dem, was ich aus den Erklärungen der Gefängniswärter vorgelesen habe, ist es einfach falsch zu behaupten, Biko habe am 5. September die Nahrungsaufnahme verweigert.

Euer Ehren, deshalb ist es vollkommen klar, daß der Minister als er die Erklärung abgab, irregeführt worden war. Daraus ergeben sich zwei Fragen – wer hat ihn irregeführt und warum? Nicht nur der Hungerstreik wird nicht erwähnt, sondern auch das Handgemenge (am 7. September). Nirgends wird die Tatsache erwähnt, daß der Oberst einen Schlaganfall vermutete. Nirgends wird ein lumbaler Einstich und dessen ziemlich beunruhigendes Ergebnis erwähnt. Ich behaupte, die Hungerstreikgeschichte war unwahr und offensichtlich eine Ausrede, eine Tarnung.

Daraus ergeben sich zwei weitere Fragen, und die sind nicht weniger wichtig als andere Fragen in dieser Untersuchung. Wo hat das Vertuschen angefangen, und wie hoch hinauf ist es gegangen? Wenn wir auf diese Fragen eine Antwort erhalten, werden wir der Wahrheit über das, was Steve Birko wirklich zugestoßen ist, als er sich im Gewahrsam des Oberst Goosen befand, um einiges näherkommen. Es gibt nur eine Methode, es zu erfahren. Oberst Goosen hat bestritten, der Ausgangspunkt dieser Informationen zu sein. Schön, dann müssen wir mit dem Mann reden, dem er die Informationen gab, und, wenn nötig, mit dem nächsten Glied der Kette, bis wir wissen, wie und warum diese unwahre Geschichte dem Minister aufgetischt wurde, um von ihm an das Land und an die Welt weitergegeben zu werden.

Sie sehen sicher ein, daß der Person, die dem Minister diese falschen Informationen gegeben hat, die Peinlichkeit, die daraus für den Minister und das Land resultieren würde, völlig gleichgültig war. Und das ist es, was wir untersuchen müssen.«

Mr. van Rooyen erhob Einspruch: Die Erklärungen des Ministers, die in Zeitungsberichten wiedergegeben seien, beruhten auf Hörensagen. Mr. Kentridge sagte, man könne das Dossier doch ohne weiteres Mr. Kruger vorlegen und ihn fragen, ob es stimme oder nicht. Und außerdem wüßte er nicht, sagte Mr. Kentridge, daß das Gericht dem Hörensagen verpflichtet sei.

»Gesetzt den Fall, Oberst Goosen bestreitet, die falsche Information auf den Weg gebracht zu haben, dann rufen wir den nächsten Mann in der Kette auf, und den nächsten; entweder wird irgend jemand die Verantwortung dem vorausgegangenen Glied der Kette zuschieben, oder, falls das nicht der Fall sein sollte, werden wir bis zum Minister selbst gehen und ihn bitten müssen, hierherzukommen, um Euer Ehren zu sagen, wer ihm die falsche Information gegeben hat. So etwas wollte ich eigentlich vermeiden. Ich wollte die Erklärung des Ministers nicht in Zweifel ziehen. Es ist nicht meine Absicht, den Minister unnötig zu belästigen. Ich dachte auch nicht, daß es nötig sein würde, höher hinauf als bis zu Oberst Goosen zu gehen. Aber dem Gericht bleibt nun nichts anderes übrig, als seine Aussage zu prüfen.«

Mr. Kentridge bat dann, man möge das Dossier vorläufig als Beweismaterial zulassen, während der Ermittlungsbeamte den Minister aufsuche, um festzustellen, ob irgendwelche Teile seiner Erklärung falsch seien. »Wenn der Minister zufriedengestellt ist, sehe ich nicht ein, warum es mein gelehrter Freund nicht auch sein sollte.«

Mr. van Rooyen erwiderte: »Ich habe so den leisen Verdacht, als ob mir eben ein vollendeter Trick vorgeführt worden wäre. Mein gelehrter Freund Mr. Kentridge hat es fertiggebracht, sich über die Dinge zu äußern, für die er keine Beweise vorlegen kann, weil sie unzulässig wären. Gegen diese Methode kann ich nur auf allerschärfste Weise Einspruch erheben.«

Mr. van Rooyen sagte, der Zweck der gerichtlichen Untersuchung sei es, die Todesursache festzustellen, und ob irgendeine lebende Person verantwortlich sei... (teils nicht zu hören). Mr. van Rooyen sagte, er habe Berichte gelesen, in denen es hieß, Mr. Biko sei ermordet worden; man habe ihm den Kopf eingeschlagen. Zeitungsberichte, sagte er, beruhten auf Hörensagen und seien unzulässig. Es liege nicht der geringste Beweis vor, daß Oberst Goosen vor Gericht irgendwelche widersprüchlichen Erklärungen abgegeben habe. »Die versucht man aus der Luft zu greifen. Euer Ehren werden auf juristischer Basis die Todesursache oder die wahrscheinliche Todesursache feststellen.«

Mr. K. von Lieres, der den Staat vertrat, sagte, daß alles, was nicht in den Rahmen der Untersuchung gehöre, im Grunde unwichtig und belanglos sei. Der Minister könne kein für die Untersuchung bedeutendes Beweismaterial erbringen, da er kein Augenzeuge sei. »Diese schriftliche Zeugenaussage ist ein Versuch, nachteiliges Beweismaterial einzuführen, das im Rahmen der normalen Regeln nicht zulässig ist.« Mr. von Lieres deutete an, daß hier der Versuch gemacht worden sei, das Gericht in ein politisches Podium für die Wahlen am 30. November umzufunktionieren. »Dieses Gericht ist nicht als Forum für den *Electoral Act* einberufen, sondern im Rahmen des *Inquest Act*.« Auch wenn das Dossier von Belang wäre, sagte Mr. von Lieres, würde es die Objektivität der Untersuchung gefährden.

Mr. Kentridge erwiderte, die Einstellung Mr. van Rooyens wundere ihn nicht; schließlich sei es seine Aufgabe, die Polizei zu schützen. Aber die Einstellung des stellvertretenden Staatsanwaltes, Mr. von Lieres, wundere ihn angesichts der Behauptung sehr, die Untersuchung würde so gründlich wie möglich sein, ohne auch nur die Andeutung eines Versuchs der Vertuschung.

Auf Befragen des Richters sagte Mr. Kentridge: »Wir haben es hier nicht mit einem Mißverständnis zu tun. Wir haben es mit dem Polizeiminister zu tun, der eine Erklärung abgegeben hat, die absolut unrichtig ist und Dinge enthält, die sich nie so zugetragen haben.« Mr. Prins sagte, nur in einigen Berichten sei behauptet worden, daß der Minister diese Erklärungen abgegeben habe. Mr. Kentridge erwiderte: »Der Ermittlungsbeamte kann uns darüber Klarheit verschaffen, indem er den Minister herholt.« Auf die Frage des Richters, wie das dem Gericht helfen solle, da »der Minister sagen kann, er habe es behauptet und niemand habe es ihm mitgeteilt«, sagte Mr. Kentridge, es wäre kein fruchtloses Unternehmen. Gesetzt den Fall, der Minister gäbe doch eine Erklärung ab und sage vor Gericht, daß der Brigadegeneral ihm die Information gegeben habe, dann würde man den Brigadegeneral herbitten.

Mr. Prins sagte: »Würde es dazu beitragen, die Ursache von Mr. Bikos Tod festzustellen, wenn sich herausstellen sollte, daß Oberst Goosen lügt?« Mr. Kentridge sagte: »Ja, wenn sich herausstellt, daß er lügt, sagt das etwas sehr Wichtiges aus. Es zeigt, daß die Polizei etwas zu verbergen hat.«

Mr. Prins wollte wissen, inwieweit die Erklärung des Ministers von Belang sei. »Wir haben versucht zu zeigen«, sagte Mr. Kentridge, »daß einiges an den schriftlichen Aussagen von Oberst Goosen und seinen Mitarbeitern sehr eigenartig sei. Ich erwähnte den Fall im Bad und die Hyperventilation. Wir behaupten, diese Leute haben etwas zu verbergen. Was haben sie zu verbergen? Wie wollen sie die Schuld von sich schieben? Wir haben wesentliche Beweise, daß die offizielle Information, die dem Minister gegeben wurde, greifbare Unwahrheiten enthält. Wenn wir herausfinden sollten, daß sich jemand in der Sicherheitspolizei die Mühe gemacht hat, diese falsche Information dem Minister zuzuspielen, so ist das der klarste Beweis der Schuld.

Wir haben hier offizielle Kommunikationswege. Wir wissen, daß die Information, die der Minister hatte, ihn nicht zufällig erreichte. Wir wissen, daß er einen offiziellen Bericht bekommen haben muß, dessen Ausgangspunkt Oberst Goosen war. Wenn Oberst Goosen nicht (für die falsche Information) verantwortlich war, warum hat er nicht reagiert und sie richtiggestellt? Sie wurde nie korrigiert.

Den Minister ließ man die Erklärung wiederholen. Man muß schon sehr wichtige Motive haben, um eine Erklärung dieser Art wiederholen zu lassen.«

Mr. Kentridge sagte, daß die Behauptung, Mr. Biko sei an einer Nierenkrankheit gestorben, wenn sie aus amtlicher Quelle käme, von größter Bedeutung wäre. »Die Bedeutung liegt darin, daß die Urquelle der Nachricht die Sicherheitspolizei in Port Elizabeth sein muß. Diejenigen, die ich vertrete, würden sich nie zufriedengeben, wenn man die Untersuchung in dieser Richtung jetzt abschneiden würde.«

Mr. B. de V. Pickard, der die Ärzte vertrat, sagte, seine Mandanten seien an dem Streit um die Glaubwürdigkeit Oberst Goosens nicht interessiert. Er sei gegen Mr. Kentridges Richtung, weil seine Mandanten keine Lust hätten, sich dies im folgenden im Gericht anhören zu müssen.

Mr. von Lieres sagte, sie wollten alle eine gründliche Untersuchung, aber sie wollten nicht, daß man dem Gericht belangloses Beweismaterial vorlege, und es sei seine Pflicht, dagegen Einspruch zu erheben. Mr. Prins vertagte die Verhandlung und sagte, er würde am darauffolgenden Tag seinen Befund über die Annehmbarkeit der von Mr. Kentridge eingebrachten Berichte vorlegen.

(Vertagung)

Fünfter Tag: Freitag, 18. November 1977

Richter Prins lehnte Mr. Kentridges Antrag ab und weigerte sich, Abschriften von Minister Krugers öffentlichen Erklärungen als Beweismaterial zuzulassen. Für seine Entscheidung gab er vier Gründe an:

1. Gemäß den Regeln zum Beweismaterial sollte das Dossier, weil es nur in bezug auf Oberst Goosens Glaubwürdigkeit von Belang war, nicht berücksichtigt werden.
2. Es sollte nicht berücksichtigt werden, weil es in bezug auf die Umstände, unter denen Mr. Biko starb, belanglos war.
3. Es sollte nicht berücksichtigt werden, weil es auf Hörensagen beruhte.
4. Es sollte nicht berücksichtigt werden, weil es auf in gefährlichem Maße weit hergeholtem Hörensagen beruhte.

Mr. van Rooyen erhob sich und sagte dem Gericht, daß er, um jede Behauptung, daß man die Untersuchung behindere, zu widerlegen, sich mit dem Polizeipräsidenten in Verbindung gesetzt habe; um zu prüfen, ob es widersprüchliche Erklärungen gegeben habe, habe man ihm nahegelegt, die beiden Brigadegenerale dem Rechtsbeistand der Familie zur Konsultation zur Verfügung zu stellen. Falls der Rechtsbeistand dann noch nicht zufriedengestellt sei, könne er die Aufnahme weiteren Beweismaterials beantragen.

Mr. Kentridge sagte, dies sei ein sehr eigenartiges und erstaunliches Angebot, und fragte: »Warum nicht eine öffentliche Konsultation, bei der sie im Zeugenstand befragt werden können?« Er wisse nicht, was eine private Konsultation bezwecken solle. Er würdigte jedoch das Angebot, wie es dastehe, und sagte, er würde es sich durch den Kopf gehen lassen. Er fügte hinzu, daß der Rechtsbeistand der Familie keine Augenzeugen vorführen und sich nur auf Indizienbeweise verlassen könne.

Mr. Kentridge fuhr dann mit seiner Befragung von Oberst Goosen fort. Er fragte Goosen, warum er nichts getan habe, um die Erklärung des Ministers richtigzustellen, als er von ihr hörte. Der Oberst erwiderte, das sei bestimmt nicht seine Pflicht und gehöre nicht zu seinem Aufgabenbereich. Auf die Andeutung, daß er seinem Vorgesetzten doch schriftlich Bericht erstattet haben müsse, erwiderte er: »Ich fertigte mehrere schriftliche Aussagen an. In ihnen war alles enthalten, was man in einem schriftlichen Bericht sagen kann.« Er sähe keinen Grund, warum irgend jemand den Minister hätte falsch informieren sollen. Er könne massenweise Fälle anführen, in denen der Minister von der Presse schon falsch wiedergegeben wurde.

MR. KENTRIDGE: Können Sie uns irgendwie erklären, wie sich ein derart bemerkenswerter Irrtum in den Bericht eingeschlichen haben könnte?
OBERST GOOSEN: Ich habe nie gesagt, daß Biko mit einem Hungerstreik drohte. Ich kann nicht sagen, wie dieser Irrtum den Minister erreichte.

Oberst Goosen sagte, er habe die Hyperventilationstheorie ungefähr eine Woche später mit Oberst Bothma im Gefängnis von Port Elizabeth erörtert. Sie sprachen über die eigenartigen Atemübungen, und Oberst Bothma holte ein medizinisches Buch hervor. Mr. Kentridge fragte, ob Dr. Lang seiner Theorie, die Hyperventilation sei ein Teil eines Selbstmordversuches, zugestimmt habe. Der Oberst erwiderte, er glaube nicht, daß sich Dr. Lang damit befaßt habe. Als er die Möglichkeit zur Sprache brachte, war Dr. Lang anwesend, und er betonte, daß die Hyperventilation nach einem bestimmten Zeitraum gefährlich sein könne. Das habe er auch gemeint, als er in seiner schriftlichen Aussage von Nachforschungen in medizinischen Büchern sprach. Diese Besprechung fand statt, lange bevor General Kleinhaus nach Port Elizabeth gekommen war, ungefähr fünf Tage nach dem Tode Mr. Bikos.

Mr. van Rooyen, Anwalt der Polizei, erhob sich dann, um Oberst Goosen erneut zu vernehmen. Mr. van Rooyen sagte, zu Lasten des Obersts sei die Behauptung aufgestellt worden, seine Männer würden gegen Häftlinge bedenkenlos gewalttätig werden. Oberst Goosen sagte, in allen Fällen im Rahmen von Abschnitt 6 sei es das Ziel der Sicherheitspolizei, Inhaftierte gründlich zu verhören, um ihre Tätigkeiten in Erfahrung zu bringen, die Quellen ihrer Gelder und eine große Menge anderer Sachverhalte. Alles würde getan, um sich des Wohlergehens des Festgehaltenen zu versichern, um zu gewährleisten, daß er nicht entkommt, sich verletzt oder verletzt wird. Es hätte keinen Sinn, wenn ein Festgehaltener ein Geständnis ablegte, um im nächsten Moment zu sagen, man habe Gewalt angewendet, um ihn zu dem Geständnis zu zwingen.

»Wir haben viel Zeit«, sagte Oberst Goosen. Festgehaltene behalte man da, bis sie alle Fragen beantwortet hätten. Manchmal dauere es Tage und Wochen, bis eine Kommunikation aufgebaut sei, und eine Kommunikation begänne manchmal auf lächerliche Weise. »Unsere Technik ist fast die von Mr. Kentridge – manchmal reden wir nett, manchmal werden wir sarkastisch. Wir haben keinen Grund, einen Festgenommenen zu mißhandeln.«

Oberst Goosen sagte dann, daß noch nie eine Anklage wegen Gewaltanwendung »gegen mein gewalttätiges Team« erhoben worden sei. Es wurde gelacht, und er änderte die Bezeichnung in Verhörteam um.

Die Mitglieder eines Verhörteams seien ausgesuchte Männer. Sie würden mit Rücksicht auf ihren Charakter und ihre Fähigkeit, mit Leuten reden zu können, ausgewählt. Ein Polizist mit schlechtem Charakter habe wenig Aussicht, ein Sicherheitspolizist zu werden.

Oberst Goosen sagte, Teile der Presse hätten ein Klima der Auflehnung gegen die Sicherheitsbestimmungen in der Öffentlichkeit erzeugt. »Es ist so weit gekommen, daß Südafrikaner Schuldgefühle bekommen, ob wir uns vielleicht falsch benehmen.« Die Sicherheitspolizei gebe sich alle Mühe, keinen Anlaß zur Kritik zu geben. »Wir sind von dieser Kritik bestürzt, weil wir wissen, wie höflich und besorgt wir unsere Häftlinge behandeln. Wir kaufen ihnen Zigaretten, kalte Getränke und gute Sachen zu essen.« Anklagen wegen körperlicher Übergriffe würden dem Image der Sicherheitspolizei schaden.

Da es eine Tendenz zu Selbstmorden in Polizeizellen gebe, wie die Baader-Meinhof-Fälle in Deutschland bewiesen, täten sie alles, um das zu verhindern. Wenn ein Festgehaltener auch nur über Kopfschmerzen klage, bestelle man einen Arzt. Wenn ein Gefangener zum Beispiel an hohem Blutdruck leide, würden regelmäßige Arztbesuche erfolgen.

Oberst Goosen fuhr fort und sagte, Mr. Bikos Gesundheit sei ihm außerordentlich wichtig gewesen. Aufgrund von Informationen, die in seinem Besitz gewesen seien, wäre ihm klargeworden, daß es unbedingt erforderlich sei, diesen friedlichen Mann vor Gericht zu bringen. Er wüßte, daß die Black People's Convention sich mit der Ausbildung von Terroristen beschäftige und daß Mr. Biko den Transport von Auszubildenden nach Botswana finanzierte. Er hätte ein Klima des Blutvergießens und der Revolution in Südafrika geschaffen.

Außerdem hätte ihm daran gelegen, Mr. Bikos Mitarbeiter ausfindig zu machen. »Sein Tod hat die Nachforschungen nur vereitelt«, sagte er. Er wäre enttäuscht gewesen, wenn Mr. Biko freigelassen worden wäre.

Mr. van Rooyen fragte, warum man Mr. Biko nackt und in Ketten dabehalten hätte, und der Oberst erwiderte, dies sei auf Anweisung des Hauptbüros geschehen, und um die Fortsetzung einer Reihe von ähnlichen Selbstmorden zu verhindern. Am Morgen des 7. September habe sich Mr. Biko wie ein Wahnsinniger aufgeführt.

Mr. Prins fragte dann: »Wenn das der Fall war, hätten die Dinge, mit denen Sie ihn gefesselt haben, nicht zu einer Verletzung führen und dem von Ihnen so streng beachteten Image schaden können?« Oberst Goosen: »Diese Sachen gehören zur Standardausrüstung. Sie haben ihn nur in seiner Bewegungsfreiheit eingeschränkt.« Vor dem Fenster des Büros im 6. Stock, wo Mr. Biko festgehalten wurde, sei, sagte er, ein Gitter angebracht, aber nicht vor den Fenstern der benachbarten Büros. Es habe kurz zuvor einen Unfall gegeben, bei dem ein Mann aus einem dieser Fenster gesprungen sei. Alle Büros hätten gewöhnlich Türen. Um Mr. Biko sicher zu verwahren, habe es nicht ausgereicht, nur eine Tür abzuschließen. Während seines Verhörs sei Mr. Biko angezogen gewesen, da er dabei besser bewacht gewesen sei als in der Zelle. Kurz vor dem Biko-Vorfall habe es zwei Fälle gegeben, in denen sich Gefangene in ihren Zellen an ihren Schnürsenkeln und Hosenbeinen aufgehängt hätten.

Oberst Goosen sagte, seine Anweisungen verlangten, daß Festgehaltene nicht ohne Handschellen oder von Polizisten am Arm gehalten von einem Ort zum anderen gebracht werden dürften. Sie sollten wenn möglich im Erdgeschoß bleiben. Für die Behandlung der Gefangenen habe man ihm einen weiten Ermessensspielraum eingeräumt. So sei er nicht angewiesen worden, in einem oberen Stockwerk festgesetzte Gefangene an Händen und Füßen zu fesseln. Das habe er von Fall zu Fall selbst entscheiden dürfen. Man habe ihm lediglich befohlen, die Gefangenen möglichst rücksichtsvoll zu behandeln.

Mr. Biko sei während der Vernehmung angezogen und nicht gefesselt gewesen, er habe jedoch befohlen, daß ihm während der Nacht Handschellen und Fußfesseln angelegt werden sollten. Dabei sollte er von Leutnant Wilken und zwei Feldwebeln bewacht werden. Am Morgen seien die Handschellen und Fußfesseln abgenommen worden, und wäre am Morgen des siebenten Tages nichts vorgefallen, dann wäre Mr. Biko ungefesselt geblieben. Es sei aber etwas geschehen, und daraus habe er erkannt, daß Mr. Biko wild und gefährlich war. Deshalb habe er befohlen, ihm die Fesseln anzulegen.

Wenn Dr. Lang gesagt hätte, daß Mr. Biko krank sei, hätte er ihn in eine Anstalt mit den nötigen medizinischen Einrichtungen überführen lassen. Er hätte ihm nicht Handschellen anlegen und ihn an ein Gitter anketten lassen. Dr. Lang hätte gesagt, daß alles in Ordnung sei, und Oberst Goosen hätte gedacht, Mr. Biko simuliere. Er habe Mr. Biko in Ketten gelassen, weil er eine gewaltsame Auseinandersetzung angezettelt habe. Oberst Goosen sagte, er sei tagsüber regelmäßig in Mr. Bikos Zimmer gegangen. Mr. Bikos Einstellung hätte sich nicht verändert, mit der Ausnahme, daß er nicht mehr sehr aggressiv war.

Oberst Goosen sagte, er habe Mr. Biko die Fesseln nicht abgenommen, weil er fürchtete, er könnte sich verletzen. Über Nacht hätte Mr. Biko ohnedies gefesselt werden müssen. Er sei überzeugt gewesen, daß Mr. Biko seine Krankheit nur simuliert habe, um Hafterleichterung zu bekommen und fliehen zu können. In einem normalen Krankenhaus hätte er fliehen oder von anderen Personen befreit werden können, denn dort bestand für den Oberst keine Möglichkeit, ihn bewachen zu lassen. Er habe geglaubt, im Gefängnis gebe es alle für seine Versorgung notwendigen Einrichtungen.

Oberst Goosen habe es als unbedingt erforderlich betrachtet, herauszukriegen, was Mr. Biko fehle. Um eine Diagnose zu erhalten, habe er nichts dagegen gehabt, daß ihn ein Facharzt für innere Krankheiten untersuche. Der konnte keine äußeren Verletzungen feststellen. Goosen habe dem Vorschlag zugestimmt, daß man Mr. Biko zur Beobachtung länger dabehielte, weil er hundertprozentig sicher sein wollte. Er sagte, er habe immer noch geargwöhnt, daß Mr. Biko vielleicht einen Schlaganfall erlitten habe. Er wollte, daß ein privater Facharzt Mr. Biko untersuche, und habe seine Einwilligung gegeben, daß er in die Spitalabteilung des Gefängnisses verlegt werde.

Oberst Goosen sagte, daß die Polizei genaue Anweisungen habe, ein Register zu führen. Das habe nichts mit Statuten zu tun. Es diene nur der besseren Verwaltung. Die Sicherheitspolizei habe keine Vorrechte gegenüber der normalen Polizei. Es gebe auch andere Abteilungen in der Polizei, von denen nicht verlangt würde, über besondere Vorkommnisse Buch zu führen.

Mr. Prins fragte dann: »Wenn das der Fall war, wozu hat man dann überhaupt Sachen in dieses Buch eingetragen?« Mr. Goosen erwiderte: »In vielen Fällen ist es im Interesse einer guten Verwaltung ratsam, ein Buch über besondere Ereignisse zu führen. Ein Gefangener könnte sich beim Fußballspielen verletzen, es könnte eine gerichtliche Untersuchung geben, einen Prozeß.« Gewöhnlichen Gefangenen sei es gestattet, sich an der frischen Luft zu bewegen, wobei sie mit den Mitgefangenen Kontakt aufnehmen könnten. Aber bei Mr. Biko mußte Kommunikation auf alle Fälle vemieden werden, und deshalb habe er, Goosen, gedacht, daß Mr. Biko ausreichend frische Luft und Bewegung in seiner Zelle bekäme.

Nachdem er am Morgen des siebenten Tages eine Meldung von Major Snyman erhalten habe, sei er zu Mr. Biko gegangen und habe gesehen, daß er äußerst aggressiv war, eine Verletzung habe er aber nicht feststellen können. Er habe einen Arzt gerufen, aber auch der Arzt habe keine Verletzungen festgestellt.

Er habe versucht, mit Mr. Biko zu reden, sagte Oberst Goosen. Mr. Biko habe unverständlich gesprochen. Aus früherer Erfahrung und weil er ein Laie sei, habe er gemeint, daß Mr. Biko vielleicht einen Schlaganfall erlitten habe.

Oberst Goosen sagte, er sei dabeigewesen, als Dr. Lang Mr. Biko untersucht habe. Mr. van Rooyen zitierte dann Dr. Langs Aussage folgendermaßen: »Oberst Goosen betonte nachdrücklich, daß er sehr um das Wohlergehen Mr. Bikos besorgt sei... Mr. Biko war in der Lage, mich ausreichend über seinen Zustand zu unterrichten, und zeigte keine anderen Symptome als Schwäche in den Gliedern und Appetitlosigkeit.«

Nun ging es wieder um die Zulassung des mit der Hand geschriebenen Dokuments als Beweisstück. Mr. Kentridge sagte, er müsse gegen die Vorlage des Dokuments Einspruch erheben, das Mr. Biko während der Vernehmung angeblich gezeigt worden sei. Major Snyman hatte gesagt, er habe Mr. Biko einige unbeeidete handschriftliche Erklärungen gezeigt. Sie seien Major Snyman nicht vorgelegt worden, würden aber jetzt Oberst Goosen vorgelegt, der augenscheinlich aufgefordert worden sei zu sagen, sie seien Mr. Biko während der Vernehmung gezeigt worden. Es sei interessant, daß der Anwalt der Polizei Dokumente vorlegen wolle, die nicht ordnungsgemäß bestätigt worden seien, nachdem sein Antrag auf einen so starken Widerstand gestoßen sei, Erklärungen des Ministers vorzulegen, deren Richtigkeit er durchaus hätte nachweisen können.

Mr. van Rooyen behauptete dagegen, um die Echtheit der Dokumente zu beweisen, habe er nicht unbedingt die Personen, die sie ausgefertigt hätten, dem Gericht vorstellen müssen. Er interessiere sich für einen bestimmten Geisteszustand. Mr. Kentridge habe gesagt, die Polizei habe Mr. Biko mit Gewalt zu einem Geständnis gezwungen, aber die Polizei behaupte, sie habe ihm die Dokumente vorgelegt. Hier käme es auf den Geisteszustand der Vernehmungsbeamten und des Gefangenen an. Wenn die Aussagen über die Konfrontation richtig seien, dann hätte es zu heftigen Reaktionen kommen können. Wenn er nun die Dokumente nicht vorlegte, könne behauptet werden, diese Dokumente existierten nicht. Und wenn es möglich wäre zu behaupten, daß keine Dokumente existieren und es keine Konfrontation gegeben habe, dann würde er in nicht wiedergutzumachender Weise benachteiligt, falls er diese Erklärungen nicht vorlegen dürfe. Objektiv gesehen könnte der Inhalt sogar falsch sein, doch hier ginge es nur um die Frage des Geisteszustandes.

Nun schaltete sich auch Mr. von Lieres ein. Es ginge allein um die Frage, ob die Dokumente vor der Rauferei existiert hätten. Es sei gleichgültig, ob die Tatsachen richtig oder falsch dargestellt würden, solange Mr. Biko an die Richtigkeit geglaubt habe.

Also entschied der Richter, mit der Vorlage der Dokumente habe man nur ihre Existenz beweisen wollen, nicht aber die Glaubwürdigkeit oder Richtigkeit ihres Inhalts. Sie dürften dem Gericht zum Nachweis ihrer Existenz vorgelegt werden.

Dann fuhr Mr. van Rooyen mit der Zeugenvernehmung fort. Auf die Frage nach den Erklärungen sagte Oberst Goosen, er habe die Dokumente vor dem 6. September erhalten und ihren Inhalt mit den Angehörigen seines Stabes besprochen. Er glaube, die darin enthaltenen Auskünfte über die BPC entsprächen der Wahrheit, und er habe die Handschrift, in denen diese Dokumente verfaßt seien, als die von Patrick Titi und Peter Jones erkannt. Diese und andere Dokumente befänden sich im Besitz der unter Major Snyman arbeitenden Vernehmungsbeamten. Nach seiner Ansicht enthielten sie genügend Material, um Mr. Biko damit zu konfrontieren.

Dr. I. Gordon, einer der beiden Beisitzer, stellte Oberst Goosen einige Fragen über seine Selbstmordtheorie.

DR. GORDON: Nehmen wir an, der Mann erlitt am 6. oder 7. September eine Kopfverletzung. Hätte er nicht in verwirrtem Zustand auf dem Rand der Badewanne sitzen können?
OBERST GOOSEN: Bis zu diesem Zeitpunkt wußte ich nicht, daß es mit seinem Kopf Probleme gab. Ich gebe jetzt zu, daß er sich auf Zimmer 619 hat verletzen können, aber ich rief sofort den Arzt. Es ist unnatürlich, daß ein Mann um 3 Uhr morgens ein Bad nimmt.
DR. GORDON: Wie hätte er Selbstmord in Anwesenheit anderer begehen können?

Oberst Goosen erwiderte, er glaube nicht, daß Mr. Biko unter persönlicher Aufsicht stand, aber er könne sich irren.

DR. GORDON: Wenn er nicht bewacht war, dann wäre das gegen Ihre Anweisungen gewesen.
OBERST GOOSEN: (Anwort nicht zu hören).
DR. GORDON: Sie haben keine medizinischen Kenntnisse und... (nicht zu hören). Dann sind Sie der erste, der sagt, daß Hyperventilation zum Selbstmord führen könne?
OBERST GOOSEN: Nein, das ist meine eigene Theorie.
DR. GORDON: Ich möchte noch etwas erfahren: Kann sich ein Mann mit dieser Methode umbringen?
OBERST GOOSEN: Das kann ich nicht sagen.
DR. GORDON: Gehe ich richtig in der Annahme, daß Sie keine wesentlichen Gründe haben, um zu sagen, daß sich jemand auf diese Weise umbringen kann?
OBERST GOOSEN: Überhaupt keine wesentlichen Gründe. Ich habe mich geirrt. Es war eben die Vermutung eines Laien.

Nach dem Mittagessen wurde Hauptmann Daniel Siebert zurückgerufen. Man zeigte ihm die handschriftlichen Unterlagen mit vermeintlichen Aussagen von Mr. Jones und Mr. Titi. Hauptmann Siebert wurde von Mr. van Rooyen befragt und sagte, daß das Team Mr. Biko während des Verhörs gefragt habe, ob er die Handschrift von Mr. Titi und Mr. Jones erkenne. Richter Prins fragte dann den Hauptmann, wann man Mr. Biko mit den Unterlagen konfrontiert habe. Hauptmann Siebert sagte, das wäre am Nachmittag des 6. September geschehen. Am Abend des 7. September wurden Mr. Biko keine weiteren Unterlagen gezeigt.

Der nächste Zeuge war Mr. J. Fitchet, ein Wärter des Gefängnisses von Port Elizabeth, der drei Erklärungen vor Gericht abgab. In einer vom 15. September datierten Erklärung sagte Mr. Fitchet folgendes: Am 9. September, als er sich um Mr. Biko kümmerte, gab er ihm einen Becher *puzamandla*, den er austrank; Mr. Biko bat dann um Wasser und trank zwei volle Becher aus; dann sagte er, er wolle Mr. Fitchet küssen, weil Mr. Fitchet ihm *magewu* und Wasser gegeben habe.

Mr. Fitchet sagte ferner, daß Mr. Biko nach Bewegung verlangte, sich von seinem Bett erhob und in seiner Zelle umherging. Er ging ohne Hilfe und ohne sich auf irgend etwas zu stützen. Er schien nicht unsicher auf den Beinen. Er hatte den Kopf gesenkt, die Augen auf den Boden gerichtet. Nach ungefähr zwanzig Minuten sagte er, er sei müde, und setzte sich wieder auf sein Bett.

Auf Mr. Fitchets Frage erzählte Mr. Biko, daß seine Familie in Fort Beaufort lebe. Mr. Fitchet fragte ihn, warum man ihn verhaftet habe; Mr. Biko sagte, er sei in seinem Auto unterwegs gewesen. Auf die Frage, was für ein Auto das gewesen sei, sagte er, ein Passat, der jetzt in Queenstown stünde. Mr. Biko wollte dann nichts mehr sagen.

Mr. Wentzel, der die Familie Biko vertrat, befragte Mr. Fitchet über diese Aussagen. »In Anbetracht seiner gesundheitlichen Verfassung ist es unvorstellbar, daß er am 9. September in der von Ihnen beschriebenen Weise umhergelaufen ist. Was sagen Sie dazu?« Mr. Fitchet ergriff das Mikrophon, schwieg jedoch.

MR. WENTZEL: Vom Mikrophon werden Sie keine Inspiration bekommen.
MR. FITCHET: Diese Frage kann ich nicht beantworten.

Mr. Wentzel wies Mr. Fitchet auch darauf hin, daß andere Zeugen gesagt hatten, Mr. Bikos Aussprache sei einige Male vor dem

9. September undeutlich gewesen, und Dr. Lang, der Bezirksarzt, habe bei einer Untersuchung am 7. September festgestellt, daß Mr. Biko torkele. Mr. Wentzel wies auch darauf hin, daß niemand in Mr. Bikos Familie aus Fort Beaufort stamme und daß man ihn in einem Peugeot und nicht in einem Passat verhaftet habe, und zwar in King William's Town, nicht in Queenstown.

Mr. Wentzel befragte Mr. Fitchet auch über eine vervielfältigte Erklärung, die auszufüllen ihn General Kleinhaus gebeten hatte. Die schriftliche Aussage enthielt Erklärungen, die mit Mr. Bikos Haft zu tun hatten. Der Ausfüllende mußte unrichtige Behauptungen ausstreichen, richtige stehenlassen und eigene Kommentare hinzufügen, wenn er es für nötig hielt. Mr. Wentzel sagte, in dieser Untersuchung würden eine große Anzahl solcher schriftlicher Aussagen als beschworenes Beweismaterial verwendet. Mr. Fitchet strich folgende Worte aus: »Außer dem, was ich schon in meiner (meinen) Erklärung(en) gesagt habe, habe ich keinerlei Verletzungen an Steve Biko bemerkt.« Er strich auch diese Behauptung aus: »Bei meinem Besuch bei Steve Biko bemerkte ich folgende Verletzung(en).« Folgende Erklärung blieb so, wie sie in der vervielfältigten Form dastand: »Ich bemerkte keinerlei Verletzung an Steve Biko.« Mr. Fitchet hatte folgendes hinzugefügt: »...außer Handschellenspuren an beiden Handgelenken.«

Die andere Erklärung, die unverändert blieb, war folgende: »Mir wurde auf einem Foto, das während der Obduktion von Mr. Biko aufgenommen wurde, eine Narbe gezeigt. Ich habe eine solche Narbe oder Verletzung an Steve Biko nicht bemerkt.«

MR. WENTZEL: Gab Ihnen General Kleinhaus Anweisungen, das, was nicht zutreffend war, allein oder im Beisein anderer Wärter auszustreichen?
MR. FITCHET: Er gab uns keine Anweisungen.
MR. WENTZEL: Erklärte er Ihnen, was Sie mit den vervielfältigten Formularen allein oder im Beisein Ihrer Kollegen tun sollten?
MR. FITCHET: Ich bin nicht sicher.
MR. WENTZEL: Es ist weniger als einen Monat her. Haben Sie ein besonders schlechtes Gedächtnis?
MR. FITCHET: Ja.

Hier bat Mr. von Lieres Leutnant Winston Eric Wilken in den Zeugenstand. Am 6. September um 18.00 Uhr hatte dieser mit den Oberfeldwebeln Coetzee und Fouche Nachtdienst. Er fand Mr. Biko im Verhörraum vor, wie er auf zwei Zellenmatten unter zwei Decken lag, mit einer dritten Decke als Kissen unter seinem Kopf. Einer von Mr. Bikos Füßen war locker unten an das Gitter vor der Tür gefesselt, und er trug Handschellen. Er konnte sich aber leicht bewegen.

Leutnant Wilken bemerkte, daß man eine Packung Milch und eine Fleischpastete auf den Aktenschrank gestellt hatte. Major Snyman sagte ihm, daß Mr. Biko nicht essen wolle. Auf die Frage, ob er irgendwelche Beschwerden hätte, wurde Mr. Biko aggressiv und antwortete mit Nein. Er wollte auch kein Essen und kein Wasser zu sich nehmen. Die meiste Zeit schlief Mr. Biko. Obwohl ihn Leutnant Wilken dazu aufforderte, wollte er nie die Toilette benutzen. Die Nacht verging ruhig.

Am nächsten Tag erwähnte Major Snyman ihm gegenüber, daß Mr. Biko sich am vorhergehenden Tag gewalttätig aufgeführt und ihn und andere Polizisten angegriffen hätte und daß sie eine Weile gebraucht hätten, um ihn wieder zu beruhigen. Man sagte ihm, daß Mr. Biko von einem Arzt untersucht worden sei, der nichts Negatives hätte feststellen können. Major Snyman hatte auch erwähnt, daß Mr. Biko nichts essen oder trinken wolle.

Als der Leutnant an jenem Abend zum Dienst erschien, schlief Mr. Biko immer noch auf denselben Matten. Sein Fuß war an das Gitter gekettet. Er hatte auch Handschellen an. »Ich bemerkte eine Schwellung auf der Oberlippe und meinte, das sei wohl das Ergebnis der Auseinandersetzung an jenem Tag«, sagte Leutnant Wilken.

Mr. Biko wachte ungefähr um 19.30 Uhr auf, und Leutnant Wilken sprach mit ihm. »Ich bot ihm Essen an, aber er wollte nichts. Ich sagte ihm, er möge doch endlich die Wahrheit sagen, er verschwende jedermanns Zeit. Seine Antwort war, ich solle ihm fünfzehn Minuten Zeit geben, dann würde er eine Erklärung abgeben. Ich habe ihm wirklich geglaubt und bin weggegangen. Als ich etwas später zurückkam, sah ich, daß er schlief.

Ungefähr um 21.00 Uhr wachte Mr. Biko auf und sprach mit schwerer Zunge. Ich wußte nicht, was los war, und rief Major Fischer, meinen Abteilungschef, an. Ich sagte ihm, daß Mr. Biko zu einem früheren Zeitpunkt eine Erklärung hätte abgeben wollen, aber jetzt mit schwerer Zunge spreche.«

Leutnant Wilken beschrieb dann den Landrover, mit dem Mr. Biko nach Pretoria gebracht wurde. Die Rücksitze waren entfernt worden; an ihre Stelle hatte man fünf Zellenmatten gelegt. Mr. Biko war in vier Decken eingehüllt. Eine fünfte benutzte er als Kissen. Leutnant Wilkens ziemlich lange Erklärung war auf den 7. September datiert.

In seiner zweiten Erklärung vom 20. Oktober sagte Leutnant Wilken, er sei an jenem Tag von General Kleinhaus unterrichtet worden, daß dieser die Umstände, die zu Mr. Bikos Tod geführt hätten, untersuche; eine Obduktion habe ergeben, daß die Todesursache eine Verletzung gewesen sei, die wiederum zu einer Gehirnverletzung geführt habe. Man zeigte Wilken ein Foto, auf dem eine Narbe über dem linken Auge zu sehen war. »Man sagte mir, es sei möglich, daß Mr. Biko sich diese Verletzung zugezogen habe, während ich ihn bewachte. General Kleinhaus machte mich darauf aufmerksam, daß ich nicht verpflichtet sei, irgendeine weitere Erklärung abzugeben.«

Der Leutnant fuhr fort: »Jetzt, als man mir das Foto von Mr. Bikos Gesicht mit der Narbe über dem linken Auge zeigte, erinnerte ich mich, daß ich, als ich mich am 6. September kurz nach 18.00 Uhr zum Dienst meldete, sah, daß Mr. Biko, der auf dem Rücken mit dem Gesicht zur Decke dalag, eine dunklere Stelle auf der Haut hatte, ähnlich einem Muttermal, dunkelbraun, über seinem linken Auge, ungefähr an derselben Stelle wie auf dem Foto. Ich habe nicht weiter darauf geachtet. Es sah mir nicht nach einer Verletzung aus. Biko beschwerte sich nicht.«

Leutnant Wilken sagte, die Wachmannschaft sei nicht in Mr. Bikos Zelle gewesen, wo er festgehalten wurde, sondern in einer Nachbarzelle, von wo aus sie ab und zu nach ihm sahen. Er sagte, er habe Mr. Biko zu keiner Zeit ins Kreuzverhör genommen. Mr. von Lieres fragte dann, ob Mr. Biko von dem Leutnant oder irgendwelchen anderen Diensthabenden angegriffen worden sei. Wilken antwortete: »Nein.«

Dann nahm Mr. Kentridge Leutnant Wilken ins Kreuzverhör.

MR. KENTRIDGE: Als Sie Major Snyman ablösten, hat er Sie da über Fortschritte des Verhörs unterrichtet?
LEUTNANT WILKEN: Ich wußte, daß sie vorangekommen waren.
MR. KENTRIDGE: Sagte er, wie sie mit Biko zurechtkamen?
LEUTNANT WILKEN: Ich kann mich nicht erinnern, daß er irgendeinen Fortschritt erwähnte, aber er sah zufrieden aus.
MR. KENTRIDGE: Als Sie ihn am 6. September ablösten, sollten Sie da das Verhör weiterführen?
LEUTNANT WILKEN: Nein.
MR. KENTRIDGE: Kommt es Ihnen nicht eigenartig vor, daß ein Leutnant und zwei Oberfeldwebel abkommandiert wurden, um einen an Händen und Füßen gefesselten Mann zu bewachen?
LEUTNANT WILKEN: Ja, wahrscheinlich, unter normalen Umständen. Das waren die Anweisungen des Obersts.
MR. KENTRIDGE: Zu einem früheren Zeitpunkt am Abend sagten Sie Biko, er solle mit der Wahrheit herausrücken.
LEUTNANT WILKEN: Wenn Sie Mittwoch, den 7. September meinen, ist das richtig.
MR. KENTRIDGE: Mit der Wahrheit worüber?
LEUTNANT WILKEN: Es ist üblich, daß man einem Festgehaltenen sagt, er solle die Wahrheit sagen. Manchmal weiß man gar nicht, um was es geht.
MR. KENTRIDGE: Warum sagten Sie, daß er jedermanns Zeit vergeude?

Leutnant Wilken sagte, wenn Mr. Biko die Wahrheit gesagt hätte, hätten sie ihn zurück in seine Zelle gebracht.

MR. KENTRIDGE: Major Snyman sagte, daß Sie mit Ihren beiden Assistenten zu dem Nachtverhörteam gehört hätten.
LEUTNANT WILKEN: Das stimmt nicht.
MR. KENTRIDGE: Was meinte er, als er von fünfzehn Minuten sprach?
LEUTNANT WILKEN: Biko sagte, geben Sie mir 15 Minuten.
MR. KENTRIDGE: Sie müssen ziemlich zufrieden gewesen sein, als Biko sagte, er würde Ihnen gegenüber eine Erklärung abgeben.
LEUTNANT WILKEN: Ich war überrascht und froh.
MR. KENTRIDGE: Das war sehr gut für einen, der mit dem Verhör nichts zu tun hatte.

Leutnant Wilken: Ja.
Mr. Kentridge: Haben Sie dann Papier und Feder geholt?
Leutnant Wilken: Dazu war es zu früh; erst brauchten wir die Geschichte mündlich.
Mr. Kentridge: Kamen sie nach 15 Minuten zurück?
Leutnant Wilken: Ja, er schlief.
Mr. Kentridge: Warum weckten Sie ihn nicht auf?
Leutnant Wilken: Es war... (undeutlich) nicht meine Anweisung, ihn aufzuwecken.
Mr. Kentridge: Sie hatten einen großen Durchbruch erzielt. Sie sagten, Sie wären froh gewesen.
Leutnant Wilken: Ich hatte Anweisung, ihn ausruhen zu lassen, und als es so aussah, als ob er schliefe, habe ich ihn in Ruhe gelassen.
Mr. Kentridge: Fanden Sie das nicht eigenartig: Erst sagte er 15 Minuten, und dann fanden Sie ihn schlafend vor?
Leutnant Wilken: Kann sein, daß er mich auf den Arm genommen hat.
Mr. Kentridge: Er wachte ungefähr eine Stunde später auf?
Leutnant Wilken: Richtig.

Mr. Kentridge befragte dann Leutnant Wilken über die Narbe auf Mr. Bikos Stirn. Leutnant Wilken sagte, er habe die Narbe das erste Mal gesehen, als er im Dunkeln auf einem Stuhl neben Mr. Biko gesessen habe.

Mr. Kentridge: Saßen Sie nicht auf dem Stuhl wie eine Nachtschwester, um ihm ein paar Fragen zu stellen?
Leutnant Wilken: Euer Ehren, das mit der Nachtschwester gefällt mir nicht, aber ich habe ihm keine Fragen gestellt.

Leutnant Wilken sagte, er habe nur auf dem Stuhl gesessen, um die Zeit totzuschlagen. Mr. Kentridge wies darauf hin, daß es viele Methoden gäbe, die Zeit totzuschlagen. Außerdem habe er zwei Kollegen gehabt, und es gebe ja auch Zeitungen. Leutnant Wilken sagte: Ja, es seien Zeitungen dagewesen. Er erklärte, das Licht im Büro nebenan habe gebrannt, und es sei nicht so dunkel gewesen. Mr. Kentridge fragte, was er an jenem Abend wirklich tat, worauf er erwiderte: »Ich weiß nicht, worauf Sie anspielen, aber nichts ist passiert.«

Mr. Kentridge sagte ihm, er sei der einzige einer Anzahl von Polizisten, der zugegeben habe, eine Narbe auf der linken Stirnseite von Mr. Biko gesehen zu haben. Leutnant Wilken erwiderte, daß er die Angelegenheit oft mit seinen Kollegen besprochen habe, daß er seinen Kollegen aber nichts von der Narbe gesagt habe, weil er ihr nie eine besondere Bedeutung beigemessen habe.

Der Richter vertagte die Sitzung dann bis Montag und gab bekannt, daß er nach einer Besprechung mit den an der Untersuchung beteiligten Rechtsbeiständen beschlossen habe, die drei vor dem Mittagessen eingeführten Unterlagen nicht zur Veröffentlichung freizugeben; sie seien unter der klaren Bedingung angenommen worden, daß sie nur zum Beweis ihrer Existenz dienen sollten, und nicht als Beweis ihres Inhaltes.

(Vertagung)

Sechster Tag: Montag, 21. November 1977

Mr. Kentridge berichtete von seinen privaten Gesprächen mit den beiden Brigadegenerälen, denen Oberst Goosen Bericht erstattet haben sollte. Die Besprechungen waren auf die Weigerung des Richters Prins hin erfolgt, Presseberichte über die Erklärungen des Polizeiministers, Mr. J. T. Kruger, als Beweismaterial zuzulassen. Es war dann vereinbart worden, daß Mr. Kentridge sich privat mit den beiden Brigadegenerälen* besprechen könnte. Man nahm an, daß die Brigadegeneräle Glieder in der Informationskette über Mr. Bikos Tod seien, die zwischen Oberst Goosen und Mr. Kruger gespannt war.

Über seine Begegnung mit den Brigadegenerälen Zietsman und Coetzee sagte Mr. Kentridge: »Wir sprachen mit beiden Brigadegenerälen getrennt. Beide Gespräche wurden in Anwesenheit des Ermittlungsbeamten, Generalmajor Kleinhaus, geführt. Die Informationen und Erklärungen, die ich von den Brigadegenerälen erhalten habe, haben viele der Probleme geklärt, die existierten,

* Brigadegeneral C. F. Zietsman, Leiter der Sicherheitspolizei, und sein Vertreter, Brigadegeneral P. J. Coetzee.

als wir den Antrag stellten, diese und andere Offiziere aufzurufen, die wir als Glieder in der Informationskette zwischen Oberst Goosen und dem Minister bezeichneten.

Wir wußten damals nicht, wie viele Glieder die Kette enthielt und wer diese Glieder waren. Wir sind jetzt in der Lage, Brigadegeneral Coetzee völlig aus der Untersuchung auszuschließen. Am 13. September war er nicht in Pretoria, und Oberst Goosen hat an jenem Tag nicht mit ihm gesprochen. Wir sind uns darüber im klaren, daß ihn in dieser Angelegenheit keine Verantwortung trifft und daß es nicht nötig ist, ihn als Zeugen aufzurufen.

Tatsächlich war es Brigadegeneral Zietsman, mit dem Oberst Goosen am Vormittag des 13. September sprach. Brigadegeneral Zietsman hat nichts weiter getan, als die Information, die ihm Oberst Goosen gab, zu notieren. Brigadegeneral Zietsman stellte die Fragen, Oberst Goosen beantwortete sie, und der Brigadegeneral schrieb sie auf. Der Brigadegeneral gab die Information dann an den Chef der südafrikanischen Polizei, General Prinsloo, weiter, der vermutlich dem Minister Bericht erstattete.

Wir glauben nicht, daß General Prinsloo die ihm gegebene Information verzerrt hat; auch nicht der Minister.

Was von großer Bedeutung ist und sich bei unserem Gespräch herausgestellt hat: Brigadegeneral Zietsman tat es auch nicht. Seiner Ansicht nach kann es auch keinen Irrtum gegeben haben, wenigstens keinen Irrtum, der an der ernsthaft unrichtigen Schilderung der Verhältnisse, die der Minister am 13. und 14. September von sich gab, schuld sein könnte. Es scheint deshalb nur nötig zu sein, Brigadegeneral Zietsman aufzurufen. Er kann die ganze Angelegenheit in wenigen Worten klären. Überdies sagte er uns, daß das Büro in Port Elizabeth nach seinem Gespräch mit Oberst Goosen sogar Fernschreiben an das Sicherheitspolizei-Hauptquartier in Pretoria im Zusammenhang mit der Verhaftung Bikos schickte. Wir haben um diese Fernschreiben gebeten, aber Brigadegeneral Zietsman kann sie nicht ohne Genehmigung des Polizeichefs herausgeben. Natürlich hat dieses Gericht die Befugnis, die Herausgabe dieser Fernschreiben zu verlangen.

Wir bitten dann das Gericht, zur gegebenen Zeit Brigadegeneral Zietsman vorzuladen und ihn aufzufordern, die einschlägigen Fernschreiben aus Port Elizabeth mitzubringen.«

Er sagte, er wolle schriftliche Aussagen einbringen, welche die vermeintlichen Erklärungen des Ministers vom 13. und 14. September bestätigten. Diese stammten von einem Journalisten der *Rand Daily Mail*, Mr. Patrick Laurence, und einem Anwalt, der die *Rand Daily Mail* in einem kürzlich veranstalteten Hearing des Press Councils über diese Erklärungen vertrat: Mr. William Lane.

Mr. van Rooyen, Anwalt der Polizei, erhob dagegen Einspruch, besonders gegen die schriftlichen Aussagen von Mr. Laurence. Mr. Prins habe schon entschieden, daß Unterlagen, die sich auf Erklärungen des Ministers bezögen, auf Hörensagen basierten und unzulässig seien; die schriftliche Aussage eines Journalisten sei belanglos und unzulässig.

Mr. Prins sagte, keine schriftliche Aussage, welche die Erklärung des Ministers bestätige, könne etwas ändern. Das, was als Erklärung des Ministers veröffentlicht worden sei, sei als richtig akzeptiert. Bevor das Gericht nicht irgendeinen Hinweis darauf habe, welche Teile von Oberst Goosens Aussage unrichtig seien, könne es keine schriftliche Aussage von Brigadegeneral Zietsman verlangen; nur dann würde es sich überlegen, ob man ihn als Zeugen aufrufen oder ob man irgendwelche Fernschreiben über seine Berichte an den Minister einsehen solle.

Mr. Kentridge fuhr dann mit seiner Befragung Leutnant Wilkens fort. Dieser sagte, er habe Wert darauf gelegt, in der Nacht vom 6. September von Zeit zu Zeit nach Mr. Biko zu sehen. Er sagte, er glaube, allein gewesen zu sein, als er mit Mr. Biko auf Zimmer 619 sprach, und er glaube, daß Mr. Biko den Großteil der Nacht geschlafen habe.

Mr. Kentridge fragte Leutnant Wilken, ob er ernsthaft glaube, daß man die Nacht durchschlafen könne, wenn man mit Handschellen und Fußeisen gefesselt sei. Leutnant Wilken sagte, meist wache man nachts ja sowieso auf, auch ohne Handschellen und Fußeisen. Leutnant Wilken sagte dann, er habe ja schon zu Protokoll gegeben, daß Mr. Biko nur an einem Fuß angekettet gewesen sei und sich deshalb sehr wohl habe bewegen können. Wenn er sage, Mr. Biko habe geschlafen, dann meine er, daß seine Augen nicht offen gewesen seien. Mr. Bikos Handschellen seien locker angelegt gewesen, und er bestreite, daß der Druck des Fußeisens sich immer als Gewicht auf dem Bein bemerkbar gemacht habe. Der Druck würde genauso sein wie bei jemandem, der eine Sonnenbrille trüge.

Leutnant Wilken stimmte der Behauptung zu, daß Mr. Bikos Fuß und Knöchel angeschwollen gewesen seien.

Mr. Kentridge sagte, medizinischem Beweismaterial zufolge, das man vorlegen würde, erschiene es wahrscheinlich, daß sich Mr. Biko seine Verletzung in der Nacht vom 6. auf den 7. September oder am frühen Morgen des 7. September zugezogen habe, vor 7.30 Uhr. Wenn das der Fall sei, scheine die Verantwortung bei Leutnant Wilkens Nachtteam oder Major Snymans Tagesteam zu liegen.

Leutnant Wilken sagte, er könne sich nicht erklären, wie sich Mr. Biko eine Verletzung hätte zufügen können, während er in seiner Obhut war, oder wie er am 6. September eine Kopfverletzung hätte erleiden können.

Er war bei der Landrover-Fahrt von Port Elizabeth nach Pretoria dabeigewesen, er hatte vorne in dem Fahrzeug gesessen. Mr. Bikos Zustand war normal, mit der einzigen Ausnahme, daß Mr. Bikos Atem jedesmal, wenn sie sich einer Stadt näherten, schwerer wurde. Anscheinend schlief Mr. Biko die meiste Zeit. Als sie zum Tanken anhielten, gab er Mr. Biko keine Gelegenheit, auszusteigen und sich die Beine zu vertreten. Es wurde ihm erlaubt, auf die Toilette zu gehen, aber er wollte nicht.

Als sie in Pretoria ankamen, war Mr. Bikos Zustand unverändert; der war nach Meinung von Leutnant Wilken normal.

MR. KENTRIDGE: Er war normal, und jetzt reden wir von ungefähr zwölf Stunden vor seinem Tod.
LEUTNANT WILKEN: Das ist richtig.

Mr. Kentridge sagte, ein Pfleger im Gefängnis von Pretoria, Unteroffizier Pretorius, hätte gesagt: »Biko sah todkrank aus.« Erinnere sich Leutnant Wilken daran, diese Bemerkung gehört zu haben? Der Leutnant sagte, er erinnere sich nicht.

Mr. Kentridge fragte ihn, ob er sich daran erinnern könne, daß einer aus seiner Gruppe beim Aufenthalt im Gefängnis von Pretoria den anderen gesagt habe, Mr. Biko habe vier Jahre Medizin studiert, mache Yogaübungen und könne Leute leicht täuschen. Leutnant Wilken sagte, es sei gut möglich, daß er das selber gesagt habe, da er zu jenem Zeitpunkt glaubte, Mr. Biko simuliere. Solange sie im Landrover gesessen hätten, habe Mr. Biko normal geatmet, aber als das Licht anging und die Menschen herumstanden, habe er tiefer geatmet.

Mr. Kentridge sagte, er wolle das Gericht bitten, diese Antwort als Beweis für das Simulieren von Mr. Biko abzulehnen.

MR. KENTRIDGE: Welches Recht hatten Sie zu behaupten, dieser Mann könne Leute täuschen und simuliere wahrscheinlich?
LEUTNANT WILKEN: Es war meine Meinung.
MR. KENTRIDGE: Wie kommt es, daß ihr von der Sicherheitspolizei dauernd behaupten mußtet, daß er wahrscheinlich simuliere?
LEUTNANT WILKEN: Die Ärzte hatten eben gesagt, daß ihm nichts fehle. Wir mußten annehmen, daß sie recht hatten.
MR. KENTRIDGE: Ist der wahre Grund nicht der, daß es da etwas gab im Zusammenhang mit diesem Mann, was Sie vertuschen wollten?
LEUTNANT WILKEN: Nein, wir hatten nichts zu befürchten oder zu vertuschen.

Mr. Kentridge sagte, aus den schriftlichen Aussagen ginge deutlich hervor, daß die Wärter in Port Elizabeth sich um Mr. Bikos Zustand Sorgen gemacht und ihn auf menschliche und zuvorkommende Weise behandelt hätten. Einige hatten ihn sogar gefüttert, als er nicht selber essen konnte. Leutnant Wilken sagte, er habe Mr. Biko auch menschlich behandelt.

MR. KENTRIDGE: Die Situation ist die: Sie werden an einem Samstagabend auf eine dringende Reise nach Pretoria geschickt, um einen Mann ins Krankenhaus zu bringen. Laut Ihrer Aussage hat er Essen und Wasser abgelehnt und während einer zwölf- bis vierzehnstündigen Fahrt keine Gelegenheit wahrgenommen, die Toilette aufzusuchen. Soweit wir wissen, hat er während der ganzen Reise kein Wort gesprochen. Dann, bei Ihrer Ankunft in Pretoria, maßten Sie sich an, Leuten zu sagen, dies sei eine Person, die andere leicht täuschen könne und die wahrscheinlich simuliere. Ist das eine angemessene Zusammenfassung dessen, was passiert ist?

LEUTNANT WILKEN: Wenn man den Hintergrund ausläßt, ist sie einseitig, aber sonst – ja, richtig.
MR. KENTRIDGE: Ich meine, es war nicht Biko, der simuliert hat, sondern die Mitglieder der Sicherheitspolizei. Ich werde feststellen, daß dieser dauernde Refrain dazu da war, um von dem abzulenken, was die Sicherheitspolizei tatsächlich getan hat.
LEUTNANT WILKEN: (Antwort nicht zu hören).

Leutnant Wilken sagte, Mr. Biko habe niemals mit der Sicherheitspolizei zusammengearbeitet, da er sie als Feinde betrachtete; gegenüber den Gefängniswärtern hingegen habe er eine andere Einstellung gehabt. Mr. Kentridge sagte, diese andere Einstellung hätte noch einen Grund: Vielleicht schlugen die Gefängniswärter Mr. Biko nicht zusammen.

Leutnant Wilken sagte, Mr. Kentridge sei nicht dabeigewesen und könne das nicht sagen. Mr. Kentridge gab Leutnant Wilken recht, sagte aber, daß Mr. Biko zu einem bestimmten Zeitpunkt körperlich mißhandelt worden sei; er überließ es dem Leutnant zu erklären, wie Mr. Biko zu seiner Verletzung käme. Mr. Kentridge fügte hinzu, dies unterstreiche die Nachteile, die das Abkapseln eines Gefangenen von der Außenwelt mit sich brächte.

Mr. van Rooyen, Anwalt der Polizei, sagte, er wolle sich heftig über Mr. Kentridges Anspielung auf eine vermeintliche körperliche Mißhandlung beschweren. Bis jetzt lägen für solche Bemerkungen noch keine Beweise vor.

Mr. Kentridge sagte, die Anwälte der Familie Biko hätten vor, die Behauptung aufzustellen, daß Mr. Biko wahrscheinlich eine Kopfverletzung zwischen dem Abend des 6. September und 7.30 Uhr am Morgen des 7. September erlitten habe. Es läge auf der Hand, daß man mit ihm gewalttätig umgegangen sei; das Gericht habe noch keine Erklärung für diese Verletzung erhalten. Das Gericht müsse seine eigenen Schlußfolgerungen ziehen.

Mr. van Rooyen sagte, es lägen die klarsten Beweise vor, daß es einen gewalttätigen Akt gegeben habe, der aber von Mr. Biko, nicht von der Polizei ausgegangen sei, und zwar am Morgen des 7. September, an dem Mr. Bikos Kopf mit der Wand in Berührung gekommen sein mag.

Mr. Kentridge erwiderte: »Ich wäre über alle Maßen daran interessiert, von meinem gelehrten Kollegen zu hören, ob sich der Kopf mit der Wand in Verbindung gesetzt hat oder die Wand mit dem Kopf.«

Mr. van Rooyen fragte Leutnant Wilken, ob er an Mr. Biko irgendeine Verletzung bemerkt habe, die auch nur im geringsten andeuten könnte, daß man ihn körperlich mithandelt habe. Leutnant Wilken sagte, als er die Narbe über Mr. Bikos linkem Auge gesehen habe, sei die Stelle nur dunkler als die übrige Haut gewesen, aber es habe nicht nach dem Ergebnis einer Handgreiflichkeit ausgesehen.

Mr. Pickard, der die Ärzte vertrat, brachte dann das Ersuchen vor, man möge die gerichtliche Untersuchung, sobald die Aussagen der Laien abgeschlossen seien, verschieben, möglichst auf den 9. oder 15. Januar. Er sagte, Dr. Lang und Dr. Tucker seien erst letzten Donnerstag in Pretoria angekommen und es sei sehr schwierig, das Beweismaterial für die Verhandlung auf angemessene Weise vorzubereiten: Man müsse eine Vielzahl von Informationen verschiedener medizinischer Experten prüfen.

Es sei gut möglich, daß sich die Familie Biko über die Ärzte, die Mr. Biko während seiner letzten Tage behandelt hätten, kritisch äußern würde. Er fügte hinzu, die berufliche Karriere der Ärzte, die er vertrete, stünde auf dem Spiel.

Nach einer Diskussion und einer kurzen Vertagung lehnte Mr. Prins das Ersuchen ab.

Dr. Ivor Lang, Bezirksarzt aus Port Elizabeth, wurde dann von Mr. von Lieres in den Zeugenstand gerufen. Seine Aussage enthielt folgendes:

Auf Ersuchen Oberst Goosens besuchte er Mr. Biko am 7. September. Nach den Umständen befragt, gab er die Zeit seines Besuches mit 12.00 Uhr an, änderte dies aber in einer späteren schriftlichen Aussage in 9.30 Uhr um. Oberst Goosen, sagte er, habe sich besorgt darüber geäußert, daß Mr. Biko einen Schlaganfall erlitten haben könnte. Er führte eine lange und vollständige Untersuchung durch und teilte Oberst Goosen, bevor er ging, mit, daß er keinen organischen Grund für Mr. Bikos offensichtliche Schwäche habe ausfindig machen können und daß er sicher sei, Biko habe keinen Schlaganfall erlitten; es lag auch keine Lähmung vor.

Im Kreuzverhör wies Mr. Kentridge darauf hin, daß Oberst Goosen Dr. Lang nach seinem ersten Besuch bei Mr. Biko um ein medizinisches Attest gebeten habe. In diesem Attest hieß es, daß Dr. Lang bei Mr. Biko keinen Hinweis auf Anomalien habe feststellen können, auch keinen pathologischen Befund. Mr. Kentridge sprach dann von einem klinischen Bericht, den Dr. Lang dem Pathologen, der die Obduktion an Mr. Biko durchführte, gegeben hatte. Dieser Bericht führte unter anderem auf, daß Mr. Bikos innere Oberlippe eine kleine Verletzung aufwies und daß über dem Brustbein, ungefähr beim zweiten Rückenwirbel, eine Beule war. Um beide Hände und Handgelenke zeigten sich pigmentierte Spuren, und die Füße und Knöchel waren angeschwollen.

Mr. Kentridge wies darauf hin, daß in dem Bericht für Oberst Goosen keine dieser Verletzungen Erwähnung fand. Dr. Lang konnte dafür keine Erklärung abgeben; er sagte, er nehme an, der erste Bericht habe nur für Aufzeichnungszwecke gedient.

Mr. Kentridge: Wäre es für Aufzeichnungszwecke nicht wichtig gewesen, einen kompletten und korrekten Bericht zu haben?
Dr. Lang: Rückblickend, ja.
Mr. Kentridge: Warum nicht damals?
Dr. Lang: Ich habe nicht daran gedacht.

Dr. Lang gab zu, daß der erste Teil des auf Oberst Goosens Wunsch angefertigten Berichtes unrichtig sei. Mr. Kentridge kam dann auf folgenden Satz zu sprechen: »Ich habe an dem Festgehaltenen keine Zeichen von Anomalie und keinen pathologischen Befund feststellen können.« Dr. Lang gab zu, daß er die Verletzungen, die in dem späteren Bericht erwähnt wurden, gesehen hatte.

Mr. Kentridge: Nichts davon ist in Ihrem Bescheid erwähnt. Hätte jemand, der Ihren Bericht später gelesen hätte, ihn nicht auch so auslegen können, daß bei Mr. Biko keine Verletzungen festzustellen gewesen seien? Also wäre dieser Teil ebenfalls unrichtig?
Dr. Lang: Ja, das stimmt.
Mr. Kentridge: Es hätte doch sein können, daß Mr. Biko eines Tages sagen würde, er hätte eine zerschnittene, angeschwollene Lippe gehabt, und man hätte ihn einen Lügner genannt.
Dr. Lang: Ja, das sehe ich jetzt ein.
Mr. Kentridge: Ist das nicht der Grund, weshalb Oberst Goosen den Bescheid wollte?
Dr. Lang: Ich glaube nicht.

Mr. Kentridge fragte Dr. Lang auch, ob er das Gefühl habe, daß Oberst Goosen ihn deshalb über Mr. Bikos Medizinstudium unterrichtet habe, um darauf anzuspielen, daß Mr. Biko vielleicht simuliere. Dr. Lang erwiderte: »Das ist eine Möglichkeit.« Mr. Kentridge wollte auch wissen, warum Dr. Lang Mr. Biko nicht gefragt hatte, wie er zu seinen Verletzungen gekommen war. Dr. Lang sagte, er habe angenommen, Biko habe sie sich zugezogen, während er von der Polizei überwältigt worden sei. Er habe auch angenommen, daß es ihm Oberst Goosen gesagt hätte, falls das nicht der Fall gewesen sei, und er habe Mr. Biko nicht gefragt, als Oberst Goosen draußen war, weil er »annahm, daß er (Biko) mir es selber gesagt hätte«.

Mr. Kentridge: Hatten Sie nicht an die Möglichkeit einer Kopfverletzung gedacht?
Dr. Lang: Ja, sofort. In dem Augenblick, in dem ich die Verletzung an der Lippe sah, war das das erste, woran ich dachte.
Mr. Kentridge: Warum haben Sie sich nicht danach erkundigt?
Dr. Lang: Das kann ich nicht beantworten.
Mr. Kentridge: Oberst Goosen sagte Ihnen nie irgend etwas, um anzudeuten, daß Mr. Biko eine Beule am Kopf hätte?
Dr. Lang: Nein.

Er sagte, kein Sicherheitspolizist habe die Möglichkeit je erwähnt. Dr. Lang stimmte Mr. Kentridge zu, daß seine Untersuchung in gewissem Maße auf dem beruhte, was man ihm über den Patienten gesagt hatte. Mr. Kentridge fragte Dr. Lang, ob er wegen Mr. Bikos geschwollenem Knöchel die Anweisung gegeben habe, die Fußeisen nicht wieder anzulegen. Dr. Lang erwiderte, damals habe er nicht daran gedacht, aber rückblickend würde er es für ratsam halten. Mr. Kentridge wies das Gericht auf die Tatsache hin, daß man Mr. Biko nach der ärztlichen Untersuchung in Ketten auf seiner Matte liegen ließ. Dr. Lang sagte, er habe Mr. Biko eingehend untersucht und seinen Gesundheitszustand nicht für sonderlich bedenklich gehalten. Mr. Kentridge fragte Dr. Lang, warum er Mr. Biko wegen der ihm aufgefallenen Symptome nicht ins Bett stecken ließ. Dr. Lang sagte, er habe Oberst Goosen gebeten, ihn wieder zu rufen, falls sich Mr. Bikos Zustand nicht bessere.

Am folgenden Tag, dem 8. September, wurde Dr. Lang wieder von Oberst Goosen bestellt, der, so Dr. Lang, sehr besorgt war. Er kam mit dem Obersten Bezirksarzt, Dr. Tucker, um Mr. Biko zu untersuchen. Dr. Lang sagte, Mr. Biko habe sich verständlich ausgedrückt. Mr. Kentridge sagte, es gebe viele Zeugen, die sagten, Mr. Biko sei zeitweilig unansprechbar gewesen und man habe sich mit ihm nicht mehr verständigen können. Dr. Lang sagte, Mr. Biko habe klar geantwortet, als man ihn nach seinem Namen fragte. Mr. Kentridge sagte, seines Wissens reiche eine solche Befragung nicht aus, um die geistigen Fähigkeiten ausreichend zu testen.

Mr. Kentridge bemerkte, die Tatsache, daß Mr. Biko in Ketten lag, sei erst in Dr. Langs vierter schriftlicher Aussage erwähnt worden. Dr. Lang sagte, Mr. Biko sei am 8. September immer noch auf der Matte gelegen, den einen Fuß angekettet. Er konnte sich nicht entsinnen, ob Mr. Biko Handschellen trug; jedenfalls hatte man ihm nicht gesagt, daß Mr. Biko wieder gewalttätig gewesen sei. Auf die Frage, ob er darüber schockiert gewesen sei, antwortete er: »Ich war ziemlich überrascht.«

Bevor sie ihre Untersuchung um 12.45 Uhr begannen, sagte ihnen Oberst Goosen, daß Mr. Biko seit 24 Stunden keinen Harn gelassen habe. Bei der Untersuchung stellten sie fest, daß die Dekken genäßt waren und entsprechend rochen. Niemand kümmerte sich darum.

Dr. Lang sagte, er und Dr. Tucker hätten angeordnet, daß Mr. Biko ins Gefängnisspital von Sydenham gebracht werden solle. Auf die Frage Mr. Kentridges, ob Mr. Biko vielleicht einige Zeit unter den nassen Decken gelegen habe, sagte Dr. Lang: »Das mag sein.« Am Ende dieser Untersuchung hatte Mr. Biko um Wasser gebeten, weil er Durst hatte; er erhielt es von einem Mitglied der Sicherheitspolizei. Mr. Biko zeigte keine Anzeichen der Dehydrierung; seine Zunge war feucht und nicht trocken.

Während der am 8. September erfolgten Untersuchung hatte sich Mr. Biko über nicht zu lokalisierende Schmerzen im Kopf und im Rücken beschwert. Dr. Tucker sagte, er habe außerdem einen bedenklichen Reflex des Fußsohlenstreckmuskels festgestellt. Wenn Biko an der Fußsohle gestreift wurde, bog sich sein großer Zeh nach oben; was indessen normalerweise geschieht, ist, daß sich die Zehen nach innen biegen. Dr. Lang und Dr. Tucker sagten dann, daß sie Mr. Biko zur Untersuchung durch einen Facharzt ins Krankenhaus schaffen wollten.

MR. KENTRIDGE: Glaubten Sie zu diesem Zeitpunkt, daß er simulierte?
DR. LANG: Ich konnte nicht verstehen, warum er im Bett Harn gelassen hatte. Ich konnte daraus nur schließen, daß er nicht aufstehen konnte. Ich fragte ihn, aber er konnte mir keine befriedigende Antwort geben.
MR. KENTRIDGE: Diesbezüglich konnte er sich Ihnen nicht ausreichend mitteilen?
DR. LANG: Nein, diesbezüglich nicht.
MR. KENTRIDGE: Dachten Sie immer noch an die Möglichkeit einer Kopfverletzung?
DR. LANG: Von ferne.

Ungefähr um 21.45 Uhr am 8. September ließ man Dr. Hersch, einen Facharzt, kommen, um im Gefängnisspital von Sydenham, in Dr. Langs Anwesenheit, Mr. Biko untersuchen zu lassen. Bezüglich einer schriftlichen Aussage Dr. Herschs vom 16. September fragte Mr. Kentridge Dr. Lang, wer ihn über Mr. Bikos frühere Haft unterrichtet habe. Dr. Lang sagte, Oberst Goosen habe ihn informiert. Mr. Kentridge: »Er spielte ziemlich hartnäckig darauf an, daß dieser Mann möglicherweise simuliere... und als Dr. Hersch seine Untersuchung begann, hatte man ihn schon auf eine bestimmte Fährte gesetzt, nicht wahr?« Dr. Lang war derselben Meinung.

Dr. Lang sagte, daß Dr. Hersch am 8. September festgestellt hätte, daß Mr. Biko an Echolalie leide, einem Zustand, in dem der Patient ein Wort oder einen Teil eines an ihn gerichteten Satzes wiederholt. Er hatte auch einen Fußsohlenstreckmuskelreflex, der auf eine Gehirnverletzung hindeutete... (Rest der Erklärung nicht zu hören.) Auf die Frage, ob die Simulierung eines Fußsohlenstreckmuskelreflexes nicht praktisch unmöglich sei, antwortete Dr. Lang: »Das stimmt.«

Mr. Kentridge sagte: »Als die Ärzte an diesem Punkt angelangt waren, begannen sie, sich wegen einer Gehirnverletzung Sorgen zu machen, und führten eine *Lumbalpunktion* durch. Das Ergebnis: eine beträchtliche Anzahl roter Blutkörperchen im Liquor, was darauf schließen ließ, daß im Gehirn etwas nicht funktionierte.« Dr. Lang sagte, das träfe zu, wenn die roten Blutkörperchen nicht einem Blutgefäß, sondern der Rückenmarksflüssigkeit entstammten.

Er sagte, am 7. September sei der Neurochirurg Mr. Keely konsultiert worden. Auf die Frage, ob er zu diesem Zeitpunkt davon überzeugt gewesen sei, daß Mr. Biko simuliere, sagte Dr. Lang: »Das Ganze war so bizarr, daß ich gar nicht wußte, was ich denken sollte...«

Nach Aussage von Dr. Lang war es die Meinung Dr. Keelys, daß es nur nötig sei, Mr. Biko zu beobachten, um zu sehen, ob sich sein Zustand ändere. Dr. Lang wollte Mr. Biko aus dem Sydenhamer Gefängnisspital ins Polizeirevier Walmer zurückschicken, weil das Gefängnis über kein ausgebildetes Personal verfügte. »Die Sicherheitspolizei erlaubte uns aber nicht, ihn in ein Krankenhaus zu schaffen. Wir hatten keine andere Wahl, als das zu tun, was sie verlangte.« Auf eine weitere Frage sagte Dr. Lang: »Jeden anderen Gefangenen hätten wir in diesem Fall ins Kreiskrankenhaus geschickt.« Mr. Kentridge erwiderte: »Natürlich.«

MR. KENTRIDGE: Sie sagten, ein gewöhnlicher Gefangener wäre in ein Krankenhaus eingewiesen worden?
DR. LANG: Ich bin kein Neurochirurg. Ich mußte das Beste aus der Situation machen.
MR. KENTRIDGE: Wenn Mr. Keely sagte, eine aufmerksame Beobachtung sei nötig, meinte er ein Krankenhaus... Sie sagten ihm: »Tut mir leid, geht nicht, die Sicherheitspolizei will ihn in einer Polizeizelle behalten, und wir müssen daraus das Beste machen.«
DR. LANG: Ja.

Dr. Lang fügte hinzu, daß er zwar den Eindruck gewonnen habe, daß Mr. Bikos Zustand besser geworden sei; aber wenn es nach ihm gegangen wäre, hätte er Mr. Biko spätestens am 10. September in ein Krankenhaus eingewiesen.

MR. KENTRIDGE: Sehen Sie, das ist eben die Sicherheitspolizei: Sie selbst sind sich das eigene Gesetz.
DR. LANG: Wir sind Bezirksärzte. Wir sind keine Sicherheitspolizisten.
MR. KENTRIDGE: Gegen die Sicherheitspolizei soll man sich nicht stellen. Das ist sehr schwierig. Sie waren die letzten paar Tage nicht hier im Gerichtssaal, sonst wüßten Sie das auch.

(Vertagung)

Siebenter Tag: Dienstag, 22. November 1977

Als die Verhandlung fortgesetzt wurde, mußte Dr. Lang nochmals in den Zeugenstand. Mr. Kentridge fragte das Gericht, ob man Professor Proctor als Zeugen aufrufen werde: Er habe seines Wissens die Datierung von Mr. Bikos Gehirnverletzung bestimmt. Mr. Prins meinte, er würde das später entscheiden. Daraufhin wurde Dr. Langs Kreuzverhör fortgesetzt.

Mr. Kentridge wies Dr. Lang auf die Ereignisse des Samstagnachmittages (10. September) hin, an dem Mr. Biko immer noch in der Krankenhauszelle war. Laut seiner schriftlichen Aussage hatte Dr. Lang Mr. Biko gesagt, daß er in die Zellen des Polizeireviers Walmer zurückgebracht werden sollte.

MR. KENTRIDGE: Wie nahm er die frohe Botschaft auf?
DR. LANG: Er sagte: »Yes, Sir« – so, wie er mich normalerweise ansprach.
MR. KENTRIDGE: Laut schriftlicher Aussage der Wärter Shehab und Hamilton hatten Sie Mr. Biko gesagt, daß die Untersuchungen negativ ausgefallen waren.
DR. LANG: Ich habe die Untersuchungsergebnisse nicht mit Mr. Biko besprochen, auch nicht mit den Wärtern. Es kann sein, daß sie mich mißverstanden haben.

Auf die wiederholte Frage bezüglich Mr. Bikos Kopfverletzung sagte Dr. Lang, daß er Mr. Bikos Kopf am ersten Tag sehr sorgsam untersucht habe.

MR. KENTRIDGE: Es scheint mir unfaßbar, daß Sie die Verletzung nicht gesehen haben.
DR. LANG: Ich sah sie nicht. Ich hätte keinen Grund, die Tatsache zu vertuschen. Ich kann Ihnen keine Erklärung dafür bieten. Ich untersuchte seine Pupillen und bemerkte eine Anschwellung der Oberlippe. Aber ich sah keine Verletzung.
MR. KENTRIDGE: Kann es sein, daß Sie die Kopfverletzung in Ihrem Bericht genauso ausgelassen haben wie die Brust- und Lippenverletzung?
DR. LANG: Ich habe die Lippen- und Brustverletzung gesehen. Ich kann Ihnen versichern, daß die Brustverletzung nicht so gravierend war.
MR. KENTRIDGE: Es ist nicht immer einfach, eine präzise Diagnose zu stellen, besonders wenn das Gehirn mit im Spiel ist. Ich sage nicht, daß Sie als praktischer Arzt eine vollständige Diagnose hätten stellen müssen, aber es ist doch recht eigenartig, daß weder Sie noch Dr. Tucker akzeptieren wollten – so scheint es jedenfalls –, daß Sie es mit einem kranken Mann zu tun hatten.

Dr. Lang erwiderte, das sei wegen des bizarren Bildes geschehen, das man von Mr. Biko gehabt habe, und aufgrund der Tatsache, daß er sich zu erholen schien. Es habe so ausgesehen, als ob es ihm langsam besser ginge. »Ich mußte mich auf sehr unerfahrene Beobachter verlassen«, sagte er. »Ich hatte keine Wahl.«

Mr. van Rooyen, Anwalt der Polizei, befragte dann Dr. Lang, der wiederholte, daß Oberst Goosen sich um Mr. Bikos Gesundheit Sorgen gemacht habe und daß er, Dr. Lang, ihn nach seinem ersten Besuch beruhigt habe.

Mr. van Rooyen: Es gab nichts Wesentliches, das Sie behandeln konnten. Wenn Oberst Goosen mit seinem Verhör gerne fortgefahren wäre, hätten Sie nichts dagegen einzuwenden gehabt?
Dr. Lang: Richtig.
Mr. van Rooyen: Rückblickend, wenn Sie jetzt jemand fragen würde, ob Ihr Bericht vollständig und richtig gewesen sei, müßten Sie dann mit Nein antworten?
Dr. Lang: Richtig.
Mr. van Rooyen: Aber an dem Tag, von dem wir reden, war das der korrekte Bericht?
Dr. Lang: Richtig.

Mr. van Rooyen bezog sich auf den Fußsohlenstreckmuskelreflex. Am Vortag sei alles in Ordnung gewesen, sagte er. Aber am 8. September seien Dr. Lang und seine Kollegen über die Lage gar nicht erfreut gewesen. Dr. Lang erwiderte: »Ich konnte daraus nicht schlau werden.«

Dr. Gordon von der University of Natal Medical School, einer der Beisitzer, schaltete sich ein.

Dr. Gordon: Man kann einen Fußsohlenreflex nicht simulieren.
Dr. Lang: Am 8. September waren wir uns darüber nicht sicher. Wir waren uns nicht sicher, ob sich der Zeh nach oben bog oder ob er waagerecht blieb.
Dr. Gordon: Ein wichtiger Unterschied.
Dr. Lang: Wir machten uns deswegen Sorgen.
Mr. van Rooyen: Zu keinem Zeitpunkt haben Sie gegenüber Oberst Goosen auch nur angedeutet, daß Mr. Biko ärztliche Behandlung brauchte. Im Gegenteil, Sie versicherten Oberst Goosen, daß Sie keinen organischen Befund feststellen konnten.
Dr. Lang: Richtig.
Dr. Gordon: Wo beginnt die Diagnose und die Behandlung, und wo endet sie?
Dr. Lang: (Antwort nicht zu hören).

Am Morgen des 7. September, so Dr. Lang, war er eine ganze Weile mit Mr. Biko allein gewesen. Später war er noch einmal allein mit Mr. Biko zusammen. Mr. Biko hätte Zeit genug gehabt, sich über Gewaltanwendung zu beschweren, sagte Dr. Lang, aber er habe es nicht einmal angedeutet.

Mr. van Rooyen nahm dann auf die Untersuchung durch Dr. Hersch und Dr. Lang im Gefängnis Sydenham Bezug und auf die Tatsache, daß Oberst Goosen Dr. Hersch über Mr. Biko unterrichtet habe. Dr. Lang sagte, Oberst Goosen habe angedeutet, daß Mr. Bikos Verhalten bei früheren Inhaftierungen Ähnlichkeit mit seinem jetzigen gehabt habe.

MR. VAN ROOYEN: Dr. Hersch war also darauf vorbereitet, daß dieser Mann nur simuliere?
DR. LANG: Richtig.
MR. VAN ROOYEN: Eigentlich wäre doch jeder vernünftige Facharzt auf der Hut gewesen?
DR. LANG: Ja.

Später erwähnte Mr. van Rooyen den Unterschied zwischen Mr. Bikos Zustand am Nachmittag des 8. September und am Abend des 8. September, an dem Mr. Biko von Dr. Hersch untersucht wurde, und zwar um 21.45 Uhr. Im Bericht hieß es, daß sich Mr. Biko nur mit Mühe im Bett umdrehen könne, daß Mr. Biko aber trotz eines Nachziehens des linken Beines gut gehen könne. Dr. Lang meinte auch, mittags an jenem Tag habe er den Eindruck gehabt, als könne Mr. Biko nicht gehen.

MR. VAN ROOYEN: Waren Sie der Meinung, daß das einen psychologischen Grund haben könnte? Am Abend des 7. September konnte er ja noch recht gut gehen?
DR. LANG: Richtig.
MR. VAN ROOYEN: Und Sie wurden daraus nicht klug?
DR. LANG: Richtig.
MR. VAN ROOYEN: Kann man sagen, daß vor allem die undeutlichen Reflexe zuerst am rechten und dann am linken Fuß das für Sie verwirrende Bild ergeben haben?
DR. LANG: Richtig.
DR. GORDON: Warum sagen Sie bizarr, wenn der Reflex ganz deutlich zu bemerken war?
DR. LANG: (Antwort nicht zu hören).
MR. VAN ROOYEN: Eins ist sicher: Ab jener Nacht wurde hauptsächlich darüber diskutiert, ob er simuliere; aber am nächsten Tag sollte eine Lumbalpunktion vorgenommen werden?

DR. LANG: Ja.
MR. VAN ROOYEN: Ist es denn so eigenartig, daß Oberst Goosen so fest davon überzeugt war, daß der Mann simuliere? Nach dem lumbalen Einstich wären doch Kopfschmerzen zu erwarten gewesen?
DR. LANG: Ja.
MR. VAN ROOYEN: Aber er sagte, er habe keine Kopfschmerzen, überhaupt keine Schmerzen, und es gehe ihm gut?
DR. LANG: Richtig.
DR. GORDON: Haben Sie nach der Lumbalpunktion einen weiteren Streckmuskeltest durchgeführt?
DR. LANG: Nein, das tat ich nicht. Ich wollte ihn nicht allzusehr stören.

Im Zusammenhang mit den Ereignissen des 9. September sagte Dr. Lang, er habe die Lumbalpunktion mit Dr. Hersch besprochen. Die Ergebnisse seien größtenteils negativ gewesen. Sonst ergab sich am 9. September nichts Neues.

Mr. van Rooyen nahm dann Bezug auf die Unterredung Dr. Langs mit dem Neurochirurgen Dr. Keely. (Nach einem Telefongespräch zwischen Dr. Lang und Dr. Hersch über die Tatsache, daß die Lumbalpunktion bei Mr. Biko rote Blutkörperchen in der Rückenmarksflüssigkeit ergeben hatte, war man am 10. September mit Mr. Keely in Verbindung getreten. Dr. Lang hatte gesagt, Dr. Hersch sei der Meinung gewesen, man solle sich an einen Neurochirurgen wenden und, wenn nötig, eine Röntgenaufnahme des Schädels machen lassen. Dr. Lang hatte gesagt, daß Mr. Keely bei einem Telefongespräch mit ihm gemeint habe, daß zu diesem Zeitpunkt nur eine Beobachtung Mr. Bikos nötig sei.) Mr. van Rooyen sagte, das Ergebnis der telefonischen Unterredung sei gewesen, daß es Beweise weder für eine innere Hirnblutung noch für eine Rückenmarksverletzung gebe und daß eine weitere besondere Untersuchung nicht nötig sei.

Dr. Lang beantwortete auch Fragen Mr. Pickards (Rechtsbeistand der Ärzte) und Mr. von Lieres'. Im Verlauf der Befragung sagte Dr. Lang, Mr. Biko sei die erste unter Berufung auf Abschnitt 6 des Terrorism Act festgehaltene Person gewesen, die er untersucht habe. Er sagte, es habe keine Indizien eines brutalen Angriffs auf Mr. Biko gegeben. Auf die Frage, ob Oberst Goosen Mr. Bikos Einweisung in ein Krankenhaus genehmigt hätte, sagte

Dr. Lang, die Frage sei schwierig zu beantworten, da er den Eindruck gewonnen habe, daß man Mr. Biko unter keinen Umständen in ein Krankenhaus lassen wolle.

Mr. von Lieres sagte, Dr. Langs Aussage ließe vermuten, daß er Mr. Biko zur weiteren Beobachtung in ein Krankenhaus habe einweisen wollen. Er fragte Dr. Lang, was geschehen wäre, wenn man eine sichere Diagnose gestellt hätte. Dr. Lang sagte, er glaube, wenn er Oberst Goosen gesagt hätte, daß es positive Anzeichen dafür gebe, daß Mr. Biko wirklich krank sei, hätte man ihn ins Krankenhaus eingewiesen.

Der nächste Zeuge war der oberste Bezirksarzt aus Port Elizabeth, Dr. Benjamin Tucker. Er beantwortete viele Fragen Mr. Kentridges über seine in Begleitung von Dr. Lang gemachte Visite bei Mr. Biko am 8. September. Auf die Frage, warum er Mr. Biko nicht über die Hautabschürfungen an seinem Handgelenk und an seiner Lippe befragt habe, sagte Dr. Tucker, Mr. Biko habe ihm keine Auskunft gegeben. Er habe ihn gefragt, ob er irgendwelche Beschwerden habe, und Mr. Biko habe gesagt, daß er Kopfweh und Rückenschmerzen habe.

MR. KENTRIDGE: Sie stellten ihm eine einzige Frage, und Sie erhielten eine einzige Antwort. War das alles?
DR. TUCKER: Ja.
MR. KENTRIDGE: Auf dieser Basis schreiben Sie in Ihrer schriftlichen Aussage: »Er war aufnahmefähig, aber er beantwortete Fragen sehr undeutlich.« Das ist eine irreführende Behauptung.
DR. TUCKER: Das tut mir leid.
MR. KENTRIDGE: Sie ist nicht nur irreführend, sie ist ganz einfach falsch.
DR. TUCKER: Das würde ich nicht sagen.
MR. KENTRIDGE: Aber ich. Ich werde Ihnen sagen, warum. Er beantwortete keine Fragen. Er beantwortete höchstens eine Frage. Und zweitens hatten Sie aufgrund dieser einen Frage und dieser einen Antwort nicht das Recht zu sagen, er sei geistig aufnahmefähig.

Dr. Tucker sagte auch, daß bei der Prüfung von Mr. Bikos Reflexen die Sache mit dem rechten großen Zeh nicht ganz klar gewesen sei; sie hätte höchstens auf ein neurologisches Problem hindeuten können. Mr. Kentridge sagte, dies bedeute doch, daß Mr. Biko kein Simulant gewesen sei. »Das kommt auf den Beobachter an«, sagte der Arzt. Am Ende der Untersuchung sagte Dr. Tukker, sei er nicht der Meinung gewesen, daß Mr. Biko simuliere. Er habe Oberst Goosen nicht gesagt, daß Mr. Biko vielleicht simuliere, weil er seine Zweifel hatte. »Ich sagte Oberst Goosen, daß ich nicht in der Lage sei, irgendwelche Schlußfolgerungen zu ziehen, und daß ich es für ratsam hielte, einen Spezialisten zu konsultieren.«

Auf die Frage, ob ihm die Möglichkeit in den Sinn gekommen sei, daß Mr. Biko an einer Kopfverletzung leide, sagte Dr. Tukker, daß er daran gedacht habe. Er habe aber weder Mr. Biko noch Oberst Goosen darüber befragt. Er sagte, die Lippenverletzung habe vielleicht mit der Gehirnverletzung in Verbindung gestanden.

MR. KENTRIDGE: Dr. Tucker, wenn Sie der Meinung waren, daß die Lippenverletzung möglicherweise auf eine Gehirnverletzung hinweise, hätten Sie der Sache doch weiter nachgehen sollen?
DR. TUCKER: Bei wem?
MR. KENTRIDGE: Bei Oberst Goosen?
DR. TUCKER: Das kann ich, glaube ich, nicht beantworten. Da war die Geschichte mit dem Handgemenge, und die Verletzung hätte daher rühren können.
MR. KENTRIDGE: Warum haben Sie nicht die auf der Hand liegende Frage gestellt, ob der Mann einen Schlag auf den Kopf erhalten habe?
DR. TUCKER: Ich habe sie nicht gestellt – das ist alles, was ich sagen kann.
MR. PRINS: Haben Sie Biko gefragt?
DR. TUCKER: Nein.
MR. KENTRIDGE: Warum nicht? Weil Sie Oberst Goosen nicht in eine peinliche Lage bringen wollten?
DR. TUCKER: Nein.
MR. KENTRIDGE: Haben Sie gelesen oder selbst erlebt, daß die Polizei mit Festgehaltenen gewalttätig umgeht?
DR. TUCKER: Ich habe... (nicht zu hören).
MR. KENTRIDGE: Aber in diesem Falle haben Sie nicht gefragt?
DR. TUCKER: Nein, habe ich nicht. Wenn man mir Leute zu Untersuchung bringt, fertige ich meinen Bericht auf einem besonderen Formular an. Das ist alles, was von mir verlangt wird.

MR. PRINS: Wir haben hier einen Mann mit geschwollener Lippe. Es wird erwähnt, daß es mit ihm Ärger gegeben hat, daß man ihn überwältigen mußte. Sie führten Ihre Untersuchungen durch; was für Untersuchungen waren das?
DR. TUCKER: Da war die Geschichte, die ich untersuchen mußte. Dr. Lang hat sie bekommen... (undeutlich).
MR. PRINS: Haben Sie das, was Goosen Ihnen sagte, für bare Münze genommen?
DR. TUCKER: Ich möchte es so sagen: Wenn man mich bestellt, damit ich einen Patienten untersuche, und der Patient hat einen Kratzer am Kopf, dann kümmere ich mich um die Behandlung und nicht darum, woher er den Kratzer hat.
MR. PRINS: Wenn Sie an der Behandlung des Patienten interessiert sind, ist es dann nicht auch erforderlich und ratsam, die Ursache zu kennen?
DR. TUCKER: Da war die Geschichte, daß Biko hysterisch geworden war und überwältigt werden mußte...
MR. PRINS: Warum hätte die Gehirnverletzung nicht daher rühren können?
DR. TUCKER: Dr. Lang sagte, er habe keine Beulen am Kopf gesehen.
MR. KENTRIDGE: Lassen Sie mich noch einmal anfangen. Sind Sie sich nicht bewußt, daß es Fälle von körperlicher Mißhandlung im Polizeigewahrsam gibt? Haben Sie darüber nie nachgedacht?
DR. TUCKER: Nein.
MR. KENTRIDGE: Sie sagten, die Möglichkeit einer Kopfverletzung sei Ihnen schon in den Sinn gekommen?
DR. TUCKER: Ja.
MR. KENTRIDGE: Wenn jemand sagen würde, dieser Mann sei mit dem Kopf gegen die Wand geschlagen, würden Sie da anderer Meinung sein?
DR. TUCKER: Nein.
MR. KENTRIDGE: Wenn Sie jemanden sehen und Sie den Verdacht fassen, daß er irgendeinen neurologischen Schaden hat, und wenn Sie zudem wissen, daß er in irgendeinen gewaltsamen Zwischenfall verwickelt war, würden Sie ihn dann nicht fragen, ob er einen Schlag auf den Kopf abbekommen hat?
DR. TUCKER: (Antwort nicht zu hören).
MR. KENTRIDGE: Ich glaube, Sie haben deswegen nicht nachgehakt, weil Sie es mit der Sicherheitspolizei zu tun hatten, nicht wahr?
DR. TUCKER: Nein.

Hier erhob Mr. van Rooyen heftigen Einspruch gegen Mr. Kentridges Behauptung. Mr. Kentridge erwiderte: »Es ist eine Frage, keine Behauptung« und fuhr mit der Befragung des Zeugen fort.

Mr. Kentridge: Stellt man in so einer Situation keine Fragen?
Dr. Tucker: Ich würde sagen nein; nein, das tut man nicht.

Es gab aufgeregtes Gemurmel im überfüllten Gerichtssaal, und Mr. Prins unterbrach die Sitzung für fünf Minuten. Danach drohte er, er werde den Saal räumen lassen, wenn das Gelächter auf der Galerie nicht aufhöre. Mr. van Rooyen erhob dann formell Einspruch gegen Mr. Kentridges Art der Befragung. Mr. Kentridge wandte sich an den Richter und sagte, ihm scheine der Einspruch sowohl gegen ihn als auch gegen Mr. Prins gerichtet. Er versuche, seine Fragen so zu formulieren, wie er sie immer formuliert habe.

Dr. Tucker bat dann darum, seine letzte Antwort anders formulieren zu dürfen. Er sagte, es sei dem Bezirksarzt nicht verboten, in den Büros der Sicherheitspolizei Fragen zu stellen.

Mr. Kentridge: Ich behaupte nicht, daß es verboten sei. Ich behaupte bloß, daß Sie selbst die Frage nicht gestellt haben.
Dr. Tucker: Dagegen muß ich mich verwahren. Ich habe seitens der Sicherheitspolizei immer die nötige Mitarbeit erhalten.
Mr. Kentridge: Sie gebrauchten das Wort Mitarbeit.
Dr. Tucker: Welche Mitarbeit? Was heißt Mitarbeit?
Mr. Kentridge: Sie gebrauchten es.
Dr. Tucker: Für mich ist die Bedeutung des Wortes folgende: Wenn wir Informationen brauchen und wenn wir wollen, daß bestimmte Dinge geschehen, geschieht dies auch.
Mr. Kentridge: Sie bestreiten, daß Sie irgendwelche Hemmungen haben, Fragen zu stellen, auch wenn es peinliche Fragen sind?
Dr. Tucker: Ja.
Mr. Kentridge: Warum erkundigten Sie sich nicht, ob Biko einen Schlag auf den Kopf bekommen habe?

Dr. Tucker schwieg.

Mr. Kentridge: Goosen hat Ihnen überhaupt nicht gesagt, daß dieser Mann einen Schlag auf den Kopf bekommen habe?
Dr. Tucker: Nein.
Mr. Kentridge: Hat irgend jemand Ihnen gegenüber angedeutet, daß Biko einen Schlag auf den Kopf bekommen habe?

Dr. Tucker: General Kleinhaus.
Mr. Kentridge: Wann?
Dr. Tucker: Zur Zeit der Nachforschungen des Generals.
Mr. Kentridge: Das war das erste Mal, daß man das Ihnen gegenüber andeutete?
Dr. Tucker: Auch als ich mit Professor Loubser, dem Chefpathologen in Pretoria, sprach, am darauffolgenden Morgen, wahrscheinlich am dreizehnten...
Mr. Kentridge: Als Sie Biko das letzte Mal sahen, lag er immer noch auf derselben Matte, unter einer nassen Decke, in denselben Hosen?
Dr. Tucker: Ja.

Dr. Tucker sagte, er habe diesbezüglich keine Anweisungen gegeben.

Mr. Kentridge: Mr. Biko wurde von Dr. Hersch untersucht, dessen Befund man Ihnen am darauffolgenden Tag mitteilte?
Dr. Tucker: Ja. Am darauffolgenden Tag.

Dr. Tucker sagte, er habe von dem Fußsohlenreflex gewußt, aber nicht davon, daß man in der Rückenmarksflüssikeit rote Blutkörperchen gefunden habe.

Mr. Kentridge bezog sich dann auf eine Behauptung in der schriftlichen Aussage Dr. Tuckers, derzufolge Dr. Lang ihm berichtet habe, daß Dr. Hersch Mr. Biko untersucht habe und alles in Ordnung sei, außer vielleicht dem Fußsohlenreflex. »Das war aber doch ein sehr schwerwiegender Befund?« Dr. Tucker sagte, er habe die Möglichkeit eines neurologischen Schadens angedeutet. »Ich bin da kein Spezialist, aber es ist ein sehr ernster Hinweis auf einen Gehirnschaden.«

Mr. Kentridge: Erfuhren Sie vom Ergebnis der Lumbalpunktion?
Dr. Tucker: Nein.
Mr. Kentridge: Hat Sie das nicht interessiert?
Dr. Tucker: Es war Dr. Langs Patient.

(Vertagung)

Achter Tag: Mittwoch, 23. November 1977

Am darauffolgenden Tag befragte Mr. Kentridge Dr. Tucker über seine Visite vom 11. September bei Mr. Biko.

Dr. Tucker sagte, Oberst Goosen habe ihn am Sonntagnachmittag bestellt, weil er Dienst gehabt habe und Oberst Goosen gesagt habe, er könne Dr. Lang nicht ausfindig machen. Bei diesem Besuch habe er, Dr. Tucker, die Verantwortung für die medizinischen Entscheidungen übernommen. Man habe ihn bestellt, weil Mr. Biko offensichtlich etwas zugestoßen war. Oberst Goosen habe ihm gesagt, Mr. Biko sei zusammengebrochen und von Unteroffizier Paul van Vuuren aufgefunden worden. Dr. Tucker stellte fest, daß Mr. Biko hyperventilierte. Mögliche Ursachen dieses Verhaltens seien Hysterie, Nierenversagen, Gehirnblutung, epileptische Anfälle, Ertrinken und Lungenbeschwerden.

Mr. Kentridge: Sie sagen, das zentrale Nervensystem habe sich seit der vorausgegangenen Untersuchung nicht verändert?
Dr. Tucker: Ich führte eine rasche neue Untersuchung durch.
Mr. Kentridge: Wie rasch?
Dr. Tucker: In ungefähr fünf Minuten.
Mr. Kentridge: Haben Sie den Fußsohlenreflex geprüft?
Dr. Tucker: Nein.
Dr. Gordon: Aber der Fußsohlenreflex ist hier doch der wichtigste Test! Das einzige positive Indiz war bis dahin die erhobene Zehe. Warum haben Sie das nicht geprüft?
Dr. Tucker: Ich suchte nach Anzeichen eines Druckes im Schädelinneren. Es gab keine Parese, keine Spasmen; weder auf der einen noch auf der anderen Seite.
Dr. Gordon: Haben Sie dem Fußsohlenreflex nicht eine große Bedeutung beigemessen?
Dr. Tucker: Doch.

Dr. Tucker sagte, Mr. Biko sei apathisch gewesen, aber es habe zu dieser Zeit kein Anzeichen für irgendeine organische Krankheit gegeben. Er habe es für ratsam gehalten, Mr. Biko in ein Krankenhaus mit ausgebildetem Personal einzuweisen. Im Krankenhaus des Gefängnisses Sydenham habe es kein ausgebildetes Personal gegeben, weil der einzige Krankenpfleger nicht anwesend gewesen sei. Man beschloß, den Gefangenen nach Pretoria zu schicken.

Dr. Tucker sagte, er habe gewußt, daß man Mr. Biko in einem Auto nach Pretoria bringen wolle, und habe dagegen nichts einzuwenden gehabt. Mr. Biko habe sich nicht dagegen gewehrt. Dr. Tucker habe nicht gewußt, daß man Mr. Biko in einem Landrover transportieren wolle; man habe ihm gesagt, man würde einen Kombi verwenden. Er wußte, daß Mr. Biko ganz ohne medizinische Betreuung reisen würde, aber es sei ja kein Krankenpfleger zu haben gewesen.

MR. KENTRIDGE: In Ihrer schriftlichen Zeugenaussage heißt es, daß Mr. Bikos Zustand zu dieser Zeit zufriedenstellend war. Waren Sie nicht der Meinung, daß diese Verlegung irgendwelche negativen Auswirkungen haben würde? Betrachteten Sie seinen Zustand als so zufriedenstellend?
DR. TUCKER: Das tat ich.
MR. KENTRIDGE: An jenem Sonntagnachmittag bat man Sie dringend her und sagte Ihnen, daß Mr. Biko zusammengebrochen sei. Als Sie ihn vorfanden, lag er immer noch am Boden, mit unerklärlichem Schaum vor dem Mund.
DR. TUCKER: Ja.
MR. KENTRIDGE: Außerdem hyperventilierte er, und den Grund dafür wußten Sie auch nicht?
DR. TUCKER: Ja.
MR. KENTRIDGE: Sein linker Arm war halb gelähmt?
DR. TUCKER: Ja.
MR. KENTRIDGE: Er war apathisch?
DR. TUCKER: Ja.
MR. KENTRIDGE: Sie wußten, daß der Arzt, der ihn untersucht hatte, einen verdächtigen Fußsohlenreflex festgestellt hatte?
DR. TUCKER: Ja.
MR. KENTRIDGE: Wollen Sie sagen, daß jemand, der in diesem Zustand ist, sich in einem zufriedenstellenden Zustand befindet?
DR. TUCKER: Von der erhobenen Zehe abgesehen, war es immer noch möglich, daß er simulierte.
MR. PRINS: Hat diese Sache mit dem Simulieren zu dieser Zeit in Ihren Gedanken noch eine solche Rolle gespielt?
DR. TUCKER: Soviel ich wußte, hatte Dr. Lang Mr. Biko untersucht und nichts Ernstes festgestellt. Ich hatte ihn untersucht. Dr. Hersch hatte ihn

untersucht. Dr. Lang teilte mir mit, was Dr. Hersch festgestellt hatte. Das Ganze ergab ein sehr rätselhaftes Bild.
MR. KENTRIDGE: Als Sie Oberst Goosen sagten, daß man den Mann über Land nach Pretoria schaffen könne, wußten Sie, daß man eine Lumbalpunktion durchgeführt hatte. Aber Sie kannten das Ergebnis nicht?
DR. TUCKER: Nein.
MR. KENTRIDGE: Ich bin der Meinung, daß kein gewissenhafter Arzt in dieser Situation die Behauptung hätte aufstellen können, Mr. Bikos Zustand sei zufriedenstellend.
DR. TUCKER: Unter den gegebenen Umständen hielt ich ihn für zufriedenstellend.

Dr. Tucker sagte, Dr. Lang habe ihm später mitgeteilt, daß bei dem lumbalen Einstich nichts sonderlich Beunruhigendes gefunden worden sei, außer den roten Blutkörperchen. Er habe gewußt, daß es dafür mehr als eine Ursache geben könne, aber er habe sich darüber keine Sorgen gemacht, weil Dr. Lang gesagt habe, Mr. Biko habe gegessen und getrunken und sei umhergegangen.

DR. GORDON: Als man Ihnen mitteilte, daß Mr. Biko umhergegangen sei, sagte man Ihnen da gleichzeitig, daß Dr. Lang das selber beobachtet habe?
DR. TUCKER: Nein, das kann ich leider nicht sagen... ehrlich.
MR. KENTRIDGE: Nehmen wir an, einige Feriengäste aus Pretoria kommen in Port Elizabeth zu Ihnen, weil sich ihr Kind merkwürdig verhält. Die Eltern haben den Verdacht, daß ihr Kind nicht in die Schule zurückwill, aber es weist einen verdächtigen Fußsohlenreflex auf, liegt auf dem Boden, hat rote Blutkörperchen in der Rückenmarksflüssigkeit, Schaum vor dem Mund, es hyperventiliert und ist am linken Arm und Bein halb gelähmt. Würden Sie seinen Eltern erlauben, es 700 Meilen nach Pretoria zu fahren?
DR. TUCKER: Die Umstände waren anders. Ich würde darauf bestehen, daß das Kind sofort in ein Krankenhaus eingewiesen würde. Aber hier gab es so viel Ungewißheit.
MR. KENTRIDGE: Hätte diese Ungewißheit Sie nicht vorsichtiger statt unvorsichtiger machen sollen? Liegt der einzige Unterschied nicht darin, daß bei Biko der Oberst darauf bestand, daß er nicht ins Krankenhaus solle?
DR. TUCKER: Ich würde nicht sagen, daß er darauf bestand. Er war dem Gedanken einfach abgeneigt.

Mr. Kentridge: Warum haben Sie sich nicht für die Gesundheit Ihres Patienten eingesetzt?
Dr. Tucker: Ich weiß nicht, ob man in diesem besonderen Fall die Entscheidungen eines verantwortlichen Offiziers hätte umgehen können.
Dr. Gordon: Warum sagten Sie nicht, daß Sie nichts mit der Sache zu tun haben wollten, wenn man Biko nicht in ein Krankenhaus einwiese?
Dr. Tucker: Zu diesem Zeitpunkt glaubte ich nicht, daß sich Mr. Bikos Zustand dermaßen verschlechtern würde. Da war immer noch die Möglichkeit des Simulierens.
Mr. Kentridge: Waren Sie der Meinung, daß der Fußsohlenreflex vielleicht vorgetäuscht war?
Dr. Tucker: Nein.
Mr. Kentridge: Waren Sie der Meinung, daß jemand rote Blutkörperchen im Rückenmark vortäuschen könne?
Dr. Tucker: Nein.
Mr. Kentridge: Ist nach dem Hippokratischen Eid nicht die Gesundheit Ihrer Patienten das Wichtigste?
Dr. Tucker: Ja.
Mr. Kentridge: Aber in diesem Falle war die Aufrechterhaltung der Sicherheit wichtiger?
Dr. Tucker: Ja.
Mr. Kentridge: Die klassischen Anzeichen für eine Gehirnverletzung sind Abnahme der geistigen Fähigkeiten, ein erhobener Zeh und Blut in der Rückenmarksflüssigkeit?
Mr. Prins: Fairerweise muß ich darauf hinweisen, daß, wenn ich ihn richtig verstanden habe, Dr. Tucker an dem Sonntag, an dem er Mr. Biko untersuchte, von den roten Blutkörperchen in der Rückenmarksflüssigkeit nicht unterrichtet war.
Mr. Kentridge: Ja, aber er wurde vor Mr. Bikos Abreise nach Pretoria davon unterrichtet.

Mr. Kentridge nahm dann auf das nach Mr. Bikos Tod aufgenommene Foto mit der Narbe auf seiner Stirn Bezug. Mr. Kentridge sagte, die Pathologen meinten, die Verletzung auf Mr. Bikos Stirn sei zwischen vier und acht Tagen alt gewesen und müßte für einen Arzt sofort zu erkennen gewesen sein. Dr. Tucker sagte, die Narbe müsse dagewesen sein, sie sei aber nicht sichtbar gewesen. Er sagte, er könne sich das nur dadurch erklären, daß die Narbe dieselbe Färbung hatte wie die Haut des Gefangenen und er sie deshalb nicht sehen konnte.

Auf Befragung von Mr. van Rooyen sagte Dr. Tucker, daß Mr.

Biko, als er ihn untersuchte, geistig wach und in der Lage gewesen sei, Fragen intelligent zu beantworten. Er habe sich nicht über irgendwelche Handgreiflichkeiten oder Verletzungen beklagt. Dr. Tucker sagte, als er Mr. Biko am 11. September in den Zellen des Walmerschen Polizeireviers besucht habe, habe man ihm gesagt, daß der Gefangene aus dem Krankenhaus entlassen worden sei, da sein Zustand ihm den Aufenthalt im Polizeirevier erlaubt habe. Dr. Lang habe ihm mitgeteilt, daß Mr. Biko verlegt wurde, nachdem Mr. Biko gegessen hatte und umhergegangen war und nachdem Dr. Keely, der Neurochirurg, gesagt hatte, daß die Lumbalpunktion negativ ausgefallen war.

Dann wurde Dr. Colin Hersch bestellt, der Facharzt, der Mr. Biko untersucht hatte, nachdem Dr. Lang und Dr. Tucker sich durch die Symptome verwirrt erklärt hatten. Eine schriftliche Aussage Dr. Herschs wurde dem Gericht überreicht. Sie enthielt einen medizinischen Befund, den Dr. Hersch für Dr. Lang nach seiner Untersuchung Mr. Bikos geschrieben hatte. Der medizinische Befund war auf den 16. September datiert – vier Tage nach Mr. Bikos Tod. Auf Befragen von Mr. von Lieres sagte Dr. Hersch, daß das Ergebnis der am 9. September bei Mr. Biko durchgeführten Lumbalpunktion jede Schlußfolgerung völlig offengelassen habe. Die Blutkörperchen könnten von einer Gehirnverletzung herrühren, aber auch daher, daß man ein Blutgefäß anstatt des Rückenmarks getroffen habe. Die Einfachheit einer Lumbalpunktion spreche allerdings gegen letztere Möglichkeit.

Dann befragte Mr. Kentridge Dr. Hersch, der sagte, er habe am 8. September einen Anruf von Dr. Lang erhalten, der ihn über Mr. Biko unterrichtete. Während einer früheren Haft habe Mr. Biko Sprachschwierigkeiten gehabt und sein linkes Bein nachgezogen. Dr. Lang habe auch die Möglichkeit einer erhobenen Zehe am rechten Fuß erwähnt. Dr. Hersch sagte, er habe Mr. Biko des Simulierens verdächtigt.

Später förderte Oberst Goosen bei Dr. Hersch auch den Eindruck, daß Mr. Biko simuliere. Oberst Goosen erwähnte nie die Möglichkeit, daß Mr. Biko vielleicht einen Schlag auf den Kopf bekommen habe, obwohl er doch den Vorfall erwähnte, bei dem

Mr. Biko mit einem Stuhl warf und man ihn überwältigte. Dr. Hersch habe auch gewußt, daß Mr. Biko vier Jahre lang Medizin studiert hatte. Dr. Hersch sagte, er habe kapiert, daß er es mit einem Mann zu tun hatte, der möglicherweise simulierte, mit einem gefährlichen Mann. Er sagte, besonders bei neurologischen Fällen könnte ein falscher Vorbericht die Untersuchung leicht beeinflussen. Dr. Hersch habe die Beule an Mr. Bikos Kopf oder die auf dem Obduktionsfoto zu sehende Narbe nie wahrgenommen. »Aber rückblickend sehe ich recht klar, wie er vor mir steht, mit einer weißlichen Stelle über dem linken Auge, die ich für trockenen Speichel hielt.«

Auf die Frage, wie er sich erkläre, daß er die Narbe nicht gesehen habe, antwortete Dr. Hersch: »Ich habe keine Ahnung. Angesichts der übrigen Untersuchungsergebnisse hätte man fast erwarten können, dort Anzeichen einer Verletzung zu finden.«

Auf die Frage, ob es möglich sei, den Reflex der Zehe zu simulieren, sagte Dr. Hersch, er habe es nie während seiner ärztlichen Laufbahn erlebt; Dr. Marquard de Villiers, der dem Rechtsbeistand der Ärzte assistierte, sei es jedoch gelungen, diese Reaktion vorzutäuschen.

Dr. Hersch sagte, er habe Dr. Lang nach der Untersuchung kein grünes Licht gegeben. Er habe Oberst Goosen erklärt, daß es positive Anzeichen dafür gebe, daß mit dem Nervensystem etwas nicht stimme. »An den genauen Wortlaut erinnere ich mich nicht. Ich habe ihm klargemacht, daß der Befund teils positiv war.«

Auf die Frage, warum Mr. Biko nicht in ein richtiges Krankenhaus eingewiesen worden sei, sagte Dr. Hersch: »Das lag nicht in unserer Hand.« Es bestünde kein Zweifel, daß er als Privatpatient sofort in ein Krankenhaus eingewiesen worden wäre. Auf die Frage, ob er es zugelassen hätte, daß man Mr. Biko in einem Landrover auf vier Zellenmatten transportierte, sagte Dr. Hersch, er hätte dabei keine Probleme gesehen, wenn Mr. Bikos Zustand der gleiche gewesen wäre wie bei der Untersuchung. Auf eine Frage Mr. Kentridges sagte Dr. Hersch, er hätte es einem Patienten nie gestattet, eine 700 Meilen lange Autofahrt mitzumachen, wenn er bereits in einem Dämmerzustand gewesen wäre.

Mr. Kentridge wies das Gericht dann auf ein Formular hin, das zusammen mit Mr. Bikos Rückenmarksflüssigkeit zur Untersuchung an das Institute for Medical Research geschickt worden war. Der Name des Patienten war mit Stephen Njelo angegeben. Mr. Kentridge fragte, ob man den falschen Namen eingetragen habe, um zu vermeiden, daß das Personal im Institut den richtigen Namen des Patienten erführe. Dr. Hersch sagte, er wüßte nicht, wer den Namen im Formular eingetragen habe. Es hätte ein Pfleger im Spital des Gefängnisses Sydenham gewesen sein können. Mr. Kentridge sagte, er habe versucht, vom Institut zu erfahren, ob dort irgendwelche Analysen von Mr. Bikos Rückenmarksflüssigkeit gemacht worden seien; zuerst habe er eine negative Antwort bekommen.

Mr. Kentridge wies das Gericht auch auf einen Tagesbericht Dr. Langs vom 10. September hin, in dem es hieß, daß Dr. Lang und Dr. Hersch bei Mr. Biko keinen pathologischen Befund feststellen konnten und daß das Ergebnis der Lumbalpunktion normal war. Dr. Hersch gab zu, daß sie in der erhobenen Zehe Anzeichen eines pathologischen Befundes gesehen hätten und daß das Rückenmark Blutkörperchen enthalten habe, die auf eine Gehirnverletzung hinweisen konnten. »Es hätte sowohl eine Hirnverletzung als auch auf eine normale Verletzung des Lendenwirbels hindeuten können.«

MR. KENTRIDGE: Kein Arzt hat das Recht, eine Verletzung des Lendenwirbels als normal zu bezeichnen?
DR. HERSCH: Nein.

Auf Befragen Mr. van Rooyens sagte Dr. Hersch, er habe sich wegen Bikos Zustand Sorgen gemacht, sei aber von der Dringlichkeit der Lage nicht überzeugt gewesen. Mr. van Rooyen sagte, daß Dr. Hersch, wenn er sich ernsthafte Sorgen gemacht hätte, dies Oberst Goosen hätte wissen lassen. Dr. Hersch erwiderte, die Lage sei damals nicht absolut dringend gewesen.

Mr. Prins: Sie waren also nicht so besorgt?

Dr. Hersch: Ich war besorgt, weil er mein Patient war. Eine Person mit positiven neurologischen Anzeichen und eine Person mit anomalem Rükkenmark macht einem schon Sorgen, aber man hat keine Angst, daß die Person in Todesgefahr schwebt. Mir war klar, daß nur ein Neurochirurg genau Bescheid geben konnte. Man kann die Person entweder beobachten, behandeln oder sie operieren.

Mr. van Rooyen: In dem Bericht, den Sie angefertigt haben, als Sie schon wußten, daß er tot war, heißt es an keiner Stelle, daß Sie zu der unumstößlichen Schlußfolgerung gekommen waren, daß eine organische Krankheit vorgelegen haben könnte.

Dr. Hersch: Nein, aber ich hätte es schreiben sollen.

Mr. van Rooyen: Sie haben den Fall nicht an Dr. Keely weitergegeben, sondern gefragt, ob weitere Untersuchungen durchgeführt werden sollten?

Dr. Hersch: Das kommt aufs gleiche heraus.

Mr. van Rooyen: Tut mir leid, aber ich bin verblüfft. Sie sagten, daß es Ihrer Meinung nach Anzeichen einer organischen Krankheit gab, die mit der Gehirntätigkeit in Zusammenhang stand?

Dr. Hersch: Ja.

Mr. van Rooyen: Das steht nicht in Ihrem Bericht?

Dr. Hersch: Ich dachte, das läge auf der Hand. Es war kein guter Bericht.

Mr. van Rooyen: Ich stelle Ihre Aussage in Frage... ich glaube, Sie waren sich darüber zur Zeit der Untersuchung viel weniger im klaren.

Dr. Hersch: (Antwort nicht zu hören.)

Mr. Prins fragte Dr. Hersch, was er Dr. Lang gesagt habe. War es dasselbe, was er in seinem Bericht geschrieben hatte? Dr. Hersch erwiderte, er habe vier Punkte erwähnt, auf die er seine Diagnose gestützt habe, nach der Mr. Biko von einem Neurochirurgen untersucht werden solle. Auf die Frage, ob Dr. Lang angedeutet habe, daß Mr. Biko simuliere, bevor sich Dr. Hersch den Gefangenen ansah, sagte Dr. Hersch, daß Dr. Lang das Simulieren nicht erwähnt habe.

(Vertagung)

Mr. van Rooyen fuhr mit seiner Vernehmung von Dr. Hersch fort. Dr. Hersch stimmte ihm zu, daß er die Sache nur sehr vage mit Oberst Goosen besprochen habe, ohne sich auf Details einzulassen. Mr. van Rooyen sagte, beim Lesen des Berichtes von Dr. Hersch habe er keine Diagnose gefunden, was darauf hinweise, daß bis zur Ausfertigung des Berichtes noch keine Diagnose gestellt worden war. Dr. Hersch erwiderte: »Damals war ich überzeugt, daß es sich um eine Kopf- und Gehirnverletzung handelte. Die Tatsache, daß dies nicht in meinem Bericht enthalten ist, kann ich nicht bestreiten.«

Nachdem Dr. Hersch über die medizinischen Details befragt worden war, wurde Dr. Lang von Mr. von Lieres wieder in den Zeugenstand gerufen. Dr. Lang wurde ein Blatt Papier gezeigt, das er als den Teil eines Tagesberichtes in seiner Handschrift identifizierte, der im Gefängnisspital ausgefertigt worden war.

Aus diesem Blatt zitierte Mr. von Lieres: »Von Dr. Hersch gestern abend untersucht. Bei Bewußtsein. Im Besitz der geistigen Fähigkeiten. Nichts Pathologisches, abgesehen von Reflex und scheinbarem Verlust des Gefühls in den Beinen. Zustand unverändert.«

Mr. Kentridge: Sie waren dabei, als der Fußsohlenreflex geprüft wurde. Sie berichteten fälschlicherweise, daß der Test am rechten Fuß vorgenommen wurde. Er ist am linken vorgenommen worden, nicht wahr?
Dr. Lang: Ja.
Mr. Kentridge: Aber in Ihrem Tagesbericht heißt es, daß sowohl Sie als auch Dr. Hersch nichts Pathologisches feststellen konnten. Das ist falsch nicht wahr?
Dr. Lang: Ja.
Mr. Kentridge: Und daß die Lumbalpunktion normal war. Das war auch falsch?
Dr. Lang: Nein, es war unrichtig.
Mr. Kentridge: Es war doch falsch, zu behaupten, daß nichts Pathologisches festzustellen war?
Dr. Lang: In dem Tagesbericht war eine unrichtige Behauptung enthalten. Ein Wort wurde ausgelassen. Es hätte »ernsthaft Pathologisches«

heißen müssen. Das war der Kern von dem, was ich Mr. Biko gesagt habe. Daß es keine Anzeichen für eine ernsthafte Erkrankung gab.
MR. KENTRIDGE: Das war auch falsch. Ein äußerst bedeutsames Anzeichen für eine Gehirnverletzung war festgestellt worden.
DR. LANG: Meines Erachtens war die erhobene Zehe nur eines davon.
MR. KENTRIDGE: Meiner Ansicht nach ist es vollkommen klar, daß Sie sowohl Mr. Biko gegenüber als auch in Ihrem Tagesbericht die Unwahrheit sagten, nur um Mr. Biko so bald wie möglich wieder der Polizei übergeben zu können.
DR. LANG: Das bestreite ich. Es war ein Irrtum meinerseits.

Mr. van Rooyen bezog sich auf Dr. Langs schriftliche Aussage, in der es hieß, daß er und Dr. Keely sich geeinigt hätten, daß Mr. Biko in den Gewahrsam der Polizei zurückgebracht werden könne und lediglich beobachtet werden müsse. Dr. Lang bestätigte, daß er Oberst Goosen von dieser nicht beunruhigenden Sachlage unterrichtet habe und daß er ihm gesagt habe, Mr. Biko könne transportiert werden, falls sich sein Zustand nicht ändere.

DR. GORDON: Am Sonntag hatten Sie keinen Dienst. Sie wußten, daß er vom Gefängnisspital Sydenham ins Walmersche Polizeirevier verlegt worden war. Gehe ich richtig in der Annahme, daß Sie an jenem Tag nicht in der Lage gewesen wären, Mr. Keelys Wunsch Folge zu leisten?
DR. LANG: Ich wußte, daß man ihn im Laufe des Vormittags fortbringen würde. Ich wollte ihn am Nachmittag besuchen, aber ich erfuhr von Dr. Tucker, daß er schon bei Mr. Biko gewesen sei.
DR. GORDON: Es scheint, daß Ihr Vorhaben, Mr. Biko zu beobachten, an jenem Tag nicht ausgeführt wurde. Sie hatten sich doch vorgenommen, ihn zweimal am Tag zu besuchen?
DR. LANG: Das war meine eigene Entscheidung. Ich habe Dr. Keely nichts aufgetragen oder versprochen.
DR. GORDON: Im Rahmen Ihres Beobachtungsprogramms hätten Sie ihn doch an dem Sonntag besuchen sollen. Warum taten Sie das nicht?
DR. LANG: Ich wußte nicht genau, wann er verlegt werden sollte.
DR. GORDON: Aufsicht bei Kopfverletzungen bedeutet mehr, als den Patienten zweimal am Tag zu besuchen. Meiner Meinung nach hätte mindestens stündlich oder halbstündlich nach ihm gesehen werden sollen.
DR. LANG: Das trifft zu, wenn der Patient in einem Krankenhaus liegt. Als Arzt konnte ich das nicht tun. Ich konnte mich nicht auf einen Pfleger verlassen, der einen Hunderttagekurs mitgemacht hat.

DR. GORDON: Hätte er den Puls messen können?
DR. LANG: Ja.
DR. GORDON: Hat man Ihnen bei Ihrer ärztlichen Ausbildung nicht gesagt, daß bei der Beobachtung von Kopfverletzten mindestens stündlich der Puls gemessen werden muß? Heißt das, daß Mr. Biko am Sonntag jeder Beobachtung entzogen war?

Keine Antwort.

Dr. Lang wurde im Zeugenstand von Brigadegeneral Johan Coetzee, dem stellvertretenden Chef der Sicherheitspolizei, abgelöst. Mr. Prins sagte, er habe von Brigadegeneral Coetzee und seinem Chef, Brigadegeneral C. F. Zietsman, schriftliche Aussagen erhalten; beiden wolle er erlauben auszusagen.

Bevor die Befragung von Brigadegeneral Coetzee beginnen konnte, erhob Mr. van Rooyen Einspruch. Er sagte, die ganze Sache habe damit angefangen, daß man in der Absicht, Oberst Goosens Glaubwürdigkeit zu erschüttern, unzulässige Zeitungserklärungen als Beweis zugelassen habe. Damals habe er schärfsten Einspruch dagegen erhoben. Jenem Einspruch sei stattgegeben worden, jedoch habe Mr. Prins angedeutet, daß er die Brigadegeneräle gerne im Zeugenstand sehen würde.

Mr. van Rooyen sagte, hier ginge es wieder einmal um Belang und Zulässigkeit. Das Gericht wolle den Wagen vor das Pferd spannen, um die Glaubwürdigkeit des Oberst Goosens zu prüfen. Dies sei unzulässig.

Mr. Kentridge sagte, es sei absolut richtig, daß Mr. Prins um die Aussage der Brigadegeneräle bäte. Ihre Aussage beträfe nicht nur vorausgegangene widersprüchliche Behauptungen; vielmehr würde sie zum Kern dessen führen, was in Port Elizabeth geschehen sei. Brigadegeneral Zietsman habe korrekterweise ein ihm zugegangenes Fernschreiben zugänglich gemacht, und seine schriftliche Aussage habe vieles enthalten, das dem widerspräche, was Oberst Goosen gesagt habe. Er könne verstehen, daß Mr. van Rooyen die Interessen Oberst Goosens und Major Snymans wahren wolle, die dieses Beweismaterial größtenteils vernichten würde.

Nach einer Weile sagte Mr. Prins, er würde am darauffolgenden Tag seine Entscheidung bekanntgeben.

Als nächster sagte Professor Johann Loubser über seine Obduktion aus, die am 13. September stattgefunden hatte. Mr. Kentridge sagte, er wolle zu Protokoll geben, daß die Familie Biko völliges Vertrauen in die Sorgfältigkeit und Integrität von Professor Loubsers Untersuchungen setze. Bevor er Professor Loubser über medizinische Details befragte, erkundigte sich Mr. Kentridge, ob er irgendwelche Anzeichen der Dehydrierung an Mr. Bikos Körper festgestellt habe, was Professor Loubser verneinte.

Mr. Kentridge nahm auf einen von Professor Neville Proctor, dem Leiter der pathologischen Abteilung des South African Institute of Medical Research, eingereichten Bericht Bezug. Er sagte, Professor Proctor habe einen internationalen Ruf als Neuropathologe und sei Spezialist für Gehirnpathologie. In seinem Bericht sei Professor Proctor zu dem Schluß gekommen, daß Mr. Bikos Gehirn mehrmals verletzt worden sei; es handele sich hauptsächlich um Blutungen und Nekrose (Absterben des Gewebes); die Untersuchungsbefunde haben ganz klar auf ernsthafte traumatische Gehirnquetschungen und dadurch verursachte Gewebsschäden hingewiesen. Professor Proctor stimmte dem zu; die Quetschungen rührten von äußerer Gewalteinwirkung her.

Mr. Kentridge fragte Professor Loubser, ob er auch der Meinung sei, daß die Quetschungen zwischen drei und fünf Tage alt gewesen seien. Professor Loubser sagte, er und Professor W. Simson hätten das Alter der Quetschungen auf drei bis fünf Tage geschätzt.

MR. KENTRIDGE: Sein Tod erfolgte am 12. September; fünf Tage lag der 7. September zurück und sechs Tage der 6. September.
PROFESSOR LOUBSER: Eine solche Zeitspanne wäre denkbar.

Mr. Kentridge faßte Professor Proctors Schlußfolgerungen in weniger fachmännischen Worten zusammen und sagte, mit Ausnahme der sekundären Blutung gäbe es in Mr. Bikos Gehirn fünf unterscheidbare Verletzungen. Mr. Kentridge meinte, diese Verletzungen setzten mindestens drei, wahrscheinlich vier Schläge auf den Kopf voraus. Er betonte, daß sein Gebrauch des Wortes Schlag die Anwendung von Gewalt überhaupt auf den Kopf bedeute, nicht unbedingt durch eine Faust.

In bezug auf die erste Verletzung sagte er, sie rühre von einem Schlag auf die eine Seite des Kopfes her. Professor Loubser sagte, es sei seine sorgfältig erwogene Meinung, da die Hauptverletzung durch einen Schlag auf die linke Stirnseite verursacht wurde. Er sagte weiter, die Lage des Schädels und des Gehirns im Verhältnis zueinander während des Augenblicks des Aufpralls sei außerordentlich wichtig. So sei die Wucht eines Falles nicht das ausschlaggebende Moment beim Ausmaß einer Gehirnverletzung.

Mr. Kentridge faßte die Darstellung zusammen, die von Mr. Bikos Verhalten seit dem Morgen des 7. September vor Gericht gegeben worden war. Er sagte, zwischen Mr. Biko und anderen Leuten schien ein Schleier gezogen zu sein, Bikos Sprache sei verwischt und zusammenhanglos gewesen, er habe gemurmelt. Ab und zu habe er Schwäche in den Gliedern gezeigt, einen möglicherweise hinkenden Gang, einen falschen Fußsohlenstreckmuskelreflex, Symptome von Sprachstörung und Schwäche im linken Arm. In der Rückenmarksflüssigkeit seien rote Blutkörperchen gefunden worden. Sähe es angesichts dieses Gesamtbildes nicht so aus, meinte Mr. Kentridge, als hätte Mr. Biko an einer ziemlich ernsten Gehirnverletzung gelitten? Professor Loubser erwiderte: »Das alles steht vollkommen im Einklang mit dem pathologischen Befund.«

Mr. Kentridge sagte, die neurologischen Experten, mit denen er gesprochen habe, seien der Ansicht gewesen, daß Mr. Bikos Verletzung eine Periode von mindestens zehn Minuten Bewußtlosigkeit gefolgt sein müsse, wenn nicht fünfzehn oder zwanzig Minuten, möglicherweise eine Stunde. Professor Loubser sagte, dem würde er ohne weiteres beistimmen.

Die Befragung wandte sich dann der sichtbaren Verletzung an Mr. Bikos Stirn zu. Diese Verletzung bestand aus einer Beule, einer Schwellung und einer verschorften Blutung, wie auf einem dem Gericht vorgelegten Foto zu sehen war. Professor Loubser sagte, als er den Leichnam untersuchte, habe er sofort die Verletzung auf Mr. Bikos Stirn bemerkt. Er habe keine Schwierigkeiten gehabt, die Wunde zu sehen.

Die Diskussion wandte sich dann den möglichen Ursachen der Kopfverletzung zu. Mr. Kentridge fragte Professor Loubser, ob man sie auf einen Sturz zurückführen könne. Professor Loubser bejahte das. Könne sie auf einen Schlag mit einem stumpfen Gegenstand, wie einem Gummiknüppel, zurückzuführen sein? Professor Loubser sagte, dagegen würde die Größe der Wunde sprechen. Der Schorf, der auf Mr. Bikos Kopfoberfläche zu sehen war, sei das einzige, was sich mit einem Knüppelschlag vereinbaren ließe.

Mr. Kentridge erkundigte sich dann nach der Möglichkeit, daß zwei oder drei Knüppelschläge die Verletzung verursacht hätten. Professor Loubser sagte, diese Theorie würde nur durch die Hautabschürfungen gestützt. Mr. Kentridge fragte weiter, ob die Wunde auf einen Faustschlag zurückgeführt werden könne. Professor Loubser sagte, diese Möglichkeit wäre rein hypothetisch. Dann sagte Mr. Kentridge: »Wie ist es mit der Faust eines Mannes, der einen Ring trägt?« Professor Loubser sagte, das sei denkbar.

Mr. Kentridge kam noch einmal auf die Möglichkeit zu sprechen, daß die Verletzung auf einen Sturz zurückzuführen sein könnte. Er sagte, es hätte ein Sturz sein müssen, bei dem die linke Stirn und der Backenknochen betroffen seien, aber nicht die Nase. Professor Loubser stimmte dem zu. Mr. Kentridge fragte dann, wie jemand auf diese Weise stürzen könne, ohne sich beim Aufprall die Nase zu verletzen. Professor Loubser erwiderte, es müsse ein Sturz auf die linke Gesichtshälfte sein, bei dem der Kopf nach rechts gewendet sei.

Mr. Kentridge sagte, ein Epileptiker könne bei einem Anfall auf diese Weise stürzen; ebenso jemand, den man bewußtlos geschlagen habe. Er könne es nicht so leicht akzeptieren, daß jemand, der bei vollem Bewußtsein stürze, so eine Verletzung davontrage. Professor Loubser meinte, daß dies ungewöhnlich wäre. Mr. Kentridge sagte, wenn jemand auf das Gesicht oder auf die Stirn falle, könne man annehmen, daß er seine Hände gebrauchen würde, um sich zu schützen. Professor Loubser war auch dieser Meinung.

Mr. Kentridge sprach dann über Mr. Bikos Lippenverletzung. Professor Loubser sagte, er könne keine Verbindung zwischen den Lippenverletzungen und den anderen Kopfverletzungen herstellen. Er habe den Eindruck, daß die Lippenverletzungen anders entstanden seien. Er war sich mit Mr. Kentridge einig, daß die Schnitte auf den Lippen eher von zwei Schlägen als von einem Sturz verursacht worden seien.

Die Quetschungen über den Rippen, sagte Mr. Kentridge, müßten wahrscheinlich von Stößen mit einem scharfen Gegenstand herrühren, zum Beispiel einem Finger oder einem Stock. Professor Loubser war auch dieser Meinung, fügte aber hinzu: »Es war kein heftiger Stoß, sondern eben nur ein Stoß.«

Professor Loubser war der Meinung, daß die Hautabschürfungen an Mr. Bikos Händen und Füßen von Handschellen und Fußeisen stammten. Er sagte, er habe an Mr. Bikos linker großer Zehe eine Wunde bemerkt – etwas, das wie eine Blase mit einem kleinen, durch eine Nadel verursachten Loch aussah. Auf die Frage, was die Ursache sein könne, sagte Professor Loubser, er vermute eine mechanische Ursache.

Mr. Kentridge wandte sich dann den Ursachen von Gehirnquetschungen zu. Es sei üblich, sagte er, daß diese Art von Verletzungen durch einen plötzlichen Stopp eines sich bewegenden Kopfes entstünden. Er wies darauf hin, daß viele von Boxern erlittene Gehirnverletzungen zu dieser Gattung gehörten. Professor Loubser stimmte dem zu.

Beide waren der Meinung, daß die Geschwindigkeit beim Aufprall des Kopfes nicht von besonderer Bedeutung sei. Wichtig sei, daß der Bewegung des Kopfes plötzlich Einhalt geboten werde. Professor Loubser sagte, die Verletzung könne daher rühren, daß sich der Kopf nach vorne bewegt hatte und von einem Schlag gestoppt worden war. Mr. Kentridge fragte, ob Quetschungen entstehen könnten, wenn man eine Person am Kragen packe und sie gegen eine Wand stoße. Professor Loubser sagte, das sei möglich.

Dann machte Professor Loubser das Gericht auf eine Kindersendung aufmerksam, die er im Fernsehen gesehen hatte. In diesem Programm mußte ein Polizeibeamter »in einer kompromittierenden Situation« körperlich verletzt werden, um die Behörden davon zu überzeugen, daß ihm etwas zugestoßen sei. »Er stieß mit seinem Kopf sehr stark gegen eine Hauswand... Es hätte etwas Ähnliches sein können«, sagte Professor Loubser.

(Vertagung)

Zehnter Tag: Freitag, 25. November 1977

Zu Beginn der Verhandlung bezog sich Mr. Kentridge auf Professor Loubsers vorausgegangene Aussage, daß die Gehirnverletzungen davon herrühren könnten, daß jemand selbst mit dem Kopf gegen eine Wand gerannt sei.

MR. KENTRIDGE: Sie behaupten nicht, daß das geschehen sei?
PROFESSOR LOUBSER: Ich kann das weder als wahrscheinlich annehmen, noch als unmöglich verwerfen.
MR. KENTRIDGE: Jemand müßte sich vor eine Wand stellen und mit dem Kopf gegen sie rennen?
PROFESSOR LOUBSER: Ja, ein paarmal.
MR. PRINS: Jemand, der in ein Handgemenge verwickelt ist, könnte sich doch öfter einmal auf diese Weise verletzen?
PROFESSOR LOUBSER: Richtig.
MR. KENTRIDGE: Die Wucht des Anpralls wäre leichter zu erklären, wenn eine andere Person den Schlag versetzt hätte?
PROFESSOR LOUBSER: Ich kann mir vorstellen, daß ein gewöhnlicher Stoß ausreichen würde.

Professor Loubser sagte, ein Sturz von einem Stuhl würde ärgere Verletzungen verursachen als ein Schlag im Stehen. Er sei zwar noch nie einer ähnlichen selbstbeigebrachten Verletzung begegnet. »Aber es gibt immer ein erstes Mal«, sagte er.

Mr. Kentridge wies dann auf die Verrenkungen hin, die ein diesbezüglicher Versuch Mr. Bikos zur Voraussetzung gehabt hätte. Professor Loubser stellte die Theorie auf, daß die Verletzung von einem Sprung herrühren könnte. »Er hätte sich von der Wand abstoßen und mit Schwung auf den Fußboden hechten müssen«, sagte er.

Mr. Kentridge meinte, wenn sich jemand den Kopf einrennen wolle, könne er das an der nächsten Wand tun. Wegen der Stellung, in der Mr. Biko angekettet gewesen sei, hätte die Verletzung aber auf der anderen Seite sein müssen.

Dann fing Mr. van Rooyen mit seinem Verhör an. Er bemerkte, man habe ihm gesagt, daß ein einziger Schlag gegen die Stirn alle fünf Verletzungen auf einmal hätte verursachen können. Professor Loubser stimmte dem sehr verallgemeinernd zu.

Mr. van Rooyen bezog sich dann auf Aussagen, die über einen Vorfall am Morgen des 7. September gemacht worden waren. Damals sei, sagte er, Mr. Biko angeblich Amok gelaufen, habe alle Leute angegriffen und mußte überwältigt werden. Niemand habe ausgesagt, daß Mr. Biko während dieses Vorfalls mit der linken Stirnseite irgendwo angeschlagen sei. Jedoch beschrieb Mr. van Rooyen drei spezifische Vorfälle, bei denen sich Mr. Biko seine Kopfverletzung möglicherweise habe zuziehen können: 1. als Mr. Biko gewaltsam gegen eine Bürowand gedrückt wurde, um festgehalten zu werden; 2. als Mr. Biko vornüber hinfiel, weil der Mann, der ihn festhielt, wegtrat, als Mr. Biko ihm auf den Fuß trat; 3. als Mr. Biko danach nochmals zu Fall gebracht wurde, um in Ketten gelegt zu werden. Professor Loubser war auch der Meinung, daß die festgestellten Prellungen von jedem dieser drei Vorfälle herrühren könnten.

Bezüglich der Tatsache, daß niemand, der Mr. Biko persönlich gesehen hatte, mit Ausnahme einer Person, zugegeben hatte, eine Wunde an seiner Stirn bemerkt zu haben, fragte Mr. van Rooyen, ob es möglich sei, daß die Wunde nicht deutlich zu sehen gewesen war. Professor Loubser sagte, er selbst habe bei Obduktionen bestimmte Verletzungen nicht wahrgenommen, wegen des subjektiven Faktors.

Später erhob sich Mr. Kentridge und sagte, er könne sich nicht vorstellen, daß der Gehirnverletzung, die zur Debatte stand, nicht eine beträchtliche Zeit der Bewußtlosigkeit gefolgt sei. Nachdem das Thema eingehender diskutiert worden war, sagte Professor Loubser, er hätte erwartet, daß eine solche Verletzung mit Bewußtlosigkeit verbunden sei, wäre aber nicht überrascht, wenn keine Bewußtlosigkeit eingetreten wäre. Eine Bewußtlosigkeit sei jedoch zu mehr als fünfzig Prozent wahrscheinlich.

MR. VAN ROOYEN: Sie können die Möglichkeit, daß er nicht bewußtlos war, nicht ausschließen?
PROFESSOR LOUBSER: Nein.

Der nächste Zeuge war Professor Neville Proctor, Professor für anatomische Pathologie an der University of the Witwatersrand und Leiter der School of Pathology am South African Institute of Medical Research. Mr. Kentridge stellte ihm verschiedene technische Fragen über seinen Befund bei der Untersuchung von Mr. Bikos Gehirn. Während dieser Befragung gab der Professor die Schlußfolgerungen, die sich aus seiner Untersuchung ergeben hatten, bekannt. Er stimmte mit den anderen Pathologen darin überein, daß die Hauptverletzung in Mr. Bikos Gehirn durch einen Schlag auf die Seite des Kopfes verursacht worden sein könne. Er sagte, es sei ausgesprochen passend, daß sich die Hauptverletzung an der linken Stirnseite befinde.

Seiner Meinung nach waren die einzelnen Verletzungen nicht auf einen einzigen Hieb zurückzuführen. Er sei der Ansicht, daß es mindestens drei Hiebe gewesen sein müßten.

Bezüglich Mr. Kentridges Beschreibung von Mr. Bikos Verhalten am Morgen des 7. September sagte Professor Proctor, in Anbetracht dieses Zustandes und des Ausmaßes der Verletzungen müsse Mr. Biko bewußtlos gewesen sein. Mr. Biko habe eine mäßige bis schwere Gehirnschädigung erlitten. Zumindest eine zehn- bis zwanzigminütige Bewußtlosigkeit müßte die Folge gewesen sein.

Er sagte, die Hauptverletzung allein könne schon tödlich sein.

(Vertagung)

Professor Proctor wurde von Mr. van Rooyen, Mr. Pickard und Mr. von Lieres befragt.
Dann wurde Dr. Andries van Zyl, ein Bezirksarzt aus Pretoria, der Mr. Biko an dessen Todestag untersucht hatte, als Zeuge aufgerufen. Er verlas eine Erklärung, nach der er Mr. Biko am 12. September um fünfzehn Uhr im Gefängniskrankenhaus in Pretoria untersucht hatte. Man habe ihm gesagt, Mr. Biko habe sich eine Woche lang geweigert, »an irgend etwas Anteil zu nehmen«. Außerdem sei Mr. Biko von einem Chirurgen und einem Internisten untersucht worden, die nicht hätten feststellen können, daß ihm irgend etwas fehle.

Dr. van Zyl sagte, er habe aus Port Elizabeth keinen Bericht über den Patienten erhalten. Bei seiner Untersuchung konnte er eine allgemeine Schwäche und eine Dehydrierung feststellen, deren Ursache die Tatsache war, daß Mr. Biko sieben Tage lang weder gegessen noch getrunken hatte. Dr. van Zyl sagte, er habe intravenöse Ernährung verschrieben und Mr. Biko eine Vitaminspritze gegeben.

Mr. Kentridge fragte Dr. van Zyl, wer ihm mitgeteilt habe, daß Mr. Biko angeblich sieben Tage lang weder gegessen noch getrunken habe. Dr. van Zyl sagte, er habe es bei einem Telefongespräch mit einem Unteroffizier Pretorius vom Gefängnisspital erfahren. Soweit er sich erinnern könne, habe ihm niemand gesagt, daß Mr. Bikos Fall dringend sei. Auf die Frage Mr. Kentridges, ob Mr. Biko ernsthaft krank gewesen zu sein schien, erwiderte Dr. van Zyl: »Medizinisch war er ein kranker Mensch, ein sehr kranker... er befand sich in einem Dämmerzustand.«

Dann wurde Dr. van Zyl von Mr. Pickard befragt. Er sagte, er sei vor dem 12. September nie in der Abteilung von Mr. Biko gewesen. Mr. von Lieres fragte Dr. van Zyl, ob das Zimmer, in dem man Mr. Biko festhielt, ausreichend eingerichtet gewesen sei. Dr. van Zyl sagte, er habe verschiedene Stationen gesehen, die denen in Krankenhäusern glichen. Mr. Biko sei in einem Privatzimmer gewesen.

Mr. Kentridge teilte dem Gericht mit, daß er Fotos von dem Zimmer habe. »Es sieht so aus, als ob der Patient auf einer Matte auf dem Fußboden lag und nicht auf dem Bett«, sagte er. Dr. van Zyl sah sich die Fotos an und meinte, das scheine schon der Raum zu sein.

MR. KENTRIDGE: Als Sie Mr. Biko sahen, lag er da auf Matten auf dem Fußboden?
DR. VAN ZYL: Das ist richtig.

Dr. van Zyl verließ den Zeugenstand. Bevor der nächste Zeuge, Dr. Gluckmann, aufgerufen wurde, gab es eine Diskussion. Richter Prins beschloß schließlich, daß man Dr. Gluckmann, den Arzt der Familie Biko, als Zeugen aufrufen solle. Er blieb den ganzen Tag im Zeugenstand und beantwortete Fragen über die Obduktion an Mr. Bikos Leichnam.

(Vertagung)

Zwölfter Tag: Dienstag, 28. November 1977

Dr. Gluckmann fuhr mit der Beantwortung von Fragen über die Obduktion fort. Dann sagte Professor Ian Simson aus, der Leiter der Abteilung Pathologische Anatomie an der University of Pretoria. Er hatte der Obduktion Mr. Bikos beigewohnt und beantwortete ausgesprochen technische Fragen über die Ergebnisse der Obduktion.

Danach bat der Richter Mr. van Rooyen, seine Meinung darüber zu äußern, ob man den Chef des Sicherheitspolizei-Hauptquartiers zur Aussage vorladen solle. Mr. van Rooyen sagte, Mr. Kentridge wolle durch die Aussage der Brigadegeneräle Widersprüche beseitigen, die sich durch die Erklärungen des Obersten Pieter Goosen und die darauffolgende angebliche Erklärung des Polizeiministers J. T. Kruger ergeben hätten. Es gebe keine Anzeichen der Fälschung oder der Diskrepanz zwischen Oberst Goosens schriftlichen Aussagen und seinen Erklärungen vor Gericht. Die Diskrepanz sei durch Behauptungen entstanden, die der Minister angeblich gemacht habe, die aber nur durchs Hörensagen belegbar seien. Das sei unzulässig.

Der Richter erklärte dann, er habe die Aussagen der beiden Brigadegeneräle geprüft und festgestellt, daß sie, zusammen mit einem Fernschreiben, das einer der Erklärungen beigefügt war, widersprüchliche Erklärungen seitens Oberst Goosens nicht einmal andeuteten. Mr. van Rooyens Argument sei akzeptiert.

Die Diskussion wandte sich dann der Frage zu, ob schriftliche Aussagen Dr. Reuben Plotkins, eines Neurochirurgen, und Dr. Ronald K. Tuckers, der dem Rechtsbeistand der Familie Biko assistierte, als Beweismaterial zulässig seien. Mr. Prins sagte, er habe die schriftlichen Aussagen gelesen und müsse nun entscheiden, ob die Ärzte in den Zeugenstand gerufen werden sollten.

Mr. van Rooyen erhob Einspruch gegen die Annahme der schriftlichen Aussagen als Beweismaterial. Bezüglich der Feststellung der Todesursache und der Frage, ob irgend jemand strafrechtlich dafür verantwortlich sei, müsse man die schriftlichen Aussagen als belanglose Spielereien betrachten.

Auch Mr. Pickard widersprach der Aussage von Dr. Plotkin und den schriftlichen Erklärungen von Dr. Tucker, und Mr. Heath und Mr. von Lieres bestätigten die Aussagen von Mr. van Rooyen und Mr. Pickard.

Mr. Kentridge sagte, er glaube, der Inhalt der schriftlichen Aussagen würde dem Gericht bei seiner Entscheidung wesentlich weiterhelfen. Dadurch, daß man Dr. Plotkin und Dr. Tucker vorlade, könnten die Tatsachen von zwei unabhängigen Klinikern interpretiert werden. Der Richter habe drei Möglichkeiten. Er könne entweder entscheiden, daß es zu diesem Thema genügend Beweismaterial gegeben habe, und die schriftlichen Aussagen ablehnen; er könne die schriftlichen Aussagen annehmen, ohne die Verfasser in den Zeugenstand zu rufen; schließlich könne er die schriftlichen Aussagen annehmen und die Zeugen ins Kreuzverhör nehmen lassen.

(Vertagung)

Dreizehnter Tag: Mittwoch, 29. November 1977

Kurz nach Sitzungsbeginn erschien Oberst Goosen überraschend früh wieder im Zeugenstand. Man hatte weitere Aussagen medizinischer Experten erwartet.

Mr. Kentridge befragte Oberst Goosen eingehend über Widersprüche zwischen seinen Telefon- und Telexberichten an das Sicherheitspolizei-Hauptquartier in Pretoria und den Erklärungen des Polizeiministers J. T. Kruger, denen zufolge Mr. Biko mit einem Hungerstreik gedroht habe. Brigadegeneral Zietsman, der Chef der Sicherheitspolizei, hatte Mr. Kentridge gesagt, daß Oberst Goosen nie behauptet habe, Mr. Biko drohe mit einem Hungerstreik. Oberst Goosen bestätigte das.

Angesichts der Aufzeichnung eines Fernschreibens und eines Telefonats mit Brigadegeneral Zietsman, fuhr Mr. Kentridge fort, habe es den Anschein, als ob Oberst Goosen nicht gesagt habe, daß Mr. Biko wirklich mit einem Hungerstreik gedroht habe. Brigadegeneral Zietsman habe das auch unter Eid bekräftigt. Könne Oberst Goosen dem Gericht sagen, wie Mr. Kruger dazu gekommen sei, trotzdem seine Erklärung abzugeben? Oberst Goosen sagte, er könne über Pressemitteilungen keine Kommentare abgeben. Er fügte hinzu, daß alle Berichte an das Hauptquartier der Sicherheitspolizei seiner Aufsicht unterlägen.

MR. KENTRIDGE: Dann haben wir hier also die Situation, daß der Polizeiminister mehrere öffentliche Erklärungen über Mr. Bikos Haft abgegeben hat, die sich angesichts des Beweismaterials vor Gericht als unrichtig herausgestellt haben; und Sie überlassen die Angelegenheit nunmehr dem Minister?

OBERST GOOSEN: Ich habe keine Informationen, nur meine eigene Meinung.

MR. KENTRIDGE: Eigene Meinungen können wir uns alle bilden, aber wir können sie vor Gericht nicht aussprechen.

OBERST GOOSEN: Ich habe Bericht erstattet und möchte keinen Kommentar dazu abgeben.

Mr. Kentridge fragte dann Oberst Goosen, warum er Mr. Biko nach Pretoria geschickt habe, wenn die Polizei der Meinung war – jedenfalls hätten die Aussagen diesen Eindruck erweckt –, daß Mr. Biko simuliere und keine Dringlichkeit vorliege. Dem Fernschreiben zufolge habe man Mr. Biko nach Pretoria geschickt, weil der Fall dringend geworden sei; seitdem Mr. Biko ins Polizeirevier Walmer gebracht worden war (um 9.30 Uhr am Sonntag, dem 11. September, konnte er noch gehen), hatte sich sein Zustand verschlechtert. Später, so das Fernschreiben, verfiel Mr. Biko in einen Dämmerzustand. Mr. Kentridge sagte, Oberst Goosen habe dies in seiner Aussage vor Gericht nie gestanden. Oberst Goosen sagte darauf, er habe gemeint, Mr. Biko solle so bald wie möglich dort hingebracht werden, wo es bessere Einrichtungen gebe. Mr. Kentridge fragte Oberst Goosen auch, ob er Brigadegeneral Zietsman angerufen habe, um zu besprechen, wo man Mr. Biko hinschicken solle. Oberst Goosen sagte, das habe er getan.

MR. KENTRIDGE: Sie machten sich Sorgen um Mr. Biko, dachten aber, daß er vielleicht simuliere?
OBERST GOOSEN: Das ist richtig.
MR. KENTRIDGE: Obwohl er sich in einem Dämmerzustand befand?
OBERST GOOSEN: Ich dachte immer noch, er simuliere vielleicht.

Mr. Kentridge sagte, Oberst Goosen habe Brigadegeneral Zietsman auf die Frage, wie die Untersuchung vorankäme, eine negative Antwort gegeben. Mr. Kentridge sagte, daß Behauptungen gegenüber dem Gericht, Mr. Biko habe eine komplette Erklärung versprochen, das Angebot jedoch zurückgezogen, vollkommen erdichtet seien. Wenn Mr. Biko irgend etwas über die Verteilung aufrührerischer Flugschriften zugegeben hätte, wäre Brigadegeneral Zietsman von Oberst Goosen informiert worden. Oberst Goosen erwiderte, das Telefonat sei kurz gewesen.

Dann sagte Oberfeldwebel Henry Fouche aus, ein Mitglied des Teams, das Mr. Biko am 6. und 7. September bewacht hatte. Er las eine schriftliche Aussage vor sowie eine Erklärung, die er nach Mr. Bikos Tod gegenüber dem Ermittlungsbeamten abgegeben hatte. Oberfeldwebel Fouche sagte, er habe in der Nacht des 6. September und am 7. September im Gebäude der Sicherheitspolizei in Port Elizabeth Wachdienst gehabt. Mr. Biko sei im Verhörraum mit den Handschellen an ein Gitter gekettet gewesen. Er habe ein paarmal in den Verhörraum hineingeschaut, aber nicht mit Mr. Biko gesprochen. Auf Mr. Kentridges Frage, ob Leutnant W. Wilken, der Chef des Nachtteams, irgendwann einmal bei Mr. Biko im Verhörraum gewesen sei, sagte Oberfeldwebel Fouche, er könne sich daran nicht erinnern. Es sei möglich, daß Leutnant Wilken sich auf einen Stuhl setzte und Mr. Biko eine ziemlich lange Zeit ansah. Er sagte, Leutnant Wilken habe ihn möglicherweise eine Zeitlang verhört, jedoch habe ihm der Leutnant nicht gesagt, daß Mr. Biko bereit sei auszusagen.

Später am selben Abend habe er wieder Stimmen aus dem Verhörraum vernommen. Mr. Biko sprach, aber man konnte nicht verstehen, was er sagte. Er sprach sehr undeutlich.

Auf weitere Fragen Mr. Kentridges erwiderte Oberfeldwebel Fouche, er sei der Meinung gewesen, daß Mr. Biko simuliere.

Mr. Kentridge sprach die Ansicht aus, daß Mr. Biko seine Kopfverletzung zwischen dem Abend des 6. September und dem Morgen des 7. September erlitten habe, und fragte Oberfeldwebel Fouche, ob er sich die Verletzung erklären könne. Oberfeldwebel Fouche sagte, er habe keine Ahnung.

Oberfeldwebel Fouche sagte, er habe mitgeholfen, Mr. Biko auszuziehen und zu dem Landrover zu tragen, in dem er von Port Elizabeth ins Gefängnis von Pretoria gebracht wurde. Er sagte, Mr. Biko habe nicht den Eindruck gemacht, in einem Koma zu sein. Auf die Frage Dr. Gordons, warum ein angeblicher Simulant nachts so dringend nach Pretoria verlegt werden sollte, sagte Oberfeldwebel Fouche, man habe ihm gesagt, man bringe ihn zur Beobachtung nach Pretoria, nicht zu einer besonderen ärztlichen Behandlung. Auf weitere Fragen antwortete Oberfeldwebel Fouche, er habe an Mr. Biko keine Verletzungen außer der angeschwollenen Oberlippe bemerkt. Er habe auch von Gewalttätigkeit im Vernehmungszimmer in der Nacht des 6. September weder etwas gesehen noch gehört.

Der letzte Zeuge war Oberfeldwebel Jacobus Beneke, der Polizist, den Mr. Biko während der Befragung am 7. September angeblich angegriffen hatte. Er teilte dem Gericht mit, daß Mr. Biko bei dem Verhör am 6. September ein Geständnis bezüglich der Verteilung von Flugschriften abgelegt habe. Mr. Kentridge fragte ihn, warum er das nicht in seiner am Vortag eingereichten schriftlichen Aussage erwähnt habe. Er erwiderte, er habe es nicht für wichtig gehalten und sei der Meinung gewesen, derartige Angelegenheiten dürfe er nicht erwähnen.

Auf die Frage Dr. Gordons, ob er bemerkt habe, daß Mr. Biko irgendwann während oder nach dem angeblichen Handgemenge am 7. September das Bewußtsein verloren habe, sagte Oberfeldwebel Beneke, Biko sei nicht bewußtlos gewesen.

Am 1. Dezember hielt Mr. Kentridge vor Gericht sein Plädoyer.

Er sagte, die Pflicht eines Untersuchungsgerichtes sei es, die Identität und das Sterbedatum des Verstorbenen festzustellen; beides sei bereits geschehen. Das Gericht habe auch die Aufgabe, die Todesursache festzustellen. Es bestünde kein Zweifel, sagte Mr. Kentridge, daß Mr. Biko an den Folgen von mindestens fünf Gehirnverletzungen gestorben sei, deren Ursache die Anwendung äußerlicher Gewalt gegen seinen Kopf gewesen sei. Die Ansicht, er habe einen Hungerstreik durchgeführt und dadurch an Dehydrierung gelitten, bedürfte keiner ernsthaften Erwägung. Er erkläre dem Gericht, daß Mr. Biko Gehirnverletzungen erlitten habe und daß die anderen Symptome auf diese Gehirnverletzungen zurückzuführen seien.

Die wichtigste Frage, die das Gericht beantworten müsse, sei jedoch die, ob der Tod Mr. Bikos auf einer kriminellen Tat oder einem kriminellen Versäumnis irgendeiner Person beruhe. Die Tatsache, daß die Identität des Missetäters noch nicht festgestellt sei, heiße nicht, daß das Gericht zu dem Schluß kommen müsse, daß niemandem die Schuld zu geben sei. Er sei der Ansicht, daß ein Beschluß, der alle Beteiligten freispreche, in Anbetracht des während der Untersuchung vorgelegten Beweismaterials gar nicht ins Auge gefaßt werden könne.

Mr. Kentridge sagte, er stelle anheim, ob ein Mitglied oder mehrere Mitglieder der Sicherheitspolizei für Mr. Bikos Tod verantwortlich gewesen seien und ob ihm die Verletzungen aus Absicht oder aus Fahrlässigkeit und ohne Notwendigkeit zugefügt worden seien. Er behaupte nicht, daß Mr. Biko ermordet, sondern daß er geschlagen worden sei und daß die Person oder die Personen, die das taten, sich damals keine Sorgen darum gemacht haben, ob dabei eine ernsthafte Verletzung entstanden sei oder nicht.

Er wies darauf hin, daß die Polizei dem Gericht mitgeteilt habe, wie besorgt sie um Mr. Bikos Zustand gewesen sei, und daß Oberst Pieter Goosen, der Chef der Sicherheitspolizei im Ostkap, gesagt habe, daß er seinen rechten Arm dafür hergeben würde, wenn Mr. Biko am Leben bliebe. Fest stehe, daß sie seinen Tod nicht wollten, sagte er, aber warum dann diese furchtbare Besorgnis? Seine Meinung sei, daß es Oberst Goosen hauptsächlich darum ging, den Ärzten den Eindruck zu vermitteln, Mr. Biko simuliere.

Die Untersuchung sei weder die Verhandlung eines Strafgerichts noch die eines Zivilgerichts. Es sei die Aufgabe dieser Kommission zu ermitteln, ob eine bekannte oder unbekannte Person für den Tod Mr. Bikos verantwortlich sei. Man müsse nicht zu einem unanfechtbaren Schluß kommen. Der Befund sei jedoch für Mr. Bikos Familie und andere Menschen von großer Bedeutung. Die Vertreter der Familie Biko hätten die Gelegenheit genutzt, Zeugen ins Kreuzverhör zu nehmen, aber obwohl man ihnen bei dieser Prüfung freie Hand gelassen habe, habe es doch einige Einschränkungen gegeben: Sie seien nicht berechtigt gewesen, Zeugen unter Strafandrohung vorzuladen, und sie hätten gerne andere, nicht geladene Zeugen befragt. Sie seien auch nicht in der Lage gewesen, einen Augenzeugen vorzuweisen, der über die Mr. Biko widerfahrene Behandlung hätte aussagen können.

Mr. Kentridge sagte, sie hätten sich bei ihren ausgedehnten Kreuzverhören der Polizei in keiner Weise behindert gefühlt. Es gebe nicht viele Länder in der Welt, auch nicht in der westlichen Welt, in denen es Beamten der Sicherheitspolizei gestattet sei, öffentlich vor Gericht aufzutreten und sich einem eher feindseligen Kreuzverhör zu unterziehen. »Ich glaube, darauf können wir mit Recht stolz sein«, sagte er.

Er stellte anheim, daß Mr. Biko körperlich mißhandelt worden sei und daß das die Ursache für die Gehirnverletzung sei. Die Sicherheitspolizei habe eine solche Mißhandlung bestritten und angedeutet, daß Mr. Bikos Gehirnverletzung von dem Zwischenfall am 7. September herrühren könne, bei dem Mr. Biko angeblich der Angreifer gewesen war. An ihrer Selbstmordtheorie hielten sie nicht fest.

Es ginge also hauptsächlich darum, ob irgendein Mitglied der Sicherheitspolizei Mr. Biko körperlich mißhandelt habe. Der Rechtsbeistand der Familie habe hierfür keine direkten Beweise, sei aber der Meinung, die Sicherheitspolizei habe ihre Reihen geschlossen und Stillschweigen verabredet.

Mr. Kentridge wies darauf hin, daß Indizienbeweise in einigen Fällen viel überzeugender sein könnten als Zeugenaussagen. Er meinte, die Indizienbeweise, die zeigten, daß ein Polizist, oder auch mehrere, Mr. Biko körperlich mißhandelt hätten, könnten nach fünf Gesichtspunkten unterschieden werden:

1. Der Zeitpunkt, zu dem die Verletzung vermutlich entstanden sei. Er sei der Ansicht, daß sie zwischen dem Abend des 6. September und 7.30 Uhr am Morgen des 7. September entstanden seien.
2. Das Unvermögen der Polizei, eine wahrheitsgetreue Erklärung der Umstände vorzubringen, unter denen Mr. Biko die Verletzungen erlitt. Die Tatsache, daß sie die Wahrheit verschwieg und daß einige ihrer Männer vor Gericht falsch über die Vorkommnisse aussagten.
3. Das Versäumnis der Ärzte, das zu sehen, was sie hätten sehen müssen, und die Tatsache, daß sie in das verabredete Stillschweigen mit einbezogen wurden.
4. Das medizinische Beweismaterial, das zeige, daß das Handgemenge, so wie es beschrieben wurde, nicht Ursache der Verletzung gewesen sein könne.

5. Zusammen mit diesen Faktoren sollten die Indizienbeweise über die Art und Weise, in der Mr. Biko in der Haft behandelt worden war, ins Auge gefaßt werden.

Das Beweismaterial über Mr. Bikos Behandlung sei unbestritten. Als er am 18. August festgehalten wurde, sei er bei guter Gesundheit gewesen, sechsundzwanzig Tage später aber starb er. Die Sicherheitspolizei gebe selbst die schlechte Behandlung Bikos zu.

Mr. Kentridge sagte, er sei der Meinung, der unbestreitbare Angriff auf Mr. Bikos Würde und das gefühllose Außerachtlassen seiner Menschenrechte seien bei der Einschätzung des Beweismaterials von höchster Bedeutung. Mr. Biko sei in den Zellen des Polizeireviers Walmer in Einzelhaft gewesen und sogar der geringfügigen Rechte, die ihm als einem unter Abschnitt 6 Festgehaltenen zustanden, beraubt worden. Mr. Kentridge berief sich auf die Ermächtigung, unter der Mr. Biko festgehalten worden sei; die beschränkten Rechte, die ein Festgehaltener genoß, besagten, daß er wenigstens über eine angemessene Anzahl eigener Kleidungsstücke verfügen könne. Niemand außer den staatlichen Beamten hätte zu ihm Zugang gehabt, und er habe weder Zeitungen noch Nahrungsmittel von draußen erhalten können; doch hätten ihm wenigstens Bewegung und frische Luft gestattet sein sollen.

Statt dessen habe man Mr. Biko nackt festgehalten, ohne richtige Waschgelegenheit, ohne Bewegung und frische Luft. Mr. Biko habe sich bei einem Richter beschwert – umsonst.

Dann habe man Mr. Biko in den Vernehmungsraum gebracht und in Handschellen und Fußeisen gelegt. Er blieb in Ketten, sogar nachdem Oberst Goosen der Verdacht gekommen war, daß er einen Schlaganfall erlitten haben könnte, sogar nachdem Dr. Lang ihn untersucht hatte. Er lag den ganzen 7., die ganze Nacht des 7. und den 8. September in Ketten. Der Arzt habe gemeint, Mr. Biko solle von einem Facharzt untersucht werden, aber das half Mr. Biko auch nicht viel. Man ließ ihn einfach liegen.

Im Gefängnis von Port Elizabeth brachten die Wärter Mr. Biko etwas Menschlichkeit entgegen, aber keine Kommunikationswege standen offen, um Auskunft über seinen Zustand zu geben.

Am Morgen des 11. September habe man ihn aus dem Krankenhaus entfernt und in seine Zelle zurückgebracht. Tatsächlich bedeutete das, daß man ihn aus einem Bett nahm und wieder nackt auf die Matte legte. Nach ein paar Stunden habe man ihn zusammengebrochen auf dem Fußboden gefunden. Man rief Ärzte herbei, und Mr. Biko mußte in ein 1200 Kilometer entferntes Gefängnisspital. Man habe ihn in einem Landrover transportiert, nackt im Fond liegend, mit nichts weiter als einer Flasche Wasser.

Obwohl Mr. Biko in Pretoria ins Gefängnis getragen werden mußte, habe sogar dort die Sicherheitspolizei aus Port Elizabeth versucht, die Beamten zu beeinflussen, daß er möglicherweise simuliere und die Nahrungsaufnahme verweigere. Laut Oberst Goosen gebe es im Gefängnis von Pretoria hervorragende medizinische Einrichtungen. Aber für Mr. Biko hätten sich diese Einrichtungen auf eine Matte in der Ecke einer Zelle beschränkt und die Visite eines praktischen Arztes, dessen Diagnose auf falschen Informationen beruhte und dessen Behandlung aus intravenöser Ernährung und einer Vitaminspritze bestanden habe.

Zu keinem Zeitpunkt wurde die Familie unterrichtet.

»Und am Ende stirbt Steve Biko einen elenden und einsamen Tod auf einer Matte auf steinernem Fußboden«, sagte er.

Mr. Kentridge erwähnte Oberst Goosens Behauptung in der schriftlichen Aussage, die er nach Mr. Bikos Tod angefertigt hatte, daß man alles für Bikos Wohlergehen getan habe. Das stünde anderen Erklärungen, die vor Gericht zu hören gewesen seien, in keiner Weise an Zynismus nach.

Er sagte, die Sorge der Ärzte müsse in Zusammenhang mit ihrem Verhalten, nicht mit ihrem Beruf beurteilt werden. Die Bedeutung der Aussagen der Ärzte liege darin, daß das Gericht, wenn es die Aussagen der Sicherheitspolizei abwägen müsse, zu dem Schluß kommen könnte, daß das Beweismaterial angesichts dessen, was man über Mr. Bikos Behandlung wüßte, nicht ausreichend sei.

Mr. Kentridge skizzierte dann das Bild, das durch die Indizienbeweise von den Ursachen für Mr. Bikos Tod entstanden sei. Die Gehirnverletzung, sagte er, sei von den Ärzten Loubser, Gluckmann und Simson als zwischen vier und acht Tage alt datiert worden – wahrscheinlich fünf oder sechs. Professor Proctor habe die Verletzung auf fünf bis acht Tage vor Bikos Tod datiert. Dies bedeute, daß sich die Verletzung vor der Nacht des 8., aber nicht früher als am 4. oder 5. September ereignet haben müsse.

Mr. Kentridge meinte, zu den Ereignissen des 6. und 7. September gebe es nicht nur unzureichende Informationen, sondern auch falsche Erklärungen seitens der Angehörigen der Sicherheitspolizei. Die Aussage des Nachtteams sei ganz einfach eine Verneinung gewesen, daß Mr. Biko körperlich mißhandelt worden sei. Mr. Biko habe sich aber ständig in Sicht- oder Hörweite dieser Leute befunden. Leutnant Wilken und Oberfeldwebel Fouche hätten dem Gericht gesagt, daß von Zeit zu Zeit von einem nahe gelegenen Büro nach ihm gesehen worden wäre. Ihre Aussagen lieferten aber keinerlei Erklärung der Vorfälle.

Was das Nachtteam anging, lägen dem Gericht nicht bloß Verneinungen vor, sondern Berichte von Ereignissen, die stattgefunden haben sollten. Da hieß es, Mr. Biko sei aggressiv geworden, es habe einen Kampf gegeben, Mr. Biko hätte überwältigt und in Ketten gelegt werden müssen. Da hieß es, daß es fünf starker Männer bedurfte, um Mr. Biko zu überwältigen. Sie sagten, Mr. Biko sei im Verlauf des Handgemenges möglicherweise mit dem Kopf gegen die Wand geschlagen, aber sie hatten keine Erklärung für seine Verletzung. Kein einziges Mitglied der Mannschaft sei bereit zu sagen, es habe gesehen, wie er mit dem Kopf gegen die Wand schlug. Kein einziger von ihnen sei bereit zu sagen, er habe die Verletzung an Mr. Bikos linker Stirn gesehen. Kein einziger von ihnen habe in einer ursprünglichen schriftlichen Aussage erklärt, daß Mr. Biko vielleicht mit dem Kopf irgendwo angestoßen sei.

Der Sinn der von General Kleinhaus entgegengenommenen schriftlichen Zeugenaussagen war der, die Aufmerksamkeit der Polizisten von den Gehirnverletzungen abzulenken. Die Tatsache, saß in den schriftlichen Aussagen nicht die Möglichkeit erwähnt wurde, daß Biko bei dem Handgemenge mit dem Kopf aufgeschlagen sei, habe unweigerlich zu der Schlußfolgerung geführt, daß dies nicht passiert sei, daß es gar nicht habe passieren können. Mr. Kentridge sagte, der Wert des Eintrags in das Vorkommnisbuch müsse in Zusammenhang mit der ganzen Aussage Major Snymans eingeschätzt werden. Major Snyman habe in dem Vorkommnisbuch als Tatsache angegeben, daß Mr. Biko mit dem Kopf gegen die Wand und mit dem Körper auf den Boden gestürzt sei. Als man ihn vor Gericht gefragt habe, mit welchem Teil seines Kopfes Mr. Biko gegen die Wand geschlagen sei, habe Major Snyman gesagt, mit dem Hinterkopf. Major Snyman habe eine bemerkenswert verworrene Schilderung des Handgemenges gegeben. Aber auch wenn es diesen Schlag auf den Hinterkopf wirklich gegeben habe, sei das keine Erklärung für die erlittenen Verletzungen. Mr. Kentridge bat das Gericht, Major Snymans Schilderung mit dem Eintrag in dem Vorkommnisbuch zu vergleichen; er sagte, beide Aussagen seien vollkommen widersprüchlich.

Hauptmann Sieberts Aussage sei genauso vage gewesen. Er habe dem Gericht gesagt: »Wir haben uns an Tischen, Stühlen und dem Boden angeschlagen«, aber nicht, daß Mr. Biko seine Kopfverletzung am 7. September erlitt, als er überwältigt werden mußte.

Oberfeldwebel Beneke habe auch nichts zur Aufklärung der Vorfälle beigetragen. Oberfeldwebel Marx habe versucht, einen umfassenden Bericht zu geben, habe aber nicht erwähnt, daß Mr. Biko mit dem Kopf gegen die Wand schlug. Er habe schließlich eingestanden, daß er nicht sagen könne, ob Mr. Biko in seiner Anwesenheit irgendeine Kopfverletzung erlitten habe.

Der Aussagen ungeachtet, daß niemand gesehen habe, wie Mr. Biko seine Kopfverletzung erlitt, könne man argumentieren, daß er sich die Verletzung in dem Wirrwarr eines Handgemenges zugezogen habe, ohne daß es jemand bemerkte. Dagegen spreche jedoch die Aussage der Ärzte über die Bewußtlosigkeit, die einer Verletzung dieser Art folgen müsse. Angesichts des medizinischen Beweismaterials sei es so gut wie sicher, daß Mr. Bikos Gehirnverletzung eine längere Bewußtlosigkeit gefolgt sein müsse. Er sagte, das wäre dann nicht nur eine Amnesie gewesen; Mr. Biko wäre auch nicht in der Lage gewesen, seine Glieder zu bewegen. Er weigere sich zuzugestehen, daß man die Bewußtlosigkeit nicht hätte bemerken können.

Wenn man davon ausginge, daß Mr. Biko am frühen Morgen des 7. September wirklich seinen Anfall gehabt habe, daß er Amok gelaufen sei, daß es fünf Männer bedurft habe, ihn zu überwältigen, und daß er sich auch dann noch vernunftwidrig zur Wehr gesetzt habe, so weise die ärztliche Aussage darauf hin, daß diese Gewalttätigkeit symptomatisch für eine Kopfverletzung sein könne, die Mr. Biko bereits erlitten hatte. Mr. Biko sei ein starker Mann gewesen, jedoch kein Supermann. Major Hansen habe Mr. Biko schon einmal allein gebändigt. Man sähe hier die Gewalttätigkeit eines Mannes, der eine Gehirnverletzung erlitten habe. Dann sei er in den Stumpfsinn zurückverfallen, und die Zunahme an Bewußtlosigkeit sei wieder angestiegen, bis Mr. Biko endlich in ein Koma fiel.

Wenn drei der führenden südafrikanischen Pathologen sowie der führende Neurologe sagten, daß ihrer Meinung nach eine Bewußtlosigkeit eingetreten sein müßte, dann sei er der Ansicht, daß das Gericht das akzeptieren müsse. Der Polizeibericht über das Handgemenge schließe jede Bewußtlosigkeit völlig aus, was bedeuten würde, daß Mr. Biko sich seine Verletzungen nicht während des Handgemenges zugezogen haben könne.

Irgendwann im Laufe der Nacht, oder vor 7.00 Uhr, wurden Mr. Biko Verletzungen zugefügt. Man habe ihre Ernsthaftigkeit damals sicher nicht erkannt, jedoch habe man es für ratsam gehalten, einen Arzt zu verständigen. Dann habe man es für ratsam gehalten, eine Erklärung zu finden, die Mr. Biko als den Angreifer darstellte.

Mr. Kentridge sagte, das Fernschreiben, das Oberst Goosen zu unterschlagen versucht hatte, erwähne die Verletzungen, die Biko um sieben Uhr morgens zugefügt worden seien. Oberst Goosen hatte als Zeuge ausgesagt, das betreffe nur die Verletzung an der Lippe von Biko. Das könne nicht wahr sein. Das Entscheidende sei, daß Mr. Bikos Unfähigkeit oder Weigerung zu sprechen direkt mit der Verletzung in Verbindung zu bringen sei, denn in dem Fernschreiben hieß es, »nach der Verletzung weigerte er sich zu sprechen«. Niemand könne glauben, daß eine Verletzung der Lippe allein dazu führen kann, daß jemand nicht mehr reagiert.

Dr. Lang habe man veranlaßt, einen sauberen Befund zu schreiben, dessen Unrichtigkeit er inzwischen eingestanden habe. In der Nacht des 7. September machten neue alarmierende Symptome weitere Schritte notwendig; damals habe man den Eintrag in das Vorkommnisbuch gemacht. Der Eintrag sei wegen der Erklärungen, die darüber abgegeben wurden, von Belang; diese Erklärungen seien miteinander unvereinbar und unzulässig. Mr. Kentridge war der Meinung, daß keine der Erklärungen zu der späteren Eintragung in dem Vorkommnisbuch zufriedenstellend sei; daß der Eintrag gemacht worden sei, um Mr. Biko als den Angreifer hinzustellen. Das Fernschreiben stellte einen Zusammenhang zwischen Mr. Bikos Weigerung zu sprechen und seinen Verletzungen her, aber die schriftliche Erklärung von Oberst Goosen täte das nicht. Das Fernschreiben war nur für die Augen der Sicherheitspolizei bestimmt gewesen. Es sagte nichts darüber, daß Biko simuliert habe, aber in der am folgenden Tag verfaßten schriftlichen Erklärung nahm die Theorie, Biko habe simuliert, eine ganze Seite ein.

Mr. Kentridge sagte, es sei kein Wunder, daß Oberst Goosen die Existenz eines Fernschreibens bestritten habe. Dann verlas er aus dem Protokoll die Aussage von Oberst Goosen, in der er leugnete, einen schriftlichen Bericht verfaßt zu haben, und erklärte, er habe die Angelegenheit nur telefonisch behandelt. In all seinen durchaus unbefriedigenden Aussagen gab es nichts, was ihn so stark belastete. Wenn Brigadier Zietsman nicht pflichtgemäß die Existenz des Fernschreibens erwähnt hätte, dann wäre Oberst Goosen vielleicht mit einem blauen Auge davongekommen. Er fuhr fort, der Teil des Fernschreibens, der sich mit der Reise nach Pretoria beschäftigte, belaste Oberst Goosen ebensosehr wie der übrige Inhalt, weil Oberst Goosen danach gesagt hatte, Mr. Biko habe sich im »Semikoma« befunden.

Die Geschichte von Mr. Bikos Geständnis klinge sehr unglaubwürdig, sagte er. Die Sicherheitspolizei hatte sich besonders darum bemüht, Mr. Biko als Revolutionär und Staatsterroristen darzustellen und zu beweisen, daß er es nicht verdiene, als Mann des Friedens angesehen zu werden. Was die Geschichte von seinem Geständnis schließlich unglaubwürdig erscheinen ließ, war das Telefongespräch mit Brigadier Zietsman. Er hatte Oberst Goosen gefragt, wieweit die Untersuchung vorangekommen sei, und Oberst Goosen hatte einfach geantwortet, Mr. Biko habe um eine Pause von fünfzehn Minuten gebeten und dann nicht mitarbeiten wollen. Hätte Mr. Biko ein Geständnis abgelegt, dann hätte Oberst Goosen es erwähnt und nicht von der fünfzehnminütigen Pause gesprochen, die, wie Leutnant Wilken erklärte, eine Nebensächlichkeit gewesen war.

Was das Simulieren angehe, sagte Mr. Kentridge, so habe die Polizei den Ärzten diese Ansicht aufgedrängt und sogar vor Gericht daran festgehalten, daß dies die ganze Zeit die allgemeine Vermutung gewesen sei. Dies sei nachweislich unwahr.

Mr. Kentridge wies auf den Zwischenfall hin, bei dem Mr. Biko vollbekleidet in der Badewanne gefunden wurde: Obwohl Oberst Goosen gewußt habe, daß Biko an einer Gehirnverletzung gestorben sei, habe er versucht, die Ansicht zu vertreten, daß der Vorfall im Bad ein Selbstmordversuch gewesen sei.

Oberfeldwebel Fouche habe gesagt, daß er bis zur letzten Minute in Pretoria der Meinung gewesen sei, daß Biko wahrscheinlich simuliere.

Mr. Kentridge sprach von dem ungelüfteten Geheimnis des Hungerstreiks. Kurz nach Bikos Tod habe der Polizeiminister eine Erklärung abgegeben, in der es hieß, daß Biko mit einem Hungerstreik gedroht habe. Blieb die Frage, wie derart falsche und irreführende Erklärungen von so hoher Stelle abgegeben werden konnten. Warum sei das Handgemenge nicht erwähnt worden, und warum sei die Erklärung nie richtiggestellt worden? Weder die Sicherheitspolizei noch der Polizeiminister hätten sich die Mühe gegeben, die Sache in Ordndung zu bringen. Wahrscheinlich hatten weder der Minister noch irgendein anderer Beamter in Pretoria diese Version erfunden, sie mußte daher in Port Elizabeth entstanden sein. Dr. van Zyl, der letzte Arzt, der Mr. Biko gesehen hatte, gab zu, seine Diagnose habe auf der Mitteilung beruht, daß der Zustand von Mr. Biko die Folge eines Hungerstreiks sei.

Es gab noch weitere Anzeichen dafür, daß die Polizei etwas zu verbergen hatte. Sie ordnete an, daß kein Schwarzer Verbindung zu Mr. Biko aufnehmen dürfe, schickte die Rückenmarksflüssigkeit unter einem falschen Namen in das Institut und nannte Mr. Keely (dem Neurochirurgen) und wahrscheinlich auch Dr. Hersch nicht den richtigen Namen von Mr. Biko. Diese Verschleierungsversuche ließen sich nur damit erklären, daß die Polizei sich schuldig fühlte.

Mr. Kentridge sagte, er bedauere, daß er sich mit den Ärzten in Port Elizabeth in Verbindung setzen mußte. »Unsere Achtung vor dem Arztberuf gebietet uns zu sagen, daß die absolute Integrität der Ärzte die Gerichte veranlaßt hat, sich weitgehend auf die Feststellungen des Bezirksarztes zu verlassen.« In diesem Gerichtsverfahren habe es jedoch nicht nur den Anschein, daß man sich auf die Aussagen von Dr. Lang und Dr. Tucker nicht verlassen könne, sondern daß sie sich mit der Sicherheitspolizei an der Verschwörung des Stillschweigens beteiligt hätten.

Er zitierte den Richter James, der im August 1976 in einem Verfahren gegen vier Mitglieder der Sicherheitspolizei in Durban, die des Totschlags beschuldigt wurden, weil sie angeblich einen Gefangenen mit Namen Mdluli getötet hatten, das Urteil gesprochen hatte. Der Richter hatte festgestellt, daß Mr. Mdluli sich die Verletzungen offenbar in der Polizeihaft im Gewahrsam der Sicherheitspolizei zugezogen hatte. Das Gericht sprach die Beschuldigten frei, weil es sich nicht beweisen ließ, daß sie für die tödlichen Verletzungen verantwortlich gewesen waren, aber die im einzelnen vom Gericht getroffenen Feststellungen hätten für das gegenwärtige Verfahren eine besondere Bedeutung. Das Gericht war nicht gezwungen, das Verhalten einzelner Polizisten zu beurteilen.

»Deshalb ist das Urteil, das wir zitieren, das einzige, das vernünftigerweise auch dieses Gericht fällen sollte, und das heißt, daß der Tod von Mr. Biko die Folge eines rechtswidrigen Angriffs gegen ihn durch einen oder mehrere der acht Mitglieder der Sicherheitspolizei gewesen ist, in deren Gewahrsam er sich am 6. und 7. September 1977 im Sanlamgebäude befunden hat.«

»Wir stellen fest, daß diese gerichtliche Untersuchung schwerwiegende Unzulänglichkeiten und Fehlverhalten in der Behandlung eines einzelnen Häftlings an den Tag gebracht hat. Es wurden die Gefahren bloßgestellt, denen Leben und Freiheit ausgesetzt sind infolge der Methode, Festgehaltene von der Außenwelt abzuschneiden.

Ein strenger und klarer Urteilsspruch kann dazu beitragen, weiteren Mißbrauch mit diesen Methoden zu verhindern. Angesichts weiteren beunruhigenden Beweismaterials geben wir zu bedenken, daß jeder Urteilsspruch, der als Entlastung der Sicherheitspolizei von Port Elizabeth betrachtet werden kann, unglücklicherweise vielerorts als Genehmigung ausgelegt werden wird, ungestraft unschuldige Menschen zu mißhandeln.«

Mr. van Rooyen sagte dem Gericht, es fiele ihm die Entscheidung schwer, ob er nun seine Zusammenfassung mit dem Beweismaterial beginnen solle oder mit »der verantwortungslosen Dichtung, die Euer Ehren heute morgen vorgetragen wurde«. Er sagte, Mr. Kentridge habe versucht, durch die Verzeichnung des positiven Beweismaterials einen Freiraum für Anschuldigungen zu schaffen.

»Das bedeutet, daß er, ohne Euer Ehren auch nur die Andeutung eines Beweises für körperliche Mißhandlung vorgelegt zu haben, Freiraum für seine Phantasiegebilde hatte.«

Mr. van Rooyen sagte, ihm fiele es schwer zu beurteilen, ob Mr. Kentridge nun annehme, daß es am 7. September ein Handgemenge gegeben habe oder nicht. Am Anfang seines Plädoyers habe Mr. Kentridge gesagt, daß Mr. Biko wegen einer vorausgegangenen Gehirnverletzung gewalttätig geworden sei und sich wie ein Besessener, wie ein Berserker aufgeführt habe. Jedoch ließ er gegen Ende des Plädoyers wieder Zweifel erkennen.

Mr. van Rooyen sagte, es sei jetzt sehr leicht, sich darüber aufzuregen, daß Mr. Biko, obwohl er im Sterben lag, in Ketten gelegt und nach Pretoria geschickt worden sei.

Die Todesursache sei einstimmig von den Pathologen festgestellt worden. Man habe versucht, den Befund zu ändern, um zu unterstellen, daß Mr. Bikos Verletzung von mehr als einem Hieb herrühre; aber hiervon habe man inzwischen Abstand genommen. Man habe inzwischen den Versuch aufgegeben zu beweisen, daß es sich um mehr als einen Schlag gehandelt habe. Dies sage einiges über die Glaubwürdigkeit jener Zeugen zu diesem Vorwurf aus.

Mr. van Rooyen erwähnte die Kritik an General Kleinhaus' Untersuchung. Er sagte, der General habe den einzigen sinnvollen Ausgangspunkt gewählt, indem er versucht habe herauszufinden, wo und wann Mr. Biko die Prellungen und Hautabschürfungen erlitten habe; er habe gewußt, daß das grundlegende Problem gelöst wäre, wenn diese Fragen beantwortet würden. Mr. van Rooyen fragte, ob es irgendeine Motivation zur Vertuschung gebe. Die Sicherheitspolizei habe keinen Grund, die Existenz von Mr. Bikos Kopfverletzung zu überspielen, da sie seine Lippenverletzung auch nicht totgeschwiegen habe.

Mr. van Rooyen sagte, das Gericht habe zwei Möglichkeiten – den ziemlich unwahrscheinlichen und spekulativen Gedanken, daß Mr. Biko sich die Verletzung selbst zugefügt habe, oder, was auch seine Meinung sei, daß die Verletzung während des Handgemenges am Morgen des 7. September entstanden sei. Mr. van Rooyen sagte, das Gericht könne es als Tatsache betrachten, daß sich am 7. September ein gewaltsamer Zwischenfall ereignet habe und daß dieser Zwischenfall von Mr. Biko eingeleitet worden sei.

Die Beweisaufnahme habe gezeigt, daß Mr. Biko zusammen mit Mr. Peter Jones in Grahamstown in Zusammenhang mit der Verteilung von Flugblättern am 18. August festgenommen worden sei. Die Polizei habe Mr. Biko nach seiner Festnahme bis zum 5. September nicht verhört, da sie mit Mr. Jones und anderen Freunden von Mr. Biko beschäftigt war. Als Mr. Biko verhört wurde, verfügte die Polizei über ausreichende Beweismittel, mit denen sie ihn konfrontieren konnte, und er gab zu, einige dieser Flugschriften verfaßt zu haben, nachdem er die Handschriften seiner Freunde wiedererkannt hatte.

Mr. Prins fragte Mr. van Rooyen, warum die Aussagen der Polizei nie eine Bewußtlosigkeit Mr. Bikos nach dem Handgemenge erwähnten. Mr. van Rooyen fragte, ob der ärztlichen Aussage so viel Bedeutung beigemessen werden solle, daß sie die Zeugen der Polizei als Lügner hinstellte. Er fragte, ob die Ansicht der Ärzte bedeute, daß es in jedem Fall nur eine bestimmte Reihenfolge der Ereignisse geben könne. »Meiner Ansicht nach wäre es eine ziemlich offensichtliche Verzerrung der Rechtsprechung, wenn man sich auf die Meinung der Ärzte stützte und die anderen Zeugen Lügner nennt.« Mr. van Rooyen sagte, ihm hätten alle medizinischen Experten zugestanden, daß es nicht ausgeschlossen wäre, daß eine derartige Verletzung keine Bewußtlosigkeit nach sich ziehe.

Mr. van Rooyen bestritt auch, daß sich die Ärzte zusammen mit der Sicherheitspolizei auf ein verabredetes Schweigen verständigt hätten. »Diese Behauptung kann nur aufrechterhalten werden, wenn man die Polizei in dunkle Gewänder des Verdachts hüllen will«, sagte er. Oberst Goosen habe man fortwährend gesagt, daß Mr. Biko nichts Ernsthaftes fehle; er sei überzeugt davon gewesen, daß Mr. Biko die beste Behandlung in Pretoria bekommen würde.

Mr. van Rooyen sagte auch, daß man nie behaupten könne, die Hungerstreiktheorie sei der Ausgangspunkt eines Vertuschungsversuchs, weil Mr. Biko nämlich im Laufe einer Woche tatsächlich nur einen halben Teller Essen zu sich genommen habe.

Mr. van Rooyen schloß mit der Ansicht, daß, was die Sicherheitspolizei angehe, das Gericht nicht zu dem Schluß kommen könne, daß sie sich irgendwelcher krimineller Taten oder Versäumnisse schuldig gemacht habe, die zu Mr. Bikos Tod geführt hätten.

Das Ermittlungsergebnis

Am darauffolgenden Tag rief Richter Prins das Untersuchungsgericht zusammen, um das Ermittlungsergebnis mitzuteilen:

1. Daß der Verstorbene Bantu Stephen Biko war, ein 30 Jahre alter Schwarzer; daß er am 12. September starb und daß die Todesursache eine Gehirnverletzung war, die zu Nierenversagen und anderen Komplikationen führte.
2. Daß die Kopfverletzungen wahrscheinlich am 7. September während eines Handgemenges in den Büros der Sicherheitspolizei in Port Elizabeth erfolgt sind.
3. Daß angesichts des zur Verfügung stehenden Beweismaterials der Tod auf keine kriminelle Tat und kein kriminelles Versäumnis seitens irgendeiner Person zurückzuführen ist.

Das Gericht erhob sich. Die Untersuchung war vorüber.

Die Anklage

Da der Staat es nicht für nötig gehalten hat, irgendwem die Schuld am Tod von Steve Biko zu geben, muß dem Staat die Schuld gegeben werden. Mit dem Staat ist in diesem Fall das Minderheitsregime gemeint, das Südafrika dreißig Jahre lang mit einer ständig zunehmenden Verachtung der demokratischen Werte und einer ständig wachsenden Arroganz gegenüber denjenigen, die sich an diesen Werten orientieren, regiert hat. Und da sich die Regierung der Nationalist Party immer mit dem Staat identifiziert, sich als Repräsentant des Staates ausgegeben und ihre Kritiker als Feinde des Staates beschimpft hat, soll sie jetzt auch als die Verkörperung des Staates angeklagt werden.

Das bedeutet, daß die Regierung Vorster und all ihre Anhänger die Schuld an dem tragen, was Steve Biko zugestoßen ist. Sie tragen diese Schuld in unterschiedlichem Maße.

Von Justizbeamten wird erwartet, daß sie sich zu jeder Zeit die Prinzipien der naturgegebenen Gerechtigkeit vor Augen halten. Richter Prins' Versäumnis, auch nur *ein* verurteilendes Wort gefunden zu haben, war eine niederträchtige Beleidigung dieser Prinzipien. Das Bild, das bei der Untersuchung zutage kam, war das einer ungezügelten, politisch motivierten Polizeigewalt über Leben und Tod – einer Gewalt, die, mit der Billigung des Staates, auf ein Niveau der Brutalität und Kaltblütigkeit herabgesunken ist, das in jeder Gesellschaft, die noch an irgendwelchen Resten von Legalität festhält, undenkbar ist.

Das wenigste, was man hätte erwarten können, wäre gewesen, daß Oberst Goosen des strafbaren Totschlags in zwei Fällen beschuldigt worden wäre – einmal, weil er einem schwerkranken Mann die Einweisung ins Krankenhaus verweigerte, und dann, weil er gestattete, daß der Mann in diesem Zustand mehr als tausend Kilometer über Land gefahren wurde. Seine Behauptung, daß seiner Ansicht nach die Krankheit vorgetäuscht gewesen sei, hätte öffentlich als Lüge gebrandmarkt werden müssen, da Goosens eigenes Fernschreiben nach Pretoria diese Behauptung widerlegt.

Die Ärzte Tucker, Hersch und Lang hätten gleichermaßen angeklagt werden müssen, ganz abgesehen davon, daß das Untersuchungsgericht sie wegen fahrlässiger Behandlung eines Patienten vor das Medical Council hätte zitieren müssen.

Diejenigen, welche in erster Linie anzuklagen sind, die direkten Beteiligten an Steve Bikos Tod, das sind die zehn Sicherheitspolizisten – die Mitglieder der während der Untersuchung erwähnten zwei Verhörteams: Oberst Goosen, die Majore Snyman und Fischer, Hauptmann Siebert, die Oberfeldwebel Beneke, Marx, Coetzee und Fouche, Leutnant Wilken und Unteroffizier Nieuwoudt. Mindestens einer dieser Männer versetzte Steve Biko die tödlichen Hiebe, und es steht fest, daß alle sich der Mittäterschaft dadurch schuldig gemacht haben, daß sie vertuschten, was während des Verhörs wirklich vorgefallen ist.

Höchstwahrscheinlich sollten die Schläge nicht tödlich sein, aber unter den gegebenen Umständen hat das auf das Ausmaß der Schuld keinen Einfluß, weil nach geltendem Recht jeder mit den unter normalen Umständen möglichen Folgen seines Handelns rechnen muß.

Wer genau die tödlichen Schläge versetzt hat, ist ziemlich unwichtig. Alle diejenigen, welche bis jetzt erwähnt wurden, sind in irgendeiner Weise an dem Ausmaß der Ausschreitung schuld. Der wahre Mörder ist das System – so wie alle seine in diese Tragödie verstrickten Vertreter. Zwei Mitglieder des südafrikanischen Kabinetts sind vor allem für die Umstände, unter denen Steve Biko starb, verantwortlich – Polizeiminister J. T. Kruger und Premierminister B. J. Vorster.

Mehr als jeder andere haben diese beiden Männer die Bedingungen, das Meinungsklima, die Gesetzgebung und die Geisteshaltung der Sicherheitspolizei geschaffen, deren Resultat dieser Totschlag war.

Die Untersuchung spiegelte nur einen Teil dieser Geisteshaltung wider. Die Untersuchung selbst war sowieso regelwidrig. Dem Hauptzeugen wurde es nicht gestattet auszusagen. Peter Jones, der das wichtigste direkte Beweismaterial hätte liefern können – er war zusammen mit Steve Biko verhaftet und festgehalten worden und hatte zweifelsohne identische Verhörmethoden durchgemacht –, konnte nicht aussagen, weil ihn die Polizei von der Außenwelt abgeschnitten hatte.

Und dann lag für die Weigerung des Richters, Brigadegeneral Zietsman als Zeugen bezüglich der Glaubwürdigkeit Oberst Goosens oder Minister Krugers aussagen zu lassen, kein akzeptabler Grund vor. Es war in bezug auf die Untersuchung von direktem Belang, daß Oberst Goosens Glaubwürdigkeit geprüft wurde, jedoch wurde dieser grundlegende Punkt von Richter Prins einfach zurückgewiesen.

Warum hat Rechtsanwalt Kentridge sein Mandat dann nicht mit der Begründung niedergelegt, das Verfahren sei eine Farce? Höchstwahrscheinlich weil er von Anfang an wußte, daß es eine Farce sein werde und man bestenfalls von einer solchen die Behörden schonenden Untersuchung erwarten kann, daß der Sicherheitspolizei dabei ihr brutales Verhalten nachgewiesen wird.

Aber diese Beschuldigungen müssen ergänzt werden, und zwar nicht nur im Hinblick auf die Beschuldigten, sondern auch im Interesse derer, in deren Namen diese Anklage erhoben wird. Steve Biko war schließlich nur einer von fünfundvierzig Männern, die im Gewahrsam der südafrikanischen Sicherheitspolizei gestorben sind. Und Steve Biko war nur einer von mehr als zwanzig Millionen Südafrikanern, deren Leben durch das Übel der Apartheid zur Heimsuchung und Qual geworden ist.

Der Tod von Steve Biko symbolisiert die Quintessenz der Apartheid mit alledem, was sie beinhaltet. In eben der Weise, in der Hitlers Endlösung des Judenproblems die tödliche Konsequenz vorausgegangener Nazipolitik war, sind Todesfälle wie der

Steve Bikos unweigerlich das zwingende Ergebnis von Apartheidspolitik seit ihrer Einführung.

Eine gelbe Armbinde tragen und in einer Gaskammer sterben zu müssen, das waren nichts weiter als zwei Glieder derselben rassistischen Kette. Mag sein, daß sich diese Glieder an gegenüberliegenden Enden der Kette befanden – aber die Kette war dieselbe. Einen Paß mit sich führen zu müssen und im Polizeigewahrsam zu Tode geprügelt zu werden, das sind auf ähnliche Weise zwei Glieder derselben Kette.

Wenn man das Bedürfnis verspürt, koste es, was es wolle, das Tragen von Armbinden durchzusetzen, dann ist es unumgänglich, daß man am Ende Menschen in Gaskammern treibt. Und wenn man das Bedürfnis verspürt, koste es, was es wolle, eine Rassentrennung durchzusetzen, ist es unumgänglich, daß man am Ende Menschen umbringt.

Der Tod Steve Bikos verlangt nach einem Schrei der Empörung in alle vier Himmelsrichtungen dieser Erdkugel. Es ist jetzt endgültig und ein für allemal bewiesen, daß die Politik der Apartheid die schändlichste Beleidigung der gesamten Menschheit ist, die seit dem Aufkommen geregelter Herrschaftsformen durch eine kollektive Entscheidung ersonnen wurde.

Die obszönen Gesetze, welche die Apartheid ausmachen, sind weder die verrückten Erlasse eines Diktators noch die Launen eines größenwahnsinnigen Ungeheuers, noch die einsamen Entscheidungen eines fanatischen Ideologen. Sie sind das Ergebnis höflicher Parteiausschußdiskussionen Hunderter diskret gekleideter Delegierter, nach ausgiebiger Debatte auf den Parteitagen. Sie werden nach drei würdevollen Lesungen von einem Parlament verabschiedet, das seine Sitzungen Tag für Tag mit einem Gebet an Jesum Christum eröffnet.

In dieser Tatsache liegt etwas besonders Abscheuliches.

Diese Anklage soll jetzt zeigen, daß den Verantwortlichen keine gültige Apologie zur Verfügung steht; daß sie strafbar und anklagbar sind; daß ihnen der Prozeß gemacht werden sollte.

Jedes Jahr werden große Summen des von den südafrikanischen Steuerzahlern aufgebrachten Geldes ausgegeben, um Botschaften, Missionen, Filme, Anzeigen, Symposien und Lobbies zu finanzieren, die für Südafrika werben sollen. Ich will sie nicht in der Weise rechtfertigen, in der sie ihr Anliegen vor der Welt vertreten. Und ich werde auf jeden Punkt eingehen, den sie zu ihrer Verteidigung vorbringen.

Ihr Fall basiert auf dem Anspruch, daß weiße Südafrikaner ein Recht haben, uneingeschränkt in diesem Land zu bestimmen, weil ihre Vorfahren hier zur selben Zeit ankamen wie die der Schwarzen. Dies ist eine unwahre, politisch motivierte Lüge, die nur in südafrikanischen Geschichtsbüchern Aufnahme findet. Außerdem ist sie vollkommen belanglos. Doch selbst wenn sie von Belang wäre, ließe sich davon nicht die Berechtigung ableiten, daß 15 Prozent der Bevölkerung eine ungerechte politische Herrschaft über die anderen 85 Prozent ausüben. Aber es geht nicht um den historischen Zeitpunkt der Ankunft der Weißen in Südafrika. Kein einziger bedeutender schwarzer Führer in der südafrikanischen Geschichte hat je das Recht der weißen Südafrikaner bestritten, in Südafrika zu bleiben.

Sie sagen, sie stellten nur deshalb eine Minderheit in der Gesamtbevölkerung dar, weil sie anders als die weißen Kolonisten in Amerika und Australien gegen die Schwarzen keinen Völkermord begangen hätten, wie er gegen die amerikanischen Indianer und die australischen Ureinwohner begangen worden sei. In Wirklichkeit hat es bei der Ausrottung des Stammes der Khoi-san einen Völkermord gewissen Ausmaßes gegeben, doch ein Vergleich hinsichtlich des Ausmaßes des Völkermordes unter den Eingeborenen, der von weißen Siedlern in Amerika und Australien vor vielen Generationen begangen wurde, ist im Hinblick auf die heute in diesem Lande bestehenden moralischen und politischen Probleme unzulässig. Außerdem hat die Politik der Apartheid den Tod einer sehr großen Zahl von Schwarzen zur Folge gehabt. Auch wenn man das nicht als eine bewußte Politik des Völkermords bezeichnen kann, lassen sich die Folgen der Apartheid nicht damit rechtfertigen.

Die Afrikaaner erheben den besonderen Anspruch, ein afrikanisches Volk zu sein – die ersten Afrikaansen Nationalisten und die ersten, denen es gelungen sei, sich vom Joch der Kolonialherrschaft zu befreien. Es wird behauptet, die Afrikaaner müßten das verteidigen, was sie haben, weil sie sonst nirgendwo hingehen könnten.

Kein schwarzer Führer, der auch nur irgendwelche Bedeutung hat, bestreitet, daß die Afrikaaner ein afrikanisches Volk mit einer eigenen Sprache und Kultur sind und deshalb einen Platz in diesem Land haben müssen. Aber dies bedeutet nicht, die Anmaßung der Nationalisten hinzunehmen, daß sie solcher Anspruch dazu berechtige, sämtliche Privilegien an sich zu reißen, zum Nachteil aller anderen Südafrikaner. Die Behauptung, sie könnten »sonst nirgendwo hingehen«, trifft nicht allein auf sie zu. Sie haben nicht mehr und nicht weniger Anspruch auf irgendein anderes Gebiet dieser Erde als jede andere südafrikanische Bevölkerungsgruppe, seien es die Xhosa, die Zulus oder die englischsprechenden Weißen. Ebenso könnte ein Waliser behaupten, weil die Waliser nirgendwo anders hingehen können, müßten sie die Engländer und Schotten unterwerfen, beherrschen und unterdrücken, um ganz Großbritannien unter Kontrolle zu halten, weil sie sonst fürchten müssen, die Waliser Kultur werde durch die Mehrheit der nicht walisischen Bevölkerung ausgelöscht werden. Es ist ein unsinniges Argument, und außerdem sind auch seine Voraussetzungen unwahr. Afrikaaner, die mit den Lebensbedingungen auf dem afrikanischen Kontinent nicht zufrieden sind und sich nicht mit der Tatsache abfinden wollen, daß es eine schwarze Mehrheit gibt, werden ebensowenig daran gehindert wie jeder andere Südafrikaner, nach Argentinien, Uruguay, Paraguay oder in irgendein anderes Land auszuwandern. Wenn eine Minderheit ihre Kultur nur dadurch bewahren kann, daß sie die Mehrheit in ihrem Land unterdrückt, dann hat diese Kultur der Minderheit keine moralische Existenzberechtigung in diesem Land.

Die Afrikaansen Nationalisten betrachten jede Kritik an der Apartheid als Aufforderung, das allgemeine Wahlrecht *one man, one vote* einzuführen, und das bedeute die Herrschaft der schwarzen Mehrheit, ein Absinken des Lebensstandards und Vergeltungsaktionen der schwarzen Herrscher gegen die weiße Minderheit. Sie glauben, diese Forderung sei von den Kommunisten unterstützt mit dem Ziel, für den Ostblock die Seewege um das Kap und den Zugang zu den strategisch wertvollen Mineralien in Südafrika zu sichern.

Die Welt hat dreißig Jahr lang versucht, das Afrikaanertum der Afrikaansen Nationalisten dazu zu bringen, eine gütliche Einigung mit der schwarzen Mehrheit in Südafrika zu suchen. Aber die ganze Zeit haben sich die Afrikaansen Nationalisten geweigert, auch nur einen Zoll von der Apartheid abzuweichen.

Darüber, ob das allgemeine Wahlrecht in Südafrika notwendigerweise zu einem Sinken des Lebensstandards führen würde, läßt sich streiten; wobei ein solches Streitgespräch nur für Weiße interessant wäre. Es läßt sich auch darüber streiten, ob es Racheaktionen der Schwarzen gegen die weiße Minderheit geben würde. Dabei sind derartige Überlegungen nicht die wichtigsten Erwägungen innerhalb der Gesamtproblematik. Es muß den weißen und schwarzen Abgeordneten, die guten Willens sind, möglich sein, ein für alle Beteiligten faires Abkommen auszuhandeln, mit annehmbaren Bürgschaften für die weiße Minderheit. Die fatale Behauptung der Regierung der Afrikaansen Nationalisten, ein »Bollwerk« des Westens gegen den Kommunismus zu sein, stellt für den Westen eine Katastrophe und eine Peinlichkeit dar, die dem Osten sehr willkommen sein muß. Der Westen hat in Afrika schon einiges an Glaubwürdigkeit verloren, weil er der Regierung in Pretoria nicht so ablehnend gegenübergetreten ist, wie es der Osten getan hat, ungeachtet der zynischen Motive, die den Osten zu dieser Ablehnung bewogen haben mögen. Wenn der Westen dem Apartheidregime nicht strenger entgegentritt, wird er sich bald die Feindschaft ganz Schwarzafrikas zugezogen haben.

Die Beschwörung des Seewegs um das Kap ist ein Mythos aus dem Mittelalter. Zwischen Südafrika und der Antarktis liegt ein riesiger Ozean, und wenn man das einen Seeweg nennt, kann man auch den Atlantik einen Seeweg nennen. Es stimmt zwar, daß Südafrika Mineralien im Überfluß besitzt; wenn jedoch die ganze Welt damit erpreßt werden kann, dann kann es gut sein, daß sich eines Tages einige extrem radikale schwarze Nachfolger der Regierung der Afrikaansen Nationalisten diese Erpressung selber zunutze machen.

Die Afrikaansen Nationalisten beharren darauf, daß das für Südafrika ideale System die getrennte Entwicklung ist – die Aufteilung des Landes in ethnische Gebiete, aus denen autonome und vollkommen unabhängige Staaten werden sollen, in denen die Identität jeder ethnischen Gruppe geschützt wird. Die territoriale Apartheid, oder getrennte Entwicklung, ist ein Schwindel. Dreizehn Prozent des Landesgebietes werden 85 Prozent der Menschen zugeteilt, und diese dreizehn Prozent des Gebietes werden wiederum für acht ethnische Gruppen zerstückelt. Die Methode von »Teilen und Herrschen« ist durchschaubar. Sie ist moralisch nicht zu rechtfertigen. Kulturell, sprachlich, ethnisch und politisch haben zum Beispiel die Xhosas und Zulus mehr miteinander gemeinsam als die englischsprechenden und die afrikaanssprechenden Weißen, die aus politischen Gründen als eine ethnische Einheit betrachtet werden. Im Mai 1976 erhielt die Transkei die Unabhängigkeit. Bophuthatswana folgte am 6. Dezember 1977. Aber diese »Bantustans« sind von Pretoria finanziell so abhängig, daß sie in der Realität als unabhängige Länder gar nicht existieren können.

Die Entstehung der Bantustans kann aber nicht kritiklos hingenommen werden. Nie wurde dem schwarzen Südafrika gestattet, in dieser Angelegenheit mitzureden, sei es mittels Wahl oder mittels Volksentscheid. Die Bantustans wurden in Pretoria von Weißen ersonnen, und die meisten Schwarzen, deren politische Meinung in der Öffentlichkeit Gewicht hat, erkennen in dem Konzept das, was es ist – den offensichtlichen Versuch, einer politischen und geographischen Einigung mit den Schwarzen aus dem Wege zu gehen.

Die Behauptung der südafrikanischen Regierung, ihre Motive seien moralisch korrekt, da die Afrikaaner ein den christlichen Grundsätzen zutiefst verpflichtetes Volk seien, ist falsch. Ihre Auffassung von Christentum, die die Apartheid rechtfertigen soll, wird von Führern und Theologen aller christlichen Kirchen zurückgewiesen – und die Afrikaansen Nationalisten wissen das.

Apartheid bedeutet die Verletzung der Grundprinzipien jeder Religion, weil sie keine Nächstenliebe kennt. Nächstenliebe lebt von Nähe und dem Wunsch nach Zusammengehörigkeit. Gewaltsame Trennung der Rassen zeugt von Ablehnung und dem Bestreben, Abstand zu Mitmenschen anderer Hautfarbe zu schaffen. Die Behauptung der Afrikaansen Nationalisten ist folglich nichts anderes als die Verachtung aller religiösen Werte.

Es wird von den Weißen ins Feld geführt, daß Südafrikas Schwarze einen höheren Lebensstandard genössen als Schwarze anderswo in Afrika; daß ausländische Schwarze auf der Suche nach Arbeit ins Land hineinströmen; daß die weiße Wirtschaft Südafrika in den Rang des modernsten Industriestaates des Kontinents erhoben hat, mit einer beeindruckenden Entwicklung auch in der Förderung von Rohstoffen.

Südafrika ist nun einmal das Land in Afrika, das mit Bodenschätzen, landwirtschaftlichem und klimatischem Reichtum am meisten gesegnet ist und eine höher entwickelte Infrastruktur ererbt hat als jeder andere afrikanische Staat. Was die Schwarzen in Südafrika am meisten stört, ist ihre Zurücksetzung gegenüber den weißen Privilegierten. In der Hauptsache geht es um die Menschenrechte in Südafrika, nicht um den Vergleich mit einem Lebensstandard anderswo.

Dasselbe gilt auch für die Behauptungen der Afrikaansen Nationalisten, daß Schwarze aus benachbarten Ländern kämen, um in den südafrikanischen Minen zu arbeiten. Das tun sie, weil die Minen dort sind, wo die Mineralien sind, und die Mineralien sind in Südafrika. Auch diese Behauptung gibt also keine Antwort darauf, warum schwarzen Südafrikanern die grundlegenden Menschenrechte verweigert werden.

Das Argument, daß Weiße Südafrika aufgebaut und es zu seinem heutigen Standard entwickelt haben, zieht gleichfalls nicht, da kein einziges Haus, keine einzige Fabrik in Südafrika je ohne schwarze Arbeit erbaut wurde. Oft wird auch darauf hingewiesen, daß die Weißen den Großteil der Steuern in Südafrika zahlen. Diese Behauptung ist absurd. Schließlich hindert die Gesetzgebung der südafrikanischen Regierung die Schwarzen daran, bestimmte Arten der Facharbeit auszuüben, sich an richtigen Universitäten eine höhere Bildung zu erwerben und dadurch ihr Einkommen zu steigern. Es ist der Gipfel der Absurdität, wenn man Menschen daran hindert, genug zu verdienen, um hohe Steuern zu zahlen, und ihnen dann alle Rechte verweigert, weil sie keine hohen Steuern zahlen. Jahrzehntelang war die ganze südafrikanische Gesellschaftsstruktur darauf ausgerichtet, die Schwarzen politisch und gesellschaftlich auf einem rückständigen Niveau zu halten – und weil Schwarze politisch und wirtschaftlich rückständig sind, ihnen die Gleichberechtigung zu verweigern, ist eines der Hauptargumente der Afrikaansen Nationalisten.

Die Behauptung, daß es in Südafrika noch riesige Reserven guten Willens zwischen den Rassen gibt, ist nicht mehr stichhaltig. Heute hegen die meisten Schwarzen Gefühle gegenüber den meisten Weißen, die von Verbitterung bis zum tiefsten Haß reichen. Wenn sich die Afrikaansen Nationalisten nicht bald dazu überreden lassen, sich an den Verhandlungstisch zu setzen, um wesentliche Zugeständnisse zu machen, Zugeständnisse, die den Schwarzen zumindest eine Spur demokratischer Rechte einräumen, dann wird der Rassenkrieg in Südafrika nicht zu vermeiden sein. Er hat eigentlich schon begonnen. Der Krisenherd befindet sich in gefährlicher Nähe des offenen Feuers; an ihm könnte sich die Wut der wichtigsten Anführer über den ganzen Kontinent hinweg entzünden.

Es hört sich vernünftig an, wenn es heißt: »Südafrikanische Probleme sollten von Südafrikanern gelöst werden.«* Aber die Welt kann sich diese arrogante Haltung nicht leisten. Um was hier gestritten wird, ist keine rein südafrikanische Angelegenheit – es geht hier um Dinge, die die ganze Menschheit berühren. Es geht darum, ob die gesetzliche, auf der Hautfarbe beruhende Diskriminierung annehmbar ist oder nicht, und diese Frage geht jeden etwas an, weil jeder eine Hautfarbe hat. Zwei Drittel der Menschheit sind farbig, oder, wie es so schön heißt, »nichtweiß«. Deshalb ist das, was hier mit Menschen dunklerer Hautfarbe geschieht,

* Außenstehende sollten hier nicht eingreifen.

eine tief verletzende Beleidigung aller Nichtweißen in der ganzen Welt. Und weil diese Diskriminierung von Weißen begonnen wurde, geht es alle Weißen etwas an.

Es ist dies die tiefste moralische Krise in der heutigen Welt, und alle, die sich weigern, sich dafür zu interessieren oder zu engagieren, machen sich stillschweigender Billigung schuldig. Kein gewissenhafter Mensch kann in einer Gewissenskrise neutral bleiben. Die Apartheid existiert trotzdem und ist deswegen eine echte Gefahr für den Weltfrieden geworden.

Die Apartheid ist ein bis in alle Einzelheiten genau durchdachtes Netz rassistischer Gesetze, das in seiner Hinterhältigkeit den Vorstellungen entspricht, die jedem einzelnen dieser Gesetze zugrundeliegen. Die südafrikanische Regierung sollte sich nicht der langen Tradition parlamentarischer Gesetzgebung in Südafrika rühmen. Diese Tradition läßt sich nicht mit der Apartheid vereinbaren, die somit um so entschiedener zu verurteilen ist.

Das Ansehen Südafrikas sollte auch nicht mit der industriellen Entwicklung des Landes begründet werden. Auch mit ihr läßt sich die Politik der Apartheid nicht rechtfertigen. Die Afrikaansen Nationalisten haben 1948 eines der reichsten Länder dieser Erde übernommen, ein Land, das international hohes Ansehen genoß. Premierminister Smuts hat die Präambel der Charta der Vereinten Nationen entworfen, bei der Gründung der Vereinten Nationen eine führende Rolle gespielt und im Zweiten Weltkrieg die stärkste Freiwilligenarmee der Welt gegen Hitler ins Feld geführt.

Als Außenminister hat P. W. Botha sein an Großbritannien und die Vereinigten Staaten gerichtetes Hilfegesuch damit begründet, daß »wir im Zweiten Weltkrieg an Ihrer Seite gekämpft haben«. Diese Behauptung war eine krasse Heuchelei, denn seine Partei hat nicht nur Hitler unterstützt, sondern auch die Kriegsanstrengungen der südafrikanischen Armee auf der Seite der Alliierten in jeder nur denkbaren Weise behindert. Radikale Mitglieder der Partei wie der ehemalige Premierminister B. J. Vorster gehörten sogar als Funktionäre der subversiven Organisation Ossewa Brandwag an, die dem Nationalsozialismus gegenüber den Grundsätzen der westlichen Demokratien den Vorzug gab.

Nachdem die Afrikaansen Nationalisten die Regierung in diesem reichen, international angesehenen Land übernommen hatten, haben sie aus Südafrika in vierzig Jahren einen auf der ganzen Welt geächteten Staat gemacht, einen Paria, dessen Politik von der ganzen Völkergemeinschaft zu Recht verurteilt wird.

Die weiße Minderheitsregierung darf sich daher nicht wundern, daß sie von den meisten Menschen überall, aber auch von den meisten ihrer eigenen Bürger gehaßt wird. Sie darf auch nicht erwarten, nach den gleichen Maßstäben beurteilt zu werden wie die anderen afrikanischen Staaten. Schließlich darf sie auch nicht besondere Vorteile für sich in Anspruch nehmen, die keinem anderen afrikanischen Staat gewährt werden.

Die weiße Minderheitsregierung verlangt besondere Rücksichten auf ihre Interessen mit der Begründung, daß »Südafrika mit einzigartigen Problemen« zu kämpfen habe. Aber die »Probleme« Südafrikas sind nicht einzigartig.

In Südafrika gibt es nur ein einziges großes »Problem«, und das ist die Apartheid. Und die Apartheid ist in der Tat einzigartig. Sie wird in einer in der ganzen Menschheitsgeschichte einmaligen Einmütigkeit von allen Bewohnern dieser Erde verurteilt.

In einer ohnedies unvollkommenen Welt haben die Afrikaansen Nationalisten einen Grad der Unvollkommenheit erreicht, der alles übertrifft, was bisher gegen die Freiheit des Menschen unternommen wurde. Darüber hinaus besteht die Tyrannei der Apartheid noch vierzig Jahre, nachdem die ganze Menschheit entschlossen jede Art von gesetzlich verankertem Rassismus verurteilt hat, und die Apartheid wird von einem Gemeinwesen praktiziert, das alle nur denkbaren erzieherischen und materiellen Vorteile genießt.

Man könnte fragen: Wie hat sich ein solches Regime, das von den meisten seiner Bürger so sehr gehaßt wird, über einen Zeitraum von dreißig Jahren an der Macht gehalten und dabei allem Anschein nach diese Macht stetig gefestigt? Die Antwort liegt in den Methoden, mit denen die Regierung der Afrikaanschen Nationalisten ihre Position seit der Machtübernahme im Jahr 1948 gefestigt hat. Bis zu jenem Jahr war die United Party von Smuts an der Macht. Obwohl auch diese Partei rassistische Ideen vertreten hat, gab es Anzeichen für eine allgemeine Tendenz zur Liberalisierung in den Reihen ihrer Anhänger. Die Reden des als Nachfolger von Smuts vorgesehenen Jan Hofmeyr lassen die Absicht erkennen, in den Nachkriegsjahren gegenüber den Schwarzen mehr Verständnis zu zeigen.

Die Afrikaansen Nationalisten errangen einen knappen Wahlsieg, weil sie es verstanden, die Furcht vor den möglichen Folgen der Politik Hofmeyrs zu schüren und viele weiße Wähler davon zu überzeugen, daß ihre Identität als ethnische Gruppe nur von einer Regierung geschützt werden könne, die das Prinzip der sogenannten »Apartheid« anwende. So gewannen sie die Wahlen mit einer knappen Mehrheit von Stimmen aus den ländlichen Bezirken. Insgesamt hatte die Masse der Wähler gegen sie gestimmt, so daß sie in Wirklichkeit, auch wenn man nur die Stimmen der weißen Wähler berücksichtigte, eine Minderheitsregierung stellten.

Einmal an der Macht, taten sie alles, um ihre Position zu stärken. Zunächst richteten sie sechs zusätzliche Parlamentssitze ein, die alle von Mitgliedern ihrer Partei besetzt wurden, indem sie für Südwestafrika, das bisher im südafrikanischen Parlament nicht vertreten war, sechs winzige Wahlbezirke mit jeweils knapp zweitausend Wählern schufen. Dann vergrößerten sie verfassungswidrig den Senat und ernannten Dutzende von Parteimitgliedern zu Senatoren. Damit verschafften sie sich im Ober- und Unterhaus eine Zweidrittelmehrheit, mit der sie Verfassungsänderungen durchsetzen konnten. Sie taten dies in der Absicht, den »farbigen« Wählern, die über die Besetzung von fast zwölf Parlamentssitzen bestimmen konnten, das Wahlrecht zu nehmen.

Dann erließen sie Gesetze, die es ermöglichten, auch den weißen Abgeordneten, die von Schwarzen oder »Coloureds« gewählt worden waren, die Parlamentssitze zu nehmen. Anschließend zogen sie neue Grenzen für die Wahlbezirke, um ihre eigenen Anhänger zu begünstigen, und manipulierten das Wählerpotential in den ländlichen Wahlbezirken in einer Weise, daß bei künftigen Parlamentswahlen eine für die Afrikaansen Nationalisten abgegebene Stimme fast so viel wert war wie zwei gegen sie abgegebene Stimmen.

Die Opposition legte vor Gericht Einspruch gegen einige dieser Maßnahmen ein, aber die Afrikaansen Nationalisten wehrten sich erfolgreich dagegen, indem sie ihre eigenen Richter für das höchste Appellationsgericht ernannten, das entschied, Parlamentsbeschlüsse seien unwiderruflich. Vor der Ernennung ihrer eigenen Richter für das Appellationsgericht hatten die Nationalisten ein Gesetz mit der Bezeichnung »High Court of Parliament Act« erlassen. Damit entstand die absurde Situation, nach der das Parlament als oberstes Gericht eingesetzt werden konnte, sobald das Appellationsgericht die von den Afrikaansen Nationalisten erlassenen Gesetze für verfassungswidrig erklärte. In diesem Parlamentsgericht übten Parteifunktionäre die Funktion der Richter aus.

Dann übernahmen die Afrikaansen Nationalisten die Leitung der staatlichen südafrikanischen Rundfunkgesellschaft und machten aus ihr ein Propagandainstrument für die Regierungspartei. In einem täglich ausgestrahlten Programm über das aktuelle Tagesgeschehen wurde ausschließlich die politische Linie der Regierung vertreten, und selbst die Nachrichtensendungen wurden so zusammengestellt, daß sie im Wortlaut, in der Betonung oder durch Auslassungen den Auffassungen der Nationalisten entsprachen. So vermittelte der südafrikanische Rundfunk den allgemeinen Eindruck – und er tut es noch heute –, daß die Ablehnung der Afrikaansen Nationalisten unpatriotisch sei und sich gegen Südafrika richte.

Als Anfang 1976 das Fernsehen eingeführt wurde, erwies es sich sehr bald als ein noch wirksameres Propagandamedium. In den Monaten bis zu den allgemeinen Wahlen von 1977 trat in fast jeder Sendung ein Regierungssprecher auf, gewöhnlich in der Person eines Kabinettsmitgliedes, um bestimmte Aspekte der staatlichen Politik zu »erläutern« oder »Fragen« zu beantworten, auf die er sich gut vorbereitet hatte, wenn sie nicht sogar von ihm selbst formuliert worden waren. Der Standpunkt der Opposition wurde dabei kaum berücksichtigt, und die Meinung der Schwarzen fiel praktisch unter den Tisch.

Die Lehrpläne für die Schulen wurden umgeschrieben, ebenso

auch die Geschichtsbücher, und für die Schwarzen wurde ein neues Erziehungssystem eingeführt, die sogenannte »Bantuerziehung«. Nach den Worten von Dr. Henrick Verwoerd, der 1960 bis 1966, bevor er im Parlament erstochen wurde, Premierminister gewesen war, sollte der »Bantu« durch diese Erziehung auf die Rolle vorbereitet werden, die er in Südafrika zu spielen hatte. Es war ganz einfach ein minderwertiges Erziehungssystem, das die Bestrebungen der Schwarzen auf einem möglichst niedrigen Niveau halten und damit den politischen Zielen der Weißen dienen sollte. Die Schwarzen nannten es eine »Erziehung zum Sklaven«.

Um das Identitätsgefühl des afrikaansen Bevölkerungsteils zu stärken und die afrikaanse Jugend nicht den liberalisierenden Einflüssen der englischsprechenden Jugend auszusetzen, wurde für jede Jugendorganisation ein afrikaanses Gegenmodell geschaffen. Die Afrikaaner wurden aufgefordert, nicht der Handelskammer beizutreten, sondern der Sakekamer; nicht dem Rotary Club oder dem Round Table, sondern den Rapportryers; nicht dem Roten Kreuz, sondern der Noodhulpliga; nicht den Pfadfindern, sondern den Voortrekkers.

In der Provinz Transvaal waren die Kinder aus afrikaansen Familien gezwungen, afrikaanse Schulen zu besuchen. Die Eltern hatten keine andere Wahl. Die afrikaansen Universitäten wurden mit riesigen Summen staatlich subventioniert, und afrikaanse Zeitungen bekamen einträgliche staatliche Druckaufträge. Der afrikaanse Handel und die afrikaanse Industrie wurden in ähnlicher Weise vom Staat unterstützt, und alle Schlüsselpositionen im öffentlichen Dienst wurden mit Afrikaanern besetzt. Zum Ausbildungsprogramm in der Armee, der Flotte und der Luftwaffe gehörte politischer Unterricht, in dem militärpolitische Fragen im Sinne der Afrikaansen Nationalisten behandelt wurden. Die Vorbereitung in den Schulen folgte den gleichen Grundsätzen.

Daher wird das weiße Südafrika heute weitgehend von einer Gesellschaft bestimmt, die einer Gehirnwäsche unterzogen worden ist. Unter den Weißen wird die Stimme der Vernunft planmäßig erstickt und zum Schweigen gebracht. Sie haben sich in der Mehrzahl der von den Afrikaansen Nationalisten verordneten politischen Linie angepaßt. Die Studenten, und zwar auch die Studenten an den englischsprachigen Universitäten, sind heute entschieden konservativer als noch vor zehn Jahren.

Die Wahlergebnisse zeigen nur allzu deutlich, wie erfolgreich eine über Jahrzehnte dauernde Regierungspropaganda in der Beeinflussung der Weißen Südafrikas gewesen ist. Nur in den Großstädten gibt es einige Bezirke, in denen eine größere Zahl liberaler Wähler anzutreffen ist.

Das weiße Südafrika befindet sich praktisch im Kriegszustand. Minister und führende Militärs, ja sogar viele Schuldirektoren und Leiter von Kadettenanstalten, behandeln in ihren Reden immer wieder das gleiche Thema: Die Weißen müssen bereit sein zum Kampf gegen »Terrorismus« und »Kommunismus«. Der Feind läßt sich überall aufspüren – an den Grenzen, innerhalb der Grenzen, in ganz Südafrika, in der ganzen Welt, in den Vereinten Nationen, in den ländlichen Bezirken und in den Townships. Die Bedrohung kommt aus dem Osten. Die Bedrohung kommt aus dem Westen. Die Bedrohung kommt aus dem Norden. Man rechnet sogar mit einer Bedrohung aus dem Süden – wo sich der Ozean bis in die Antarktis erstreckt.

Alles ist von einer Kriegspsychose ergriffen. Und die Mehrheit der Weißen reagiert darauf entsprechend.

Ein zweitklassiges Erziehungssystem, Armut und die Tatsache, daß alle radikalen schwarzen Führer erfolgreich zum Schweigen gebracht worden sind, sowie die allgemein schwierigen Lebensumstände haben es den Schwarzen praktisch unmöglich gemacht, einen effektiven und vernünftigen politischen Widerstand gegen die weiße Minderheitsherrschaft zu organisieren. In der Township Mdantsane, wo einhundertachtzigtausend Schwarze leben, gibt es seit zehn Jahren nur ein einziges Telefon. Darüber hinaus wimmelt es in den Townships, an den schwarzen »Universitäten«, den Schulen und in den ländlichen Gebieten von Informanten der Polizei. Jeder Versuch, einen normalen politischen Widerstand gegen die Ungeheuerlichkeiten der Apartheid zu organisieren, wird sofort erkannt und im Keim erstickt.

Steve Biko und seinen Freunden war klar, daß es deshalb notwendig sei, für eine wirkungsvolle politische Reaktion der Schwarzen eine Organisation zu entwickeln, die sich zunächst auf ein Aufklärungsprogramm konzentrieren müsse, das den Schwarzen ihre Minderwertigkeitskomplexe nimmt. Um das Überleben dieser Organisation zu gewährleisten, müsse man innerhalb des geltenden Rechts verfahren. Dabei sei es erforderlich, an die schwarze Jugend zu appellieren in der Hoffnung, daß sich die junge Generation der Herausforderung der Apartheid erfolgreicher entgegenstellen werde, als es die alte Generation getan habe.

Die Regierung der Afrikaansen Nationalisten hatte recht, wenn sie in Steve Biko eine Bedrohung der Apartheid sah, aber die Methode, mit der sie ihn zum Schweigen brachte, erwies sich als ein tragischer Fehler. Sie schadete sowohl der Regierung selbst als auch allen Weißen und Schwarzen in Südafrika, weil sich mit dem Auftreten Steve Bikos nach meiner Meinung die letzte Hoffnung für eine friedliche Lösung der sich zunehmend verschärfenden Rassengegensätze in Südafrika verband.

Hätte die Regierung Steve Biko erlaubt, innerhalb der Grenzen des geltenden Rechts unbehindert tätig zu sein, dann hätte die Apartheid innerhalb von fünf Jahren zum Nutzen aller Südafrikaner jeder Rasse auf dem Verhandlungsweg beseitigt werden können. Nicht nur die Schwarzen, sondern auch die Afrikaansen Nationalisten selbst wären von der lähmenden Furcht befreit worden, die sie in das Lager einsperrt, das sie selbst errichtet haben.

Mit dem Mord an Steve Biko und der stillschweigenden Duldung dieses Mordes durch die Regierung haben die Afrikaansen Nationalisten den schwarzen Widerstand gegen die Apartheid in die dunklen Abgründe der Gewalt gedrängt. Sie haben es fast unmöglich gemacht, die Apartheid in einer Atmosphäre der politischen und gesellschaftlichen Stabilität zu beseitigen, in der alle Bürger mit Vertrauen in die Zukunft blicken können.

Die weißen Militär- und Polizeikräfte sind gut ausgerüstet und werden fast einhellig von der weißen Bevölkerung und einem Staatsapparat unterstützt, der von ergebenen Afrikaansen Nationalisten beherrscht wird. Das weiße Südafrika wird sich gegen die kommenden Angriffe sicherlich verteidigen können.

Eine Zeitlang.

Am Ende wird es jedoch an den unerbittlichen Gesetzen der Arithmetik scheitern. Die Weißen sind innerhalb ihrer eigenen Grenzen den Schwarzen zahlenmäßig weit unterlegen, und die jüngeren Führer der schwarzen Bevölkerung werden zunehmend militanter. Sie wissen, daß die Geschichte für sie spricht. Sie wissen, daß der ganze afrikanische Kontinent auf ihrer Seite steht. Sie wissen, daß die Meinung der Weltöffentlichkeit auf ihrer Seite steht, und sie hoffen, daß diese theoretische Sympathie in wirkungsvolle Sanktionen umgesetzt wird und, wenn nötig, in eine effektive internationale Blockade.

Im Augenblick zögert die Welt mit Sanktionen, die, so behaupten einige, die Weißen noch weiter in ihre Wagenburg hineintreiben würden; aber die Welt wird einsehen, daß die Weißen schon in der Wagenburg sind und daß ihr Wille zu kämpfen keiner Stärkung mehr bedarf.

Ich habe jahrelang geglaubt, daß alle Hoffnungen auf einen Frieden in Südafrika eine Sache der internen Entwicklung und des Drucks von innen heraus seien. Wie viele weiße Liberale tat ich mein Bestes, zu diesem Druck beizutragen, um beide Seiten an den Verhandlungstisch zu bekommen und im ganzen Land den Gedanken zu verbreiten, daß man das Problem mit Ruhe, Vernunft und Logik lösen könne. Wir versuchten nicht nur die Gegner der Nationalisten, sondern auch alle Afrikaaner, selbst die Afrikaansen Nationalisten, zu der Ansicht zu bekehren, daß die Aussöhnung in einer nichtrassistischen Gesellschaft der Weg der Zukunft sei. Gleichzeitig versuchten wir, unsere Verbindungen zu den schwarzen Führern und den schwarzen Massen aufrechtzuerhalten, um eine Polarisierung zu vermeiden.

Im Rückblick, und angesichts der Wucht des Afrikaansen Nationalismus und seiner Rückwirkung auf die weißen Ängste vor einer schwarzen Mehrheit, war die Lösung dieser Aufgabe unmöglich. Wir haben es wahrscheinlich die ganze Zeit über gewußt, wollten es aber nicht zugeben; wir wollten nicht sehen, daß sich unsere Mitweißen mit friedlichen Mitteln nie zu einer höheren, selbstloseren Vision menschlichen Geistes bekehren lassen würden.

Wenn ich jetzt an all die Jahre zurückdenke, und an all die weißen liberalen Führer – an Alan Paton, Peter Brown, Nadine Gordimer und viele andere –, scheint auf den ersten Blick alles umsonst gewesen zu sein. Wenn ich an all die Leitartikel denke, die ich selbst geschrieben habe; an all die Reden, die in den vergangenen Jahren in diesem Land gehalten worden sind; an die Millionen von Worten, die sich gegen die Apartheid gerichtet haben, muß ich zu dem Schluß kommen, daß alles, was während eines ganzen Lebens in dieser Richtung unternommen worden ist, keine konkreten politischen Ergebnisse gebracht hat. Und doch bin ich überzeugt, daß wir das alles unter den gleichen Umständen noch einmal tun würden, auch wenn es nur wenig Hoffnung auf Erfolg gäbe, weil wir wissen, daß in jenem Abschnitt der Geschichte unseres Landes all diese Dinge gesagt und getan werden mußten, daß diese Gesten notwendig und wir verpflichtet waren, an dieser Vision festzuhalten.

Aber jetzt ist diese Phase endgültig abgeschlossen. Die Verhältnisse in Südafrika sind dergestalt, daß es für die Bekehrung der meisten Weißen weg vom Rassismus durch Vernunft und interne Diskussion keine Zeit, keine Hoffnung mehr zu geben scheint, ehe sich die Flutwelle des schwarzen Zorns über das Land wälzen wird. Im heutigen Südafrika sind so gut wie alle Mittelsmänner, alle Vermittler zwischen Schwarz und Weiß durch Ächtung oder Haft zum Schweigen gebracht worden.

Es werden noch Stimmen der Vernunft laut, wie die von Helen Suzman und Alan Paton, aber sie werden von den meisten der politisch bedeutenden Schwarzen und Weißen nicht beachtet – von den letzteren nicht, weil sie blind den Weg Vorsters gehen, und von den ersteren nicht, weil sie alle Hoffnung auf einen weißen Kompromiß aufgegeben haben. Der Schnellzug des weißen Rassismus rast mit voller Geschwindigkeit auf einen Zusammenstoß mit dem Schnellzug des schwarzen Zorns zu.

Wenn die wenigen Personen in Südafrika, die sich für die Abschaffung der Apartheid engagieren, nichts mehr tun können, um eine solche Kollision zu verhindern, was kann da eine engagierte Welt noch tun, um die Südafrikaner vor sich selbst zu retten?

Bevor man diese Frage beantwortet, muß man erst die moralische Frage untersuchen. Sind nationale Grenzen heiliger als ernste Fragen der Menschlichkeit? Man kann kaum bezweifeln, daß die restliche Welt, hätte sie sich schon Mitte der dreißiger Jahre dazu entschließen können, sich in die deutsche Politik einzumischen und Hitler dadurch von seiner gottlosen Bahn abzubringen, Millionen von Menschenleben hätte retten und einen Weltkrieg hätte verhindern können.

Statt dessen trat man Hitlers Exzessen mit taktvollen diplomatischen Phrasen entgegen, die den Dialog erhalten sollten. Gibt es nicht Zeiten, in denen die Aufrechterhaltung eines vergeblichen Dialogs abzulehnen ist? Als Hitler das Rheinland von seinen Truppen besetzen ließ, hatten sie Befehl, wenn auch nur ein einziger Franzose einen Schuß abfeuerte, sollten sie sich über die Grenzbrücken zurückziehen und das Unternehmen beenden. Es wurde kein Schuß abgefeuert, und dieser »taktvolle« Verzicht auf jede Reaktion brachte uns dem Holocaust näher.

Nach meiner Überzeugung gibt es keine nationalen Grenzen, wenn die Wohlfahrt der ganzen menschlichen Familie durch einen solchen massiven Angriff gefährdet wird.

Wenn die Welt einhellig für die Verteidigung der Juden im Deutschland der dreißiger Jahre eingetreten wäre, hätte es keine Vernichtungslager gegeben – aber nur dann, wenn die Worte von Taten unterstützt worden wären, letzten Endes von einem totalen Boykott, einer hermetischen Blockade.

Was Südafrika angeht, so sollte das internationale Eingreifen wohl durchdacht geschehen, den Weißen wie den Schwarzen, den Afrikaanern wie den Englischsprechenden, den Coloured wie den Indern zuliebe. Wenn keine Entwicklung innerhalb des Landes Gewalt und Blutvergießen abwenden kann, wenn das nur einem internationalen Eingreifen möglich ist, muß ein solches Eingreifen logischerweise sowohl in der Ausführung wie auch in der Absicht ein Akt der Hilfe sein.

Diese Absicht sollte darin bestehen, alle wahren Führer aller Gruppen in Südafrika an den Konferenztisch zu bringen, bevor ihre Anhänger beginnen, sich gegenseitig niederzumetzeln.

Idealerweise sollte der Weg zu diesem Ziel des Friedens genauso friedlich sein. Aber dieses Ziel kann nicht allein mit Worten erreicht werden. Worte, internationale Worte der Zensur und der Verurteilung, sind dreißig Jahre lang genug gesprochen worden.

Also müssen die Münder, die diese Worte aussprechen, Zähne haben – Zähne, die beißen können. Und sie müssen bereit sein zu beißen. Wenn es nötig ist, müssen sie beißen. Das einzig friedliche, aber wirkungsvolle Mittel, das Regime in Pretoria dazu zu bringen, Vernunft anzunehmen und sich in ehrlichen Verhandlungen mit den Führern der Mehrheit ihrer Bürger zusammenzutun, ist die Anwendung der allerstärksten Druckmittel, bis dicht an die Schwelle des Krieges.

Es gibt viele Druckmittel, die auf vielen Gebieten angewendet werden können, auf wirtschaftlichem, diplomatischem, strategischem, finanziellem und gesellschaftlichem Gebiet. Diesmal muß Südafrika selbst geächtet und gebannt werden. Das mag in bestimmten Zusammenhängen ein negativer und destruktiver Vorgang sein, aber nicht in bezug auf die Afrikaansen Nationalisten.

Ich selber sträubte mich viele Jahre lang gegen das Abbrechen internationaler Beziehungen zu südafrikanischen Vereinigungen – besonders auf dem Gebiet des Sports –, bis mich ein junger Landsmann namens Peter Hain, der in Großbritannien Anti-Apartheid-Demonstrationen organisierte, eines Besseren belehrte. Noch 1970 plädierte ich für die Erhaltung der Sportbeziehungen zu Südafrika mit der Begründung, daß man weiße Südafrikaner von der Apartheid im Sport besser dadurch abbringen könne, daß sie mit ausländischen Sportsfreunden zusammenkamen, die Brücken der Freundschaft bauen und einen bildenden Einfluß ausüben konnten. Ich war der Ansicht, daß die Ächtung der südafrikanischen Sportler sie noch weiter weg von der Vernunft treiben und ihre Vorurteile in der Isolation bestätigten würde.

Solche Beziehungen wurden jahrelang aufrechterhalten, mit dem Ergebnis, daß die Apartheid im südafrikanischen Sport fortdauerte. Das weiße Südafrika betrachtete die Wettkämpfe ausländischer Sportler in Südafrika als Beweis dafür, daß seine Einstellung immer noch von der Welt akzeptiert wird, daß man sie immer noch billigt, trotz der Apartheid.

Dann begannen die Kampagnen Peter Hains und anderer südafrikanischer Vertriebener, wie Dennis Brutus und Chris de Broglio, Wirkung zu zeigen, und südafrikanische Athleten wurden in zunehmendem Maße boykottiert. Das Ergebnis war klar erkennbar. In Südafrika wurde die Apartheid im Sport sofort gedrosselt, und obwohl die symbolische Integration im südafrikanischen Sport immer noch zu gering ist, um von Bedeutung zu sein – man sieht, daß doch etwas getan werden kann.

Dasselbe geschah in der internationalen Finanzpolitik. Als die Amerikaner den Goldpreis drückten, wurde die Regierung in Pretoria in der Rhodesien- und Südwestafrikafrage einsichtiger.

Die Gegner solcher internationalen Zwangsmaßnahmen behaupten oft, sie würden sich in Südafrika nur nachteilig auswirken; sie würden die Weißen in die Wagenburg treiben und noch mehr radikalisieren. Das ist nicht richtig. Sie befinden sich bereits in der Wagenburg.

Eine der wirkungsvollsten Formen der Ächtung des Regimes in Pretoria wäre die diplomatische Ächtung – das Schließen von Botschaften oder wenigstens die Reduzierung diplomatischer Beziehungen auf einen rein symbolischen Status – und eine viel strengere Auswahl bei der Bewilligung von Visa. Die südafrikanische Regierung hat jahrelang ungehörigerweise das Recht mißbraucht, ihren Kritikern innerhalb der eigenen Bevölkerung als Strafe die Pässe zu entziehen. Sie sollte jetzt mit den eigenen Methoden behandelt werden.

Wahrscheinlich wird man solche Vorschläge zu drastisch oder unrealistisch finden, oder zu bedenken geben, daß sie gegen die eigenen Interessen gerichtet seien. Länder, die einen solchen Standpunkt beziehen, handeln sehr kurzsichtig und können daher ihren langfristigen Interessen schaden, wenn es einmal ein schwarzes Südafrika geben wird. Vor allem aber zeigen sie eine gefühllose Gleichgültigkeit gegenüber der jetzigen Not schwarzer Südafrikaner.

Die Apartheid ist nicht einfach eine bedauernswerte lokale Verirrung, die nur für Südafrika von Belang ist. Sie stellt eine weltweite moralische Krise dar, und keine Nation kann guten Gewissens eine neutrale oder passive Haltung dazu einnehmen. Die Apartheid ist eine Beleidigung jedes einzelnen Mitgliedes der menschlichen Familie.

Deshalb stellt die Apartheid eine Herausforderung an jeden Bürger jedes Landes dieser Erde dar. Sie ist eine Herausforderung, der mit der ganzen Erfindungsgabe und dem ganzen Idealismus, der alle Menschen von hohen Grundsätzen auszeichnet, begegnet werden sollte.

Wenn es mir möglich wäre, zu jedem Menschen auf diesem Erdball zu sprechen, würde ich ihm von meinem Freund Steve Biko erzählen, der nackt auf dem Fußboden einer Gefängniszelle gestorben ist, nachdem er von Männern gefoltert und gepeinigt worden war, die eine besonders abscheuliche Form des Bösen vertreten – den Rassismus. Ich würde berichten, wie die Gesellschaft, die ein solches System heraufgezogen hat, diejenigen, die ihn töteten, freisprach.

Ich würde berichten, daß Steve Bikos Tod keineswegs der erste seiner Art in Südafrika war und auch nicht der letzte.

Steve Bikos Tod kann als eine symbolische Darstellung des Leidens aller schwarzen Südafrikaner unter dem Apartheidsystem angesehen werden. Er starb eines physischen Todes. An der Apartheid stirbt man meist eines seelischen Todes. Es gibt zahllose Fälle moralischen Todes, eines Todes der Hoffnung, der Selbstachtung.

Für viele seiner Mitbürger setzte Steve Biko diesen moralischen Todesfällen ein Ende. Er sprengte viele der psychologischen Ketten, welche die jungen Schwarzen in Südafrika einst fesselten. Besonders was die seelische Selbstachtung junger Schwarzer in Südafrika angeht, sprengte er Ketten.

Vielleicht war das der wahre Grund, warum das System ihn umbrachte.

Wenn ich jetzt diese Anklage abschließe und verlange, daß denen, die ihn getötet haben, der Prozeß gemacht wird, muß ich, so glaube ich, versuchen mir vorzustellen, welches Vorgehen er gerne gesehen hätte. Wahrscheinlich würde er es nicht wollen, wenn man seine Mörder einfach als James Kruger und jene Sicherheitspolizisten identifizierte, die zufällig in der Stadt Port Elizabeth im Monat September des Jahres 1977 stationiert waren. Wahrscheinlich würde er alle diejenigen, welche die südafrikanische Regierung der Afrikaansen Nationalisten und ihre Apartheidpolitik unterstützen, als seine Feinde ansehen, die ihn tatsächlich umgebracht haben.

Es ist auch wahrscheinlich, daß er ihre Bestrafung nicht mit Vergeltung oder Rachsucht anstreben würde. Es ginge ihm viel mehr darum, sie um ihrer selbst willen so weit zu bringen, daß sie die Ungeheuerlichkeit ihres Verbrechens gegen sein Volk begreifen. Das Urteil, das ihnen idealerweise zustünde, wäre kein anderes, als daß sie Vernunft annehmen und dadurch die Möglichkeit erlangen sollten, für sich und ihre Kinder das Erbe eines erfüllten Lebens in jenem Südafrika anzutreten, das er für die Zukunft sah und auf dessen Entstehung er hinarbeitete.

Diese Anklage hat die Übel des Apartheidsystems als Belastung der beschuldigten Verfechter jenes Systems aufgeführt; auch hat sie jedes ihrer mildernden Argumente, also die ihrer eigenen Führer, aufgeführt und beantwortet; sie muß jetzt mit einem Aufruf an alle enden, die effektive Verfolgung des Systems zu akzeptieren:

Helft, das Werk Steve Bikos zu beenden! Helft, die restlichen Glieder der Kette, die er gesprengt hat, zu zertrümmern und laßt den Donner dieses Werkes in der ganzen Welt widerhallen, auf daß Ketten überall da gesprengt werden können, wo sie Körper und Geist der Menschen in Knechtschaft halten!

Nachwort

Die Aussagen von Peter Jones

Mehr als neun Jahre nach dem Tode von Steve Biko traf ich Peter Jones zum ersten Mal, nachdem auch er am Abend des 18. August 1977 an jener Straßensperre festgenommen und ins Gefängnis gesperrt worden war. Er wurde fünfhundertdreiunddreißig Tage ohne ein Gerichtsverfahren festgehalten und schließlich im Februar 1979 freigelassen. Seither hatte ich nur telefonisch mit ihm gesprochen.

Im November 1986 erhielt er endlich die Erlaubnis, ins Ausland zu reisen, und konnte mir während eines kurzen Aufenthalts in London einen detaillierten Bericht darüber geben, was in der Haft mit ihm geschehen war. Er hatte alles nach seiner Entlassung aufgeschrieben, solange er sich noch genau an die Einzelheiten erinnern konnte. Hier seine Geschichte:

Am Donnerstagabend, den 18. August 1977, gegen 22.20 Uhr fuhren Biko und ich von Kapstadt kommend in Richtung Grahamstown. Ich saß am Steuer des Peugeot 504 und Biko auf dem Beifahrersitz. Er hatte ein tragbares Tonbandgerät auf dem Schoß und hörte Musik. Wir waren beide entspannt und guter Stimmung.

Am Ortseingang von Grahamstown wurden wir nach einer scharfen Kurve an einer Straßensperre von der Polizei angehalten. Es waren mehrere Polizisten in Uniform und einige Angehörige der Sicherheitspolizei in Zivil. Ich stellte den Wagen neben der

Straße hinter einen roten Kombi mit Johannesburger Kennzeichen.

Einige Polizisten kamen näher, und ich drehte das Seitenfenster herunter. Einer von ihnen forderte mich auf, das Tonbandgerät und den Motor abzustellen, was ich auch tat. Er sagte, es sei eine Routineüberprüfung und ich solle den Kofferraum öffnen. Ich stieg aus und versuchte, den Kofferraum aufzuschließen, aber da ich zum ersten Mal mit diesem Wagen fuhr, wußte ich nicht, welcher Schlüssel paßte, und es gelang mir nicht sofort, das Schloß zu öffnen. Außerdem glaubte ich, daß eine Delle auf der linken Seite des Wagens über dem Rücklicht das Öffnen des Kofferraums erschwerte, und gab dem Polizeioffizier, der schon ungeduldig wurde, diese Erklärung. Inzwischen waren auch die anderen Polizisten herangekommen, nachdem sie dem Fahrzeug vor uns die Erlaubnis zum Weiterfahren gegeben hatten.

Einer der Beamten in Zivil sagte, er hielte es nicht für notwendig, die Straßensperre noch länger besetzt zu halten und man könne jetzt »Feierabend machen«. Während der ganzen Zeit versuchte ich vergeblich, den Kofferraum aufzuschließen, und bat schließlich einen der Polizisten, es zu versuchen. Der Polizeibeamte in Zivil – später stellte ich fest, daß es ein Leutnant Oosthuizen war – fragte mich, wohin ich fahren wollte, und ich sagte, ich sei auf dem Weg nach East London. Er sah mich an und sagte: *»Jy gaan seker vir ou Biko sien.«* (»Wahrscheinlich wollen Sie diesen Burschen Biko besuchen.«) Ich antwortete gelassen: »Wer ist Biko?«

Mittlerweile waren alle Polizisten ungeduldig geworden, und Leutnant Oosthuizen forderte mich auf, ihnen zum Offizier vom Dienst zu folgen, wo der Wagen durchsucht werden sollte. Dann ging er zu seinem Wagen, drehte sich noch einmal um und sagte: »Dieser große Bursche kann mit mir fahren, und Sie (ein Polizist) fahren mit ihm (Jones).«

Vor dem Polizeirevier angekommen, wurde ich angewiesen den Wagen unter einer Laterne zu parken. Biko und ich wurden auf der Straße neben dem Wagen durchsucht, und einige Polizisten filzten unser Auto. Ein Polizist hatte in unserem Wagen eine braune Brieftasche gefunden und fragte, wem sie gehörte. Ich sagte ihm, es sei meine. Er öffnete sie und fand darin etwas Bargeld (etwa dreiundvierzig Rand) und einen Personalausweis auf den Namen P. C. Jones. Ich sagte dem Polizisten, daß es mein Ausweis sei.

Dann fragte Leutnant Oosthuizen Biko nach seinem Namen. Er antwortete: »Ich bin Bantu Steve Biko.« Einen kurzen Augenblick starrten uns die Polizisten schweigend an. »Biko?« fragte Oosthuizen. »Nein, Bantu Steve Biko«, sagte Steve und sprach dabei den Buchstaben B jedesmal so aus, wie er im Xhosadialekt ausgesprochen wird. (Was in dieser Nacht und anschließend geschah, überzeugte mich davon, daß die Sicherheitspolizei nicht wußte, wo wir uns am 17. und 18. August 1977 aufgehalten hatten.)

Biko und ich wurden dem diensthabenden Offizier vorgeführt, nachdem man uns erlaubt hatte, die Toilette zu benutzen. Dann kam Oosthuizen herein und sagte uns, er müsse uns für die Nacht in Gewahrsam nehmen. Biko wollte wissen, was uns vorgeworfen würde. Oosthuizen lachte und erwiderte, offensichtlich habe Biko gegen die ihm auferlegten Verbote verstoßen. Dann fragte ich, was mir zur Last gelegt würde. Er ging im Zimmer auf und ab, kratzte sich das Kinn und sagte einem schwarzen Polizisten: »Schreiben Sie nur Flugblätter.«

Nun befahl man uns, alle Wertsachen und was wir sonst noch bei uns hatten, zur Aufbewahrung abzugeben. Ein weißer Polizeiwachtmeister durchsuchte Steve, und ein schwarzer Beamter der Sicherheitspolizei durchsuchte mich. Zwischen dem weißen Polizisten und Biko kam es zu einer kleinen Meinungsverschiedenheit wegen des breiten Gürtels von Biko, der sich nicht ohne weiteres abnehmen ließ. Biko sagte dem Polizeibeamten, daß er ihn selbst abnehmen wolle, aber der Beamte weigerte sich und fing an, mit Gewalt an dem Gurt zu zerren. Das ärgerte Biko so, daß er dem Polizisten sagte, wenn er ihn grob behandeln wolle, dann würden wir jede Zusammenarbeit verweigern, er könne aber sicher sein, daß wir mit ihm zusammenarbeiten würden, wenn er höflicher mit uns umging. Der Polizist erwiderte, wir sollten darum beten, daß wir ihm nie wieder in die Hände fielen. Er rührte Biko aber nicht wieder an, und wir beide durften unsere Gürtel selbst abnehmen.

Da Biko außer dem Gürtel, einem Päckchen Zigaretten und einer Armbanduhr nichts bei sich hatte, war seine Durchsuchung rasch beendet, und er setzte sich auf eine lange Bank. Ich mußte etwas länger hinter der Schranke warten, da ich Bargeld, eine Brieftasche mit einem Personalausweis und Zigaretten bei mir hatte. Als ich schließlich eine Quittung dafür bekam, setzte auch ich mich auf die lange Bank. Aber plötzlich krachte es unter mir, weil ein Stützbrett an der Rückseite der Bank abgebrochen war.

Der schwarze Polizist kam sofort zu mir und sagte, ich brauchte mir darum keine Sorgen zu machen, denn das Brett sei schon vorher abgebrochen. Er hob es auf und fügte es wieder in das Sitzbrett ein. Dann wurden Biko und ich in eine Zelle geführt und für die Nacht eingeschlossen.

Während des ganzen Abends hatten wir uns in keinem Augenblick handgreiflich gegen irgend etwas gewehrt, nicht einmal als Biko Oosthuizen um die Erlaubnis bat, in der Zelle zu rauchen, und der Polizeioffizier es ihm verbot. In der Zelle haben wir nicht mehr viel miteinander geredet. Ich war sehr müde, denn ich hatte eine lange Fahrt hinter mir und hatte während der vergangenen zwei Tage kaum geschlafen.

Am nächsten Morgen in aller Frühe wurde die Zelle aufgeschlossen, und man führte uns hinaus an die Stelle, wo unser Wagen geparkt war. Etwa zehn Beamte der Sicherheitspolizei durchsuchten den Wagen, dessen Inhalt (meine Umhängetasche, die Kleidungsstücke und Toilettenartikel enthielt, ein Radiogerät mit Kassettenrekorder und Tonbänder) auf dem Boden daneben lag, und ein Polizist beschäftigte sich mit diesen Gegenständen. Das war alles, was sich in dem Wagen befand. Nachdem die Überprüfung des Wagens beendet war, wurden Biko und ich dem Offizier vom Dienst vorgeführt und zum dritten Mal durchsucht. Man nahm uns Mäntel und Jacken sowie alle anderen persönlichen Dinge ab, auch jene, für die wir in der vergangenen Nacht Quittungen bekommen hatten. Sie wurden in den Kofferraum eines Polizeiwagens gelegt, der vor der Tür der Polizeistation stand.

Dann zwang man uns, die Arme auf den Rücken zu nehmen, und legte uns Handschellen an. So wurden wir in ein kleines Zimmer mit vergitterten Fenstern geführt. Dort wurden unsere Handschellen an das Fenstergitter angeschlossen. In dieser unbequemen Lage mußten wir, wie es uns vorkam, stundenlang stehen bleiben, während ungezählte Sicherheitspolizisten hereinkamen, uns anstarrten, lachten, grobe Bemerkungen über uns machten und wieder hinausgingen. Während dieser Zeit machte ein Fotograf Aufnahmen von unseren Gesichtern. Biko protestierte energisch, als ich in die für den Fotografen günstigste Position gestoßen wurde. Das Foto von Steve bringt das deutlich zum Ausdruck, denn er wendete die Augen von der Linse ab und sagte, er werde nicht mit der Polizei zusammenarbeiten, wenn sie nicht bereit sei, uns menschenwürdig zu behandeln.

Nun kam Major Fischer ins Zimmer und zeigte uns zwei Haftbefehle für Biko und mich gemäß § 6 des Terrorismusgesetzes. Anschließend wurden wir eine Zeitlang allein gelassen. Nur ein schwarzer Sicherheitspolizist blieb als Bewachung zurück, während die weißen Polizeibeamten abberufen wurden. Nach einiger Zeit kamen sie wieder ins Zimmer, lösten die Handschellen von dem Gitter und legten sie uns hinter dem Rücken wieder an. Dann fragten sie uns, wem von uns beiden die Kleidungsstücke gehörten, die wir aus Grahamstown mitgebracht hatten. Ich zeigte den Polizisten, welche Gegenstände Biko und welche mir gehörten, und bat das Geld in meiner Brieftasche zwischen Biko und mir zu teilen. Wir äußerten auch noch einige andere Bitten, die jedoch nicht erfüllt wurden.

Nun wurden Biko und ich in Begleitung mehrerer Polizisten ins Erdgeschoß geführt. Hier wurden wir voneinander getrennt. Mehrere Polizisten nahmen jeden von uns in ihre Mitte und brachten uns auf einen Parkplatz für Polizeiautos am Sanlamgebäude. Ich ging voraus, Steve folgte wenige Schritte hinter mir.

Meine Eskorte blieb neben einem Kombi stehen, und man befahl mir, in den Wagen zu steigen und mich mit dem Gesicht nach unten zwischen die Sitze zu legen. Ich wandte mich nach Steve um, der in diesem Augenblick vorüberging, und rief ihn laut beim Namen. Er blieb stehen, sah mich an und rief meinen Namen. Wir lächelten einander zu und grüßten uns, doch unsere Begegnung wurde jäh unterbrochen, als ich mit heftigen Schlägen in den Kombi gestoßen wurde. Dies war das letzte Mal, daß ich meinen guten Freund und Kameraden – lebend oder tot – gesehen habe.

Es folgte eine sehr schnelle Fahrt über eine kurvenreiche Strecke. Ich hatte nicht genug Platz in der Enge des Wagens, um auf dem Bauch zu liegen. Deshalb legte ich mich auf die Seite. Die Polizisten drohten mir, mich mit Füßen zu treten, wenn ich nicht stillhielte. Die Fahrt endete vor einer Polizeistation. Später erfuhr ich, daß es die Polizeistation Algoa Park war. Hier brachte man mich in das Büro des leitenden Offiziers der Polizeistation, wo mein Umhängebeutel, meine Kleidungsstücke und andere Gegenstände in die Bücher eingetragen wurden. Eine Konservendose wurde fortgeworfen. Seit unserer Festnahme in der vergangenen Nacht hatten wir nichts zu essen und zu trinken bekommen.

Inzwischen war wieder ein mit Beamten der Sicherheitspolizei besetzter Wagen angekommen, ich wurde ins Dienstzimmer gebracht und noch einmal von dem Polizisten Nieuwoudt durchsucht, der mich dabei herumstieß und prügelte. Anschließend wurde ich, immer noch mit Handschellen gefesselt, in eine Zelle geführt. Sechs Sicherheitspolizisten folgten mir und warfen alles bis auf eine Decke und eine Matte aus der Zelle heraus. Dann nahm man mir die Handschellen ab, und ich mußte mich nackt ausziehen. Die sechs Polizisten beschimpften und schlugen mich und führten mich anschließend in den Duschraum unter die kalte Brause.

Als ich unter Schlägen in den Raum hineinstolperte, wandte ich mich um, ergriff Nieuwoudt an der Hand und zog ihn mit unter die kalte Dusche. Dafür bekam ich noch mehr Prügel. Anschließend wurde ich wieder in die Zelle gesperrt. Diese Behandlung (die kalte Dusche, die Schläge und Beschimpfungen) wurde während der folgenden fünf Tage zur Routine. Die Sicherheitspolizisten, niemals weniger als vier Mann, kamen jeweils im Abstand von etwa sechs Stunden zu jeder Tages- und Nachtzeit zu mir in die Zelle. Manchmal war ich wach und schleppte mich völlig benommen zur Zellentür, um nicht mißhandelt zu werden, oder ich war vor Erschöpfung eingeschlafen und wurde von einem Polizisten, der mir ins Ohr brüllte, aus dem Schlaf geschreckt.

In der ersten Woche meiner Haftzeit beschäftigte ich mich vor allem damit, mich warmzuhalten. Es war damals sehr kalt in Port Elizabeth. Ich wickelte mich fest in meine Decke und versuchte zu schlafen. Das war meine Hauptbeschäftigung, denn die kalten Duschen und die Schläge hatten mich vollkommen zermürbt. Während der ganzen Zeit, in der man mich auf diese Weise weichzumachen versuchte, wurde ich niemals regelrecht verhört, sondern die Sicherheitspolizisten behaupteten nur immer wieder, Steve und ich seien vor unserer Festnahme in Port Elizabeth gewesen.

Sie sagten, man habe uns gesehen und sie wüßten alles. Mir kam dieses ganze Verfahren so lächerlich vor, daß ich schließlich auf meine stereotype Antwort verzichtete: »Sie reden Unsinn – Sie und Ihre Informanten.«

Eines Nachts, es war schon sehr spät, kamen Major Snyman und Captain Siebert in die Zelle. Sie erklärten, ich müsse inzwischen begriffen haben, daß es nicht sehr klug sei, wenn ich mich weiter so verhielte wie bisher, denn sie hätten Zeit genug und verfügten über alle Mittel, mich zum Reden zu bringen.

Sie fragten mich nach dem Zweck unserer Reise, auf der wir festgenommen worden waren, und ich antwortete, wir seien von Kapstadt gekommen, wo ich für die BCP zu tun gehabt hätte. Das schien sie nur wenig zu interessieren, und sie behaupteten, »alles« über unseren Aufenthalt in Port Elizabeth zu wissen.

Ich sah sie lächelnd an (offensichtlich wußten sie nicht, wovon sie redeten) und sagte, wer behaupte, Biko und ich seien in Port Elizabeth gewesen, sei ein Lügner.

Darauf kam Major Snyman auf mich zu und schlug mir zweimal mit der flachen rechten Hand ins Gesicht. Er sagte, bald würde ich ein anderes Lied singen. Wenn Biko behauptete, er habe mich nur begleitet, um von King William's Town fortzukommen, dann sei das Blödsinn. Wir seien nicht so hart, wie wir glaubten, und ich sollte meinen Aufenthalt in der Zelle dazu benutzen, über meine

Sünden nachzudenken. Vielleicht sei dies die letzte Gelegenheit. Dann verließen sie die Zelle.

Das alles ereignete sich in der Zeit vom 18. bis zum 23. August 1977. Am 19. August 1977 brachte man mich zur Polizeistation Algoa Park, und dort wurde ich bis zum 31. Oktober 1977 nackt mit nur einer Decke und nur einer Matte eingesperrt. Anschließend wurde ich zur Polizeistation Kinkelbos verlegt. In Algoa Park bekam ich dreimal täglich eine Portion trockenes Brot zu essen. Manchmal gab es am Morgen Kaffee dazu, und mittags wurde mir gelegentlich eine undefinierbare Suppe in die Zelle gebracht, die die Gefangenen *kupugani* nannten. Ich habe nichts davon gegessen. Es dauerte Wochen, bis ich mich an diese Ernährung gewöhnt hatte und größere Mengen trockenes Brot essen konnte.

Während der ersten Phase meiner Haftzeit, in der ich immer wieder geschlagen und verhört wurde, konnte ich nur sehr wenig Brot essen. Dabei litt ich unter starken Hungerschmerzen. Meine normalen Körperfunktionen waren so weit gestört, daß ich nicht das Bedürfnis hatte, die Toilette zu benutzen, sondern mich dazu zwingen mußte. Außerdem durfte die Zellentür nie geöffnet werden, und ich wurde nur zu den Vernehmungen hinausgelassen. Ich konnte mir daher keine Bewegung verschaffen, konnte mich nicht waschen, und da ich in der Zelle kein Gefäß haben durfte, mußte ich das Wasser aus der Toilettenschüssel trinken und versuchen, mich damit auch so gut wie möglich zu waschen.

Die erste regelrechte Vernehmung begann am 24. August, sechs Tage nach meiner Festnahme. Das erste Verhör dauerte mehr als zwanzig Stunden. Ich verließ die Zelle gegen 22.00 Uhr und wurde am folgenden Abend gegen 18 Uhr zurückgebracht.

An jenem Abend kam Hauptmann Siebert in Begleitung eines ›farbigen‹ Sicherheitspolizisten in meine Zelle. Er warf mir meine Jeans und ein schwarzes Polohemd zu, die ich bei meiner Verhaftung angehabt hatte. Nachdem ich die Sachen angezogen hatte, wurden meine Hände hinter dem Rücken in Handschellen gelegt. Meine Bitte um Schuhe blieb unbeachtet. Es war sehr kalt, und die beiden Männer hatten dicke Mäntel an. Man führte mich zu einem Wagen, der vor der Polizeistation stand, und stieß mich hinein.

Dann fuhren wir mit hoher Geschwindigkeit zum Sanlamgebäude, wo ich in ein kleines Büro gebracht wurde. Dort traf ich auf Major Snyman und einige andere Sicherheitspolizisten. Sofort nachdem ich den Raum betreten hatte, hielten mich mehrere Polizisten fest, die Handschelle an einer Hand wurde abgenommen, und ich mußte mich ausziehen. Dann wurde ich nackt auf einen Stuhl gesetzt, und die linke Hand wurde mit der Handschelle an dem Stuhl befestigt. Snyman und Siebert setzten sich an zwei Schreibtische, die links und rechts von mir standen.

Auf dem Schreibtisch, an dem Siebert saß, lag ein grüner Gummischlauch. Ich konnte in das Loch des Schlauchs sehen und stellte fest, daß er gefüllt war. Ich kann nicht sagen, womit, aber es war etwas Metallisches. Der Schlauch war sehr schwer. Eine Zeitlang wurde ich von Snyman und Siebert befragt. Es ging um allgemeine Dinge wie Finanzmittel aus dem Ausland, denn in meiner Stellung als Kassenverwalter für BPC und BCP war ich genau über deren Finanzlage unterrichtet. Andere Fragen betrafen ausländische Besucher in King William's Town und meine politische Laufbahn.

Doch plötzlich wendeten sie sich der Autofahrt zu, auf der sich Biko und ich befunden hatten, als wir festgenommen wurden. Ich wiederholte meine erste Aussage und erklärte, unser Ziel sei Kapstadt gewesen, wo ich an der Eröffnung eines neuen Projekts (einer Kleiderfabrik) hatte teilnehmen wollen. Steve sei nur zufällig mitgekommen, ich hätte ursprünglich nicht vorgehabt, ihn mitzunehmen, und keine andere Absicht verfolgt, als ihm die Möglichkeit zu geben, einen »Ausflug« zu machen. Aber ich kam mit meiner Aussage nicht sehr weit, denn plötzlich sprang Siebert auf und schlug mir mit dem Gummischlauch über das Gesicht, die Brust und die Arme. Dann setzte er sich wieder.

Nun hielt er mir einen langen Vortrag über »das Leben« und »die Politik«. Er sagte, ich sei ein irregeleiteter »Hitzkopf«, der seine »farbigen« Landsleute verriete und von den »Kaffern« für ihre Ziele mißbraucht würde. Wenn ich getan hätte, was man von mir erwartete, dann würden »meine Leute« und ich erledigt werden, wie das die Kaffern gewöhnlich täten. Sie wüßten bereits das meiste von anderen Leuten, die über mich ausgesagt hätten, aber jetzt müsse ich diese Dinge selbst zugeben. Für mich war das ein Beweis dafür, daß die Sicherheitspolizei in Wirklichkeit nichts wußte. Siebert sagte mir, sie wüßten, daß wir in Port Elizabeth gewesen seien. Wir hätten Flugschriften dorthin gebracht und uns mit anderen getroffen, um gemeinsam die Flugschriften zu verteilen.

Ich bestritt das und wies besonders darauf hin, daß wir abgesehen von der Tatsache, daß wir in Port Elizabeth nichts zu tun gehabt hätten, gar nicht Zeit genug hatten, nach Port Elizabeth zu fahren. Zwischen der Abfahrt in King William's Town und unserem Eintreffen in Kapstadt wäre das unter keinen Umständen möglich gewesen. Auf dieses Argument reagierten die beiden nur damit, daß sie mich verständnislos anstarrten.

Die beiden blieben jedoch bei ihrer Behauptung (was mir sehr seltsam vorkam – daß sie nämlich einem Häftling vorschreiben wollten, was er aussagen müsse). Sie sagten, Patrick Titi habe bei seinem letzten Besuch in King William's Town mit Steve in dessen Zimmer über das Flugblatt gesprochen, und ich sei dort gesehen worden. Ich wußte, daß diese Behauptung völlig aus der Luft gegriffen war, denn an jenem Nachmittag war ich an einem sechzig Kilometer von King William's Town entfernten Ort gewesen. Wenn Titi das gesagt hatte, dann war er offensichtlich dazu gezwungen worden. Und deshalb hatte ich jetzt nichts zu fürchten.

Nachdem es einige Zeit so weitergegangen war, sagte ich den Polizisten, daß wir tatsächlich in Kapstadt gewesen seien. Aber meine erste Aussage sei nicht ganz korrekt gewesen. Wir hätten nämlich die Absicht gehabt, in Kapstadt mit unseren Männern vom BPC Gespräche zu führen. Nun standen Siebert und Snyman auf und sagten mir, ich wisse genau, was jetzt von mir verlangt würde. Man werde mir für die Nacht Papier und Schreibzeug geben, »und der Teufel soll dich holen, wenn du Unsinn schreibst.«

Dann übergaben sie mich zwei dienstjüngeren weißen Sicherheitspolizisten. Ich verfaßte zwei schriftliche Erklärungen, die sie von mir verlangt hatten. Die erste betraf meine politische Vergangenheit und umfaßte etwa drei Seiten. Die nächsten fünf oder sechs Seiten waren ein Bericht über die Autofahrt, die ich mit Biko unternommen hatte. Beide Erklärungen trugen das Datum des 25. August 1977. Die beiden Polizisten lasen meine schriftlichen Aussagen durch und lachten über die erste Erklärung. Es kam ihnen komisch vor, daß die Geschichte meiner politischen Vergangenheit auf nur drei Seiten Platz hatte (das war auch wirklich komisch). Während der nächsten Stunden geschah nichts, außer daß die beiden Männer sich an meiner äußerst unangenehmen Lage weideten, denn ich war immer noch nackt und fror in der Kälte.

Kurz vor Morgengrauen (draußen war es noch dunkel) kam Siebert zurück, nahm meine beiden Erklärungen an sich und ging in ein anderes Zimmer, um sie zu lesen, nachdem er die beiden Polizisten entlassen hatte, die mich in der Nacht bewacht hatten. Ihre Ablösung, zwei »farbige« Sicherheitspolizisten, setzten sich zu mir ins Zimmer, und als sie versuchten, mit mir ein belangloses Gespräch zu führen, weigerte ich mich, mit ihnen zu sprechen. Ich saß immer noch auf dem gleichen Stuhl, und meine linke Hand war mit der Handschelle an den Stuhl angeschlossen.

Nach längerer Zeit kam Siebert wieder herein und sagte mir in einem sehr verärgerten Ton, ich dächte wohl, ich sei eine harte Nuß und schwer zu knacken. Meine schriftlichen Erkärungen bezeichnete er als wertloses Zeug und warf sie auf den Tisch. Dann nahm er die Papiere wieder auf, stampfte aus dem Zimmer und befahl den beiden Polizisten, mich *»op die stene«* (auf die Steine) zu stellen.

Ich wußte nicht, was das bedeutete, sollte es aber sehr bald erfahren. Die Polizisten legten zwei kleine Ziegelsteine in einen Abstand von etwa fünfunddreißig Zentimetern auf den Boden, nahmen mir die Handschellen ab und befahlen mir, mich auf diese Ziegelsteine zu stellen und dabei einen eisernen Stuhl mit beiden Händen über dem Kopf zu halten. Ich weigerte mich und fragte die »farbigen« Polizisten, ob sie vorhätten, mich im Auftrag ihrer Herren und Meister zu verprügeln. Das war ihnen offensichtlich peinlich, und so standen wir eine Weile nur herum, ohne recht zu wissen, was wir tun sollten.

Doch schon bald kam Siebert, diesmal gefolgt von Snyman, Nieuwoudt, Marx und Beneke, wieder herein. Nachdem sie die beiden Coloureds hinausgeschickt hatten, zerrten sie mich im Zimmer hin und her und zwangen mich schließlich, mich auf die beiden Ziegelsteine zu stellen.

Dann stellten sie zwei schwere Eisenstühle aufeinander (den oberen verkehrt herum), und Beneke und Nieuwoudt hoben sie in die Höhe, bis ich sie mit beiden Händen über dem Kopf greifen konnte. Siebert sagte mir, wenn ich die Stühle sinken oder fallen ließe, würde ich es »zu spüren bekommen«. Ich erwiderte, es sei mir unmöglich, sie in dieser Stellung zu halten. Ich hatte schon einen Krampf in den Beinen.

Siebert und Snyman (sie hatten sich auf dieselben Stühle gesetzt, auf denen sie schon vor einigen Stunden gesessen hatten) stellten mir zunächst ganz allgemeine Fragen über die beiden Organisationen BCP und BPC, für die ich arbeitete.

Nach einiger Zeit fragte mich Siebert, ob ich jetzt zur Zusammenarbeit bereit sei. Ich sagte, ich beantwortete doch bereits alle Fragen, so gut ich es könnte. Inzwischen hatte ich die Stühle schon auf meine Schultern gelegt, und keine Drohung konnte mich dazu bringen, sie wieder über den Kopf zu heben. Meine Arme hatten nicht mehr die Kraft.

Nun nahmen sie mir die Stühle ab. Ich setzte mich auf den einen, und meine linke Hand wurde wieder mit der Handschelle an den Stuhl angeschlossen. An der nun folgenden Befragung beteiligte sich auch Marx. Jetzt kam wieder die Flugschrift zur Sprache. Dabei behauptete Marx, Biko und ich seien in Port Elizabeth gewesen, und zwar in einer Schule, die als Versammlungsort gedient habe und wo wir die Flugblätter hingebracht hätten. Er zitierte sogar aus dem Inhalt des Flugblattes und aus dem Geständnis von Titi. (Marx wiederholte diese Beschuldigungen immer wieder.)

Als ich noch einmal versicherte, ich wisse nichts von alledem, was sie mir in den Schädel einhämmern wollten, mußte ich mich wieder auf die Ziegelsteine stellen und die Stühle in die Höhe halten. Dabei ging das Verhör weiter, und Snyman fing an, mich zu beschimpfen und der Lüge zu bezichtigen. Dann stand er auf und stieß mit dem Fuß gegen mein linkes Bein. Ich stolperte, und die Stühle fielen zu Boden. Der eine Stuhl schlug gegen seinen Kopf, und der andere landete auf Sieberts Schreibtisch.

Snyman sagte: *»Jy wil baklei – maak hom vas«* (du willst dich wehren – bindet ihn fest). Jetzt durfte ich endlich von den Ziegelsteinen heruntersteigen und wurde wieder an beiden Händen gefesselt. Siebert stand auf und fragte mich, wann ich aufhören wollte zu lügen. Dann versetzte er mir mit beiden (flachen) Händen schwere Schläge ins Gesicht. Ich griff nach seinen Händen und zog ihn zu mir her. Dann sagte ich ihm, es sei nicht notwendig, mich so zu behandeln, da ich alle ihre Fragen beantwortete. Siebert, der kleiner ist als ich, befahl mir, ihn loszulassen, und fragte mich, ob ich mit ihm kämpfen wollte. Es folgten zwei Faustschläge von Nieuwoudt und Beneke, die links und rechts neben mir standen. Als ich Sieberts Hände losgelassen hatte, griffen sie nach meinen Armen und hielten sie fest.

Siebert nahm seine Armbanduhr ab und rollte sich die Ärmel auf. Dann schlug er mich lange Zeit pausenlos mit beiden (offenen) Händen ins Gesicht. Ich sagte kein Wort und spürte, wie meine Sinne allmählich abstumpften, so daß ich nur noch wahrnehmen konnte, wie die Schläge meinen Kopf erschütterten, während ich Siebert in die Augen sah.

Unmittelbar hinter Siebert hing ein Spiegel an der Wand, in dem ich mein Gesicht sehen konnte. Während er mich unaufhörlich schlug, sah ich von Zeit zu Zeit in den Spiegel und war erstaunt, daß mein Gesicht solche Dimensionen annehmen konnte. Mein Mund war bis zur Unkenntlichkeit angeschwollen. Ich blutete aus Mund und Nase, und Blut und Speichel liefen mir auf die Brust. Ich hatte nicht gesehen, daß Nieuwoudt das Zimmer verlassen und dann mit dem grünen Gummischlauch zurückgekommen war. Nun standen Marx und Snyman links und rechts neben Siebert vor mir, und Nieuwoudt fing an, meinen Kopf mit dem Gummischlauch zu bearbeiten. Die Erschütterungen, die diese schweren Schläge in meinem ganzen Körper verursachten, waren kaum zu ertragen.

Dann fing Beneke an, mich mit der Faust in die Magengrube zu schlagen, und ich fing an, das Gleichgewicht zu verlieren. Um mir anzudeuten, daß ich stillstehen sollte, stieß Marx mit dem Stiefel gegen mein rechtes Bein. Nun ging Beneke an einen Aktenschrank und holte einen schwarzen Schlauch aus einer Schublade. Marx brüllte: »Gebt ihm beides – schwarze Schläge und grüne Schläge!« (Das waren offenbar ihre Bezeichnungen für die Gummischläuche.) Beneke stellte sich wieder links neben mich, und nun schlugen er und Nieuwoudt mich mit den beiden Schläuchen vor allem auf den Kopf, während Siebert mit den Handflächen mein Gesicht bearbeitete. Snyman und Marx stießen mit ihren Stiefeln gegen meine Schienbeine, sobald ich versuchte, den Schlägen auszuweichen. Das alles dauerte sehr lange.

Jedesmal wenn ich versuchte, meinen Kopf mit den Händen zu schützen, trafen die Schläuche meinen Rücken, die Nierenpartie oder die Hände. Schließlich war es unmöglich, den ungeheuren Schmerz zu ertragen, und ich stellte mich mit dem Gesicht zur Wand, hob die Hände über den Kopf, legte sie an die Wand, schloß die Augen und hoffte ohnmächtig zu werden. Aber ich blieb die ganze Zeit bei Bewußtsein, während die Schläge auf meinen Kopf und Rücken niederprasselten. Nach einiger Zeit hörte die Prügelei auf, alle Beteiligten atmeten schwer und rangen nach Luft. Es gelang mir kaum, mein Stöhnen zu unterdrücken. Als man mich ansprach, konnte ich nicht antworten. Meine Lippen bluteten und waren geschwollen, deshalb konnte ich nur nicken, wenn ich gefragt wurde.

Während der ganzen Zeit bekam ich nichts zu essen und war vollkommen nackt. Endlich setzte ich mich auf einen Stuhl und atmete schwer. Man fragte mich, ob ich bereit sei, eine Erklärung abzugeben. Ich nickte zustimmend. Die Polizisten beeilten sich, mir Papier und Schreibzeug zu geben, und ich begann eine Erklärung niederzuschreiben, in der ich mich, Patrick Titi und Steve Biko belastete und behauptete, wir hätten eine Flugschrift zum Andenken an die Unruhen in den Townships bei Port Elizabeth im Jahr 1976 entworfen.

Siebert und seine Männer wurden sehr böse, als sie die Erklärung lasen, denn ich war darin nur so weit gegangen, daß ich behauptete, die Flugschrift zwar zu kennen, aber sonst nichts mit ihr zu tun zu haben. Man sagte mir, ich sei in keiner Weise kooperativ, und man erwarte sehr viel mehr von mir. In meinem Zustand konnte ich auf diese Vorwürfe nur noch mit starren Blicken reagieren. Mir brummte der Schädel, und mein ganzer Körper brannte vor Schmerz. Nachdem man mich wieder mit einer Handschelle an den Stuhl gefesselt hatte, ließ man mich allein.

Nach einiger Zeit kam Siebert zurück und teilte mir mit, daß man mich in meine Zelle nach Algoa zurückbringen werde. Als ich das Gebäude verließ, eskortierten mich Siebert, Nieuwoudt und ein weiterer Sicherheitspolizist. Sie mußten mich stützen, denn ich lahmte schwer; mein linkes Bein war vollkommen gefühllos von den vielen Tritten der Polizeistiefel. Auf dem Wege nach Algoa stellte ich fest, daß die meisten Läden geschlossen, aber noch viele Menschen auf der Straße waren. Daher nahm ich an, daß es ungefähr 18 Uhr war. Es war der 25. August 1977.

In der Zelle angekommen, wurden mir die Handschellen abgenommen, und ich mußte mich nackt ausziehen. Man sagte mir, ich solle unter die Dusche gehen und meine blutverschmierten Kleidungsstücke waschen. Meine Beine hatten tiefe Wunden, und meine Nase blutete. Ich reagierte nicht auf diese Aufforderung, sondern ging in die Zelle und legte mich auf die Matte. Die Zellentür wurde geschlossen, und ich hörte, wie draußen der Wasserhahn lief (wahrscheinlich wurde mein Polohemd gewaschen).

Ich versuchte vergeblich, mich auf der Matte in einer erträglichen Stellung hinzulegen. Meine Hände, meine Schultern, mein Gesicht, meine Ohren und mein Rücken waren voller Schwellungen und Striemen, aber die stärksten Schmerzen hatte ich auf dem Kopf. Schließlich fand ich eine bequemere Lage. Ich kniete mich hin, legte die Stirn auf die Matte und stützte mich mit den Händen ab.

Das nächste, woran ich mich erinnern kann, ist, daß es sehr kalt war. Ich lag auf dem bloßen, kalten Zementfußboden. Doch jetzt konnte ich wenigstens klarer denken. Ich stand auf und wusch mir das Gesicht in der Klosettschüssel. Es war das einzige Wasser, das mir zur Verfügung stand.

Am folgenden Morgen in aller Frühe wurde ich von einem Sicherheitspolizisten geweckt, der mich zum Sanlamgebäude brachte. Wieder mußte ich meine Sachen anziehen (das Hemd war noch ganz feucht), und meine Hände wurden hinter dem Rücken mit Handschellen gefesselt. Ich wurde in das gleiche Zimmer geführt, wo Siebert, Snyman und Major Hansen aus King William's Town schon auf mich warteten. Hansen lachte, als er sah, in welchem Zustand ich war – Gesicht und Hände waren geschwollen –, und spottete, wie tief ein großer Mann doch fallen könne.

Siebert sagte mir, die Erklärung, die ich gestern abgegeben hätte, sei bedeutungslos und nütze ihnen nichts. Die Polizei erwarte von mir rückhaltlose Zusammenarbeit. Zuerst sagte ich nichts, aber nachdem Siebert mich immer wieder zum Reden aufforderte, erklärte ich, ich wäre mit meinen Aussagen so weit gegangen, wie es mir möglich sei; ich hätte Steve und mich mit einer Sache belastet, mit der wir in Wirklichkeit nichts zu tun hätten (mit dem Flugblatt).

Siebert wurde jetzt sehr böse und fragte, ob ich schon gehört hätte, was ein Häftling erleben könne, der gemäß Bestimmung 6 in Gewahrsam genommen sei. Ich sagte ja; die Leute, die nach Bestimmung 6 eingesperrt würden, müßten oft mit dem Tode rechnen. Snyman, Siebert und Hansen schien diese Antwort zu empören, und sie beschimpften mich wütend. Snyman nannte mich *»n giftige mens«* (einen giftigen Menschen). Ich sei jemand, der so weit gehen würde, Bomben auf unschuldige Weiße zu werfen.

Siebert hatte inzwischen den grünen Gummischlauch ergriffen und schlug mir damit auf den Magen und das Gesäß. Zweimal stieß er mir mit dem Knie in die Genitalien. Meine Hände waren immer noch hinter dem Rücken gefesselt, und ich stand nackt vor ihm.

Jetzt kamen auch Nieuwoudt, Beneke, Marx und ein Sergeant Hattingh ins Zimmer. Siebert befahl ihnen, mich wieder auf »die Steine« zu stellen. Nach kurzem Sträuben stand ich wieder auf den halben Ziegelsteinen und hielt die beiden eisernen Stühle mit gestreckten Armen über den Kopf. Siebert brüllte mich an, er werde mich *»doodgemoer raak«* (totschlagen), wenn ich meinen Widerstand nicht aufgäbe. Sie hätten die Zeit und die Mittel, ihren Willen durchzusetzen.

Hansen und Snyman behaupteten, andere Häftlinge seien »mir in den Rücken gefallen«, und es sei doch sinnlos, wenn ich versuchte, Leute zu schützen, die mich schon aufgegeben hätten. Obwohl ich ständig gewarnt wurde, die Stühle nicht sinken zu lassen, mußte ich sie doch ab und zu auf die Schultern nehmen. Nach weiteren Fragen über unwesentliche Dinge forderte mich Siebert wieder auf, eine vernünftige Erklärung abzugeben. Ich fragte, wie man von mir erwarten könne, daß ich etwas über Dinge wüßte, die ich nie gesehen hätte (die Flugschrift) und die, soweit ich wüßte, gar nicht existierten.

Wieder redeten sie davon, was sie über die Flugschrift »wußten«; wie wir (Steve und ich) sie zur Verteilung nach Port Elizabeth gebracht und dann nach Kapstadt gefahren waren, um dort weitere Unruhe zu stiften. Man zeigte mir Fotos von Leuten, die ich angeblich kannte. Die meisten waren Mitglieder des BPC in Port Elizabeth, die die Flugschrift »bekommen« und »bei der Verteilung geholfen hatten« und so weiter.

Ich erwiderte darauf, daß sie ebenso gut wüßten wie ich, daß wir nicht in Port Elizabeth gewesen waren und daß die Zeit, wie sich nachweisen ließ, für einen solchen Besuch nicht ausgereicht hätte.

Marx behauptete jedoch, man habe uns in der Township in der Schule gesehen, wo wir »mit der Verteilung der Flugschrift angefangen hätten«, und daß er (Marx) bezeugen werde, er persönlich habe uns dort gesehen. Als ich noch einmal gefragt wurde, beantwortete ich die Fragen nicht. Dann nahm man mir die Stühle ab, und Marx, Beneke, Nieuwoudt und Hattingh fingen auf Befehl von Siebert an, mich zu schlagen.

Dazu benutzten sie beide Gummischläuche und schlugen mir damit auf die Nierenpartie und das Gesäß, während Marx und Hattingh mir mit den Stiefeln gegen die Schienbeine stießen und mich ins Gesicht und in die Magengrube schlugen. Mein ganzer Körper, der von den Schlägen der vergangenen Tage außerordentlich schmerzte, brannte wie Feuer, und ich versuchte vergeblich, die Schläge auf meinen Rücken mit den Händen abzudecken.

Nachdem sie mich geschlagen hatten, fragte mich Siebert noch einmal, ob ich bereit sei, mit ihnen zusammenzuarbeiten. Ich sagte ihm, ich brauche einige Zeit zum Nachdenken. Er weigerte sich zu warten und verlangte eine sofortige Antwort, und um die Dringlichkeit seines Verlangens zu unterstreichen, schlug er mich wieder mit dem Gummischlauch. Darauf erklärte ich mich sehr bald bereit, eine Erklärung abzugeben. Es war im Grunde eine neue Version der Erklärung vom vergangenen Tage, aber jetzt übernahm ich auch die Verantwortung für die Verteilung der Flugblätter.

Ich machte mir kaum Sorgen darum, daß meine Aussagen andere belasten könnten. Das angebliche »Geständnis« von Titi hatte mich auch nicht beeindruckt, denn ich wußte, daß er dazu gezwungen worden war. Darüber hinaus ließ sich ohne weiteres nachweisen, daß die in solchen Aussagen enthaltenen »Fakten« in Wirklichkeit nicht existierten.

Nachdem ich meine Erklärung zu Papier gebracht hatte, wurde ich in meine Zelle im Polizeirevier Algoa Park zurückgebracht und wartete dort darauf, was weiter mit mir geschehen sollte. Mein Lage veränderte sich nach drei Tagen, am Montag, den 29. August. Meine Hände und mein Gesicht waren bis dahin wieder abgeschwollen. Siebert gab mir die Bekleidungsstücke, die man mir abgenommen hatte (die Schuhe, das T-Shirt, das auch den Hals bedeckte, und meine Hosen) und legte mir Handschellen an. Dann wurde ich zu einem Wagen geführt, in dem Nieuwoudt und ein zweiter Hauptmann saßen. Der Wagen brachte uns nach King William's Town.

Dort angekommen sagte man mir, mein Büro und meine Wohnung würden in meiner Gegenwart durchsucht werden. Zunächst mußte ich in einem Büro der Sicherheitspolizei eine Zeitlang unter Bewachung warten. Dann führte man mich in ein anderes Büro, wo Siebert und Hansen miteinander sprachen und Siebert mir sagte, man werde mir jetzt zeigen, wie sich meine eigenen Leute gegen mich gewendet hätten und wie sinnlos und schmerzlich es für mich wäre, wenn ich versuchen sollte, sie zu schützen.

In einem Wagen, dem ein zweiter mit Sicherheitspolizisten besetzter Wagen folgte, fuhr ich mit Siebert, Hansen und Nieuwoudt zum Polizeigefängnis von Kei Road, wo der für diesen Bezirk zuständige Sekretär der SASO, Jeff Maqetuka, festgehalten wurde. Man brachte mich in seine Zelle, in der er nackt, nur in eine Decke gehüllt, saß.

Bevor Hansen etwas sagen konnte, erklärte ich Maqetuka, daß ich mit Steve festgenommen worden sei und mich geweigert hätte, die Verantwortung für das zu übernehmen, was er nach Angaben der Polizei über mich ausgesagt habe. Maqetuka erwiderte, daß die Polizei ihn und mich verdächtige, in bestimmten Schulen in diesem Bezirk politische Aktivitäten geplant zu haben. Darauf sprang Hansen auf, stieß Maqetuka mit dem Fuß und sagte ihm, er solle nicht lügen. Ich mußte die Zelle verlassen, denn offenbar hatte die Gegenüberstellung nicht den gewünschten Erfolg gehabt. Siebert versuchte, diesen Eindruck dadurch zu verwischen, daß er erklärte, an dem Gesichtsausdruck von Maqetuka hätte man deutlich sehen können, daß mein Erscheinen ihm so peinlich gewesen sei, daß er nicht gewußt habe, was er sagen sollte.

Nach diesem albernen Zwischenspiel brachte man mich zu meinem Zimmer in King William's Town, das von den mich begleitenden Polizisten durchsucht wurde. Während dieser Zeit durfte ich mich umziehen. Ich stellte fest, daß ein großer Teil meiner Bekleidungsstücke fehlte. Später erfuhr ich, daß Freunde sie in das Sanlamgebäude geschickt hatten. Ich habe sie jedoch bis zum heutigen Tage nicht wiederbekommen. Anschließend brachte man mich in das Polizeigefängnis von King William's Town, wo ich für die Nacht wieder nackt in eine Zelle gesperrt wurde.

Am nächsten Morgen (es war der 30. August 1977) brachte man mich in mein Büro an der Leopold Street 15, wo etwa zehn Sicherheitspolizisten alle Büros des BCP und der SASO durchsuchten. Im Verlauf dieser Durchsuchung, die etwa zwei Stunden dauerte, gab ich einigen Leuten dort durch Zeichen zu verstehen, daß die Sicherheitspolizei mich mißhandelt hatte und die Spuren der Mißhandlung immer noch an meinem Körper zu sehen seien. Noch am gleichen Tag, dem 30. August, brachte man mich in das Polizeigefängnis von Algoa Park in Port Elizabeth zurück.

Nach dem 26. August war ich nicht mehr schwer mißhandelt worden. Allerdings hatten mich Siebert, Snyman oder Marx gelegentlich in ihrer Wut auf den Kopf oder ins Gesicht geschlagen, aber nicht sehr oft und nicht sehr lange. In der Zeit nach meiner Rückkehr aus King William's Town bis zum 13. September wurden recht oberflächliche und nie sehr lange dauernde Routineverhöre unternommen. Während dieser Zeit wurde die schriftliche Erklärung, die ich am 26. August abgegeben hatte, in Afrikaans übersetzt, und ich mußte sie unterschreiben.

Am 2. September besuchte mich ein Polizeirichter aus Port Elizabeth. Er wurde von einem Leutnant der Sicherheitspolizei begleitet, der jedoch draußen vor der Zellentür auf ihn wartete. Der Polizeirichter erklärte mir den Grund seines Besuchs: Wenn ich irgendwelche Beschwerden hätte, dann werde er sie zu Papier bringen – er hatte Papier und Schreibzeug mitgebracht – und Abschriften davon würden dem Polizeiminister, dem Polizeikommissar, der Sicherheitspolizei und so weiter zugestellt werden.

Ich war außerordentlich verbittert und sagte ihm, ich weigere mich grundsätzlich, mich zu beschweren. Man habe mich nach Bestimmung 6 hierhergebracht, ich sei der Sicherheitspolizei auf Gnade und Ungnade ausgeliefert, und nur die Sicherheitspolizei werde schließlich über mein Schicksal entscheiden. Ich erklärte, ich hielte ihn nicht für zuständig, und sein Erscheinen sei nichts anderes als eine Vortäuschung falscher Tatsachen.

Noch mehr erzürnte mich die Tatsache, daß dieser Polizeirichter sich weigerte, von meinen deutlich erkennbaren Spuren körperlicher Mißhandlung Notiz zu nehmen. Ich hatte immer noch große blutunterlaufene Striemen auf den Schultern, auf dem Rükken und auf der Brust, war nackt, hatte nur eine Decke und eine Matte und befand mich offensichtlich in einem höchst elenden Zustand. Nachdem ich noch einmal bestätigt hatte, keine Beschwerden vortragen zu wollen, ging der Polizeirichter fort. Das gleiche Spiel wiederholte sich jedesmal, wenn ich von einem Polizeirichter aufgesucht wurde. Bei den letzten dieser Besuche machte ich mir jedoch nicht mehr die Mühe, meine Weigerung, eine Beschwerde abzugeben, näher zu begründen.

Am 12., 13. und 14. September wurde ich zu weiteren Verhören nach Sanlam gebracht. Am Mittwoch, den 14. September, sagte mir Siebert, er sei gerade aus Pretoria zurückgekehrt, wo er an einer Konferenz über Sicherheitsfragen teilgenommen habe. Nun wisse er, daß ich in Wirklichkeit eine viel bedeutendere politische Rolle gespielt hätte, als ich es zunächst hatte zugeben wollen. Er wisse auch, daß die Fahrt, die Biko und ich nach Kapstadt unternommen hätten, einen sehr viel ernsteren Hintergrund gehabt habe, als ich zugegeben hätte, und daß ich deshalb jetzt die letzte Chance erhielte, die Wahrheit zu sagen. Wenn nicht, sähe sich die Polizei gezwungen, das gleiche Verfahren gegen mich anzuwenden wie zuvor (die Mißhandlungen).

Ich sah Siebert an und sagte nach einigem Überlegen, ich wüßte wahrscheinlich, was man von mir verlangte: Ich sollte eine neue Erklärung abgeben. (Ich sagte nicht im einzelnen, zu welchen Fragen, aber daß ich es lieber in meiner Zelle tun würde.) Ich wollte Zeit gewinnen, um über die Ereignisse der letzten Tage nachzudenken. Die unregelmäßigen Verhöre und die Tatsache, daß nach Biko und mir noch viele andere verhaftet worden waren, hatten mich irgendwie beunruhigt. Außerdem hatte man versucht, meine Fahrt nach Sanlam und zurück so einzurichten, daß sie nach Möglichkeit niemandem auffiel.

Bevor ich an diesem Tage, bewaffnet mit Feder und Papier, Sanlam verließ, hatte ich um ärztliche Behandlung gebeten, denn seit dem 25. August litt ich unter heftigen Kopfschmerzen. Obwohl man sich nicht direkt weigerte, diese und andere Bitten zu erfüllen, wurde ich nicht zu einem Arzt gebracht, sondern Siebert gab mir ein paar Tabletten. In der Zelle legte ich Papier und Feder auf die Bank und versuchte auf der Matte zu schlafen, um die Kopfschmerzen loszuwerden. Nach ein paar Stunden fing ich an, darüber nachzudenken, was ich schreiben sollte.

Am frühen Abend kamen Snyman und Siebert in die Zelle, um festzustellen, wie weit ich gekommen war. Sie sagten, sie hofften, ich würde bis zum Morgen eine vernünftige Erklärung verfaßt haben. Nachdem sie gegangen waren, beschloß ich, nicht mehr weiterzuschreiben. Meine Erklärung würde ohnedies keinen Eindruck auf die Polizei machen. Ich ließ deshalb einige Seiten frei und fing dann an, einen an Siebert und Snyman gerichteten Brief zu schreiben. Darin erklärte ich ihnen, daß meine bisherigen schriftlichen Aussagen über die Flugschriften nicht den Tatsachen entsprächen und ich diese Aussagen nur unter dem Druck der Mißhandlungen am 25. und 26. August gemacht hätte. In Wirklichkeit wüßte ich nichts über solche Flugschriften und könnte auch nicht sagen, ob sie existierten.

Als Siebert und Snyman am nächsten Morgen, es war Donnerstag, der 15. September, in die Zelle kamen, schlief ich noch. Ich wachte auf, als die Zellentür geöffnet wurde, und Siebert nahm die Papiere in die Hand und las meinen Brief. Man hatte mir acht Doppelseiten Schreibpapier mit sechzehn numerierten Seiten gegeben. Siebert blätterte sie durch und fand auf den letzten anderthalb Seiten den von mir verfaßten Brief. (Er enthielt die gegen die Polizei erhobene Beschuldigung, mich mißhandelt zu haben.) Er las den Text und starrte mich dann eine Zeitlang haßerfüllt an. Snyman fragte, ob etwas nicht in Ordnung sei, und Siebert reichte ihm die Papiere.

Bevor er meine Erklärung lesen konnte, wurde er jedoch plötzlich ans Telefon gerufen. Siebert fixierte mich weiter wie erstarrt. Kurz darauf kam Snyman zurück und sagte Siebert, sie müßten sofort wegfahren. Darauf liefen beide aus meiner Zelle. Ich überlegte mir, was es für eine dringende Angelegenheit sein könnte, die die beiden Polizeioffiziere zwang, meine Zelle zu verlassen, wo sie doch offensichtlich eine sehr wichtige Aufgabe zu erledigen hatten. Ich war sehr besorgt und mußte den ganzen Tag daran denken, daß einigen meiner Kameraden etwas zugestoßen sein könnte.

Am gleichen Abend, es war der 15. September, wurde meine Zellentür von Siebert aufgeschlossen, der mich herausrief. Es regnete, und mein Hemd und meine Jeans lagen auf dem Zementfußboden im Wasser. Ich zog sie an, und meine Hände wurden hinter dem Rücken in Handschellen gelegt. Ich bat vergeblich darum, mir Schuhe anziehen zu dürfen. Auf dem Wege zum Parkplatz sah ich einige andere Offiziere. Es waren die Majore Snyman und Fischer, Hattingh und zwei andere. Ihnen standen drei Wagen zur Verfügung. Man stieß mich in den einen. Die Wagen fuhren gleichzeitig ab, aber jeder nahm einen anderen Weg nach Sanlam. Nach der Ankunft in Sanlam (die beiden anderen Wagen warteten schon auf uns) wurde ich von den sechs Polizeioffizieren in den sechsten Stock eskortiert.

Als sich die Tür des Aufzugs öffnete, gingen Snyman, Fischer und Siebert schnell hinaus und drehten sich um. Plötzlich fühlte ich, wie ich von drei Paar Händen ergriffen wurde. Und dann sah ich einen Treppenschacht. Ich war fest davon überzeugt, daß man mich den Schacht hinunterwerfen wollte, und deshalb riß ich alle mit zu Boden. Man zerrte mich wieder in die Höhe und stieß mich durch den Eingang in die Büros.

In dem schon bekannten kleinen Zimmer am Ende des Korridors wurde ich mit einer Handschelle an das Fenstergitter angeschlossen. Man fragte mich, was mit mir nicht in Ordnung sei. Ich antwortete nicht. Nach der nächsten Frage fing ich an zu fluchen, wahrscheinlich sehr laut, denn plötzlich schienen die Polizisten nicht zu wissen, was sie mit mir anfangen sollten. Sie fragten mich, weshalb ich so gewalttätig reagiert habe, wie ein Tiger. Aber ich beantwortete ihre Fragen nicht. Nachdem sie alle außer einem längere Zeit versucht hatten, mich zum Reden zu bringen, verließen sie das Zimmer, um sich zu beraten.

Siebert kam allein zurück und sagte, wenn ich mich »offen« zeigte, dann werde er es auch tun – wenn ich ihm sagte, was ich wisse, werde auch er sich kooperativ zeigen. (Später kam ich auf die Idee, daß er vielleicht den Tod von Steve gemeint hatte.) Ich wußte nicht, wovon er sprach, und sagte es ihm auch. Er fragte mich, was ich gehört hätte und von wem, und drängte mich, diese Frage zu beantworten. Wieder hatte ich das unangenehme Gefühl, und zwar diesmal sehr viel stärker, daß etwas Furchtbares geschehen sei. Als ich mich weigerte, Stellung zu nehmen, wurde ich an einen eisernen Rost am Boden gefesselt, und man befahl mir zu schlafen. Das konnte ich natürlich nicht. So habe ich dort die ganze Nacht über wachgelegen.

Am nächsten Morgen, es war der 16. September, führten mich

sechs Polizeibeamte nach unten ins Erdgeschoß. Vor dem Haupteingang von Sanlam hielt ein Kombi mit geöffneter Beifahrertür. Ich wurde hineingestoßen und mußte mich mit dem Gesicht nach unten auf den Sitz legen. Dann wurden alle Vorhänge zugezogen. Als ich endlich wieder in meiner Zelle war, zogen mich die sechs nackt aus, schlugen mich, stießen mich herum und beschimpften mich als Kommunisten und Agitator. Die Zelle wurde durchsucht. Man fand nur ein Stück Klosettpapier mit einem handgeschriebenen Kalender. Dann nahm man mir die Decke weg und gab mir eine zweite Matte. Meine Proteste wurden nicht beachtet. Obwohl es sehr kalt war, hatte ich nur zwei steife Matten, mit denen ich mich vor der Kälte schützen konnte.

Nach Ablauf dieser drei Tage änderte sich die Behandlung ganz plötzlich. Hauptmann Hattingh, der mit Major Fischer zusammenarbeitete, teilte mir in »sehr freundlichem« Ton mit, man habe beschlossen, daß sie jetzt mein Verhör übernehmen sollten. Man habe den Eindruck, daß ich die Fragen von Siebert nicht beantworten könne oder wolle. An den folgenden Abenden wurde ich nach Sanlam gebracht, wo Hattingh versuchte, mich zu veranlassen, mit meinen Aussagen Steve und mich zu belasten. Dabei ging er sehr rücksichtsvoll mit mir um und ließ mir sogar Tee und belegte Brote bringen.

Schließlich verfaßte ich eine neue Erklärung über das Flugblatt, eine verwässerte Version derjenigen vom 26. August. Damit gab es jetzt drei einander in wesentlichen Punkten widersprechende Erklärungen, und zwar vom 25. und 26. August und vom 22. September. Da ich noch nicht wußte, daß Steve gestorben war, glaubte ich, wir würden beide vor Gericht gestellt werden, und bei der Verhandlung werde sich herausstellen, welchen Wert diese Erklärungen hatten.

In der Zeit vom 19. September bis zum 31. Oktober versuchte man auf subtile Weise herauszubekommen, wie ich auf die Möglichkeit reagieren würde, bei einem gerichtlichen Untersuchungsverfahren über den Tod von Steve als Zeuge der Staatsanwaltschaft vernommen zu werden. Am 28. September (drei Tage nach der Beisetzung von Steve) erfuhr ich von unbeteiligter dritter

Seite, daß Steve gestorben sei. Über die Todesursache habe ich allerdings lange Zeit nichts erfahren können.

Als Hattingh mich fragte, ob ich mißhandelt worden sei (obwohl er sehr genau wußte, was geschehen war), sagte ich ihm, ja, man habe mich in sehr grausamer Weise mißhandelt. Ich fügte hinzu, ich sei voll verantwortlich für das, was ich sei und was ich getan hätte, und sei deshalb nicht bereit, als Zeuge der Staatsanwaltschaft auszusagen. Wenn möglich, solle man mich unter Anklage stellen.

Am 31. Oktober gaben Fischer und Hattingh plötzlich ihre freundliche Haltung mir gegenüber auf und fingen an, mich zu bedrohen. Jetzt sprachen sie zum erstenmal ganz offen über den Tod von Steve. (Ich gab zu, schon vor etwa zwei Wochen davon erfahren zu haben.) Hattingh sagte mir, ich befände mich auf dem gleichen Weg wie der verstorbene Biko, und wenn ich mich weiter weigerte, mit ihnen zusammenzuarbeiten, müßte ich damit rechnen, das gleiche Schicksal zu erleiden. Wenn ich überlebte, würde man mich niemals mehr in Ruhe lassen. Ich ließ mich durch solche Drohungen nicht einschüchtern. An diesem Tag wurde ich in das Polizeigefängnis von Kinkelbos verlegt. Die Fahrt von Port Elizabeth dorthin dauerte etwa vierzig Minuten.

Hier durfte ich mich zum erstenmal wieder anziehen und duschen, sooft ich es wollte. Die zum Gefängnishof hinausführende Tür der Zelle blieb offen. Das Essen war so ungenießbar, daß ich nur die Morgenmahlzeit aß, heißen Haferbrei ohne Zucker und Salz. Nach einiger Zeit wurde ich krank. Elf Tage lang verweigerte man mir jede medizinische Behandlung. Schließlich war ich so schwach, daß ich nicht mehr aufstehen konnte, ohne völlig benommen herumzuschwanken. Den ganzen Tag litt ich unter furchtbaren Darmkrämpfen. Endlich brachte man mich zu einem Arzt nach Port Elizabeth, Dr. Tucker, der mich auf Diarrhö behandelte. Das geschah in der Zeit zwischen Weihnachten und Neujahr.

In der zweiten Dezemberhälfte wurde ich wieder verhört, diesmal von einem Major, der zu diesem Zweck von Kapstadt eingeflogen wurde, und von Siebert. Die Verhöre fanden im Polizeigefängnis von Kinkelbos statt. Meine Antworten veranlaßten die beiden zunächst nur, mich ins Gesicht und auf den Kopf zu schlagen. Die Verhöre fanden an zwei aufeinanderfolgenden Tagen statt. Anschließend gab ich eine schriftliche Erklärung über meine politische Tätigkeit während der vergangenen acht Jahre ab.

Dann ließ man mich bis zum 28. Januar 1978 in Ruhe. An diesem Tage sagte man mir, daß ich entlassen werden sollte. Da ich wußte, daß ich es mit der Sicherheitspolizei zu tun hatte, machte ich mir keine großen Hoffnungen, aber wenigstens schien sich eine neue Entwicklung anzubahnen. Ich wurde wieder verlegt und stellte während der Fahrt fest, daß wir uns auf der Straße nach Grahamstown befanden. Man brachte mich in das dortige Gefängnis, wo ich bis zum 18. Februar 1979 nach Abschnitt 10 des Gesetzes über die innere Sicherheit festgehalten wurde. An diesem Tage wurde ich aus der Polizeihaft entlassen.

Nachdem ich fünfhundertdreiunddreißig Tage in Polizeihaft zugebracht hatte, habe ich im April und Mai 1979 einen Bericht über die während dieser Zeit gemachten Erfahrungen niedergeschrieben. Dazu brauchte ich mehrere Wochen, denn es ist mir schwergefallen, das alles in meiner Vorstellung noch einmal durchmachen zu müssen.

Betrachtet man diesen Bericht von Peter Jones im Zusammenhang mit den Ergebnissen der gerichtlichen Untersuchung des Todes von Steve Biko, dann kann man sich sehr gut vorstellen, wie seine tödlichen Hirnverletzungen im Verlauf ähnlicher Mißhandlungen entstanden sind.

Fünf Jahre nach dem Tod von Steve Biko gibt es aufgrund von Aussagen eines Mannes, der zu der Zeit, als Biko bei der Sicherheitspolizei im Sanlamgebäude verhört wurde, dort gearbeitet hat, Hinweise darauf, daß es Siebert und Wilken gewesen sind, die in erster Linie für die Mißhandlungen verantwortlich waren. Peter Jones selbst hatte nur mit Siebert etwas zu tun, nicht aber mit Wilken.

Was Jones über die Tätigkeit von Siebert während dieser Zeit berichtet, stimmt mit den Ergebnissen der gerichtlichen Untersuchungen über den Tod von Biko überein. Das gilt für seine Abwesenheit von Port Elizabeth um den 12. September 1977, als er Biko nach Pretoria gebracht hatte (Siebert hatte Jones gesagt, er habe in Pretoria an »einer Konferenz« teilnehmen müssen), und für seine verzweifelten Versuche, von Jones eine befriedigende schriftliche Erklärung zu bekommen, bevor dieser erfahren hatte, daß Biko gestorben war.

Haben Siebert und seine Mitarbeiter damals daran gedacht, Jones zu töten? Wollten sie ihn aus dem Weg schaffen, um ihn daran zu hindern, daß er Aussagen darüber machte, wie er selbst gefoltert worden war, nachdem sie ihn nicht zu einer sie befriedigenden Erklärung bewegen konnten und sich Sorgen um die allgemeine Empörung über den Tod Bikos machten?

Diese Möglichkeit ergibt sich aus dem Bericht von Jones über die Ereignisse am 15. September 1977, als Siebert und andere ihn in das Sanlamgebäude brachten und Jones den Eindruck hatte, sie wollten ihn nach Verlassen des Fahrstuhls im sechsten Stockwerk den Treppenschacht hinunterwerfen.

Zu einem solchen »Unfall« war es an der gleichen Stelle schon einmal gekommen. Am 14. Dezember 1976 war George Botha, ein von der Sicherheitspolizei in Port Elizabeth in Haft genommener »farbiger« Lehrer, in denselben Treppenschacht gestürzt und an den Folgen dieses Sturzes gestorben.

Peter Jones wußte das, und vielleicht hat ihm seine instinktive Reaktion, mit der er seine Bewacher mit sich auf den Boden zog, das Leben gerettet.

Für mich war es besonders interessant zu erfahren, daß er von diesem Zeitpunkt an nachsichtiger behandelt worden war, denn nachdem ich vom Tode Steve Bikos gehört hatte, rief ich in meiner Empörung Premierminister Vorster an und drohte ihm mit sehr unangenehmen Folgen für den Fall, daß Peter Jones etwas zustieße. Dabei verlangte ich eine klare Aussage über sein Wohlbefinden.

Seltsamerweise reagierte Vorster weder böse noch aggressiv, sondern versicherte mir persönlich, daß Peter nichts geschehen werde. Anschließend bestätigte sein Sekretär sogar, daß es Peter gutginge und daß die Sicherheitspolizei in Port Elizabeth angewiesen worden sei, dafür zu sorgen, daß ihm nichts angetan würde.

Wenn man die Sache heute ganz kühl betrachtet, dann war es ein außergewöhnlicher Vorgang. Ob mein Gespräch mit dem Premierminister etwas geholfen hat oder ob Peter nur deshalb besser behandelt wurde, weil die ausländische Presse so empört auf den Tod von Biko reagierte, läßt sich schwer sagen. Aber wenn die Zeitungen in London und New York mich damals mit meinen Aussagen über Steve Biko und seinen plötzlichen Tod im Polizeigewahrsam mehrfach zitiert haben, dann standen die südafrikanischen Botschaften im Ausland und unsere Regierung in Südafrika unter einem erheblichen politischen Druck.

Nach seiner Entlassung wurde Peter Jones noch lange Zeit von der Polizei überwacht, erhielt aber schließlich die Erlaubnis, sein normales Leben als Buchhalter wiederaufzunehmen, und Mitte der 80er Jahre hatte es den Anschein, daß die Sicherheitspolizei zu dem Schluß gekommen war, daß er und die anderen Freunde von Steve Biko nicht mehr die größte Bedrohung für das weiße Minderheitsregime darstellten.

Der gegen Frau Dr. Mamphela Ramphele verhängte Bann wurde aufgehoben, und sie durfte aus ihrem Verbannungsort bei Tzaneen im nördlichen Transvaal zurückkehren, wo sie bezeichnenderweise trotz der gegen sie verhängten Verbote eines der besten ländlichen Krankenhäuser in Südafrika eingerichtet hatte. Malusi Mpumlwana befand sich nicht mehr in Polizeihaft und war jetzt ebenso wie Barney Pityana ein ordinierter Priester der anglikanischen Kirche. Malusi, Mamphela und Peter Jones lebten jetzt in der Nähe von Kapstadt, durften sich frei bewegen und sogar ins Ausland reisen. Ntsiki Biko, ihre beiden Söhne und ihre Schwiegermutter bewohnten noch das Haus von Biko, und Ntsiki arbeitete weiterhin als Krankenschwester in einem Krankenhaus in King William's Town.

Hlaku (Kenny) Rachidi und Percy Qoboza waren aus der Haft entlassen worden. Percy arbeitete wieder als Journalist, und Kenny bekleidete eine Stelle bei der Anglo-American Corporation.

Auch der gegen Beyers Naude und David Russell verhängte Bann wurde aufgehoben. Russell war wegen des Besitzes eines Exemplars des Buches »Biko« vor Gericht gestellt und verurteilt worden (weil schon der Besitz eines verbotenen Buches in Südafrika ein Verbrechen ist). Jetzt ist er wieder frei und organisiert den Widerstand gegen die Polizeirazzien in Behelfslagern wie Crossroads.

Pater Aelred Stubbs darf bis heute nicht nach Südafrika zurückkehren. Er hat mehrere Jahre in Lesotho zugebracht, bevor er nach Großbritannien ging, wo er der kontemplativen »Community of the Resurrection« beigetreten ist.

Barney Pityana ist auf dem gleichen Wege wie wir über Lesotho ins Exil nach Großbritannien geflohen und gehört jetzt dem ausländischen Flügel des ANC an.

Auch Thenjiwe Mtintso ist es gelungen, das Land zu verlassen und sich dem ANC anzuschließen, um sich als Guerillakämpfer ausbilden zu lassen.

Thami Zani trat dem Pan-Africanist Congress bei und wurde in Lesotho von nicht identifizierten Banditen erschossen.

Theo Kotze und Cedric Mayson gelang die Flucht nach Großbritannien, Cedric nachdem er in Polizeihaft genommen und wegen seiner Aktivitäten für den ANC vor Gericht gestellt und verurteilt worden war.

Einige ehemalige Mitglieder der Black Consciousness Movement, die sich weder dem ANC noch dem PAC angeschlossen hatten, bildeten die Azapo, die Azanian People's Organization, die zu einer neuen Gruppierung mit der Bezeichnung National Forum gehört.

Doch Mitte der 1980er Jahre zeigte sich deutlich, daß Pretoria den ANC und die von Pretoria als dessen inländische Frontorganisation bezeichnete United Democratic Front für die gefährlichsten Feinde der südafrikanischen Regierung hielt.

Der ANC hat innerhalb von Südafrika bei den schwarzen Massen in erstaunlichem Maß an Popularität gewonnen und seit 1978 auch im Ausland beachtliche Erfolge errungen.

In gewisser Weise sind der ANC, der PAC und die Black Consciousness alle an der neuen Militanz beteiligt, die als Folge der Ereignisse von 1976 in Soweto entstanden ist. Zwar haben sich die Schüler und Studenten in Soweto offensichtlich vor allem vom Black Consciousness Movement inspirieren lassen, aber ursprünglich stützte sich dieser auf die jahrelangen Vorarbeiten der beiden älteren Organisationen.

Seit Soweto hat sich alles grundsätzlich verändert. Die »Unruhen«, die damals in den schwarzen südafrikanischen Townships begannen, haben seither nicht mehr aufgehört, und 1987 versuchen die südafrikanische Polizei und das Militär immer noch vergeblich, die jungen Militanten in den Townships zum Nachgeben zu zwingen.

Der ANC hat durch die neue Militanz den stärksten Zulauf gehabt, weil der ANC über mehr Geldmittel verfügte, besser organisiert war, bessere Ausbildungsmöglichkeiten hatte und stärker vom Ausland unterstützt wurde als andere Organisationen, um den zornigen jungen Schwarzen zu helfen, die über die Grenze gingen, um Guerillas zu werden. Den im Exil lebenden Führern des ANC ist es besser gelungen als ihren Mitstreitern vom PAC, international anerkannt zu werden und die für ihre Aufgaben erforderlichen Geldmittel und Waffen zu beschaffen.

Der ANC hat begonnen, von Operationsbasen in Nachbarländern aus mit stärkeren Kräften nach Südafrika vorzustoßen und dabei strategische Ziele wie das Werk Sasol in Transvaal, wo Öl aus Kohle gewonnen wird, und das Atomkraftwerk Koeberg bei Kapstadt anzugreifen. Beide Unternehmungen zeichnen sich dadurch aus, daß schwerer Sachschaden angerichtet wurde, ohne daß dabei irgendwelche Zivilpersonen verletzt wurden.

Allein im Jahr 1979 gab es auf südafrikanischem Boden fünfundvierzig Zusammenstöße zwischen Kadern der militärischen Sektion des ANC, *Umkhonto we Sizwe* (Speer der Nation), und den bewaffneten Kräften der südafrikanischen Regierung. In den folgenden Jahren wurden diese Zusammenstöße tiefer ins Innere des Landes getragen, obwohl die Zensur die Bekanntgabe solcher Aktivitäten in den Medien verhinderte.

Die Regierung konnte aber nicht verhindern, daß die Nachrichten über solche Ereignisse innerhalb der schwarzen Bevölkerung Südafrikas mündlich weitergegeben wurden und die Unterstützung des ANC innerhalb des Landes im Verlauf der folgenden sieben Jahre entsprechend zunahm, während an der diplomatischen Front auch die konservativen Regierungen im Westen, in Großbritannien, Amerika und Deutschland, anfingen, mit den Führern des ANC zu sprechen.

Der ANC, der bisher außerhalb des Sowjetblocks nur in Afrika, in der Dritten Welt und von den skandinavischen Staaten anerkannt worden war, gewann jetzt allmählich auch Anerkennung im Westen. Sogar einige führende südafrikanische Geschäftsleute reisten zu Gesprächen mit der ANC-Führung nach Lusaka in Sambia, und bedeutende multinationale Unternehmen und Banken folgten der Aufforderung, die wirtschaftlichen Beziehungen zum Apartheidsstaat abzubrechen.

Steve Biko hatte noch persönlich erläutert, welche Rolle der ANC und der PAC in der Befreiungsbewegung spielen sollten, und er hatte sich hinter den Kulissen darum bemüht, die beiden Organisationen zusammenzuführen.

Der Führer des PAC, Robert Sobukwe, hatte Wendy und mir 1977 gesagt, daß Biko auf nationaler Ebene viel zur Vereinigung aller um die Befreiung ringenden Kräfte beitragen könne. »Steve könnte uns alle dorthin zusammenbringen, wohin wir gehören.«

Der Präsident des ANC, Oliver Tambo, erzählte uns später, Biko habe sich mit der Führung des ANC in Lusaka in Verbindung gesetzt und kurz vor seinem Tode die Absicht gehabt, im geheimen zu ihnen zu fahren, um mit ihnen zu sprechen.

Mit Sicherheit haben die südafrikanische Regierung und ihre Sicherheitspolizei den Einfluß gefürchtet, den Biko auf die Vereinigung aller Kräfte der Befreiungsbewegung nehmen könnte. Er selbst hatte mir, nachdem er vor seiner letzten Verhaftung aus der Polizeihaft entlassen worden war, gesagt, wie intensiv er immer wieder zu diesem Thema vernommen worden sei. Seit dem Tode Bikos war in Südafrika eine neue politische Gruppierung entstanden, die Vereinigte Demokratische Front (United Democratic Front). Das war eine aus etwa sechshundert schwarzen Organisationen und mit ihnen verbundenen Gruppen bestehende Koalition, die auch von einigen Weißen unterstützt wurde. Die südafrikanische Regierung betrachtete die UDF sehr bald als die offen im Lande arbeitende Vertretung des ANC.

Die UDF entstand als Reaktion auf eine neue von der südafrikanischen Regierung vorgelegte Verfassung, nach der die »farbigen« und »indischen« Minderheiten in eigenen »Parlamenten« nominelle Vertretungen erhalten sollten, während der schwarzen Mehrheit eine solche Vertretung ausdrücklich verweigert wurde. Aus der spontanen Protestwelle, von der alle oppositionellen Gruppen im ganzen Land erfaßt wurden, entstand die Koalition, die dann unter der Bezeichnung Vereinigte Demokratische Front bekannt wurde.

Die meisten »Farbigen« und »Inder« boykottierten die neue Verfassung, und weniger als achtzehn Prozent beteiligten sich an den Wahlen für die beiden diese Gruppierungen vertretenden »Parlamente«. Die Sprecher der verschiedenen Gruppen begründeten ihren Boykott damit, daß sie den Versuch ablehnen müßten, »Farbige« und »Inder« in einem Bündnis mit den Weißen gegen die schwarze Mehrheit zusammenzuschließen.

Nach dem Tod von Steve Biko wurde Polizeiminister Kruger innerhalb seiner Partei scharf kritisiert, weil er die Regierung durch die im Fall Biko angewendeten Methoden international bloßgestellt habe. Er mußte aus dem Kabinett ausscheiden und verlor jeden politischen Einfluß. Schließlich trat er selbst aus der Regierungspartei aus.

Die südafrikanische Regierung hat die Nachwirkungen des Todes von Biko noch lange Zeit zu spüren bekommen. Ich habe im Verlauf mehrerer Jahre in den verschiedensten Ländern der Welt wie in Neuseeland, Großbritannien, Kanada, Holland und den Vereinigten Staaten Massendemonstrationen vor südafrikanischen Konsulaten oder Botschaften erlebt, bei denen Transparente gezeigt wurden, auf denen nur der Name BIKO zu lesen war.

Einige dieser Botschaften und Konsulate sind später geschlossen worden. Die Kampagne, mit der verlangt wurde, Sanktionen gegen Südafrika zu verhängen und auf Investitionen zu verzichten, nahm an Wirksamkeit zu.

Bald nach meiner Flucht aus Südafrika wurde ich eingeladen, vor dem Sicherheitsrat der Vereinten Nationen zu sprechen. Dort appellierte ich an die westlichen Länder, die südafrikanische Regierung nicht mehr durch ihr gegen solche Sanktionen eingelegtes Veto zu schützen.

Damals, im Jahr 1978, glaubte man noch nicht an den Erfolg eines solchen Appells, aber die von vielen Organisationen unterstützten Kampagnen zeigten im Lauf der Zeit ihre Wirkung, und 1987 blieben nur noch Großbritannien und die Vereinigten Staaten bei ihrem Veto, obwohl der Kongreß in Washington und das Parlament in London sich für eine Aufhebung des Vetos aussprachen.

Die britische und die amerikanische Regierung haben sich durch die angebliche Absicht der südafrikanischen Regierung, Reformen einzuführen und die Apartheid abzuschaffen, täuschen lassen, doch mit den Jahren ließ es sich deutlich erkennen, daß die südafrikanische Regierung eine andere Sprache sprach. Sie hatte zwar einige Reformen durchgeführt – das waren besonders die Aufhebung der Gesetze, die Ehen von Personen verschiedener Rassen verboten, und die Paßgesetze, die die Bewegungsfreiheit Schwarzer innerhalb von Südafrika einschränkten –, aber die Abschaffung von nur zwei der dreihundertsiebzehn Apartheidsgesetze war natürlich viel zu wenig und erfolgte viel zu spät, besonders da anschließend der Ausnahmezustand verhängt wurde, in dessen Rahmen drastische Einschränkungen und eine strenge Zensur verfügt wurden. Unter anderem mußten dic *New York Times* und andere Zeitungen ihre Büros schließen, weil man sie daran hindern wollte, über die von der Regierung verhängten Unterdrückungsmaßnahmen zu berichten.

Sechs Jahre lang haben die Regierungen Reagan und Thatcher sich darum bemüht, den auf Südafrika international ausgeübten Druck zu verringern, indem sie ihr Veto gegen Sanktionen einlegen und Pretoria weiterhin diplomatisch unterstützten. Sie taten dies mit der sogenannten Politik des »konstruktiven Engagements«. Diese Politik wurde damit begründet, daß eine nachsichtigere Politik Pretoria veranlassen werde, echte Reformen einzuführen. Doch in Pretoria faßte man das »konstruktive Engagement« als eine Ermutigung auf, alles beim alten zu lassen und noch aggressiver gegen die Nachbarstaaten vorzugehen. Während der sechs Jahre, in denen diese Politik verfolgt wurde, sind mehr Schwarze in Südafrika von der Polizei und den Soldaten Pretorias getötet worden als in den vorangegangenen fünfunddreißig Jahren.

Der schrittweise Verzicht auf das »konstruktive Engagement« ergab sich zum großen Teil aus der Tatsache, daß schwarze Amerikaner dem Problem der Apartheid in der amerikanischen Innenpolitik einen hohen Stellenwert einräumten, so daß alle Bewerber um öffentliche Ämter dazu Stellung beziehen mußten. 1986 wurde die Reaktion der amerikanischen Bevölkerung auch im Kongreß spürbar, wo in zunehmendem Maß wirksamere Sanktionen gegen die südafrikanische Regierung verlangt wurden.

Ende der 80er Jahre ging es um die entscheidende Frage, ob diese Sanktionen zu spät ergriffen worden seien, um in Südafrika noch vielen Schwarzen und Weißen das Leben zu retten. Wirksame wirtschaftliche und diplomatische Sanktionen, die rasch und entschlossen angewendet werden, wären das einzige gewaltlose Mittel, die weiße Minderheit in Südafrika an den Verhandlungstisch zu Gesprächen mit den Führern der schwarzen Mehrheit zu zwingen. Die meisten Beobachter glaubten, es sei immer noch möglich, in Südafrika eine nicht rassistische Demokratie einzuführen.

Aber 1987, besonders nachdem die ausländischen Nachrichtenmedien daran gehindert wurden, ausführlich über die Zustände in diesem Land zu berichten, wurde es immer wahrscheinlicher, daß die radikale weiße Minderheit Südafrika unweigerlich den Konflikt einer Eskalation entgegentreiben werde, wenn sie nicht durch die Einführung umfassender Sanktionen davon abgeschreckt wurde.

Es folgte die Einführung einer strengen Pressezensur. Die örtlichen und regionalen Verwaltungsbehörden wurden einer strengen Kontrolle durch die Zentralregierung unterworfen, was in de

Praxis der Einführung des Kriegsrechts gleichkam. Die Zahl der Schwarzen in den politischen Gefängnissen wuchs auf mehr als vierzehntausend. Ein Drittel von ihnen waren Jugendliche, und die meisten wurden nicht vor Gericht gestellt. Gegen viele war nicht einmal Anklage erhoben worden.

Die regierende Afrikaanse Nationalist Party spaltete sich in einen rechten und einen relativ »linken« Flügel auf. Die Führung des rechten Flügels bestand aus Dr. Andries Treurnicht (Konservative Partei), Jaap Marais (Herstigte Nasionale Partei), und an der äußersten Rechten stand der leidenschaftliche Demagoge Eugene Terreblanche. Er gründete eine paramilitärische Organisation, die Afrikaaner Weerstands Beweging (Afrikanische Widerstandsbewegung), die eigene Uniformen und hakenkreuzähnliche Abzeichen trug. Diese drei Gruppierungen lehnten sogar die von der Regierung Botha eingeführten unwesentlichen »Reformen« ab und forderten statt dessen für alle Zeiten die uneingeschränkte Apartheid.

Zu der nach links neigenden Gruppe gehörten afrikaanische Akademiker und einige wenige Politiker. Der bekannteste von ihnen war der ehemalige Botschafter in London, Denis Worrall, der bei den Parlamentswahlen fast einen ausgesucht starken Gegner geschlagen hätte. Der gleichen Gruppe gehörte auch der ehemalige Abgeordnete der Afrikaansen Nationalisten, Wynand Malan an, der in den Wahlen von 1987 sogar einen Sitz im Parlament gewann. Malan protestierte gegen das schleppende Tempo, mit dem die »Reformen« eingeführt wurden, wollte jedoch nicht einmal soweit gehen wie die Progressive Federal Party, die sich für die Abschaffung der Apartheid ausgesprochen hatte.

Nach Zahl und Einfluß waren diese Splittergruppen keine ernste Bedrohung für die Afrikaansen Nationalisten, deren Machtbasis die Wähler in den ländlichen Bezirken waren, und im März 1987 zeigten die Meinungsumfragen, daß die meisten Weißen in Südafrika, sogar die Weißen britischer Abstammung, die Regierung entschieden unterstützten.

Die Zensur erschwerte es außerordentlich festzustellen, was im Lande geschah. Allerdings berichteten Privatpersonen, die ins

Ausland reisten, daß die Polizei und das Militär in den Townships wesentlich aktiver geworden seien und die Verhaftungen sich häuften. Zugleich mehrten sich die Sabotageakte und Guerilla-Unternehmen der schwarzen Widerstandsbewegung, die zum Beispiel Feuer an die Vorortzüge nach Soweto legte.

Im Januar 1987 blockierten die amerikanische und die britische Regierung durch ihr Veto im Sicherheitsrat der Vereinten Nationen wiederum umfassende und verbindliche internationale Wirtschaftssanktionen gegen Südafrika, obwohl beide Länder angesichts des wachsenden Drucks ihrer eigenen Wähler begrenzte Sanktionen eingeführt hatten und der Kongreß der Vereinigten Staaten das Veto des Präsidenten gegen solche Maßnahmen überstimmt hatte. In beiden Ländern mehrten sich die Forderungen, diese Sanktionen zu verstärken und die Vetos im Sicherheitsrat aufzuheben. Die Regionalverwaltungen, Universitäten und Verwaltungen der großen Städte in beiden Ländern gaben in zunehmendem Maß die Beteiligung an Unternehmen auf, die Geschäftsbeziehungen in Südafrika und mit südafrikanischen Firmen unterhielten.

Im Februar 1987 kam ein von der Reagan-Administration eingesetzter Ausschuß, der die amerikanische Südafrikapolitik beurteilen sollte, zu dem Schluß, daß die Politik des »konstruktiven Engagements« fehlgeschlagen sei. Die Mehrheit der Ausschußmitglieder empfahl der Regierung, sie solle sich um aufeinander abgestimmte internationale Sanktionen und die wirtschaftliche Isolierung Südafrikas bemühen. Am gleichen Tage, an dem der Ausschuß seinen Bericht vorlegte, es war der 10. Februar 1987, ergab eine Untersuchung der Vereinten Nationen, daß die Menschenrechtsverletzungen in Südafrika beispiellose Ausmaße angenommen hatten. Dazu gehörten die uneingeschränkte Anwendung der Todesstrafe, Folterungen, Maßnahmen zur Einschränkung der persönlichen Freiheit, ungerechtfertigte Festnahmen und Gewaltanwendung durch Polizei und Sicherheitskräfte. Darüber hinaus wurde berichtet, daß drei Beamten der Vereinten Nationen, die an der Zusammenstellung dieses Berichts gearbeitet hatten, die Einreiseerlaubnis nach Südafrika verweigert worden war.

Im Mai 1987 kündigte die südafrikanische Regierung Wahlen für Weiße an, um sich deren Unterstützung bei der Vorbereitung auf einen, wie es führende Politiker nannten, »brutalen Angriff« zu sichern, der aus dem Inneren des Landes und von außen zu erwarten sei, und viele Weiße, unter ihnen auch einige, die dieses Regime bisher abgelehnt hatten, aber jetzt durch die von den Zensurbehörden ausgewählten Pressenachrichten beeinflußt worden waren, scharten sich um die Fahne der weißen Minderheit. Obwohl viele Geschäftsleute, Akademiker und Theologen der Partei Bothas den Rücken kehrten, wurde die Parlamentsmehrheit am rechten Flügel gestärkt. Die Konservative Partei löste die Progessiven als »Oppositionspartei« ab.

Einige Beobachter der südafrikanischen Szene stellten Spekulationen darüber an, ob die Wahlen ausgeschrieben worden waren, um es der südafrikanischen Regierung zu ermöglichen, die Herausforderung durch die gemäßigte Rechte auszuschalten, bevor sie sich auf weitere »Reformen« einließ, aber ob dies nun der von der Regierung verfolgte Zweck war oder nicht, ihre Reformvorstellungen unterschieden sich zu sehr von den Mindestforderungen der schwarzen Mehrheit. Denn solange die weiße Minderheit nicht bereit war, den Schwarzen das demokratische Grundrecht zu gewähren *(one man, one vote),* durfte man nicht auf eine friedliche Lösung hoffen, und alle Anzeichen sprachen dafür, daß die Weißen einer härteren Linie folgen würden, sobald die Schwarzen ihre Forderungen energischer zum Ausdruck brachten. Der gemäßigte Zuluführer Gatsha Buthelzi äußerte sich nach den Wahlen wie folgt dazu: »Selbst diejenigen unter uns, die sich der Gewaltlosigkeit verschrieben haben, würden lieber sterben als sich nach dem Rezept der Nationalpartei mit der verzuckerten Apartheidspille behandeln zu lassen.«

Andere Führer der schwarzen Widerstandsbewegung, denen es nicht erlaubt war, sich in Südafrika öffentlich zu äußern, und deren Gesprächsangebot die südafrikanische Regierung abgelehnt hatte, beschlossen, den bewaffneten Kampf zu intensivieren. Mitte 1987 war die südafrikanische Bevölkerung tiefer gespalten und polarisiert als zehn Jahre zuvor, zur Zeit des Todes von Steve

Biko. Die Anzeichen für einen bevorstehenden, sich über das ganze Land ausbreitenden Konflikt waren noch deutlicher zu erkennen.

Nach dem Tod von Steve Biko hatte die Sicherheitspolizei eine traumatische Periode erlebt, und offensichtlich war sie angewiesen worden, politische Gefangene rücksichtsvoller zu behandeln. Aber nach einer kurzen Atempause mehrten sich wieder die Todesfälle in Polizeigewahrsam...

Steve Biko starb am 12. September 1977 (Kopfverletzung)
P. Malaza starb am 7. November 1977 (Selbstmord durch Erhängen)
M. James starb am 9. November 1977 (auf der Flucht erschossen)
M. Nobhadula starb am 20. Dezember 1977 (natürliche Todesursache)
L. Tabalaza starb am 10. Juli 1978 (stürzte aus dem fünften Stock)
E. Mzolo starb am 9. Oktober 1979 (Todesursache unbekannt)
S. Ndzumo starb am 10. September 1980 (natürliche Todesursache)
S. Matalasi starb am 20. Dezember 1980 (Selbstmord durch Erhängen)
M. Mgqweto starb am 17. September 1981 (Todesursache unbekannt)
T. Muofhe starb am 12. November 1981 (tödliche Verletzungen)
N. Aggett starb am 5. Februar 1982 (Selbstmord durch Erhängen)
E. Dipale starb am 8. August 1982 (Selbstmord durch Erhängen)
T. Mndawe starb am 7. März 1983 (Selbstmord durch Erhängen)
P. Malatji starb am 5. Juli 1983 (Selbstmord)
S. Tshikhudo starb am 20. Januar 1984 (natürliche Todesursache)
M. Sipele starb am 4. Juli 1984 (natürliche Todesursache)
E. Mthethwa starb am 25. August 1984 (Selbstmord durch Erhängen)
T. Korotsoane starb am 1. März 1985 (Todesursache unbekannt)
B. Mvulane starb am 29. März 1985 (natürliche Todesursache)
S. Mutsi starb am 5. Mai 1985 (epileptischer Anfall)
A. Radizela starb am 6. Mai 1985 (fiel aus einem Polizeilastwagen)
M. Razak starb am 12. Mai 1985 (Selbstmord)
J. Spogter starb am 4. Juli 1985 (Kopfverletzungen als Folge eines Unfalls)
M. Muggels starb am 4. Juli 1985 (Schußwunden)
S. Mokoena starb am 16. August 1985 (Selbstmord durch Erhängen)

L. Bako starb am 1. Januar 1986 (wurde von einem Mitgefangenen angegriffen)
M. Kutumela starb am 5. April 1986 (Todesursache unbekannt)
P. Nchabaleng starb am 11. April 1986 (Herzanfall)
E. Ngomane starb am 11. April 1986 (auf der Flucht erschossen)
A. Silika starb am 12. Mai 1986 (auf der Flucht erschossen)
M. Boltini starb am 1. Juni 1986 (epileptischer Anfall)
J. Mahlangu starb am 11. September 1986 (auf der Flucht erschossen)
M. Songelwa starb am 1. Oktober 1986 (Asthmaanfall)
X. Jacobs starb am 22. Oktober 1986 (Selbstmord durch Erhängen)
B. Olifant starb am 15. Dezember 1986 (auf der Flucht erschossen)
S. Marule starb am 23. Dezember 1986 (epileptischer Anfall)

Inhalt

Verzeichnis der häufigsten Abkürzungen

ALF	Anzania Liberation Front
ANC	African National Congress
Azapo	Azanian People's Organization
BCP	Black Community Program
BOSS	Bureau of State Security
BPC	Black People's Convention
CID	Criminal Investigation Department (Kriminalpolizei)
NRP	New Republic Party
NUSAS	National Union of South African Students
OAU	Organization of African Unity
PAC	Pan-Africanist Congress
PFC	Progressive Federal Party
SAP	South African Party
SASO	South African Students' Organization
Soweto	South Western Township